Emotions in Antiquity
(EmAnt)

Editors

Douglas Cairns (Edinburgh), Eric Cullhed (Uppsala),
Margaret Graver (Hanover, NH), Damien Nelis (Geneva),
Dennis Pausch (Dresden)

Advisory Board

Ruth R. Caston (Michigan), Thorsten Fögen (Durham),
Therese Fuhrer (Munich), Laurel Fulkerson (Florida State),
Jonas Grethlein (Heidelberg), Brooke A. Holmes (Princeton),
Christof Rapp (Munich), Ruth Scodel (Michigan),
Frisbee Sheffield (Cambridge), Teun Tieleman (Utrecht)

4

Ken Heuring

Emotionale Sprache in Ciceros zweiter Philippika gegen Marc Anton

Einführung in die emotionslinguistische Textanalyse und Kommentar

Mohr Siebeck

Ken Heuring, geboren 1990; 2020 Promotion; 2021-23 Referendariat an einem Nürnberger Gymnasium; Schuldienst an einer staatlichen FOS in München.
orcid.org/0009-0005-1478-5691

Gefördert durch die Deutsche Forschungsgemeinschaft (DFG) – Projektnummer 317232170 – SFB 1285

ISBN 978-3-16-161365-4 / eISBN 978-3-16-163319-5
DOI 10.1628/978-3-16-163319-5

ISSN 2750-4689 / eISSN 2750-4700 (Emotions in Antiquity)

Die Deutsche Nationalbibliothek verzeichnet diese Publikation in der Deutschen Nationalbibliographie; detaillierte bibliographische Daten sind über *https://dnb.dnb.de* abrufbar.

© 2024 Mohr Siebeck Tübingen. www.mohrsiebeck.com

Dieses Werk ist lizenziert unter der Lizenz „Creative Commons Namensnennung – Nicht kommerziell – Keine Bearbeitungen 4.0 International" (CC BY-NC-ND 4.0). Eine vollständige Version des Lizenztextes findet sich unter: https://creativecommons.org/licenses/by-nc-nd/4.0/deed.de

Das Buch wurde von epline in Bodelshausen aus der Minion gesetzt.

Den Umschlag entwarf Uli Gleis in Tübingen. Umschlagabbildung: www.istockphoto.com. Cicero-Marmorstatue vor dem alten Justizpalast in Rom. Foto: Crisfotolux.

Printed in the Netherlands.

Danksagung

Diese Arbeit entstand im Rahmen des Sonderforschungsbereichs 1285 „Invektivität. Konstellationen und Dynamiken der Herabsetzung" zwischen 2018 und 2021 an der Technischen Universität Dresden. Für das mir entgegengebrachte Vertrauen und die Möglichkeit, hier als wissenschaftlicher Mitarbeiter tätig sein zu können, sowie für die sehr angenehme und stets hilfsbereite Betreuung möchte ich mich bei meinem Doktorvater Professor Dennis Pausch herzlich bedanken. Er war stets ansprechbar, gab mir wertvolle fachliche Ratschläge und fand immer die richtigen motivierenden Worte. Mein Dank gilt auch Herrn Professor Douglas Cairns, der mich als Doktorvater unterstützt hat, sowie Frau Professorin Gesine Manuwald und Herrn Professor Mario Baumann, die sich bereit erklärt haben, meine Arbeit zu begutachten.

Die Mitarbeiter des SFB wurden mit der Zeit zu einer kleinen Familie: Ich durfte nicht nur viel von klugen Menschen lernen, sondern auch Freunde gewinnen, Freunde mit für mich bewundernswertem Wissen und zugleich tiefer Herzensbildung – danke, Christoph, danke, Gabriel! Danke, Rainer! Danke auch dir, liebe Lisa-Marie. Tina Herrmann danke ich für die gründliche Durchsicht meiner Arbeit. Aber eigentlich bin ich auch allen anderen Kolleginnen und Kollegen im SFB zu Dank verpflichtet.

Und auch außerhalb des SFB gibt es für mich wichtige Weggefährten an der Universität, die mich in allen Phasen begleitet haben. Ohne sie alle namentlich zu nennen, möchte ich mich ganz allgemein bedanken. Aber auf einen Namen kann ich nicht verzichten: Dich, lieber Roman, möchte ich genannt wissen.

Ein großes Dankeschön geht auch an meine Familie, meine Eltern und meinen Bruder Denis, die mich immer unterstützt haben und mich auch in schwierigen Zeiten, wie dem Corona-Jahr 2020, motiviert haben. Auch meiner Freundin Ilaria bin ich zu tiefem Dank verpflichtet – dich als Stütze in meinem Rücken zu wissen, gibt mir immer wieder die nötige Kraft!

Gewidmet ist diese Arbeit meiner Oma Ruth. Ohne sie wäre die Eule der Minerva wohl nicht so schnell ins Haus der Familie Heuring geflattert.

Ken Heuring

Inhaltsverzeichnis

Danksagung V
Tabellenverzeichnis IX

1 Einleitung 1
2 Grundbegriffe 5
   2.1 Invektive und Invektivität 5
      2.1.1 Die Invektive als rhetorische Subgattung in der Antike 5
      2.1.2 Invektivität als kulturwissenschaftliche Forschungsperspektive 9
   2.2 Emotionen 10
   2.3 Sprache 13
   2.4 Integration der drei Begriffe Invektivität – Emotion – Sprache 14
3 Kurzer Forschungsbericht 23
4 Die 2. Philippika und ihr historischer Kontext 25
   4.1 Vorgeschichte 25
   4.2 Inhalt der Rede 29
   4.3 Überlieferungsgeschichte 31
5 Theoretische Einführung 33
   5.1 Emotionslinguistische Pragmatik 33
      5.1.1 Evaluation 35
      5.1.2 Proximität 36
      5.1.3 Spezifität 37
      5.1.4 Evidentialität 39
      5.1.5 Volitionalität 39
   5.2 Paraverbale und nonverbale Codes 40
      5.2.1 Theorie 40
      5.2.2 Phonetik oder: *figura vocis* 41
   5.3 Verbale Codes 53
      5.3.1 Morphologie 54
         5.3.1.1 Affixe 54
         5.3.1.2 Person und Numerus 59
         5.3.1.3 Dramatisches Präsens 60
         5.3.1.4 Komparative und Superlative 61
         5.3.1.5 Affektive Kasusfunktionen 61

	5.3.2	Lexik	63
		5.3.2.1 Interjektionen	63
		5.3.2.2 Urteilsadverbien	65
		5.3.2.3 Schlagwörter	66
		5.3.2.4 Schimpfwörter	69
	5.3.3	Syntax	74
		5.3.3.1 Der AcI und der oblique Konjunktiv	74
		5.3.3.2 Sermocinatio	75
		5.3.3.3 Expressive Satztypen	76
		5.3.3.4 Wortstellung	82
	5.3.4	Semantik	89
		5.3.4.1 Topik – Was wird geschmäht?	89
		5.3.4.2 Metaphern	92
		5.3.4.3 Ironie	96
		5.3.4.4 Evidentia	98
5.4 Fazit			100
6 Emotionslinguistischer Kommentar			103
6.1 Grundsätze und Kriterien für die Kommentierung			103
6.2 Text			104
	6.2.1	*exordium* (1–2): Cicero und sein Kampf gegen Staatsfeinde	104
	6.2.2	*tractatio* (3–114)	108
		6.2.2.1 *refutatio* (3–43)	108
		6.2.2.2 *confirmatio* (44–114)	188
	6.2.3	*peroratio* (115–119): Caesars Ermordung als Mahnung	293
7 Verwendete Literatur			301
7.1 Textausgaben			301
7.2 Kommentare			302
7.3 Hilfsmittel			309
Personen- und Ortsregister			311

Tabellenverzeichnis

Tabelle 1: Sprachebenen 14
Tabelle 2: Formen der sprachlichen Kodierung von Emotionen 18
Tabelle 3: Emotionen und Stimme 48
Tabelle 4: Klauseln 50
Tabelle 5: Alliterationen 51
Tabelle 6: Präfixe 54
Tabelle 7: Suffixe 57
Tabelle 8: Infixe 58
Tabelle 9: Person und Numerus 59
Tabelle 10: Dativus ethicus 62
Tabelle 11: Akkusativ des Ausrufs 62
Tabelle 12: Vokativ 63
Tabelle 13: Interjektionen 64
Tabelle 14: Verifikative Angaben 65
Tabelle 15: Abschwächende verifikative Angaben 66
Tabelle 16: Schlagwörter 68
Tabelle 17: Schimpfwörter 70
Tabelle 18: Rhetorische Fragen 78
Tabelle 19: Hortative 79
Tabelle 20: Imperative 80
Tabelle 21: Parenthesen 83
Tabelle 22: Metaphern 94
Tabelle 23: Fälle von Ironie 96

1 Einleitung

Verbale Aggression ist kein seltenes Phänomen in der menschlichen Kommunikation.[1] Invektivität, also alle Phänomene der Schmähung und Herabwürdigung, der Beschämung und Bloßstellung in der Gesellschaft, ist eine Konstante der Menschheitsgeschichte. Heute hört man immer wieder von Shitstorms gegen Prominente und Politiker, in Internetforen wird wüst geschimpft und über Menschen hergezogen, aber auch von Angesicht zu Angesicht, wie zum Beispiel bei den TV-Duellen der US-Präsidentschaftskandidaten in den letzten Jahren, war man nicht zimperlich. Invektivität kann als Vorstufe physischer Gewalt betrachtet werden, die Gruppenprozesse durch Ausgrenzung reguliert, aber auch Gruppen erst konstituiert. Sie findet ihren sprachlichen Ausdruck nicht nur in Schimpfwörtern, sondern auch in kunstvollen Satiren, Spottgedichten und anderen literarischen Gattungen. Eine besonders kunstvolle Form der Beleidigung ist die antike Invektive, die nach allen Regeln der antiken Redekunst gestaltet wurde.[2]

Der Meister der römischen Invektive war wohl Marcus Tullius Cicero, von dem mit Abstand die meisten Schmähreden der römischen Antike überliefert sind. Anlass zu solchen verbalen Attacken gaben ihm Gegner wie Verres oder Marcus Antonius vor Gericht oder im Senat: Diese Römer sorgten bei ihm immer wieder für Unmut und Empörung.[3] Gegen Marcus Antonius hielt Cicero eine beispielhafte Invektive, die sogenannte 2. Philippika, um nach der Ermordung Caesars die Republik vor dem sich bereits als nächsten Alleinherrscher gebärdenden Nachfolger zu retten. Und damit seine verbalen Angriffe in den Reden – bei aller sonstigen Überformung durch rhetorische Schmuckmittel – auch glaubwürdig erscheinen und die beabsichtigte Wirkung beim Publikum entfalten konnten, mussten sie zugleich auf einer entsprechenden Emotionalität des Redners beruhen.

Erst diese emotionale Grundierung des gesprochenen Wortes ermöglichte den glaubwürdigen Vortrag und damit seine Überzeugungskraft.[4] Freilich diktierte Cicero seine Reden wohl kaum in aufgeheizter Stimmung, sondern

---

[1] Für einen multiperspektivischen Blick auf dieses Phänomen siehe BONACCHI 2019a.
[2] Vgl. die immer noch grundlegende Studie in KOSTER 1980. Siehe auch PAUSCH 2021. Weitere textlinguistische Ausführungen siehe in ORTNER 2014, 277–310.
[3] Siehe zu Ciceros Invektiven allgemein BOOTH 2007.
[4] Vgl. als Einführung in den engen Zusammenhang von Rhetorik und Emotionen in der Antike BODDICE 2020, 56–88.

führte die Feder mit kühlem Kopf und reihte Wort an Wort nach den Regeln der damaligen Beredsamkeit.[5] Und doch vermochte diese Selbstbeherrschung in der Schreibstube „wütende Texte"[6] oder Reden hervorzubringen, die nicht nur die antiken Zuhörer in Aufruhr versetzten, sondern auch heute noch die Leser zu erhitzen vermögen. Wie erreicht Cicero diese Wirkung? Wie setzt Cicero Sprache so ein, dass den Worten Emotionen innezuwohnen scheinen?[7]

In der vorliegenden Studie geht es um das emotionale Potential in Ciceros Schmähreden. Einen geeigneten Ansatz für die Analyse bietet eine noch junge Teildisziplin der Linguistik: die sogenannte Emotionslinguistik.[8] In der Klassischen Philologie wurde sie bisher noch nicht eingesetzt, was hier nachgeholt werden soll.[9] Meine Grundthese lautet daher: Die Emotionslinguistik ist auch auf antike Texte anwendbar.

Die Emotionslinguistik untersucht, wie Emotionen in den jeweiligen Sprachen kodiert werden, das heißt wie ein Sprecher einem Empfänger zum Ausdruck bringen kann, dass er zum Beispiel eine seiner Handlungen positiv oder negativ bewertet oder auch respektvolle Distanz zu dieser Person signalisiert. Letzteres ist zum Beispiel der Fall, wenn ein Student einen Dozenten siezt und mit dem Nachnamen anspricht, dies aber gegenüber einem Kommilitonen kaum tun würde, sondern ein vertrautes Du und den Vornamen oder gar einen Spitznamen verwendet.[10] Die Erkenntnis, dass die Vermittlung von Emotionen, die Interaktionen im Zusammenleben ständig begleiten, sprachlich auf sehr vielfältige Weise realisiert werden kann, ist ein erstes großes Verdienst der Emotionslinguistik der letzten Jahre. Bisher standen vor allem moderne Sprachen wie das Deutsche und Englische im Mittelpunkt ihres Interesses; dass es aber auch genuin lateinische Möglichkeiten der sprachlichen Vermittlung von Emotionen, also so genannte „Emotionscodes" gibt, soll in dieser Arbeit ebenso gezeigt werden wie die Chance, mit einer emotionslinguistischen Interpretation zu neuen, auch literaturwissenschaftlich interessanten Deutungen der Invektiven Ciceros zu gelangen. Darüber hinaus ermöglicht die Methode der Emotionslinguistik eine tiefergehende Analyse des gesamten invektiven Geschehens.[11] So schreiben Ellerbrock u. a.:

---

[5] Vgl. hierzu PAUSCH 2021, 32, 72. Zum engen Zusammenhang von Emotionen und Schreiben vgl. ORTNER 2014, 119–123.

[6] Vgl. zu diesem Begriff STUMM 2013.

[7] Vgl. das einschlägige Forschungscluster von 2007 bis 2014 der FU Berlin „Languages of Emotion" 2011.

[8] Vgl. das für den deutschsprachigen Raum ausschlaggebende Buch SCHWARZ-FRIESEL 2013.

[9] Vgl. einführend in die Emotionslinguistik SCHIEWER 2014, 78–107. Dazu als weiteres Panorama der Potenziale dieses Ansatzes auch in der Literaturwissenschaft siehe MAZURKIEWICZ-SOKOŁOWSKA, SULIKOWSKA/WESTPHAL 2016. Eine sehr gute Studie zur möglichen Nutzbarkeit der Emotionslinguistik in der Literaturanalyse ist ORTNER 2014.

[10] Vgl. als Vertiefung zur pronominalen Anrede im Deutschen BESCH/EIDT 1998.

[11] Siehe ELLERBROCK u. a. 2017, 10–11.

[Invektivität] könnte sich [...] als Schlüsselkategorie für den Zugang zu den historisch und gesellschaftlich variablen Erscheinungsformen von Affekten erweisen und so einen wichtigen Beitrag zur interdisziplinären Emotionsforschung leisten (vergleiche Schnell 2015), denn als eine besondere Qualität des Invektiven kann gelten, dass es latente Emotionsordnungen analytisch evident macht und damit deren soziale Dynamisierungs- ebenso wie ihre medialen Resonanzpotenziale erschließt. Die emotionale Intensität, die das Invektive herzustellen vermag, ist besonders geeignet, die Formierung emotionaler Gemeinschaften (vergleiche Rosenwein 2006), die Ausbildung eines emotionalen Regimes (vergleiche Reddy 2001) oder auch die Verfasstheit spezifisch normativer Gefühlsordnungen (vergleiche Stearns/Stearns 1985; Ellerbrock/Kesper-Biermann 2016; Köhler u. a. 2017) zu verstehen.

Mit anderen Worten: Die Analyse der emotionalen Sprache Ciceros in seinen Invektiven führt auch zu einem vertieften Verständnis des engen Zusammenhangs zwischen Emotionen und allen Akten der Herabsetzung und Schmähung, also dem, was im Dresdner SFB 1285 unter dem Begriff der Invektivität zusammengefasst wird.

Dieses Buch gliedert sich in drei Kapitel: Das erste Kapitel führt in die für diese Arbeit grundlegenden Begriffe des Begriffsdreiecks Invektivität – Emotion – Sprache ein, behandelt diese Begriffe zunächst getrennt und fügt sie am Ende des Kapitels in einen ganzheitlichen Zusammenhang. Es folgt ein Forschungsbericht, der die wichtigsten Quellen benennt, aus denen sich diese disziplinübergreifende Arbeit hauptsächlich speist. Das zweite Kapitel führt schrittweise in die emotionalen Codes der Sprache ein. Dies geschieht auf zwei Ebenen: der Zeichenebene und der Funktionsebene. Die Erkenntnisse der Emotionslinguistik im Deutschen und Englischen werden auf die lateinische Sprache übertragen, und zwar nach Möglichkeit anhand von Beispielen aus Ciceros zweiter Philippischer Rede, seiner umfangreichen Invektive gegen Marcus Antonius. Im dritten und letzten Kapitel wird die 2. Philippika in Form eines themenorientierten Kommentars Absatz für Absatz anhand der emotionslinguistischen Begriffe analysiert und interpretiert.

2 Grundbegriffe

2.1 Invektive und Invektivität

2.1.1 Die Invektive als rhetorische Subgattung in der Antike

Ciceros 2. Philippische Rede gegen Antonius wird gemeinhin als Invektive bezeichnet. Dieser Begriff wird von den Altphilologen eher im engeren Sinne verwendet, da dieser *terminus technicus* in ihrer Disziplin seit langem gebräuchlich ist. Koster definiert die Invektive wie folgt: „Die Invektive ist eine strukturierte literarische Form, deren Ziel es ist, mit allen geeigneten Mitteln eine namentlich genannte Person öffentlich vor dem Hintergrund der jeweils geltenden Werte und Normen als Persönlichkeit herabzusetzen."[1] Diese Definition ergibt sich aus einer Analyse der antiken Rhetoriktheorie[2], die im Folgenden nachgezeichnet werden soll. Besonderes Augenmerk wird dabei auf die Emotionen und Affekte gelegt.

„Invektive" ist ein Begriff aus der Spätantike, der sich als *oratio invectiva* erst ab dem 4. Jahrhundert n. Chr. nachweisen lässt.[3] In der klassischen antiken Rhetorik waren daher andere Bezeichnungen gebräuchlich: im Griechischen beispielsweise ψόγος oder διαβολή, im Lateinischen *vituperatio*.[4] Insbesondere die folgenden antiken Autoren beschäftigen sich als Theoretiker mit der Invektive: Aristoteles, Platon, Anaximenes und Aphthonios bei den Griechen, Cicero und Quintilian bei den Römern.[5]

Aristoteles hat in seiner Poetik für die Gattungen Komödie, Jamben und ψόγοι das Wesensmerkmal der ἰαμβικὴ ἰδέα („spottende Art") aufgeführt. Damit ist der persönliche Angriff mit namentlicher Nennung des Geschmähten gemeint.[6] Allen diesen Gattungen ist für Aristoteles die μίμησις φαυλοτέρων κατὰ πᾶσαν κακίαν gemeinsam, das heißt die „Nachahmung des Schlechteren in Bezug auf alles Schlechte", wobei κακία einmal den Aspekt des αἰσχρόν, einmal den Aspekt

---

[1] Vgl. Koster 1980, 39.
[2] Vgl. diese Analyse in Koster 1980, 7–21.
[3] Vgl. Liebermann 1998.
[4] Vgl. Liebermann 1998.
[5] Vgl. die antiken Quellen, die Koster bei seiner Entwicklung einer Definition der Invektive beachtet: Koster 1980, 7–21.
[6] Das Adjektiv ἰαμβικός stammt vom Verb ἰαμβίζω, das „verhöhnen, verspotten" bedeutet. Vgl. Liddell/Scott 1996 s. v. ἰαμβίζω A.

des γελοῖον umfasst, also sowohl das Schändliche als auch das Lächerliche. Die Komödie betont das γελοῖον, die Jamben und ψόγοι das αἰσχρόν.[7]

Aristoteles leistet in seiner Rhetorik weitere theoretische Vorarbeiten für eine Theorie der Invektive. Ἔπαινος wie ψόγος, also Lobrede wie Tadelrede, gehören ihm zufolge zum γένος ἐπιδεικτικόν, der Festrede. Er konzentriert sich in seiner Analyse auf die Lobrede und behauptet, die entsprechenden Merkmale der Schmährede ergäben sich durch einfache Negation: ὁ γὰρ ψόγος ἐκ τῶν ἐναντίων ἐστίν.[8] Aristoteles betont auch die Rolle des Publikums für den Erfolg der Rede: σκοπεῖν δὲ καὶ παρ' οἷς ὁ ἔπαινος.[9] Die κακία des jeweiligen Adressaten zeige sich in seinen πράξεις bzw. ἔργα, das heißt in seinen (schlechten) Taten. Sie seien σημεῖα ἕξεως, das heißt Kennzeichen des innewohnenden Charakters. Der Charakter eines Menschen erlaube es daher auch, künftige Missetaten vorwegzunehmen. Nach Koster lassen sich die Aussagen des Aristoteles über den ψόγος auf die Formel bringen: Ψόγος ἐστὶ λόγος ἐμφανίζων μέγεθος κακίας κατὰ πράξεις, die Invektive ist also eine Rede, die die große Schlechtigkeit eines Menschen anhand seiner Taten darstellt.[10]

Demgegenüber hat bereits Platon, der Lehrer des Aristoteles, bei der Analyse der Spottrede das Verdienst, die innere Motivation des Schmähenden zu berücksichtigen.[11] In den *Nomoi* lässt er Sokrates sowohl die affektive als auch die nicht-affektive Schmähung (ἄνευ θυμοῦ) verbieten.[12] Lediglich die Zurechtweisung sei in bestimmten Fällen legitim, zum Beispiel wenn Bürgern bei öffentlichen Veranstaltungen im Interesse des Staates eine Rüge erteilt werde.[13] Das Ziel der Zurechtweisung sei jedoch die Wiederaufrichtung des Gerügten, während es bei der Schmähung um die soziale Herabsetzung um der Schmähung selbst willen gehe. Die Invektive sei dadurch bestimmt, dass sie dasselbe Ziel habe wie die ψόγος als Schmähung, nämlich nicht die Wiederaufrichtung, sondern die völlige Vernichtung.

Während Aristoteles und Platon die Schmährede eher theoretisch und allgemein betrachteten, war die Schmährede auch Gegenstand praktischer Rhetorikbücher. Besonders beliebt als Übungsrede war der ψόγος.[14] Aus diesem Grund wurden ihm in den Lehrbüchern der Rhetorik, wie zum Beispiel im Lehrbuch des Anaximenes von Lampsakos, Abschnitte gewidmet. Die Definition der Schmährede des Anaximenes ergibt sich aus der verneinten Definition

---

[7] Siehe Aristot. rhet. 1449 a 32 in der Ausgabe ROSS 1963.
[8] Vgl. Aristot. rhet. 1368 a 33 ff.
[9] Vgl. Aristot. rhet. 1367 b 7 f.
[10] Siehe KOSTER 1980, 13.
[11] Vgl. KOSTER 1980, 10–11.
[12] Vgl. Plat. nom. 934 D6 bis 936 B2 in der Ausgabe EIGLER 2016.
[13] Das griechische Wort ψόγος ist zweideutig, es kann sowohl „Schmähung" als auch „Rüge" bedeuten. Vgl. LIDDELL/SCOTT 1996 s. v. ψόγος.
[14] Ein besonders interessantes Zeugnis legen hierfür wohl die Invektiven von Pseudo-Sallust und Pseudo-Cicero ab. Vgl. NOVOKHATKO 2009.

der Lobrede.¹⁵ Die Schmährede ist für ihn die Herabsetzung des Ruhmreichen und die Erhöhung des Ruhmlosen. Anaximenes äußert sich auch zum Aufbau von Lobreden (bzw. Scheltreden *ex contrario*): Proöm, dann τὰ ἔξω τῆς ἀρετῆς (das heißt edle Geburt, Körperkraft, Schönheit, Reichtum), τὰ ἐν αὐτῇ τῇ ἀρετῇ (Weisheit, Gerechtigkeit, Tapferkeit, schöne Lebensumstände).¹⁶ Hier finden wir also die erste Topik von Schmähgegenständen in Invektiven vor.

Auch Aphthonios von Antiochia bietet in seinem rhetorischen Lehrbuch Προγυμνάσματα eine Gliederung eines prototypischen ψόγος und damit zugleich eine Topik des Schmähens:

1. Proöm
2. Herkunft (γένος): Ethnie, Heimat, Vorfahren, Eltern
3. Erziehung und Heranwachsen (ἀνατροφή)
4. Taten (πράξεις)
   a. Seele (ψυχή): Mannhaftigkeit, Intelligenz
   b. Körper (σῶμα): Aussehen, Schnelligkeit, Kraft
   c. Äußeres (τύχη): Macht, Reichtum, Freunde
5. Synkrisis
6. Epilog

Der Hauptteil wird also von Proömium und Epilog umrahmt. Der Hauptteil ergibt sich aus der ausführlichen Darstellung (καθ'ἕκαστον¹⁷) des βίος des Adressaten. Auch hier wird der Adressat namentlich genannt und angesprochen, die Schmähung ist also nicht abstrakt und allgemein, wie es manchmal in den Satiren der Dichter der Fall ist. Während die Schmähgattung des sogenannten κοινός τόπος die Bestrafung des Adressaten (τὸν μὲν τόπον ἐπάγεσθαι κόλασιν) zum Ziel hat, will die ψόγος nach Aphthonios den Hass der Zuhörer auf den Geschmähten erregen: ἐν δὲ τῷ ψόγῳ ἀκροαταὶ πρὸς μῖσος κινοῦνται αὐτοῦ, καθ'οὗ ἡ διαβολὴ γίγνεται.¹⁸ Die soziale Herabsetzung als Ziel der Invektive ist hier vorformuliert. Die Synkrisis¹⁹, also der Vergleich zwischen (gutem) Redner und (schlechtem) Adressaten, ist in der Praxis nicht so strikt an fünfter Stelle angesiedelt, wie es Aphthonios in seinem Praxishandbuch darstellt, sondern kann auch an anderen Stellen der Rede als Steigerungselement eingeschoben werden.

---

¹⁵ Συλλήβδην μὲν οὖν ἐστιν ἐγκωμιαστικὸν εἶδος προαιρέσεων καὶ πράξεων καὶ λόγων ἐνδόξων αὔξησις καὶ μὴ προσόντων συνοικείωσις, ψεκτικὸν δὲ τὸ ἐναντίον τούτῳ, τῶν μὲν ἐνδόξων ταπείνωσις, τῶν δὲ ἀδόξων αὔξησις. Siehe Anaximen. 3,1; 1425 b 36 ff. in der Ausgabe FUHRMANN 2000. Für textkritische Details und zur Verfasserfrage siehe KOSTER 1980, 14–15.
¹⁶ Vgl. KOSTER 1980, 14.
¹⁷ Siehe Aphth. prog. 27,12 in der Ausgabe RABE 1926.
¹⁸ Vgl. auch hierzu Quint. inst. 2, 4, 22, wo Quintilian den *communis locus* allerdings in das *genus iudiciale* verlegt. Benutzt wurde die Ausgabe RAHN 2015.
¹⁹ Vgl. zu diesem Begriff u. a. KOSTER 1980, 16, 52, 84 ff.

Auch die Römer äußerten sich in ihren systematischen Lehrbüchern zur Lob- und Tadelrede. Die Ausführungen des Anaximenes wie des Aphthonios werden insbesondere vom *Auctor ad Herennium* und von Cicero wiedergegeben – sie liefern insbesondere ähnliche Topiken des Schmähens – und ergänzen deren Analyse um Details.[20] Cicero sieht die Ziele einer *vituperatio* wie folgt: Zum einen die Darstellung der *turpitudo* des Adressaten, also seiner Schändlichkeit, wobei auf die historische Wahrheit nicht so viel Wert gelegt werden müsse, zum anderen – bezogen auf die Rezipienten – die *voluptas* und *delectatio* durch die Darstellung von Aufsehen erregenden Dingen (*admirabilia, nec opinata*) und Ähnlichem.[21]

Für Quintilian stehen pädagogische Aspekte im Vordergrund. Lob- und Tadelreden lehrten, was Recht (*rectum*) und was Unrecht (*pravum*) sei. Quintilian diskutiert dann das gattungstheoretische Problem, dass Lob- und Tadelreden zwar nach rhetorischer Tradition dem *genus demonstrativum* zugeordnet würden, in der römischen Redepraxis aber *de facto* auch in Reden der beiden anderen Gattungen, also in Gerichts- und Beratungsreden, zumindest als Einschübe vorkämen.[22] Darüber hinaus betont Quintilian die Rezipientenorientierung, das heißt die Anpassung des Redners an die Wertvorstellungen des Publikums, die für den Erfolg der Rede von entscheidender Bedeutung ist: *nam plurimum refert, qui sint audientium mores, quae publice recepta persuasio, ut [...] maxime [...] esse in eo credant [...] contra quem dicemus, ea quae oderunt.*[23]

Der Lehrbuchcharakter der Invektive wirft die Frage auf, inwieweit die erwartbaren Angriffe und Topoi noch verletzen und herabsetzen konnten. Auf der einen Seite könnte man annehmen, dass die Invektiven durch ihre Erwartbarkeit ihre Durchschlagskraft völlig verloren haben und damit zu reinen Inszenierungen wurden, mit denen die Politiker ihre Eloquenz zur Schau stellen bzw. demonstrieren konnten, wie viel sie einstecken können. Andererseits lässt sich aber auch argumentieren, dass gerade die Erwartungshaltung den verbalen Attacken zusätzliche Kraft verleihen konnte: Man versetze sich in die Lage desjenigen, gegen den sich die Rede richtet, der weiß, dass der Redner wahrscheinlich bald auf seine Familie zu sprechen kommen wird, und genau davor Angst hat – wenn der Redner dann tatsächlich auf diesen Punkt zu sprechen kommt, ist es möglich, dass sich der Angesprochene doppelt dafür schämt. Die Erwartbarkeit bestimmter Topoi oder invektiver Sprache muss also deren Wirksamkeit nicht mindern, sondern kann sie auch erhöhen.

---

[20] Die Ausführungen des *Auctor ad Herennium* zu den *laudationes* sowie *vituperationes* befinden sich im dritten Buch, genauer: Rhet. Her. 3, 6–15 (siehe z. B. die Ausgabe HIRSCH 2019). Inhaltlich liefern sie kaum Neues, sondern geben im Wesentlichen das wieder, was bereits bei Aphthonios stand. Cicero äußert sich insbesondere in seinem Werk *De inventione*, siehe z. B. die Ausgabe NÜSSLEIN 1998.
[21] Vgl. Cic. inv. 70–82.
[22] Vgl. Quint. inst. 3,7.
[23] Siehe Quint. inst. 3,4,23. Vgl. hierzu auch Aristot. rhet. 1,9; 1367 b 7.

2.1.2 Invektivität als kulturwissenschaftliche Forschungsperspektive

Dem eher engen Begriff der Invektive als Schmährede, wie er üblicherweise in der Altphilologie verwendet wird, steht eine sehr viel weitere Verwendung im Rahmen der Invektivitätsforschung im Dresdner SFB 1285 seit 2017 gegenüber. Dort wird der Begriff der Invektive wie folgt definiert:

> Invektivität soll jene Aspekte von Kommunikation (verbal oder nonverbal, mündlich, schriftlich, gestisch oder bildlich) fokussieren, die dazu geeignet sind, herabzusetzen, zu verletzen oder auszugrenzen. Dabei unterliegen Erscheinungsformen und Funktionen des Invektiven [...] keinem starren Muster, sondern treten in medialer, politischer, sozialer und ästhetischer Hinsicht in komplexen, historisch variablen Konstellationen auf.[24]

Mit der Wortschöpfung ‚Invektivität' soll also ein gesellschaftliches „Fundamentalphänomen"[25] beschrieben werden, das heißt die Tatsache, dass viele soziale Prozesse durch kommunikative Vorgänge der Beleidigung, Beschimpfung und Herabsetzung ausgelöst, ja überhaupt erst ermöglicht, begleitet oder auch beendet werden. Invektiven sind hier also alle kommunikativen Ereignisse, die herabsetzen können, nicht nur Produkte einer rhetorischen Subgattung: „Ein einzelnes Kommunikationsereignis, in dem einer Person oder Gruppe eine abwertende Eigenschaft zugeschrieben wird, fassen wir begrifflich als ‚eine Invektive'."[26] Demgegenüber steht *das* Invektive, womit die Menge aller Eigenschaften gemeint ist, die das jeweilige Kommunikationsereignis überhaupt zu *einer Invektive* macht; abstrakter gesprochen ist es der jeweilige Modus, in dem sich Invektivität realisiert: „Das Invektive ist folgerichtig als ein kommunikativer Modus zu verstehen, in dem sich das konfliktive Moment sozialer Ordnung performativ hervorbringt, dynamisiert oder transformiert."[27]

Eine weitere begriffliche Herangehensweise für die Untersuchung von invektiven Konstellationen stellt die sogenannte invektive Triade dar. Sie besteht aus den drei Teilnehmern einer typischen invektiven Konstellation: dem sogenannten *Invektierer*, der seinen Kontrahenten, den *Invektierten*, angreift, und dem *Publikum*, das das invektive Geschehen mehr oder weniger aktiv oder passiv verfolgt und beeinflusst. Diese Zusammensetzung manifestiert sich am häufigsten in den sogenannten Arenen, das heißt an Orten, an denen Invektiven in Präsenzkonfigurationen ritualisiert werden. Für die Antike ist hier zum Beispiel an das Gericht, das Forum oder den Senat zu denken, wo Invektiven von Anwälten oder Politikern vorgetragen werden konnten.

Das Modell der invektiven Triade ist statisch, in der Realität kann es zu zahlreichen Rollenwechseln zwischen den Akteuren kommen – der Invektierer wird zum Invektierten, das Publikum trägt den Konflikt nach außen, entfacht weitere

---

[24] Siehe ELLERBROCK u. a. 2017, 3–4.
[25] Siehe ELLERBROCK u. a. 2017, 5.
[26] Siehe ELLERBROCK u. a. 2017, 6.
[27] Siehe ELLERBROCK u. a. 2017, 3,7.

Invektiven, es kommt zur Eskalation usw. Um diese Dynamik in den Blick zu bekommen, empfiehlt es sich, die sogenannten *Anschlusskommunikationen* zu untersuchen, also die Reaktionen auf die Invektive durch den Invektierten oder durch das Publikum.[28] Solche Anschlusskommunikationen werden wesentlich „durch affektive Resonanzen"[29] bestimmt, was zum nächsten Grundbegriff führt, dem der Emotion.

2.2 Emotionen

Emotionen entstehen im Zusammenspiel von Körperlichkeit, Kognition, Sozialität und Kultur.[30] Nach Zimbardo umfassen Emotionen „physiologische Erregung, Gefühle, kognitive Prozesse und Verhaltensreaktionen als Antwort auf eine Situation, die als persönlich bedeutsam wahrgenommen wurde."[31] Laut Ortner motivieren Emotionen „zu Verhaltensweisen, Ausdrucksformen und Handlungen."[32] Insbesondere steuern sie das soziale Leben; Autoren wie Vester sprechen von sozialen Emotionen, die drei soziale Motivationen regulieren: 1. die Sicherheit über den eigenen Status, 2. die Bindung an andere bzw. die Distanzierung von anderen und 3. die Kooperation in Gruppen.[33]

Sie sind in der Regel intentional, das heißt auf ein Objekt gerichtet, insofern sie Zustände oder Ereignisse bewerten[34], zum Beispiel man ist wütend auf jemanden.[35] Sie sind zudem stark genetisch determiniert und damit universell (insbesondere im mimischen, gestischen und vokalen Ausdruck von Basisemotionen wie Ekel[36]), aber es gibt auch viele zeitlich und räumlich variable,

---

[28] Vgl. ELLERBROCK u. a. 2017, 4.
[29] Siehe ELLERBROCK u. a. 2017, 10.
[30] Im Gegensatz zu Emotionen werden Gefühle in der Emotionspsychologie meistens als das subjektive, bewusste Erleben der Emotionen verstanden. Vgl. ORTNER 2014, 17; SCHWARZ-FRIESEL 2013, 78, 143. Eigentlich untersucht die Emotionslinguistik also die sprachliche Repräsentation von „Gefühlen". Da dieser Begriff aber eher unwissenschaftliche Konnotationen hervorruft, bleibe ich im Rahmen dieser Arbeit beim Emotionsbegriff.
Empfindungen betreffen die Wahrnehmung von Körperreaktionen. Affekte sind im Deutschen meist sehr intensive, aber kurze Emotionen, die oft disruptiv sind, d. h. Denken und Analysefähigkeit einschränken. Stimmungen sind schließlich weniger intensive, lang dauernde und ungerichtete Gefühlslagen. Vgl. zu diesen begrifflichen Bestimmungen ORTNER 2014, 18–19. Siehe allgemein auch KAPPELHOFF, BAKELS, LEHMANN/SCHMITT 2019. Vgl. für eine ausführliche, philosophische Grundlegung dieses weitläufigen Begriffs SCARANTINO/DE SOUSA 2018.
[31] Siehe GERRIG/ZIMBARDO 2008, 731. Für weitere Information im Bereich der Psychologie siehe BRANDSTÄTTER, SCHÜLER, PUCA/LOZO 2018.
[32] Siehe ORTNER 2014, 14. So auch schon Aristoteles, siehe SIEVEKE 1995, 84.
[33] Vgl. VESTER 1991, 39–40.
[34] Vgl. ORTNER 2014, 36–38 über die sogenannte Appraisaltheorie.
[35] Vgl. ORTNER 2014, 27.
[36] Vgl. EULER 2000, 46.

kulturelle und soziale Skripte und *display rules*[37], die die jeweils in einer Gesellschaft maximal erwartbare Intensität des Gefühlsausdrucks regulieren.[38] Hinzu kommen Faktoren der individuellen Persönlichkeit, die nach Krohne und Kohlmann eine „Moderatorfunktion zwischen emotionsauslösenden Ereignissen und resultierenden Emotionen"[39] einnimmt. Emotionen haben einen starken Einfluss auf die kognitiven Prozesse und die Denkweise des Individuums; Ankowitsch bringt es auf den Punkt: „Wir wollen, was wir fühlen."[40]

Emotionen sind körperlich verankert. Sie wirken auf drei Ebenen[41]: 1. auf der peripher-physiologischen Ebene (vegetatives Nervensystem, Variablen: Herzfrequenz, Hautleitfähigkeit, Temperatur, etc.); 2. in bestimmten Hirnstrukturen (insbesondere der Amygdala); 3. auf biochemischer Ebene (Neurotransmitter, Hormone, Neuropeptide)

Sie werden daher oft im Gegensatz zu Gedanken und Kognition gesehen. Aber sowohl Gefühle als auch Gedanken sind mentale Repräsentationen. Worin besteht nun der Unterschied? Gedanken haben als kognitive Repräsentationen einen propositionalen Charakter, während Gefühle semantisch leer sind und sich nur durch Dimensionen wie positiv versus negativ, stark versus schwach oder lang versus kurz bestimmen lassen.[42]

Bei den Emotionen selbst kann zwischen solchen unterschieden werden, die plötzlich auftreten (zum Beispiel Angst vor einer Spinne), und solchen, die bewusst reflektiert werden (zum Beispiel Angst vor einer schlechten Schulnote).[43]

Letztlich kann man nicht direkt über Emotionen sprechen, sondern nur über ihre verschiedenen kulturellen Repräsentationen wie Hirnscans oder auch expressionistische Kunstwerke. Sie sind also – auch sprachlich – nicht direkt beobachtbar, was die Emotionsforschung vor große Herausforderungen stellt.[44] Aber Kochinka macht deutlich: „[E]mpirisch erfaßbar werden Gefühle erst mit ihrer Symbolisierung [durch Sprache, Mimik, Gestik und weitere physiologische Parameter, der Verfasser]."[45]

Invektiven benötigen eine „affektive Grundierung".[46] Emotionen sind in der Regel sowohl Ursache als auch Mittel und Wirkung von invektiven Kommunikationsprozessen. Die affektive Dimension kann dabei kontrolliert eingesetzt, unkontrolliert vorangetrieben oder auch aus einem plötzlichen Impuls heraus erlebt werden. Auf Seiten der Invektiven kann ein breites Spektrum von Affekten

---

[37] Vgl. Hess/Kirouac 2004, 374–375.
[38] Vgl. Ortner 2014, 25–45.
[39] Siehe Ortner 2014, 27.
[40] Siehe Ankowitsch 2005a, 79. Ähnlich Siegel 2006, 287 und Damasio 2002, 85 ff.
[41] Vgl. Gerrig/Zimbardo 2008, 459–460.
[42] Ortner 2014, 38.
[43] Ortner 2014, 40.
[44] Vgl. Oller/Wiltshire 1997, 34–35; Schmidt-Atzert u. a. 2014, 22.
[45] Siehe Kochinka 2004, 20.
[46] Siehe Ellerbrock u. a. 2017, 10.

wirken: einerseits Ärger, Wut und Hass, andererseits aber auch Lust, Überlegenheitsgefühl und Stolz.[47] Auch die Angegriffenen „sind mit einer starken Affizierungswucht konfrontiert, die oftmals die souveräne Entscheidung darüber, sich beschämt, herabgesetzt oder angefeindet zu fühlen, verunmöglicht".[48] Die Emotionen der Betroffenen reichen von Scham und Hilflosigkeit bis hin zu Angst und Wut.[49] Das Publikum als Menge von Zuschauern und Zuhörern kann schließlich die Synchronisierung von Emotionen und damit das Gefühl der Gruppenzusammengehörigkeit erfahren und Emotionen wie Freude, Spaß, Heiterkeit, Misstrauen, Scham und Wut erleben; die Emotionen des Publikums können den Ausschluss des Beschuldigten bewirken.[50]

Eine weit verbreitete Unterscheidung ist die zwischen sogenannten Basisemotionen wie Wut oder Ekel, die genetisch festgelegt und kaum variabel sind und meist mit kulturübergreifenden, universellen Gesichtsausdrücken einhergehen, und davon abgeleiteten sekundären Emotionen wie Eifersucht, die je nach kultureller Sozialisation unterschiedlich empfunden und gezeigt werden können. Darüber hinaus wird diskutiert, ob Emotionen eher kontinuierlich ineinander übergehen oder eher diskrete Zustände sind.[51]

In der vorliegenden Arbeit wird – wo nötig – auf die folgende Klassifikation der kognitiven Emotionspsychologen Ortony, Clore und Collins zurückgegriffen. Ich zitiere eine Zusammenfassung von Ortner[52]:

1. Ereignisfundierte Emotionen sind Gefühle in Bezug auf ein erwünschtes oder unerwünschtes Ereignis und beruhen auf einem persönlichen Wunsch.
    a) Empathieemotionen betreffen das Wohlgefühl anderer, hier werden Sympathieemotionen (positiv: Mitfreude, negativ: Mitleid) und Antipathieemotionen (positiv: Schadenfreude, negativ: Neid/Missgunst) unterschieden.
    b) Emotionen, die das eigene Wohlbefinden betreffen, sind weiter unterteilt in Wohlergehen-Emotionen (positiv: Freude, negativ: Leid) und erwartungsfundierte Emotionen. Für letztere nehmen Ortony, Clore und Collins drei Untertypen an: Ungewissheitsemotionen (positiv: Hoffnung, negativ: Furcht), Emotionen der Erwartungsbestätigung (positiv: Befriedigung, negativ: bestätigte Furcht) und Emotionen der Erwartungsentkräftigung (positiv: Erleichterung, negativ: Enttäuschung).
2. Handlungsfundierte Emotionen sind als Gefühle in Reaktion auf eine lobenswürdige oder tadelnswerte Handlung definiert. Selbstlob- und Selbstvorwurfsemotionen sind

---

[47] Siehe ELLERBROCK u. a. 2017, 11.
[48] Siehe ELLERBROCK u. a. 2017, 10.
[49] Vgl. ELLERBROCK u. a. 2017, 11.
[50] Vgl. ELLERBROCK u. a. 2017, 10. Vgl. KOCH 2013. Vgl. LEHMANN 2012. Für KURILLA sind Emotionen ein Vergesellschaftungsmedium; er nennt in diesem Zusammenhang die drei Funktionen Kohäsion, Identität und Distinktion, vgl. hierzu KURILLA 2013, 492.
[51] Zu möglichen Ordnungen im unüberschaubaren „Zoo" der Emotionen vgl. ORTNER 2014, 21–25; RUSSELL/LEMAY 2004, 500.
[52] Vgl. ORTONY, CLORE/COLLINS 1988. Die Zusammenfassung stammt von ORTNER 2014, 24–25.

zum Beispiel Stolz (positiv) und Schuld (negativ). Während als Beispiele für Lob- und Vorwurfemotionen Bewunderung (positiv) und Empörung (negativ) gelten können.
3. Objektfundierte Emotionen schließlich beziehen sich auf ein Objekt bzw. auf seine Attraktivität und mit ihm verbundene Einstellungen. Sie lassen sich in Mögen-Gefühle (zum Beispiel Liebe) und Nicht-Mögen-Gefühle (zum Beispiel Hass) unterscheiden.

Der Zusammenhang zwischen Emotionalität und Invektivität ist auch hier auffällig, allerdings ist noch nicht geklärt, mit welchen invektiven Praktiken welche Emotionen in welcher Weise verbunden sind. Invektive Praktiken sind zumeist sprachlicher Natur. Daher wird im nächsten Abschnitt auf Sprache eingegangen, bevor im letzten Abschnitt dieses einleitenden Kapitels die drei Begriffe Invektivität, Emotionalität und Sprache in einen Gesamtzusammenhang gebracht werden.

2.3 Sprache

Jede Sprache kann als ein System[53] betrachtet werden, als eine geordnete Gesamtheit von Zeichen, mit denen Menschen kommunizieren.[54] Innerhalb dieses Systems können verschiedene Beschreibungsebenen verwendet werden, die sich jeweils auf ein anderes grundlegendes Merkmal der Sprache richten: Die Phonetik und Phonologie beschäftigt sich mit dem gesprochenen Wort, also mit Lauten und Klängen, die Morphologie mit den Formen der Substantive und Verben, die Lexik mit dem einzelnen Wort, die Syntax mit dem Satzbau und die Semantik schließlich mit dem Inhalt und der Bedeutung der sprachlichen Elemente. Das Wort als geschriebenes Zeichen wird von der Graphematik untersucht, doch ist diese Disziplin für antike Texte uninteressant, da Autographen, also echte Handschriften des Autors persönlich, nicht vorliegen und es in der Antike ohnehin keine festen Konventionen für Satzzeichen, Groß- und Kleinschreibung etc. gab.

Alle diese Disziplinen beschäftigen sich also mit unterschiedlichen Bausteinen der Sprache. Phonologie und Phonetik beschäftigen sich mit Phonemen, Vokalen und Konsonanten, die Morphologie mit Kategorien wie Präfixe, Suffixe,

---

[53] Aus poststrukturalistischer Sicht kann man sicher manches einwenden. Man kann sicherlich jede Sprache so behandeln, als wäre sie ein System, aber früher oder später stößt jede der besprochenen linguistischen Teildisziplinen auf Aspekte ihrer Forschungsobjekte, die sich diesem System nicht mehr einordnen lassen, sondern wesensmäßig unsystematisch und sogar widersprüchlich sind.

[54] Siehe hierzu insbesondere das fundamentale Buch von Ferdinand de Saussure mit dem Titel ‚Cours de linguistique générale' in der Ausgabe von SAUSSURE 2001. Zu den einzelnen Disziplinen der Linguistik siehe einschlägige Einführungen: zur Phonetik und Phonologie siehe BECKER 2012; zur Graphematik siehe FUHRHOP/PETERS 2013; zur Morphologie ELSEN 2014; zur Syntax siehe PITTNER/BERMAN 2015; zur Semantik siehe SCHWARZ-FRIESEL/CHUR 2014; zur Pragmatik siehe LIEDTKE 2016.

Wurzeln, Stämme und Endungen. Die Lexik erforscht zum Beispiel Schimpfwörter, die Syntax zum Beispiel wie die Wortstellung eines Satzes dazu beitragen kann, bestimmte Satzglieder stärker zu betonen, die Semantik erforscht u. a. die Konnotationen bestimmter Wörter und komplexe Phänomene wie Ironie.

Jeder Ebene können wiederum bestimmte Stilmittel zugeordnet werden: Klangfiguren wie die Alliteration in der Phonetik und Diminutive durch Suffixe in der Morphologie, Interjektionen in der Lexik, Stellungsfiguren wie die Anapher in der Syntax und zum Beispiel Metaphern in der Semantik.[55] Es folgt eine Tabelle mit deutschen Beispielen:

Sprachebene	Beispiel	Anmerkungen
Phonetik/ Phonologie	Ist das schööön!	Das Adjektiv „schön" wird länger und lauter als üblich ausgesprochen.
Graphematik	Es ist *schön*, nicht hässlich.	Das Adjektiv „schön" ist kursiv gesetzt, um den Kontrast zu verstärken.
Morphologie	Er ist doch nur ein Schönling.	Das Adjektiv „schön" wird durch die Endung -ling zum Substantiv.
Syntax	Schön ist er, aber nicht wirklich hübsch.	Das Adjektiv „schön" steht am Anfang des Satzes.
Semantik	So ein Schönling!	Das Substantiv „Schönling" bezeichnet laut Duden eher abwertend einen „gutaussehenden Mann mit übertrieben gepflegtem Äußeren".[56]

Tabelle 1: Sprachebenen

Doch wie hängen Schimpfwörter, Emotionen und Sprache zusammen?

2.4 Integration der drei Begriffe Invektivität – Emotion – Sprache

Sprache wurde in der Wissenschaftsgeschichte lange Zeit relativ einseitig als formale Fähigkeit des menschlichen Geistes untersucht, so dass strukturalistische und rationalisierende Perspektiven dominierten (vergleiche die sprachzentrierte Systemlinguistik), während Emotionen nur als Störfaktor betrachtet oder – auch aufgrund methodischer Probleme – nur unsystematisch erforscht wurden.[57]

---

[55] Zur Stilistik der alten Sprachen siehe einführend LANDFESTER/KUHN 2006; um einiges ausführlicher ist LAUSBERG 2008.

[56] Siehe „Schönling" auf „Duden online" o. J. URL: https://www.duden.de/node/713429/revisions/1380643/view (Abrufdatum: 07.10.2020).

[57] So Aristoteles und sogar noch Wittgenstein in seiner Anfangsphase, als er mit seinem *Tractatus Logico-Philosophicus* für einen Paukenschlag sorgte. Erst später wandte er sich vermehrt einer Analyse der sogenannten Alltagssprache zu, der *ordinary language*, und schuf sein

2.4 Integration der drei Begriffe Invektivität – Emotion – Sprache

Ortner resümiert über ihre Kollegen: „Sprache wird nach wie vor oft als prototypisch rationale Operation des Neokortex angesehen, wohingegen Emotionen niedrigeren Gehirnfunktionen und -ebenen zugeordnet werden."[58]

Erst im 20. Jahrhundert wurden im Zuge des *linguistic turn* und vor allem des *pragmatic turn* zunehmend andere Aspekte der sprachlichen Kommunikation beleuchtet.[59] Seit den 90er Jahren beschäftigen sich die Linguisten schließlich immer mehr mit der emotionalen Komponente der menschlichen Sprache, Schwarz spricht sogar von einer „emotionalen Wende".[60] Zwischen der Emotion als körperlichem Vorgang[61], der Gefühlsempfindung als „geistiger Repräsentation innerer Zustände"[62] und der sprachlich verschlüsselten Form liegen mehrere Zwischenstufen.[63] Diese sprachliche Kodierung von Emotionen und ihre emotionale Bedeutung[64] besser zu verstehen, ist das Hauptanliegen der emotionslinguistischen[65] Forschung. Die gestiegene Relevanz der Erforschung dieser

---

zweites großes Opus *Philosophische Untersuchungen*. Für Interessierte siehe MAJETSCHAK 2019. Auch in der verschriftlichten Vorlesung *How to Do Things with Words* (siehe AUSTIN 1986) ist der Übergang zur angewandten Sprache greifbar.

[58] Siehe ORTNER 2014, 47.

[59] Siehe zum *linguistic turn* insbesondere RORTY 1992.

[60] Siehe SCHWARZ 2008, 128–129. Vgl. zum Beispiel hierzu SCHWARZ-FRIESEL 2013, 7–12. Das ist eigentlich sehr überraschend, denn die eigenartige Zwitternatur der menschlichen Sprache zwischen Natur und Kultur springt fast ins Auge. Sprache ist einerseits vom immer mehr oder weniger von Stimmungen und Emotionen beeinflussten Körper hervorgebrachte Schallwelle oder Schriftzeile, andererseits freilich über lange Zeitstrecken gewachsene Kulturleistung mit Konventionen, Regeln und ritualisierten Ausdrucksweisen. Der Linguist KELLER hat dafür den Begriff der Sprache als Phänomen der dritten Art geprägt, weil sie eine Zwischenstellung zwischen Naturphänomen und vom Menschen geschaffenen Artefakt einnimmt. Siehe KELLER 2014. Sehr aufschlussreich zur Entwicklung der Emotionslinguistik auch das Kapitel „Von der Abwertung zur Anerkennung" in ORTNER 2014, 47–50.

[61] Vgl. hierzu das Schlagwort „embodiment", also die neuere kognitionswissenschaftliche These, dass Kognition immer körperbasiert ist und physikalische Interaktion voraussetzt. Vgl. WILSON, Robert A. und FOGLIA, Lucia, „Embodied Cognition", *The Stanford Encyclopedia of Philosophy* (Spring 2017 Edition), Edward N. ZALTA (ed.), URL = https://plato.stanford.edu/archives/spr2017/entries/embodied-cognition/.

[62] Siehe SCHWARZ-FRIESEL 2013, 236.

[63] Interessanterweise funktioniert der Sprachausdruck von Emotionen oft dann am besten, wenn das Erregungsniveau moderat ist. Bei sehr starken Emotionen lässt es uns oft die Sprache verschlagen; genauso herrscht bei geringer emotionaler Aktivierung gar kein Bedürfnis nach sprachlichem Ausdruck. ORTNER schreibt daher: „Die Äußerungsdichte nimmt bei geringer und starker emotionaler Erregung ab und erreicht bei mäßiger Erregung ein Maximum." Vgl. ORTNER 2014, 47. Die kognitiven Effekte von Emotionen auf die Verarbeitung von Sprache fasst WOLFF 2004, 97 gut zusammen.

[64] Ein Überblick über den unterschiedlichen Zugriff verschiedener Semantiken auf emotive Bedeutung findet sich in ORTNER 2014, 86–94.

[65] Zu den Anfängen des Begriffs siehe FOMINA 1999. Sie definiert ihn so, 7: „Die Erforschung der sprachlichen Fähigkeit eines Menschen zur Modellierung derjenigen Prozesse, die die Formierung und das Verstehen der emotionalen Äußerungen und Texte beeinflussen, sollte im Mittelpunkt der Emotionslinguistik stehen."

grundlegenden Fragestellung zeigt sich nicht zuletzt im Cluster *Languages of Emotion* an der FU Berlin, das von 2007 bis 2014 bestand.[66]

Emotionale Sprache hat drei grundlegende Funktionen[67]: Erstens können Emotionen durch Sprache benannt und thematisiert werden (sogenannte Nominationsfunktion, zum Beispiel im Satz „Ich habe Angst."), zweitens können Emotionen ausgedrückt werden (sogenannte Ausdrucksfunktion, zum Beispiel Freude durch die Interjektion „Juhu!") und drittens können Emotionen beim Zuhörer ausgelöst werden (sogenannte Emotionalisierungsfunktion, zum Beispiel bei flammenden Reden von Politikern). Vor allem mit den letzten beiden Funktionen beschäftigt sich die Emotionslinguistik.

Die beiden Linguistinnen Ochs und Schieffelin haben bereits 1989 in ihrem wegweisenden Aufsatz *Language Has a Heart* eine Intensivierung der emotionslinguistischen Forschung in diesem Bereich gefordert.[68] Sie bieten in ihrem Text einen Ansatzpunkt für die folgende einschlägige Forschung: Neben der Proposition eines Satzes, das heißt der reinen Satzaussage mit Subjekt und Prädikat, steht ihrer Meinung nach häufig ein sogenannter affektiver Kommentar, das heißt sprachliche Elemente von zum Teil sehr unterschiedlicher Art, die die Proposition des Satzes mehr oder weniger explizit oder implizit und mehr oder weniger absichtlich oder unabsichtlich[69] emotional modifizieren und intensivieren können. Denn es ist eher selten, dass sprachlich explizit und direkt mit Emotionsvokabular[70] auf Gefühle Bezug genommen wird, wie in dem Satz: „Ich habe Angst." So kann der einfache Satz „Es regnet.", der sich sachlich auf ein Wetterereignis bezieht und von einem Wettermoderator stammen könnte, auch zu „Es regnet!" umformuliert werden. Das Ausrufezeichen verändert die Satzmelodie und die Lautstärke des Satzes und könnte zum Beispiel die Freude eines Bauern über das Ende einer langen Trockenheit ausdrücken oder die Begeisterung eines Kindes, endlich wieder in Pfützen planschen zu können.[71] Wählt jemand stattdessen ein anderes Verb und sagt „Es schüttet.", so bleibt die

---

[66] Siehe zum Berliner Cluster: http://www.loe.fu-berlin.de [zuletzt aufgerufen am 12.03.2021].

[67] Vgl. EHRHARDT 2010, 147; ORTNER 2014, 59.

[68] Vgl. den Aufsatz OCHS/SCHIEFFELIN 1989.

[69] Für WIERZBICKA und für ORTNER spielt es für die Bedeutung einer sprachlichen Aussage keine Rolle, ob der Sprecher absichtlich oder unabsichtlich Emotionen ausdrückt. Dem schließe ich mich an. Vgl. zu dieser Problematik ORTNER 2014, 82; WIERZBICKA 1999, 176–177. Eine von ORTNERS Kernthesen, die sie Kongruenzproblem nennt, lautet denn auch: „Bei sprachlichen Äußerungen über Emotionen können, müssen diese aber nicht tatsächlich empfunden werden. Nicht alle empfundenen Emotionen müssen in gleichzeitigen sprachlichen Äußerungen zum Ausdruck kommen." Siehe ORTNER 2014, 95–99.

[70] Zu den verschiedenen Ansätzen, um den emotiven Wortschatz bzw. den Emotionswortschatz in Kategorien einzuordnen vgl. den Überblick in ORTNER 2014, 204–213.

[71] Die Bestimmung dieser emotiven Bedeutungsdimension ist natürlich ambig und stark kontextgebunden; er ist einer sogenannten fuzzy logic, einer unscharfen Logik, unterworfen, vgl. ORTNER 2014, 46.

Satzmelodie zwar gleich, aber durch die negative Konnotation von „schütten" verstärkt er die Vorstellung, die sich der Angesprochene vom Regenguss macht, und drückt gleichzeitig aus, dass er den Regen nicht wünscht.

Dieses Beispiel ist sehr einfach, und doch beleuchtet es einen wichtigen Punkt in der alltäglichen Kommunikation: Eine Person bewertet jemanden oder etwas entweder eher positiv, neutral oder negativ.[72] Diese Einschätzung wirkt sich auf seine Gefühle, seine Emotionen und gegebenenfalls auf seine langfristige Befindlichkeit aus.[73] Im obigen Beispiel löst der Regen bei dem Kind Vorfreude aus. Und diese Emotion wirkt sich auch auf den Sprachgebrauch aus, das heißt die einfache Proposition wird manchmal durch sogenannte affektive Kommentare variiert oder gesteigert. Diese affektiven Kommentare beeinflussen dann wiederum den Adressaten der Nachricht: Er kann die Emotion des Sprechers übernehmen oder auf den Sprecher reagieren und ihn zum Beispiel im Falle von Trauer trösten.[74]

Welche Formen können affektive Kommentare annehmen? Sie können Formen aller[75] im vorigen Abschnitt genannten Sprachebenen annehmen. Ochs und Schieffelin analysieren Sprachen aus allen Sprachfamilien und stellen eine Liste von Elementen zusammen, die Emotionen anzeigen können. Ein Beispiel ist das pejorative Suffix -accio im Italienischen: Aus dem neutralen Wort *tempo* für „Wetter" wird schnell das Wort *tempaccio* für „Sauwetter". Eine allgemeinere, sprachsystematisch gegliederte Liste von „Emotionscodes", die bei weitem nicht

---

[72] Bewertung ist letztlich der engste Konnex zwischen Emotionen und Sprache, ja fungiert sozusagen als Scharnier zwischen beiden Sphären; siehe z. B. ORTNER 2014, 239–248. Dieser Gedanke führt in der philosophischen Metaethik schnell zu weiteren Implikationen. Der sogenannte Emotivismus meint, moralische Sätze hätten dieselbe Form wie deskriptive Sätze, unterscheiden sich aber von ihnen, da ihre Bedeutung nicht empirisch überprüft werden kann. Daher seien moralische Sätze nicht sinnvoll. Für Emotivisten sind Ausdrücke wie ‚gut' und ‚richtig' nur wertende, keine deskriptiven Ausdrücke. Sie hätten nur emotive Bedeutung, d. h. durch sie würden emotionale Einstellungen des Urteilenden ausgedrückt. Die Bedeutung bestehe darin, (a) eigene emotionale Einstellungen mitzuteilen und (b) diejenigen anderer so zu beeinflussen, dass sie die erwünschten Handlungen ausführen. Emotionale Einstellungen seien also nicht kognitiv (was wiederum der Kognitivismus bestreiten würde). Stevenson, neben Ayer einer der Vertreter, behauptete also, dass die Veränderung von emotionalen Einstellungen mit Hilfe rhetorischer Mittel erzielt werde und dass ein moralischer Diskurs nicht durch vernünftige Argumente entschieden werden könne. Siehe zum Emotivismus: AYER 1996; GREWENDORF/MEGGLE 1974; STEVENSON 1972; 1975.

[73] Je nach vorgenommener sprachlicher respektive emotionaler Bewertung verändert sich auch die Motivation bzw. Handlungsbereitschaft und -richtung. Bei positiven Emotionen nähert man sich dem Objekt an („appetitives Motivationssystem"), bei negativen vermeidet man („aversives Motivationssystem"). Vgl. HAMM 2006, 530.

[74] Die Macht der Emotionen auf die verwendete Sprache ist bereits groß, doch auch umgekehrt ist der Einfluss der Sprache auf die Gefühle des Adressaten immens. Man hat herausgefunden, dass Psychopharmaka den Gefühlshaushalt nicht mehr beeinflussen als verbale Mittel; vgl. ERDMANN, ISING/JANKE 2000.

[75] So auch eine von ORTNERS Kernthesen, vgl. ORTNER 2014, 95–96. Allerdings gibt es nicht den einen Code je Emotion, z. B. Ärger, vgl. hierzu FRIES 1992, 23.

alle möglichen Codes enthält[76], aber kontrastiv auch für das Lateinische[77] leicht nutzbar gemacht werden kann, bietet Schiewer – sie folgt hier leicht abgewandelt[78]:

Sprachebene	Beispiele	Beispielsätze
Phonetik/ Phonologie	Tonhöhe – Lautstärke – Tempo – Intensität – Artikulation – Rhythmus – Pausen – Metrik etc.; Lautmalerei	Es reeegnet. *Beispiel: Artikulation*
Graphemik	Ausrufezeichen – Großbuchstaben etc.	ES REGNET!!! *Beispiele: Fettdruck, Großbuchstaben*
Morphologie/ Lexikon	Suffixe (zum Beispiel Verwendung von Augmentativa oder Diminutiva) – Interjektionen – Schlagwörter – stilistische Markierungen etc.	Oh, es regnet. *Beispiel: Interjektion*
Syntax	Expressive Satztypen wie Exklamationen – emphatische Konstruktionen (zum Beispiel spezifische Thema/Rhema-Strukturen) – Wortstellung etc.	Regnen tut's! *Beispiel: Wortstellung*
Semantik	Denotation – Konnotation – Metaphorik – Indirektheit – Ironie – Ambiguität – Polysemie	Es schüttet. *Beispiel: Umgangssprachliches Verb mit negativer Konnotation*
Text	Spezifische Texttypen wie Liebesbriefe, Streitgespräche – funktionale Stile – Register – rhetorische Aspekte – soziolinguistische Merkmale	Der Himmel öffnet seine Schleusen. *Beispiel: Poetische Sprache*

Tabelle 2: Formen der sprachlichen Kodierung von Emotionen

Hier werden je nach Sprachebene verschiedene Beispiele für Formulierungen gegeben. In der rechten Spalte der Tabelle habe ich versucht, jeweils ein Form-

---

[76] Es gibt potenziell unerschöpflich viele Emotionscodes; außerdem können auch alle weiteren Codes, die zunächst neutral anmuten, zur Emotionalisierung beitragen. Die Interpretation ist daher immer ambig und vom Kontext abhängig. Freilich gibt es aber für den Emotionsausdruck prädestinierte sprachliche Mittel, um die es mir hier zu tun ist. Eine viel ausführlichere Liste, zumindest für das Deutsche, bietet übrigens ORTNER 2014, 189–197.

[77] Zu Fragen der Geschichtlichkeit emotionalen Ausdrucks mittels Sprache vgl. ORTNER 2014, 144–158. Der in diesem Buch zugrunde liegende Text, die 2. Philippika, ist ein historischer Text und enthält als solcher historische Konzeptualisierungen von Emotionen, die in der Analyse berücksichtigt werden müssen. Dennoch ist nicht alles relativ, es gibt sehr wohl universalistische Konstanten emotionaler Sprache, z. B. auf der Ebene des Lexikons. Vgl. ORTNER 2014, 180–181.

[78] Entnommen aus: SCHIEWER 2007, 356.

beispiel auszuwählen und dann das vorangegangene Beispiel „Es regnet." entsprechend anzupassen. Einige kleinere sprachliche Formen, wie zum Beispiel die Alliteration, betreffen eher die Oberfläche des Textes und können durch leichte Irritationen die Aufmerksamkeit des Lesers lenken (diesen Vorgang nennt man auch *Foregrounding*), andere komplexere Formen, wie zum Beispiel Metaphern, verweisen auf tiefere emotionale Strukturen (entsprechend *Backgrounding*).[79]

Die Klassifikation ist bis zu einem gewissen Grad nur praktisch und nicht theoretisch begründbar. Morphologische, lexikalische und semantische Aspekte sind manchmal so eng miteinander verwoben, dass sie ineinander übergehen, wie das Beispiel des deutschen Wortes „Schädling" zeigt: Es ist ein pejoratives Wort mit der Endung -ling, die die negative Konnotation des Wortes noch verstärkt.

Es sollte nun deutlich geworden sein, dass Emotionscodes sehr unterschiedliche Formen annehmen können. Was aber können sie auf einer pragmatischen Ebene aussagen bzw. welche affektiven Informationen fügen sie der Proposition eines Satzes hinzu? Denn eines ist klar: Emotionale Sprachmittel sind nicht auf die Kodierung spezifischer Emotionen wie zum Beispiel Wut spezialisiert.

Vielmehr ist nach den „dimensionalen Angaben" zu fragen[80]: Nach Caffi und Janney sind dies vor allem drei: Evaluation, Quantität und Potenz.[81] Beispiele für die ersten beiden Dimensionen der Aussage wurden bereits genannt: Wenn jemand sagt: „Es schüttet.", dann wird er den gerade fallenden Regen erstens nicht begrüßen, also negativ bewerten. Zweitens kann er aber sein Missfallen sprachlich noch deutlich steigern, indem er das Verb austauscht und sagt: „Es pisst." Unter *potency* verstehen Caffi und Janney drittens ganz allgemein, ob der Sprecher eher sicher und selbstbewusst oder eher unsicher und ängstlich auftritt. In Bezug auf den Wissensanspruch sprechen die Autoren von Evidentialität[82]: Beispielsweise kann ein Wettermoderator seine Vorhersage überzeugend oder unsicher formulieren: „Ich weiß, dass es regnen wird." oder „Es könnte regnen, ich bin mir nicht ganz sicher." Ähnliche Unterscheidungen treffen die beiden Linguisten nicht nur für den Wissensanspruch, sondern auch für die Willensäußerung (sie nennen diese pragmatische Dimension Volitionalität), die Informationsgenauigkeit (Spezifität) und die Position (Proximität).[83]

Wie hängen nun die diskutierten sprachlichen Formen von Emotionen und ihre pragmatischen Ausdrucksdimensionen mit dem sozialen Phänomen der Invektivität zusammen?

---

[79] Vgl. ORTNER 2014, 110–111.
[80] Vgl. ORTNER 2014, 185 u. FOOLEN 2012, 355.
[81] Vgl. CAFFI/JANNEY 1994, 344.
[82] Vgl. zu diesem Konzept in der Linguistik besonders AIKHENVALD 2004.
[83] Die Theorie von CAFFI und JANNEY wird am Anfang der theoretischen Einführung noch ausführlich besprochen.

Die Pragmalinguistin Bonacchi definiert aggressive Kommunikationshandlungen wie folgt[84]:

Meine Äußerung *Du bist ein Versager!* ist primär kein Assertiv, der etwas *feststellt* (bzw. ein Referent x [= *du*] mit einer Prädikation y [= *Versager*] verbindet).[85] Aggressionsakte sind nämlich nicht von Assertiven ableitbar und lassen sich deswegen mit wahrheitskonditionalen Kategorien nicht widerlegen bzw. negieren, sondern durch eine aggressive Aussage wird ein Aggressionsakt vollzogen, der:
a) meinen emotionalen Zustand (etwa der Wut als expressive Bedeutungskomponente) und möglicherweise meine (aversive) Attitüde zum Adressaten ausdrückt sowie
b) eine Neuverteilung des interaktionalen Handlungsraums *hic et nunc* erzielt (der Sprecher wird verstärkt, der Adressat wird eingeengt).

Dieses Beispiel kann auch mit den Begriffen der Sprechakttheorie umformuliert werden: Mit der Lokution, das heißt der Sprachproduktion, ‚Du bist ein Versager!' vollziehen wir mehrere Illokutionen, das heißt Sprachhandlungen, die bereits mit dem Senden der Nachricht vollzogen sind. Bonacchi schreibt:

Bei einem Aggressionsakt sind mehrere illokutionäre Zwecke zu erkennen: der Ausdruck des eigenen emotionalen Zustands (in diesem Sinne ähnlich den Expressiven), die Einengung des interaktionalen Handlungsraums des Gesprächspartners (in diesem Sinne ähnlich den Limitativen [...]) zum Zweck der Behauptung der eigenen (vor allem interaktionalen) Macht (in diesem Sinne ähnlich den Direktiven), das Absprechen der interaktionalen Rechte des Anderen, um ihn herabzuwürdigen bzw. abzuwerten (in diesem Sinne ähnlich den Deklarativen).[86]

Die anschließende Perlokution, das heißt die handlungsleitende Wirkung des Gesagten bei den Betroffenen, ist dann erfolgreich, wenn sich der Adressat tatsächlich „gekränkt und bedrängt" fühlt.[87]

Deutlich wird die Wechselbeziehung zwischen den Schlüsselbegriffen Invektivität (als Oberbegriff, der auch Aggressivität einschließt[88]), Emotion und Sprache. Invektive, emotionale Sprache hat nach Bonacchi darüber hinaus folgende Merkmale[89]: Aufgrund der Einbettung des kommunikativen Aktes in körperlich vermittelte Emotionen und Affekte hat jede Beschimpfung einen konkreten Sitz im Leben und ist sehr eng an bestimmte Personen und deren Körper gebunden, ja ohne sie nicht denkbar. Insofern sind sie *unmittelbar* und *nicht übertragbar*. Solche Kommunikationsakte sind *unabhängig* in dem Sinne, dass die expressive Komponente der Äußerung eigenständig und unabhängig von der referentiellen Bedeutung ist. Sie sind *perspektivabhängig*, da Emotionen an die Perspektive einer Person gebunden sind. Emotionale invektive Kom-

---
[84] Vgl. BONACCHI 2019b, 10–11.
[85] Also eben keine reine Proposition, wie oben in diesem Kapitel erklärt.
[86] Siehe BONACCHI 2019b, 441.
[87] Vgl. BONACCHI 2019b, 441.
[88] Vgl. ELLERBROCK u. a. 2017, 16.
[89] Vgl. BONACCHI 2019b, 441–442.

munikationsakte sind *wiederholbar*. Die Wiederholung einer Invektive macht sie nicht redundant, sondern verstärkt ihre Wirkung.[90] Der Ausdrucksgehalt des aggressiven Sprechaktes ist letztlich *nicht beschreibbar*, man kann Gefühle nicht vollständig in Worte fassen, da sie letztlich keine sprachlichen Wesenheiten sind.

Gerade der letzte Punkt drückt eine tiefe Wahrheit aus: Emotionen als Inhalte des individuellen Bewusstseins eines Menschen (ähnlich wie Qualia, also phänomenale Bewusstseinsinhalte wie Farben oder Gerüche) sind im Endeffekt nicht aussprechbar, sie bleiben sprachlich unzugänglich. Man kann sich ihnen zwar sprachlich annähern und sie sprachlich mitteilen, aber die sprachliche Beschreibung und die jeweilige Emotion werden dabei nie eins. Damit ist auch jeder emotionslinguistischen Forschung eine Grenze gesetzt – die folgende emotionslinguistische Untersuchung einer Invektive Ciceros bleibt daher zwangsläufig unvollkommen.

---

[90] Dies erklärt wohl auch die hohe Häufigkeit an Wiederholungsfiguren wie z. B. der *repetitio* oder der Anapher, was die Stilistik von Invektiven anbetrifft.

3 Kurzer Forschungsbericht

Die vorliegende Arbeit ist eine latinistische Studie zur 2. Philippika Ciceros, die die emotionale Sprache dieser Rede in Form eines Kommentars analysieren will. Ihr interdisziplinärer Charakter erklärt sich aus der Vielfalt der Disziplinen, die für das Verständnis von Invektivität, Emotion und Sprache wichtig sind. Sie speist sich daher aus Büchern und Aufsätzen zahlreicher Disziplinen, über die im Folgenden ein kurzer Überblick gegeben wird, um die zahlreichen konzeptionellen Überschneidungen aufzuzeigen.

Einen wichtigen Startschuss für die altphilologische Erforschung der antiken Invektivität stellt die breit angelegte Studie von Koster 1980 dar; sehr aufschlussreich ist auch der Lexikonartikel von Neumann 1998; aktuelle Forschungsperspektiven, insbesondere auch die des einschlägigen Dresdner SFB 1285 (das Forschungsprogramm wird in Ellerbrock et al. 2017 vorgestellt), bringt das populärwissenschaftliche Buch von Pausch 2021. Wichtig sind auch die Studien zur invektiven Rhetorik von Corbeill 2002, Craig 2004 und Arena 2007; Cicero als Schmähredner untersuchen Booth 2007 und Smith/Covino 2011. Zur Selbststilisierung Ciceros vergleiche Dugan 2005. Zum Humor in Invektiven vergleiche Hickson-Hahn 1998 und Schneider 2000, allgemeiner die Monographie Beard 2016. Zu semantischen Phänomenen, besonders zur Verwendung von Eigennamen vergleiche Uría 2006.

Eher althistorische Studien zum Gesamtphänomen invektiver Rhetorik sind Thurns Studie zum Rufmord in der späten römischen Republik (siehe Thurn 2018) oder Christian Cristes Arbeit zur Rhetorik vor den spätrepublikanischen Gerichten (siehe Criste 2018, vergleiche auch Kish 2018; Jehne 2020a und 2020b).

Mit emotionaler Sprache und verbaler Aggression beschäftigt sich Bonacchi 2019. Ortner 2014 versucht erfolgreich daraus eine neue Methode der Textanalyse zu entwickeln. Für expressive Sprechakte ist Marteen-Cleef 1991 nach wie vor wegweisend. Mit einem Teilbereich der emotionalen und invektiven Sprache, den Schimpfwörtern, beschäftigt sich aus multidisziplinärer Perspektive Technau 2018. Speziell für die lateinische Sprache vergleiche vor allem Opelt 1965 und zuletzt Dubreuil 2013.

Die 2. Philippische Rede wurde editorisch erschlossen von Fedeli 1986; Magnaldi 2008; Shackelton Bailey 2009. Sie wird meist als Teil des Gesamtkorpus der Philippika untersucht (vergleiche Hall 2002; Manuwald 2004; Stevenson/

Wilson 2008; Schaffenrath 2014); auch zu den einzelnen Reden liegen einige Kommentare vor (vergleiche für die Reden 1–2 Ramsey 2008; für 3–9 Manuwald 2007). Arbeiten, die sich stark mit der 2. Philippika beschäftigen, sind vor allem der Kommentar von Cristofoli 2004 und der Teilkommentar von Gildenhard 2018 sowie die von Ott aus althistorischer Perspektive vorgelegte Studie zu ihrem Charakter als Flugschrift (Ott 2013; zur fiktiven Mündlichkeit in Ciceros Reden allgemein vergleiche insbesondere Fuhrmann 1990 und Blänsdorf 2001). Zudem liegen einige Untersuchungen zu Einzelaspekten der literarischen Technik vor (vergleiche zum Beispiel Hughes 1992; Paratore 1994; Sussmann 1994; Sussmann 1998; Myers 2003; Rey 2010; Fertik 2017).

4 Die 2. Philippika und ihr historischer Kontext

4.1 Vorgeschichte

Im Februar 44 v. Chr. ließ sich C. Iulius Caesar, siegreicher Feldherr in Gallien und Sieger im anschließenden Bürgerkrieg gegen Pompeius, zum Diktator auf Lebenszeit ernennen.[1] Für die Republikaner und Caesargegner unter den Senatoren schwanden damit die Aussichten auf politische Teilhabe. Und so konspirierte ein Teil von ihnen unter den beiden Prätoren M. Iunius Brutus[2] und C. Cassius Longinus. Unter ihnen befanden sich vor allem ehemalige Anhänger des Pompeius, die von Caesar begnadigt worden waren, aber auch einige frustrierte Caesarianer. An den folgenden Iden des März töteten etwa 60 Verschwörer Caesar während einer Senatssitzung im Pompeiustheater; nach insgesamt 23 Messerstichen verblutete er unter einer Pompeius-Statue, also ausgerechnet unter dem Abbild seines einstigen Gegners im Bürgerkrieg.[3] C. Trebonius, ein ehemaliger General Caesars, hatte Antonius vor dem Senatsgebäude in ein Gespräch verwickelt und so davon abgehalten, Caesar zu Hilfe zu kommen.

Die Senatoren flohen aus der Kurie, doch die Verschwörer versuchten, die Gunst der Stunde zu nutzen und sich in einer großen Kundgebung vom Volk als *liberatores*, als Befreier, feiern zu lassen. Dies misslang jedoch, und sie mussten sich auf das Kapitol zurückziehen, wo sie von einer Gruppe Gladiatoren bewacht wurden. Daraufhin zog der Reiteroberst M. Lepidus mit seiner Legion auf das Forum. Es kam zu einem Patt.

Zwei Tage später, am 17. März, berief der damalige Konsul Marcus Antonius[4] eine Senatssitzung ein, in der ein Kompromiss ausgehandelt wurde: Den Verschwörern auf dem Kapitol wurde Straffreiheit gewährt, aber alle Erlasse Caesars, die so genannten *acta Caesaris*, sollten in Kraft bleiben.

Unmittelbar nach der Versammlung wurde Caesars Testament eröffnet: Es sah großzügige Schenkungen an das römische Volk vor und setzte ausgerechnet

---

[1] Vgl. hierzu und zum Folgenden: RAMSEY 2008, 1 ff. Wichtige antike Quellen für diese Begebenheiten sind neben Cicero besonders Suetons Kaiserviten (siehe z. B. die Ausgabe MARTINET 2011) und Plutarchs Parallelbiographien (siehe z. B. die Ausgabe WUHRMANN 2011). Für einen Überblick zu Caesars Diktatur siehe z. B. JEHNE 2015, 101–115.

[2] Für weitere Informationen zur Figur des Brutus siehe das anregende Buch TEMPEST 2017.

[3] Vgl. DAHLHEIM 2005, 240; WILL 2009, 179.

[4] Für weitere Information über Marcus Antonius aus einer eher freundlichen Perspektive, sozusagen als Gegenbild, siehe HALFMANN 2011.

einen der Verschwörer als Erben ein.⁵ Das Pendel der Popularität schlug nun zugunsten der Caesarianer aus, was sich Antonius zunutze machte. Bei Caesars Begräbnis kochten die Emotionen des Volkes so hoch, dass einige Caesars Leichnam stahlen, damit er nicht aus der Stadt getragen werden konnte, und ihn stattdessen auf dem Forum verbrannten. In der Folgezeit entstand dort eine Art Heiligtum zur Verehrung Caesars (erst Dolabella, Mitkonsul des Antonius und Schwiegersohn Ciceros, sollte es Ende April wieder abreißen lassen). Aus Hass gegen die Verschwörer wollten sie anschließend deren Häuser in Brand stecken, viele Verschwörer mussten fliehen. In den folgenden Tagen sorgte Antonius für Ordnung und ließ den aus dem Exil zurückgekehrten Demagogen Pseudo-Marius hinrichten, was ihm auch Sympathien bei den ehemaligen Gegnern Caesars einbrachte.⁶

Insgesamt wandte sich die Stimmung der Stadtbewohner gegen die Verschwörer: Brutus und Cassius mussten ihre Prätorenämter niederlegen und verließen Rom am 12. April; die Verschwörer Trebonius, L. Iunius Brutus und L. Cimber verließen Rom in Richtung der ihnen zugeteilten Provinzen. Auch Cicero hatte Rom am 7. April verlassen, obwohl er an der Verschwörung nicht beteiligt gewesen war. Er blieb bis Mitte Juli auf seinen Landgütern in Italien und reiste am 17. Juli nach Griechenland. Ursprünglich wollte er erst im neuen Jahr zurückkehren, wenn Marcus Antonius nicht mehr amtierender Konsul war, tatsächlich kehrte er aber schon am 1. September zurück, also einen Tag vor der 1. Philippischen Rede vor dem Senat.

In der Zwischenzeit, kurz nach dem *senatus consultum* vom 17. März, begann Marcus Antonius, die von Caesar im Tempel der Ops aufbewahrten Gelder zu veruntreuen und politische Vorteile in Form von gefälschten *acta Caesaris* zu verkaufen. Dabei half ihm Caesars Geheimschreiber Faberius. Unter politischen Vorteilen sind u. a. Ämtervergaben, Amnestien oder die Rückberufung von Verbannten zu verstehen.

Ende April begann die traditionelle Sommerpause des Senats. Am 25. April brach Antonius zu einer ausgedehnten Rundreise auf, um die Siedlungen der Veteranen Caesars in Kampanien zu besuchen und weitere Veteranen anzusiedeln. Der Grund dafür dürfte – neben dem Ausbau seiner militärischen Stärke – nicht zuletzt darin gelegen haben, dass der 18-jährige Octavianus, der Haupterbe Caesars und spätere Augustus, am 18. April in Neapel, also auch in Kampanien, wo sich die ehemaligen Truppen seines Großonkels befanden, eingetroffen war. Anschließend reiste er nach Rom, um sein Erbe anzutreten, dem Volk Geld aus Caesars Nachlass zu schenken und Spiele zu Ehren Caesars zu veranstalten.

Am 18. Mai kehrte Marcus Antonius mit einer großen Gruppe bewaffneter Caesar-Veteranen nach Rom zurück. Mit dieser neuen Eskorte wollte er seine

---

⁵ Siehe für weitere Informationen zu den *Acta Caesaris* als strategischem Mittel von Marc Anton den Aufsatz MATIJEVIĆ 2006.
⁶ Siehe zu Pseudo-Marius den Lexikonartikel MÜNZER 1930.

politischen Gegner einschüchtern. Und es gelingt ihm: Als Antonius am 1. Juni den Senat einberuft, bleiben die meisten Senatoren aus Angst fern. Antonius umging kurzerhand den Senat und ließ sich und Dolabella zwei Tage später, am 3. Juni, für volle fünf Jahre mit prokonsularischen Statthalterämtern ausstatten. Dolabella sollte die Provinz *Syria*, Antonius die Provinz *Macedonia* erhalten, also jene Provinzen, die eigentlich den Prätoren Brutus und Cassius zugeteilt waren. Wenig später tauschte Antonius jedoch die Provinzen, er sollte nun für fünf Jahre den beiden gallischen Provinzen vorstehen. Die Verschwörer und die republikfreundlichen Kräfte in Rom waren empört: Zum einen war es ein Affront gegen den neuen Statthalter von *Gallia Cisalpina*, D. Iunius Brutus, dessen Amtszeit dort dadurch empfindlich verkürzt werden sollte. Zum anderen wäre es zu einer militärischen Machtkonzentration gekommen, denn Antonius plante, den drei gallischen Legionen fünf weitere aus Makedonien zur Seite zu stellen. Das erinnerte viele Senatoren an Caesar und seine Machtstellung am Rubikon zu Beginn des Jahres 49 – für die Republikaner eine unerträgliche Vorstellung.

Antonius versuchte weiterhin mit allen Mitteln, Brutus und Cassius von jeder Einflussmöglichkeit auszuschließen, und ließ am 5. Juni vom Senat beschließen, sie an den Rand des Imperiums zu verbannen, wo sie eine lästige landwirtschaftliche Aufgabe übernehmen sollten. Seinem Bruder Lucius und sich selbst hingegen räumte er weitreichende Kompetenzen im Rahmen eines siebenköpfigen Kollegiums zur Umverteilung von Land in Italien an Veteranen ein.

Dennoch hofften Brutus und Cassius weiterhin, die Amtsgeschäfte des Prätors bald wieder aufnehmen zu können. Um seine Beliebtheit beim Volk zu steigern, veranstaltete Brutus vom 6. bis 13. Juli mit großem Aufwand die *ludi Apollinares*, als wäre er immer noch der Prätor, der für die Organisation der Spiele zuständig war. Auf Anraten seiner Freunde blieb er dann aber doch Rom fern. Die Spiele kamen beim Volk trotzdem gut an, und er versuchte, diese neue Popularität als politisches Druckmittel gegen Antonius einzusetzen und ihm die politische Macht zu entreißen. So riefen sie ihre Anhänger auf, bei der Senatsversammlung am 1. August offen gegen Antonius zu opponieren. Ihre Pläne wurden bitter enttäuscht – nur L. Piso, Caesars ehemaliger Schwiegervater, erhob mutig seine Stimme.

Bleibende Popularität beim Volk erlangte dagegen Octavian, der zu Ehren Caesars Leichenspiele veranstaltete. Diese fanden vom 20. bis 30. Juli statt. Octavian war dabei vom Glück begünstigt, denn genau zur Zeit der Spiele erschien sieben Tage lang ein heller Komet am Himmel, was als Apotheose Caesars im römischen Pantheon gedeutet wurde. Marcus Antonius beneidete Octavian um seinen schnellen Aufstieg zum Liebling der Massen und erklärte öffentlich seine Feindschaft. Ausgerechnet Caesars Veteranen zwangen die beiden zu einer öffentlichkeitswirksamen Versöhnung auf dem Kapitol.

Auf Druck von Marcus Antonius verließen Cassius und Brutus schließlich die italienische Halbinsel in Richtung Griechenland. Unterwegs traf Brutus am

17. August mit Cicero auf dessen Landgut in Velia zusammen. Trotz der unerfreulichen Nachrichten vom politischen Treiben in der Hauptstadt setzte Cicero seinen Weg nach Rom fort, wenn auch zögerlich und langsam – schließlich wollte er nicht zu lange abwesend sein und den Kritikern, er sei feige und habe seine Heimat im Stich gelassen, den Wind aus den Segeln nehmen. Am 19. August erreichte er seine Villa bei Pompeji, erst am 1. September traf er in Rom ein.

Am selben Tag fand eine Senatsversammlung statt, an der Cicero nicht teilnahm, was ihm Antonius in einer Rede vorwarf. Am nächsten Tag schlug Cicero im Senat zurück und kritisierte seine Politik scharf. Dieses Muster wiederholte sich noch einmal: Am 19. August hielt Antonius eine heftige Invektive gegen Cicero, woraufhin dieser die 2. Philippische Rede als politische Flugschrift zur Beeinflussung der öffentlichen Meinung verfasste und verbreitete.[7] Diese Invektive scheint eine direkte Reaktion auf den Angriff des Antonius vom 19. August gewesen zu sein, und zwar in vorgetäuschter Mündlichkeit[8] noch im Senat. Nur scherzhaft, in einem Brief an M. Brutus[9], wurden seine Schmähreden gegen Antonius mit den Reden des Atheners Demosthenes gegen den Makedonenkönig Philipp II. in Verbindung gebracht, so dass sich wegen der ähnlichen Konstellation der Gegner bald der Titel „Philippika" einbürgerte[10]; zugleich enthält der Titel eine kritische Botschaft, spiegelt er doch die Personenkonstellation zwischen Demosthenes, dem Freiheitskämpfer der Polis Athen, und dem Alleinherrscher Philipp II. auf römischer Ebene, also das Verhältnis zwischen dem Republikaner Cicero und auf der anderen Seite Antonius.[11]

Dann eskalierte erneut die Rivalität zwischen den beiden Caesarianern Antonius und Octavian, die im Überlaufen zweier Legionen aus Makedonien zu Caesars Großneffen gipfelte. In dieser kritischen Situation sah sich Antonius gezwungen, in der Nacht vom 28. auf den 29. November mit seinen loyalen Truppen Rom zu verlassen und nach *Gallia Cisalpina* zu ziehen. Dort weigerte sich jedoch D. Iunius Brutus beharrlich, seine Provinz vor Ablauf seiner Amtszeit zu verlassen. In dieser aufgeheizten Stimmung hielt Cicero seine 3. und 4. Philippika, in denen er vollständig mit Antonius brach und zum offenen Krieg gegen ihn aufrief. Seine Politik radikalisiert sich zu einem Kampf auf Leben und Tod gegen seinen Gegner Antonius.

Der Rest ist Geschichte: Antonius setzt sich durch und schmiedet im folgenden Jahr überraschend ein Bündnis mit Octavian und M. Lepidus, das sogenannte Zweite Triumvirat. Cicero landet auf der Proskriptionsliste und

---

[7] Siehe zur 2. Philippika als Flugschrift OTT 2013.
[8] Vgl. zur fingierten Mündlichkeit bei Cicero insbesondere FUHRMANN 1990.
[9] Vgl. Ad Brut. 2.3.4 (z. B. in der Ausgabe KASTEN 2014).
[10] Dies bezeugt beispielsweise Plutarch in seiner Cicero-Biographie, siehe Plut. Cic. 48.6 (z. B. in der Ausgabe WUHRMANN 2011). Zur Corpus-Bildung und zum Problem von einer „2. Philippika" zu sprechen, vgl. den Aufsatz STROH 2000.
[11] Zum invektiven Potenzial dieser Personenkonstellation vgl. die Monographie WOOTEN 1983.

stirbt am 7. Dezember 43 v. Chr. in Formiae durch die Hand eines Häschers des Antonius. Seine Zunge und seine Hände werden auf den Rostra in Rom als Mahnmale seines letztlich aussichtslosen Kampfes als Redner gegen die militärische Übermacht ausgestellt.

4.2 Inhalt der Rede

Nach der 1. Philippika zog sich Antonius in seine Villa in Tibur zurück, die einst dem Schwiegervater des Pompeius, Metellus Scipio, gehört hatte, und erarbeitete mit seinem Rhetoriklehrer Sextus Clodius eine Replik. Wegen der *ludi Romani* fand die nächste Senatssitzung erst am 19. September statt, wo über eine *supplicatio* zu Ehren des L. Plancus für seine Kriegserfolge in Gallien abgestimmt werden sollte. Bei dieser Gelegenheit hielt Antonius seine Schmährede gegen Cicero, der aus Sicherheitserwägungen nicht anwesend war. Die Senatsversammlung fand nämlich im Concordiatempel statt, der von Antonius' Leuten umstellt war, die bewaffnet waren, die Türen verriegelt hatten und sich teilweise sogar im Heiligtum aufhielten.

In der Folge verfasste Cicero seinerseits eine scharfe Invektive gegen Antonius. Darin täuscht er eine direkte mündliche Erwiderung auf die Schmähungen des Antonius vor, indem er u. a. auf räumliche und zeitliche Gegebenheiten Bezug nimmt oder sich an anwesende Personen wendet. Während der Abfassung stand er in Kontakt[12] mit M. Brutus und Atticus, der die Rede wahrscheinlich gegen Ende Dezember, also drei Monate nach dem 19. September, als Flugschrift veröffentlichte.

Dass die 2. Philippika eine erfundene Rede ist, muss man sich immer vor Augen halten. Wenn also in der folgenden Analyse von Cicero die Rede ist, so ist damit nicht der historische Cicero im engeren Sinne gemeint, sondern ein impliziter Autor/Redner Cicero, wie ihn der Text der Rede nahelegt. Ähnliches gilt natürlich für Antonius und das Publikum der Senatoren: Es gibt einen realen und einen impliziten Antonius, reale und implizite Senatoren. Zwischen der realen und der impliziten Person besteht jeweils eine Wechselbeziehung; so sollte die fiktive Rede als Pamphlet durchaus Einfluss auf das politische Tagesgeschehen nehmen, und zwar vor allem – das legt der invektive Charakter der Rede nahe – durch eine schlechte Charakterdarstellung des Antonius. Das reale Publikum bestand aber sicherlich nicht mehr nur aus den Senatoren, vielmehr ist von einer Vielzahl fließender und sich verändernder Öffentlichkeiten auszugehen, die u. a. durch weitere Aristokraten auch außerhalb des Senats gebildet wurden.

---

[12] Vgl. Att. 15.13.1 (z. B. in der Ausgabe KASTEN 2011a).

Als Invektive gehört die Rede wie das Pendant der Lobrede zum *genus demonstrativum*. Zwar finden sich auch Passagen, in denen gerichtliche oder beratende Beredsamkeit eine Rolle spielt, doch überwiegt der Versuch Ciceros, ein sehr negatives Bild von Antonius zu zeichnen. Dazu bedient er sich nach Ramsey nicht weniger als sechs Schmähtopoi: 1. äußere Erscheinung und Kleidung, 2. Unzucht, Prostitution und Homosexualität, 3. Habgier und Diebstahl, 4. Verschwendungssucht, 5. Feindseligkeit gegenüber der eigenen Familie, 6. Feigheit in der Schlacht.[13]

Als Rede des *genus demonstrativum* gliedert sie sich in Anfang, Hauptteil und Schluss bzw. in *exordium*, *tractatio* und *peroratio*.[14] Der Hauptteil gliedert sich in Widerlegung (*refutatio*) und Beweisführung (*confirmatio*). Daraus ergibt sich folgende Gliederung[15] der Rede (die Zahlen in Klammern beziehen sich auf die Abschnitte innerhalb der Rede) – genaue Inhaltsangaben zu den Abschnitten finden sich im folgenden Kommentarteil:

exordium (1–2)
- Cicero und sein Kampf gegen die Staatsfeinde geht weiter und ist wohl sein Schicksal

tractatio (3–114)
- *refutatio* (3–43)
    - Verletzung ihrer Freundschaft: Gerichtsfall (3), Kandidatur für das Augurenamt (4), Antonius' *beneficium* 48 v. Chr. (5–7a), Ciceros im Senat verlesener Brief (7b–10)
    - *partitio* (10b): Nach der Verteidigung (*refutatio*) folgt der Angriff (*confirmatio*)
    - Konsulat Ciceros (11–20), Ermordung des Clodius (21–22), Spaltung zwischen Caesar und Pompeius (23–24), Ermordung Caesars (25–36)
    - Leichtere Vorwürfe: Ciceros Verhalten im Lager des Pompeius (37–40a), Erbschaften (40b–42a)
    - *transitio*: Antonius ist kein Redner (42b–43)
- *confirmatio* (44–114)
    - Angriff auf die Anfangsjahre des Antonius: Ausschweifungen in der Jugend (44–47), Kriegsdienst im Ausland (48–50a)
    - Angriff auf seine Karriere im Bürgerkrieg: Auslösung des Bürgerkrieges (50b–55a), Verwaltung Italiens 49 v. Chr. (55b–58), *magister equitum* Caesars 48 und 47 (59–63), Erwerb der Güter des Pompeius (64–70), Streit mit Caesar (71–74), Vermeidung des Militärdienstes in Spanien (75–78a), Versöhnung mit Caesar (78b–79)

---

[13] Für weitere Informationen zu den invektivischen Topoi im gleichnamigen Kapitel.
[14] Vgl. Rhet. Her. 3.11–15 (z. B. in der Ausgabe Hirsch 2019).
[15] Vgl. Ramsey 2008, 159–161. Die Übersetzung und die leichten Änderungen stammen vom Autor.

- Angriff auf sein gegenwärtiges Konsulat 44: Versuch, Dolabellas Wahl zu vereiteln (80–84a), Lupercalien (84b–87), Iden des März (88–89a), Versöhnung nach den Iden (89b–91), Fälschung der *acta Caesaris* (92–100a), Ansiedlung von Veteranen in Kampanien (100b–107), Rückkehr nach Rom mit bewaffneter Leibwache (108), Missachtung Caesars (109–111), wahrer Weg zum Ruhm und Warnung (112–114)

peroratio (115–119)
- Caesars Ermordung als Mahnung und Aufruf zur Abkehr von tyrannischer Herrschaft

4.3 Überlieferungsgeschichte

Die 2. Philippika wurde meist zusammen mit den anderen Reden des Corpus der Philippischen Reden (oder Teilen davon) überliefert.[16] Es gibt zwei Überlieferungszweige, V und D, die auf einen gemeinsamen Archetypus zurückgehen. Alle Handschriften von V und D weisen eine Reihe gemeinsamer Fehler auf.

V besteht aus einer einzigen überlieferten Handschrift aus dem 9. Jahrhundert: cod. tabularii Basilicae Vaticanae H.25, die mehrfach überarbeitet wurde, das heißt es gibt mehrere Hände V^1, V^2, etc. Sie wurde 1426 in Deutschland gefunden und nach Italien gebracht.

D ist eine Familie von Handschriften, die zwischen dem 10. und 12. Jahrhundert geschrieben wurde. Sie besteht aus den folgenden Gruppen von Handschriften, die alle die gleichen Lücken aufweisen und deshalb *decurtati* genannt werden – daher der Buchstabe D:

- c: Die *familia Colotiana* umfasst die ersten vier Philippiken und geht auf drei überlieferte Textzeugen zurück, nämlich Paris. Lat. 5802 (saec. xiii.), Paris. Lat. 6602 (saec. xiiii.) und Berolin. Philipp. 1794 (olim 201. saec. xii).
- b: Dies ist cod. Bernensis 104. saec. xiii–xiv. Er enthält alle 14 Reden.
- n, s und v: Sie bestehen aus cod. Vossianus Lat. O., 2 (n; s. X–XI), cod. Vaticanus Latinus 3228. (s; s. X) und cod. Vaticanus Latinus 3227 (s. XII).
- t: Sie besteht aus cod. Monacensis 18787 olim Tegernseensis 7870. saec. xi.

Sehr oft bietet V den besseren Text, aber nicht immer. Die Klauseln in D sind oft überlegen, einige Lesarten sind besser, außerdem schließt D einige Lücken in V. Die ersten Ausgaben erschienen 1471 in Rom und Venedig.

Der Text, der diesem Buch zugrunde liegt, ist der von Ramsey. Er nimmt einige Änderungen gegenüber der Ausgabe von Shackleton-Bailey und der Oxford-Ausgabe vor, die in seinem Kommentar nachzulesen sind.[17]

---

[16] Siehe zur Textüberlieferung RAMSEY 2008, 23–24 und detaillierter CLARK 1900 sowie CLARK 1918, 162–211.

[17] Vgl. RAMSEY 2008, 24–28.

5 Theoretische Einführung

5.1 Emotionslinguistische Pragmatik

Die Pragmatik ist die linguistische Disziplin, die die Handlungsebene der Sprache untersucht.[1] Wenn Menschen sprechen, stellen sie nicht nur Tatsachen fest, wie mit dem Satz „Es regnet.", sondern sie *verändern* die Wirklichkeit konkret und *handeln* in diesem Sinne. Sprechen hat bestimmte Funktionen. Wie handeln Menschen durch ihre Sprache? Wenn ich zum Beispiel zu einer Person sage: „Gut gemacht!", dann lobe ich diese Person, das heißt ich drücke mein Wohlgefallen an einer ihrer Leistungen aus. Der enge Zusammenhang zwischen Sprechen und Handeln wird durch den Begriff *Sprechakt* ausgedrückt, den der Sprachphilosoph John Searle geprägt hat.[2] Das Hervorbringen einer sinnvollen und grammatikalisch richtigen Lautfolge wie „Gut gemacht!", die sich auf etwas in der Welt bezieht, nennt man Lokution (von *loqui* „sprechen"). Die Sprechhandlung, in diesem Fall das Loben, heißt Illokution (von *in* und *loqui*); ich sage zu jemandem „Gut gemacht!" und schon *in* diesem Sprechen vollziehe ich ein Loben. Führt das Lob zu praktischen Konsequenzen, etwa zu einem Gefühl des Stolzes beim Adressaten, so handelt es sich um eine Perlokution des Sprechaktes (von *per* „durch" und *loqui*); mit anderen Worten: *Indem* ich die Person lobe (indem ich obige Worte sage), freut sie sich und ist stolz auf sich.

Nach Searle gibt es fünf Klassen von Illokutionen:[3] 1. Assertiva: In assertiven Sprechakten sagt der Sprecher dem Hörer, was der Fall ist. Der Sprecher teilt also seine Meinung mit und stellt etwas fest. Beispiele: behaupten, mitteilen, berichten usw. 2. Direktiva: Hier versucht der Sprecher den Hörer dazu zu bewegen, etwas zu tun oder zu unterlassen. Der Sprecher wünscht etwas. Beispiele: auffordern, bitten, raten etc. 3. Kommissiva: Der Sprecher legt sich selbst auf eine Handlung oder Unterlassung fest. Er äußert also seine Absicht. Beispiele: versprechen, geloben, drohen etc. 4. Deklarativa: Der Sprecher sagt etwas, um die Welt entsprechend dem Gesagten zu verändern, zum Beispiel den Status von Dingen, Personen etc. Beispiele: ernennen, taufen, entlassen usw. 5. Expressiva: Der Sprecher drückt seinen eigenen emotionalen Zustand aus und versucht

---

[1] Zur Pragmatik emotionaler Sprache *in extenso* vgl. ORTNER 2014, 257–277.
[2] Siehe SEARLE 1983. Er selbst ist ein Schüler von John Austin (siehe AUSTIN 1986).
[3] Vgl. STAFFELDT 2008, 81.

damit auch den emotionalen Zustand des Hörers zu beeinflussen. Beispiele: willkommen heißen, schimpfen, danken, grüßen, gratulieren, klagen usw.

Die letzte Klasse der Expressiva ist für die vorliegende emotionslinguistische Untersuchung besonders relevant. Dazu gehören insbesondere Illokutionen wie Spotten, Schimpfen und Fluchen, die nach Marten-Cleef allesamt opponierende Expressiva mit Sprecher-Aversion sind.[4] Was aber tut man als Sprecher, wenn man solche Sprechakte vollzieht?

In ihrem Aufsatz *Toward a Pragmatics of Emotive Communication*[5] schlagen die Autoren Caffi und Janney eine Theorie der pragmatischen Dimension emotionaler Kommunikation vor. Sie unterscheiden sechs pragmatische Kategorien oder Funktionen: Evaluation, Proximität, Spezifität, Evidentialität, Volitionalität und Quantität. Jede dieser sechs Dimensionen sprachlichen Handelns spannt eine Intensitätsskala zwischen zwei Polen auf; so geht es zum Beispiel bei der Kategorie Evaluation um eine Bewertung zwischen den Polen negativ vs. positiv. Anders ausgedrückt: Ich kann sprachlich nicht nur etwas feststellen, sondern auch mehr oder weniger explizit etwas bewerten („evaluieren"). Das Schimpfwort „Dummkopf" bewertet beispielsweise eine andere Person negativ. Eine Bewertung kann dabei mehr oder weniger negativ, mehr oder weniger intensiv sein: So ist „Dummkopf" weniger negativ als „Hohlkopf", aber negativer als „Dummerchen". Schimpfwörter stellen jedoch nur eine Möglichkeit dar, Bewertungen vorzunehmen. Caffi und Janney geben mehrere Beispiele für Sprachgebrauchsmuster, ihre Darstellung ist jedoch nicht erschöpfend.

Andere Autoren hingegen liefern Listen von sprachlichen Formen, die Emotionen vermitteln können, ohne ihnen pragmatische Inhalte zuzuordnen. Eine mögliche Liste[6] solcher sprachlicher Emotionscodes findet sich bei Schiewer. Diese Liste bietet einen guten Ausgangspunkt. Die bereits erwähnten Schimpfwörter könnten der Kategorie „Lexikon" zugeordnet werden.

Vorrangiges Ziel dieser Arbeit ist es, sprachliche Emotions-Codes (wie Schimpfwörter) und pragmatische Dimensionen emotionaler Sprache (wie Bewertung) miteinander in Beziehung zu setzen und von hier aus für eine neue Perspektivierung invektiven Sprechens nutzbar zu machen. Als Paradebeispiel einer Invektive soll, wie gesagt, die 2. Philippische Rede Ciceros gegen Marcus Antonius dienen. Zunächst sollen die pragmatischen Kategorien von Caffi und Janney kurz vorgestellt und jeweils gefragt werden, welche sprachlichen Elemente sie realisieren können.

---

[4] Vgl. insbesondere hierzu MARTEN-CLEEF 1991, 220–232. Bei den sogenannten sympathisierenden Expressiva (also im Gegensatz zu den opponierenden Expressiva) gibt es hingegen eine Korrespondenz zwischen den Gefühlszuständen des Sprechers und des Adressaten. Beispiele sind Danken, Gratulieren, Willkommen-Heißen. Vgl. MARTEN-CLEEF 1991, 79–80.
[5] Vgl. CAFFI/JANNEY 1994.
[6] Vgl. SCHIEWER 2007, 356.

5.1.1 Evaluation

Im Zentrum des emotionalen Sprachgebrauchs steht für Ortner die Bewertung.[7] Bewertung ist die pragmatische Dimension des emotionalen Sprachgebrauchs, die Personen, Zustände und Vorgänge „bewertet", also beurteilt.[8] Diese Bewertung kann positiv oder negativ sein, wobei verschiedene Abstufungen[9] möglich sind. Ortner unterteilt so[10]:

> Ein Sachverhalt, der vom Individuum als unerwartet, negativ oder wichtig erkannt wurde, wird in den Dimensionen Lokation (internale oder externale Faktoren), Stabilität (zeitlich überdauernd oder momentan) und Kontrollierbarkeit beurteilt. Die resultierende Emotion ist von diesen Bewertungen abhängig. Zum Beispiel wird ein nicht angemessenes Verhalten anderer Personen in Hinblick auf ihre Verantwortlichkeit und die Intentionalität des Verhaltens beurteilt. Ergibt die kognitive Einschätzung eine unkontrollierbare Ursache und keine Verantwortung der betroffenen Person, besteht eher die Bereitschaft, dem Gegenüber zu helfen (Mitleid), während sonst eher Wut auftritt.

Negative Bewertungen umfassen so unterschiedliche menschliche Gefühle wie Hass, Neid, Wut, Eifersucht, Abscheu, Ekel, Trauer, positive Bewertungen dagegen zum Beispiel Liebe, Zuneigung, Lust, Freude.[11] Man sieht: Unter dem Begriff „Evaluation" lassen sich einige Emotionsbegriffe subsumieren. Diese Emotionsbegriffe haben also entweder eine positive oder eine negative Bewertung als Grundlage, unterscheiden sich dann aber im Grad der Intensität, im Gegenstand des Gefühls, im Anlass, in der Dauer und im weiteren Kontext. Da diese Emotionen aber außer ihrem Namen („Wut") und den zugehörigen Verben und Adjektiven („wütend", „zornig") oder Redewendungen („mir läuft die Galle über") keinen sprachlichen „Fingerabdruck" besitzen, das heißt beim emotionalen Sprecher keine festen Sprachgebrauchsmuster hervorrufen, bietet der Bewertungsbegriff eine elegante Lösung für dieses Problem, denn Bewertung besitzt in jeder Sprache unterschiedliche emotionale Codes.[12] Es stellt sich also die Frage: Wie bewerten Menschen sprachlich?

---

[7] Vgl. ORTNER 2014, 239–248.
[8] Es ist die externe Bewertung von Gefühlen von der internen, subjektiven Valenz zu unterscheiden. Ich kann Wut als Befreiung und selbstwirksame Lebendigkeit empfinden (positive Valenz), obwohl Wut in meiner Kultur gemeinhin negativ bewertet wird. Vgl. ORTNER 2014, 23. Auch FRIES nimmt die Evaluation, bei ihm Valenz, als eine von drei zentralen Dimensionen sprachlich-emotiver Repräsentation an, vgl. FRIES 1996, 23–24.
[9] Zu den Möglichkeiten der Intensivierung vgl. besonders ORTNER 2014, 230–232.
[10] Siehe ORTNER 2014, 37–38. In ORTNER 2014, 74 stellt die Autorin zudem noch die komplexen Verflechtungen von Sprache, Evaluationen und Emotionen dar.
[11] Die Relevanz der evaluativen Komponente von sprachlichen Äußerungen fällt in der Psychologie bei der sogenannten Velten-Methode ins Auge, wo Probanden Sätze entweder mit positiven, neutralen oder negativen Inhalten vorgelesen werden und dann die bei ihnen ausgelösten Emotionen anhand von Mimik und Gestik usw. analysiert werden. Vgl. ORTNER 2014, 11.
[12] Dass Bewertungen in der Tat im Vordergrund der emotionalen Seite der Sprache stehen, schreibt auch ORTNER 2014, 239–248.

Den Formen sind kaum Grenzen gesetzt. Ein Blick in das Inhaltsverzeichnis dieses Buches zeigt dies.[13] Diese Codes werden im Laufe der theoretischen Einführung nach und nach erläutert. Dennoch sollen hier zumindest einige wichtige Formen und Möglichkeiten der Skalierung vorgestellt werden[14]: 1. Adjektive und Vergleiche: Diese Schuhe sind gut ⇒ besser ⇒ am besten; 2. Lexik und Konnotation/Euphemismen und Dysphemismen: Er ist konservativ ⇒ reaktionär ⇒ faschistisch. 3. Präfixe: Er ist cool ⇒ supercool ⇒ megacool. 4. Schlagwörter: Republik, Freiheit vs. Turbo-Kapitalismus. 5. Schimpfwörter: Er ist ein Blödi ⇒ Dummkopf ⇒ Hohlkopf. 6. Vergleiche und Metaphern: Er ist stark wie ein Löwe. Er ist ein Löwe.

Die letzten beiden Beispiele der Intelligenz und der Körperkraft weisen auch darauf hin, dass in Bezug auf Personen meist bestimmte Bereiche gelobt oder kritisiert werden. Aber auch Dinge wie Herkunft, Aussehen, Kleidung usw. sind denkbar. Diese Bereiche werden auch *Topoi* genannt. Mehr dazu im entsprechenden Kapitel.

5.1.2 Proximität

Proximität ist nach Caffi und Janney die pragmatische Dimension des emotionalen Sprachgebrauchs. Sie dient dazu, Nähe und Distanz zu etwas auszudrücken. Mit anderen Worten, wir handeln sprachlich in dem Sinne, dass wir uns zu einem Objekt in einem imaginären Raum positionieren, dass wir Stellung beziehen. Und das kann entweder so geschehen, dass der Sprecher sich einer Sache annähert oder sich von ihr distanziert. Diese Wechselbeziehung zwischen Nähe und Distanz bedeutet also „Proximität".[15]

Sie umfasst drei Arten von Räumen: räumliche im engen Sinn, zeitliche und soziale. Spatiale Räume, also Räume im engeren Sinne, werden in der Sprache einerseits durch deiktische Ortsadverbien wie *hīc* und *ibi* abgegrenzt, andererseits kann eine Skalierung zwischen Nähe und Ferne durch Demonstrativpronomen vorgenommen werden, im Lateinischen also beispielsweise mit *hīc* bzw. *ille*. Dadurch wird, wie schon bei der Bewertung, eine Art Skalierung möglich, z.B: *Haec domus est pulchra.* ⇒ *Domus est pulchra.* ⇒ *Illa domus est pulchra.*

Zeiträume werden auch durch die letztgenannten Pronomen gebildet, vor allem aber durch Zeitadverbien wie *tum* und *nunc* und natürlich durch Tempo-

---

[13] Auch Indifferenz kann eine Bewertung enthalten, es wird ja nicht umsonst als beleidigend empfunden, wenn man jemandem egal ist. Der Bewertende ist dabei gar nicht auf eine Beleidigung aus, er bewertet den anderen nur als weder positiv noch negativ, sondern einfach als irrelevant. Insofern kann man, was die Philippischen Reden betrifft, sagen, dass Cicero Marc Anton wenigstens mit einer Invektive bedacht hat!
[14] Für einen breiteren Überblick siehe die zusammenfassende Tabelle bei ORTNER 2014, 246–247. Auch FRIES nimmt die Proximität als eine von drei zentralen Dimensionen sprachlich-emotiver Repräsentation an, vgl. FRIES 1996, 23–24.
[15] Vgl. zum Begriff der Proximität auch SEMIN 2007.

ra wie Perfekt und Präsens. Will der Erzähler beispielsweise die Geschehnisse einer vergangenen Geschichte wiedergeben, so wird er sich im Lateinischen grundsätzlich des Perfekts bedienen, das ja das lateinische Erzähltempus ist; will er aber dem Zuhörer den Handlungsablauf besonders eindringlich vor Augen führen, ihn ihm sozusagen gegenwärtig präsentieren, so kann er sich des historischen Präsens bedienen.[16]

Schließlich – und das ist vielleicht das Wichtigste bei der Invektive – öffnet sich der soziale Raum.[17] Emotionale Nähe oder Distanz kann in vielen Sprachen durch Formen des Duzens oder Siezens ausgedrückt werden. Dieses Mittel steht dem Römer nicht zur Verfügung. Aber auch er hat Mittel und Wege, sein Verhältnis zum Angesprochenen sprachlich auszudrücken. Äußerste Distanz oder gar Verachtung kann er mit dem abwertenden Demonstrativpronomen *iste* ausdrücken.[18] Dieses Wort verwendet Cicero häufig in seinen Verrinen, um seine schlechte Meinung über Verres auszudrücken, aber auch in der 2. Philippika taucht das Wort sehr häufig auf. Außerdem wechselt Cicero häufig zwischen der 2. und 3. Person, wenn er von Antonius spricht.[19] Er kann sich also auch durch die Wahl der Person einer Verbform seinem Gegner zuwenden oder von ihm abwenden. Die Verwendung der 2. Person kann er durch das im Lateinischen eigentlich nicht notwendige Personalpronomen *tu* in ihrer Aussagekraft noch steigern. Nicht zuletzt verwendet Cicero sehr häufig die 1. Person Plural, um sich in die Reihe der Senatoren einzuordnen, sich mit ihnen zu identifizieren und so eine Ingroup zu bilden. Aus dieser Gruppe wird Marcus Antonius ausgeschlossen, und zwar entweder durch die bereits erwähnte 2. oder 3. Person Singular – man denke an *tu* und *iste* – oder durch die 2. Person Plural, in der Antonius als Anführer einer Gruppe dunkler Gestalten und barbarischer Schläger angesehen und damit diskreditiert wird. Alle diese sprachlichen Mittel und noch weitere, die im linguistischen Teil und im Kommentar besprochen werden, dienen Cicero kurz gesagt dazu, einen sozialen Raum zu schaffen, der in zwei Hälften zerfällt: eine gute republikanische, zu der Cicero und die Senatoren gehören, und eine schlechte tyrannische, zu der Antonius und zuvor Caesar gehören.

5.1.3 Spezifität

Spezifität ist der Grad der Vagheit oder Klarheit einer Information. Je nach Gemütszustand, Selbstsicherheit oder auch sozialem Kontext kann der Sprecher zum Beispiel wie folgt um Hilfe bitten: Kann mir irgendjemand helfen? ⇒ Kann

---

[16] Siehe im entsprechenden Kapitel.
[17] Siehe zur sozialen Bedeutung von Emotiven auch ORTNER 2014, 72.
[18] Siehe zum Pronomen *iste* u. a. den Aufsatz JONG 1998.
[19] Siehe zur Personenverteilung in Ciceros Invektiven gegen Verres bzw. zu seinen direkten und indirekten verbalen Attacken WIERZCHOLOWSKI 2021.

mir jemand von euch helfen? ⇒ Kann mir eine von euch helfen? ⇒ Kannst du mir helfen? In diesen Beispielen spezifiziert der Sprecher durch die Wahl des Pronomens mit aufsteigender Genauigkeit, von wem er sich Hilfe erhofft bzw. erwartet. Während im ersten Beispiel sowohl Männer als auch Frauen angesprochen werden, sind es im zweiten Beispiel nur noch Frauen. Es wird jeweils die 3. Person Singular verwendet. Im dritten Beispiel wählt die fragende Person dann konkret eine Person aus und spricht diese direkt in der 2. Person Singular an. Je nach Ausdrucksweise und Kontext der Konstellation zwischen bittender Person und Gruppe lassen sich Rückschlüsse auf den Gemütszustand des Bittenden ziehen. So ist es je nach Fall möglich, dass es sich eher um eine unsichere, schüchterne oder gar ängstliche Person handelt, der die Angesprochenen möglicherweise unbekannt sind, oder um eine Person, die forsch auftritt oder die die Angesprochenen sehr gut kennt und mit ihnen vertraut ist.

Dieses Beispiel, das von Caffi und Janney selbst stammt[20], ist zwar einfach, kann aber leicht auf komplexere Fälle ausgeweitet werden. So wird die nachfolgende Analyse der 2. Philippika zeigen, dass Cicero häufig zwischen Vagheit und Spezifität variiert. Dabei kann zunächst die vage Präsentation von Informationen Spannung[21] erzeugen – man denke an bloße Andeutungen des Redners, mit denen er Erwartungen der Rezipienten aktiviert, oder an Auslassungen, deren Leerstellen von den Lesern und Zuhörern durch ihr Weltwissen automatisch gefüllt werden und die es dem Redner ermöglichen, pikante oder heikle Informationen nicht selbst direkt aussprechen zu müssen.[22] Dann aber erzeugt auch das Gegenteil Spannung, nämlich die detaillierte, vielleicht sogar übertrieben ausgeschmückte Darstellung von Informationen. Ein Paradebeispiel dafür ist das rhetorische Mittel der Evidentia: Hier beschreibt der Redner einen Vorgang nicht nur, sondern malt ihn so plastisch aus, dass er dem Rezipienten gleichsam vor Augen steht und ihn miterleben lässt. Im unteren Kapitel zur Evidentia wird eine Stelle aus der 2. Philippika geschildert, in der sich Antonius ausgerechnet als Amtsträger nach einer durchzechten Nacht vor aller Augen übergeben muss.[23] Auch den heutigen Leser überkommen spontan Ekel und Abscheu, so dass er

---

[20] Siehe CAFFI/JANNEY 1994, 355.

[21] Spannung kann also auch sprachlich erzeugt werden, und zwar noch mit viel mehr Mitteln als bloß die hier diskutierte Vagheit. Als thematischer Grenzbereich wurde Spannung als Konzept in diesem Buch aber meist ausgeklammert. Für eine linguistische Untersuchung von Spannung siehe besonders FILL 2007.

[22] Es könnte dem Invektierer z. B. die dafür nötige „Lizenz" fehlen, vgl. ELLERBROCK u. a. 2017, 12–15. Cicero selbst spricht beispielsweise im Laufe seiner 2. Philippischen Rede immer wieder Morddrohungen aus, aber nie direkt und spezifisch, sondern nur indirekt und vage, was die Morddrohung aber eher noch bedrohlicher wirken lässt. Dies tut er wahrscheinlich, um auf die anwesenden Senatoren Rücksicht zu nehmen. Siehe insbesondere den Kommentar zu Cic. Phil. 2, 34.

[23] Siehe das Kapitel über die Evidentia und den Kommentar zu Cic. Phil. 2, 34. Zum Ekel bzw. *fastidium* in Ciceros Invektiven siehe darüber hinaus den Aufsatz DEGELMANN 2021.

Antonius fortan unwillkürlich mit dieser unrühmlichen Episode in Verbindung bringt.

5.1.4 Evidentialität

Der Sprecher wird seine sprachlichen Mittel – bewusst oder unbewusst – danach auswählen, welche Wahrscheinlichkeit, welchen Wahrheitsgehalt er einer Information zuschreibt. Umgekehrt wird er – abhängig von der Rahmung jeder Information, die er gibt – zum Ausdruck bringen, welchen Wahrheitsanspruch er damit verbindet. Der Begriff der Evidentialität fängt genau dieses Phänomen ein: Er bezeichnet jene Dimension des sprachlichen Handelns, die anzeigt, wie selbstbewusst, sicher und kühn oder wie schwankend und zweifelnd jemand sein Wissen präsentiert. Dies wiederum kann Aufschluss über den Charakter und die aktuelle psychische Verfassung geben.

Der einfache Satz „Es regnet." kann auf verschiedene Weise gerahmt werden, und jedes Mal ändert sich unsere Wahrnehmung der Gewissheit, die der Sprecher des Satzes hat. Zum Beispiel könnte er Urteilsadverbien, sogenannte verifikative Angaben[24], einfügen, wie in „Es regnet ganz sicher." versus „Es wird wahrscheinlich regnen.". Im ersten Satz führt die Hinzufügung von „ganz sicher" zu einer hohen Evidentialität oder einem hohen Wahrheitsanspruch, im zweiten zu einem niedrigeren Wahrheitsanspruch. Alternativ könnte der Sprecher den Satz von einem Verb abhängig machen und die Evidentialität durch unterschiedliche Verben des Sagens und Meinens skalieren: „Ich weiß, dass es regnen wird." versus „Ich meine, es wird regnen." versus „Ich glaube, es wird regnen." Im Lateinischen stehen ähnliche sprachliche Mittel zur Verfügung: Neben verifikativen Angaben (*certe, vero* etc.) und verschiedenen Verben (*scire, putare* etc. mit abhängigem AcI) sind insbesondere der Modus (Indikativ und Konjunktiv als Modus der Wirklichkeit bzw. Möglichkeit) sowie deren semantische Funktion (Potentialis, Irrealis) zu berücksichtigen. Alle diese sprachlichen Mittel werden, wenn es um die emotionalen Codes geht, gesondert diskutiert und vertieft. Im Falle einer Invektive ist zu erwarten, dass der Invektive sein eigenes Wissen mit Nachdruck und als Wahrheit präsentiert. Allenfalls zum Zwecke der *captatio benevolentiae* könnte er sich gelegentlich bescheiden inszenieren, die Meinung der Gegenseite aber als unsichere Information präsentieren.

5.1.5 Volitionalität

Der Sprecher kann seinen Willen auf einer Skala zwischen aggressiv, durchsetzungsfähig und entschlossen einerseits und zögerlich, abwartend und unsicher andererseits äußern. Je nach Art der Willensbekundung werden die zugrundeliegenden Gefühlszustände unterschiedlich bewertet. Bei einer Invektive, so die

---

[24] Vgl. zu den verifikativen Angaben BUSCH/STENSCHKE 2018, 163–171.

Vermutung, sollte der Schmäher den eigenen Willen grundsätzlich klar und deutlich zum Ausdruck bringen, um Stärke und Entschlossenheit zu demonstrieren, doch muss auch der Kontext berücksichtigt werden. Wendet sich Cicero beispielsweise innerhalb der Rede an die Senatoren, so dürfte er – im Zeichen der *captatio benevolentiae* – eher zurückhaltend auftreten, während er gegenüber Antonius klare Forderungen stellt. Welche sprachlichen Formen der Volitionalität, also der Willensbekundung, stehen dem Römer im Lateinischen zur Verfügung?

Hier ist zunächst an die verschiedenen Verben des Wollens zu denken: *velle, nolle, mihi placet, mihi videtur* usw. Sodann sind die verschiedenen semantischen Verwendungen des Konjunktivs zu nennen, wie der Hortativ als Willensäußerung einer Wir-Gruppe (*eamus igitur!*) oder alle Wunschformen, die oft durch die Partikel *utinam* eingeleitet werden (*utinam venias!*). Schließlich sind auch Imperative zu berücksichtigen, die auf eine eher befehlende Willensäußerung abzielen (*veni!*). Diese grundsätzlichen Arten, Willensäußerungen zu machen, werden im Folgenden zusammen mit weiteren, spezielleren Formen anhand von Beispielen aus Ciceros Rede gegen Marcus Antonius vertieft.

5.2 Paraverbale und nonverbale Codes

5.2.1 Theorie

Einer antiken Anekdote zufolge antwortete Demosthenes auf die Frage nach dem wichtigsten Bestandteil einer Rede: „Der Vortrag".[25] Vortrag heißt im Griechischen ὑπόκρισις und im Lateinischen *actio*. Beide Wörter bezeichnen in ihren Sprachen nicht nur den Vortrag des Redners, sondern auch die in der Antike nicht sehr angesehene Schauspielerei. Und doch: Die von den antiken Rhetoriktheoretikern offenbar in Kauf genommene Nähe des Begriffs *actio* zur verruchten Kunst des Schauspielers zeigt, dass vom Redner nicht nur sprachliche und argumentierende Kunstfertigkeit verlangt wurde, sondern auch die Fähigkeit, den Inhalt des Gesagten mit dem ganzen Körper – eben wie ein Schauspieler – in Szene zu setzen.[26] Paraverbale und nonverbale Mittel sollen dazu dienen, verbale Inhalte adäquat darzustellen. Erstere sind zeichentheoretisch eher ikonisch, letztere symbolisch und eher willkürlich, das heißt interpretationsoffen.[27]

Paraverbale Mittel sind stimmliche Mittel. Sie kommen bei der Artikulation von Wörtern durch die Stimme zum Einsatz. In der lateinischen Terminologie der antiken Rhetorik wird die Modulation der Stimme als *figura vocis* bezeichnet.

---

[25] Siehe Quint. inst. 11, 3, 6; vgl. Cic. Brut. 38, 124; Cic. de orat. 3, 213; Cic. orat. 56.

[26] Und so nennt Cicero die Redner auch gleich die *veritatis actores*, wogegen die Schauspieler für ihn bloß *imitatores veritatis* sind. Vgl. FUHRMANN 2011, 77.

[27] Zum (semiotischen) Zeichenstatus emotiver Äußerungen vgl. ORTNER 2014, 80–85.

Unter nonverbalen Mitteln versteht man dagegen alle Mittel, die nicht aus der Produktion der Worte selbst, sondern aus den Bewegungen des Körpers hervorgehen. Die antiken Rhetoriker hatten dafür den Ausdruck *motus corporis*. Sowohl die paraverbalen als auch die nonverbalen Mittel gehören für die meisten Linguisten zu den primären Markern, das heißt zu den Emotionscodes, die eher unwillkürlich, direkt und natürlich Gefühle ausdrücken, während die sekundären Marker, das heißt die verbalen Marker, stärker auf Konvention beruhen.[28]

Welche paraverbalen und nonverbalen Ausdrucksmöglichkeiten gibt es? Wie hängen diese Ausdrucksmittel mit Emotionen zusammen? Und lassen sich diese Mittel der Stimme und des Körpers im Text, der ja nur Schriftzeichen und damit graphische Informationen enthält, für eine Analyse sozusagen „hör- und sichtbar" machen? Zumindest explizite Beschreibungen von para- und nonverbalen Signalen sind in Texten erfassbar.[29] Für den Sprachwissenschaftler Fiehler steht schon einmal fest: „Von allen Bereichen bzw. Kanälen des Emotionsausdrucks sind [...] die verbalisierungsbegleitenden Phänomene – speziell die des stimmlich-intonatorischen Bereichs – am gründlichsten untersucht worden."[30] Zur Annäherung an die obigen Fragen werden zunächst die diesbezüglichen Beiträge der antiken römischen Rhetorik und dann der heutigen Linguistik dargestellt.

5.2.2 Phonetik oder: *figura vocis*

Zunächst zur Gestaltung der Stimme, der *figura vocis*: In der Antike versuchten die Rhetoriker die Formen der Stimmmodulation zu systematisieren.[31] Die umfangreichsten Systematiken zur *figura vocis* finden sich in der *Rhetorica ad Herennium* eines anonymen Autors, in Ciceros *De oratore* und in Quintilians *institutio oratoria*.

Die *Rhetorica ad Herennium* geht von den folgenden Dimensionen der Stimmmodulation aus[32]: *magnitudo*, also die Lautstärke der Stimme, *firmitudo*, die Stabilität und Festigkeit der Stimme, und *mollitudo*, die Flexibilität der Stimme.

Der anonyme Autor ist der Ansicht, dass die ersten beiden Stimmeigenschaften – Lautstärke und Stabilität – mehr oder weniger von Geburt an festgelegt sind, während die *mollitudo* durchaus trainiert werden kann, weshalb er sich in seinen Ausführungen auf diesen Aspekt konzentriert. Innerhalb der Kategorie *mollitudo* unterscheidet der Autor wiederum drei verschiedene Arten: den

---

[28] Vgl. ORTNER 2014, 68.
[29] Vgl. DANEŠ 1987, 280–281.
[30] Siehe FIEHLER 1990, 16. Als wichtige moderne Forschungsbeiträge nennt er in den Fußnoten u. a. FRICK 1985. Siehe außerdem SCHERER 2003.
[31] Ein ausgesprochen gut gegliedertes sowie informatives Buch über die Rolle der Stimme in der klassischen antiken Rhetorik ist V. SCHULZ 2014.
[32] Vgl. Rhet. Her. 3,20–24 (Siehe z. B. die Ausgabe NÜSSLEIN 2011).

sermo als lockeren Umgangston, die *contentio* als angestrengtes Sprechen im Wortgefecht und die *amplificatio* als leidenschaftlich gesteigerten und erhitzten Ton.

Diese drei Sprechweisen – *sermo*, *contentio* und *amplificatio* – differenziert der Autor dann noch einmal nach Redeteilen. Insgesamt ergibt sich folgendes Bild[33] (Abbildung 1).

Der *auctor ad Herennium* empfiehlt dem Redner daher, je nach Art des Sprechaktes, den er in seiner Rede anwendet, den entsprechenden Tonfall zu wählen. So gehört die Erzählung oder *narratio* zum *sermo*, der ruhigen Vortragsart. Gleiches gilt für die *iocatio*, das heißt das Erzählen von Witzen etc.

Für die Analyse der Emotionen in Ciceros Invektiven eignen sich zweifellos gerade jene „Tönungen" der Stimme, die in besonderer Weise von Affekten zeugen. Dazu gehören wohl vor allem *continuatio*, *distributio*, *cohortatio* und *conquestio*, also Sprechweisen, die unter die Begriffe *contentio* und *amplificatio* als besonders heftige und hitzige Arten der Stimmmodulation fallen. *Continuatio* ist das ununterbrochene Sprechen, *distributio* das Sprechen im abgehackten Staccato-Stil. *Cohortatio* bezeichnet das Aufhetzen der Zuhörer, *conquestio* das Wehklagen.

Nun bleiben diese Begriffe recht vage und es stellt sich die Frage: Welchen Ton genau haben wir uns zum Beispiel unter der *continuatio*, der ununterbrochenen Rede, vorzustellen? Wie klingt sie?

Der Autor macht tatsächlich einige – wenn auch recht vage – Angaben dazu, wie der Redner den jeweiligen Tonfall gestalten soll – und ermöglicht uns damit, den Text später auf solche phonetischen Merkmale hin zu untersuchen. So beschreibt er *continuatio* und *distributio*:

Continuatio est orationis enuntiandae acceleratio clamosa. Distributio est in contentione oratio frequens cum raris et brevibus intervallis acri vociferatione. [...] Cum autem contendere oportebit, quoniam id aut per continuationem aut per distributionem faciendum sit, in continuatione, adaucto mediocriter sono vocis, verbis continuandis vocem quoque iungere oportebit et torquere sonum et celeriter cum clamore verba conficere, ut vim volubilem orationis vociferatio consequi possit; in distributione vocis ab imis faucibus exclamationem quam clarissimam adhibere oportet, et quantum spatii in singulas exclamationes sumpserimus, tantum in singula intervalla spatii consumere iubemus. –

„Der ununterbrochene Vortrag ist eine Beschleunigung des Redevortrages in schreiendem Ton. Der abgehackte Vortrag ist eine häufig angewandte Redeweise bei der leidenschaftlichen Rede mit einzelnen, kurzen Pausen in schrillem, kreischendem Ton. [...] Wenn man aber leidenschaftlich reden muß, so kann man dies ja entweder durch einen ununterbrochenen oder durch einen abgehackten Vortrag tun; beim ununterbrochenen Vortrag muß man nach mäßigem Anschwellen des Klanges der Stimme durch ununterbrochen fortlaufende Worte auch die Stimme verbinden und den Klang lenken und rasch mit vollem Ton die Worte zu Ende führen, damit mit der wandelbaren Kraft der Rede

---

[33] Siehe DOMINIK/HALL 2010, 221 oder REBMANN O. J.

5.2 Paraverbale und nonverbale Codes

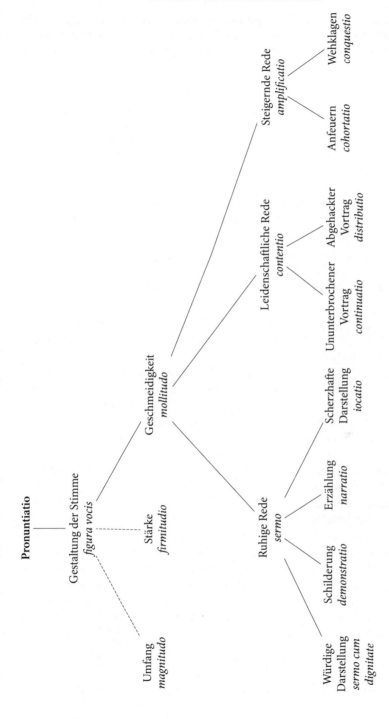

Abbildung 1: Die Gestaltung der Stimme nach Rhet. Her. 3,20–24.

unser Stimmaufwand Schritt halten kann. Beim abgehackten Vortrag muß man aus tiefster Kehle einen möglichst klaren Ausruf hervorholen, und wir sind aufgefordert, ebenso viel Zeit, wie wir für die einzelnen Ausrufe verwenden, auch für die einzelnen Pausen zu verwenden."[34]

Die Redeweisen *cohortatio* und *conquestio* werden dagegen so beschrieben:

Cohortatio est oratio, quae aliquod peccatum amplificans auditorem ad iracundiam adducit. Conquestio est oratio, quae incommodorum amplificatione animum auditoris ad misericordiam perducit. [...] In amplificationibus cum cohortatione utemur voce attenuatissima, clamore leni, sono aequabili, commutationibus crebris, maxima celeritate; in conquestione utemur voce depressa, inclinato sono, crebris intervallis, longis spatiis, magnis commutationibus. –

„Das Anfeuern ist die Redeweise, die dadurch, daß sie irgendein Vergehen steigernd schildert, den Zuhörer zu einem Zornesausbruch veranlaßt. Die Wehklage ist die Redeweise, welche durch die steigernde Schilderung von Unglücksfällen den Zuhörer zum Mitleid bringt. [...] Beim steigernden Ton sprechen wir, wenn es ums Anfeuern geht, mit schneidender Fistelstimme, gemäßigtem vollen Ton, gleichbleibendem Klang, häufigen Veränderungen, größter Beschleunigung. Beim Wehklagen sprechen wir mit verhaltener Stimme, wechselndem Klang, häufigen Pausen, langen Absätzen, großen Stimmveränderungen."[35]

Der Autor beschreibt die Stimmführung anhand von eher quantitativen Kategorien wie Lautstärke und Tempo, aber auch anhand von qualitativen Aspekten wie Klangfarbe. Er geht auch auf die Verwendung von Pausen und Intervallen ein. Manchmal erwähnt er auch die Funktion einer bestimmten Sprechweise, die er darin sieht, beim Zuhörer eine bestimmte Emotion hervorzurufen, wobei auch der Inhalt der Rede von Bedeutung ist. Bei der *cohortatio* etwa dient der Tonfall der Erzeugung von Zorn; inhaltlich führt der Redner dem Publikum eine Vergehen des Gegners verstärkt vor Augen (*peccatum amplificans*); das Sprechtempo soll sehr hoch (*maxima celeritate*), die Lautstärke aber nicht zu groß sein und nur mäßig laut geschrien werden (*clamore leni*); die Stimme soll im Kopf, nicht in der Brust erzeugt werden (*voce attenuatissima*), im Übrigen variabel mit gleichmäßigem Klang (*sono aequabili, commutationibus crebris*). Die anderen Stimmfärbungen werden in ähnlicher Weise beschrieben.

Anders als der *Auctor*, der, wie beschrieben, die verschiedenen Sprechweisen den verschiedenen Redeteilen bzw. Sprechakten zuordnet, geht Cicero in *De oratore* vom Ausdruck der Emotionen aus, was uns noch näher zu den geeigneten Analysebegriffen führt. Cicero beschreibt Sprechweisen, die für den Ausdruck folgender Emotionen geeignet sind: *iracundia, miseratio ac maeror, metus, vis, voluptas* und *molestia*.[36] Wie bestimmt Cicero die Stimmgestaltung je nach Emotion?

---

[34] Rhet. Her. 3.23–24. Die Übersetzung ist aus NÜSSLEIN 2011.
[35] Siehe Rhet. Her. 3.23–24.
[36] Vgl. Cic. de orat. 3.217–219. Alle Übersetzungen stammen aus NÜSSLEIN 2013.

- *iracundia* („Zorn") klingt für Cicero – bzw. den Sprecher Crassus im Dialog – so: [...] *acutum, incitatum, crebro incidens.* – „hoch und scharf, erregt, mit häufigen Unterbrechungen."
- *miseratio ac maeror* („Klage und Trauer"): [...] *flexibile, plenum, interruptum, flebili voce.* – „[...] geschmeidig, volltönend, abgehackt und mit tränenerstickter Stimme."
- *metus* („Furcht"): [...] *demissum et haesitans et abiectum.* – „[...] verzagt, stockend, mutlos."
- *vis* („Stärke"): [...] *contentum, vehemens, imminens quadam incitatione gravitatis.* – „[...] leidenschaftlich, heftig, drohend und mit schwungvollem Nachdruck."
- *voluptas* („Freude"): [...] *effusum et tenerum, hilaratum ac remissum.* – „[...] dahinfließend und zart, heiter und gelassen."
- *molestia* („Niedergeschlagenheit"): [...] *sine commiseratione grave quoddam et uno pressu ac sono obductum.* – „[...] ohne Wehklagen, aber in gewissem Sinne niedergedrückt sowie eintönig und klanglos."

Im Gegensatz zum *Auctor* lässt Cicero Crassus sogar Beispiele für die einzelnen Sprechweisen anführen. Diese Beispiele stammen alle aus römischen Tragödien. Da die Emotion der *iracundia* in den Invektiven eine große Rolle spielt, sei hier Crassus' Beispiel aus dem *Atreus* des Accius zitiert: *Ipsus hortatur me frater, ut meos malis miser manderem natos* [...] – „Er, mein Bruder selbst, fordert mich auf, ich Unglücklicher solle meine eigenen Kinder mit meinen Kinnbacken zermalmen [...]"[37] Zorn bzw. *iracundia* wird, wie oben bereits erwähnt, stimmlich wie folgt umgesetzt: *acutum, incitatum, crebro incidens.* Wie könnte das in diesem Beispiel aussehen? Jeder Vorschlag ist eine Vermutung, aber es sei zumindest versucht: Wahrscheinlich ist die Stimme vor Erregung hoch und schrill (*acutum, incitatum*) – und die vielen Pausen (*crebro incidens*) rühren vielleicht daher, dass nach jedem Wort, das die Ungeheuerlichkeit und Grausamkeit des Geschehens ausdrückt, eine Pause vor Wut und Schmerz gemacht werden muss: IPSUS (Pause) hortatur me FRATER, ut MEOS (Pause) MALIS MISER (Pause) MANDEREM NATOS. Durch die vielen Pausen entfaltet sich die vierfache Alliteration m, die vielleicht lautmalerisch[38] die aufgezwungenen Schmatzgeräusche vorwegnehmen soll, und das Hyperbaton *meos... natos* wird noch gesteigert. Dass Cicero seine Beispiele ausgerechnet den römischen Tragödien entnimmt, zeigt interessanterweise noch einmal die Nähe der Redekunst zur Schauspielkunst.[39]

Für Quintilian ist ein allzu theatralischer Gesang des Redners unbedingt zu vermeiden. Er nennt dies *vitium cantandi*.[40] Wie bei Cicero gibt es aber auch bei

---

[37] Siehe Cic. de orat. 3,2117. Vgl. NÜSSLEIN 2013, 774.
[38] Zu der Onomatopoetika und ihrer emotiven Wirkung vgl. ORTNER 2014, 224–225.
[39] Vgl. den Anfang des Kapitels zur *figura vocis*.
[40] Vgl. Quint. inst. 11.3.57–60, z. B. in der Ausgabe RAHN 2015.

Quintilian eine Textstelle, in der er bestimmte Stimmführungen mit Emotionen in Verbindung bringt. Für Quintilian ist die Stimme des Redners ein Echo seiner Gemütsbewegungen:

Contra qui effinguntur imitatione, artem habent; sed hi carent natura, ideoque in iis primum est bene adfici et concipere imagines rerum et tamquam veris moveri. Sic velut media vox, quem habitum a nostris acceperit, hunc iudicum animis dabit: est enim mentis index ac totidem quot illa mutationes habet. –

„Umgekehrt besitzen diejenigen [Emotionen, d. V.], die nur durch Nachahmung dargestellt werden, zwar die kunstgemäße Gestaltung, aber es fehlt ihnen die natürliche Grundlage, und deshalb ist es bei solchen Darstellungen das Erste, sich richtig ergreifen zu lassen, die Bilder der Geschehnisse in sich aufzunehmen und sich rühren zu lassen, als wären sie wirklich. So wird die Stimme wie eine Vermittlerin die Stimmung, die sie aus unserem Gemütszustand empfangen hat, an den Gemütszustand der Richter weitergeben: sie ist nämlich der Anzeiger unseres denkenden Geistes und besitzt ebenso viele Verwandlungsmöglichkeiten wie dieser."[41]

Der Redner muss sich also zunächst in die entsprechende Stimmung versetzen, um dann mit seiner Stimme die gewünschte Emotion glaubhaft vermitteln und beim Zuhörer wecken zu können.[42]

Unmittelbar danach beschreibt Quintilian die verschiedenen Stimmführungen je nach Emotion wie folgt:

Itaque laetis in rebus plena et simplex et ipsa quodam modo hilaris fluit; at in certamine erecta totis viribus et velut omnibus nervis intenditur. Atrox in ira et aspera ac densa et respiratione crebra: neque enim potest esse longus spiritus cum immoderate effunditur. Paulum in invidia facienda lentior, quia non fere ad hanc nisi inferiores confugiunt; at in blandiendo fatendo satisfaciendo rogando lenis et summissa. Suadentium et monentium et pollicentium et consolantium gravis: in metu et verecundia contracta, adhortationibus fortis, disputationibus teres, miseratione flexa et flebilis et consulto quasi obscurior; at in egressionibus fusa et securae claritatis, in expositione ac sermonibus recta et inter acutum sonum et gravem media. Attollitur autem concitatis adfectibus, compositis descendit, pro utriusque rei modo altius vel inferius. –

„Deshalb fließt sie bei erfreulichen Dingen voll, einfach und selbst gewissermaßen heiter, dagegen setzt sie beim Wettkampf hochaufgerichtet alle Kraft und gleichsam alle Muskeln ein. Grimmig ist sie im Zorn, rauh und drängend und häufiger Atem holend; denn der Atem kann ja nicht lange ausreichen, wenn er ohne Maßhalten ausströmt. Ein wenig getragener ist sie beim Erzeugen von Abneigung, weil hierzu gewöhnlich nur die

---

[41] Vgl. Quint. inst. 11.3.62–65. Die Übersetzung ist RAHN 2015.
[42] Vgl. zu dieser Forderung V. SCHULZ 2014, 116–120; 358–359. Der Gedanke wird auch ausgedrückt in Inst. 6.2.29–32, 11.2.61–63; Cic. de orat. 2.195. Und vgl. auch Hor. ars 108–111:

Format enim natura prius non intus ad omnem fortunarum habitum; iuuat aut impellit ad iram, aut ad humum maerore graui deducit et angit; post effert animi motus interprete lingua.	Denn die Natur formt zuerst unser Innres je nach der äußeren Lage: beglückt uns, treibt uns zur Wut, zieht uns durch schweren Kummer zu Boden [...]; dann läßt sie die Regungen der Seele sich äußern durch die Übersetzung der Zunge. (Übersetzung KYTZLER 2006)

Schwächeren ihre Zuflucht nehmen, dagegen beim Schmeicheln, Gestehen, Genugtun und Bitten sanft und untertänig. Wenn man Rat gibt, mahnt, verspricht und tröstet, ist die Stimme gewichtig; bei Furcht und Scheu knapp, bei Anfeuerungen mutig, bei Erörterungen rund und glatt, beim Beklagen schmiegsam, weinerlich und gleichsam verschwommener, dagegen bei Exkursstellen vollströmend und von zuversichtlicher Helle, bei darstellenden und plaudernden Stellen gleichmäßig und in einer Mittellage zwischen Hoch und Tief. Die Stimme hebt sich aber mit der gesteigerten Erregung, sie senkt sich mit der Besänftigung höher oder tiefer je nach dem Ausmaß der beiden Stimmungen."[43]

Zorn (*ira*) äußert sich demnach nach Quintilian in einer grimmigen, rauen, drängenden und keifenden Stimme, Widerwillen (*invidia*) klingt ganz ähnlich, wird aber als eher getragen beschrieben.

Die Ausführungen des *Auctor*, Ciceros und Quintilians über die Stimmmerkmale je nach Emotion ergeben schließlich folgende Synopse, wobei auffällt, dass nicht alle Autoren alle Emotionen thematisieren (Tabelle 3).

In der klassischen antiken Rhetorik gibt es daher umfangreiche Beschreibungen, wie die Stimme eingesetzt werden soll, wenn der Redner eine bestimmte Emotion über die reine Wortbedeutung hinaus hörbar machen will.

Zur Beschreibung der paraverbalen Mittel in der modernen Linguistik sollen die Zusammenfassungen von Fiehler und von Schiewer dienen. Fiehler unterscheidet strikt zwischen vokalen nonverbalen Manifestationen und verbalisierungsbegleitenden Manifestationen von Emotionen. Vokale nonverbale Manifestationen sind hörbare Auswirkungen von Emotionen, aber ohne lexikalische Grundlage, wie zum Beispiel Lachen. Die Liste der paraverbalen Mittel von Fiehler lautet wie folgt[44]:

- Vokale nonverbale Manifestationen[45]
  - Lachen, Stöhnen, Schmerzlaute, Zischen, Schnauben
  - Interjektionen wie „Oh!"
- Verbalisierungsbegleitende Manifestationen
  - Stimmcharakteristika: Lautstärke, Höhe, Stimmmodalitäten
  - Betonungsphänomene: Emphase, Pointierung, expressive Dehnung[46]
  - Sprechgeschwindigkeit
  - Sprechstil (zum Beispiel silbentrennendes Sprechen)
  - Auswirkungen von Emotionen auf die verbale Planung: Stocken, Abbrüche, Neuformulierungen, Satzbrüche, Stottern

---

[43] Siehe Quint. inst. 11.3.63–64. Die Übersetzung ist RAHN 2015.
[44] Siehe FIEHLER 1990, 169–170.
[45] Diese vokalen nonverbalen Manifestationen stehen strenggenommen zwischen der *figura vocis* und dem *motus corporis*. Ich fasse sie der Einfachheit halber unter die paraverbalen Manifestationen.
[46] Vgl. zu den Betonungsphänomenen CAFFI/JANNEY 1994, 355. *Sound duration* und *prosodic stress* zeigen emotionale Intensität an. Ihr Beispiel für Ersteres ist: it's nice – it's ni:ce – it's ni::ce [context: commenting on a new dress]. Ihr Beispiel für Zweiteres ist: come – come – COME! [context: calling a dog].

Emotion	Beschreibung der Stimme beim auctor	Beschreibung der Stimme bei Cicero	Beschreibung der Stimme bei Quintilian
Zorn (*ira*, *iracundia*)	In amplificationibus cum cohortatione utemur voce attenuatissima, clamore leni, sono aequabili, commutationibus crebris, maxima celeritate	[...] acutum, incitatum, crebro incidens.	atrox [...] et aspera ac densa et respiratione crebra [...]
Erregung, Leidenschaft (*contentio*, *concitatis adfectibus*)	[...] in continuatione, adaucto mediocriter sono vocis, verbis continuandis vocem quoque iungere oportebit et torquere sonum et celeriter cum clamore [...] [...] in distributione vocis ab imis faucibus exclamationem quam clarissimam adhibere oportet, et quantum spatii in singulas exclamationes sumpserimus, tantum in singula intervalla spatii consumere iubemur.	–	attollitur [*vox*, d. V.] [...]
Abneigung (*invidia*)	–	–	paulum [...] lentior [...]
Stärke (*vis*)	–	[...] contentum, vehemens, imminens quadam incitatione gravitatis.	–

Tabelle 3: Emotionen und Stimme

Vokale nonverbale Manifestationen sind in der antiken Rhetorik nicht bekannt und ergänzen somit den Fundus möglicher phonetischer Emotionscodes in Ciceros Invektiven für die weitere Textanalyse.[47] Die meisten anderen Mittel finden sich in der einen oder anderen Form bereits in der Antike, interessant ist aber der letzte Punkt mit der Überschrift „Auswirkungen von Emotionen auf die verbale Planung", der später bei Stilmitteln wie der Aposiopese, dem Anakoluth oder der *correctio* aufhorchen lässt.[48]

---

[47] Vgl. z. B. das Unterkapitel zu den Interjektionen im Kapitel „Lexik".

[48] SCHIEWER listet ähnliche Dimensionen möglicher Stimmmodulationen auf: Tonhöhe, Lautstärke, Tempo, Intensität, Artikulation, Rhythmus, Pausen, Metrik, Onomatopoesie, Lipogramm. Langsam geraten wir bei der Suche nach phonetischen Emotionscodes an einen

a. Rhythmus: Klauseln

Schiewer nennt zudem – anders als die antiken Rhetoriker oder auch der Sprachwissenschaftler Fiehler – ausdrücklich Rhythmus und Metrik als Ausdrucksformen von Emotionen. Der rhythmische Satzschluss von zwei oder drei Versfüßen in bestimmten Metren – die Klausel – ist in der Antike eine wichtige Taste auf der Klaviatur des antiken Redners. Warum wird sie dann in der klassischen antiken Rhetorik nicht im Zusammenhang mit Emotionen erwähnt?

Der Grund liegt wohl darin, dass eine dogmatische Regelung der Klausel zu einer monotonen Aneinanderreihung von immer gleichen Satzschlüssen führen würde. So gab es nach Dräger auch in der Antike zwei Prinzipien bei der Verwendung von Klauseln, die einen solchen Formalismus eigentlich von vornherein ausschließen: 1. das Variationsprinzip und 2. das Unauffälligkeitsprinzip.[49] Dräger zum ersten Grundsatz: „Um der Sättigung (*satietas*) bzw. dem Überdruß (*fastidium*) der Hörer zu begegnen, darf nicht, obwohl Klausel-Ketten zugelassen sind, jede Periode oder jedes Kolon aufeinanderfolgender Sätze mit der gleichen Klausel schließen." Zum zweiten Grundsatz schreibt Dräger: „Aus demselben Grund der Übersättigung muß der Anschein allzu großer Gesuchtheit (*opera dedita*; *de industria*) seitens des Redners vermieden werden; die Rhythmen sollen sich von selbst eingestellt zu haben [...] scheinen, dürfen vor allem den Hörer nicht vom Inhalt ablenken, kurz: sollen unauffällig bzw. unaufdringlich sein und im Verborgenen bleiben (*latere*)."[50] Es wird aber auch gefordert, dass der Rhythmus immer zum Inhalt passen muss, zum Beispiel viele lange Silben vermitteln Erhabenheit, viele kurze Silben vermitteln Schnelligkeit und Tempo.[51] Dabei geht es nicht nur um den Rhythmus am Satzende, sondern auch um den Rhythmus am Satzanfang[52] und in der Satzmitte.

Wirkungsästhetisch dienen die Klauseln, wie wir sehen werden, dazu, Sinneinheiten stark zu markieren oder Pausen zwischen Sinneinheiten zu setzen. Eine Ausnahme bilden, wie bereits erwähnt, Häufungen von vielen langen oder kurzen Silben, die oft in irgendeiner Weise mit dem Inhalt des Textes zusammenpassen.

---

toten Punkt, die Wiederholungen häufen sich, was aber zeigt, dass unser Begriffsapparat mehr oder weniger komplett ist. Schiewers Katalog bringt noch exotischere Mittel ins Spiel wie die Onomatopoesie und das Lipogramm – letzteres spielt in den ciceronischen Invektiven natürlich keine Rolle, die Onomatopoesie könnte aber durchaus vorkommen. Vgl. Schiewer 2007, 356; 2014, 102.

Vgl. auch Landfester/Kuhn 2006, 52–60. Dort listet Landfester Stilformen auf der Ebene der Phoneme auf, eben die Onomatopoesie, aber auch Dialekt, Archaismen, Sondersprache, Alliteration, Assonanz, Endreim, Lautsymbolik. Es handelt sich hier zwar um phonetische Stilmittel, allerdings nicht immer zweifelsfrei um emotionale Codes.

[49] Vgl. Dräger o. J.
[50] Vgl. hierzu auch Aristot. rhet. 3, 8, 1408 b 22–24, z. B. in der Ausgabe Krapinger 2018 oder Ross 1963.
[51] Vgl. Quint. inst. 9, 4, 83; 130 f. Vgl. auch Landfester/Kuhn 2006, 167.
[52] Zum Rhythmus des Satzanfangs siehe Cic. De orat. 3, 191 und Quint. inst. 9, 4, 92 f.

In Bezug auf die 2. Philippika stellt sich die Frage: Gibt es Auffälligkeiten im Gebrauch der Klauseln in besonders emotionalen Passagen der ciceronianischen Invektiven? Der Kommentator Ramsey hat eine Synopse der auffälligsten Klauseln in der 2. Philippika vorgelegt, die ich hier wiedergebe.[53] Diese Klauseln werden in den weiteren emotionslinguistischen Ausführungen berücksichtigt.

Klauseln		Auffällige Stellen in der 2. Philippika (die erste Ziffer bezieht sich auf den Absatz, die zweite hochgestellte Ziffer auf den Satz)
Kretikus + Trochäus	$-\cup--\times$	19^{14}; 115^{3}
Vierter Päon + Trochäus	$\cup\cup\cup--\times$	87^{34}
Erster Päon + Trochäus	$-\cup\cup\cup-\times$	2^{21}; 25^{11}; 92^{16}; 95^{13}
Doppelter Kretikus	$-\cup--\cup\times$	2^{15}; 13^{24}; 63^{21}
Vierter Päon + Kretikus	$\cup\cup\cup--\cup\times$	2^{30} (*pecudis attendite*)
Molossus + Kretikus	$----\cup-\times$	2^{17}
Doppelter Trochäus	$-\cup-\times$	9^{12}
Molossus + Doppelter Trochäus	$----\cup-\times$	28^{12}; 89^{27}
Kretikus + Doppelter Trochäus	$-\cup--\cup-\times$	76^{15}
Daktylus + Doppelter Trochäus	$-\cup\cup-\cup-\times$	98^{10}
Kretikus + Iambus	$-\cup-\cup\times$	112 (*defende, si potes*)
Molossus + Iambus	$---\cup\times$	29^{24}
Doppelter Spondäus	$---\times$	5^{21}; 12^{10}; 114^{27}

Tabelle 4: Klauseln

b. Alliteration

Der Grammatiker Panhuis definiert die Alliteration als einen Anlaut, bei dem zwei oder mehr aufeinanderfolgende Wörter mit demselben Phonem beginnen, meistens mit demselben Konsonanten.[54] Manchmal können dieselben Konsonanten auch mehrmals in einem Wort vorkommen. Bekannte Beispiele sind im Deutschen „mit Kind und Kegel", im Lateinischen „veni, vidi, vici". Da die Häufung gleicher Konsonanten einen akustischen Effekt erzeugt, den ein guter Sprecher nicht zufällig entstehen lässt[55], wird die Aufmerksamkeit des Rezipienten auf die Stelle der Alliteration gelenkt.[56] Sie bewirkt „eine Steigerung der Klangintensität". Gerade sie ermöglicht es dem Redner, inhaltliche Akzente zu setzen, Nuancen zu setzen und Botschaften zu intensivieren und ist daher auch bei der Betrachtung der emotionalen Codes zu berücksichtigen. Setzt auch

---

[53] Vgl. RAMSEY 2008, 22. Allgemein zum Prosarhythmus bei Cicero siehe den Klassiker PRIMMER 1968.
[54] Vgl. PANHUIS 2015, § 405.
[55] Eine Häufung von Alliterationen galt in der Rhetorik sogar als Solözismus und war daher verpönt. Vgl. GLÜCK/RÖDEL 2016 s. v. „Alliteration".
[56] Generell gilt: Emotionale Sprache führt zu besseren Gedächtnis- und Verstehensleistungen als neutrale Sprache. Vgl. ORTNER 2014, 106–107.

Cicero in seiner 2. Philippischen Rede dieses Mittel ein? Die folgende Auflistung zeigt, dass er dieses phonetische Mittel intensiv einsetzt:

Alliteration (in Klammern: §)	Funktion
reliquias rei publicae (6)	Akzentuierung des Wertbegriffs
moderationem modestiamque (10)	Bewertung
neminem nominabo (15)	Negativer Personenbezug
pudorem cum pudicitia perdidisti (15)	Bewertung
patriae parricidio (17)	Bewertung
tota in oratione tua tecum ipse pugnares [...] ut non tanta mecum quanta tibi tecum esset contentio (18)	Personenbezug
Stulti erat sperare, suadere impudentis (23)	Bewertung
tu tuis (24)	Personenbezug
depulsor dominatus (27)	Bewertung
me potissimum testatus est se aemulum mearum laudum exstitisse (28)	Bekräftigung
vivere volebam (37)	Leidenschaft
mihi maxime (38)	Personenbezug
patrio iure et potestate prohiberet (46)	Wertbegriffe
Ad [...] quae [...] in maximis rei publicae miseriis fecit, et ad ea quae cŏtĭdĭe făcĭt, fēstĭnăt ănĭmŭs. (47)	Häufung kurzer Silben erzeugt Dynamik
pedem poneres praeter (48)	Steigerung
saturavit se sanguine dissimillimorum sui civium tamen et te et tua et tuos nosti (67)	evtl. Lautmalerei von „Blutdurst"
Quae potest esse turpitudinis tantae defensio? (84)	Wertbegriffe
Iam iam minime miror (87)	Bekräftigung
rex Romae (87)	Wertbegriffe
tum tu (88)	Personenbezug
potius paene; peragratis [...] percursationem [...] (100)	Steigerung
si se ipsos [...]; [...] fecerat, fecerunt; [...] Brutus bello [...]; [...] Romae regem [...]; [...] caelo capi [...] (114)	Wertbegriffe
lucrum et laudem (115)	Wertbegriffe

Tabelle 5: Alliterationen

Ein kurzer Blick auf diese Auswahl besonders auffälliger Alliterationen genügt, um folgendes zu behaupten: Cicero akzentuiert durch Stabreime häufig abstrakte, positiv oder negativ konnotierte Schlagwörter und Wertbegriffe sowie Personalpronomen der 2. Person Singular. Dies entspricht der Gattung der Invektive, in der man aufgrund der face-to-face-Situation wertende Sprache[57] und häufigen Personenbezug erwartet. In seltenen Fällen kann die Alliteration auch lautmalerisch wirken oder Passagen durch viele kurze Silben dynamisieren.

c. Assonanz

Auch die Assonanz kann die Aufmerksamkeit des Lesers und Zuhörers auf eine bestimmte Stelle lenken und dort verweilen lassen. Der Sprecher kann also mit ihrer Hilfe eine Information besonders nuancieren. Unter einer Assonanz versteht man eine Häufung gleicher Vokale in aufeinanderfolgenden Silben oder Wörtern – sie ist also in gewissem Sinne das vokalische Gegenstück zur Alliteration, bei der sich die gleichen Konsonanten wiederholen.[58]

Cicero greift in der 2. Philippika selten auf dieses Klangmittel zurück. Man findet:

- *impuritates impudica* (§ 6)
- *vi eiectis veris heredibus* (§ 41)
- [...] *prudentia; sed videte impudentiam;* [...] *implicata inscientia impudentia est* (§ 81)
- [...] *explevisses, si hoc est explere, expilare quod statim effundas* [...] (§ 50)

An diesen wenigen Beispielen lässt sich erkennen, dass es sich um Passagen handelt, die einen höheren Grad an emotionaler Erregung aufweisen. Durch die häufig gleiche vokalische Anlaute der Wörter erhalten diese Passagen ein größeres klangliches Gewicht.

d. Paronomasie

Die Paronomasie ist ein Wortspiel, „bei dem im Klang ähnliche Wörter in einen Gegensatz gesetzt werden."[59] Abgesehen von der dadurch möglichen Aufmerksamkeitslenkung und Akzentuierung eines Satzteils kann der Redner durch ein solches Wortspiel auch für Erheiterung sorgen und auf diese Weise der rednerischen Pflicht des *delectare* nachkommen: Der Redner soll nicht nur informieren und überzeugen, sondern auch erfreuen. Entsprechend dem *genus demonstrativum*, zu dem die Invektive gehört, „demonstriert" der Redner durch kreative Wortspiele auch seine Einfallsreichtum und Überlegenheit gegenüber dem Gegner.[60] Auch in der 2. Philippika verwendet Cicero Wortspiele, von

---
[57] Vgl. KUSSE 2012, 127–149.
[58] Vgl. PANHUIS 2015, § 413.
[59] Siehe PANHUIS 2015, § 442.
[60] Für SCHWARZ-FRIESEL können Emotionen hierzu passend zu einer Zunahme der Äu-

denen die wichtigsten im Folgenden aufgelistet sind. Es fällt auf, dass er in dieser Rede vor allem mit der klanglichen Ähnlichkeit der Verben spielt:

- [...] *placuit idem quod consularibus M. Catoni, qui cum multa vita excedens <u>providit</u>, tum quod te consulem non <u>vidit</u>.* (§ 12)
- [...] *qui me non solum meis laudibus <u>ornaret</u>, sed etiam <u>oneraret</u> alienis.* (§ 25)
- *An C. Trebonio ego <u>persuasi</u>? cui ne <u>suadere</u> quidem ausus essem.* (§ 27)

e. Homoioteleuton

Dieses Stilmittel ist das Gegenstück zur Alliteration. Panhuis definiert dieses Stilmittel als „das Vorkommen derselben Wortendungen, gewöhnlich eng beieinander, manchmal aber am Ende von Versen, Sätzen oder Konstituenten."[61] Cicero verwendet dieses Mittel häufig, um sowohl Substantive als auch Verben in seinen Sätzen zu betonen, wie drei Beispiele aus der 2. Philippika zeigen sollen:

- *Quid enim ego <u>constitui</u>, quid <u>gessi</u>, quid <u>egi</u> nisi ex huius ordinis consilio, auctoritate, sententia?* (§ 11)
- *Italiae rursus <u>percursatio</u> eademcomite mima, in oppida militum crudelis et misera <u>deductio</u>, in urbe auri, argenti maximeque vini foeda <u>direptio</u>.* (§ 62)
- *Tua illa pulchra <u>laudatio</u>, tua <u>miseratio</u>, tua <u>cohortatio</u> [...]* (§ 90)

f. Figura etymologica

Eine *figura etymologica* besteht aus einem Verb und einem inneren Objekt, das heißt einem Akkusativ, der semantisch bereits im Verb enthalten ist, *und* dieselbe etymologische Wurzel hat („Es geht nun seinen Gang.").[62] Durch die Ähnlichkeit der Aussprache und den inhaltlichen Pleonasmus ist dieses Stilmittel in der Lage, Aussagen zu akzentuieren. Cicero verwendet dieses Mittel eher selten, nämlich zweimal in der 2. Philippika:

- [...] *de amicitia quam a me violatam esse <u>criminatus est</u>, quod ego gravissimum <u>crimen</u> iudico* [...] (§ 3)
- *At iste, qui senatu non egeret, neque desideravit quemquam et potius discessu nostro laetatus est statimque illa mirabilia <u>facinora effecit</u>.* (§ 109)

5.3 Verbale Codes

Die nun darzustellenden verbalen und emotionalen Codes sind nicht immer scharf voneinander abgrenzbar. In diesem Fall wurden die Codes der Kategorie zugeordnet, der sie am nächsten stehen.

ßerungs-Qualität führen: z. B. zur rhetorischen Höchstform auflaufen. Vgl. SCHWARZ-FRIESEL 2013, 131 ff.

[61] Siehe PANHUIS 2015, § 427.
[62] Vgl. PANHUIS 2015, § 148.

5.3.1 Morphologie

5.3.1.1 Affixe

a. Präfixe

Präfixe sind Vorsilben, die einem Basiswort vorangestellt werden. Sie sind „initiale, nicht wortfähige Morpheme ohne eigene lexikalische Bedeutung, deren wortbildungsmorphologische Funktion in der semantischen Spezifizierung der Basen besteht."[63] In dieser abwandelnden Kraft der Vorsilben liegt auch ihr emotionales Wirkungspotenzial. Sie können zum Beispiel verstärkend („Unmenge") oder verneinend („untypisch") sein. Sog. Präfixverben (schießen ⇒ zerschießen) erhalten durch das Präfix eine neue Aktionsart, nicht selten sogar eine völlig neue Bedeutung im Vergleich zum Verbum simplex.

Ein lateinisches Beispiel für eine Steigerungsform ist *permagnum*, für eine Verneinung *inscientia*. Ein Beispiel für ein Präfixverb ist *decertare* (< *certare*). Präfixe können also Wortsemantiken verstärken oder Aktionsarten von Verben verändern; sie können aber auch eine Wortbedeutung negieren, wodurch häufig Wörter entstehen, die negative Bewertungen vermitteln (zum Beispiel der Vorwurf der Unwissenheit durch das Wort *inscientia*).

In der 2. Philippika lassen sich 141 emotionale Präfixe zählen. Geordnet nach den jeweiligen Vorsilben ergibt sich folgende Tabelle, wobei die jeweilige Bedeutungsveränderung in einer eigenen Spalte erscheint:

Präfix	Vorkommnisse in der 2. Philippika (in Klammern: §)	Art der semantischen Änderung
con-	*collidere* (73)	Präfixverben (mit intensivierender Wirkung)
	collocare (94)	
	compellere (94)	"
	computare (94)	"
	conculcare (57)	"
	concutere (109)	"
	condonare (67)	"
	consalutare (58)	"
	consimilis (28)	Augmentation
	construere (97)	Präfixverben (mit intensivierender Wirkung)
	contaminare (110)	
	conturbare (32, 36)	"
	convellere (83)	"
	convomere (76)	"

---

[63] Vgl. GLÜCK/RÖDEL 2016, 529. Zu den emotiven Morphemen generell vgl. insbesondere ORTNER 2014, 237–238.

5.3 Verbale Codes

Präfix	Vorkommnisse in der 2. Philippika (in Klammern: §)	Art der semantischen Änderung
de-	*decertare* (2, 43)	Präfixverb (mit Intensivierung)
	decessus (97)	Negation
	decoquere (44)	Präfixverb (mit Intensivierung)
	dedecus (50, 57)	Negation
	deflagrare (91)	Präfixverb (mit Intensivierung)
	delitescere (77)	Präfixverb (mit Intensivierung)
	demens (19, 53, 64)	Negation
	deminuere (92)	Präfixverb (mit Intensivierung)
	deportare (109)	Präfixverb (mit Negation)
	depugnare (75)	Präfixverb (teils mit intensivierender und/
	despicere (2)	oder negierender Wirkung)
	detestabilis (65, 110)	Negation
	detrahere (2, 104, 107)	Präfixverb
	devincire (116)	Präfixverb (mit Intensivierung)
	devorare (67)	"
per-	*peragratio, percursatio* (100) *per-agrare* (100)	(substantivierte) Präfixverben mit pejorativer Konnotation
	perbacchari (104)	Augmentation
	percussor (74)	"
	perhorrescere (1)	"
	perire (37, 112)	Präfixverb mit negativer Bedeutung
	permagnus (66)	Augmentation
	permanere (38)	"
	perpotare (77)	"
	perseverare (49)	Präfixverb mit negativer Bedeutung
	personare (105)	Augmentation
	perterrere (68, 108)	"
	pertimescere (74, 118)	"
	perturbare (53, 77, 87)	"
	perturbatio (102, 108)	"
ex-	*effundere* (50, 66)	Präfixverb (mit Intensivierung)
	eripere (113)	"
	exclamare (28, 30)	"
	expellere (33, 54)	"
	expers (7)	Negation (mit negativer Evaluation)
	expetere (4)	Präfixverb (mit Intensivierung)
	explere (50)	"
	exterminare (54)	"
	extollere (28)	"
	extorquere (113)	"

Präfix	Vorkommnisse in der 2. Philippika (in Klammern: §)	Art der semantischen Änderung
in-	*immaturam* (119)	Negation (mit negativer Evaluation)
	immemor (27, 33)	"
	immortalis (14, 19, 33, 90, 119)	Negation (mit positiver Evaluation)
	imperitus (81, 95, 116)	Negation (mit negativer Evaluation)
	impius (1, 50, 64, 99)	"
	improbior (18, 63)	"
	impudens, impudicus (6, 70, 81, 99)	"
	impudentia (4, 6, 15, 16, 23, 83, 104)	"
	impune (5)	"
	impurus, impuritas (6, 50, 58, 68)	"
	inscientia (81, 93)	"
	intemperans (50)	"
	nefarius (5, 16, 17, 24, 50)	Negation (mit negativer Evaluation)
	neglegere (53)	Negation
	dissentire (38, 90)	
	dissimilis (59, 84, 92, 98, 107)	
	dissipare (6, 35, 67)	
trans-	*transfundere* (77)	Augmentation
prae-	*praecipue* (35)	Augmentation
	praeclarus (27, 73, 86, 88, 91, 100, 109, 114)	"
pro-	*prosternens* (45)	Augmentation
sub-	*subtimere* (36)	Augmentation

Tabelle 6: Präfixe

b. Suffixe

Suffixe sind Nachsilben, die an ein Grundwort angehängt werden. Sie sind „finale, nicht wortfähige Morpheme ohne lexikalische Bedeutung."[64] Morphologisch überführen Suffixe Wörter von einer Wortart in eine andere (wört<u>lich</u>; cred<u>ibilis</u>) oder sie präzisieren ihre Basis semantisch (Wört<u>chen</u>; verb<u>ulum</u>). Diese Funktion interessiert uns im Kontext der Emotionslinguistik. Insbesondere folgende lateinische Suffixe haben emotionale Bedeutung:

- Diminutive auf *-ulo-* bzw. *-culo-*: Burkard und Schauer meinen: „Die Diminutiva waren in der römischen Umgangssprache besonders häufig, fanden aber auch in gehobener Prosa Verwendung, wo sie allerdings meistens mit einem verächtlichen oder ironischen Unterton verwendet werden."[65]
- Sie können ihre Basiswörter verkleinern: *libellus* (Büchlein)

---

[64] Siehe GLÜCK/RÖDEL 2016, 688.
[65] Siehe BURKARD/SCHAUER 2012, § 4. Vgl. auch LEUMANN 1977, 305–311; NÄGELSBACH 1980, 193–198; ZAKRZEWSKA-GEBKA 1977; ZAKRZEWSKA-GEBKA 1981; GAIDE 1992; GONZÁLES-LUIS 1992; zu weiterer Literatur vgl. CUPAIUOLO 1993, 326–327.

- Sie können Kosenamen sein: *Tulliola* (die liebe Tullia) (Cic. Att. 1,3,3)
- Sie können das Erbärmliche, das Verächtliche bezeichnen: *fallaces conclusiunculae* (die erbärmlichen Trugschlüsse) (Cic. ac. 2,75)
- Adjektive auf *-ōsus* und *-olentus* bezeichnen Fülle: *gloriosus, violentus*.[66]
- Adjektive auf *-ax* bezeichnen eine starke, übermäßige Neigung zu etwas: *audax* (< *audere*).[67]
- Verstärkung der Pronomen durch die Suffixe *-met* oder *-te*: *egomet, tute*.[68]
- Die Pronomen können mit dem Suffix *-ce* verstärkt werden: *huiusce*.

Suffix	Vorkommnisse in der 2. Philippika (in Klammern: §)	Semantische Änderung
-(c)ulo-	*mimula* (61, 69) *cauponula* (77)	Diminutiv (verächtlich)
-ōsus -olentus	*calamitosus* (116) *facinerosus* (115) *fructuosus* (101) *furiosus* (1, 101) *gloriosus* (117) *gratiosus* (94) *luxuriosus* (66) *perniciosus* (15, 19, 72) *pretiosus* (66) *religiosus* (95) *studiosus* (4) *vitiosus* (84) *violentus* (68)	Fülle
-ax	*audax* (1, 19, 43, 78) *dicax* (78)	exzessive Neigung
-te	*tute* (5)	Verstärkung der Personalpronomina
-ce	*istuc* (40, 112)	Verstärkung des (pejorativen) Pronomens *istud*

Tabelle 7: Suffixe

Neben diesen im engeren Sinne emotiven Suffixen können noch zwei weitere zumindest kurz erwähnt werden, auch wenn sie nicht an sich, sondern nur im Zusammenhang mit der vorliegenden Rede Ciceros verstärkend wirken. Es handelt sich um die Suffixe *-tor* und *-itus*.

Erstere bilden aus Verben Substantive, zum Beispiel *creare* ⇒ *creator*. Sie sind *Nomina agentis*, das heißt sie bezeichnen die Person, die eine Handlung aus-

---
[66] Vgl. RUBENBAUER, HOFMANN/HEINE 2010, § 18,2,2.
[67] Vgl. PANHUIS 2015, 15.
[68] Vgl. BURKARD/SCHAUER 2012, § 57.

führt. Die beiden Grammatiker Burkard und Schauer unterscheiden mehrere Verwendungen des Suffix *-tor*. Für die vorliegende Analyse ist die Verwendung des Begriffs von Interesse, der betont, dass es sich bei der Handlung um „eine bleibende Eigenschaft, eine Gewohnheit, eine dauernde Tätigkeit" ist.[69] In der 2. Philippika finden sich: *aleator* (§ 67) sowie *emendator et corrector noster* (§ 43); hier betont Cicero, dass Antonius ein notorischer Würfelspieler und ein „Mann, der es sich zum Geschäft macht, mich zu beckmessern" sei, wie es Burkard und Schauer selbst treffend übersetzen.

Die Endung *-itus* bedeutet dagegen ein „tiefes" Ausgehen von etwas. In der 2. Philippika verwendet Cicero das Adverb *funditus* einmal als Intensivierer (§ 52: [...] *everti rem publicam funditus velles*).

c. Infixe

Infixe sind Silben innerhalb eines Wortes. Für lateinische Verben gibt es einige aus emotionslinguistischer Sicht interessante Infixe, zum Beispiel solche, die eine bestimmte Art von Handlung ausdrücken.[70]:

- Iterativ und Intensiv: Handlungstyp, der zum Ausdruck bringt, dass der Vorgang oder Zustand, der durch den Verbstamm ausgedrückt wird, sich regelmäßig wiederholt (im Deutschen zum Beispiel tropfen ⇒ tröpfeln) oder dass es sich um eine verstärkte Handlung handelt. Im Lateinischen bildet das Infix *-ita-* (*-sa-*) die *Verba iterativa* und *intensiva* (zum Beispiel *dicere* „sagen" ⇒ *dictitare* „oft sagen", *currere* „rennen" ⇒ *cursare* „oft rennen, hin- und herrennen").
- Mit dem Infix *-sc-* werden die *Verba inchoativa* gebildet (*tacere* „schweigen", *conticescere* „verstummen"). Sie kennzeichnen eine Handlungsweise, die den Beginn des im Verbstamm ausgedrückten Vorgangs oder Zustands charakterisiert.[71]

Infix	Vorkommnisse in der 2. Philippika (in Klammern: §)	Semantische Änderung
-ita- (-sa-)	*declamitare* (42) *dictitare* (42) *exsultare* (65) *factitare* (41) *ingurgitare* (65) *minitari* (101) *venditare* (97) *ventitare* (3)	Frequentativ/Intensiv

---

[69] Vgl. BURKARD/SCHAUER 2012, § 1.
[70] Vgl. BURKARD/SCHAUER 2012, § 129,2; 194.
[71] Vgl. auch GLÜCK/RÖDEL 2016, 284.

5.3 Verbale Codes

Infix	Vorkommnisse in der 2. Philippika (in Klammern: §)	Semantische Änderung
-sc-	hiscere (111) perhorrescere (1)	Inchoativ

Tabelle 8: Infixe

5.3.1.2 Person und Numerus

Die sechs Personen und die beiden Numeri Singular und Plural tragen stark zur emotionalen Wirkung der Sprache bei, insbesondere im Bereich der sozialen Nähe.

Eine Tabelle soll die Wirkung und Verwendung der verschiedenen Personen bei Cicero veranschaulichen:

Person u. Numerus	Wirkungsweise	Verwendung in der 2. Philippika
1. Sg. „ich"	Cicero bezieht sich auf sich selbst und macht seinen Standpunkt deutlich; er wirkt selbstbewusst.	Vor allem in den Passagen, in denen er Marcus Antonius verbal angreift, folgt auf ein *ego* häufig ein *tu*, mit dem Cicero Marcus Antonius anspricht.
2. Sg. „du"	Entweder soziale Nähe (oft ironisch) oder – häufiger – verbaler Angriff; mit der 2. Person Singular rückt Cicero Marc Anton sozusagen „auf die Pelle".	Die 2. Person Singular kommt in der 2. Philippika sehr häufig vor, was in einer nicht gehaltenen Invektive, die ihren face-to-face-Charakter vortäuscht, auch zu erwarten ist.
3. Sg. „er"	Distanzierung von Marc Anton, auch Objektivität	Cicero bezieht sich auf Antonius nicht nur in der 2. Person Singular, sondern sehr oft auch in der 3. Er wechselt häufig.
1. Pl. „wir"	Positive Selbsteinschätzung durch den Pluralis maiestatis Inklusion und Exklusion	Manchmal verwendet Cicero die 1. Person Plural in Bezug auf sich selbst. Häufiger verwendet er sie, um sich in eine Gruppe mit den Senatoren zu stellen, also um soziale Nähe zu signalisieren. Damit schließt er auch Antonius aus. Selten bezieht sich Cicero auf sich selbst und auf Marcus Antonius.
2. Pl. „ihr"	Auf diese Weise spricht Cicero die Senatoren an, allerdings fast immer sehr respektvoll mit höflichen Anreden wie *patres conscripti*. Damit stellt er eine soziale Nähe zu ihnen her.	Oft in Form von Imperativen an die Senatoren, zum Beispiel aufmerksam zu sein oder in einer bestimmten Weise zu handeln.
3. Pl. „sie"	Distanziertheit, auch Objektivität	Auf Antonius und seine „Handlanger" bezieht sich Cicero häufig.

Tabelle 9: Person und Numerus

5.3.1.3 Dramatisches Präsens

Wenn der Sprecher in einer Erzählung das Präsens statt der Vergangenheitsform verwendet, spricht man von einem „dramatischen" Präsens. In der Regel verwenden die Römer bei der Schilderung vergangener Handlungen entweder das Perfekt oder das Imperfekt, wobei das Perfekt den dynamischen Vordergrund und das Imperfekt den statischen Hintergrund der Handlung darstellt. Außerdem gibt es das Plusquamperfekt, das die Vorvergangenheit beschreibt. Wechselt der Sprecher plötzlich ins Präsens, so dient dies der Veranschaulichung und Vergegenwärtigung der Handlung[72]; so werden die einzelnen Handlungsschritte der Erzählung nicht nur hervorgehoben, sondern auch besonders lebendig gemacht. Durch den „Sprung ins Präsens" wird der Zuhörer zum Augenzeugen.[73]

Cicero verwendet in der 2. Philippika gelegentlich das dramatische Präsens, vor allem den Bewegungsverben verleiht er durch das Präsens – zusätzlich zur innewohnenden Bedeutung der Verben – eine noch größere Schwungkraft:

- Ein Beispiel findet sich in § 49, wo Cicero beschreibt, wie sich Antonius nach seinem Aufenthalt in Gallien um die Quaestur bewerben will. So beginnt dieser Abschnitt: <u>Venis</u> *e Gallia ad quaesturam petendam.*
- Ähnlich verhält es sich in § 74, wo Caesar während des Bürgerkrieges nach Hispanien aufbricht und Antonius in Rom zurücklässt: <u>Proficiscitur</u> *in Hispaniam Caesar paucis tibi ad solvendum propter inopiam tuam prorogatis diebus. Ne tum quidem* <u>sequeris</u>.
- Den plötzlichen Wechsel vom dramatischen Präsens zum Perfekt erleben wir in § 79, wo die Rede die Invektive Dolabellas gegen Marcus Antonius vom 1. Januar 44 v. Chr. zum Thema hat: <u>Veniunt</u> *Kalendae Ianuariae;* <u>cogimur</u> *in senatum:* <u>invectus est</u> *copiosius multo in istum et paratius Dolabella quam nunc ego.*
- Der Wechsel vom Imperfekt zum dramatischen Präsens findet sich in § 85, wo Marc Anton Caesar das Diadem anbietet: *Sedebat in rostris conlega tuus amictus toga purpurea, in sella aurea, coronatus.* <u>Escendis, accedis</u> *ad sellam Lupercus [...] diadema* <u>ostendis</u>.
- Als letztes Beispiel sei § 102 angeführt, in dem Markus Antonius auf das Gut von Varro geht: *Ab hac perturbatione religionum* <u>advolas</u> *in M. Varronis, sanctissimi atque integerrimi viri, fundum Casinatem, quo iure, quo ore?*

---

[72] Vgl. GLÜCK/RÖDEL 2016 s. v. „Praesens historicum". Zum selben Thema siehe auch BURKARD/SCHAUER 2012, § 131,7 sowie PANHUIS 2015, § 212, wo dieser schreibt: „Auf diese Weise [durch den Gebrauch des historischen Präsens, d. V.] wird der Adressat/Leser ein Zeitgenosse dieser Tatsachen, was die Lebendigkeit des Textes erhöht." Wichtig ist auch STANZEL 1959.
[73] Vgl. LAUSBERG 2008, § 814.

5.3.1.4 Komparative und Superlative

Die beiden Steigerungsformen der Adjektive und Adverbien, der Komparativ und der Superlativ, ermöglichen es dem Sprecher, Akzente zu setzen und die Intensität der Aussagen abzustufen.[74]

Einige Beispiele finden sich bereits zu Beginn der 2. Philippika in § 2, wo einige Komparative und Superlative auftauchen. So fragt Cicero, ob Antonius geglaubt habe, er könne ihn im Senat leicht (*facillime*) herabsetzen (*An in senatu facillime de me detrahi posse credidit?*). Darauf antwortet Cicero mit einem weiteren Superlativ: Der Senatorenstand habe äußerst berühmten Bürgern (*clarissimis civibus*) bescheinigt, den Staat gut geführt zu haben, aber nur ihm, ihn sogar gerettet zu haben (*Qui ordo clarissimis civibus bene gestae rei publicae testimonium multis, mihi uni conservatae dedit.*)

Die Aufzählung aller Vorkommen des Komparativs und des Superlativs soll der Übersichtlichkeit halber unterbleiben – sie werden im Kommentar ausführlich behandelt. Allein die Zahlen sprechen für sich: 41 Komparative lassen sich finden. Demgegenüber stehen 83 Superlative auf *-issimus*, 6 auf *-(r)rimus* und 41 unregelmäßige Formen (wie *optimus* oder *maxime*); das macht 130 Superlative (in 119 Absätzen).

Diese Zahlen machen deutlich, dass Cicero sehr häufig Steigerungsformen verwendet, um seine Aussagen zu intensivieren und zu verschärfen. Bemerkenswert ist, dass er den Superlativ viel häufiger verwendet als den Komparativ (das Verhältnis ist 130:41).

5.3.1.5 Affektive Kasusfunktionen

a. Dativus ethicus

Der ethische Dativ ist der Fall der inneren Anteilnahme an dem durch das Verb beschriebenen Sachverhalt (klassisches Beispiel ist die Aufforderung des Sokrates in seiner Apologie: μή μοι θορυβήσητε). Er hat Überschneidungen mit dem Dativus sympatheticus[75], der Possessivpronomen ersetzen kann („Mir klopft das Herz." statt „Mein Herz klopft."). Für Panhuis ist er ein „affektiver Modifikator"[76], Helbig und Buscha nennen ihn den „Dativ der emotionalen Anteilnahme"[77]. Häufig steht er nach Wörtern wie *at* oder *ecce*.[78]

Wenn man in der 2. Philippika nach ethischen Dativen sucht, findet man nur wenige. Sechs Vorkommen wurden gezählt:

---

[74] Vgl. auch BURKARD/SCHAUER 2012, § 30 sowie § 34.
[75] Vgl. BURKARD/SCHAUER 2012, § 328.
[76] Siehe PANHUIS 2015, 103.
[77] Siehe BUSCHA/HELBIG 2013, 290.
[78] Vgl. BURKARD/SCHAUER 2012, § 327.

Dativus ethicus	Vorkommnisse in der 2. Philippika (in Klammern: §)
mihi	Mihi poenarum illi plus, quam optaram, dederunt. (1)
tibi	[...] ut non tanta mecum quanta tibi tecum esset contentio. (18)
	[...] tibi vulnus inflictum est. (52)
	Qui tibi dies ille, M. Antoni, fuit! (90)
	Eripiet et extorquebit tibi ista populus Romanus, utinam salvis nobis! (113)
vobis	Desideratis clarissimos civis: eos quoque vobis eripuit Antonius. (55)

Tabelle 10: Dativus ethicus

b. Akkusativ des Ausrufs

Der Akkusativ des Ausrufs hat nach Panhuis eine affektive Funktion, das heißt er drückt intensive Emotionen aus.[79] Nach Burkard und Schauer lässt er sich wahrscheinlich dadurch erklären, dass ein Verb wegfällt.[80]

Diese Kasusfunktion ist in der 2. Philippika mit 13 Belegen relativ häufig anzutreffen. Der Akkusativ kommt immer in Verbindung mit Interjektionen wie *pro* oder *o* vor.

Akkusativ d. Ausrufs	Vorkommnisse in der 2. Philippika (in Klammern: §)
ecce	Ecce Dolabellae comitiorum dies! (82)
o	O incredibilem audaciam, o inpudentiam praedicandam! (4)
	O foeditatem hominis flagitiosam, o impudentiam, nequitiam, libidinem non ferendam! (15)
	O miserum te, si haec intellegis, miseriorem [...]! (54)
	O miserae mulieris fecunditatem calamitosam! (58)
	O rem non modo visu foedam, sed etiam auditu! (63)
	O audaciam immanem! (68)
	O hominem nequam! (77)
	O inpudentiam singularem! (83)
	O praeclaram illam eloquentiam tuam, cum es nudus contionatus! (86)
	O mea frustra semper verissima auguria rerum futurarum! (89)
	O praeclaram illam percursationem tuam [...]! (100)
	O tecta ipsa misera [...] (104)
	O detestabilem hominem [...]! (110)

Tabelle 11: Akkusativ des Ausrufs

---

[79] Vgl. PANHUIS 2015, 108.
[80] Vgl. BURKARD/SCHAUER 2012, 427.

c. Vokativ

Der Vokativ drückt als Anrede an eine anwesende (oder zumindest als anwesend vorgestellte) Person soziale Nähe aus. Er lenkt die Aufmerksamkeit des Angesprochenen auf das Folgende.[81]

Der Vokativ ist aufgrund der simulierten face-to-face-Situation in der 2. Philippika ein recht häufiges grammatikalisches Phänomen. Interessanterweise wendet sich Cicero am häufigsten im Vokativ nicht an den Angeklagten Antonius, sondern an das Publikum, die Senatoren. Die feierliche Formel *patres conscripti* kommt immerhin 16-mal vor. Auf diese Weise bezeugt Cicero den Senatoren seine Zuneigung und Sympathie. Der Vokativ *M. Antoni* kommt dagegen nur achtmal vor und wird hier nicht als wohlwollende Anrede, sondern als Anrede innerhalb eines verbalen Angriffs verwendet. Insofern erzeugt Cicero durch den Vokativ nicht so sehr Nähe, sondern Distanz. Die wertende Tendenz hängt also vom Kontext ab.

Neben diesen beiden häufigen direkten Anreden kommen Vokative noch einmal in Verbindung mit den Interjektionen *o* und *pro* vor.

Vokativ	*Vorkommnisse in der 2. Philippika (in Klammern: §)*
M. Antoni	1, 24, 34, 51, 53, 75, 90, 115
patres conscripti	1, 5, 11, 25, 37, 43, 51, 59, 69, 76, 84, 92, 101, 108, 119
O miser [...]!	16
Pro sancte Iuppiter!	32

Tabelle 12: Vokativ

5.3.2 Lexik

5.3.2.1 Interjektionen

Eine Interjektion[82] ist ein Ausruf, das heißt eine kurze, oft lautmalerische Gefühlsäußerung[83] (im Deutschen zum Beispiel „Ach!"). Sie werden häufig zur Hörerführung eingesetzt, um die Aufmerksamkeit der Zuhörer zu sichern.

Für die lateinische Sprache lassen sich mit Panhuis[84] sowie Burkard und Schauer[85] verschiedene pragmatische Verwendungen der Interjektionen feststellen:

---

[81] Vgl. PANHUIS 2015, 243, § 379.
[82] Vgl. zu den Interjektionen bes. ORTNER 2014, 225–229.
[83] Vgl. DROSDOWSKI/AUGST 1984, 90: „Interjektionen sind Ausrufe, mit denen Empfindungen, Gemütsbewegungen u. ä. ausgedrückt oder bestimmte Laute nachgeahmt werden. Sie sind gewöhnlich syntaktisch isoliert und erfüllen insofern eine wichtige Aufgabe, als sie auch Dialoge steuern und gliedern, als Gesprächswörter fungieren."
[84] Vgl. PANHUIS 2015, 10; 124; 145; 160; 380.
[85] Vgl. BURKARD/SCHAUER 2012, §§ 233–242.

- Die kommunikativen Interjektionen: Kommunikative Interjektionen dienen der Kontaktaufnahme, der Ermutigung und anderen Zwecken. Dazu gehören auch deiktische Interjektionen wie *ecce*, die zum Teil auch Befehlscharakter haben.
- Empfindungswörter
  - Stark affektive Interjektionen drücken Schmerz, Beifall oder Jubel aus. Um Schmerz und Klage auszudrücken, werden im Lateinischen die Interjektionen *ā(h)* und *ō* benutzt. Beide Interjektionen stehen im *Accusativus exclamationis*. Beifall wird u. a. mit *laudo* ausgedrückt.
  - Interjektionen wie *pro*, zum Beispiel in der Wendung *pro deorum fidem!*
  - Beteuernde Interjektionen wie *me hercule* oder *medius fidius*.

Im Folgenden sollen die in der 2. Philippika vorkommenden Interjektionen aufgelistet und nach ihrer pragmatischen Funktion kategorisiert werden:

Interjektion	Vorkommnisse in der 2. Philippika (in Klammern: §)	Kommunikative bzw. pragmatische Funktion
ecce	*Ecce Dolabellae comitiorum dies!* (82)	Deixis, Hörerlenkung
hercule	*Ergo hercule magna, ut* [...] (83)	Beteuerung
laudo	*Iudicia non metuis, si propter innocentiam, laudo, sin propter vim, non intellegis, qui isto modo iudicia non timeat, ei quid timendum sit?* (115)	Beifall, Jubel
medius fidius	*Oceanus medius fidius vix* [...] (67)	Beteuerung
o	*O incredibilem audaciam, o inpudentiam praedicandam!* (4) *O foeditatem hominis flagitiosam, o impudentiam, nequitiam, libidinem non ferendam!* (15) *O miser* [...]*!* (16) *O miserum te, si haec intellegis, miseriorem* [...]*!* (54) *O miserae mulieris fecunditatem calamitosam!* (58) *O rem non modo visu foedam, sed etiam auditu!* (63) *O audaciam immanem!* (68) *O hominem nequam!* (77) *O inpudentiam singularem!* (83) *O praeclaram illam eloquentiam tuam, cum es nudus contionatus!* (86) *O mea frustra semper verissima auguria rerum futurarum!* (89) *O praeclaram illam percursationem tuam* [...]*!* (100) *O tecta ipsa misera* [...] (104) *O detestabilem hominem* [...]*!* (110)	Schmerz, Klage
pro	*Pro sancte Iuppiter!* (32)	Anrufung

Tabelle 13: Interjektionen

5.3.2.2 Urteilsadverbien

Der Sprecher kann die Evidenz von Behauptungen und Aussagen durch eine Reihe von Mitteln erhöhen oder verringern. Zunächst ist hier an den Modus zu denken: Der Indikativ ist der Modus der Wirklichkeit, mit dem der Sprecher Informationen als evidente Wirklichkeit erscheinen lassen kann; sein Gegenstück ist der Modus der Möglichkeit und des Wunsches, der Konjunktiv. Mit ihm kann der Sprecher Zweifel, Ungewissheit und Unsicherheit ausdrücken. Eine weitere Möglichkeit, die Wahrheitsmarkierung seitens des Sprechers zu erhöhen oder zu verringern, sind die so genannten „Urteilsadverbien"[86], die in der Linguistik auch als „verifikative Angaben"[87] bezeichnet werden. Im Deutschen gehören dazu einerseits Adverbien wie „gewiss, natürlich, freilich, selbstverständlich, sicher, höchstwahrscheinlich" usw., andererseits abschwächende Adverbien wie „angeblich" oder „vielleicht".

Auch das Lateinische bietet dem Redner solche Adverbien. Dazu gehören bei Cicero einerseits Wörter wie *profecto, certe, vero* usw., andererseits *fortasse, forsitan* und *forte*. Verwendet Cicero solche Adverbien in der 2. Philippika, um die Evidenz seiner Behauptungen zu verstärken oder abzuschwächen? Im Folgenden soll in tabellarischer Form dargestellt werden, welche Adverbien wie häufig vorkommen:

Verifikative Angaben	*Anzahl der Vorkommnisse in der 2. Philippika*	*Beispiele (in Klammern: §)*
Steigernde verifikative Angaben		
certe	6	*Habet quidem certe res publica adulescentis nobilissimos paratos defensores.*[88] (113)
equidem	1	*Audiebam equidem te paratum venisse [...]* (88)
ne	1	*Ne tu, si id fecisses, melius famae, melius pudicitiae tuae consuluisses.* (3)
nempe	0	–
nimirum	1	*Sed nimirum, ut quidam morbo aliquo et sensus stupore suavitatem cibi non sentiunt, sic libidinosi, avari, facinerosi verae laudis gustatum non habent.* (115)
profecto	2	*nihil profecto sapis* (19)

---

[86] Vgl. besonders ORTNER 2014, 229–230 und zum Lateinischen BURKARD/SCHAUER 2012, §§ 185–187.
[87] Vgl. BUSCH/STENSCHKE 2018, 166–168.
[88] An diesem Beispiel kann man zusätzlich sehr gut erkennen, dass das Urteilsadverb *quidem* oft andere Adverbien noch verstärkt. Vgl. BURKARD/SCHAUER 2012, § 185 1b.

Verifikative Angaben	Anzahl der Vorkommnisse in der 2. Philippika	Beispiele (in Klammern: §)
quidem[89]	53	Erant quidem illa castra plena curae [...] (39)
quippe	0	–
sane	2	Reliquorum factorum eius, patres conscripti, difficilis est sane reprehensio et lubrica. (59)
scilicet	2	Scilicet is animus erat Milonis, ut prodesse rei publicae sine suasore non posset. (21)
utique	0	–
vero	28	Nec vero necesse est quemquam a me nominari [...] (1)
videlicet	2	Tuus videlicet salutaris consulatus, perniciosus meus. (15)

Tabelle 14: Verifikative Angaben

Abschwächende verifikative Angaben

fortasse, forsitan, forte	6	Num conturbo te? Non enim fortasse satis, quae diiunctius dicuntur, intellegis. (32)
haud scio an	0	–

Tabelle 15: Abschwächende verifikative Angaben

Die Analyse zeigt: Cicero verwendet überwiegend verstärkende, verifikative Adverbien. Insgesamt kommen 98 Adverbien vor. Innerhalb dieser Gruppe verwendet er wiederum mit Abstand am häufigsten die Adverbien *quidem* (53-mal) und *vero* (28-mal). Allerdings muss an dieser Stelle angemerkt werden, dass natürlich nicht alle Adverbien tatsächlich als verstärkende Angaben gemeint sind – es gibt darunter auch ironische Verwendungen, zum Beispiel in *Tuus videlicet salutaris consulatus, perniciosus meus*. (§ 15)

Demgegenüber sind abmildernde Urteilsadverbien mit insgesamt sechs Vorkommen sehr selten.

5.3.2.3 Schlagwörter

Als „Schlagwort" bezeichnet die Forschung einen „Ausdruck, der zu einer bestimmten Zeit besondere Aktualität gewinnt und mit dem ein Programm oder eine Zielvorstellung öffentlich propagiert wird (Beispiele im Deutschen: Neoliberalismus).[90] Solche Wörter gehören zum ideologischen Vokabular von Politikern.[91] Sie werden von ihnen sehr häufig verwendet und fassen praktisch ein

---

[89] Oft in Form des Hyperbatons *ne* [...] *quidem* („nicht einmal [...]").
[90] Vgl. zu den Schlagwörtern auch ORTNER 2014, 222–223.
[91] Vgl. GIRNTH 2015, 58–59.

ganzes politisches Programm in einem einzigen Wort zusammen. Sie können Haltungen ausdrücken oder auch provozieren. Schlagwörter sollen sowohl das Denken als auch die Gefühle und das Verhalten der Menschen lenken.[92]

Dabei tragen sie neben ihrer eigentlichen engen Wortbedeutung, der Denotation, oft bestimmte Konnotationen, also assoziative, emotionale, stilistische, wertende Nebenbedeutungen und Begleitvorstellungen.[93]

Meist werden unter Politikern heftige „semantische Kämpfe" als Streit um Worte ausgetragen. Dabei geht es entweder darum, wie etwas bezeichnet wird (Bezeichnungskonkurrenz), oder darum, wer welchen Wertbegriff für sich beanspruchen kann und die Deutungshoheit zum Beispiel im Diskurs über den Freiheitsbegriff gewinnt (Bedeutungskonkurrenz).[94] Auch in der Antike gab es semantische Kämpfe zwischen Persönlichkeiten des öffentlichen Lebens.

Auch wenn die Subklassifikationen der einzelnen Schlagworttypen im Detail umstritten sind, können sie im vorliegenden Zusammenhang hilfreich sein. Generell wird zwischen gruppenspezifischen und gruppenübergreifenden Schlagwörtern unterschieden.[95] Girnth kennt vier Arten von politischen Schlagwörtern.[96] Gruppenübergreifende Schlagwörter sind:

- Hochwertwörter zur Bezeichnung von allgemein positiv bewerteten Zielvorstellungen (im Deutschen zum Beispiel Demokratie, Freiheit)
- Unwertwörter zur Bezeichnung von allgemein negativ bewerteten Zielvorstellungen (Armut, Diktatur)

Gruppenspezifische Schlagwörter sind:

- Fahnenwörter zur Markierung der eigenen positiv bewerteten Position in einer bestimmten politischen Gruppe (Obergrenze, Willkommenskultur)
- Stigmawörter zur negativen Bewertung einer fremden Position (Alt-Parteien, Neoliberalismus)

Auch Cicero verwendet immer wieder Schlagworte, um seine Zuhörer zu emotionalisieren (wiederum im Sinne der Forderung nach *movere*).[97] Es handelt sich um politische Hochwertwörter, die traditionelle römische Werte und republikanische Institutionen betreffen. In der 2. Philippika finden sich folgende Stichworte:

---

[92] Vgl. Niehr 2007, 496.
[93] Vgl. besonders den Forschungsüberblick zu den Konnotationen in Ortner 2014, 73–80.
[94] Vgl. Klein 2014, 21.
[95] Vgl. Schröter 2011.
[96] Vgl. Girnth 2015, 63–64.
[97] Vgl. Niehr 2007, 498.

Schlagwort	Anzahl	Stellen	Klassifikation
amicitia, amicus	18	3, 6, 7, 20, 23, 27, 38, 39 (2×), 40 (2×), 41, 58, 62, 85, 93, 104	Hochwertwort
auctoritas	9	9, 11, 12, 27 (2×), 37, 48, 52, 55	Fahnenwort
benivolentia	3	9, 107, 112	Hochwertwort
civitas, civis	28	1, 2, 19, 21, 23, 37 (3×), 38, 47, 52, 55, 59, 64, 69, 70, 71, 72, 75, 89, 92, 97, 109, 112(2×), 116 (2×), 119	Fahnenwort
clementia	1	116	Hochwertwort
concordia	3	19, 24, 112	Hochwertwort
constantia	2	14, 75	Hochwertwort
dignitas	6	27, 38 (2×), 70, 105, 111	Hochwertwort
gloria	9	5, 25, 27, 32, 33, 49, 86, 114, 117	Hochwertwort
gravitas	2	14, 24	Hochwertwort
honos	8	13, 30 (2×), 31 (2×), 39, 110 (2×)	Hochwertwort
hostis	3	1, 51, 64	Stigmawort
humanitas	2	7, 9	Hochwertwort
inhumanitas	3	8, 9, 33	Unwertwort
inimicus	8	1, 2, 17, 34, 47, 65, 90, 94	Stigmawort
iustitia	1	65	Hochwertwort
levitas	2	63, 77	Unwertwort
libertas, liber, liberator	16	20 (2×), 27 (2×), 28, 30, 31 (2×), 32, 37, 47, 64, 89, 113, 114, 119	Hochwertwort
mos maiorum	3	51, 52, 105	Hochwertwort
pax	9	24, 37 (2×) 87, 90, 100, 113 (3×)	Hochwertwort
pietas	2	44, 99	Hochwertwort
populus Romanus	38	6, 9, 17, 20, 21, 24, 27, 31 (2×), 43, 49, 51, 54, 55, 56, 63 (2×), 64, 65 (2×), 72, 83, 85 (2×), 86, 87, 92, 93, 94, 101, 105, 113 (3×), 115, 117, 119 (2×)	Hochwertwort
prudentia	3	13, 24, 81	Hochwertwort
res publica	69	1 (2×), 2, 4, 6 (2×), 7, 10, 12 (2×), 13, 14, 15, 17, 19, 20, 21, 24 (2×), 27 (3×), 31, 34, 36 (2×), 37 (4×), 38, 43 (2×), 47, 48, 50, 51 (2×), 52 (2×), 54, 55 (2×), 56, 64, 70, 76, 83, 88, 89, 91, 92 (2×), 94, 101, 109, 113 (5×) 116, 117, 118 (2×), 119	Fahnenwort

Schlagwort	Anzahl	Stellen	Klassifikation
rex, regn-	3	34, 80, 87	Stigmawort
sapientia	2	11, 105	Hochwertwort
senatus, senatores, hic ordo, patres conscripti	65	1, 2 (2×), 5, 6, 8, 9, 10, 11 (2×), 12, 13, 15 (2×), 16 (3×), 17, 18 (2×), 19 (3×), 25, 31, 37 (2×), 38, 43, 48, 50, 51 (3×), 52 (3×), 53 (2×), 54, 55 (2×), 59, 69, 72, 74, 76, 79, 81, 84, 88, 91, 92, 94 (2×), 99 (2×), 100, 101, 108 (2×), 109, 112, 115, 119	Fahnenwort
servitus, servus, servire	9	35, 64 (3×), 86 (2×), 113 (2×), 116	Unwertwort
temperantia, moderantia	4	6 (2×), 10, 40	Hochwertwort
tyrannus	3	90, 96, 117	Stigmawort
virtus	2	3, 65	Hochwertwort

Tabelle 16: Schlagwörter

Die Analyse zeigt, dass die Hochwert- und Fahnenwörter sowie die römischen Wertbegriffe ihre gegenteiligen Unwert- bzw. Stigmawörter zahlenmäßig überwiegen. Sehr häufige Wertbegriffe sind *res publica*, *senatus*, *populus Romanus* und *libertas* – Werte, als deren Verteidiger und Retter sich Cicero in der Rede inszeniert; demgegenüber stehen Begriffe wie *tyrannus* und *rex*, die die Partei Caesars und Marcus Antonius bezeichnen.

5.3.2.4 Schimpfwörter

Schimpfwörter sind Substantive, die der negativen Bewertung oder Abwertung des Adressaten dienen. Schimpfwörter sind Substantive, „die ihre pejorative Funktion dadurch erfüllen, dass sie negative Eigenschaften oder ungünstige Konnotationen ihrer natürlichen Referenten mit Personen oder auch Sachverhalten verbinden, zum Beispiel ‚Scheiße, …, Schwein'."[98] Sie treten insbesondere bei aggressiven Sprechhandlungen vom Typ „Beschimpfen" auf.[99] Technau unterscheidet darüber hinaus vier Komponenten[100] von Schimpfwörtern:

- eine referentielle Komponente, die die Extension des Schimpfworts bestimmt
- eine pejorative Komponente, die diese Extension negativ bewertet
- eine expressive Komponente, die sich auf die Emotionen des Sprechers bezieht,
- eine skalare Komponente, die den individuellen Beleidigungsgrad erfasst.

---

[98] Siehe GLÜCK/RÖDEL 2016, 590.
[99] Vgl. LIEDTKE/TUCHEN 2018, 441. Vgl. auch MARTEN-CLEEF 1991.
[100] Vgl. TECHNAU 2018, 2.

Die referentielle Komponente lässt sich in verschiedene *Topoi* zerlegen. Unter anderem Ilona Opelt hat sich um eine Typologie der lateinischen Schimpfwörter verdient gemacht.[101] In der folgenden Auflistung von Schimpfwörtern in der 2. Philippischen Rede sollen diese in der rechten Spalte nach inhaltlichen Gesichtspunkten kategorisiert werden. Dabei wird unterschieden zwischen Schimpfwörtern, die sich eher gegen das Privatleben des Beschimpften richten, und solchen, die das öffentliche Leben betreffen.

Schimpfwort	Vorkommnisse in der 2. Philippika (in Klammern: §)	Typologische Analyse
	cum domi tuae turpissimo mercatu omnia essent venalia (6) *quaestuosissima* [...] *falsorum commentariorum et chirographorum officina, agrorum, oppidorum, immunitatium, vectigalium flagitiosissimae nundinae* (35)	Öffentl. Sphäre: Ausverkauf des Staates, Simonie durch Verwendung von Markt-Metaphern
abiectus	82	
acer	64	
adversarius	9	
agrestis	33	Private Sphäre: Herkunft
aleator	67	Private Sphäre: Ausschweifung
alter gladiorum est princeps, alter poculorum	106	
amens	9, 17, 42	Öffentl. Sphäre: Staatszersetzender Wahnsinn
audax[102]	1, 19, 43, 78	
avarus	97, 113, 115	
barbarus	108, 112	Private Sphäre: Herkunft
belli princeps	71	
caecus	97	
Caesaris sacerdos	110	Private Sphäre: Allerweltsadjektive

---

[101] Vgl. OPELT 1965, 128–165.
[102] Siehe auch die Adjektive auf *-ax*.

5.3 Verbale Codes

Schimpfwort	Vorkommnisse in der 2. Philippika (in Klammern: §)	Typologische Analyse
calamitosus	56, 58, 116	
Catilina	1, 118	Öffentl. Sphäre: Staatsfeind; Metonymischer Gebrauch von Namen
Clodius	1	Öffentl. Sphäre: Staatsfeind; Metonymischer Gebrauch von Namen
compransores	101	Private Sphäre: Schlechter Umgang, Völlerei, Spielsucht
conlusores	56, 101	
conscii scelerum	88	
crudelis	62, 71, 99	
crudelitatis auctor	71	
decoctor	44	Private Sphäre: Finanzielle Verhältnisse[103]
dedecus	50, 57	
demens	19, 53, 64	Öffentl. Sphäre: Staatszersetzender Wahnsinn
detestabilis	O detestabilem hominem […]! (110)	Private Sphäre: Allerweltsadjektive
dominus	27, 87, 108, 117	Öffentl. Sphäre: Verstoß gegen die republikan. Verfassung
ebrius	67, 105	Private Sphäre: Ausschweifung
exitii rei publicae	55	Öffentl. Sphäre: Metonymie für Staatsschädling
fax	48, 91	Öffentl. Sphäre: Metapher für Staatsschädling
furor, furens, furiosus	1, 65, 68, 101	Öffentl. Sphäre: Staatszersetzender Wahnsinn
gener libertini	3	Private Sphäre: Herkunft
gladiator	7, 63, 74	Öffentl. Sphäre: Metapher für Unruhestifter gegen den Staat[104]
helluo	26, 65	Private Sphäre: Ausschweifung
homines nefarii	17	

---

[103] Vgl. OPELT 1965, 151–152.
[104] Vgl. OPELT 1965, 135–136.

5 Theoretische Einführung

Schimpfwort	Vorkommnisse in der 2. Philippika (in Klammern: §)	Typologische Analyse
homo et humanitatis expers et vitae communis ignarus	7	
hostis	1, 51, 64	Öffentl. Sphäre: Verstoß gegen die republikan. Verfassung
humilis	82	Private Sphäre: Herkunft
impii cives	1	Private Sphäre: Religionsfrevel
improbus	7, 18	
impudens	28, 70	Private Sphäre: Allgemeine Ausschweifung ohne sexuelle Konnotation[105]
impudicus	38, 99	Private Sphäre: Ausschweifung
impurus filius	58	Private Sphäre: Verbindung mit einer *mima*
indignus	86	
infimi cives	109	Private Sphäre: Herkunft
latro	5, 6, 9, 62, 87	Öffentl. Sphäre: Gewalttätige Störung der staatl Ordnung
libidinum deversorium	41, 104	Private Sphäre: Ausschweifung
meretricius quaestus	44	Private Sphäre: Prostitution
mimus, mima	106	
miser	O miser (16) O miserum te (54)	Deixis, Hörerlenkung
nequam	O hominem nequam! (77)	
nequissimi homines, mimi, aleatores	27, 67	Private Sphäre: Schlechter Umgang
numquam sobrius	32	Private Sphäre: Ausschweifung
omnium stultissimus	29	Private Sphäre: Allerweltsadjektive
os impurissimum	68	Private Sphäre: Religionsfrevel, Aussehen

---

[105] Vgl. OPELT 1965, 156.

5.3 Verbale Codes

Schimpfwort	Vorkommnisse in der 2. Philippika (in Klammern: §)	Typologische Analyse
parricida patriae	17, 31	Öffentl. Sphäre: Verstoß gegen die republikan. Verfassung
pecus	30	Öffentl. Sphäre: Unmenschliches, „tierisches" Verhalten; Theriomorphie
perditus	15, 87, 91	Private Sphäre: Allerweltsadjektive
perfidus	79	
pestifer, pestis	51, 55	Öffentl. Sphäre: Metapher für Staatsschädling
Phormio, Gnatho, Ballio	15	Private Sphäre: Schlechter Umgang
popina	69	Private Sphäre: Prasserei, Völlerei
portentum	66	Öffentl. Sphäre: Unmenschliches, „tierisches" Verhalten; Theriomorphie
praedae socius	71	
rex	34, 80, 87	Öffentl. Sphäre: Verstoß gegen die republikan. Verfassung
sceleratus	9, 20, 30, 85, 90	Private Sphäre: Allerweltsadjektive[106]
sector	39, 65, 75	Öffentl. Sphäre: Bereicherung von Staats wegen
sicarius	8, 31	Öffentl. Sphäre: Gedungener Meuchelmörder
testamento filius	71	
turpis[107]	43, 104, 105	Private Sphäre: Allerweltsadjektive
tyrannus	90, 96, 117	Öffentl. Sphäre: Verstoß gegen die republikan. Verfassung
vulgare scortum	44, 105	Private Sphäre: Prostitution

Tabelle 17: Schimpfwörter

Als Ergebnis kann festgehalten werden: Cicero verwendet eher selten drastische Schimpfwörter (er verwendet zum Beispiel keine Schimpfwörter wie *belua* oder *furcifer*), die Marcus Antonius' Handlungen sowohl im privaten als auch im öffentlichen Bereich angreifen. Die Schimpfwörter stehen eher selten in der 2. Person oder im Vokativ, das heißt sie werden in der Regel nicht in direkten Beschimpfungen verwendet. Meistens werden sie als Teil eines Hauptsatzes in der

---
[106] Vgl. OPELT 1965, 159.
[107] Vgl. zur *turpitudo* als charakterliche Unzulänglichkeit THURN 2018, 87–107.

3. Person verwendet. Viele Beschimpfungen erfolgen in abstrakter Form, wenn Cicero zum Beispiel von *impuritas* in Bezug auf Antonius spricht und nicht von ihm als *impurus*. Aber nicht nur der Gegner selbst wird von Cicero angegriffen, sondern auch seine Anhänger.

5.3.3 Syntax

5.3.3.1 Der AcI und der oblique Konjunktiv

Je nachdem, wie der Sprecher Selbst- oder Fremdaussagen sprachlich präsentiert, gibt er implizit Auskunft darüber, wie er den subjektiven Wahrheitsgehalt der Aussage von den Adressaten verstanden wissen will. Im Deutschen kann die Abhängigkeit einer Aussage von der Meinung einer 3. Person durch die indirekte Rede ausgedrückt werden; das lateinische Pendant ist der *Accusativus cum Infinitivo* in Hauptsätzen und der oblique Konjunktiv in Nebensätzen. Letzteren erklärt Panhuis wie folgt: „Das Setzen von Nebensätzen in den Konjunktiv hat mit der Tatsache zu tun, dass solche Sätze Aussagen sind, die von dem Subjekt eines Verbs des Sagens/Aufforderns/Bittens gemacht werden und nicht vom Autor selbst. Der Autor nimmt also nicht die Verantwortung für diese Aussage auf sich, sondern setzt sie in den Konjunktiv, um sie dem Sprecher/Schreiber zuzuschreiben, dem Subjekt des regierenden Satzes."[108]

Sowohl für den AcI als auch für den *Coniunctivus obliquus* finden sich Beispiele in Ciceros 2. Philippika. Zunächst werden Beispiele für den AcI angeführt, die die Evidenz von Marc Antons Worten mindern – nähere Erläuterungen zu diesen Stellen finden sich im Kommentarteil. In eckigen Klammern steht der Absatz innerhalb der Rede, fett ist der AcI, unterstrichen das Verb des Sagens oder Meinens:

- *Auguratus petitionem mihi te concessisse dixisti.* (4)
- *[...] tu nec solvendo eras nec te ullo modo nisi eversa re publica incolumem fore putabas.* (4)
- *Ad sepulturam corpus vitrici sui negat a me datum.* (17)
- *Sed haec vetera, illud vero recens, Caesarem meo consilio interfectum.* (25)
- *Istud, quod te sacerdoti iure facere posse dixisti, si augur non esses et consul esses, minus facere potuisses?* (81)

Schließlich werden auch Beispiele für den obliquen Konjunktiv gegeben – fett gedruckt ist jeweils die Verbform im Konjunktiv:

- *Sed quo beneficio? quod me Brundisi non occideris? Quem ipse victor qui tibi, ut tute gloriari solebas, detulerat ex latronibus suis principatum, salvum esse voluisset, in Italiam ire iussisset, eum tu occideres?* (5)

---

[108] Siehe Panhuis 2015, §282.

- *Quid enim aliud ille <u>dicebat</u>, quam causam sui dementissimi consili et facti adferebat, nisi quod intercessio <u>neglecta</u>, ius tribunicium <u>sublatum, circumscriptus</u> a senatu <u>esset</u> Antonius?* (53)

5.3.3.2 Sermocinatio

Cicero schlüpft aber auch gelegentlich in die 1. Person Singular, um Marcus Antonius zu zitieren. Dieses Stilmittel heißt *sermocinatio*.[109] Er bezieht sich dann auf Aussagen Marc Antons ohne die explizite Kennzeichnung geringer Evidenz. Steht dies nicht im Widerspruch zu dem, was im letzten Kapitel über den AcI und den *Coniunctivus obliquus* gesagt wurde? Wohl nur scheinbar. Denn zum einen könnte man argumentieren, dass Cicero gerade durch diesen verfremdenden Überraschungseffekt (das heißt Cicero imitiert ausgerechnet seinen Gegner) die direkte Aussage nicht als seine eigene, sondern als die des Marcus Antonius markiert. Dieses Argument lässt sich noch dadurch verstärken, dass Cicero die Redeweise Marc Antons zumindest teilweise übernommen haben dürfte, auch wenn sich dies nicht zweifelsfrei nachweisen lässt. Wie Cicero im Verlauf der Rede immer wieder spottet, war Marcus Antonius alles andere als redegewandt.[110] Wenn also Cicero in seiner Sprechweise Marcus Antonius zumindest teilweise nachahmte, so muss dies herablassend und distanzierend gewirkt haben.[111] Klar ist aber auch, dass es sich bei der untersuchten 2. Philippika um eine Rede handelte, die wohl nur als Flugblatt veröffentlicht wurde – dann aber dürfte Marc Anton auch jenseits der Aussprache und nur im Duktus der *sermocinatio* hörbar gewesen sein. Auf der anderen Seite kann man argumentieren, dass es Cicero bei der *sermocinatio* nicht primär um die Reduzierung der Evidentialität der Aussagen Marc Antons gegangen sein dürfte, sondern – wiederum auch zur emotionalen Verdichtung seiner Rhetorik – um *variatio*, „Action" und Dynamisierung seiner Rede. Für diese rhetorische Strategie finden sich in der 2. Philippischen Rede mehrere Beispiele.[112] Ein Beispiel sticht besonders hervor, nämlich § 72. Fast der ganze Abschnitt besteht aus einer *sermocinatio* – hören wir Marcus Antonius durch Ciceros Mund:

Primo respondisti plane ferociter et, ne omnia videar contra te, prope modum aequa et iusta dicebas: ‚A me C. Caesar pecuniam? cur potius quam ego ab illo? an sine me ille vicit? At ne potuit quidem. Ego ad illum belli civilis causam attuli, ego leges perniciosas rogavi, ego arma contra consules imperatoresque populi Romani, contra senatum populumque Romanum, contra deos patrios arasque et focos, contra patriam tuli. Num sibi soli vicit? Quorum facinus est commune, cur non sit eorum praeda communis?' Ius postulabas, sed quid ad rem? Plus ille poterat.

---

[109] Vgl. BURDORF 2007a.
[110] Siehe z. B. Cic. Phil. 2,42.
[111] Damit gehört die *sermocinatio* zu einem Mittel der Personencharakterisierung, also der Prosopopoiie bzw. Ethopoiie. Vgl. BURDORF 2007b.
[112] Z. B. § 102.

Hier lässt Cicero seinen Gegner Aussagen machen, die auf die Zeitgenossen zutiefst unrömisch gewirkt haben müssen. Er zeichnet ihn als Egomanen – das Wort *ego* kommt viermal vor –, der für seine persönlichen Ziele über Leichen geht.

5.3.3.3 Expressive Satztypen

a. Wunschsätze

Ein Wunsch- oder Begehrsatz ist ein (volitiver) Satz, „der in einer Äußerung die Forderung nach Realisierung eines Sachverhaltes ausdrückt."[113] Da er dem Ausdruck von Emotionen dient, zählt Marty diesen Satztyp zu den sogenannten Emotiven.[114] Anders als etwa im Altgriechischen gibt es im Lateinischen für diesen Satztyp keinen eigenen Modus und daher auch keine morphologischen Endungen wie beim Optativ (vergleiche altgriechisch: εἴθε βάλλοις: „Mögest du werfen!"). Im Lateinischen wird auch hier der Konjunktiv als Modus des Wollens verwendet. Bei erfüllbaren Wünschen kann die Partikel *utinam* (oder *ut*) stehen, bei unerfüllbaren ist sie obligatorisch; alternativ zu dieser Partikel können auch die Konjunktivformen *velle, nolle* oder *malle* stehen: Bei erfüllbaren Wünschen ersetzen *velim, nolim* oder *malim* die Partikel *utinam*, bei unerfüllbaren *vellem, nollem* oder *mallem*. Die Verneinung ist *nē*. In der 2. Philippika kommt *utinam* viermal vor:

- *Utinam, Pompei, cum Caesare societatem aut numquam coisses aut numquam diremisses!* (§ 24)
- *Utinam hoc tuum verum crimen esset!* (§ 40)
- *Utinam conere, ut aliquando illud ‚paene' tollatur!* (§ 101)
- *Eripiet et extorquebit tibi ista populus Romanus, utinam salvis nobis!* (§ 113)

Die ersten beiden Belege sind unerfüllbare Wünsche, der dritte ein erfüllbarer Wunsch. Das letzte Beispiel weist insofern eine Besonderheit auf, als hier ein Ablativus absolutus mit der Partikel *utinam* kombiniert wurde.

Die Wunschpartikel *utinam* wird in den folgenden Beispielen durch *velim* ersetzt. Andere Verben des Wollens kommen nicht vor:

- *Ea velim reprehendas, si potes, unum, ne quinquennii imperium Caesari prorogaret, alterum, ne pateretur ferri, ut absentis eius ratio haberetur.* (§ 24)
- *Velim mihi dicas, nisi molestum est, L. Turselius qua facie fuerit, qua statura, quo municipio, qua tribu.* (§ 41)

Zusammengefasst: In der gesamten 2. Philippika kommen nur sechs Begehrsätze vor. Sie gehören also nicht zu Ciceros „Hauptzutaten", um in dieser Rede Emotionen zu wecken.

---

[113] Vgl. zu den Wunschsätzen auch bes. die Ausführungen in ORTNER 2014, 251–252. Siehe GLÜCK/RÖDEL 2016, 265.
[114] Vgl. MARTY 1976.

b. Exklamativsätze

Exklamativ- oder Ausrufungssätze sind Sätze, deren Äußerung eine emotionale Beteiligung des Sprechers an einer Aussage ausdrückt, die im Kontext als wahr akzeptiert wird (zum Beispiel Ist der groß geworden!).[115] Sie gehören damit zu den expressiven Ausdrücken. Sie erhöhen die Evidenz von Aussagen.[116] Sie werden daher häufig in Verbindung mit Interjektionen verwendet, die bereits im Kapitel Lexik behandelt wurden. Die 2. Philippika enthält 55 Ausrufesätze.[117]; davon sind 16 Ausrufesätze mit Interjektionen verbunden. Abgesehen von den Interjektionen werden viele Ausrufesätze durch Intonation, starke Beurteilungsadverbien (*profecto*, *ne*[118]), Wunschpartikeln (wie *utinam*) oder Fragewörter (wie *quantus*, *quam*, *quomodo* oder *qui*) gebildet. Hinzu kommen Akkusative (oder auch Nominative) des Ausrufs oder sogar ganze AcI-Konstruktionen. Häufig sind auch expressive Ellipsen.[119] In der vorliegenden Rede reicht das Spektrum von sehr kurzen (*di immortales!*) bis zu sehr langen Exklamativsätzen – so ist § 54 ein einziger Exklamativsatz von 74 Wörtern!

Die folgende Tabelle enthält Beispiele für die verschiedenen Arten von Ausrufesätzen, soweit sie in der 2. Philippika vorkommen:

- *Quam multa ioca solent esse in epistulis, quae prolata si sint, inepta videantur, quam multa seria neque tamen ullo modo divulganda!* (§ 7): Fragesatz mit *quam*
- *di immortales!* (§ 14): Nominativ des Ausrufs
- *Utinam hoc tuum verum crimen esset!* (§ 40): Wunschsatz
- *Magnum beneficium!* (§ 59): Ellipse von *est*
- *miserum me!* (§ 64): Akkusativ des Ausrufs
- *Ista vero quae et quanta barbaria est!* (§ 108): Fragesatz mit *quae* und *quanta*

---

[115] Vgl. zu den Exklamativsätzen die Ausführungen in ORTNER 2014, 250–251. Die Eigenständigkeit des Ausrufesatzes als Satztyp ist linguistisch gesehen allerdings umstritten, da die Struktur der betreffenden Sätze oft der Struktur eines Deklarativsatzes, Imperativsatzes, Interrogativsatzes oder eines abhängigen Satzes entspricht. Vgl. GLÜCK/RÖDEL 2016, 191 s. v. „Exklamativsatz".

[116] MARTY zählt sie zu den Emotiven. Vgl. MARTY 1976. BURKARD und SCHAUER schreiben: „Durch einen Ausrufsatz (Exklamativ-, Gefühlssatz) gibt der Sprecher seine emotionale Beteiligung an dem von ihm Ausgesagten zu erkennen; der Ausrufsatz steht daher den Interjektionen nahe und ist v. a. eine Realisierung der expressiven (emotiven) Sprachfunktion." Vgl. BURKARD/SCHAUER 2012, 543.

[117] Dies ist durch einfache Abzählung des Ausrufezeichens in der verwendeten Textaufgabe gemessen worden. Freilich ist das Ausrufezeichen kein antikes Satzzeichen und daher jede Setzung dieses Zeichens durch einen modernen Herausgeber Interpretation. Dennoch sollte die so bestimmte Größenordnung der Häufigkeit von Exklamativsätzen durchaus stimmen.

[118] Als Partikel der Versicherung, vgl. GLARE 2012 s. v. *nē*$_2$.

[119] Vgl. zu den Ausrufesätzen im Lateinischen BURKARD/SCHAUER 2012, § 402.

c. Rhetorische Fragen

Eine rhetorische Frage ist eine Scheinfrage, die der Redner nur um des rhetorischen Effekts willen, insbesondere um eindringlich und gefühlsbetont zu wirken[120], stellt und auf die er von den Zuhörern keine Antwort erwartet, weil diese entweder nicht vorhanden ist oder bereits deutlich angedeutet wird. Burkard und Schauer unterscheiden in ihrer Grammatik zwei Typen, die deklarative rhetorische Frage und die volitive rhetorische Frage.[121] In beiden Fällen handelt es sich formal um eine Frage (eingeleitet durch Fragepronomen, besonders durch *quid* [81-mal in der 2. Philippika] oder *an* [23-mal in der 2. Philippika]); auch die Intonation ist die einer echten Frage, vom Satzmodus her aber um entweder eine Behauptung (zum Beispiel Wer weiß das nicht? = Jeder weiß es.) oder eine Aufforderung (zum Beispiel Merkst du nicht, dass du störst? = Geh weg!).[122] Dennoch können rhetorische Fragen in seltenen Fällen auch formal von echten Fragen unterschieden werden, da in rhetorischen Fragen Urteilsadverbien (zum Beispiel *sine dubio*, *haud dubie*) sowie kausale (*enim*) und konklusive (*ergo*) Konjunktionen vorkommen können, die in der echten Frage wenig Sinn machen.[123]

Die Dichte rhetorischer Fragen ist in Ciceros Rede gegen Antonius sehr hoch: In der 2. Philippika gibt es 192 rhetorische Fragen (gegenüber 491 Aussagesätzen bzw. 51 Ausrufesätzen). Das ergibt bei insgesamt 734 Sätzen einen Anteil von 26,2 %, das heißt etwa jeder vierte Satz ist eine rhetorische Frage. Dies kann mit der hohen emotionalen Intensität, mit der die Rede vorgetragen wird, erklärt werden.

Im Folgenden wird eine repräsentative Auswahl von rhetorischen Fragen unterschiedlicher Art aufgelistet, die im Kommentarteil selbstverständlich vertieft werden:

Rhetorische Frage (in Klammern: §)	Anmerkungen
Quid ergo? (21)	*ergo* als konklusive Konjunktion
An in senatu facillime de me detrahi posse credidit? (23)	*an* als drängendes Fragepronomen
Quae vero tam immemor posteritas, quae tam ingratae litterae reperientur, quae eorum gloriam non immortalitatis memoria prosequantur? (33)	*vero* als Urteilsadverb

---

[120] Vgl. GLÜCK/RÖDEL 2016, 571–572, s. v. „Rhetorische Frage".
[121] Vgl. BURKARD/SCHAUER 2012, 545.
[122] Diese inhaltliche Dichotomie der rhetorischen Fragen hat im Lateinischen sogar einen formalen Widerpart: Setzt man eine deklarative rhetorische Frage in die indirekte Rede, so gebraucht man einen AcI; und setzt man eine volitive rhetorische Frage in die indirekte Rede, so gebraucht man den Konjunktiv. Vgl. BURKARD/SCHAUER 2012, § 470,4.
[123] Vgl. BURKARD/SCHAUER 2012, § 400,2.

Rhetorische Frage (in Klammern: §)	Anmerkungen
Ergo, ut te Catamitum, nec opinato cum te ostendisses, praeter spem mulier adspiceret, idcirco urbem terrore nocturno, Italiam multorum dierum metu perturbasti? (77)	*ergo* als konklusive Konjunktion
Quid videras, quid senseras, quid audieras? (83)	*quid* als drängendes Fragepronomen

Tabelle 18: Rhetorische Fragen

d. Aufforderungssätze: Hortativ und Imperativsätze

Hortativsätze haben als Aufforderungssätze in der 1. Person Plural („Lasst uns …!") einen emotionalen Gehalt, da der Angesprochene sich einer Wir-Gruppe zugehörig fühlt, das Zusammengehörigkeitsgefühl gestärkt und zu einer gemeinsamen Aktion aufgerufen wird.[124] Der Redner kann mit dem Hortativ Gruppengefühle stärken und seinen eigenen Willen mit dem der Gruppenmitglieder synchronisieren. Kurz: Er kann die Mitglieder einer Wir-Gruppe auf diese Weise ermahnen, anspornen, ermutigen und auffordern.[125]

Im Lateinischen ist der Hortativ morphologisch gesehen eine Verbform in der 1. Person Plural im Modus Konjunktiv (*Gaudeamus igitur!*).[126] Die Negation erfolgt durch *nē*. In der 2. Philippika finden sich 13 Hortative:

Hortativ (in Klammern: §)	Anmerkungen
veniamus ad vivos (13)	Inhaltliche Ankündigung
quaeramus igitur (18)	
a principio ordiamur (44)	Strukturelle Ankündigung
stupra et flagitia omittamus (47)	Inhaltliche Auslassung
incidamus, opinor, media (47)	
sed haec, quae robustioris improbitatis sunt, omittamus; loquamur potius de nequissimo genere levitatis. (63)	Inhaltliche Auslassung, dann Ankündigung
veniamus ad splendidiora (63)	Ironie
ad maiora veniamus (78)	Ironie
ad Lupercalia veniamus (84)	Inhaltliche Ankündigung
ad auspicia redeamus (88)	Inhaltliche Ankündigung; kataphorisch
ad chirographa redeamus (100)	Inhaltliche Ankündigung; kataphorisch
sed praeterita omittamus (112)	Strukturelle Ankündigung

Tabelle 19: Hortative

---

[124] Vgl. GLÜCK/RÖDEL 2016, 10 s. v. „Adhortativ".
[125] Vgl. GLÜCK/RÖDEL 2016, 342 s. v. „Kohortativ".
[126] Vgl. BURKARD/SCHAUER 2012, § 109.

Die obige Auflistung macht auf einen Blick deutlich: Cicero verwendet Hortative in seiner Rede ausschließlich, um seine Rede zu gliedern und auf Themen hinzuweisen, nicht aber, um politisch zu agitieren oder gar direkt zu Gewalttaten gegen Antonius aufzurufen. Oft deutet Cicero nur strukturell an, worauf er nun eingehen wird (*a principio ordiamur*), manchmal benennt er das Thema auch inhaltlich (*ad Lupercalia veniamus*), manchmal zeigt er sich hier sogar ironisch (*veniamus ad splendidiora*). Häufiger sind Ciceros Ankündigungen anaphorisch (*veniamus*), seltener kataphorisch (*redeamus*). Gelegentlich erscheint der Hortativ im Rahmen einer Praeteritio (zum Beispiel *stupra et flagitia omittamus*) und macht gerade dadurch auf das zu Unterlassende besonders aufmerksam.

Alle Hortative richten sich darüber hinaus besonders an die Senatoren; Cicero rechnet sie also zur adressierten Wir-Gruppe, deren Aufmerksamkeit er lenken will. Negierte Hortative kommen nicht vor.

Mit Aufforderungssätzen, in denen ein Verb im Modus Imperativ steht, drückt der Sprecher seinen Willen aus, das Verhalten des Angesprochenen zu beeinflussen.[127] Damit gehören diese Sätze zur Klasse der direktiven Sprechakte.[128] Im Lateinischen werden Imperative meist in der 2. Person verwendet (zum Beispiel *ama! amate!*). Cicero verwendet in der 2. Philippika 31 Imperative, von denen 16 in der 2. Person Plural an die Senatoren und 12 in der 2. Person Singular an Antonius gerichtet sind. Die an die Senatoren gerichteten Aufforderungssätze dienen – ähnlich wie die oben besprochenen Hortative – häufig der inhaltlichen Gliederung der Rede und der Lenkung der Aufmerksamkeit (zum Beispiel *Sed reliquum vitae cursum videte!*), weniger der Aufforderung zu einem bestimmten politischen Handeln. Die Imperative an Marcus Antonius sind dagegen oft ironisch oder sarkastisch (zum Beispiel *vide, quam tecum agam non inimice!*); zweimal handelt es sich zwar formal um einen Imperativ der 2. Person, inhaltlich aber um die Funktion eines Zugeständnisses, einer Konzession (*Fac potuisse.; Sed fac id te dedisse mihi.*). Zu den 26 Imperativen der 2. Person kommen noch drei Formen der 3. Person von *esse*, nämlich *esto*, die allerdings auch wieder konzessiv gebraucht werden.[129] Daraus ergeben sich folgende Vorkommen von Imperativen in der 2. Philippika Ciceros:

Imperativ (in Klammern: §)	*Anmerkungen*
Imperativ 2. Person Plural	
vobiscum ipsi recordamini. (1)	
stultitiam incredibilem videte. (8)	Inhaltliche Ankündigung

---

[127] Vgl. PANHUIS 2015, § 78c.
[128] Vgl. GLÜCK/RÖDEL 2016, 70.
[129] Vgl. BURKARD/SCHAUER 2012, § 113.

5.3 Verbale Codes

Imperativ (in Klammern: §)	Anmerkungen
putate tum Phormioni alicui, tum Gnathoni, tum etiam Ballioni [...] (15)	
At quem ad modum me coarguerit homo acutus, recordamini. (28)	Indirekter Fragesatz
Sed stuporem hominis vel dicam pecudis attendite. (30)	Inhaltliche Ankündigung
Audite, audite, patres conscripti, et cognoscite rei publicae vulnera. (43)	Geminatio des Imperativs zur emotionalen Steigerung
Sed reliquum vitae cursum videte (47)	Inhaltliche Ankündigung
Accipite nunc, quaeso, [...] (50)	Bitte-Formel *quaeso*
Quam ob rem desinite mirari haec tam celeriter esse consumpta. (67)	
Nolite quaerere [...] (69)	Prohibitiv mit *nolite* und Infinitiv
At videte levitatem hominis. (77)	Inhaltliche Ankündigung
sed videte impudentiam (81)	Inhaltliche Ankündigung
Itaque ex illo die recordamini eius usque ad Idus Martias consulatum. (82)	
Sed arrogantiam hominis insolentiamque cognoscite. (84)	Inhaltliche Ankündigung
Imperativ 2. Person Singular	
Fac potuisse. (5)	Konzessiv
Vide, ne illa causa fuerit adpellandi mei (28)	
vide, quaeso, Antoni, quid tibi futurum sit (34)	Bitte-Formel *quaeso*
vide, quam tecum agam non inimice! (34)	Indirekter Fragesatz
vide, quaeso, ne haereas (35)	Bitte-Formel *quaeso*
Et quidem vide, quam te amarit is, qui albus aterne fuerit ignoras. (41)	Indirekter Fragesatz
Vide autem, quid intersit inter te et avum tuum. (42)	Indirekter Fragesatz
Sed fac id te dedisse mihi (60)	Konzessiv
Vide, ne etiam facilius; nos enim nuntiationem solum habemus, consules et reliqui magistratus etiam spectionem. (81)	
Sume diem, vide, qui te inauguret; conlegae sumus; nemo negabit. (110)	
confer cum hac nundinatione tua tuorumque (115)	
Imperativ 3. Person Singular	

Imperativ (in Klammern: §)	Anmerkungen
Esto, sit in verbis tuis hic stupor; quanto in rebus sententiisque maior! (30)	Konzessiv
Esto, fuerit haec partium causa communis. (75)	Konzessiv
Esto, hoc imperite [...] (81)	Konzessiv

Tabelle 20: Imperative

e. Negative Phrasen bzw. Litotes

Bei einer Litotes (gr. λιτότης „Einfachheit") betont der Sprecher das Gegenteil einer Aussage, indem er sie entweder verneint (zum Beispiel „nicht wenig") oder herunterspielt („noch ein Gläschen Wein trinken").[130] Litotes grenzt oft an ironische Untertreibung.

Auch Cicero verwendet dieses Stilmittel in seinen Werken, allerdings in der 2. Philippika nicht so häufig. In § 5 zum Beispiel akzentuiert und kritisiert Cicero die *imprudentia* Marc Antons gerade dadurch, dass er seine *prudentia* durch die Komparativform *minus* herabsetzt: *minus prudenti*. Weitere Beispiele sind:

- *In quo est tua culpa non nulla.* (§ 20; anstelle von *maxima*)
- *Sed unam rem vereor ne **non probes**:* [...] (§ 34; anstelle von *improbes*)

5.3.3.4 Wortstellung

a. Stellungsfiguren: Anapher, Parenthese, Hyperbaton

Glück und Rödel definieren die Anapher als Wiederholung eines Wortes oder einer Wortgruppe am Anfang aufeinanderfolgender Sätze oder Satzteile.[131] Damit gehört dieses Stilmittel auch zu den sogenannten Wiederholungsfiguren, das heißt zu jenen rhetorischen Mitteln, bei denen die Wiederholung von Wörtern oder Wortgruppen eine wichtige Rolle spielt. Gerade auf der Wirkung von Wiederholungen beruht der emotionalisierende Charakter von Anaphern. Cicero verwendet sie sehr häufig. Im folgenden Beispiel aus § 6 der Invektive gegen Antonius handelt es sich sogar um eine dreifache Anapher, ein Trikolon:

*At in illa querela misera quidem et luctuosa, sed mihi pro hoc gradu in quo me senatus populusque Romanus conlocavit necessaria, **quid** est dictum a me cum contumelia, **quid** non moderate, **quid** non amice?*

In diesem Satz wird das Fragewort *quid* am Anfang von drei Kola wiederholt. Diese Wiederholung kann auf eine erregte Gefühlslage des Redners schließen lassen und umgekehrt die Affekte des Zuhörers (bzw. Lesers) steigern. Cicero

---

[130] Vgl. GLÜCK/RÖDEL 2016 s. v. „Litotes".
[131] Vgl. GLÜCK/RÖDEL 2016 s. v. „Anapher".

zeigt auf diese Weise seinen Ärger über den Vorwurf des Antonius, ihn in der 1. Philippika angegriffen zu haben.[132]

In § 55 verwendet Cicero das Gegenstück zur Anapher, die Epipher, bei der die Wiederholung nicht am Satzanfang, sondern am Satzende steht. Das Beispiel lautet:

Desideratis clarissimos civis: eos quoque vobis eripuit Antonius. Auctoritas huius ordinis adflicta est: adflixit Antonius. Omnia denique, quae postea vidimus – quid autem mali non vidimus? – si recte ratiocinabimur, uni accepta referemus Antonio.

Hier wird der Name von Ciceros Gegenspieler gleich dreimal genannt: *Antonius*. Diese Wiederholung intensiviert die Vorwürfe, die Cicero hier gegen ihn erhebt, nämlich dass er für den Tod ehrlicher Römer verantwortlich sei, dass er die Autorität der Senatoren beschädigt habe und dass er schließlich auch für alle folgenden Übel verantwortlich sei. Das Trikolon „hämmert" den Zuhörern gnadenlos den Namen des für Cicero an allem Schuldigen ein.

Eine Parenthese ist ein Einschub eines kurzen Satzes in der Mitte eines Satzes. Der eingeschobene Satz dient meist der Metakommunikation und kommentiert den Inhalt des Satzes, zum Beispiel durch eine impulsive Reaktion auf das Beschriebene. Oft enthalten Parenthesen Bewertungen des Gesagten oder Imperative. Sie gehören damit zu den syntaktischen Mitteln des Gefühlsausdrucks. Da auch Interjektionen aufgrund ihrer Spontaneität oft außerhalb des Satzrahmens stehen, findet man sie häufig innerhalb einer Parenthese. Sie sind also „syntaktisch desintegriert".[133] In den Textausgaben wird die Parenthese entweder durch Kommas, Klammern oder Gedankenstriche graphisch vom Rest des Satzes abgesetzt.

In den folgenden Beispielen aus Ciceros 2. Philippischer Rede soll jeweils klassifiziert werden, um welche Art von emotionalen Parenthesen es sich handelt:

Parenthese (in Klammern: §)	Anmerkungen
At etiam ausus es *(quid autem est, quod tu non audeas?)* clivum Capitolinum dicere me consule plenum servorum armatorum fuisse. (16)	Negative Evaluation von Antonius
Ut illa, *credo*, nefaria senatus consulta fierent, vim afferebam senatui. (16)	
O miser, sive illa tibi nota non sunt *(nihil enim boni nosti)* sive sunt, qui apud talis viros tam impudenter loquare! (16)	Negative Evaluation von Antonius

---

[132] Weitere sehr auffällige Anaphern finden sich an folgenden Stellen: § 3 Trikolon auf *non venirem*; § 6 Pentakolon auf *cum*; § 9 zwei Trikola, einmal auf *tamquam*, einmal auf *neque*; § 10 Trikolon auf *vel quod ita*; § 11 Trikolon auf *quid*; § 37 Trikolon auf *tot*; § 45 Dikolon auf *quotiens*; § 50a Trikolon auf *sine*; § 63 Trikolon auf *iste*; § 67 Trikolon auf *nihil* sowie Dikolon auf *alia*; § 68 Trikolon auf *tu*; § 76 Dikolon auf *nullum*; § 86 Trikolon auf *quid*; § 88 Trikolon auf *quae*; § 90 Trikolon auf *tua*; § 105 Trikolon auf *quae*; § 112 Tetrakolon auf *cur*.
[133] Vgl. GLÜCK/RÖDEL 2016 s. v. „Parenthese".

Parenthese (in Klammern: §)	Anmerkungen
Iam illud cuius est non dico audaciae (cupit enim se audacem), sed, quod minime vult, stultitiae, qua vincit omnis, clivi Capitolini mentionem facere, cum inter subsellia nostra versentur armati, cum in hac cella Concordiae, di immortales! (19)	Sarkastische Bemerkung
Quamquam de morte Clodi fuit quaestio non satis prudenter illa quidem constituta (quid enim attinebat nova lege quaeri de eo, qui hominem occidisset, cum esset legibus quaestio constituta?), quaesitum est tamen. (22)	Rhetorische, sarkastische Frage
[...] edormi crapulam, inquam, et exhala. (30)	
Quae enim res umquam, pro sancte Iuppiter! non modo in hac urbe, sed in omnibus terris est gesta maior, quae gloriosior, quae commendatior hominum memoriae sempiternae? (32)	Interjektion
Omnia denique, quae postea vidimus (quid autem mali non vidimus?), si recte ratiocinabimur, uni accepta referemus Antonio. (55)	Rhetorische, sarkastische Frage
Hasta posita pro aede Iovis Statoris bona Cn. Pompei (miserum me! consumptis enim lacrimis tamen infixus haeret animo dolor), bona, inquam, Cn. Pompei Magni voci acerbissimae subiecta praeconis! (64)	Interjektion; Beschreibung einer heftigen Gefühlsreaktion
Fuit enim ille vir, patres conscripti, sicuti scitis, cum foris clarus, tum domi admirandus neque rebus externis magis laudandus quam institutis domesticis. (69)	Steigerung der Evidentialität
Cuius tu imperatoris quaestor fueras, dictatoris magister equitum, belli princeps, crudelitatis auctor, praedae socius, testamento, ut dicebas ipse, filius, appellatus es de pecunia, quam pro domo, pro hortis, pro sectione debebas. (71)	Steigerung der Evidentialität
Primum cum Caesar ostendisset se, priusquam proficisceretur, Dolabellam consulem esse iussurum (quem negant regem, qui et faceret semper eius modi aliquid et diceret) – sed cum Caesar ita dixisset, tum hic bonus augur eo se sacerdotio praeditum esse dixit, ut comitia auspiciis vel inpedire vel vitiare posset, idque se facturum esse adseveravit. (80)	Sarkastische Bemerkung und negative Evaluation von Caesar
Escendis, accedis ad sellam, (ita eras Lupercus, ut te consulem esse meminisse deberes) diadema ostendis. (85)	Sarkastische Bemerkung
Quis vero audivit umquam (nullius autem salus curae pluribus fuit) de fortunis Varronis rem ullam esse detractam? (104)	Positive Evaluation von Dolabella
Qua re tibi nuntiata, ut constabat inter eos, qui una fuerunt, concidisti. (107)	Steigerung der Evidentialität
Certatim posthac, mihi crede, ad hoc opus curretur neque occasionis tarditas expectabitur. (108)	Imperativ

Tabelle 21: Parenthesen

5.3 Verbale Codes

Hyperbaton bedeutet die „Trennung" von Wörtern, die syntaktisch zusammengehören (ein deutsches Beispiel wäre der Vers: *Sanft ist im Mondscheine und süß die Ruh*).[134] Ein Wort, das zu einem anderen gehört, hat gewissermaßen einige andere Wörter im Satz „überholt" (daher das griechische Verb ὑπερβαίνω). Meistens handelt es sich um ein Substantiv und ein Adjektiv (dies ist auch bei Cicero der häufigste Fall), manchmal auch um ein Substantiv und einen attributiven Genitiv. Diese Figur hebt eines der beiden Wörter hervor, gewöhnlich das erste, das meistens ein Adjektiv ist. Je weiter die Wörter voneinander entfernt sind, desto stärker ist die Hervorhebung. Hyperbata sind im Deutschen allerdings schwer zu reproduzieren, da die Sperrstellung zwischen zwei zusammengehörigen Wörtern oft nicht leicht zu realisieren ist.[135]

Das Lateinische hingegen ist nach Burkard und Schauer geradezu prädestiniert für die häufige Verwendung von Hyperbata, da es eine flektierende Sprache ist. Sie folgern daraus: „Die Autoren der lateinischen Schriftsprache nützen den Vorteil des flektierenden Lateins aus, so dass die Wörter primär nach semantischen, stilistischen und euphonischen Gesichtspunkten im Satz verteilt werden."[136] Deshalb haben römische Redner wie Cicero gerne bestimmte Passagen durch das Stilmittel des Hyperbatons hervorgehoben und damit ihre emotionale Wirkung verstärkt.

Und so verwendet auch Cicero das Hyperbaton häufig zur Hervorhebung. Im Folgenden sollen einige eindrucksvolle Beispiele aus seiner Rede vorgestellt werden:

- § 28: [...] *cruentum alte tollens Brutus pugionem*[...]: Wir erkennen hier ein Hyperbaton, das aus einem Adjektiv und einem substantivischen Bezugswort besteht. Da nach Panhuis die Trennung von zwei Wörtern auch optisch anzeigt, „dass etwas sehr lang oder weit ist"[137], kann man sagen, dass auch hier durch die Sperrstellung buchstäblich vor Augen geführt wird, wie weit Brutus bei der Ermordung Caesars gegangen ist (*alte tollens Brutus*). Auf diese Weise wird die affektive Wirkung des Bildes vom blutüberströmten Dolch verstärkt.
- § 59: *Reliquorum factorum eius, patres conscripti, difficilis est sane reprehensio et lubrica*. Diesmal erkennt man eine Sperrstellung der zweiten Art, nämlich Substantiv + Genitiv des Attributs. Auf diese Weise betont Cicero die Ankündigung weiterer Vorwürfe gegen Antonius, aber auch die Anrede der Senatoren *patres conscripti* erhält in der Satzmitte eine gewisse Betonung.
- § 75: **Omnibus** his adfuit **pugnis** Dolabella [...]: Hier erkennt man ein Hyperbaton der Struktur Adjektiv + Substantiv. Das Adjektiv *omnibus* steht auch noch am Anfang des Satzes und wird dadurch noch stärker betont.

---

[134] Vgl. Matthias Claudius, „Ein Wiegenlied", z. B. in der Ausgabe CHODOWIECKI 1996.
[135] Einen Versuch unternimmt PANHUIS, vgl. PANHUIS 2015, § 429.
[136] Siehe BURKARD/SCHAUER 2012, § 426.
[137] Vgl. PANHUIS 2015, § 429.

b. Emotive Wortstellung

Durch die Wortstellung kann der Sprecher bestimmte Wörter betonen. Die Wortstellung im Satz betrifft die Positionierung von Wortgruppen und Satzgliedern. Wichtige Satzkonstituenten sind dabei Thema und Rhema. Das Thema ist das, worüber in einem Satz gesprochen wird. Es ist entweder aus dem Kontext bekannt oder kann beim Rezipienten vorausgesetzt werden. Das Rhema ist die neue oder auffälligste Information, die über das Thema gesagt wird. Das Thema bildet also gewissermaßen das Fundament, den Ausgangspunkt eines Satzes und ist statisch, das Rhema kommt hinzu und verleiht dem Text eine kommunikative Dynamik.[138]

In den meisten Sätzen gibt es mehrere Themata und Rhemata, aber nur ein sogenanntes eigentliches Thema und ein eigentliches Rhema. Sie werden mit Te (eigentliches Thema) bzw. Re (eigentliches Rhema) abgekürzt, die anderen Satzglieder mit einfachem T oder R. Nach Panhuis ist die normale Wortstellung im Lateinischen:

$$Te - T - [...] - R - Re$$

Das Thema steht also am Anfang des Satzes, das Rhema am Ende.

Die Anordnung der Satzglieder ist Sache des Sprechers und richtet sich nach seiner Sicht der Dinge und dem, worauf er den Schwerpunkt legt. Wenn er ein Rhema besonders betonen will und die Intonation der Stimme nicht ausreicht, kann er von der normalen zur emotiven Wortstellung übergehen. Bei der emotiven Wortstellung wird das Rhema an den Satzanfang gestellt:

$$R - [...] - T$$

Nach Panhuis kommt es aber auch vor, dass normale und emotionale Wortstellung kombiniert werden:

$$Re - Te - T - [...] - R - Re$$

Bei einem hochemotionalen Text wie der 2. Philippika Ciceros gegen Marcus Antonius ist zu erwarten, dass Cicero von der emotionalen Wortstellung regen Gebrauch macht. Und tatsächlich: Berücksichtigt man den hohen Anteil rhetorischer Fragen von 26,2 % am Gesamttext ($\frac{192 \text{ rhetorische Fragen}}{734 \text{ Sätze insgesamt}} = 26{,}2\,\%$), so ergibt sich ein mindestens ebenso hoher Anteil von Sätzen mit emotiver Wortstellung, denn Panhuis schreibt: „In einer Frage steht das Interrogativpronomen oder das interrogative Adverb oder das Wort mit der Fragepartikel -ne als ein stereotypes emotives Rhema am Anfang des Satzes."[139] Der tatsächliche Anteil dürfte noch

---

[138] Vgl. zur emotiven Wortstellung PANHUIS 2015, 248–256. Vgl. auch bei GLÜCK/RÖDEL 2016 die Stichworte „Thema", „Rhema", „Topikalisierung" und „Rhematisierung" sowie BURKARD/SCHAUER 2012, § 421,3.

[139] Vgl. PANHUIS 2015, § 392.

5.3 Verbale Codes

höher liegen, ist aber leider schwer zu ermitteln. Anstelle einer quantitativen Analyse soll daher exemplarisch eine Passage unter dem Aspekt der Rhematisierung analysiert werden. Hilfreich für die Analyse ist der Hinweis von Panhuis, dass sowohl die normale als auch die emotionale Wortstellung bei bestimmten Stilmitteln, die bei Cicero recht häufig sind, immer eine Rolle spielen: Antithese, Chiasmus, Hyperbaton, Parallelismus, Wiederholung.[140]

Als Textgrundlage für die exemplarische Analyse soll ein Ausschnitt aus § 63, die sogenannte *vomitus*-Szene, dienen (nach den Satzkonstituenten stehen die Abkürzungen T und R für Thema bzw. Rhema):

Tu (Te) istis faucibus, istis lateribus, ista gladiatoria totius corporis firmitate (R) tantum vini in Hippiae nuptiis exhauseras (R), ut tibi necesse esset (T) in populi Romani conspectu (R) vomere postridie (Re). O rem (T) non modo visu foedam, sed etiam auditu (R)! Si inter cenam (Re) in ipsis tuis immanibus illis poculis (T) hoc tibi accidisset, quis (R) non turpe duceret (T)? In coetu vero populi Romani (T) negotium publicum gerens (R), magister equitum (Te), cui ructare turpe esset (T), is vomens (T) frustis esculentis vinum redolentibus (R) gremium suum et totum tribunal implevit (Re)!

Der erste Satz besteht aus zwei Kola mit jeweils normaler Wortstellung; das zweite Kolon ist dabei ein konsekutiver ut-Satz. Der Satz hat also die Form T – R/ut[...] – T – R. Das eigentliche Thema ist Marc Anton (*tu*), das eigentliche Rhema (*vomere*): Marcus Antonius soll vor den Römern gespuckt haben. Das ist die Kernaussage des Satzes. Daran schließen sich weitere Nebeninformationen an, die entweder bekannt oder erschließbar sind, oder auch neue Informationen: Zum Beispiel das kulturelle Hintergrundwissen, dass es für einen Betrunkenen oft notwendig ist, sich zu übergeben; untergeordnete Rhemata sind das gladiatorenhafte Auftreten des Marcus Antonius, seine Trunkenheit auf der Hochzeitsfeier des Hippias sowie die Anwesenheit des populus Romanus. Auf letzteren wird später – nun Thema des Satzes – am Satzanfang und durch ein Hyperbaton emphatisch Bezug genommen (*In coetu vero populi Romani* ...). Davor stehen aber noch zwei Sätze, nämlich ein Ausrufungssatz und ein rhetorischer Fragesatz. Der Ausrufesatz hat die Struktur T – R. Auf die gerade erwähnte *vomitus*-Episode wird mit der Pro-Form *rem* Bezug genommen, dann wird sie – als Rhema – negativ als ungesehen und unerhört negativ bewertet. Der Ausruf ist zudem antithetisch und parallelistisch aufgebaut und setzt durch die Wendung *non modo... sed etiam* einen Akzent auf den zweiten Teil des Satzes (*non modo visu foedam, sed etiam auditu*). Es folgt eine rhetorische Frage, die aus zwei Kola mit emotionaler Satzstellung besteht. Das Schema ist: *Si* [...] R – T/R – T?

Schließlich begegnet uns ein komplexer Satz mit der üblichen Grundstruktur: Te – Re. Ein Reiteroberst (*magister equitum*) speit seinen Schoß und das Tribunal voll (*gremium suum et totum tribunal implevit*). Darum gliedern sich

---

[140] Vgl. PANHUIS 2015, § 390.

weitere Informationen an: Dass die Episode (*is vomens*) vor den Augen des Volkes geschieht, wurde bereits erwähnt, dass sich ein solches Verhalten für einen *magister equitum* nicht schickt (*cui ructare turpe esset*), ist römisches Weltwissen. Neu ist der Hinweis, dass Marcus Antonius im Begriff war, ein öffentliches Amt auszuüben (*negotium publicum gerens*), sowie die detaillierte Beschreibung der Mundausscheidungen des Marcus Antonius

c. Stellung des Verbs

Die Stellung des Verbs wurde in den vorangegangenen Abschnitten noch nicht behandelt, kann aber ebenfalls ein syntaktisches Mittel zur Emotionalisierung sein. Im Lateinischen kann die Verbstellung stark variieren. Einige Autoren bevorzugen jedoch eindeutig die Endstellung des Verbs, zum Beispiel Caesar und Sallust. Bei Caesar stehen die Verben in 84 % der Sätze am Ende.[141] Bei Cicero hingegen sind Verben am Ende nicht so häufig, hier liegt der Anteil nach einer quantitativen Untersuchung nur bei ca. 50 %.[142]

Wenn die Betonung auf der verbalen Handlung liegt, stehen die Verben oft an prominenter Stelle am Satzanfang und nicht am Satzende. Panhuis schreibt: „Es [Das heißt diese Verbstellung, d. V.] drückt Geschwindigkeit oder Unruhe aus."[143]

Die Spitzenstellung des Verbs kommt auch in der 2. Philippischen Rede vor, manchmal mehrfach in einer zusammenhängenden Passage (siehe das erste Beispiel). Es folgen einige auffallende Beispiele:

- *<u>Libero</u> te metu; nemo credet umquam; non est tuum de re publica bene mereri; <u>habet</u> istius pulcherrimi facti clarissimos viros res publica auctores; ego te tan-tum gaudere dico, fecisse non arguo. <u>Respondi</u> maximis criminibus; nunc etiam reliquis respondendum est.* (§ 36)
- *<u>Veniunt</u> Kalendae Ianuariae; <u>cogimur</u> in senatum: <u>invectus est</u> copiosius multo in istum et paratius Dolabella quam nunc ego.* (§ 79)
- *<u>Memineramus</u> Cinnam nimis potentem, Sullam postea dominantem, modo Caesarem regnantem videramus.* (§ 108)
- *<u>Defendi</u> rem publicam adulescens, non <u>deseram</u> senex.* (§ 118)

---

[141] Vgl. ELERICK 1994.
[142] Vgl. PINKSTER 1988, 255.
[143] Siehe PANHUIS 2015, § 395. Diese Anfangsstellung wirkt aber nur bei Verben emphatisch, die nicht präsentisch sind, d. h. Verben, die keine Präsenz (z. B. *esse*) oder Ankunft (z. B. *convenire*) ausdrücken. Diese präsentischen Verben stehen oft deswegen am Satzanfang, weil sie Thema sind und die eigentlich neue Information im Akteur steckt. Nicht-präsentische Verben sind dagegen am Satzanfang meistens rhematisch und tragen zur inhaltlichen Dynamik des Textes bei.

5.3.4 Semantik

5.3.4.1 Topik – Was wird geschmäht?

Ein guter Ausgangspunkt für die Analyse der Semantik emotionaler Sprache in Invektiven ist die Topik der Schmähreden. Unter welchen Gesichtspunkten wurden die Beschimpften immer wieder angegriffen? Was bot immer wieder „Angriffsfläche"? Bereits in der Antike wurden in rhetorischen Lehrbüchern verschiedene *Topoi* der Invektive, also Gegenstände der Beschimpfung, aufgelistet.[144] Sie gehören zu den wichtigsten Gliederungselementen einer Invektive. Um eine größtmögliche Vollständigkeit zu gewährleisten, wird hier der neueste Katalog der von CRAIG in antiken Reden identifizierten *Topoi* aufgelistet.[145] Insgesamt gibt es 17 *Topoi*:

- Die Ursprünge der Familie sind beschämend (*embarrassing family origins*)
- Man verdient nicht, zur eigenen Familie zu gehören (*being unworthy of one's family*)
- Körperliche Erscheinung (*physical appearance*)
- Exzentrischer, auffälliger Kleidungsstil[146] (*eccentricity of dress*)
- Fresssucht und Alkoholismus[147] als mögliche Ursachen von Grausamkeit und Triebhaftigkeit (*gluttony and drunkenness, possibly leading to acts of crudelitas and libido*)
- Scheinheiligkeit (*hypocrisy for appearing virtuous*)
- Habgier, evtl. verbunden mit Verschwendungssucht (*avarice, possibly linked with prodigality*)
- Bestechung (*taking bribes*)
- Anmaßung (*pretentiousness*)
- Sexuelles Fehlverhalten, zum Beispiel Ehebruch (*sexual misconduct*)
- Feindseligkeit gegenüber der eigenen Familie (*hostility to family*)
- Feigheit im Krieg (*cowardice in war*)
- Verschleuderung von Vermögen oder Zahlungsschwierigkeiten (*squandering of one's patrimony or financial embarrassment*)
- Streben nach der Königs- oder der Tyrannenherrschaft, verbunden mit *vis, libido, superbia* und *crudelitas* (*aspiring to regnum or tyranny, associated with vis, libido, superbia, and crudelitas*)[148]
- Grausamkeit gegen Bürger und Verbündete (*cruelty to citizens and allies*)

---

[144] So beispielsweise Anaximenes von Lampsakos in *Techne* 3,1, 1425b (Ausgabe FUHRMANN 2000) oder Aphthonios von Antiochia in RG 2.36.7–19 (Ausgabe RABE 1926).
[145] Vgl. C. CRAIG 2004, 200–202. Auch in NOVOKHATKO 2009, 14 (Eigene Übersetzung der englischen Begriffe); eine ähnliche Liste von antiken Topoi der Invektive bietet auch NISBET 1987, 192–197.
[146] Vgl. zu diesem Topos auch die Ausführungen in THURN 2018, 204–216.
[147] Zu Diffamierungen anhand des Topos „Trunksucht" vgl. THURN 2018, 167–191.
[148] Vgl. hierzu besonders DUNKLE 1967.

- Veruntreuung von privatem oder öffentlichem Eigentum (*plunder of private and public property*)
- Unfähigkeit zu reden (*oratorical ineptitude*)

Betrachtet man diese Liste von 17 „Angriffsflächen" für den Angreifer, so fällt auf, dass Herkunft und öffentliches Verhalten eine große Rolle spielen.[149] Viele dieser Topoi spielen auch in der 2. Philippika eine wichtige Rolle. Hinzu kommt als 18. Topos die Dummheit (*stultitia*). Im Folgenden soll für jeden Topos mindestens ein einschlägiges Beispiel aus der 2. Philippika angeführt werden, um zu zeigen, in welchen Bereichen Cicero seinen Gegner Antonius (teilweise auch Caesar) negativ beurteilt.

- *embarrassing family origins*

    Sed hoc idcirco commemoratum a te puto ut te infimo ordini commendares, cum omnes te recordarentur libertini generum et liberos tuos nepotes Q. Fadi, libertini hominis, fuisse. (§ 3)

- *being unworthy of one's family*

    [...] quibus ortus sis, non quibuscum vivas, considera. (§ 118)

- *physical appearance*

    Tu istis faucibus, istis lateribus, ista gladiatoria totius corporis firmitate tantum vini in Hippiae nuptiis exhauseras [...] (§ 63)

    Tu etiam ingredi illam domum ausus es, [...] tu illarum aedium dis penatibus os impurissimum ostendere?[150] (§ 67)

- *eccentricity of dress*

    [...] cum calceis et toga, nullis nec Gallicis nec lacerna (§ 76)

- *gluttony and drunkenness, possibly leading to acts of crudelitas and libido*

    [...] vini exhalandi, non ingeni acuendi causa declamitas. (§ 42)

    edormi crapulam, inquam, et exhala (§ 30)

    [...] tantum vini in Hippiae nuptiis exhauseras, ut tibi necesse esset in populi Romani conspectu vomere postridie. (§ 63)

    ab homine numquam sobrio (§ 81)

    [...] confitere te, cum ‚ALIO DIE' dixeris, sobrium non fuisse. (§ 83)

- *hypocrisy for appearing virtuous*

---

[149] Allgemein lässt sich sagen, dass die *Topoi*, die in einer gewissen Epoche benutzt werden, sehr viel über soziale Werte und Normen einer Gesellschaft aussagen. Gewissermaßen lassen sie sich also aus einer Invektive extrahieren. Hinter einer Beleidigung steht nämlich immer ein bestimmter, zeitlich kontingenter Wertekodex, ohne den Beleidigungen keine Beleidigungen wären.

[150] Vgl. DEGELMANN 2021.

5.3 Verbale Codes

In den Abschnitten 34–36 wirft Cicero Antonius Heuchelei vor: Er tue so, als habe er den Mord an Caesar nicht gewollt, dabei habe er selbst einst dessen Tod in Gallien gewollt bzw. am meisten davon profitiert.

- *avarice, possibly linked with prodigality*

    At quam caeca <u>avaritia</u> est! (§ 97)

    Siehe auch §§ 113 und 115.

- *taking bribes*

    Ibi te cum et illius <u>largitionibus</u> et tuis <u>rapinis explevisses</u>, [...] (§ 50)

    Inspectantibus vobis toto Capitolo tabulae figebantur, neque solum singulis <u>venibant immunitates</u>, sed etiam populis universi [...] (§ 92)

    [...] in gynaecio est, quo in loco <u>plurimae res venierunt et veneunt</u>. (§ 95)

    [...] <u>lucri</u> sui causa [...] (§ 109)

- *sexual misconduct*

    in domini potestate (§ 45): Päderastie mit Curio, passive Homosexualität. Vergleiche hierzu allgemein §§ 44–46.

    stupra et flagitia (§ 47)

    Beziehung mit einer *mima* (§§ 58, 62, 77, 101, 106)

- *hostility to family*

    § 99: Marcus Antonius macht seinem Onkel Hoffnung auf die Censorenwürde oder einen Sitz im Septemvirat, nur um seine Versprechungen dann doch nicht einzulösen. Damit nicht genug, lässt er sich unter dem fadenscheinigen Vorwand des Ehebruchs mit Dolabella von dessen Tochter Antonia scheiden.

- *cowardice in war*

    propter <u>timiditatem</u> tuam [...] defuisti [...] quid fuit causae, cur in Africam <u>Caesarem non sequerere</u> [...]? (§ 71)

    Tam bonus gladiator <u>rudem tam cito</u>? Hunc igitur quisquam, qui in suis partibus, id est in suis fortunis, tam <u>timidus</u> fuerit, <u>pertimescat</u>? (§ 74)

- *squandering of one's patrimony or financial embarrassment*

    Tenesne memoria praetextatum te <u>decoxisse</u>? „Patris", inquies, „ista culpa est." Concedo. Etenim est pietatis plena defensio. Illud tamen audaciae tuae quod sedisti in quattuordecim ordinibus, cum esset lege Roscia <u>decoctoribus</u> certus locus constitutus, quamvis quis fortunae vitio, non suo <u>decoxisset</u>. (§ 44)

    plane <u>perditum aere alieno egentemque</u> (§ 78)

- *aspiring to regnum or tyranny, associated with vis, libido, superbia, and crudelitas*

    funeri tyranni, si illud funus fuit (§ 89)

Cinnam nimis potentem, Sullam postea dominantem, modo Caesarem regnantem videramus. (§ 108)

Weitere Vorkommen der Sachfeldbegriffe *rex* und *tyrannus*: §§ 34, 80, 87, 90, 96, 117.

- *cruelty to citizens and allies*

    dictatoris magister equitum, belli princeps, crudelitatis auctor, praedae socius [...] (§ 71)

    Weitere Fundstellen des Wortes *crudelis*: §§ 62, 99.

- *plunder of private and public property*

    At huius venditione decreti, ne nihil actum putetis, provinciam Cretam perdidistis. (§ 97)

- *oratorical ineptitude*

    Iam invideo magistro tuo, qui te tanta mercede quantam iam proferam nihil sapere doceat. [...] *Quid habes quod mihi opponas, homo diserte,* [...] *ego quoque te disertum putabo* (§ 8)

    Homo disertus (§ 18)

- *stultitia*

    omnium stultissime (§ 29)

    homo sapiens (§ 110)

Dieser Überblick macht deutlich, dass Cicero Antonius vor allem in den Bereichen Dummheit, Trunksucht, sexuelle Verfehlungen, rednerisches Unvermögen, Tyrannei, Feigheit sowie Veruntreuung privaten und staatlichen Vermögens verunglimpft. All diese Zuschreibungen stehen dem römischen Idealbild eines Politikers diametral entgegen.

5.3.4.2 Metaphern

Gefühle lassen sich bekanntlich schwer in Worte fassen. Metaphern entstehen nach Bühler aus „Ausdrucksnot"[151] – sie spielen daher eine ganz zentrale Rolle für den Ausdruck von Emotionen.[152]

Panhuis definiert eine Metapher wie folgt: „[E]in Wort oder eine Phrase, das bzw. die ein Objekt oder eine Handlung bezeichnet, wird durch ein anderes ersetzt, das einige Ähnlichkeit oder Analogie zu ihm hat. Es ist ein impliziter Vergleich ohne das Wort ‚wie' oder ‚ähnlich'. Eine stereotype Metapher wird zu einem Klischee."[153] Wie in anderen Tropen wird auch in der Metapher ein Lexem uneigentlich verwendet – an die Stelle des *verbum proprium* tritt ein *verbum translatum*, zum Beispiel statt „Achilles" schreibt der Dichter „Löwe" (inhaltlich verbunden durch das *tertium comparationis* von Kraft und Stärke). Die affektive Bedeutung der Metapher wird „durch die ‚Bildspanne' zwischen

---

[151] Siehe BÜHLER 1999, 344.
[152] Vgl. zu den Metaphern auch besonders ORTNER 2014, 232.
[153] Siehe PANHUIS 2015, § 437.

Designat und Referenzobjekt"[154] erzeugt, im Beispiel also zwischen Achilles und dem Löwen.[155] Schließlich muss der Rezipient diese Bedeutungsübertragung auflösen, die Metapher besteht also aus einer Art rückläufiger Denkbewegung, die Spannung erzeugt.[156]

In unserem Zusammenhang ist zwischen Emotionsmetaphern und emotiven Metaphern zu unterscheiden. Emotionsmetaphern sind Metaphern, die Emotionskonzepte kodieren, emotive Metaphern sind Metaphern, die dem Ausdruck von Emotionen oder der Emotionalisierung des Publikums dienen.

Viele Emotionsmetaphern lassen sich auf einige wenige Grundkonzepte von Emotionen zurückführen, und zwar weitgehend kulturunabhängig[157]:

- Körperlichkeit: Negative Emotionen werden oft als körperliche Verletzungen aufgefasst (zum Beispiel „Etwas nagt an mir."). Positive Emotionen werden mit einem unverletzten, leichten Körper assoziiert (Gewichtsverlust, Schweben, Fliegen, zum Beispiel „Mir ist leicht ums Herz.").
- Gefäß-Metapher: Emotionen sind Flüssigkeiten in einem Gefäß. Der Ursprung dieser Metapher liegt in der Antike, die Nous-Lehre des Anaxagoras prägte das Gleichnis vom menschlichen Körper als Hohlkörper, der mit Geist gefüllt ist – aus diesem Bild entstanden Behälter-Metaphern, wie zum Beispiel die Wendung „bodenlose Trauer".
- Kraft: Gefühle sind eine Kraft, der man schwer widerstehen kann (zum Beispiel „Angst überkam mich.").
- Emotionen sind etwas Materielles: Emotionen werden materielle Eigenschaften zugeschrieben (zum Beispiel „zerbrechlich, brennend").
- Emotionen sind Flüssigkeiten, Emotionen sind Meer: Man kann in Emotionen versinken, sie können einem den Atem rauben (zum Beispiel „in Trauer ertrinken").
- Hitze und Kochen: Hier besteht eine direkte Verbindung zur Metapher des Gefäßes. Intensive Emotionen erhöhen die Temperatur der Flüssigkeit im Gefäß (zum Beispiel „bis zum Überkochen").
- Verschluss im Behälter: Dies wird angesprochen, wenn es um die Unterdrückung von Gefühlen geht. (vergleiche Schwarz-Friesel 2007, 203–204).
- Emotion ist Temperatur: Dazu gehören alle Metaphern, die Emotionen mit Temperaturveränderungen in Verbindung bringen.
- Emotion ist Bewegung: Hier wird vor allem die Dynamik von Emotionen, aber auch körperliche Unruhe konzeptualisiert.

---
[154] Siehe GLÜCK/RÖDEL 2016 s. v. „Affektiv".
[155] Vgl. WEINRICH 1967.
[156] Vgl. GLÜCK/RÖDEL 2016 s. v. „Metapher": „Obwohl die Wirksamkeit der M[etapher] gerade darin besteht, dass sie neue Aspekte einer Sache oder intensive Konnotationen der Rede, eines bezeichneten Menschen, Gegenstandes oder Ablaufs erlaubt, beruht sie demnach letztlich auf Denkkonventionen."
[157] Ich übernehme die Liste fast wörtlich aus ORTNER 2014, 131–132.

- Emotion ist Krankheit: Die wohl bekannteste ist die Annahme, dass Liebe Krankheit/Wahnsinn ist (zum Beispiel „Ich bin verrückt nach dir.").
- Negative Emotionen sind Feinde und Probleme sind Krankheiten.

Kövecses knüpfte an solche Untersuchungen an und untersuchte, welche Metaphern für zentrale Emotionen wie Wut besonders häufig verwendet werden[158]:

- Wut: Wut ist aggressives Tierverhalten, die Ursache der Wut ist eine Grenzüberschreitung.
- Angst: verborgener Feind, Naturgewalt.
- Freude: Freude ist oben, warm, Ekstase oder Rausch.
- Traurigkeit: Traurigkeit ist unten, das Fehlen von Wärme, ein lebendiger Organismus.
- Liebe: Liebe ist ein Nährstoff, eine Reise, eine Verbindung, ein ökonomischer Austausch, das Objekt der Liebe ist appetitliches Essen/etwas Göttliches/ein wertvolles Objekt.
- Lust: Lust ist Hunger, ein wildes Tier, Druck in einem Gefäß, ein Spiel.
- Stolz: Stolz ist ein Vorgesetzter, ein wirtschaftlicher Wert, eine stolze Person zu verletzen ist jemanden zu verletzen.
- Scham: Eine beschämte Person ist eine nackte Person, Scham ist ein Verlust an Größe, körperlicher Schaden, Eine beschämte Person ist ein wertloses Objekt.
- Überraschung: Eine überraschte Person ist ein zerbrochenes Gefäß, Überraschung ist eine physische Kraft.

Auch Cicero verwendet in der 2. Philippika Metaphern, um Emotionen auszudrücken und Emotionen zu wecken. Im Folgenden soll eine Auswahl eindrucksvoller Metaphern kurz vorgestellt werden:

Verbum translatum (in Klammern: §)	*Verbum proprium*	*Tertium comparationis* u. weitere Anmerkungen
gladiator (7, 63, 74)	Marc Anton	Ungestüme Gewalt
pestis (51, 55)	Marc Anton	Schädliche Wirkung Vergleich mit Krankheit Dehumanisierung
fax (48, 91)	Clodius (48) Marc Anton (91)	Zerstörerische Kraft Vergleich mit Sachen Dehumanisierung
reliquias rei publicae (6)	Übrige Geldmittel der Staatskasse	Staat als zertrümmertes Gebäude Vergegenständlichung einer sozialen Institution

---

[158] Ich übernehme die Liste aus ORTNER 2014, 133.

5.3 Verbale Codes

Verbum translatum (in Klammern: §)	Verbum proprium	Tertium comparationis u. weitere Anmerkungen
voce [...] litterarum (17)	Wortlaut der Urkunden	Bindender Befehlscharakter Personifikation, Vermenschlichung
Haec te, si ullam partem habes sensus, lacerat, haec cruentat oratio. (86)	Die Rede beleidigt und wühlt innerlich auf	Das Wort als Waffe[159]
mercatus (6) nundinae (35)	Veruntreuung privaten oder staatlichen Eigentums	Gier und Geldverdienen pejorative Konnotation
Quae si valuissent, res publica staret, tu tuis flagitiis, egestate, infamia concidisses. (24)	Guter Zustand des Staats, dann Übergang zu einem schlechteren Zustand	(In-)Stabilität des Staats Kinegramm (Bewegungsmetapher)
pecus (30)	Marc Anton	Stumpfsinn, Dummheit Theriomorphie: Vergleich mit Tier, Dehumanisierung
lumina (37)	gute Bürger (boni)	Förderung des Wachstums
florem (37)	gute Bürger (boni) und deren Nachwuchs	Höhepunkt eines Zustands; Schönheit im jungen Alter
Id enim unum in terris [...] perfugium esse ducebas. (50)	Caesar	Garantie für Schutz Vergleich mit einem Ort
rei publicae vulnera (43) rei publicae vulnus (101)	Schaden für die Republik	Personifikation, Vermenschlichung der Republik
in sinum quidem et in complexum tuae mimulae (61)	Brundisium	
Charybdis (67) Oceanus (67)	Marc Anton	Verschleudern des Vermögens; Unermessliche Verschwendungssucht; Vergleich mit mythologischen Gestalten
omnia te gubernante naufragia metuebam (92) gubernacula (113)	Marc Anton als Steuermann; Staat als Schiff; Staatskrise als Schiffbruch	Topos vom Staatsschiff
ut aliquando dolor populi Romani pariat, quod iam diu parturit! (119)	Kampf um die Freiheit	Starke Schmerzen Personifikation des Römischen Volks

Tabelle 22: Metaphern

---

[159] Vgl. BERRY 1996, Sull. § 47,3.

5.3.4.3 Ironie

Ironie besteht in „Humor, Spott oder leichte[m] Sarkasmus, der darin besteht, das Gegenteil von dem zu sagen, was man auszudrücken wünscht, während man sonst offen zeigt, was man wirklich denkt."[160] Die extreme Form der Ironie, bei der man das Gegenteil von dem meint, was man sagt, wird auch als Antiphrasis bezeichnet.[161] Eine Grundfunktion der Ironie ist schon bei Quintilian oft das Mittel der Herabsetzung durch vorgetäuschtes Lob.[162] Sie wirkt oft erheiternd.[163] Für Lausberg ist die Ironie für den Redner „Waffe des dialekt[ischen] Parteienkampfes". Entweder verheimlicht der Redner durch Ironie seine eigene Meinung (*dissimulatio*), um den Gegner bloßzustellen und gerade dadurch zur Geltung zu bringen, oder er benutzt sie in verfänglichen Fragen. Er kann auch die gleiche Meinung wie der Gegner vorgeben, um gerade dadurch seine eigene Meinung deutlich zu machen.[164] Da Ironie und Invektivität eng miteinander verbunden zu sein scheinen, ist es nicht verwunderlich, dass sich Cicero auch in der 2. Philippika immer wieder verstellt. Im Folgenden sollen einige Beispiele angeführt und erläutert werden:

Ironie (in Klammern: §)	*Anmerkungen*
veniamus ad splendidiora (63), *ad maiora veniamus* (78)	Sarkasmus
vide, quam tecum agam non inimice! (34)	Scheinhafte Höflichkeit; Litotes (= *amice*)
Ut illa, credo, nefaria senatus consulta fierent, vim adferebam senatui. (16)	
iniquissimi beneficio (3)	Oxymoron; Antiphrasis (= *maleficium*)
invideo magistro tuo (8)	
Quid habes quod mihi opponas, homo diserte, [...] ego quoque te disertum putabo (8)	Antiphrasis (= *indisertus*)
Homo disertus (18)	Antiphrasis (= *indisertus*)
Tuus videlicet salutaris consulatus, perniciosus meus. (15)	
Ut illa, credo, nefaria senatus consulta fierent, vim adferebam senatui. (16)	
Iam vereor, patres conscripti, ne, quod turpissimum est, praevaricatorem mihi apposuisse videar, qui me non solum meis laudibus ornaret, sed etiam oneraret alienis. (25)	

---

[160] Siehe PANHUIS 2015, § 432.
[161] Vgl. GLÜCK/RÖDEL 2016 s. v. „Antiphrasis".
[162] Vgl. Quint. IX, 2,44 ff.
[163] Vgl. HARJUNG 2017, 240.
[164] Vgl. LAUSBERG 2008, § 902.

5.3 Verbale Codes

Ironie (in Klammern: §)	Anmerkungen
homo acutus (28)	Antiphrasis (= *obtusus*)
Omnes ergo in culpa. (29)	
Constitue hoc, consul, aliquando (30)	
Non recuso; ago etiam gratias, quoquo animo facis (33)	
Sed unam rem vereor ne non probes (34)	
quaeso, laudo [...] gratias ago [...] ignosco (34)	Scheinhafte Höflichkeit; Scheinlob
vide, quaeso, ne haereas. (35)	Scheinhafte Fürsorglichkeit
Libero te metu. (36)	
Utinam hoc tuum verum crimen esset! (40)	
Velim mihi dicas, nisi molestum est, [...] (41)	Scheinhafte Höflichkeit
Etenim est pietatis plena defensio (44)	Antiphrasis (= *impietas*)
a meretricio quaestu abduxit (44)	
o miserum te (54)	Ironisches Mitleid
Ibi me non occidisti. Magnum beneficium! (59)	Scheinlob
Quam porro spectatus civis, quam probatus! Cuius ex omni vita nihil est honestius, quam quod cum mima fecit divortium. (69)	Scheinlob; Antiphrasis (= *improbus*)
cum repente a te praeclara illa tabula prolata est (73)	Scheinlob; Antiphrasis
His igitur rebus praeclare commendatus iussus es renuntiari consul et quidem cum ipso. (79)	Scheinlob
Qui tibi dies ille, M. Antoni, fuit! [...] Qui tu vir, di immortales, et quantus fuisses, si illius diei mentem servare potuisses! (90)	
per obsidem puerum nobilem, M. Bambalionis nepotem (90)	Antiphrasis (= *ignobilis*)
homo sapiens (96)	Antiphrasis (= *insipiens*)
tua misericordia (98)	Antiphrasis (= *audacia*)
Cur non inauguraris? Sume diem, vide, qui te inauguret; collegae sumus (110)	Scheinhafte Kollegialität

Tabelle 23: Fälle von Ironie

Wir sehen also, dass Cicero in seiner Rede immer wieder ironische Bemerkungen macht.[165] Oft ist es die Form der Antiphrase, oft gibt sich Cicero bescheiden

---

[165] Teilweise sind sogar ganze Passagen (so z. B. die zweite Hälfte von § 62) oder gar ganze Paragrafen (§ 10) ironisch.

oder fürsorglich, ohne es wirklich zu sein. An anderen Stellen wiederum lobt er, obwohl er eigentlich kritisiert – was an Quintilians Beschreibung der Ironie als Herabsetzung durch unaufrichtiges Lob erinnert. So entsteht ein vielschichtiges Kaleidoskop ironischer Gebrauchsweisen zum Zwecke der Herabsetzung und Schmähung, die den Leser wie den Zuhörer emotional packen und amüsieren können.

5.3.4.4 Evidentia

Die Evidentia ist ein rhetorisches Mittel, das schon von seinem Namen her auf Cicero selbst zurückzuführen ist. In Anlehnung an das Verb *evideri* „herausscheinen" versuchte er mit dieser Wortschöpfung das griechische Wort ἐνάργεια zu übersetzen.[166] Der Begriff bezeichnet die lebendige Anschaulichkeit eines geschilderten Sachverhalts. In der Redekunst liegt eine solche Anschaulichkeit vor, wenn der Redner einen Sachverhalt so anschaulich und lebendig zu schildern versteht, dass der Zuhörer ihn gleichsam „mit eigenen Augen zu sehen"[167] glaubt. Dieses Vor-die-Augen-Stellen ist eine Redeweise, die schon Aristoteles mit seiner Formel πρὸ ὀμμάτων ποιεῖν[168] und Cicero in De oratore verwendet haben:

Nam et commoratio una in re permultum movet et inlustris explanatio rerumque, quasi gerantur, sub aspectum paene subiectio; quae et in exponenda re plurimum valent et ad inlustrandum id, quod exponitur, et ad amplificandum; ut eis, qui audient, illud, quod augebimus, quantum efficere oratio poterit, tantum esse videatur.

Denn sowohl das Verweilen bei einem Gegenstand macht starken Eindruck wie auch die deutliche Darlegung und das gleichsam Vor-Augen-Stellen, wie wenn wir die Dinge miterlebten, eine Wirkung, die sowohl bei der Darstellung des Sachverhaltes sehr viel ausmacht als auch zur Verdeutlichung des Dargelegten und zu seiner Steigerung, so daß den Hörern das Gesteigerte so bedeutend erscheint, wie es die Rede bedeutend zu machen vermag.[169]

Evidentia ist jedoch eher ein Oberbegriff für eine Reihe anderer sprachlicher Mittel, um eine Beschreibung lebendig zu machen. Zu diesen Mitteln der Evidentia gehören zum Beispiel die Metapher, die anschauliche Beschreibung, die Aufzählung von Details usw.[170] Nach Quintilian besteht die Aufgabe der Evidentia darin, die Einbildungskraft und die Affekte der Zuhörer so zu erregen, dass sie glauben, das Dargestellte selbst zu erleben.[171] Um als Redner diese Wirkung

---

[166] Vgl. Cic. ac. 2, 17 (z. B. Ausgabe STRAUME-ZIMMERMANN, BROEMSER/GIGON 2014).
[167] Siehe UEDING 1998 s. v. „Evidentia".
[168] Vgl. Arist. Rhet. 1411b.
[169] Cic. De orat. III, 202, Übersetzung von UEDING.
[170] Doch vgl. Cic. Or. 139 u. Quint. IV, 2, 63–64: Oft wird die Evidentia auch als Subkategorie der *perspicuitas* angesehen und gehört dann eher zu den Tugenden eines Redners (*virtutes elocutionis*); verselbstständigt sich die Ausmalung aber über das erforderliche Maß zur Erreichung von Anschaulichkeit hinaus, dann wird sie eher dem *ornatus* zugerechnet. Vgl. UEDING 1998 s. v. „Evidentia", Band 3, 40.
[171] Vgl. Quint. VIII, 3, 61. und UEDING 1998 s. v. „Evidentia", Band 3, 40.

5.3 Verbale Codes

glaubwürdig zu erzielen, muss er die Szene selbst rational erfassen und emotional durchleben, sich also gewissermaßen selbst zum Augenzeugen machen, bevor er die Zuhörer daran teilhaben lässt.[172]

Quintilian selbst gibt ein Beispiel[173], indem er die Zerstörung einer Stadt beschreibt:

Sic et urbium captarum crescit miseratio. Sine dubio enim qui dicit expugnatam esse civitatem complectitur omnia quaecumque talis fortuna recipit, sed in adfectus minus penetrat brevis hic velut nuntius. At si aperias haec, quae verbo uno inclusa erant, apparebunt effusae per domus ac templa flammae et ruentium tectorum fragor et ex diversis clamoribus unus quidam sonus, aliorum fuga incerta, alii extremo complexu suorum cohaerentes et infantium feminarumque ploratus et male usque in illum diem servati fato senes: tum illa profanorum sacrorumque direptio, efferentium praedas repetentiumque discursus, et acti ante suum quisque praedonem catenati, et conata retinere infantem suum mater, et sicubi maius lucrum est pugna inter victores. Licet enim haec omnia, ut dixi, complectatur „eversio", minus est tamen totum dicere quam omnia.

So wächst auch das Gefühl des Jammers bei der Einnahme von Städten. Zweifellos erfaßt schon derjenige, der sagt, die Gemeinde sei erobert worden, alles, was ein solcher Schicksalsschlag enthält, jedoch dringt es wie eine knappe Nachricht zu wenig tief ein in unser Gefühl. Wenn du dagegen das entfaltetest, was alles das eine Wort enthielt, dann wird das Flammenmeer erscheinen, das sich über die Häuser und Tempel ergossen hat, das Krachen der einstürzenden Dächer und das aus den so verschiedenen Lärmen entstehende eine Getöse, das ungewisse Fliehen der einen, die letzte Umarmung, in der andere an den Ihren hängen, das Weinen der Kinder und Frauen und die unseligerweise bis zu diesem Tag vom Schicksal bewahrten Greise; dann die Plünderung der geweihten und ungeweihten Stätten, die Beute, die die Eroberer wegschleppen, deren Umhereilen, um sie einzutreiben, die Gefangenen, die jeder Sieger in Ketten vor sich hertreibt, die Mutter, die versucht, wenigstens ihr eigenes Kind festzuhalten, und, wo es sich um größeren Beuteanteil handelt, der Wettstreit unter den Siegern. Mag auch das Wort ‚Zerstörung' all das, wie gesagt, umfassen, so ist es doch weniger, das Ganze auszusprechen, als alles.

Das Beispiel führt die Zerstörung der Stadt in allen erschütternden Einzelheiten vor Augen und spricht alle Sinne an. Quintilian gibt aber auch Ratschläge für den Umgang mit der Evidentia und warnt vor einem übertriebenen Gebrauch, da die Erzählung dann zu handgreiflich werde und in ein Schauspiel übergehe.[174]

Das Paradebeispiel für Evidentia in Ciceros 2. Philippika ist § 63, die *vomitus*-Szene:

Tu istis faucibus, istis lateribus, ista gladiatoria totius corporis firmitate tantum vini in Hippiae nuptiis exhauseras, ut tibi necesse esset in populi Romani conspectu vomere postridie. O rem non modo visu foedam, sed etiam auditu! Si inter cenam in ipsis tuis immanibus illis poculis hoc tibi accidisset, quis non turpe duceret? In coetu vero populi Romani negotium

---

[172] Vgl. Cic. De or. II, 45, 189; Quint. VI, 2,29–36.
[173] Vgl. Quint. VIII, 3, 67–69. Übersetzung von UEDING.
[174] Vgl. Quint. IX, 2, 43.

publicum gerens, magister equitum, cui ructare turpe esset, is vomens frustis esculentis vinum redolentibus gremium suum et totum tribunal implevit!

Du, mit diesem Schlund, dieser Leibesbeschaffenheit, dieser Gladiatorenstärke deiner Statur: du hattest bei der Hochzeit des Hippias so viel Wein hinabgeschüttet, daß du genötigt warst, dich vor den Augen des römischen Volkes zu erbrechen – noch am folgenden Tage. Wie scheußlich, dabei zu sein, ja nur davon zu hören! Wenn das während des Mahles passiert wäre, bei den gewaltigen Humpen, aus denen du trinkst: wer würde nicht meinen, das sei schlimm? Damals aber hat inmitten einer Versammlung des römischen Volkes und in Ausübung seiner amtlichen Obliegenheiten der Befehlshaber der Reiterei, der schon durch Rülpsen Anstoß erregt hätte, da er sich erbrechen musste, seine Kleider und das ganze Tribunal mit nach Wein riechenden Speisebrocken besudelt.[175]

Cicero beschimpft hier Antonius wegen seiner Trunksucht. Marcus Antonius habe sich, so Cicero, eines Befehlshabers der Reiterei unwürdig erwiesen, weil er bei einer Hochzeit zu tief in den Trinkbecher geschaut habe, betrunken durch die Gassen Roms gewankt sei, mitten in eine Volksversammlung getorkelt sei und dort auch noch gespuckt habe.

Cicero zeichnet Antonius in dieser Passage als einen übermütigen Trunkenbold, der die Nächte durchzecht und sich selbst nicht im Griff hat. Und er tut dies eben nicht durch ein kurzes abwertendes Schimpfwort wie *potator* („Säufer") oder *helluo* („Trunkenbold"), das im Grunde alles, was Cicero beschreibt, in seinem Bedeutungsspektrum enthält, nein, er führt den Gedanken aus und spricht damit die Affekte der Zuhörer an.

5.4 Fazit

Es wird deutlich – und anhand von Ciceros 2. Philippika auch sichtbar –, dass emotionale Sprache und Invektivität in einem engen Zusammenhang stehen. Sprache ist körperlich verankert und kann daher nicht ohne ihre emotionale Seite auskommen. Bereits heute lassen sich zwei Thesen sehr gut belegen: Erstens, wie Sprache Emotionen kodieren kann, nämlich durch nonverbale, paraverbale und verbale Zeichen, letztere wiederum auf den Ebenen der Phonetik, Morphologie, Lexik, Syntax und Semantik. Zweitens, was emotionale Sprache „sagen" kann, in erster Linie persönliche Bewertungen unterschiedlicher Intensität, darüber hinaus aber auch soziale Nähe und Distanz sowie Willens- und Wahrheitsansprüche. Auf diese Weise kann der Sprecher über Emotionen sprechen, seine eigenen Gefühle ausdrücken und seine Adressaten emotionalisieren. Gerade letzteres war schon in der Antike eine Hauptfunktion der Rede, das *commovere*.

Diese Begriffe der Emotionslinguistik sind dabei sehr anschlussfähig[176], sie lassen sich mit traditionellen Begriffen der antiken Rhetorik so verbinden,

---

[175] Siehe Cic. Phil. 2, 63. Übersetzung von NICKEL/FUHRMANN 2013.
[176] Siehe ORTNER 2014, 53: „Integrativ ist die Emotionslinguistik, weil sie eine Ver-

dass man die Rhetorik Ciceros neu in den Blick nehmen kann. Die emotionslinguistische Textanalyse hat gezeigt: In seiner Invektive gegen Antonius brodeln die Emotionen unter der Oberfläche der nackten Information – sie sind der Sprache multicodal eingeschrieben. ORTNER schreibt: „[D]ie spezifische Emotivität ergibt sich erst aus der Kombination verschiedener Verfahren, zum Beispiel paraverbaler Information plus lexikalischer Mittel."[177] Der Einsatz dieser zahlreichen emotionalen Codes ist dabei sehr dynamisch und variabel, das heißt im Verlauf der Rede Ciceros schwillt der emotionale Erregungsgrad mal an, mal ab.[178] Mal spricht Cicero zum Beispiel Marcus Antonius direkt in der 2. Person an, mal in der dritten. Mal lobt er verdiente Römer, mal kritisiert er Caesar oder Antonius, mal mit Ironie und Witz, mal direkt und unverblümt mit Schimpfwörtern. Auch die Emotionalität kann von Redeteil zu Redeteil variieren; besonders in der *peroratio* etwa wird Cicero pathetisch, signalisiert Opferbereitschaft und präsentiert sich als Retter der Republik. Kurzum: Wie auf einem sensiblen Seismografen können die Rezipienten Ciceros auf diese sehr vielfältig und dynamisch in die Sprache eingeschriebenen Emotionen mit ihren Gefühlen reagieren und sich von ihnen anstecken oder distanzieren lassen.

Eine pragmatische Analyse der Emotionscodes ergibt für Ciceros Invektive gegen Marcus Antonius darüber hinaus, was Cicero mit diesen Codes mitteilt: Cicero bewertet sich selbst und die römischen Institutionen positiv, seinen Gegner negativ. Er markiert soziale und zeitliche Nähe und Distanz. Seine Sprache ist eindeutig und trägt Willens- und Wahrheitsansprüche kraftvoll und selbstbewusst vor. All dem verleiht er auf allen sprachlichen Ebenen ein tiefes Relief der Intensität.

Die 2. Philippika ist ein sehr emotionaler Text, denn es gilt, was Ortner so ausdrückt: „Je häufiger, je direkter und je persönlicher Emotion sprachlich thematisiert oder ausgedrückt wird, desto emotiver ist ein Text und desto eindeutiger der Appell an Rezipientinnen und Rezipienten, die emotiven Signale als Ausdruck von Emotionalität zu verstehen."[179] Da Cicero, wie gezeigt, immer wieder Emotionen benennt oder zeigt, kann die Rede gegen Antonius zu seinen emotionalsten Reden gezählt werden. Daraus lässt sich induktiv sicher folgende These verallgemeinern: Die Invektive ist einer der emotionalsten Redetypen überhaupt und somit ist auch die Invektivität als gesellschaftliches Großphänomen nur in Verbindung mit starken Affekten zu denken.

---

knüpfung unterschiedlicher sprachlicher Ebenen und unterschiedlicher linguistischer Teildisziplinen (Lexikologie, Semantik, Textlinguistik, Psycholinguistik, Grammatiktheorie, ...) anstrebt. Partitiv wirkt die Einengung auf eine ganz bestimmte Forschungsperspektive."

[177] Siehe ORTNER 2014, 85.

[178] Siehe ORTNER 2014, 85: „Außerdem sind sie dynamisch in dem Sinne, dass Emotivität in Gesprächen und in Texten oft einen Verlauf nimmt (z. B. Eskalation, Steigerung, Kontrast)."

[179] Vgl. ORTNER 2014, 98–99.

Der emotionslinguistische Ansatz hat aber auch seine Grenzen: Obwohl Emotionen so eng mit Sprache verbunden sind, lassen sie sich sprachlich nie vollständig einfangen. Sie sind zum Teil nur schwer überprüfbar, da gerade die emotionale Seite von Texten je nach Vorerfahrungen oder kultureller Prägung sehr unterschiedlich auf die Rezipienten wirken kann. Hier ist noch zu erforschen, inwieweit die emotionslinguistische Textanalyse dennoch objektivere und operationalisierbare Analyseinstrumente bereitstellen kann. Dennoch ist ihr Erkenntnisgewinn, wie und warum sich hinter der emotionalen Seite der verwendeten Sprache weitere Aussagen wie persönliche Bewertungen und Einstellungen verbergen, schon jetzt nicht gering zu schätzen.

6 Emotionslinguistischer Kommentar

6.1 Grundsätze und Kriterien für die Kommentierung

Die folgenden Punkte dienen mir als Leitfaden für die emotionslinguistische Kommentierung der 2. Philippika:
Ich kommentiere den Text linear, Abschnitt für Abschnitt, manchmal auch absatzweise, um eine längere Sinneinheit nicht auseinanderreißen zu müssen.

Jeder Abschnitt ist dreigeteilt: Auf den lateinischen Text folgt eine kurze Inhaltsangabe, die auch die wichtigsten historischen Zusammenhänge berücksichtigt. Historische Gegebenheiten, die für das Verständnis des Textes weniger relevant sind, werden dagegen in den Fußnoten behandelt. Daran schließt sich der dritte Teil an, der das Herzstück des Kommentars bildet, nämlich die emotionslinguistische Analyse der Textstelle.

Die Analyse erfolgt mit den oben eingeführten Begriffen und Methoden. Es werden jedoch bewusst nicht immer alle möglichen Aspekte behandelt, sondern nur besonders auffällige und bedeutsame. Damit werden Wiederholungen vermieden, die die Lesbarkeit des Kommentars beeinträchtigen würden.

Die Auswahl der für mich emotionslinguistisch auffälligen und damit kommentierungswürdigen Aspekte obliegt letztlich mir als realem Leser und ist daher zwangsläufig immer etwas subjektiv. Ich verfolge also einen wirkungsästhetischen Ansatz, das heißt ich achte in diesem Fall auf das Emotionalisierungspotenzial bestimmter Codes im Text. Ich habe keine Checkliste mit harten Kriterien für die Relevanz bestimmter Aspekte.[1] Diese Checklisten existieren zwar in der Fachliteratur, suggerieren aber eher nur Objektivität und bleiben daher m. E. subjektiv – außerdem führen sie oft zu schematischen und monotonen, da immer gleich strukturierten Analysen.

Ich versuche nicht, die Intensität bestimmter Ausdrücke numerisch zu skalieren, sondern benutze weniger eindeutige sprachliche Ausdrücke wie quantifizierende Adverbien in „eher negativ" oder „sehr positiv".

---

[1] Siehe z. B. eine solche Liste in ORTNER 2014, 354–355.

6.2 Text

6.2.1 *exordium* (1–2): Cicero und sein Kampf gegen Staatsfeinde

§ 1 Quonam meo fato, patres conscripti, fieri dicam, ut nemo his annis viginti rei publicae fuerit hostis, qui non bellum eodem tempore mihi quoque indixerit? Nec vero necesse est quemquam a me nominari: vobiscum ipsi recordamini. Mihi poenarum illi plus, quam optarem, dederunt: te miror, Antoni, quorum facta imitere, eorum exitus non perhorrescere. Atque hoc in aliis minus mirabar. Nemo enim illorum inimicus mihi fuit voluntarius: omnes a me rei publicae causa lacessiti. Tu ne verbo quidem violatus, ut audacior quam Catilina, furiosior quam Clodius viderere, ultro me maledictis lacessisti, tuamque a me alienationem commendationem tibi ad impios civis fore putavisti.

INHALT UND KONTEXT: Zu Beginn rechtfertigt Cicero vor den Senatoren seinen rednerischen Angriff auf Antonius: Dieser habe ihn soeben grundlos in einer Invektive geschmäht (*ne verbo quidem violatus ... ultro me maledictis lacessisti*). Cicero schreibt es seinem Schicksal zu, dass jeder Staatsfeind (*hostis*) seit seinem Konsulat im Jahre 63 v. Chr. auch sein Privatfeind (*inimicus*) gewesen sei. Marcus Antonius sei in dieser Hinsicht noch schlimmer als seine alten Gegner Catilina und Clodius, die beide ein schmachvolles Ende gefunden hätten.

EMOTIONSLINGUISTISCHE ANALYSE: Die Rede beginnt mit einer dubitativen, zugleich rhetorischen Frage Ciceros. Die Dubitativfrage in der 1. Person (*dicam*) unterstreicht den Eindruck der Betroffenheit Ciceros, der sich in der Frage ratlos zeigt, warum er in der Vergangenheit von vielen politischen und persönlichen Anfeindungen heimgesucht wurde. Insofern kann die Dubitativfrage als symptomatischer Gefühlsausdruck gedeutet werden: Cicero weiß nicht mehr weiter, verzweifelt an seinem Schicksal (*meo fato*) und stellt diese Frage mit klagendem Unterton. Er inszeniert sich fatalistisch als Opfer und Spielball des Schicksals, denn jeder Staatsfeind der letzten zwanzig Jahre sei auch sein persönlicher Feind gewesen (*his annis viginti ... hostis ... eodem tempore mihi*). Das mit *fato* gebrauchte Wort für Schicksal wird im klassischen Latein oft auch mit der negativen Konnotation des unausweichlichen, selbst über den Göttern stehenden Schicksals verwendet.[2] Die emotionale Nähe bzw. Betroffenheit des „Opfers" Cicero wird durch das Possessivpronomen *meo* bei *fato* betont.

Die emotionale Nähe zu den Senatoren (im Sinne von *proximity*) wird durch folgende Elemente hergestellt: Zum einen die direkt an sie gerichtete rhetorische Frage, zum anderen die respektvolle Anrede *patres conscripti* – Cicero versucht also von Anfang an, die Senatoren auf seine Seite zu ziehen. Das Exordium dient hier bereits der *captatio benevolentiae* bzw. dem *conciliare*.[3] Mit dieser Anrede wendet sich Cicero hilfesuchend an die Senatoren und weckt deren Mitgefühl.[4]

---

[2] Vgl. GLARE 2012 s. v. *fatum* 3.
[3] Vgl. zum *conciliare* besonders Cic. Brut. 185, 276; Cic. orat. 69.
[4] Empathie meint das Einfühlungsvermögen einer Person in den emotionalen Zustand

Im Bereich der Lexik fallen bereits im ersten Satz militärische Schlagwörter auf: *hostis*, der (Staats-)Feind, und *bellum*, der Krieg. Diese Begriffe schaffen einen negativen Kontext, bevor Cicero seinen Gegner beim Namen nennt, da sie kriegerische Konnotationen hervorrufen. Darüber hinaus können die beiden Wörter als Hyperbeln interpretiert werden, die der Affektsteigerung dienen und eine hohe emotionale Intensität erzeugen.

Cicero tendiert hier bereits zu einer Selbstidentifikation mit dem Staat. Zwei Identifikationen werden nahegelegt: 1. Wenn jeder Feind der Republik auch Ciceros Feind ist, dann ist Cicero der Staat. 2. Wer Staatsfeind ist, also *hostis*, ist Ciceros Privatfeind, also *inimicus*.

Seine bisherigen „Feinde" hätten früher oder später Strafe – im Falle des Clodius bis zum Tode – zahlen müssen. Hier schwingt implizit eine Drohung in Richtung Antonius mit. Cicero sagt sogar, dass er so hohe Strafen gar nicht gewollt habe; hier zeigt er sich als mildtätiger Sieger, der sich aber gleichzeitig auf der Seite der Gerechtigkeit sieht, sonst würde er wohl kaum das Wort *poena* verwenden, das „Strafe" im Sinne von Buße für ein schweres Vergehen bedeutet.[5]

Im folgenden Satz wundert sich Cicero über Antonius: *te miror*. Damit ist die Konnotation verbunden, wie „dumm" Marc Anton sein kann, wenn er aus den Fehlern seiner Vorgänger nichts lernt und wie diese ein böses Ende (*exitus*) in Kauf nimmt. Der Begriff *exitus* ist eindeutig negativ wertend und erinnert an *exitium*, das Menge drastisch so beschreibt: „Verderben, mitleiderregende, durch gewaltsame Wirkung physischer oder moralischer Kräfte bewirkte Vernichtung, tragisches Ende von Personen oder Dingen".[6]

Im selben Satz wird Marcus Antonius zum ersten Mal angesprochen, also erst nach den Senatoren. Die Richtung der Anrede ändert sich also. Wie in *miror* ein tiefes Erstaunen angedeutet wurde, so erscheint am Ende des Satzes mit *perhorrescere* ein Verb, das das Aufkommen von Schrecken und Entsetzen bezeichnet – es wird durch das Präfix *per-* in seiner Intensität verstärkt und mit dem Inchoativsuffix *-sc-* versehen. Unmittelbar danach steht jedoch wieder Ciceros Verwunderung über das seltsame Verhalten Marc Antons im Vordergrund (*mirabar*): Während Ciceros frühere Gegner keine Wahl (*nemo voluntarius*) gehabt hätten, mit ihm in Konflikt zu treten, und sich aus politischen Gründen herausgefordert gefühlt hätten (*rei publicae causa lacessiti*), sei der Konflikt diesmal allein von Antonius selbst ausgegangen. Dieser habe – ohne auch nur ein

---

einer anderen Person. WALLBOTT unterscheidet zwei verschiedene Typen von Empathie: Die kognitive Empathie ist Resultat eines bewussten, rationalen Vorgangs der Einfühlung, wohingegen affektive Empathie spontanes Mit-Empfinden meint. Letztere wird automatisch ausgelöst z. B. durch eigene Erinnerungen, Imitation oder unbewusster Nachahmung von emotionaler Mimik und Gestik. Vgl. STEINS 2009, 725–726; WALLBOTT 2000, 370–371. Physiologische Grundlage der menschlichen Empathiefähigkeit sind die sogenannten Spiegelneurone, vgl. hierzu RIZZOLATTI/SINIGAGLIA 2008.

[5] Vgl. GLARE 2012 s. v. *poena* 1b.
[6] Siehe SCHÖNBERGER/MENGE 2007 s. v. *exitium*.

Wort der Beleidigung gesagt zu haben – zeigen wollen, dass er noch aggressiver als Clodius und Catilina sei (*ut audacior quam Catilina, furiosior quam Clodius viderere*). So nennt Cicero seine beiden Hauptkontrahenten, nachdem er im zweiten Satz mit einer Praeteritio Spannung erzeugt hat. Ohne Not (*ultro*) habe Antonius ihn mit Schmähungen (*maledictis lacessisti*) herausgefordert und die Annäherung an die *impii* der Distanzierung von Cicero – er und seine Anhänger implizit freilich die *pii* – vorgezogen. Auch hier zeigt sich die tiefe Ratlosigkeit Ciceros angesichts des seltsamen Verhaltens des Marcus Antonius. Gleichzeitig wird dessen Anhängerschaft mit dem Ausdruck *impios* stark negativ bewertet.

Zusammenfassend wird Antonius im ersten Abschnitt also implizit oder explizit wie folgt charakterisiert: Er sei dumm, lerne nicht aus Fehlern, lasse sich grundlos auf gefährliche Konflikte ein, verbünde sich mit den falschen Leuten und sei aggressiv und unbeherrscht.

§ 2 *Quid putem? contemptumne me? Non video nec in vita nec in gratia nec in rebus gestis nec in hac mea mediocritate ingeni, quid despicere possit Antonius. An in senatu facillime de me detrahi posse credidit? qui ordo clarissimis civibus bene gestae rei publicae testimonium multis, mihi uni conservatae dedit. An decertare mecum voluit contentione dicendi? Hoc quidem est beneficium. Quid enim plenius, quid uberius quam mihi et pro me et contra Antonium dicere? Illud profecto: non existimavit sui similibus probari posse se esse hostem patriae, nisi mihi esset inimicus.*

INHALT UND KONTEXT: Cicero fragt nach den Motiven für Antonius' Verhalten (*Quid putem?*). In drei rhetorischen Fragen nennt er drei mögliche Motive: 1. Verachtung für Cicero, 2. die Überzeugung, Cicero vor dem Senat leicht herabsetzen zu können, und 3. die Lust am rhetorischen Wettstreit. Nachdem Cicero alle drei genannten Motive widerlegt hat, wiederholt er einen wichtigen Gedanken aus Absatz 1 und nennt in beißendem Spott das wahre Motiv Marc Antons: Er könne sich vor seinen rohen Anhängern nur dann als Feind des Vaterlandes (*hostis*) ausweisen, wenn er Cicero zu seinem persönlichen Feind (*inimicus*) mache.

EMOTIONSLINGUISTISCHE ANALYSE: In der rhetorischen Frage zu Beginn des Abschnitts wird der Begriff der Verachtung verwendet (*contemptumne?*).[7] Das Wort *contemnere* spannt ein für den Absatz wichtiges Sachfeld auf, das sich in Verben wie *despicere, detrahi* und *decertare* – allesamt Verben der Geringschätzung und Verachtung – zeigt.

Im Bereich der Bewertung kann man sagen, dass Cicero (zum Zwecke der *captatio benevolentiae*) eine Bescheidenheitsformel verwendet und nur von seiner *mediocritas ingeni* spricht – eine bescheidene negative Bewertung seines in Wirklichkeit enormen Redetalents. Auch die zuvor genannten Verben *despicere, detrahi* und *decertare* drücken – zumal durch das Präfix *de-*, das sonst

---

[7] Vgl. GLARE 2012 s. v. *contemnere* 1c: „to treat with contempt in word or action, scorn, insult".

eine räumliche Abwärtsbewegung beschreibt – eine negative Bewertung aus. Im letzten Satz häufen sich die negativen Bewertungen: *sui similibus* bedeutet Leute vom „Schlag" des Antonius; dann kommen zwei Begriffe für „Feind" vor, nämlich *hostem* und *inimicus*. Die positiven Bewertungen enthalten folgende Begriffe: *clarissimis* und *bene gestae* als Attribut bzw. Beschreibung ehemaliger Politiker, die sich um den Staat verdient gemacht haben; *conservatae* vom geretteten Staat; *beneficium* als positive Bewertung eines eventuellen Rededuells mit Antonius – aus Ciceros Sicht eine dankbare Aufgabe! Positiv wertend sind auch die beiden Begriffe *rei publicae* und *patria*, römische Wertbegriffe, die stolze Römer mit starken Affekten verbinden.

Am Ende des ersten Abschnitts hatte Cicero Antonius noch direkt in der 2. Person angesprochen, nun wird Antonius ausschließlich in der 3. Person erwähnt. Aber auch die Senatoren werden nicht direkt angesprochen, Cicero spricht von ihnen in der 3. Person (*qui ordo ... dedit*). Im Mittelpunkt steht Cicero selbst, der einen Monolog hält und die Motive des Marcus Antonius analysiert.

Die rhetorische Frage gleich zu Beginn *quid putem?* suggeriert, dass Cicero die Motive Marc Antons nicht kennt, als ob auf Seiten Ciceros eine Unsicherheit bestünde. Es liegt aber im Wesen der rhetorischen Frage, dass sie auf den zweiten Blick eher große Selbstsicherheit ausstrahlt. Wann immer Antonius in diesem Abschnitt Subjekt eines Satzes ist, werden dagegen entweder Modalverben verwendet, die sein Handeln als wenig entschlossen erscheinen lassen (wie *possit, posse* und *voluit*) – oder Glaubensverben wie *credidit* oder *existimavit*, die Antonius' Ansichten als wenig sicher erscheinen lassen. Anders verhält es sich, wenn die Senatoren Subjekt sind: Hier steht der Indikativ ohne jedes Hilfsverb (*dedit*). Ebenso wird mit Cicero als Subjekt die Gewissheit der Aussage betont: *video*; *mihi uni*; *quidem*; *enim*; *profecto* – das Verb steht im Indikativ Präsens; *uni* betont die Exklusivität Ciceros als einziger Retter des Staates und die Adverbien *quidem, enim* und *profecto* unterstützen den Eindruck der Evidenz von Ciceros Behauptungen.

Schließlich weist der Abschnitt ein starkes Intensitätsprofil auf: Komparative wie *plenius* und *uberius* und Superlative wie *facillime* und *clarissimis* steigern die Intensität der Aussage. Außerdem gibt es viele Wiederholungen: Zum einen durch die vielen rhetorischen Fragen, die zum Teil direkt aufeinander folgen, zum anderen durch das vierfache Polysyndeton *nec – nec – nec – nec*: Cicero zählt an dieser Stelle alle Lebensbereiche auf, und doch findet er darunter nichts, worauf Marcus Antonius verächtlich herabblicken könnte.

6.2.2 tractatio (3–114)

6.2.2.1 refutatio (3–43)

a. Verletzung der Freundschaft: Gerichtsverfahren (3)

§ 3 *Cui priusquam de ceteris rebus respondeo, de amicitia, quam a me violatam esse criminatus est, quod ego gravissimum crimen iudico, pauca dicam. Contra rem suam me nescio quando venisse questus est. An ego non venirem contra alienum pro familiari et necessario, non venirem contra gratiam non virtutis spe, sed aetatis flore collectam, non venirem contra iniuriam, quam iste intercessoris iniquissimi beneficio obtinuit, non iure praetorio? Sed hoc idcirco commemoratum a te puto, ut te infimo ordini commendares, cum omnes te recordarentur libertini generum et liberos tuos nepotes Q. Fadi, libertini hominis, fuisse.*
At enim te in disciplinam meam tradideras – nam ita dixisti –, domum meam ventitaras. Ne tu, si id fecisses, melius famae, melius pudicitiae tuae consuluisses. Sed neque fecisti nec, si cuperes, tibi id per C. Curionem facere licuisset.

INHALT UND KONTEXT: Im dritten Abschnitt beginnt die *refutatio*, die bis einschließlich Absatz 43 reicht. Der erste Vorwurf Marcus Antonius, den Cicero zu widerlegen versucht, ist, dass Cicero die Freundschaft (*amicitia*) zu ihm verletzt habe (*violatam*). Auf die Vorwürfe im Zusammenhang mit der *amicitia* geht Cicero bis einschließlich § 10a ein.

In § 3 wehrt sich Cicero gegen den Vorwurf, er habe einst vor Gericht nicht die Partei Marc Antons, sondern die Gegenpartei unterstützt.[8] Außerdem sei Marc Anton schon in seiner Jugend, als er bei Cicero in die Lehre gegangen sei, mit ihm befreundet gewesen und es habe ein reger Verkehr zwischen ihnen geherrscht. Cicero weist diese Behauptung jedoch zurück und weist darauf hin, dass Marcus Antonius sich in Wirklichkeit nicht ihm, sondern C. Scribonius Curio[9] angeschlossen habe.

EMOTIONSLINGUISTISCHE ANALYSE: In diesem Abschnitt tauchen keine emotionalen Begriffe auf. Dennoch könnte man die Grundstimmung des Abschnitts so beschreiben: Marcus Antonius ist gekränkt und beschwert sich als beleidigter *amicus* bei Cicero; dieser ist empört über die unhaltbaren Vorwürfe.

---

[8] Bei Marc Antons Partei dürfte es sich um den später genannten Q. Fadius handeln, einen Freigelassenen. Mit dessen Tochter hatte Marc Anton ein Kind, ohne mit ihr verheiratet zu sein. Deswegen ist das spätere Wort *gener* für Schwiegersohn eine Übertreibung seitens Cicero, um Antonius in maximale Nähe zum niedrigen Stand der *libertini* zu rücken. Bei Ciceros engem Freund (*pro familiari et necessario*) handelt es sich wohl um Sicca: Entweder trat er für diesen in besagtem Zivilprozess ein oder dieser hatte selbst Verbindungen zu Q. Fadius, sodass Cicero aus Rücksicht zu seinem Freund hier vage bleibt und den Fall nicht neu aufrollt. Vgl. hierzu RAMSEY 2008, 164–165.

[9] Vgl. zu seiner Person GÄRTNER, KROLL, MITTELHAUS, WISSOWA/ZIEGLER o. J. Scribonius 11. Der Plebejer Curio war zuerst ein Anhänger von Clodius; er soll mit Marc Anton ein homosexuelles Verhältnis haben. Nach Clodius' Tod heiratete er dessen Frau Fulvia. Einst gegen Caesar wandte er sich ihm Ende der 50er Jahre wohl wegen seiner hohen Schulden zu. Als Volkstribun 50 v. Chr. verteidigte er Caesars Politik.

Es finden sich viele negative Bewertungen. Begriffe wie *violatam*, *criminatus*, *gravissimum crimen*, *questus* fangen die negativen Gefühle ein, die sich aus den gegenseitigen Vorwürfen ergeben. *Iniuriam* und *iniquissimi* beschreiben die Unangemessenheit des Gerichtsverfahrens, in das Cicero gegen die Interessen Marc Antons eingegriffen haben soll. Auf Marcus Antonius wird im selben Satz mit dem abwertenden Demonstrativpronomen *iste* („der da") Bezug genommen. Am Ende des Abschnitts häufen sich Bewertungen, die eine niedrige Herkunft negativ bewerten: *infimo ordini* und zwei Vorkommnisse von *libertini* – damit wird Antonius einem niedrigen Milieu zugeordnet und in ein schlechtes Licht gesetzt. Aber auch positive Bewertungen bilden eine Kontrastfolie: Ganz am Anfang steht *amicitia*, ein in der römischen Patronatsgesellschaft bedeutendes Hochwertwort, das später in Substantiven wie *familiari* und *necessario* aufgegriffen wird. Ein weiteres Hochwertwort ist *virtus*, über das Marcus Antonius aber gerade nicht verfügt, sondern seine Beliebtheit (*gratia*) nur seiner Jugend (*aetatis flore*) und damit seiner sexuellen Anziehungskraft, nicht aber seinem guten Charakter verdankt.[10] Dies ist freilich ein ironisches Lob: Der Hinweis auf das einst gute Aussehen Marc Antons ist eine erste Anspielung auf dessen sexuelle Ausschweifungen, auf die Cicero später noch näher eingehen wird.[11] Schließlich drückt das Wort *beneficio* eine positive Bewertung aus – aber nur scheinbar, denn es wird ironisch verwendet und meint hier eher die ungerechte Hilfe eines Anhängers von Antonius (*intercessoris iniquissimi beneficio*), der Einspruch erhoben hatte. Schließlich wird *disciplina* als Begriff für eine gute Erziehung im positiv-bewertenden Sinne verwendet, wie sie Marcus Antonius unter Ciceros Obhut hätte genießen können. Durch sie hätte er sich besser (*melius*) um seine *fama* und *pudicitia* gekümmert, so der Redner.

Cicero spricht von sich in der 1. Person Singular, auf Marc Anton bezieht er sich in der ersten Hälfte des Absatzes nur sehr distanziert in der 3. Person Singular (*cui, criminatus est, questus est, iste ... obtinuit*), das Personalpronomen *iste* drückt sogar eine sehr große Distanz mit negativem Unterton aus.[12] Dann wechselt Cicero abrupt in die 2. Person und spricht Marcus Antonius direkt an: Der Akkusativ *te* kommt im nächsten Satz dreimal vor, *commendares* ist ein finites Verb, *tuos* ein Possessivpronomen in der 2. Person. Die direkte Anrede setzt sich in den letzten drei kurzen Sätzen mit vielen Verben und Pronomen in der 2. Person fort: *te ... tradideras, tu, fecisses, tuae, consuluisses, fecisti, cuperes, tibi.*

---

[10] Siehe RAMSEY 2008, 165: „[...] the influence gained by the bestowal of sexual favours (*aetatis flore collectam*) must be Antony's." Es bleibt allerdings die Frage, auf wen genau Antonius die Anziehungskraft hatte – Fadius? Curio?

[11] Hier ist besonders Antonius' angebliches Verhältnis mit seinem Rhetoriklehrer Sex. Clodius zu nennen, mit dem er seine Invektive gegen Cicero vom 19. September 44 v. Chr. formuliert und einstudiert hatte. Zum invektivischen Topos „Sexuelle Verfehlungen" vgl. THURN 2018, 116–146.

[12] Siehe GLARE 2012 s. v. *iste* B 5b „often w. contemptuous or derogatory connotation; esp. applied by a prosecutor to the defendant".

Kurz: Cicero steht mit der Verwendung der 1. Person im Zentrum der Wahrnehmung (u. a. ein stark betontes *ego* markiert den Beginn der rhetorischen Frage nach *ego ... ?*), Marcus Antonius wird zunächst distanziert adressiert, dann aber auch sprachlich mit der 2. Person Singular gleichsam „auf die Pelle gerückt".

Zur Evidentialität und Volitionalität lässt sich folgendes sagen: Im ersten Satz macht Cicero zwei Vorbemerkungen zu seinem weiteren Redeverhalten; die verwendeten Verben stehen im Indikativ: *respondeo, dicam*. Letzteres Verb steht zudem im Futur, das weniger ein zukünftiges Geschehen als vielmehr die entschlossene Umsetzung einer Redeabsicht ausdrücken soll.[13] Im folgenden Satz mildert Cicero die Plausibilität des Vorwurfs Marc Antons, indem er ein *nescio quando* einfügt. Damit wird die Relevanz des Prozesses in Frage gestellt, der konkrete Vorfall und die genauen Gründe für den Prozess werden unter den Tisch gekehrt. Dazu passt auch, dass zunächst keine konkreten Namen genannt werden, sondern allgemein von einem *familiaris* et *necessarius*, einem *alienus* oder einem *intercessor* die Rede ist.[14] Erst später wird der *alienus* mit Quintus Fadius identifiziert. Zudem wird mit *non venirem* eine deliberative Frage an die Vergangenheit gestellt („Hätte ich nicht handeln sollen?") – Cicero betont damit die Alternativlosigkeit seines Handelns, denn für ihn war es in jedem Fall geboten, für seinen Freund (und damit gegen den Mandanten Marcus Antonius) Partei zu ergreifen. Interessanterweise erfüllt Cicero damit das römische Ideal der *amicitia*, wenn auch gegenüber einer anderen Person.

Die Antwort, in die Ciceros rhetorische Fragen münden und gipfeln (nämlich, dass Antonius sich durch den Prozess den unteren Schichten der Gesellschaft empfehlen wollte), findet sich in einem AcI, der von *puto* abhängt. Das Verb *putare* markiert einen eher geringen Wahrheitsanspruch und betont den Meinungscharakter der Aussage. Dies kontrastiert umso stärker mit dem selbstbewussten Wahrheitsanspruch in den letzten Sätzen des Absatzes, wie die Partikeln *at enim* und das bejahende (!) *ne* zeigen.[15]

Auch sprachlich schlägt sich eine starke emotionale Erregung nieder: Cicero macht sich über Marc Antons Vorwurf lustig, indem er ihm seinerseits vorwurfsvoll entgegnet, was in der Figura etymologica *crimen criminari* zum Ausdruck kommt: *... de amicitia quam a me violatam esse criminatus est, quod ego gravissimum crimen iudico ...* – damit leitet Cicero das Thema des Abschnitts und die *refutatio* insgesamt in markanter Weise ein.

Schließlich fällt die dreifache Anapher *an non venirem contra ... ?* auf, die von Ciceros Entrüstung über Marcus Antonius zeugt. Intensität durch Wiederholung wird auch durch das zweimalige Vorkommen von *libertini* erreicht. Schließlich fällt das Verbum frequentativum *ventitarat* auf: Marcus Antonius soll nach

---

[13] Dieses Futur nennt man bisweilen auch „adhortatives Futur".
[14] RAMSEY argumentiert, dass Cicero seinem Freund Sicca auf diese Weise keine Unannehmlichkeiten bereiten wollte. Vgl. RAMSEY 2008, 165–166.
[15] Zu *ne* als affirmative Partikel vgl. GLARE 2012 s. v. *ne²*.

Ciceros Meinung immer wieder bei ihm aufgetaucht sein – man kann aus dem Verb fast herauslesen, wie verärgert Cicero darüber war (oder gewesen sein soll).

b. Verletzung der Freundschaft: Kandidatur für das Amt des Auguren (4)

§ 4 *Auguratus petitionem mihi te concessisse dixisti. O incredibilem audaciam, o impudentiam praedicandam! Quo enim tempore me augurem a toto collegio expetitum Cn. Pompeius et Q. Hortensius nominaverunt – nec enim licebat a pluribus nominari – tu nec solvendo eras nec te ullo modo nisi eversa re publica incolumem fore putabas. Poteras autem eo tempore auguratum petere, cum in Italia Curio non esset, aut tum, cum es factus, unam tribum sine Curione ferre potuisses? Cuius etiam familiares de vi condemnati sunt, quod tui nimis studiosi fuissent.*

INHALT UND KONTEXT: Wenn es nach Antonius ginge, hätte er Cicero bei der Wahl zum Augur den Vortritt gelassen – für ihn ein weiterer Beweis ihrer *amicitia*. Cicero weist dies entschieden zurück und reagiert empört: Alle Auguren hätten ihn bei seiner Wahl im Jahr 53 v. Chr. einstimmig unterstützt, die verdienten Staatsmänner Pompeius und Hortensius hätten ihn nominiert; Antonius selbst sei zahlungsunfähig gewesen, zudem habe sich Antonius' Gönner Curio gerade im Ausland aufgehalten, ohne dessen Unterstützung er ohnehin chancenlos gewesen wäre. Schließlich sei er zwar mit dessen Hilfe, aber nicht ohne die gewaltsame Unterstützung der Freunde Curios zum Augur gewählt worden.

Tatsächlich setzte sich Cicero nicht gegen Antonius durch, sondern gegen C. Hirrus, den Volkstribun des Jahres 53 v. Chr., der, wie bereits erwähnt, im selben Jahr Augur wurde und damit den Platz des verstorbenen Crassus-Sohnes Publius einnahm, der wie sein Vater 53 v. Chr. in der Schlacht bei Carrhae gefallen war. Antonius hingegen wurde im Jahr 50 vom Augurenkollegium hinzugewählt.[16]

EMOTIONSLINGUISTISCHE ANALYSE: Der Abschnitt dreht sich um die Bewerbung um das Augurenamt und es dominieren Vokabeln, die den Wunsch und die Konkurrenz um dieses Amt ausdrücken (*petitio, expetitum, petere, studiosi*) – feindselige Emotionen wie Hass und Verachtung werden jedoch nicht explizit benannt.

Negative Bewertungen erscheinen in Substantiven wie *audacia* und *impudentia*. Diese Begriffe bezeichnen negative Charaktereigenschaften: audacia wird „meist im üblen Sinn Waghalsigkeit [...] [= *temeritas*]" verwendet, *impudentia* ist das Gegenwort zu *pudor*. Menge definiert *impudentia* als „Verletzung des Schicklichen".[17] Weitere negative Personenbeurteilungen sind die Zahlungsunfähigkeit des Antonius (*tu nec solvendo eras*), die vorsätzliche Untergrabung der Staatsordnung (*eversa re publica*), die Erwähnung des Handlangers des Antonius,

---

[16] Vgl. RAMSEY 2008, 166–167.
[17] Siehe SCHÖNBERGER/MENGE 2007, § 184. Vgl. auch GLARE 2012 s. v. *impudentia* a „Shamelessness. effrontery, impudence."

Curio, dessen Leute wegen Gewaltanwendung (*de vi*) und großen Fanatismus (*nimis studiosi*) verurteilt wurden.[18]

Antonius wird von Cicero immer in der 2. Person Singular angesprochen. Die Senatoren kommen nicht vor. Diese Passage ist also eine direkte Schmähung Antonius'. Pronomen in der 2. Person Singular kommen immerhin dreimal vor (*te, tu, tui*); dem stehen Pronomen in der 1. Person gegenüber, die sich natürlich auf Cicero beziehen (*mihi, me*).

Cicero distanziert sich von Marcus Antonius' eigennütziger Behauptung, er habe aus Respekt vor Cicero auf das Augurenamt verzichtet, indem er diese Behauptung in Form eines AcI von dem Verb *dixisti* abhängig macht. Es folgen zwei für Cicero günstige Informationen, die er durch den Indikativ als Tatsachen darstellt: „Pompeius und Hortensius haben mich als Augur vorgeschlagen (*nominaverunt*) und du warst damals zahlungsunfähig (*solvendo non eras*)". Die anschließende Meinung des Marcus Antonius wird dann wieder durch *putabas* mit abhängigem AcI in ihrer Aussagekraft abgeschwächt.

Cicero hinterlässt beim Leser den Eindruck, Marcus Antonius sei wenig durchsetzungsstark gewesen. Dies erreicht er, indem er betont, dass Marc Anton niemals aus eigener Kraft eine erfolgreiche Kandidatur hätte durchsetzen können, sondern ganz auf die Unterstützung seines Gönners und Förderers Curio und dessen Anhänger angewiesen gewesen sei. Sprachlich wird dies so umgesetzt: Durch eine rhetorische Frage, die einen irrealen Konditionalsatz in der Vergangenheit enthält – „Hättest du ohne Curio auch nur einen Wahlkreis gewinnen können?" Die implizite Antwort lautet natürlich: „Nein!"

Auf den eher unemotionalen, dokumentarischen ersten Satz des Abschnitts, in dem Cicero die Behauptung Marc Antons aufgreift, folgt in starkem Kontrast eine Exclamatio, die eine hohe emotionale Intensität vermittelt. Cicero verleiht damit seiner Empörung Ausdruck. Die doppelte Interjektion und Anapher *o!* ist ein Emotionscode auf phonologischer Ebene und nach Georges ein „Ausruf der Freude, Betrübnis, Verwunderung usw."[19] Die beiden Laster *audacia* und *impudentia* werden durch die Attribute *incredibilem* und *praedicandam* intensiviert. Die chiastische Stellung von *incredibilem audaciam ... impudentiam praedicandam* dient einer weiteren Steigerung der Intensität dieses Ausrufs. Der Wunsch des Augurenkollegiums, nur Cicero im Amt des Auguren zu sehen, wird einmal durch *toto*, einmal durch das intensivierende Präfix *ex-* in *expetitum* gesteigert. Die Ungeheuerlichkeit der Absicht Marcus Antonius', seine Haut nur durch die Zerstörung des Staates retten zu können, wird durch die Wendung *nec ... ullo modo nisi*, eine Litotes, also eine Betonung durch doppelte Verneinung, verstärkt. Innerhalb der rhetorischen Frage, die ohnehin die Aussage

---

[18] Positive Bewertungen werden implizit bei der Nennung des Kollegiums der Auguren (*collegium*), der beiden großen Staatsmänner Pompeius und Hortensius und des Hochwertworts *res publica* vollzogen, auch wenn keine positiven Attribute beigestellt sind.

[19] Vgl. GEORGES 2012 s. v. *o*.

des Satzes verstärkt, wird durch *unam* betont, dass Antonius ohne Curio genau null Stimmbezirke für sich verbucht hätte. Im letzten Satz wird durch das Adverb *nimis* in *nimis studiosi* der Übereifer der Curio-Anhänger, sich für die Wahl Marc Antons einzusetzen, ironisch bis zur Gewalttätigkeit gesteigert (*de vi*).

c. Verletzung der Freundschaft: Antonius' *beneficium* 48 v. Chr. (5–7a)

§ 5 *At beneficio sum tuo usus. Quo? Quamquam illud ipsum, quod commemoras, semper prae me tuli: malui me tibi debere confiteri quam cuiquam minus prudenti non satis gratus videri. Sed quo beneficio? Quod me Brundisi non occideris? Quem ipse victor, qui tibi, ut tute gloriari solebas, detulerat ex latronibus suis principatum, salvum esse voluisset, in Italiam ire iussisset, eum tu occideres?*

Facpotuisse. Quod est aliud, patres conscripti, beneficium latronum, nisi ut commemorare possint eis se dedisse vitam, quibus non ademerint? Quod si esset beneficium, numquam qui illum interfecerunt, a quo erant conservati, quos tu ipse clarissimos viros soles appellare, tantam essent gloriam consecuti. Quale autem beneficium est, quod te abstinueris nefario scelere? Qua in re non tam iucundum mihi videri debuit non interfectum me a te quam miserum te id impune facere potuisse.

INHALT UND KONTEXT: Marcus Antonius behauptet, Cicero eine Wohltat (*beneficium*) erwiesen zu haben und wirft ihm vor, nicht dankbar zu sein (*non satis gratus*). Cicero fragt, um welche Wohltat es sich gehandelt habe (*quo beneficio?*). Dafür, dass er ihn damals in Brundisium, wo Cicero 48 v. Chr. nach der verlorenen Schlacht von Pharsalos auf Caesars Begnadigung wartete[20], nicht getötet habe, könne er nicht ernsthaft dankbar sein. Denn nur unter Verbrechern (*latrones*) gelte es als gute Tat, jemanden nicht zu töten. Cicero beklagt, dass Antonius dies unter den damaligen politischen Verhältnissen sogar ungestraft (*impune*) hätte tun können.

EMOTIONSLINGUISTISCHE ANALYSE: Der Gefühlsbegriff der Dankbarkeit findet sich im Adjektiv gratus und im Verb debere (im Sinne von „danken"). Marcus Antonius warf Cicero vor, sich für seine einstige Wohltat nicht bedankt zu haben.

Positiv bewertet wird der zentrale Begriff dieses Abschnitts: *beneficium*, die Wohltat. Gerade deshalb aber kann eine Wohltat nicht in der bloßen Unterlassung einer – negativ bewerteten – scheußlichen Untat (*scelere*), hier eines Mordes, bestehen. Die Verben des Tötens in diesem Abschnitt sind: zweimal *occīdere*, einmal *vitam adimere*, zweimal *interficere*. In zwei Komparativsätzen nimmt Cicero eine relative Wertung vor: Lieber sei er Marcus Antonius wirklich etwas schuldig, als einem dummen Menschen undankbar zu erscheinen, und lieber lasse er sich töten, als in einem zerrütteten Staatswesen zu leben, in dem solche Untaten ungestraft bleiben. Die Komparativsätze werden einmal durch das Modalverb *malle*, einmal durch die Wendung *non tam iucundum ... quam*

---

[20] Vgl. RAMSEY 2008, 108.

miserum ausgelöst. Weitere negative Bewertungen finden sich in der Litotes *minus prudenti* und in *latronibus* und *latronum*, positive in *clarissimos viros* und auch in der ehrwürdigen Formel *patres conscripti*, mit der er sich respektvoll an die Senatoren wendet.

Die soziale Nähe zu Marc Anton wird sprachlich durch die häufige Verwendung der direkten Anrede und der 2. Person hergestellt: Die Pronomen *tu* und *tuus* kommen neunmal vor. Von sich selbst spricht Cicero meist in der 1. Person (fünfmal *ego*), einmal distanziert in der 3. Person: „Denjenigen, den Caesar verschonen wollte, den hättest du töten können?" Der Streit zwischen Cicero und Marcus Antonius steht im Vordergrund, doch einmal werden die Senatoren feierlich mit der Formel *patres conscripti* angesprochen. Hier wendet sich Cicero für einen kurzen Moment den Senatoren zu, vielleicht um sich auf ihre Autorität zu berufen, wenn es darum geht zu bestimmen, in welchem Sinne von Wohltaten der *latrones* gesprochen werden kann.[21]

Da das angebliche *beneficium* von Marcus Antonius im Jahr 48 v. Chr. nachgewiesen wurde, als Cicero nach der Schlacht bei Pharsalos aus Griechenland nach Italien zurückkehrte und eben nicht von Marcus Antonius nach seiner Landung in Brundisium getötet wurde, dominieren Vergangenheitstempora, das heißt die zeitliche Ferne der Ereignisse wird durch Imperfekt, Perfekt und Plusquamperfekt ausgedrückt. Eine gewisse emotionale Distanz zu Caesar und den Ereignissen der Iden des März wird dadurch hergestellt, dass sein Name nicht genannt wird, sondern mit *victor* eine Umschreibung verwendet wird, und dann mit *illum* ein Personalpronomen auf ihn bezogen wird, das das räumlich, zeitlich oder in der Vorstellung des Sprechenden Entferntere und weniger Interessante bezeichnet.[22] In dem oben zitierten Satz, in dem Cicero von sich in der 3. Person spricht, steht Caesar als *victor* im Vordergrund, Cicero tritt durch die Verwendung der 3. Person gleichsam in den Hintergrund. Cicero verwendet das positiv wertende *victor*, um Caesar mit der Autorität eines erfolgreichen Feldherrn auftreten zu lassen und gleichzeitig den damaligen Einfluss Marcus Antonius herabzusetzen.

---

[21] Bei den Caesarmördern macht Cicero allerdings naturgemäß eine Ausnahme, was er später noch ausführlicher darlegen wird, aber schon hier in dem schwer zu verstehenden Satz aufscheint: *Quod si esset beneficium, numquam qui illum interfecerunt, a quo erant conservati, quos tu ipse clarissimos viros soles appellare, tantam essent gloriam consecuti.* Cicero konzediert also probeweise dem Satz „Jemanden nicht zu töten ist eine gute Tat." Plausibilität – dann aber hätten die Verschwörer um Brutus und Cassius nie Ruhm erworben. Da dies aber so ist, muss man eingestehen, dass es unter gewissen Umständen, z. B. dann, wenn es um das Wohl des Staats geht, möglich ist, dass ein Mord eine gute Tat ist. Dies stellt Marc Antons Behauptung auf den Kopf, Cicero eine Wohltat erwiesen zu haben, indem er ihn nicht getötet habe.

Gleichzeitig baut Cicero diesen Satz wohl auch deswegen ein, um Marc Anton daraus einen Strick zu drehen, dass er zunächst den Caesarmördern positiv eingestellt gewesen sein soll. Vgl. App. civ. 2,596–614 [3. 81 ff.] sowie ELVERS, WILL, KASTER, ECK/NUTTON 2006.

[22] Vgl. GEORGES 2012 s. v. *ille*.

Zur Evidentialität und Volitionalität: Der Abschnitt beginnt mit einer Aussage Marc Antons: „Du hast von mir eine Wohltat erfahren". Interessanterweise wird der Wahrheitsanspruch weder durch indirekte Rede noch durch einen obliquen Kasus abgeschwächt – dies wird dann aber durch die unmittelbar darauffolgende pointierte rhetorische Rückfrage *quo (beneficio)?* nachgeholt. Fünf weitere rhetorische Fragen unterstreichen die Gewissheit verschiedener Aussagen Ciceros bzw. dokumentieren die empörenden Behauptungen des Antonius. Auch der oblique Konjunktiv *non occideris* verdeutlicht, dass hier lediglich die Meinung des Antonius wiedergegeben wird, von der sich Cicero distanzieren möchte.[23]

Im ersten Satz wird tuo durch ein Hyperbaton *beneficio ... tuo ...* betont – „Die Wohltat (!) des Marcus Antonius habe ich empfangen". Ein Relief unterschiedlicher emotionaler Erregung wird sprachlich durch die Verwendung des verstärkenden Pronomens *ipse* oder von Zeitadverbien wie *semper* oder *numquam* erreicht. In der Litotes *minus prudenti* wird die *imprudentia* des Marcus Antonius eher betont. Das Attribut in *clarissimos viros* steht im Superlativ, außerdem spricht Cicero pleonastisch von einem *nefario scelere*. Im Nebensatz *ut tute gloriari solebas* ist das Personalpronomen mit dem verstärkenden Suffix *-te* versehen.

Die Verben des Tötens in diesem Abschnitt sind: zweimal *occīdere*, einmal *vitam adimere*, zweimal *interficere*. Diese Verben sind von eher geringer Intensität, wenn man bedenkt, dass Cicero Verben wie *necare* oder *trucidare* zur Verfügung gestanden hätten. Die brutalsten Assoziationen weckt noch das Verb *occīdere*: „niederschlagen, umhauen".[24]

§ 6 *Sed sit beneficium, quando quidem maius accipi a latrone nullum potuit: in quo potes me dicere ingratum? An de interitu rei publicae queri non debui, ne in te ingratus viderer? At in illa querela misera quidem et luctuosa, sed mihi pro hoc gradu, in quo me senatus populusque Romanus conlocavit, necessaria, quid est dictum a me cum contumelia, quid non moderate, quid non amice? Quod quidem cuius temperantiae fuit, de M. Antonio querentem abstinere maledicto, praesertim cum tu reliquias rei publicae dissipavisses, cum domi tuae turpissimo mercatu omnia essent venalia, cum leges eas, quae numquam promulgatae essent, et de te et a te latas confiterere, cum auspicia augur, intercessionem consul sustulisses, cum esses foedissime stipatus armatis, cum omnis impuritates impudica in domo cotidie susciperes vino lustrisque confectus.*

INHALT UND KONTEXT: Cicero führt aus, dass er in seiner 1. Philippika vom 2. September allen Grund gehabt habe, sich über Antonius zu beklagen, ihn aber dennoch geschont habe. Er habe es gerne in Kauf genommen, Antonius undankbar (*ingratum*) zu erscheinen, weil er als ehemaliger Konsul die Pflicht gehabt habe, die Missstände im Staat beim Namen zu nennen. Dabei sei er hart in der

---

[23] Vgl. RAMSEY 2008, 167–168.
[24] Siehe GLARE 2012 s. v. *occidere* 1 „To cause the death of, kill, slaughter".

Sache, aber immer sanft im Umgang (*moderatum; amice*) gewesen. Antonius habe folgendes Fehlverhalten an den Tag gelegt: Er habe den Staatsschatz verprasst, Vergünstigungen und Privilegien verkauft, Gesetze zu seinen Gunsten eingebracht, die Vogelschau und das Interzessionsrecht beschränkt, sich mit bewaffneten Männern umgeben und sein Privathaus in eine Lasterhöhle verwandelt.

EMOTIONSLINGUISTISCHE ANALYSE: Explizit erwähnt wird nur die Emotion der Trauer (*querela ... luctuosa*), zu der sich Cicero in der 1. Philippika genötigt sah, um den Untergang der Republik zu beklagen. Neben der *querela* zieht sich erneut die scheinbare Undankbarkeit Ciceros, die Antonius ihm vorwirft, wie ein roter Faden durch den Abschnitt.

Positive Bewertungen finden sich in römischen Wert- und Tugendbegriffen wie: *beneficium, rei publicae, senatus populusque Romanus, moderate, amice, temperantiae, auspicia*. Die negativen Bewertungen sind die folgenden: *latrone, ingratum, interitu, queri, querela misera [...] et luctuosa, contumelia, maledicto, dissipavisses, turpissimo, venalia, foedissime, impuritates impudica, vino lustrisque confectus*. Die negativen Bewertungen überwiegen also bei weitem. Sie häufen sich vor allem gegen Ende.

Cicero variiert die soziale Nähe: Während er zu Beginn von Marcus Antonius in der 3. Person spricht (*latrone*), wechselt er dann in die 2. Person (*potes, in te*). Danach erfolgt wieder kurz der Wechsel in die 3. Person (*de M. Antonio*), bevor sich die Formen der 2. Person mit acht Vorkommnissen am Ende des Abschnitts stark häufen. Letzteres entspricht dem negativen Charakter des Abschnittsendes, da Cicero Marcus Antonius direkt angreift. Von sich selbst spricht Cicero durchgehend in der 1. Person. Hinsichtlich der zeitlichen Nähe bzw. Ferne lässt sich sagen, dass Cicero, wenn er sich auf die 1. Philippika bezieht, Vergangenheitstempora bzw. Demonstrativpronomen der Ferne verwendet – so bezeichnet er die damalige Rede auch mit *illa querela*. Marcus Antonius' Taten in der Vorvergangenheit, also seine Taten vor der 1. Philippika, stehen dementsprechend im Plusquamperfekt.

Die Passage beginnt mit den drei Worten *Sed sit beneficium* – Cicero geht also durch die Verwendung eines konzessiven Konjunktivs für einen Moment davon aus, dass Marcus Antonius mit seiner Behauptung, Cicero eine Wohltat erwiesen zu haben, Recht hat. Diese Annahme setzt Ciceros folgende Entrüstung in Gang, indem er die Frage stellt, wie Marcus Antonius ihm unter dieser Prämisse Undankbarkeit vorwerfen könne. Cicero macht deutlich, dass für ihn die Klage und damit die Sorge um das in Not geratene Gemeinwesen Vorrang hat vor der Rücksichtnahme auf einen beleidigten Einzelnen – und sei es ein Freund. Diese Gegenüberstellung der Werte drückt Cicero in einer rhetorischen Frage aus: *An de interitu rei publicae queri non debui, ne in te ingratus viderer?* Hier wird das Modalverb *debere* verneint, das dann ein moralisches Verbot („nicht dürfen") ausdrückt – in der rhetorischen Frage wird daraus in Umkehrung des Sinnes ein verstärktes moralisches Gebot, gerade den Staat zu beklagen und ihm gegenüber lieber Undankbarkeit zu zeigen! Damit wird der Wahrheitsanspruch dieser Aussage unterstrichen. In der folgenden rhetorischen Frage – der dritten und längsten in einem Trikolon *in membris crescentibus*[25] – wird die Evidenz der Aussage noch gesteigert: „Ich habe dich doch noch geschont, Antonius". So erweckt Cicero am Ende den Eindruck, nicht nur gegenüber der Allgemeinheit gerecht gehandelt zu haben, sondern darüber hinaus auch die Achtung vor einem eigentlich verwerflichen Einzelmenschen nicht vergessen zu haben.

Cicero bedient sich auch verschiedener Mittel, um Aussagen zu intensivieren: Es gibt es ein Hyperbaton (*maius accipi a latrone nullum potuit*), einen Komparativ (*maius*) und Superlativ (*foedissime*), eine Alliteration (*reliquias rei publicae*) und Assonanz (*impuritates impudica*), Hyperbeln und Schwarzweißmalerei (*omnia, numquam, omnis, cotidie*), Anaphern (ein Trikolon *quid* [...] *quid* [...] *quid* [...]? und sogar ein Pentakolon *praesertim cum* [...] *cum* [...] *cum* [...] *cum* [...] *cum* [...]), dann ein Hendiadyoin (*vino lustrisque confectus*). Interessant ist auch die Verwendung von *quidem* („zwar"): „Meine Klage war zugegebenermaßen sehr leidenschaftlich, aber für einen Mann in meiner verantwortungsvollen Position auch notwendig (*illa querela misera quidem et luctuosa, sed mihi pro hoc gradu* [...] *necessaria*)." Auf diese Weise begründet Cicero die Legitimität seiner Kritik an Antonius, die er in der 1. Philippika äußert.

§ 7a *At ego, tamquam mihi cum M. Crasso contentio esset, quocum multae et magnae fuerunt, non cum uno gladiatore nequissimo, de re publica graviter querens de homine nihil dixi. Itaque hodie perficiam, ut intellegat quantum a me beneficium tum acceperit.*

d. Verletzung der Freundschaft: Verlesung des Briefes von Cicero im Senat (7b–10a)

§ 7b *At etiam litteras, quas me sibi misisse diceret, recitavit homo et humanitatis expers et vitae communis ignarus. Quis enim umquam, qui paulum modo bonorum consuetudinem nosset, litteras ad se ab amico missas offensione aliqua interposita in medium protulit palamque recitavit? Quid est aliud tollere ex vita vitae societatem, tollere amicorum colloquia absentium? Quam multa ioca solent esse in epistulis, quae, prolata si sint, inepta videantur, quam multa seria neque tamen ullo modo divolganda!*

INHALT UND KONTEXT: Cicero vergleicht die Auseinandersetzung mit Antonius mit seinen früheren Streitigkeiten mit M. Crassus.[26] Wenigstens war dieser kein Gladiator[27] – und doch beteuert Cicero noch einmal, sich in seiner Klage über die politischen Verhältnisse in der 1. Philippika nicht abfällig über

---

[25] Dieses Stilmittel ist eine Kombination aus Trikolon, also einer Dreier-Figur, und einer Klimax.
[26] Vgl. Plut. Cic. 25,2–4.
[27] Cicero nennt Antonius oft einen Gladiator, vgl. Fam. 12,2,1;12,22,1; Phil. 2,63,74; 3,18; 5,32; 13,25. Vgl. hierzu THURN 2018, 218–232.

die Person des Antonius geäußert zu haben. Cicero entgegnet, nicht er, sondern Antonius habe in Wirklichkeit die Freundschaft beschmutzt: Er habe im Senat öffentlich einen Brief vorgelesen, den Cicero ihm geschrieben habe[28] – So habe Marcus Antonius in Wahrheit durch Ciceros Schonung in der 1. Philippika ein *beneficium* erhalten, nicht aber Cicero von diesem!

EMOTIONSLINGUISTISCHE ANALYSE: Ein Begriff für Emotionen findet sich nicht. Mit *contentio* und *offensione* werden jedoch zwischenmenschliche Interaktionen bezeichnet, die auf Emotionen beruhen und weitere Emotionen hervorrufen, *querens* bezeichnet mit Klage auch eine Handlung, die für bestimmte Emotionen wie Trauer steht.

Negativ wertend sind Begriffe wie *contentio, gladiatore nequissimo, expers, ignarus, offensione, tollere,* positiv *re publica, beneficium, humanitatis, amico, amicorum.* Cicero bewertet Marcus Antonius' Verhalten im zwischenmenschlichen Bereich mehrfach negativ, indem er ihm positive Eigenschaften wie *humanitas* durch verneinende Vokabeln wie *expers, ignarus* oder *tollere* abspricht (zum Beispiel *in et humanitatis expers et vitae communis ignarus*).

Cicero wendet sich von Marcus Antonius ab, was sich sprachlich darin äußert, dass er in § 7 von Marcus Antonius ausschließlich in der 3. Person spricht.[29] In einem Fall verweist Cicero in Form einer rhetorischen Frage auf eine Grundregel innerhalb jeder Freundschaft und bezieht sich dabei distanziert auf sich selbst: Private Briefe, die sich Freunde schicken (*litteras ad se ab amico missas*), liest man nicht in der Öffentlichkeit (*in medium ... palamque*).

Cicero ist sich ganz sicher (*hodie perficiam, ut intellegat ...*), Antonius heute davon überzeugen zu können, dass er ihn in der 1. Philippika eigentlich noch mit Samthandschuhen angefasst hätte. Das Verb *perficiam* steht im Indikativ Futur – Cicero ist weit davon entfernt, an einem rednerischen Erfolg zu zweifeln. Darüber hinaus verstärkt Cicero den Evidenzgehalt zweier Aussagen, indem er

---

[28] In diesem Brief geht es um die Begnadigung von Sex. Cloelius, dem berüchtigten Handlanger von P. Clodius Pulcher; vgl. ELVERS 2020. Der Ton ist freundschaftlich gewesen, wenn Antonius auch offene Drohungen ausgesprochen haben soll. Vgl. hierzu Att. 14.13A und 13B. Allein der Beginn von Ciceros Brief zeigt, wie freundlich, ja fast unterwürfig Cicero noch im April 44 v. Chr. gegenüber Antonius war: *Quod mecum per litteras agis, unam ob causam mallem coram egisses. non enim solum ex oratione, sed etiam ex vultu et oculis et fronte, ut aiunt, meum erga te amorem perspicere potuisses. nam cum te semper amavi primum tuo studio, post etiam beneficio provocatus, tum his temporibus res publica te mihi ita commendavit, ut cariorem habeam neminem.* „Aus einem Grunde wäre es mir lieber gewesen, Du hättest Dein mir brieflich übermitteltes Anliegen mündlich mit mir besprochen: nicht nur aus meinen Worten, auch aus Mienenspiel, Augen und Stirn, wie man zu sagen pflegt, hättest Du entnehmen können, wie sehr ich Dich schätze. Ich habe ja immer viel von Dir gehalten, veranlaßt zunächst durch Deine Zuneigung, später dann durch Deine Freundesdienste, und jüngst hat die Politik Dich mir so nahegebracht, daß ich niemanden habe, der mir lieber wäre." (Übers. NICKEL/FUHRMANN 2013).

[29] Im Umkehrschluss kann man sagen, dass sich Cicero hier wohl beim Vortrag proxemisch näher an die Senatoren gewandt hätte.

sie als rhetorische Fragen formuliert: 1. Jeder, der auch nur ein wenig soziale Kompetenz besitzt (*qui paulum modo bonorum consu-etudinem nosset*), würde niemals den Brief eines Freundes öffentlich vorlesen. 2. Ein solches Vorlesen macht jeden weiteren freundschaftlichen Kontakt unmöglich.

In der Wendung *cum uno gladiatore nequissimo* wird der ohnehin äußerst negative Ausdruck *gladiatore*, der nach Ansicht des Kommentators Ramsey einerseits die Gewaltbereitschaft Marc Antons hervorhebt und ihm andererseits einen niedrigen sozialen Status zuweist[30], durch den Superlativ von *nequam* („nichtsnutzig, unwürdig") noch gesteigert.[31] Damit nicht genug, fügt Cicero noch *uno* hinzu, was laut Oxford Latin Dictionary den Superlativ noch steigert.[32] Die *offensio* Ciceros an Marcus Antonius wird dagegen durch *aliqua* heruntergespielt.

§ 8 *Sit hoc inhumanitatis: stultitiam incredibilem videte. Quid habes, quod mihi opponas, homo diserte, ut Mustelae tamen Seio et Tironi Numisio videris? Quicum hoc ipso tempore stent cum gladiis in conspectu senatus, ego quoque te disertum putabo, si ostenderis, quo modo sis eos inter sicarios defensurus. Sed quid opponas tandem, si negem me umquam ad te istas litteras misisse? Quo me teste convincas? An chirographo? In quo habes scientiam quaestuosam. Qui possis? Sunt enim librari manu. Iam invideo magistro tuo, qui te tanta mercede, quantam iam proferam, nihil sapere doceat.*

INHALT UND KONTEXT: Cicero kontert weiter: Er nimmt nun die *stultitia* des Marcus Antonius ins Visier und verspottet dessen geringe Redekunst. Der teure Unterricht seines Rhetoriklehrers Sex. Clodius habe nichts gebracht. Und so scheine er nur in den Augen von Schurken wie Seius Mustela und Numisius Tiro redegewandt zu sein, die zudem gerade jetzt mit anderen Bewaffneten vor dem Senat stünden. Cicero zeigt sich zynisch: Antonius könne ihn immer noch von seiner Beredsamkeit überzeugen, wenn es ihm gelänge, diese Raufbolde in einem Mordprozess zu verteidigen.

Zurück zum vorgelesenen Brief: Selbst wenn er redegewandt wäre, hätte er nicht einmal einen Beweis oder Zeugen dafür, dass Cicero ihm diesen Brief tatsächlich geschickt hätte.

EMOTIONSLINGUISTISCHE ANALYSE: Die *invidia* wird ausdrücklich erwähnt: Am Ende des Abschnitts sagt Cicero zwar ironisch, dass er Marc Antons Rhetoriklehrer (nämlich Sextus Clodius, vergleiche § 43) beneide (*invideo magistro tuo*), wie viel Geld er dafür bekommen habe, dass er Marc Anton nichts beigebracht habe (*nihil sapere doceat*).

Die *inhumanitas* und die *stultitia* sind die beiden negativen Eigenschaften, die Cicero Marc Anton in diesem Abschnitt zuschreibt. Anschließend werden die Anführer der bewaffneten Leibwache (*cum gladiis*) des Marcus Antonius ge-

---

[30] Vgl. *OLD* s. v. *gladiator* 2 „A cutthroat, assassin, ruffian."
[31] Vgl. RAMSEY 2008, 171.
[32] Vgl. *OLD* s. v. *unus* 8b.

nannt: Seius Mustela und Numisius Tiro. RAMSEY weist in seinem Kommentar darauf hin, dass Cicero seine Verachtung für die beiden Haudraufs sprachlich raffiniert steigert, indem er zum einen jeweils das *praenomen* weglässt und zum anderen die Reihenfolge von *nomen gentile* und *cognomen* vertauscht.[33] So wird aus Seius Mustela im Text *ut Mustelae tamen Seio et Tironi Numisio videris*.[34] Der negative Eindruck der beiden wird durch die juristische Wendung inter sicarios verstärkt: Die hohe Gewaltbereitschaft der beiden Leibwächter wird auf diese Weise angedeutet. Schließlich ist noch die negative Bewertung durch das Demonstrativpronomen in istas litteras zu erwähnen. Cicero lässt durchblicken, wie sehr ihn die Briefangelegenheit ärgert, zumal er, wie er sagt, den Brief nicht selbst geschrieben hat. In dem Frage-Antwort-Paar An chirographo? In quo habes scientiam quaestuosam. spielt Cicero spöttisch auf die unrechtmäßige Verwertung der Caesarakten durch Antonius an.

Positive Bewertungen werden immer ironisch in Form von Adjektiven über Antonius geäußert und schlagen durch die offensichtliche Ironie in negative um. Es handelt sich um das Adjektiv disertus („beredt"), das zweimal vorkommt, nämlich diserte im Vokativ und disertum im Akkusativ.

Im vorhergehenden Abschnitt überwiegt die direkte Anrede der Senatoren und die distanzierte Rede über Antonius in der 3. Person. So beginnt auch dieser Abschnitt mit *stultitiam incredibilem videte* mit einer Aufforderung an die Senatoren, dann aber wendet sich Cicero wieder Antonius zu und spricht ihn in der 2. Person an. Die größere Nähe zu Marcus Antonius und die Hinwendung Ciceros zu ihm drückt sich in der neunmaligen Verwendung von Verben in der 2. Person aus, hinzu kommen vier Vorkommen der Pronomen *tu* und *tuus*.

Zur zeitlichen und räumlichen Nähe lässt sich sagen: Cicero betont sehr stark, dass die bis an die Zähne bewaffneten Leibwächter Marcus Antonius gerade vor dem Senat stehen (*hoc ipso tempore stent cum gladiis in conspectu senatus*). Diese Passage kann so verstanden werden, dass sie sich an die Senatoren wendet und die Gefahr, die von Antonius und seinen Schergen ausgeht, beiläufig bedrohlich erscheinen lässt.

Immerhin fünf rhetorische Fragen verstärken – so Cicero – die Offensichtlichkeit der (rhetorischen) Beschränktheit Marcus Antonius. *In tanta mercede quantam iam proferam* kündigt Cicero, von der Richtigkeit seiner weiteren Argumentation überzeugt, an, er werde bald zeigen, wie viel Geld Marc Antons Rhetoriklehrer erhalten habe.[35]

Obwohl Superlative in Ciceros Sprache sonst häufig sind, kommen sie in diesem Abschnitt nicht vor. Dagegen wird die *stultitia* des Marcus Antonius mit dem Attribut *incredibilem* hervorgehoben (*stultitiam incredibilem*). Das

---

[33] Vgl. RAMSEY 2008, 172–173.
[34] Die Bedeutung des Namens Mustela ist außerdem „Wiesel". Vgl. OLD s. v. *mustela*.
[35] Siehe § 43.

Adverb *tandem* in dem Satz *Sed quid opponas tandem,* [...] weist auf Ciceros langsam wachsende Ungeduld hin, wie Ramsey schreibt, da Marc Anton ihm argumentativ offenbar nichts entgegenzusetzen hat.[36]

§ 9 *Quid enim est minus non dico oratoris, sed hominis quam id obicere adversario, quod ille si verbo negarit, longius progredi non possit, qui obiecerit?*
At ego non nego, teque in isto ipso convinco non inhumanitatis solum, sed etiam amentiae. Quod enim verbum in istis litteris est non plenum humanitatis, offici, benevolentiae? Omne autem crimen tuum est, quod de te in his litteris non male existimem, quod scribam tamquam ad civem, tamquam ad bonum virum, non tamquam ad sceleratum et latronem.
At ego tuas litteras, etsi iure poteram a te lacessitus, tamen non proferam: quibus petis, ut tibi per me liceat quendam de exsilio reducere, adiurasque id te invito me non esse facturum; idque a me impetrasti. Quid enim me interponerem audaciae tuae, quam neque auctoritas huius ordinis neque existimatio populi Romani neque leges ullae possent coercere?

INHALT UND KONTEXT: Dass Antonius einen Vorwurf erhoben habe, den man so leicht widerlegen könne, stehe keinem Redner zu Gesicht. Aber Cicero leugne den Brief nicht.

Dann fährt Cicero mit seiner Gegenrede fort: Sein Brief an Marcus Antonius sei wohlwollend gewesen, wie wenn er an einen guten Mitbürger und nicht an einen Verbrecher gerichtet gewesen wäre. Deshalb verstehe er Marc Antons Empörung über den Brief nicht. Er könne sich das nur mit seiner amentia, seinem Wahnsinn, erklären, seine Unfreundlichkeit (*inhumanitas*) reiche dafür nicht aus.

Cicero paraphrasiert dann den Inhalt des Briefes: Er habe Antonius grünes Licht gegeben, den Verbannten Sex. Cloelius[37], einen ehemaligen Gefolgsmann des P. Clodius, zurückzuholen. Denn weder die Autorität der Senatoren noch das Urteil des römischen Volkes, noch die Gesetze könnten seine Frechheit (*audacia*) noch zügeln, und so reiche auch sein persönlicher Einfluss nicht mehr aus.

EMOTIONSLINGUISTISCHE ANALYSE: Cicero benennt keine Emotionen explizit. Er zeigt sich jedoch irritiert von Marcus Antonius' Briefvortrag (*lacessitus*), gibt also Auskunft über seinen Erregungszustand, nicht aber über die zugrundeliegende Emotion.

Der Abschnitt enthält viele positiv bewertete Wörter: *oratoris, hominis, humanitatis, offici, benevolentiae, civem, bonum virum, huius ordinis, populi Romani, leges*. Die meisten Wörter stammen aus einem Wortfeld, das Humanität und Ordnung in einem guten Staatsgefüge ausdrückt. Demgegenüber stehen Begriffe wie *inhumanitatis, amentiae, sceleratum, latronem, audaciae* – allesamt negative Zuschreibungen, die das wahnsinnige Verbrechertum des Antonius aufzeigen.

---

[36] Vgl. RAMSEY 2008, 173.
[37] Vgl. Cic. Phil. 1,3. Die beiden Briefe von Antonius und Cicero sind Att. 14,13A und B.

Cicero spricht von sich selbst durchgehend in der 1. Person, von Antonius in der 2. Person, die Senatoren werden nicht angesprochen. Es dominiert also das direkte Gespräch zwischen den beiden Kontrahenten.

Cicero paraphrasiert den Inhalt des Briefes im historischen Präsens (*petis, liceat, adiurasque*) und stellt ihn so lebendig dar. Das Ergebnis des Briefes, nämlich dass Antonius seine Forderung durchgesetzt hat, stellt er dann im resultativen Perfekt fest: *impetrasti*.[38]

Die räumliche, aber auch soziale Nähe zum Senat und seinen Mitgliedern drückt Cicero mit dem Demonstrativpronomen *hic* aus, das bekanntlich Nähe ausdrückt. Cicero sagt also *auctoritas huius ordinis*, er spricht also vom „Ansehen dieses Standes (hier)" und meint damit die (fiktiv) anwesenden Senatoren.

Drei längere rhetorische Fragen untermauern Ciceros Wahrheitsanspruch. Darüber hinaus lässt Cicero keinen Zweifel daran, dass er sich nicht auf das Niveau des Antonius herablassen wird, und verliest seinerseits dessen Brief, indem er an der Stelle *non proferam* den Indikativ Futur verwendet – um dann freilich den Inhalt des Briefes, die Bitte um Aufhebung der Verbannung des Sex. Cloelius, im Stile einer Praeteritio beiläufig in die Rede einzuflechten.

Superlative kommen in diesem Abschnitt nicht vor, dafür werden die Aussagen durch verschiedene Wiederholungsfiguren intensiviert. Einmal gibt es eine dreifache Anapher im Vergleichssatz mit *tamquam* (*scribam tamquam ad civem, tamquam ad bonum virum, non tamquam ad sceleratum et latronem*), dann fällt das dreifache *neque* auf (*quam neque auctoritas huius ordinis neque existimatio populi Romani neque leges ullae possent coercere*). Damit gibt Cicero seiner zentralen Aussage Raum: Antonius ist eben kein guter Bürger, sondern ein Verbrecher; kein Senat, kein Volk, keine Gesetze können ihn bezwingen. Auf der anderen Seite betont Cicero wiederum seine eigene Rechtschaffenheit und seine Eigenschaft als wahrer Freund wieder durch eine (asyndetische) Dreierfigur, also ein Trikolon: *Quod enim verbum in istis litteris est non plenum humanitatis, offici, benevolentiae?* Menschenfreundlich, pflichtbewusst, gütig – so inszeniert sich Cicero in scharfem Kontrast und Synkrisis[39] zu Marcus Antonius.

§ 10a *Verum tamen quid erat, quod me rogares, si erat is, de quo rogabas, Caesaris lege reductus? Sed videlicet meam gratiam voluit esse, in quo ne ipsius quidem ulla esse poterat lege lata.*

e. *partitio* (10b): Auf die Verteidigung (*refutatio*) folgt der Angriff (*confirmatio*)

§ 10b *Sed cum mihi, patres conscripti, et pro me aliquid et in M. Antonium multa dicenda sint, alterum peto a vobis, ut me pro me dicentem benigne, alterum ipse efficiam, ut, contra illum cum dicam, attente audiatis. Simul illud oro: Si meam cum in omni vita, tum in dicendo moderationem modestiamque cognostis, ne me hodie, cum isti, ut provocavit, respondero, oblitum esse putetis mei. Non tractabo ut consulem: ne ille quidem me ut consularem. Etsi*

---

[38] Vgl. RAMSEY 2008, 174–175.
[39] Vgl. zum Begriff „Synkrisis" KOSTER 1980, 16, 52, 84 ff.

ille nullo modo consul, vel quod ita vivit vel quod ita rem publicam gerit vel quod ita factus est; ego sine ulla controversia consularis.

INHALT UND KONTEXT: Der Absatz ist in zwei Teile gegliedert.[40] Im ersten Teil kommt die Verteidigung Ciceros gegen den Vorwurf der Undankbarkeit des Antonius zum Abschluss. Cicero schließt mit der Behauptung, Antonius habe in der Sache des Sextus Cloelius die Bestätigung Ciceros (*meam gratiam*) gewollt, obwohl Caesar per Gesetz (*Caesaris lege*) den Weg zu dessen Rückkehr aus der Verbannung geebnet habe.[41]

Im zweiten Teil fügt Cicero die Gliederung seiner Rede, die *partitio*, ein: Die Gliederung sieht eine *refutatio* vor, in der Cicero für sich (*pro me*) spricht und die Vorwürfe des Antonius widerlegen will, und eine *confirmatio*, in der er das Wort gegen Antonius (*in M. Antonium*) richtet und zum Angriff übergeht. Er bittet sie, seiner Verteidigung wohlwollend (*benigne*) zuzuhören, er selbst werde sie dann während seiner Invektive gegen Antonius fesseln (*attente audiatis*). Dabei entschuldigt sich Cicero schon jetzt bei den zuhörenden Senatoren für einige verbale Entgleisungen in der für ihn notwendigen Schmährede – er könne nicht milder gegen die Behauptungen des Konsuls Antonius vorgehen, da dieser ihn selbst nicht als ehemaligen Konsul behandelt habe und den Namen „Konsul" bei seinem ganzen Lebenswandel und seiner Politik auch gar nicht wirklich verdiene.

EMOTIONSLINGUISTISCHE ANALYSE: Es werden keine Bezeichnungen für Emotionen genannt. Die Passage dient jedoch dazu, bei den Senatoren eine besondere emotionale Stimmung zu erzeugen, die Cicero und seiner folgenden Rede dienlich ist. Einerseits versucht Cicero, die Senatoren gütig zu stimmen (*ut me ... benigne ... audiatis*), andererseits kündigt er an, gegen Antonius so mitreißend zu reden, dass sie ihm aufmerksam zuhören werden (*efficiam, ut ... attente ... audiatis*). Aus der Passage *cum isti, ut provocavit, respondero* lässt sich ein hohes Maß an Erregung und eine gewisse Verärgerung Ciceros über die provokative Rede Marc Antons vom 19. September herauslesen.

In der ersten Hälfte von § 10 findet sich eine abgestufte Bewertung von drei Dingen: Am höchsten wird die *lex* bewertet, dann Ciceros *gratia*, schließlich Marcus Antonius' *gratia* am niedrigsten. Auf diese Weise erscheint Cicero einerseits bescheiden, weil er das staatstragende Gesetz höher einschätzt als sich selbst, andererseits aber selbstbewusst und energisch, weil er sein eigenes Ansehen höher einschätzt als das Marc Antons.[42]

---

[40] Manche Herausgeber trennen den Abschnitt daher in § 10a und § 10b.
[41] Vgl. hierzu Att. 14,13A,2: Dort spricht Antonius von einem Memorandum Caesars (*commentarium Caesaris*); in Wirklichkeit wird es sich gar nicht um eine *lex* im eigentlichen Sinn, sondern um ein *decretum* gehandelt haben. Vgl. RAMSEY 2008, 175.
[42] Die Ironie in diesem Abschnitt ist nicht zu überhören: dass das Gesetz ausgerechnet von Caesar durchgesetzt worden war, kann Cicero eigentlich nicht gefallen haben. Eine weitere ironische Brechung ist in *ne ipsius quidem* (sc. *gratia*) zu lesen: „Nicht einmal Marc Antons eigene

In der zweiten Hälfte überlagern sich häufig unterschiedliche positive und negative Bewertungen und Bewertungsgegenstände. Einerseits werden die Senatoren und Cicero selbst positiv bewertet: *patres conscripti; pro me* [...] *benigne; meam moderationem modestiamque; consulem; consularem; consularis*. Auf der anderen Seite stehen die negativen Bewertungen von Marc Anton: *contra illum; isti; ille nullo modo consul*.

Unter dem Aspekt der Nähe herrscht eine große Dynamik. Marcus Antonius wird anfangs noch direkt in der 2. Person Singular angesprochen, doch schon im nächsten Satz wechselt Cicero in die 3. Person und bleibt auch im Folgenden bei dieser distanzierten Perspektive, denn er wendet sich an die Senatoren, die er direkt, aber respektvoll und förmlich mit *patres conscripti* anspricht und die auch durch Verbformen und Pronomen in der 2. Person Plural als Akteure in den Mittelpunkt gerückt werden: *audiatis, putetis; a vobis peto*. Gegenüber Marcus Antonius nimmt Cicero eine große Distanz ein, die sich zweimal in *ille*, einmal in *isti* und ansonsten in der 3. Person ausdrückt. Aber nicht nur die Senatoren stehen im Mittelpunkt, sondern auch Cicero: Nicht weniger als 15 Vorkommen von Pronomen oder Verbformen in der 1. Person finden sich in § 10.

Hier tritt Cicero selbstbewusst und mit hohem Evidenzanspruch auf – der Abschnitt beginnt mit einer rhetorischen Frage, die er dann auch selbst beantwortet. Diese Antwort leitet er mit *videlicet* ein, außerdem stehen alle Verbformen des Satzes im Indikativ: Die Wahrheit dieser Behauptung steht für Cicero nicht zur Debatte. In der *partitio*, in der Cicero seine Rede gliedert, stehen die Willensäußerungen im Vordergrund. Hier tritt Cicero forsch auf: *efficiam, ut attente audiatis* („Ich werde dafür sorgen, dass ihr aufmerksam zuhört"); *non tractabo ut consulem* („Ich werde ihn nicht wie einen Konsul behandeln"). Ciceros Forschheit spiegelt sich also in der Verwendung von Futur und Indikativ wider.

Auffällig ist auch die eher seltene Verwendung des Wortes *si*, das hier besser mit „so gewiss doch"[43] zu übersetzen ist: *Si meam cum in omni vita, tum in dicendo moderationem modestiamque cognostis* [...] Selbstbewusst erinnert er hier die Senatoren an seine Bescheidenheit.

Einige inhaltliche Aussagen differenziert Cicero mehrfach. Seine zweite Bitte an die Senatoren, während der Schmährede nicht zu denken, Cicero vergesse sich selbst und seine übliche maßvolle Redeweise, leitet er mit einem kataphorischen *illud* ein: *simul illud oro*. Das *illud* wird aber erst später – nach einem längeren Konditionalsatz – durch ein Hyperbaton expliziert: *... ne me hodie ... oblitum esse putetis mei*. Damit wird diese für Cicero zentrale Bitte überhöht.

---

gratia reichte für eine Aufhebung einer Exilierung aus, nein, er wollte auch meine!" Die Ironie lockert die Rede auf und sorgt auch für Wohlwollen gegenüber dem Redner, da er sich selbst nicht immer ganz ernst nimmt.

[43] Vgl. *OLD* s. v. *si* 6a „in appeals, asseverations, etc."

Seine ansonsten bescheidene Sprechweise, an die er die Senatoren erinnert, unterstreicht Cicero weiterhin durch ein zwar alliterierendes, aber sachlich eigentlich überflüssiges Hendiadyoin *in moderationem modestiamque*.

Dass sich Marc Anton Cicero als Konsul in keiner Weise bewährt hat, wird sprachlich dadurch intensiviert, dass er mit *nullo modo* eine starke Negation verwendet, um ihm die Konsulwürde abzusprechen; dann verwendet er ein dreifaches Polysyndeton bzw. eine dreifache Anapher *vel quod ita ... vel quod ita ... vel quod ita ...*, um in aller Breite anzudeuten, dass Marcus Antonius sich in keinem Lebensbereich, weder im privaten noch im öffentlichen, noch bei seiner illegitimen Wahl als „echter" Konsul erwiesen habe. Das dreifache unspezifische *ita* lässt allerdings offen, in welchen konkreten Taten und Handlungen sich Antonius als Konsul disqualifiziert hat, und erhöht die Spannung des Rezipienten, dies im Folgenden zu erfahren.

f. Schwerwiegende Vorwürfe: Ciceros Konsulat (11–20)

§ 11 *Ut igitur intellegeretis, qualem ipse se consulem profiteretur, obiecit mihi consulatum meum. Qui consulatus verbo meus, patres conscripti, re vester fuit. Quid enim ego constitui, quid gessi, quid egi nisi ex huius ordinis consilio, auctoritate, sententia? Haec tu homo sapiens, non solum eloquens, apud eos, quorum consilio sapientiaque gesta sunt, ausus es vituperare? Quis autem meum consulatum praeter te et P. Clodium, qui vituperaret, inventus est? Cuius quidem tibi fatum, sicuti C. Curioni, manet, quoniam id domi tuae est, quod fuit illorum utrique fatale.*

INHALT UND KONTEXT: Cicero beginnt, die Vorwürfe des Antonius gegen sein Konsulat im Jahr 63 v. Chr. zu widerlegen. Er habe sich immer an den Rat (*consilio*) des zuständigen Senats gehalten. Nur Antonius und P. Clodius hätten sein Handeln während des Konsulats kritisiert. Am Ende werde Antonius das Schicksal des Clodius ereilen, nicht zuletzt, weil er Fulvia zur Frau gehabt habe, die nicht nur Clodius, sondern auch dessen ehemaligen Gefolgsmann C. Scribonius Curio ins Unglück gestürzt habe.

EMOTIONSLINGUISTISCHE ANALYSE: Cicero wendet sich zunächst an die Senatoren und spricht sie direkt in der 2. Person Plural an (*intellegeretis; vester*[44]*; huius ordinis; patres conscripti*), während er von Antonius in der 3. Person spricht ([...] *qualem ipse se consulem*[45] *profiteretur, obiecit* [...]). Er beteuert, sich während seiner Zeit als Konsul stets an der Autorität der Senatoren orientiert zu haben; wie wichtig ihm diese Legitimation ist, zeigt er sprachlich durch die rhetorische Frage in Form einer Anapher (*Quid* [...] *quid* [...] *quid* [...]?), eines Homoioteleutons (*constitui; gessi; egi*) und schließlich eines asyndetischen Trikolons *consilio, auctoritate, sententia*: *Quid enim ego constitui, quid gessi,*

---

[44] Dieses Wort wird durch die stehende Wendung *re* [...] *verbo* [...] akzentuiert: *Qui consulatus verbo meus, patres conscripti, re vester fuit.*
[45] Das Hyperbaton **qualem ipse se consulem** gibt dem Wort **consulem** Nachdruck und benennt eindringlich das Thema dieses Abschnitts.

quid egi nisi ex huius ordinis consilio, auctoritate, sententia? Auch im nächsten Satz bewertet Cicero die Institution des Senats positiv und schreibt ihm *consilio sapientiaque*, also Rat und Weisheit, zu.

Doch dann wechselt Cicero plötzlich die Rederichtung und wendet sich an Antonius (*tu ... ausus es vituperare; tibi; tuae*). Auch diesem schreibt er positive Eigenschaften zu, nämlich Weisheit und Beredsamkeit (*homo sapiens, non solum eloquens*) – allerdings nur in äußerst sarkastischer Weise, eigentlich spricht Cicero seinem Gegner damit diese Eigenschaften ab.

In einer metainvektivischen Äußerung wirft er ihm direkt vor, es gewagt zu haben, ihn zu tadeln (*ausus es vituperare*). Diese *audacia* habe sonst nur noch Clodius gehabt, wie Cicero in einer rhetorischen Frage sagt: *Quis autem meum consulatum praeter te et P. Clodium qui vituperaret inventus est?* Wie diesem drohe ihm ein schlimmes Schicksal; Cicero verwendet den Ausdruck *fatum* bzw. *fatale*. Dafür spricht auch, dass er Clodius' (und Curios) Exfrau Fulvia zur Partnerin hat, die für Cicero das Paradebeispiel einer *femme fatale* ist.[46] Cicero bezeichnet sie aber gar nicht als Mensch, sondern als Ding (*id ... fatale*) – durch die Entmenschlichung bewertet er Fulvia drastisch negativ.[47]

§ 12 *Non placet M. Antonio consulatus meus. At placuit P. Servilio, ut eum primum nominem ex illius temporis consularibus, qui proxime est mortuus; placuit Q. Catulo, cuius semper in hac re publica vivet auctoritas; placuit duobus Lucullis, M. Crasso, Q. Hortensio, C. Curioni, C. Pisoni, M. Glabrioni, M. Lepido, L. Volcatio, C. Figulo, D. Silano, L. Murenae, qui tum erant consules designati; placuit idem, quod consularibus, M. Catoni, qui cum multa vita excedens providit, tum quod te consulem non vidit. Maxime vero consulatum meum Cn. Pompeius probavit, qui, ut me primum decedens ex Syria vidit, complexus et gratulans meo beneficio patriam se visurum esse dixit. Sed quid singulos commemoro? Frequentissimo senatui sic placuit, ut esset nemo, qui mihi non ut parenti gratias ageret, qui mihi non vitam suam, fortunas, liberos, rem publicam referret acceptam.*

INHALT UND KONTEXT: Antonius mag mit Ciceros Amtsführung als Konsul nicht zufrieden gewesen sein. Aber Cicero betont, dass sein Konsulat (und damit der konsequente Kampf gegen Catilina und seine Anhänger) bei vielen ehemaligen Konsuln[48] gut angekommen sei – und auch bei so gewichtigen Per-

---

[46] Vgl. *RE* s. v. Fulvius 113 und Scribonius 11.

[47] Diese „Vertierung" ist für KOSTER ein häufiges sprachliches Mittel der Invektive, vgl. KOSTER 1980, 364.

[48] Folgende ehemalige Konsuln werden – grob nach absteigendem Alter – aufgezählt: P. Servilius Vatia Isauricus (cos. 79; starb 44 v. Chr. im Alter von 90 Jahren; s. *RE* 93); L. Licinius Lucullus (cos. 74; s. *RE* 104) und M. Licinius Lucullus (cos. 73; s. *RE* 109); M. Crassus (Sogar der reichste Römer und sonstiger Gegner habe ihn einmal in den höchsten Tönen gelobt, so Cicero in Att. 1.14.3.), Q. Hortensius Hortalus (cos. 69; der berühmte Redner), C. Scribonius Curio (cos. 76; s. *RE* 10), C. Calpurnius Piso (cos. 67; s. *RE* 63), M. Acilius Glabrio (cos. 67; s. *RE* 38), M. Aemilius Lepidus (cos. 66; s. *RE* 62), L. Volcatius Tullus (cos. 66), C. Marcius Figulus (cos. 64; s. *RE* 63), D. Iunius Silanus (cos. 62; s. *KlP* 24), L. Licinius Murena (cos. 62; s. *DNP* 35). Die beiden Letzteren waren während der Catilinarischen Verschwörung 63 v. Chr. bereits designierte Konsuln (*qui tum erant consules designati*).

sönlichkeiten wie M. Cato, der froh sein konnte, noch vor Antonius' Konsulat durch Selbstmord gestorben zu sein, und Cn. Pompeius, der Cicero bei seiner Rückkehr aus Syrien nach seinem Sieg über Mithridates im Jahr 63 v. Chr. herzlich umarmt habe, um ihm für die Rettung der Republik zu danken. Am Ende geht Cicero noch einen Schritt weiter und verallgemeinert die Zustimmung der Senatoren zu seiner damaligen Politik: Jeder danke ihm wie einem Vater dafür, dass er sein Leben, seinen Besitz, seine Kinder und schließlich den Staat gerettet habe.

EMOTIONSLINGUISTISCHE ANALYSE: Durch die häufige Verwendung der 3. Person herrscht eine distanzierte Sprache vor, während die 2. Person nicht vorkommt. Vielmehr zählt Cicero eine Vielzahl ehemaliger Konsuln und Senatoren auf, die Ciceros Politik als Konsul ausdrücklich gelobt hätten. Er tut dies, um Marcus Antonius und seine Zuhörer durch die schiere Masse derer, die Ciceros Konsulat gebilligt hätten, davon zu überzeugen, dass seine Politik als Konsul tatsächlich erfolgreich gewesen sei. Marcus Antonius steht also mit seiner Kritik allein da (*Non placet M. Antonio consulatus meus.*), ihm stehen nicht weniger als 14 Namen gegenüber, die Cicero zunächst in einer langen Kette ohne Punkt und Komma aneinanderreiht, häufig verbunden mit dem Verb *placuit*. An prominenter Stelle werden dann M. Cato und Cn. Pompeius genannt, deren großes Gewicht damit unterstrichen werden soll. Pathos spielt hier eine wichtige Rolle, denn Cicero erwähnt Catos Selbstmord (*vita excedens*) und eine rührende Wiedersehensszene zwischen Pompeius und Cicero mit Umarmungen und Dankesworten, dass Pompeius nach seinem Syrienfeldzug nur dank Cicero seine Heimat wiedersehen konnte (*complexus et gratulans meo beneficio patriam se visurum esse dixit*).

Dass es 14:1 für Cicero steht, reicht ihm aber noch nicht: *Sed quid singulos commemoro?* Dem Wort *singulos* entspricht im nächsten Satz die Steigerung *frequentissimo*, ja am Ende erweitert Cicero den Kreis derer, die sein Konsulat gelobt hätten, auf *alle* Senatoren, was sicher eine Übertreibung ist: *Frequentissimo senatui sic placuit ut esset nemo qui mihi non ut parenti gratias ageret* [...] Er erinnert auch an seinen Ehrentitel *pater patriae* (*ut parenti gratias ageret*) und lobt sich damit selbst.[49] Am Ende lässt er sich von den Senatoren für fast alles danken: [...] *qui mihi non vitam suam, fortunas, liberos, rem publicam referret acceptam.*

Intensitäten drückt Cicero durch Wendungen wie *cum ... tum ...* (wenn schon ..., dann besonders ...), Klauseln (*... em non vidit* ist eine feierliche Klausel vom Typus „doppelter Spondeus"[50]) oder das Adverb *maxime vero* am Satzanfang aus.

---

[49] Cicero wurde *parens patriae* genannt (Cic. Pis. 3).
[50] Vgl. RAMSEY 2008, 179.

Doch Cicero lockert die Szene etwas auf und bringt nicht nur inhaltlich, sondern auch phonetisch einen gewissen Witz in die Passage: *cum multa vita excedens providit, tum quod te consulem non vidit.* Cicero spielt hier mit der Paronomasie ... *providit* ... *vidit*.

§ 13 *Sed quoniam illis, quos nominavi, tot et talibus viris res publica orbata est, veniamus ad vivos, qui duo de consularium numero reliqui sunt. L. Cotta, vir summo ingenio summaque prudentia, rebus eis gestis, quas tu reprehendis, supplicationem decrevit verbis amplissimis eique illi ipsi, quos modo nominavi, consulares senatusque cunctus assensus est; qui honos post conditam hanc urbem habitus est togato ante me nemini.*

INHALT UND KONTEXT: Cicero erweitert den Kreis seiner Unterstützer noch weiter und schließt nun auch die noch lebenden Konsuln mit ein. So habe L. Cotta ein Dankfest (*supplicatio*[51]) für Cicero veranstaltet, eine Ehre, die zuvor noch niemandem zuteilgeworden sei.

EMOTIONSLINGUISTISCHE ANALYSE: Cicero wendet sich nun den noch lebenden Zeitgenossen zu, bezieht sich aber noch einmal ehrfurchtsvoll und betont auf die eben erwähnte Senatorenschaft einer „guten, alten Zeit": *illis, quos nominavi, tot et talibus viris; eique illi ipsi, quos modo nominavi, consulares.* Das Demonstrativpronomen *ille* verstärkt den Eindruck einer fernen, „goldenen" Zeit.

An erster Stelle nennt Cicero L. Cotta[52], der ihm im Jahre 63 v. Chr. eine *supplicatio* gewährt habe – natürlich sagt er dies, um sich selbst zu rühmen. Zur Steigerung behauptet er nicht ohne Übertreibung, dass damals der ganze Senat dafür gestimmt habe (*senatusque cunctus assensus est*) und dass eine solche Ehre (Cicero verwendet die archaische Form *honos* auf der Endung -*os*) noch keinem Römer zuteil geworden sei (*qui honos post conditam hanc urbem habitus est togato ante me nemini*). Das Wort *togatus* betont feierlich seine Zugehörigkeit zur politischen Klasse im Gegensatz zur militärischen.[53] Das Ende dieses Satzes wird durch eine Klausel betont (= Doppelkretikus).[54]

In einer langen Apposition lobt er L. Cotta in den höchsten Tönen: *vir summo ingenio summaque prudentia.* Die zweimalige Verwendung des Super-

---

[51] *DNP* s. v. *supplicatio*: „(Bitt- oder Sühne- bzw. Dankfest). In der röm. Rel. bezeichnet s. im weiteren Sinne ein Opfer von Wein und Weihrauch (*ture ac vino supplicare*), im engeren Sinne eine staatlich angeordnete Feier des Gemeinwesens. Solche *supplicationes* wurden in Notsituationen von den *quindecimviri sacris faciundis* nach Befragen der *Sibyllini libri*, daneben aber auch von den *pontifices* oder den *haruspices* empfohlen und vom Senat beschlossen; unterschieden wird zw. Bitt- und Sühne-s. und s., die als Dankfeste gefeiert wurden. [...] Als Dankfest wurde eine s. z. B. nach Beendigung einer äußeren Gefahr gefeiert (z. B. [...] Aufdeckung einer Verschwörung: Cic. Catil. 3,15) und die damit verbundene Ehrung demjenigen zugesprochen, dem das Verdienst am Erfolg zukam (Cic. Phil. 1,12). Die Dauer der s. ergab sich aus der Wichtigkeit des Anlasses."
[52] Es handelt sich um L. Aurelius Cotta: Konsul 65 v. Chr., s. *RE* 102.
[53] Vgl. RAMSEY 2008, 181.
[54] Vgl. RAMSEY 2008, 181.

lativs *summus* und die chiastische Stellung intensivieren und stilisieren die positive Bewertung Cottas. Hervorgehoben wird auch seine Beredsamkeit (*verbis amplissimis*), mit der er die *supplicatio* erlassen habe. Seine eigenen Taten als Konsul 63 v. Chr. werden als *res gestae* positiv bewertet, die Marcus Antonius jedoch kritisiert habe (*quas tu reprehendis*; hier wechselt Cicero wieder zurück zur 2. Person, was vorwurfsvoller wirkt).

§ 14   L. Caesar, avunculus tuus, qua oratione, qua constantia, qua gravitate sententiam dixit in sororis suae virum, vitricum tuum! Hunc tu cum auctorem et praeceptorem omnium consiliorum totiusque vitae debuisses habere, vitrici te similem quam avunculi maluisti. Huius ego alienus consiliis consul usus sum: tu, sororis filius, ecquid ad eum umquam de re publica rettulisti? [...]

INHALT UND KONTEXT: Der zweite noch lebende Konsul, den Cicero im Jahre 63 v. Chr. als Unterstützer und Befürworter seiner Konsulpolitik nennt, ist L. Caesar.[55] Dieser habe damals sogar als „echter" Römer in einer großen Rede gegen seinen Schwager ausgesagt, als die Verschwörung Catilinas aufgedeckt wurde. In dieser kurzen Passage behauptet Cicero, er habe damals L. Caesar regelmäßig um Rat gefragt (*consiliis consul usus sum*), also einen integren Römer, während Marcus Antonius – so Cicero – lieber die Nähe seines Schwiegervaters (*vitricus*) gesucht habe, der offenbar einen zweifelhaften Ruf hatte, obwohl er mit seinem Onkel L. Caesar verwandt war, Cicero aber nicht (*ego alienus*).

EMOTIONSLINGUISTISCHE ANALYSE: Cicero bringt seine hohe Wertschätzung für L. Caesar zum Ausdruck, indem er ein Trikolon positiver Eigenschaften und Fähigkeiten eines idealen Römers in einen Ausrufesatz einbettet (*qua oratione, qua constantia, qua gravitate* [...]*!*); auffällig ist die asyndetische Anapher auf *qua*. Im folgenden Satz wird das positive Bild von L. Caesar noch verstärkt, denn Cicero verwendet ein Hendiadyoin *auctorem et praeceptorem* und verleiht L. Caesar als Autorität und Bezugsperson – in allen Lebenslagen (*omnium consiliorum totiusque vitae*) – mehr Gewicht.

Obwohl Emotionen nicht explizit erwähnt werden, wird Ciceros Empörung gegen Ende des Abschnitts durch zwei aufeinander folgende rhetorische Fragen zum Ausdruck gebracht.[56] In der ersten Frage wird der Adressat Marc Anton direkt in der 2. Person durch die explizite Verwendung des Personalpronomens *tu* angesprochen, wobei *tu* am Satzanfang steht und somit auch den Satzakzent trägt. Dass Marc Anton ihn nie um politischen Rat gefragt hat, wird negativ be-

---

[55] L. Iulius Caesar, Konsul 64 v. Chr.; vgl. *RE* 143 und Cic. Phil. 1,27. Die Schwester Iulia, Antonius' Mutter, war in zweiter Ehe mit dem Catilina-Anhänger P. Cornelius Lentulus Sura verheiratet. L. Caesar sagte am 3. Dezember 63 v. Chr., sein Schwager sei gestorben (*L. Caesar* [...] *in carcere necatum esse dixit.*); vgl. die Cic. Catil. 4,13.

[56] Die zweite rhetorische Frage kommentiere ich aus inhaltlichen Gründen besser bei der Besprechung von § 15.

wertet und durch das Adverb *umquam* in seiner Seltenheit noch verstärkt. Die Fragepartikel *ecquid* (etwa?) erwartet eine negative Antwort.[57]

§ 15 [...] *At ad quos refert? Di immortales! Ad eos scilicet, quorum nobis etiam dies natales audiendi sunt.* § 15 *Hodie non descendit Antonius. Cur? Dat nataliciam in hortis. Cui? Neminem nominabo: putate tum Phormioni alicui, tum Gnathoni, tum etiam Ballioni. O foeditatem hominis flagitiosam, o impudentiam, nequitiam, libidinem non ferendam! Tu cum principem senatorem, civem singularem tam propinquum habeas, ad eum de re publica nihil referas, referas ad eos, qui suam rem nullam habent, tuam exhauriunt?*

Tuus videlicet salutaris consulatus, perniciosus meus. Adeone pudorem cum pudicitia perdidisti, ut hoc in eo templo dicere ausus sis, in quo ego senatum illum, qui quondam florens orbi terrarum praesidebat, consulebam, tu homines perditissimos cum gladiis collocavisti?

INHALT UND KONTEXT: Cicero zeichnet ein schlechtes Bild von Marcus Antonius als Konsul: Obwohl er mit L. Caesar einen fähigen Stiefvater habe, frage er die falschen Leute um Rat, feiere ständig mit ihnen Geburtstagspartys, lasse sich von ihnen ausbeuten und vergesse darüber seine öffentlichen Pflichten: Er finde nicht einmal den Weg von seiner Villa auf dem Palatin hinunter in den Senat. Im Gegenteil, wenn er in der Vergangenheit einmal dort gewesen sei, habe er die heilige Versammlungsstätte des Senats durch die Aufstellung von Schlägertrupps entweiht. Dagegen habe Cicero, wie es sich gehöre, den Senat dort immer um Rat gefragt.

EMOTIONSLINGUISTISCHE ANALYSE: In der rhetorischen Frage gleich am Anfang wendet sich Cicero von Marc Anton ab und redet von ihm in der 3. Person (*refert*), um gleich darauf in einer pathetischen Apostrophe die Götter anzurufen: *Di immortales!*[58] Cicero gibt die Antwort selbst und stützt sich dabei, wie das Adverb *scilicet* zeigt, auf ein hohes Maß an Gewissheit: scilicet ist eine bekräftigende Angabe[59], die ausdrückt, dass der Sprecher von der Wahrheit der Aussage sehr überzeugt ist. Der Dativus auctoris *nobis* grenzt an einen Dativus incommodi – diese ausufernden Geburtstagsfeiern müssen wir auch noch ertragen (etiam). Hier ist *nobis* ein Personalpronomen der 1. Person Plural, ein inklusives Wir, das die Senatoren einschließt (aber Marcus Antonius ausschließt). Warum die Geburtstagsfeiern erwähnt werden, wird in § 15 erklärt.

Cicero verwendet in den ersten beiden Aussagesätzen des § 15 das historische Präsens (*descendit, dat*): Dies lässt die Ereignisse, derentwegen Antonius nicht zur Senatssitzung erschien, lebendiger erscheinen und dient der zeitlichen Nähe, indem es die Aktualität der kritikwürdigen Vorgänge unterstreicht.[60] Die lokale Deixis im Verb *descendit* kann weiterhin als soziale Deixis gelesen werden[61]:

---

[57] Vgl. RAMSEY 2008, 182.
[58] Vgl. RUBENBAUER u. a. 2010, § 265,28.
[59] Siehe oben das Kapitel „Evidentialität".
[60] Siehe RAMSEY 2008, 183.
[61] Siehe BUSCH/STENSCHKE 2018, 230–231.

Wenn Marcus Antonius in den Senat hinabsteigen muss, verweist Cicero auf seine Villa oben auf dem Palatin und damit auch auf seine hohe soziale Stellung bzw. auf seinen großen Reichtum.[62]

Doch Antonius, so Cicero, komme seinen Pflichten als Konsul nicht nach: Er feiert lieber in seinen Gärten (*in hortis*). Die beiden Aussagesätze werden durch die beiden kurzen, einsilbigen Fragen (*cur? ... cui?*) wirkungsvoll miteinander verbunden; die letzte Frage beantwortet er mit: *neminem nominabo*. Durch diese Praeteritio mit n-Alliteration baut Cicero Spannung auf, gleichzeitig inszeniert er sich als höflich und diskret, weil er keine Namen nennen will. Die Spannung wird dadurch aufgelöst, dass Cicero für das damalige Publikum vermutlich lustige Namen bekannter Komödienfiguren nennt, nämlich Phormio, Gnatho und Ballio.[63] Durch das Indefinitpronomen *alicui* bezeichnet Cicero sie als Typen – man stelle sich solche Leute im engeren Umfeld des Marcus Antonius vor! Diese Anspielungen dienen der negativen Bewertung seiner Gefolgsleute (und damit indirekt auch von Marcus Antonius). Nach Ramsey steht Phormio für einen bösartigen und dreisten Schmarotzer, Gnatho für einen Schmarotzer, Ballio aber für einen Zuhälter.[64] Über diese schlechte Behandlung empört sich Cicero im folgenden Satz, einer Exclamatio, die zweimal die entrüstete Interjektion *o* sowie vier Akkusative des Ausrufs enthält, von denen zwei jeweils ein intensivierendes adjektivisches Attribut erhalten (*flagitiosam, non ferendam*). Während Cicero in diesem Satz seine *indignatio* durch diesen Exklamativsatz kundtut, wählt er im Folgenden die Satzform der deliberativen (und ironischen) Frage (*referas ...?*), die sich nun wieder direkt an Antonius wendet (*tu*), damit soziale Nähe erzeugt und den *face-to-face*-Charakter der fiktiven Rede betont. Sein Onkel L. Caesar, mit dem er doch so eng verwandt ist (*tam propinquum*) und den er daher eigentlich bevorzugen müsste, wird hier, wie schon in § 14, positiv bewertet: *principem senatorem, civem singularem*. An diesen wendet er sich aber nicht, sondern lieber an Leute à la Phormio – das Hauptthema von § 15, die politische Beratung, ruft Cicero mit der Anadiplose ... *referas, referas* ... noch einmal auf.[65] In diesem Abschnitt werden auf engstem Raum – mehr oder weniger implizit – vier Vorwürfe gegen Marc Anton (und damit Gründe für eine negative Beurteilung) eingebaut: 1. Marc Anton erscheine nicht zu offiziellen Terminen, er sei pflichtvergessen. 2. Marc Anton feiere nur, lasse sich gehen, sei hedonistisch.[66] Er verkehrt mit den falschen Leuten und wird deshalb schlecht

---

[62] Vgl. RAMSEY 2008, 182. Siehe auch *OLD* s. v. *descendere* 4.
[63] Phormio kommt in Terenz' *Phormio*, Gnatho in seinem *Eunuchus* vor. Ballio ist ein Zuhälter in Plautus' *Pseudolus*. Cicero selbst charakterisiert diese Charaktere: Phormio in Cic. Caec. 27 als *niger* und *confidens*, Gnatho als Schmeichler in Cic. Att. 93 und Ballio als *improbissimus* und *periurissimus* in Cic. Q. Rosc. 20.
[64] Vgl. RAMSEY 2008, 183.
[65] Also eine Wiederholungsfigur der Form [...] x/x [...].
[66] Dazu passt auch der Ausruf *o* [...] *libidinem non ferendam* sowie die sexuelle Semantik von *pudicitia*, die kurz danach Antonius abgesprochen wird.

beraten. 4. Schließlich sei er zu einfältig, um zu merken, dass er von Schmeichlern ausgenommen (*exhauriunt*) werde.

Nach diesem Exkurs über L. Caesar geht Cicero zur Verteidigung seines Konsulats über. Ironisch und sarkastisch[67] wird es, wenn er mit dem Adverb *videlicet* (also mit einer verifizierenden Angabe) der Behauptung Antonius', sein Konsulat sei für die Republik segensreich, sein eigenes dagegen verderblich gewesen, hohe Glaubwürdigkeit bescheinigt (*Tuus videlicet salutaris consulatus, perniciosus meus.*). Intensivierungen erzielt Cicero zum einen dadurch, dass er die antithetischen Possessivpronomina *tuus* und *meus* an den Satzanfang bzw. an das Satzende stellt, also dorthin, wo in der Regel die Satzakzente liegen. Zum anderen fällt das Hyperbaton *tuus ... consulatus* auf. Im letzten Satz legt Cicero seine Ironie wieder ab und bescheinigt ihm in einer p-Alliteration unverhohlen Schamlosigkeit (*pudorem cum pudicitia perdidisti*).[68] Die negativen Folgen dieser Eigenschaft erläutert Cicero in einem konsekutiven Nebensatz: Der Senat, den Cicero in einem Attributsatz (*illum qui quondam florens orbi terrarum praesidebat*) positiv bewertet und zugleich mit den Wörtern *illum* und *quondam*[69] als längst vergangenen idealen Ort verklärt bzw. so auch leise Kritik, dass Antonius dieses Senatsgebäude durch die Aufstellung bewaffneter Schläger entweiht habe; anders freilich Cicero, der sich – in entgegengesetzter Synkrisis – als jemand inszeniert, der den Senat als Autorität stets respektiert und ständig um Rat gefragt hat (das iterative Imperfekt *consulebam* betont die Wiederholung).

§ 16 *At etiam ausus es – quid autem est, quod tu non audeas? – clivum Capitolinum dicere me consule plenum servorum armatorum fuisse. Ut illa, credo, nefaria senatus consulta fierent, vim adferebam senatui. O miser, sive illa tibi nota non sunt – nihil enim boni nosti – sive sunt, qui apud talis viros tam impudenter loquare! Quis enim eques Romanus, quis praeter te adulescens nobilis, quis ullius ordinis, qui se civem esse meminisset, cum senatus in hoc templo esset, in clivo Capitolino non fuit, quis nomen non dedit? quamquam nec scribae sufficere nec tabulae nomina illorum capere potuerunt.*

INHALT UND KONTEXT: Marcus Antonius habe Cicero vorgeworfen, auf dem Höhepunkt der Verschwörung Catilinas die Senatoren mit bewaffneten Sklaven

---

[67] Vgl. RAMSEY 2008, 184.

[68] Dazu sticht die Variation der Substantive *pudor* und *pudicitia* heraus, die die den vorherigen Ausruf *o impudentiam* wiederaufnehmen und eine ähnliche Semantik besitzen. MENGE unterscheidet die beiden Wörter auf die folgende Art und Weise: „*Pudor* [Ggs. *impudentia*] ‚Scham = Schamgefühl', das sich bei Verletzung des Schicklichen, Wohlanständigen in seinem höchsten Grade durch das Erröten (*rubor*) der Wangen offenbart; ‚Scheu' etwas zu sagen oder zu tun, dessen man sich schämen müßte, oder die ‚Scham', gesagt oder getan zu haben, wodurch man sich verächtlich macht; deshalb oft ‚Ehrgefühl, sittliches Gefühl'. [...] *pudicitia* (Ggs. *impudicitia*) ‚Schamhaftigkeit, Züchtigkeit' mit Rücksicht auf die geschlechtliche Zurückhaltung (Ggs. Wollust). [...]" Siehe SCHÖNBERGER/MENGE 2007, § 184.

[69] Die Wörter *ille* und *quondam* zeigen hohe Distanz im Sinne der lokalen und temporalen Proximität an.

eingeschüchtert zu haben, um ihm genehme Senatsbeschlüsse zu erzwingen. Überall auf dem Weg, der vom Kapitol hinunter zum Concordiatempel führte, wo sich damals die Senatoren versammelten[70], hätten bewaffnete Schläger gestanden.

Dem hält er entgegen, dass sich damals gerade die vielversprechendsten jungen Adeligen, alle Ritter und überhaupt Bürger mit Zivilcourage[71] freiwillig gemeldet hätten, um die Sitzung der Senatoren im Concordiatempel zu bewachen und sich für den Fall eines Kampfes mit den Catilinariern kampfbereit zu halten.[72] Es waren sogar so viele Freiwillige, dass sie von den Schreibern nicht alle hätten registriert werden können.

EMOTIONSLINGUISTISCHE ANALYSE: Cicero rahmt den folgenden Vorwurf des Marcus Antonius von vornherein so ein, dass man ihn verachten muss, denn er macht ihn vom Verb *audere* abhängig. In diesem Zusammenhang werden die negativen Konnotationen des Verbs aktiviert: Marcus Antonius hatte die Frechheit, diese Behauptung aufzustellen.[73] Diese inhaltliche Rahmung[74] der Aussage Marc Antons wird noch durch die Parenthese *quid autem est, quod tu non audeas?* verstärkt. Nach Peskett[75] ist das *tu* in der Klammer emphatisch und bedeutet „such a person as you", also eine „Person deines Schlages", was negativ gemeint ist. Die Aussage Marc Antons selbst steht dann – eine eher geringe Gewissheit andeutend – im AcI, wobei Cicero die Aussage wohl wörtlich wiedergibt, wenn er die negativ wertende Formulierung *servorum armatorum* beibehält. Cicero distanziert sich durch die Wahl der AcI-Konstruktion von diesem Vorwurf, auch wenn er im folgenden Satz kurz den Standpunkt Marc Antons einnimmt, ihn damit ironisch bricht und vermutlich Erheiterung hervorruft: *Ut illa, credo, nefaria senatus consulta fierent, vim adferebam senatui.*

---

[70] Im Tempel der Concordia ließ Cicero am 3., 4. und 5. Dezember 63 v. Chr. die Beratungen über die Behandlung der Catilinarier stattfinden, und ebenda hielt Antonius am 1. und 19. September 44 v. Chr. seine Reden gegen Cicero. RAMSEY 2008, 184 behauptet, dass Cicero die damaligen Senatsversammlungen deswegen dort abgehalte habe, weil der Concordia-Tempel einfacher als das herkömmliche Versammlungshaus, die Curia Hostilia, abzusichern gewesen sei. Letzteres sei im Jahr 44 (mit Verweis auf Dio 44.5.1–2) bereits abgerissen worden, da Caesar dort einen Tempel zu Ehren der Felicitas bauen lassen wollte. Somit sei der Senat nach den Iden des März gezwungen gewesen, weitere Versammlungen z. B. im Concordia-Tempel abzuhalten.
[71] Diese Einhelligkeit aller Stände erinnert auch an den Tagungsort: den Tempel der Concordia, der an die „Eintracht" aller Bevölkerungsschichten gemahnte. M. Furius Camillus soll den Tempel gegründet haben: Als Tempel der Eintracht sollte er den Abschluss der Ständekämpfe zwischen den Patriziern und den Plebejern versinnbildlichen. Vgl. Plut. Cam. 42.
[72] Vgl. hierzu auch die beiden antiken Quellen Cic. Catil. 4,14–16, Cic. Sest. 28 und zur Aushebung der Truppen infolge eines *senatus consultum ultimum* Sall. 29,2–3.
[73] GEORGES 2012 s. v. *audere*: „II) im stärkern Sinne, es übers Herz bringen = etw. (zu tun) wagen, sich unterstehen, sich herausnehmen, sich unterfangen, sich erkühnen, so dreist sein, zu usw." Damit wird letztlich die *audacia* als Laster aufgerufen, wie im Folgenden sehr häufig.
[74] Heutzutage spricht man in diesem Zusammenhang oft von *framing*. Vgl. z. B. WEHLING 2018.
[75] Vgl. RAMSEY 2008, 185 und PESKETT 2011.

Das Wörtchen *credo* fügt Cicero ein, um die Formulierung des Marcus Antonius spöttisch aufzugreifen.

Gleich darauf wird Cicero jedoch wieder ernst und zeigt sich empört über solche Vorwürfe, denn es folgt ein Ausrufungssatz, der durch die intensivierende Interjektion *o* und das hier als Schimpfwort verwendete *miser* eingeleitet wird. Was folgt, ist nach CRAIG eine *complexio*, ein Dilemma, in dem dem Gegner zwei Alternativen geboten werden, die ihn aber beide schlecht aussehen lassen.[76] In dieses „Dilemma" ist wiederum eine Parenthese (*nihil enim boni nosti*) eingefügt, die zwei Zwecken der Überredungskunst Ciceros dient: Erstens qualifiziert Cicero damit seine Senatsbeschlüsse als gute Entscheidungen, zweitens entlarvt er die Unwissenheit des Marcus Antonius.[77] Das „Dilemma" mündet in eine unverhohlene Beschimpfung (*apud talis viros tam impudenter loquare!*), wobei mit dem Adverb *impudenter* auf den Verlust jeglicher Scham aus § 15 (*pudorem cum pudicitia perdidisti*) verwiesen wird: Marcus Antonius' Unverschämtheit, so Cicero, macht auch vor solchen Männern, gemeint sind die Senatoren, nicht halt – das Wort *talis* qualifiziert die (als anwesend vorgestellten) Senatoren implizit positiv und gewinnt so beiläufig ihr Wohlwollen. Als Affektverstärker dient in der folgenden rhetorischen Frage ein anaphorisches Trikolon *in membris crescentibus*, dessen Glieder jeweils mit dem Interrogativpronomen *quis…?* eingeleitet werden. In jedem Glied werden Vertreter des wahren römischen Bürgertums genannt. Dabei verwendet Cicero positiv besetzte Begriffe wie *eques*, *Romanus*, *nobilis* und *civis*. Die Kola werden von der Wortzahl her immer länger, um die Wirkung auf den Zuhörer zu verstärken. Eine weitere Intensivierung der Satzaussage, dass wirklich alle ehrenwerten Bürger anwesend waren, wird phonetisch durch das doppelte naturlange *nōn* erreicht, das an vorletzter Stelle der Kola jeweils auch einen Satzakzent trägt. Der letzte Satz von § 16 könnte insgesamt als *affective intensifier* angesehen werden, da er nur der Evidentia der massenhaften Bereitschaft der römischen Bürger dient, den Senat als Institution zu schützen.[78] Nach Cicero hätten weder Schreiber noch Tafeln ausgereicht, um sie vollständig aufzuzeichnen. Das ist sicher eine Übertreibung.

§ 17 *Etenim cum homines nefarii de patriae parricidio confiterentur, consciorum indiciis, sua manu, voce paene litterarum coacti se urbem inflammare, civis trucidare, vastare Italiam, delere rem publicam consensisse, quis esset, qui ad salutem communem defendendam non excitaretur, praesertim cum senatus populusque Romanus haberet ducem, qualis si qui nunc esset, tibi idem, quod illis accidit, contigisset?*

---

[76] Siehe C. P. CRAIG 1993.
[77] Siehe RAMSEY 2008, 185 „[…] this parenthetic remark heaps abuse upon Antony, while at the same time obliquely passing a favourable judgment on the acts of C.'s consulship, which Antony had criticized."
[78] Die *Evidentia* ist ein stilistisches Mittel, das darin besteht, einen Vorgang sprachlich breit auszugestalten und auszumalen, um diesen damit erinnerungswürdig erscheinen zu lassen. Vgl. das Kapitel zur *Evidentia*.

Ad sepulturam corpus vitrici sui negat a me datum. Hoc vero ne P. quidem Clodius dixit umquam: Quem, quia iure ei inimicus fui, doleo a te omnibus vitiis iam esse superatum.

INHALT UND KONTEXT: Cicero begründet die Entschlossenheit der damaligen Bürgerschaft im Kampf gegen die Catilinarier: Verschwörer[79], Mitwisser[80] und sogar Dokumente[81] hätten ihre zerstörerischen Pläne enthüllt; die letzte Zuversicht habe ihnen der damalige tatkräftige Führer, also Cicero selbst, gegeben, der zu dieser Zeit, im Jahre 63 v. Chr., Konsul war. Diese Verhältnisse hätten, so Cicero, zur einmütigen Bereitschaft aller Bürger geführt, das Gemeinwohl zu verteidigen (*ad salutem communem defendendam*).

Dann geht er auf den nächsten Vorwurf des Antonius ein, Cicero habe den Leichnam seines Schwiegervaters P. Cornelius Lentulus Sura[82], eines der hingerichteten Catilinarier, nicht zur Bestattung freigegeben. Dieser Vorwurf sei unhaltbar und zeige, dass Antonius seinen ehemaligen Erzfeind P. Clodius in allen Lastern (*omnibus vitiis*) bei weitem übertroffen habe.

EMOTIONSLINGUISTISCHE ANALYSE: Der Abschnitt besteht fast vollständig aus einer komplexen rhetorischen Frage, deren Kern der Irrealis *quis esset, qui ... non excitaretur ...?* ist. Die darin enthaltene Behauptung soll durch die Form der rhetorischen Frage einen hohen Evidenzcharakter erhalten. Die Behauptung lautet: Jeder Bürger wäre in der damaligen bedrohlichen Situation aufgestanden, um den Staat zu retten. Die möglichen Folgen eines erfolgreichen Angriffs der Catilinarier werden im einleitenden *cum*-Satz in bunten Farben ausgemalt und visualisiert. Dabei werden zahlreiche Vokabeln verwendet, die als Hochwertwörter einerseits das, was auf dem Spiel steht, als überaus wertvoll (und damit verteidigenswert) qualifizieren: *patria, urbs, civis, Italia, res publica,*

---

[79] Zu den Verschwörern siehe Cic. Catil. 3, 10–12: Dort werden die beiden Senatoren C. Cethegus (*RE* 89) und Antonius' Stiefvater P. Lentulus (s. u.) und die beiden Ritter L. Statilius (*RE* 6) und P. Gabinius (*RE* 15) erwähnt. Sie wurden am 3. Dezember 63 v. Chr. im Concordia-Tempel überführt.

[80] Ein Mitwisser war T. Volturcius (*RE* 1). Siehe *DNP* s. v. „Volturcius": „63 v. Chr. wurde der aus Kroton stammende V[olturcius] verhaftet, als er im Auftrag des P. Cornelius Lentulus die Gesandten der Allobroger begleiten und einen Brief an Catilina überbringen sollte. Für seine Aussagebereitschaft wurde ihm Straffreiheit zugestanden (Cic. Catil. 3,4; 4,5; Sall. Catil. 44–47; 50,1; Flor. 2,12,9; App. civ. 2,13–15).".

[81] Cicero bezieht sich auf den Brief, den die Catilinarier an die Gesandten der Allobroger geschickt hatten; siehe Cic. Catil. 3,8–9 und auch Sall. Cat. 47,1–2. Die Catilinarier garantieren darin den Galliern für ihre Unterstützung bestimmte Belohnungen. Dieser Brief wurde von den Prätoren Lucius Valerius Flaccus und Gaius Pomptinus in der Nacht auf den 3. Dezember abgefangen. Cicero ließ den Brief erst in der Senatsversammlung am Morgen des 3. Dezember öffnen und konnte so einige namentlich erwähnte Verschwörer unwiderleglich – u. a. durch deren eigene Handschrift (*sua manu*) – überführen.

[82] Vgl. *RE* Cornelius 240. Er war 71 v. Chr. Konsul und wurde aufgrund seines Lebenswandels im Jahr 70 v. Chr. aus dem Senat ausgeschlossen. Er feierte jedoch im Jahr 63 v. Chr. ein Comeback als Stadtprätor. Dies hinderte Cicero aber nicht daran, ihn als Catilinarier noch im selben Jahr hinzurichten. Er war der Gatte von Iulia (vgl. *RE* Iulia 543), also von Antonius' Mutter, und somit dessen Stiefvater.

salus communis, senatus populusque Romanus. Diese Technik lässt sich als raise-the-stakes-Rhetorik beschreiben: Dass viel auf dem Spiel steht, markiert Cicero durch Wörter mit eindeutig positiv wertenden Bedeutungen. Demgegenüber stehen Wörter mit eindeutig negativen Bedeutungsaspekten: *nefarius, parricidio, inflammare, trucidare, vastare, delere.* Schwarz und Weiß stehen unmittelbar nebeneinander, wie zum Beispiel in der bei Cicero häufigen Fügung und Alliteration *patriae parricidio.*[83] Auch in der Abfolge der vier Infinitive in *urbem inflammare, civis trucidare, vastare Italiam, delere rem publicam* prallt das Böse auf das Gute, denn jedes Verb regiert ein Akkusativobjekt, das jeweils aus dem obigen Feld der Hochwertwörter stammt. Der Krisenmoment wird sprachlich noch dadurch intensiviert, dass das obige Tetrakolon asyndetisch und chiastisch verbunden ist.[84] Asyndeton und Chiasmus dienen also dem *movere* als syntaktische Affektverstärker. Der Nebensatz am Ende der rhetorischen Frage, der mit *praesertim cum* eingeleitet wird, lobt Ciceros Konsulat und seinen eigenen zupackenden Politikstil und bewirkt zugleich eine Abwertung des amtierenden Konsuls Marcus Antonius. Darin liegt eine implizite Drohung: Denn der Konditionalsatz *qualis si qui nunc esset* lässt vermuten, dass es im Moment der Rede eben keinen Konsul wie Cicero gibt, dass aber, wenn der jetzige Konsul ein Cicero wäre, er mit Marcus Antonius ebenso konsequent verfahren würde wie einst mit den Catilinarern.

In der Überleitung zur Verteidigung gegen den nächsten Vorwurf wechselt Cicero den Adressaten, er wendet sich an die Senatoren und spricht somit distanziert in der 3. Person (*negat*) von Antonius. Die soziale Nähe wird also variiert. An das Verb *negat* schließt sich ein AcI an, der die Behauptung Marc Antons enthält und sie als zweifelhaft markiert. Ramsey schreibt über den jähen Wechsel der Person, er diene dazu, das für Cicero heikle Thema der Hinrichtung der Catilinarier sachlich und distanziert behandeln zu können: „the abrupt switch momentarily from the 2nd to the 3rd person to refer to Antony here and below [...] causes the beginning and end of this section dealing with C.'s execution of the conspirators to have an air of detachment and objectivity." Der letzte Satz des § 17 ist ein *argumentum a fortiori*[85], also ein Erst-Recht-Schluss, der auf die negative Beurteilung des Marcus Antonius abzielt: Clodius war schon ein Verbrecher, aber du übertriffst seine Vergehen noch. Also bist du erst recht ein Schurke! Diese Grundaussage des Satzes wird durch durch Intensivierer wie *ne ... quidem* und *umquam* noch verstärkt.

§ 18 *Qui autem tibi venit in mentem redigere in memoriam nostram te domi P. Lentuli esse educatum? An verebare, ne non putaremus natura te potuisse tam improbum evadere, nisi accessisset etiam disciplina?*

---

[83] Vgl. Cic. Sull. 6; Cic. off. 3,83 und Ramsey 2008, 186–187.

[84] Diese rhetorische Elaboriertheit markiert als Sozialdeixis zugleich Ciceros Stand und hohe Bildung.

[85] Vgl. Klug 1982.

Tam autem eras excors, ut tota in oratione tua tecum ipse pugnares, non modo non cohaerentia inter se diceres, sed maxime diiuncta atque contraria, ut non tanta mecum, quanta tibi tecum esset contentio. Vitricum tuum fuisse in tanto scelere fatebare, poena adfectum querebare. Ita, quod proprie meum est, laudasti; quod totum est senatus, reprehendisti. Nam comprehensio sontium mea, animadversio senatus fuit. Homo disertus non intellegit eum, quem contra dicit, laudari a se; eos, apud quos dicit, vituperari.

INHALT UND KONTEXT: Cicero bezeichnet Marcus Antonius als geistig beschränkt (*excors*); er macht sich über ihn lustig und führt als „Beweis" für seine Dummheit recht spitzfindig zwei Punkte aus seiner Senatsrede vom 19. September 44 v. Chr. an, die zeigen sollen, dass Marcus Antonius weniger mit Cicero als mit sich selbst im Streit liege: 1. Antonius' Erwähnung seines Stiefvaters P. Cornelius Lentulus Sura; schon Antonius' Natur (*natura*) allein hätte seinen schlechten Charakter (*improbum*) zur Entfaltung gebracht, es hätte nicht noch eines Catilinariers als Erzieher bedurft.[86] 2. Mit seinem Eingeständnis, Sura sei zwar ein Verbrecher gewesen, nur die Strafe sei unangemessen gewesen, lobt er eigentlich seinen Gegner Cicero, der Sura damals nur wegen seiner Verbrechen hatte verhaften lassen, und kritisiert, ohne es zu merken, die zuhörenden und eigentlich zu überzeugenden Senatoren, die die Strafe[87] für Sura festgelegt hatten.

EMOTIONSLINGUISTISCHE ANALYSE: Ciceros *indignatio* kommt als heiße Emotion zu Beginn des Abschnitts in zwei rhetorischen Fragen zum Ausdruck. Die zweite Frage zielt auf das Wohlgefallen der Senatoren (*delectare*), das Cicero zuvor in der Präpositionalphrase in memoriam nostram durch das Possessivpronomen der 1. Person als Wir-Gruppe formuliert hat, die ihn selbst einschließt und Marcus Antonius ausschließt. Mit *verebare* wird ein verbaler Emotionsbegriff explizit gemacht, der in diesem Fall allerdings keine Emotion wie Wut auf Seiten des Beschimpfenden ist, sondern den Beschimpften Marc Anton erschrecken lässt. Die prädikative Ergänzung *improbum* zum (kopulativen) Verb *evadere* ist ein Adjektiv mit einer Denotation, die Marcus Antonius eindeutig negativ bewertet. Außerdem wird *improbum* durch *tam* verstärkt, ebenso wie *excors* („schwachsinnig") im folgenden Satz.

Mit *excors* wird der Schmähtopos der „geistigen Beschränktheit" in diesem Abschnitt eigens benannt. Er steht prominent in seinem Zentrum (genau zwischen den beiden Begründungen dafür) und verweist auf Marc Antons *amentia* in §9. Die Konsequenz seiner *excordia* wird in einem konsekutiven ut-Satz formuliert: In seiner Rede vom 19. September habe er sich in Wider-

---

[86] Vgl. zum antiken Topos des engen Zusammenspiels von *natura* und *disciplina*: Cic. Fin. 2,33.

[87] Das stimmt eigentlich nicht. Der Senat konnte eine Strafe nur vorschlagen, nicht durchsetzen. Ich zitiere RAMSEY 2008, 189 zur vorliegenden Stelle: „C[icero] makes the same claim in Pis. 14 but the Senate had no judicial power to decide the punishment of citizens charged with a crime. It could only advise a magistrate who sought guidance, and lend its moral authority." Vgl. auch GREENIDGE 2015, 403–406.

sprüche verstrickt und sich selbst geschadet, ohne es zu merken. Cicero betont, dass sich diese Selbstwidersprüche durch seine ganze Rede gezogen hätten (*tota in oratione tua*) – vermutlich eine Hyperbel – und verstärkt damit sein negatives Urteil über Marc Antons Redegewandtheit und Intellekt. Cicero imitiert seine unfreiwillige Selbstverflechtung teilweise durch die Verwendung gleichklingender Pronomen und assonanter Korrelativa auf syntaktisch-semantischer Ebene: *tua tecum, tanta mecum quanta tibi tecum*. Eine einzige Parodie: So hart, wie hier die dentalen Konsonanten aufeinanderprallen, kollidierten für Cicero wohl die Aussagen des Marcus Antonius. In einer langen Reihung mittels der Wendung *non modo non ..., sed ...* gibt Cicero der rhetorischen Unbeholfenheit seines Gegners noch mehr Raum: Das Partizip *non cohaerentia* bezeichnet die Zusammenhanglosigkeit der Rede, während die Adjektive in ma*xime diiuncta atque contraria* die logische Widersprüchlichkeit einiger Aussagen kritisieren. Zwei dieser Widersprüche greift Cicero im nächsten Satz heraus und markiert damit seine kritische Distanz durch das Mittel der AcI-Konstruktion. Zwei AcI-Konstruktionen hängen von *fatebare* und *querebare* ab.[88] Nach RAMSEY steht in der Aussage *Vitricum tuum fuisse in tanto scelere* das Nomen *vitricum* betont am Satzanfang.[89] Nach zwei Sätzen, in denen Ciceros recht spitzfindige Gedankengänge erläutert werden, endet § 18 sehr ironisch, wenn Cicero von Antonius als *homo disertus*, als beredtem Mann, spricht.[90] Das ist eine ironische Antiphrasis[91], denn natürlich meint Cicero genau das Gegenteil: Marc Anton ist für ihn ein schlechter Redner, der nicht einmal merkt (*non intellegit*), dass er sich in Widersprüche verstrickt. Damit endet der Abschnitt mit dem „Beweis" der geistigen Beschränktheit Marc Antons.

§ 19 *Iam illud cuius est, non dico audaciae – cupit enim se audacem – sed, quod minime volt, stultitiae, qua vincit omnis, clivi Capitolini mentionem facere, cum inter subsellia nostra versentur armati, cum in hac cella Concordiae, di immortales! In qua me consule salutares sententiae dictae sunt, quibus ad hanc diem viximus, cum gladiis homines collocati stent? Accusa senatum; accusa equestrem ordinem, qui tum cum senatu copulatus fuit; accusa omnis ordines, omnis cives, dum confiteare hunc ordinem hoc ipso tempore ab Ituraeis circumsederi. Haec tu non propter audaciam dicis tam impudenter, sed quia tantam rerum repugnantiam non vides. Nihil profecto sapis. Quid est enim dementius quam, cum rei publicae perniciosa arma ipse ceperis, obicere alteri salutaria?*

INHALT UND KONTEXT: Cicero setzt seinen Angriff auf die mangelnde Intelligenz Marc Antons fort: Dessen *stultitia* zeige sich besonders in dem unsinnigen

---

[88] Das Verb *querebare* verweist wie vorhin *verebare* auf eine Emotion des Invektierten, da Beschwerden als symptomatisches Verhalten infolge einer negativen Emotion vorgetragen werden.
[89] Vgl. RAMSEY 2008, 189.
[90] Dies tut er schon davor in § 8.
[91] Vgl. GLÜCK/RÖDEL 2016 s. v. „Antiphrasis" sowie die Erläuterung in der obigen Einleitung vor dem Kommentar.

Vorwurf, Cicero habe im Dezember 63 v. Chr. anlässlich der Catilinarischen Verschwörung den Senat mit Bewaffneten umzingelt und eingeschüchtert[92], während er selbst bei seiner Rede mit seiner eigenen ituräischen Leibgarde[93] anwesend gewesen sei und damit genau das getan habe, was er ihm vorwarf. Außerdem hätten die damaligen Sicherheitskräfte zumindest außerhalb des Concordiatempels am Fuße des Kapitols gestanden, während die Ituräer mitten unter den Versammelten zwischen den Sitzen (*inter subsellia*[94] *nostra*) gestanden hätten. Die damaligen Waffen hätten wenigstens dem Wohl des Staates gedient (*salutaria*), während die heutigen nur Verderben brächten (*rei publicae perniciosa*).

EMOTIONSLINGUISTISCHE ANALYSE: Eine hochemotionale Sprache prägt § 19, die sich in der direkten Adressierung des Beschuldigten Marcus Antonius durch die durchgängige Verwendung der 2. Person und in einer Reihe von Emotionscodes auf allen Sprachebenen niederschlägt. Auffallend sind die vielen expliziten negativen Bezeichnungen, die einerseits den Schmähungstopos der *stultitia* aus § 18 fortführen, andererseits bestimmte Topoi aus früheren Redeteilen aufgreifen: Hier ist auch die *audacia* zu nennen, die schon in § 4 vorkommt, dann die *impudentia* aus §§ 4, 6, 15, 16. Es ergibt sich eine ungewöhnlich hohe Dichte an Schmähungen, die mehrere Topoi miteinander verbinden.

Es beginnt mit dem ersten Satz, in dem Cicero so tut, als habe er Schwierigkeiten, Marcus Antonius' Erwähnung des von Bewaffneten besetzten Kapitolinischen Hügels angemessen zu bewerten. Zunächst scheint er zum Prädikat „kühn" (*audacia*) zu tendieren, um sich dann in einer Correctio[95] für die Bewertung „dumm" (*stultitia*) zu entscheiden. Diese Korrektur begründet er beiläufig in zwei Einschüben, in denen er behauptet, Antonius wolle sogar als *audax*, keinesfalls aber als *stultus* gelten. Da Cicero ihn offenbar in seinem Innersten treffen will, nimmt der Topos stultitia im Folgenden den größeren Raum ein – ein Beispiel für eine Invektive, die sich dem Angegriffenen und seinen Ängsten anpasst.[96] Das negative Prädikat der *stultitia* verschärft Cicero

---
[92] Cicero nimmt damit seinen in § 16 gesponnenen Faden nach einer kurzen Digression wieder auf und verteidigt sich gegen den Vorwurf, die Senatoren damals mit bewaffneten Männern eingeschüchtert zu haben.
[93] Die Ituräer waren ein arabisches Volk östlich des Libanon, das seit Pompeius' Sieg 63 v. Chr. von den Römern abhängig war. Auch in § 112 werden die Ituräer von Cicero als hervorragende Bogenschützen erwähnt werden. Sie waren in der Levante als Räuber bekannt: Sie hatten Stützpunkte auf dem Libanon und überfielen von dort aus Byblos und Beirut (Strab. 16,2,18) und von der Trachonitis aus Damaskus (Ios. bell. Iud. 1,398f.; ant. Iud. 15, 344). Vgl. *DNP* s.v. *Ituraea*.
[94] Ein *subsellium* ist eine niedrige Bank, die besonders in öffentlichen Gebäuden, z. B. auch in Theatern, benutzt wurde; siehe *DNP* s.v. *subsellium*. Den gleichen Vorwurf bringt Cicero übrigens auch in Cic. Phil. 5,18: *gradus complebantur*.
[95] Durch die Wendung *non dico* [...] *sed*, vgl. auch Cic. Phil. 2,9.
[96] Man könnte meinen, dass die antike Topik des Schmähens (siehe oben im Kapitel zur Topik z. B. die Listen der Rhetoriker Anaximenes von Lampsakos oder Aphthonios von Antio-

durch einen Relativsatz *qua vincit omnīs*, wodurch ein relativer Superlativ (der allerdümmste) formuliert wird.[97] Als Begründung für diese Zuschreibung (bzw. als Begründung dafür, den besetzten *clivus Capitolinus* von 63 v. Chr. eigentlich nicht sinnvoll erwähnen zu können) folgen zwei konzessive *cum*-Sätze (*cum inter subsellia nostra versentur armati, cum in hac cella Concordiae*). Hier verwendet Cicero lokale Deixis, indem er auf die Sitzreihen (*subsellia*) und das Allerheiligste (*cella*) des Concordiatempels verweist. Die Deixis wird lexikalisch einmal mit dem Possessivpronomen *nostra* und einmal mit dem Demonstrativpronomen der Nähe *hac* umgesetzt. Damit wird einerseits der Versammlungsraum der Senatoren atmosphärisch aufgeladen (lokale Nähe), andererseits eine Identifikation mit dem Schmäher, den Senatoren und dem heiligen Ort erzeugt (soziale Nähe). Ciceros Entrüstung über die Entweihung dieses besonderen Ortes durch die *armati* wird sofort deutlich: Sie bricht sich in Form eines Ausrufs und einer kurzen Apostrophe als heiße Emotion Bahn: *di immortales!* Der Ausruf verweist also als indexikalisches Zeichen auf Ciceros erregte Gefühlslage.[98]

Den folgenden Satz benutzt Cicero für eine Synkrisis, das heißt um sich mit Marcus Antonius in klarer Schwarz-Weiß-Malerei zu vergleichen: Den Senatsbeschlüssen unter seiner Ägide im Jahre 63 v. Chr. verdankten sie ihr Überleben bis auf den heutigen Tag (*ad hanc diem viximus*), an dem wieder Männer mit Waffen aufgestellt seien. Nach dem Kommentator Ramsey handelt es sich bei *stent* um ein seltenes Vorkommen eines einsilbigen Wortes am Satzende, das hier nicht nur durch seine Stellung am Satzende, sondern auch durch seine klangliche Abruptheit besondere Eindringlichkeit erhält.[99] Darüber hinaus bildet der Satzschluss *collocati stent* eine Klausel vom Typ „Creticus + Trochäus".[100]

Den offensichtlichen performativen Selbstwiderspruch Marc Antons, Cicero etwas vorzuwerfen, was er – für alle sichtbar und noch schlimmer – selbst tut, begründet der Angreifer am Ende der Passage mit seiner kognitiven Beschränktheit, seiner *stultitia*. Cicero bezeichnet ihn dreimal ausdrücklich so: Erstens mit dem knappen Verdikt n*ihil profecto sapis* (das in ähnlicher Form auch in §§ 8, 43, 68 auftaucht), zweitens mit dem eher pejorativen Wort *dementius*, das morphologisch als Komparativ in einen Vergleichssatz eingebettet ist und dadurch

---

chia) bestimmte Vorwürfe erwartbar machte und ihnen auf diese Weise einiges an Wirkung nahm. Doch wenn man bedenkt, dass die *Topoi* immer vor dem Hintergrund eines untereinander geteilten Wertekanons zu sehen sind, dürfte gerade die Vorhersehbarkeit mancher Vorwürfe diese Vorwürfe, wenn sie dann tatsächlich vorgebracht wurden, für die Invektierten schmerzhaft gemacht haben, wollte man doch wohl nicht die damals verpönten Laster zugesprochen bekommen und so Gefahr laufen, aus der Gemeinschaft ausgeschlossen zu werden.

[97] Das Relativpronomen *qua* bezieht sich auf *stultitia* und steht im Ablativ (des Vergleichs). Vgl. PANHUIS 2015, § 168.
[98] Also als ein Index bzw. „Symptom".
[99] Vgl. RAMSEY 2008, 190.
[100] Vgl. RAMSEY 2008, 190.

an Schärfe gewinnt, und drittens – als Folge dieser Prädikate – mit dem Hinweis auf seine Blindheit für logische Widersprüche: *in tantam rerum repugnantiam non vides.*

§ 20 *At etiam quodam loco facetus esse voluisti. Quam id te, di boni, non decebat! In quo est tua culpa non nulla. Aliquid enim salis a mima uxore trahere potuisti. „Cedant arma togae." Quid? Tum nonne cesserunt? At postea tuis armis cessit toga. Quaeramus igitur, utrum melius fuerit libertati populi Romani sceleratorum arma an libertatem nostram armis tuis cedere. Nec vero tibi de versibus plura respondebo: tantum dicam breviter, te neque illos neque ullas omnino litteras nosse; me nec rei publicae nec amicis umquam defuisse, et tamen omni genere monumentorum meorum perfecisse operis subsicivis, ut meae vigiliae meaeque litterae et iuventuti utilitatis et nomini Romano laudis aliquid adferrent. Sed haec non huius temporis: maiora videamus.*

INHALT UND KONTEXT: Wie andere vor ihm[101], so lässt sich aus § 20 schließen, machte sich Antonius über Ciceros Zitat *Cedant arma togae!*[102] aus dem Epos *De consulatu suo*[103] lustig. Mit diesem Zitat habe er für sich in Anspruch genommen, als Politiker durch die Vereitelung von Catilinas Plan mehr Ruhm erlangt zu haben als mancher durch militärische Erfolge – in einer Gesellschaft wie der römischen[104] eine Provokation.

Wenn er lustig sein wolle, so Cicero, solle er nicht ihn, sondern seine berüchtigte „Gattin" und Schauspielerin Cytheris[105] als Quelle seiner Witze nehmen. Cicero charakterisiert Antonius als einen Mann ohne Witz und ohne literarische Bildung, weshalb er sich auch jede Diskussion über sein dichterisches Werk verbittet. Er kündigt daher an – nicht ohne zuvor seine literarischen Verdienste um Rom und seine Jugend[106] erwähnt zu haben – über Wichtigeres (*maiora*) sprechen zu wollen.

EMOTIONSLINGUISTISCHE ANALYSE: Cicero führt einen direkten Dialog mit Antonius, den er immer wieder in der 2. Person Singular anspricht. Zu Beginn von § 20 geht er auf einen missglückten Witz von Marcus Antonius ein. Er tut dies mit dem Verweis *quodam loco* mit einem geringen Grad an Spezifizierung, das heißt seine Stellenangabe ist ungenau und er geht nur sehr vage auf den genauen Kontext des Witzes innerhalb der Rede vom 19. September ein. Dass Marcus Antonius nur witzig sein wollte (Cicero verwendet das Verb *voluisti*),

---

[101] Vgl. Cic. Pis. 72 ff.
[102] Das volle Zitat lautet: *Cedant arma togae, concedat laurea laudi!* („Weichen mögen die Waffen der Toga, der Lorbeer der löblichen Tat!") Die Toga ist das Kennzeichen des Bürgers im Gegensatz zu den Waffen des römischen Kriegers. Während Feldherrn auf Triumphzügen mit Lorbeerkranz gefeiert wurden, hielt man auf verdiente Politiker Lobreden.
[103] Vgl. fr. 16 Taglia.
[104] Vgl. R. SCHULZ 2018, 251–277.
[105] Vgl. auch später § 58, 61 u. ö.
[106] Siehe hierzu das Proöm von *De officiis*; dann Att. 2.1,3; 4.2,2 und Cic. Div. 2.4–6, besonders § 4: *quod enim munus rei publicae afferre maius meliusve possumus, quam si docemus atque erudimus iuventutem?*

setzt voraus, dass es bei einem Versuch geblieben ist. Damit disqualifiziert er Marcus Antonius als nicht witzig. Auch die Partikel *etiam* trägt zur Expressivität des ersten Satzes bei, denn sie drückt aus, dass Marcus Antonius sich mit diesem Versuch überhoben hat; letztlich wird er mit dieser Partikel als jemand beschrieben, der sich selbst, das heißt seine Stärken und Schwächen, nicht gut kennt und daher in peinlicher Weise versucht, seine eigenen (engen) Grenzen zu überschreiten. Ciceros Entrüstung über diese ihm unwürdige Grenzüberschreitung (*id te ... non decebat*) folgt auf dem Fuße: In einem Exklamativsatz und einer Apostrophe an die Götter (*di boni ...!*) bringt Cicero seine Emotionen zum Ausdruck. Die nächsten Sätze bewerten Antonius in zweifacher Hinsicht negativ: 1. Er sei nicht fähig oder willens, um Hilfe zu bitten, obwohl sie leicht verfügbar wäre. 2. Er sei mit einer Frau aus einer zweifelhaften Berufsgruppe (*mima*) liiert.

Dann zitiert Cicero den berühmten Satz aus seinem Epos *De consulatu suo*, den Marcus Antonius offenbar als Ausgangspunkt für seinen Witz genommen hat: *Cedant arma togae*. Traditionell wird dieser Satz so interpretiert, dass die Waffen (*arma*) metonymisch für den Krieg stehen, die Toga hingegen für den Frieden.[107] Insofern ergibt sich für Cicero ein weiterer Widerspruch in der Rede des Marcus Antonius, denn er selbst habe im Jahre 63 v. Chr. durch den Sieg über die Catilinarier die Freiheit des römischen Volkes gerettet (*libertati populi Romani ... libertatem nostram*), während Marcus Antonius erst kürzlich einen Bürgerkrieg vom Zaun gebrochen habe (*sceleratorum arma ... armis tuis ... At postea tuis armis cessit toga*). Besonders interessant ist die paarweise Identifikation, die Cicero beim Übergang von *libertati populi Romani* zu *libertatem nostram* bzw. von *sceleratorum arma* zu *armis tuis* beiläufig vornimmt: Die Senatoren, die er mit der 1. Person Plural (*nostram*) einschließt, und sich selbst erkennt er im *populus Romanus*, einem römischen Hochwertwort; Marcus Antonius hingegen identifiziert er mit den zuvor genannten Frevlern, auf die mit dem eindeutig negativen Wort *sceleratorum* Bezug genommen wird.

Cicero schließt den Abschnitt mit einer Praeteritio, um umso emphatischer Schwarzweißmalerei betreiben zu können (*Nec vero tibi de versibus plura respondebo: tantum dicam breviter ...*), denn er spricht Marc Anton jegliche literarische Kenntnis ab[108], während er sich selbst literarische Produktionen zuschreibt, mit denen er – seine Rechtsfindung ist ganz römisch – seine öffentlichen Pflichten stets erfüllt habe.[109] Seine literarischen Schöpfungen bezeichnet er selbstbewusst und feierlich als *monumenta*, also als Denkmäler, die ihrem Schöpfer ewigen Ruhm bringen und nach *OLD* 5 sein Andenken für immer bewahren würden.

---

[107] Vgl. RAMSEY 2008, 191–192.

[108] Eine Reihe von hyperbolischen *affective intensifiers* (*neque ullas omnino; nec* [...] *umquam; utilitatis et* [...] *laudis aliquid*) verstärken die jeweiligen Satzaussagen.

[109] Sein literarisches Schaffen verlege er dabei ganz auf seine Freizeit (*operis subsicivis*) und in die Nachtstunden (*vigiliae*), was Ciceros unermüdlichen Arbeitseifer herausstreichen soll.

g. Schwerwiegende Vorwürfe: Mord an Clodius (21-22)

§ 21 P. *Clodium meo consilio interfectum esse dixisti. Quidnam homines putarent, si tum occisus esset, cum tu illum in foro inspectante populo Romano gladio insecutus es negotiumque transegisses, nisi se ille in scalas tabernae librariae coniecisset eisque oppilatis impetum tuum compressisset? Quod quidem ego favisse me tibi fateor, suasisse ne tu quidem dicis. At Miloni ne favere quidem potui; prius enim rem transegit, quam quisquam eum facturum id suspicaretur. At ego suasi. Scilicet is animus erat Milonis, ut prodesse rei publicae sine suasore non posset. At laetatus sum. Quid ergo? In tanta laetitia cunctae civitatis me unum tristem esse oportebat?*

INHALT UND KONTEXT: Cicero verteidigt sich gegen den Vorwurf Marc Antons, T. Milo zum Mord an P. Clodius[110] angestiftet zu haben. Dabei deckt er Widersprüche in der Anklage des Marcus Antonius auf: Dieser habe selbst einmal versucht, P. Clodius zu töten, wenn er sich nicht in letzter Sekunde in eine Buchhandlung hätte retten können.[111] Cicero rechtfertigt seine Freude über die Ermordung des Clodius damit, dass sich damals alle Bürger darüber gefreut hätten – insofern sei der ursprüngliche Vorwurf des Antonius, so die implizite Schlussfolgerung, eigentlich kein Vorwurf, sondern ein Lob.

EMOTIONSLINGUISTISCHE ANALYSE: Der 21. Abschnitt besteht aus einem Wechsel von sachlich distanzierten Darstellungen der Behauptungen des Antonius einerseits und den verärgerten Reaktionen Ciceros andererseits. Wie in § 20

---

[110] Siehe *DNP* s.v. „Clodius [I 4]": „Am 18. Jan. 52 überfiel Milo mit einer Gladiatorentruppe C. auf der Via Appia in der Nähe von Bovillae. Bei dem zweifellos geplanten Mord blieb allein unklar, ob Pompeius eingeweiht war oder Milo sich nur dessen nachträgliche Zustimmung erhoffte. In Rom brachen schwere Unruhen aus, das Senatsgebäude, in dem die Plebs C. aufgebahrt hatte, wurde niedergebrannt. Pompeius, der sich von Milo distanzierte, erhielt am 25.2. die erstrebten außerordentlichen Vollmachten, er wurde *consul sine collega*; Milo wurde nach einem aufsehenerregenden Prozeß (dramatische Schilderung bei Ascon. 30 ff. C) wegen Mordes verbannt [3. 93–111]." In jenem Mordprozess verteidigte Cicero Milo in seiner Rede *Pro Milone* also vergebens.

[111] Siehe § 49 sowie Cic. Mil. 40: *Quid? privato Milone et reo ad populum accusante P. Clodio, cum in Cn. Pompeium pro Milone dicentem impetus factus est, quae tum non modo occasio sed etiam causa illius opprimendi fuit? Nuper vero cum M. Antonius sunimam spem salutis bonis omnibus attulisset gravissimamque adulescens nobilissimus rei publicae partem fortissime suscepisset, atque illam beluam, iudici laqueos declinantem, iam inretitam teneret, qui locus, quod tempus illud, di immortales, fuit! Cum se ille fugiens in scalarum tenebris abdidisset, magnum Miloni fuit conficere illam pestem nulla sua invidia, M. vero Antoni maxima gloria?* „Wie – Milo war ohne Amt und mußte sich auf Betreiben des P. Clodius als Angeklagter vor dem Volke verantworten: als nunmehr ein Überfall auf Cn. Pompeius, der für Milo sprach, verübt wurde, welche gute Gelegenheit, ja welch triftiger Grund hat damals bestanden, Clodius zu beseitigen! Und erst neulich, als M. Antonius allen Rechtschaffenen größte Hoffnungen auf Rettung machte, als er, ein junger Mann von bester Herkunft, sich mit ungewöhnlicher Tatkraft der dringendsten politischen Aufgabe annahm und er das Ungeheuer, das sich den Schlingen der Justiz zu entziehen suchte, schon im Netz gefangen hielt: wie günstig war damals der Ort, wie günstig die Zeit, ihr unsterblichen Götter! Als er sich auf der Flucht im Dunkel einer Treppe verbarg, wie leicht hätte Milo den Unhold erledigen können, ohne sich selbst verhaßt zu machen und zum größten Ruhme des M. Antonius!" (Übers. FUHRMANN 2001).

spricht Cicero Antonius in der 2. Person an, er richtet kein einziges Wort an die Senatoren oder – in Apostrophe – an die Götter. Das erste Zitat der Äußerungen Marc Antons ist von geringer Evidenz, da es sich um eine AcI-Konstruktion handelt (*P. Clodium meo consilio interfectum esse*), die von *dixisti* abhängt.

Dann macht Cicero seinem Ärger in einer langen rhetorischen Frage Luft. Darin deckt er einen weiteren Widerspruch in der Anklage Marc Antons auf, der ihn scheinheilig der Mittäterschaft an einem Mord beschuldige, den er ein Jahr zuvor beinahe selbst begangen habe. Der versuchte Mord und der brutale Überfall (*impetum tuum*) des Marcus Antonius werden – durch Evidentia in ihrer Grausamkeit gesteigert – vom Ankläger geschildert: Vor den Augen des römischen Volkes (*inspectante populo Romano*) habe er Clodius mit dem Schwert verfolgt (*gladio insecutus*) und – hier bedient sich Cicero eines euphemistischen Kolloquialismus[112] – „das Geschäft verrichtet" (*negotiumque transegisses*), wenn Milo sich nicht auf die Treppe einer Buchhandlung gerettet und sich dort hinter Bücherstapeln verbarrikadiert hätte (*nisi se ille in scalas tabernae librariae coniecisset eisque oppilatis impetum tuum compressisset*).

In den beiden folgenden Sätzen wird Cicero leicht ironisch und bezieht sich auf die Jagd Marc Antons auf Clodius durch einen relativen Satzanschluss *quod*, der durch die Partikel *quidem* und später *ne ... quidem* Emphase erhält.[113]

Die nächsten beiden Äußerungen Marc Antons werden interessanterweise nicht mehr innerhalb einer AcI-Konstruktion kommuniziert, sondern mit finiten Formen im Indikativ, jeweils eingeleitet durch die (stark) adversative Konjunktion *at*: *At ego suasi .... At laetatus sum*. Die finiten Formen lassen sich mit Burkard und Schauer wie folgt deuten: „(d) Oft führt *at* [...] als Occupatio einen Einwurf ein [...], der dem Sprecher gemacht wird oder den er sich selbst zum Schein macht (,aber, wird man sagen; aber, könnte man einwenden; aber, höre ich sagen'); hierbei bleibt das deutsche Verb des Sagens stets unübersetzt. [...] (f) In ähnlicher Weise steht *at* zu Beginn einer Entgegnung im Dialog, um Ablehnung auszudrücken."[114] In der Konjunktion *at* steckt also ein semantisches Potential, das die negative Bewertung der unbegründeten Vorwürfe von Marc Anton vermittelt.

Auf die erste Behauptung reagiert Cicero (ausweichend?) nur mit einer Spitze gegen Milo, nicht gegen Marcus Antonius, auf die zweite wiederum mit rhetorischen Fragen, die Ciceros Empörung widerspiegeln. Auf die kurze Wendung *Quid ergo?* folgt eine längere Frage, über die Ramsey schreibt: „... is often ironical and followed by a question expecting a negative response (*OLD* s. v. quis [I] 14b)".[115]

---

[112] Vgl. RAMSEY 2008, 193.
[113] Vgl. RAMSEY 2008, 194.
[114] Siehe BURKARD/SCHAUER 2012, § 439, 4.
[115] Siehe RAMSEY 2008, 194. Vgl. auch BURKARD/SCHAUER 2012, § 409, 3e.

In der folgenden rhetorischen Frage *tanta laetitia cunctae civitatis me unum tristem esse oportebat?* fallen schließlich mehrere Affektverstärker auf, die übertrieben wirken: *tanta, cunctae, unum.*

§ 22 *Quamquam de morte Clodi fuit quaestio non satis prudenter illa quidem constituta – quid enim attinebat nova lege quaeri de eo, qui hominem occidisset, cum esset legibus quaestio constituta? – quaesitum est tamen. Quod igitur, cum res agebatur, nemo in me dixit, id tot annis post tu es inventus, qui diceres?*

INHALT UND KONTEXT: Cicero entkräftet den Vorwurf des Marc Anton weiter, indem er darauf hinweist, dass seine Mitschuld an der Ermordung des Clodius im Prozess gegen Milo nie zur Debatte gestanden habe.[116] Er war es, der sich nach vielen Jahren als Verbreiter dieses Gerüchts entpuppte.

EMOTIONSLINGUISTISCHE ANALYSE: Mehr als die Hälfte des Abschnitts (*non satis prudenter illa quidem constituta ... quaesitum est tamen*) entfällt auf eine kritische Nebenbemerkung gegen das damalige Sondergericht im Prozess wegen des Mordes an Clodius.[117] Die negative Bewertung dieser *quaestio* ergibt sich vor allem aus der Verneinung einer positiven Eigenschaft: *non satis prudenter*. Gleichzeitig zeigt Cicero aber auch Respekt vor der damaligen Obrigkeit, wenn er das Prädikat mit der Partikel *satis* an Intensität etwas abschwächt.[118]

---

[116] Anders Cicero aber noch in Cic. Mil. 47: *Videte, iudices, quantae res his testimoniis sint confectae. Primum certe liberatur Milo non eo Consilio profectus esse ut insidiaretur in via Clodio: quippe, si ille obvius ei futurus omnino non erat. Deinde – non enim video cur non meum quoque agam negotium – scitis, iudices, fuisse qui in hac rogatione suadenda diceret Milonis manu caedem esse factam, Consilio vero maioris alicuius. Me videlicet latronem ac sicarium abiecti homines et perditi describebant. Iacent suis testibus qui Clodium negant eo die Romam, nisi de Cyro audisset, fuisse rediturum. Respiravi, liberatus sum; non vereor ne, quod ne suspicari quidem potuerim, videar id cogitasse.* „Beachtet, ihr Richter, was für Folgerungen sich aus diesen Zeugenaussagen ergeben. Zweifellos wird Milo zunächst in der Hinsicht entlastet, daß er nicht mit dem Vorsatz abgereist sein kann, Clodius an der Straße aufzulauern, da dieser ihm ja gar nicht entgegenziehen würde. Außerdem (ich sehe nämlich nicht ein, warum ich hier nicht auch in eigener Sache reden soll) ist euch bekannt, ihr Richter, daß einige von den Befürwortern des neuen Gesetzes behauptet haben, der Mord sei zwar von Milos Hand verübt worden, jedoch auf Anstiften eines Mächtigeren. Offensichtlich suchten sie mich als Banditen und Mörder hinzustellen – diese verworfenen, abscheulichen Menschen. Sie sind durch ihre eigenen Zeugen widerlegt, die ja aussagen, daß Clodius an dem bewußten Tage nicht nach Rom zurückgekehrt wäre, wenn er nicht die Nachricht über Kyros erhalten hätte. Ich atmete auf, ich war entlastet; ich brauche nicht mehr zu fürchten, daß ich geplant zu haben scheine, was ich mir nicht einmal vorzustellen vermochte". (Übers. FUHRMANN 2001).

[117] Gn. Pompeius setzte extra für den Milo-Prozess ein Sondergesetz (*privilegium*) durch, kurz nachdem er im Jahr 52 v. Chr. *consul sine collega* geworden war. In dem Gesetz waren eigens für diese Gerichtsverhandlung ein sehr straffes Verfahren (die Zeugenverhöre und Plädoyers beider Seiten sollten knapp ausfallen) und die Strafe geregelt. Dagegen gab es seitens des Volkstribunen M. Caelius Rufus und des Senats wegen der Verfassungswidrigkeit des Gesetzes viel Kritik, doch vergebens. Am Ende wurde Milo schuldig gesprochen und ins Exil nach Massilia geschickt. Vgl. FUHRMANN 2001, 707–716.

[118] Vgl. *OLD* s.v. *satis* 9: „(more vaguely, implying approximation to some hypothetical standard) Well enough, quite, etc. [...] fairly, pretty, quite."

Außerdem markiert Cicero die zeitliche Distanz zum damaligen Prozess durch das Demonstrativpronomen *illa*. Ein weiterer kritischer Unterton ist in der Zwischenbemerkung zu erkennen, in der Cicero empört eine rhetorische Frage stellt, die mit der Wendung *quid enim attinebat ...?* („denn welchen Sinn hätte es ...?") eingeleitet wird. Nach diesem kurzen Exkurs wendet sich Cicero wieder Antonius zu (in der 2. Person: *tu es inventus qui diceres*) und stellt eine rhetorische Frage. Sie markiert den hohen Überzeugungsgrad Ciceros von der Aussage des Satzes, die im folgenden *a fortiori*-Argument[119] besteht: Wenn schon damals, als die Tat noch Aufsehen erregte, niemand Cicero verdächtigte, so ist heute, nachdem sich die Gemüter über viele Jahre wieder abgekühlt haben, jeder Verdacht erst recht unbegründet.

h. Schwerwiegende Vorwürfe: Spaltung zwischen Caesar und Pompeius (23–24)

§ 23 *Quod vero dicere ausus es idque multis verbis, opera mea Pompeium a Caesaris amicitia esse diiunctum ob eamque causam culpa mea bellum civile esse natum, in eo non tu quidem tota re, sed, quod maximum est, temporibus errasti. Ego M. Bibulo, praestantissimo civi, consule nihil praetermisi, quantum facere enitique potui, quin Pompeium a Caesaris coniunctione avocarem. In quo Caesar felicior fuit. Ipse enim Pompeium a mea familiaritate diiunxit. Postea vero quam se totum Pompeius Caesari tradidit, quid ego illum ab eo distrahere conarer? Stulti erat sperare, suadere impudentis.*

INHALT UND KONTEXT: Marcus Antonius warf Cicero vor, Pompeius von Caesar entfremdet zu haben. Damit sei er für den Ausbruch des Bürgerkrieges verantwortlich.

Cicero gibt ihm in der Sache grundsätzlich Recht (*non tu tota re ... errasti*), nicht aber in der Chronologie der Ereignisse (*temporibus*): Als M. Bibulus 59 v. Chr. gemeinsam mit Caesar Konsul war[120], habe Cicero tatsächlich alles versucht, um einen Keil zwischen die beiden zu treiben. Caesar sei aber erfolgreicher gewesen, weil er Cicero von Pompeius entfremdet habe.[121] Damit sei es unmöglich geworden, die beiden mächtigen Römer zu entzweien. Daher könne er nicht für den Bürgerkrieg verantwortlich gemacht werden.

---

[119] Vgl. KLUG 1982.

[120] Vgl. *RE* s. v. „Calpurnius 28": M. Calpurnius Bibulus war Caesars Mitkonsul im Jahre 59 v. Chr. Bibulus war Optimat und Caesars Gegner. Als seine Maßnahmen und Vetos gegen Caesar zu nichts mehr führten, zog er sich zurück, blieb zuhause und machte Caesars Beschlüsse nur noch schriftlich ungültig. De facto blieben sie aber in Kraft. Bibulus war mit Catos Tochter Porcia verheiratet, er war der Hoffnungsträger der traditionalistischen Senatoren um Cato.

[121] Hier denkt Cicero an das Jahr 58 v. Chr., als Clodius Volkstribun war und ein Gesetz durchsetzte, um ihn wegen der umstrittenen Hinrichtung der Catilinarier zu verbannen; vgl. NICKEL/FUHRMANN 2013, 608. Pompeius krümmte keinen Finger, um seinem alten Unterstützer Cicero zu helfen, zu sehr war er damals mit den Popularen Caesar und Clodius verbandelt; vgl. Att. 10.4,3; Plut. Cic. 30,5. Teilweise wirft Cicero dasselbe anderen Personen zu, so zum Beispiel A. Gabinius und L. Piso (siehe Cic. Pis. 76) oder P. Vatinius (siehe Cic. Sest. 133).

6.2 Text

EMOTIONSLINGUISTISCHE ANALYSE: Im ersten Satz disqualifiziert Cicero die Aussage Marc Antons durch eine geschickte inhaltliche Rahmung: Er macht das an sich neutrale Verb *dicere* von *ausus es* abhängig und thematisiert damit erneut die *audacia*, also die Unverschämtheit Marc Antons. Zudem leitet *idque* eine weitere Bewertung von Marc Antons Handeln ein: Er habe es nicht nur gewagt, dies zu behaupten, sondern er habe es auch mit vielen Worten getan (*idque multis verbis*). Erst danach folgt die eigentliche Behauptung; sie ist in eine AcI-Konstruktion eingebettet, die eine Distanzierung vom Inhalt des Gesagten signalisieren kann (geringe Evidentialität).

Nach dieser kurzen Thematisierung der *audacia* des Antonius geht Cicero – wie in vielen der vorhergehenden Abschnitte – dazu über, Antonius als *stultus* darzustellen, der sich in Irrtümern und Widersprüchen verstrickt: *errasti*. Er tut dies direkt in der 2. Person Singular. Nach Cicero hat er sich in der Chronologie geirrt (*temporibus*). Der Ablativus respectus wird durch den vorangestellten Einschub *quod maximum est* noch verstärkt.

Hinsichtlich des Jahres 59 v. Chr. habe Marcus Antonius Recht, so Cicero. Cicero verweist auf dieses Jahr mit der traditionellen Nennung der Konsuln: *M. Bibulo ... consule*. Dabei vergisst er aber wohlweislich seinen Kollegen Caesar – eine witzige Anspielung auf die damals wohl verbreitete Redewendung *Caesare et Iulio consulibus* statt *Caesare et Bibulo consulibus*, die zum Ausdruck bringen sollte, dass eigentlich nur noch Caesar Politik machte und als Konsul fungierte, nachdem sich Bibulus entnervt aus der Öffentlichkeit zurückgezogen hatte.[122] Zugleich enthält diese Jahresangabe also eine negative Bewertung Caesars bzw. eine positive Bewertung Bibulus' als des „wahren" Konsuls. Diese positive Bewertung wird durch den Superlativ *praestantissimo viro* noch verstärkt.

Letztlich habe Caesar aber im Werben um Pompeius die Oberhand behalten (*felicior fuit*). Cicero stellt Pompeius als jemanden dar, der sich Caesar völlig zur Verfügung gestellt habe. Diese Abhängigkeit von Caesar im Triumvirat kritisiert er an dieser Stelle; durch *totum* wird der Eindruck dieser Abhängigkeit noch verstärkt: *Postea vero quam se totum Pompeius Caesari tradidit ...*

Cicero stellt eine rhetorische Frage. Das Wort *conarer* ist ein Potentialis der Vergangenheit („Wie hätte ich es versuchen können?"). Indem Cicero die unrealistische Chance, Pompeius doch noch auf seine Seite zu ziehen, einmal durch die rhetorische Frage und einmal durch den Potentialis als völlig selbstverständlich erscheinen lässt, erscheint sein damaliges Handeln als pragmatisch und realitätsbezogen. Mit anderen Worten: Er rechtfertigt sein Verhalten und bewertet es positiv.

Ein kontrafaktisches Verhalten hingegen deklariert er als dumm und unverschämt, wie er im letzten Satz des Abschnitts verdeutlicht: *Stulti erat sperare,*

---
[122] Vgl. Suet. Iul. 20.2; Dio 38.8.2.

suadere impudentis. Der Chiasmus und die s-Alliteration unterstützen Ciceros Aussage, wie RAMSEY bemerkt.[123] Damit ist die Synkrisis perfekt: Marcus Antonius bringt die Chronologie der Ereignisse durcheinander, Cicero weiß die Situation richtig einzuschätzen und verhält sich klug. Abschließend sei darauf hingewiesen, dass Cicero in § 23 nicht nur Antonius in ein schlechtes Licht rückt, sondern auch Caesar und Pompeius kritisiert.

§ 24 *Duo tamen tempora inciderunt, quibus aliquid contra Caesarem Pompeio suaserim. Ea velim reprehendas, si potes: unum ne quinquenni imperium Caesari prorogaret, alterum ne pateretur ferri, ut absentis eius ratio haberetur. Quorum si utrumvis persuasissem, in has miserias numquam incidissemus. Atque idem ego, cum iam opes omnis et suas et populi Romani Pompeius ad Caesarem detulisset, seroque ea sentire coepisset, quae multo ante provideram, inferrique patriae bellum viderem nefarium, pacis, concordiae, compositionis auctor esse non destiti, meaque illa vox est nota multis: „Utinam, Cn. Pompei, cum C. Caesare societatem aut numquam coisses aut numquam diremisses! Fuit alterum gravitatis, alterum prudentiae tuae." Haec mea, M. Antoni, semper et de Pompeio et de re publica consilia fuerunt. Quae si valuissent, res publica staret, tu tuis flagitiis, egestate, infamia concidisses.*

INHALT UND KONTEXT: Auch in § 24 wehrt sich Cicero gegen den Vorwurf, Caesar und Pompeius entzweit und damit den Bürgerkrieg mitverursacht zu haben. Er gibt nun sogar zu, Pompeius zwei Ratschläge[124] für sein politisches Verhalten gegenüber Caesar gegeben zu haben – erstens, Caesars fünfjähriges Imperium nicht zu verlängern[125], und zweitens, seine Kandidatur in Abwe-

---

[123] Vgl. RAMSEY 2008, 196.

[124] Vgl. auch Cic. Att. 7.6: *De re p. valde timeo nec adhuc fere inveni, qui non concedendum putaret Caesari, quod postularet, potius quam depugnandum. est illa quidem impudens postulatio, opinione valentior; cur autem nunc primum ei resistamus? οὐ γὰρ δὰ τόδε μεῖζον ἔπει κακόν, quam cum quinquennium prorogabamus aut cum, ut absentis ratio haberetur, ferebamus, nisi forte haec. illi tum arma dedimus, ut nunc cum bene parato pugnaremus. dices: „quid tu igitur sensurus es?" non idem, quod dicturus; sentiam enim omnia facienda, ne armis decertetur, dicam idem, quod Pompeius, neque id faciam humili animo, sed rursus hoc permagnum rei p. malum, esse quodam modo mihi praeter ceteros non rectum me in tantis rebus a Pompeio dissidere.* „Um den Staat bin ich in großer Besorgnis, habe bisher auch kaum jemanden gefunden, der nicht der Meinung gewesen wäre, man solle lieber Caesar gewähren, was er fordere, als es zu einem Kampf auf Leben und Tod kommen zu lassen. Gewiß, seine Forderung ist unverschämt, aber er, der fordert, stärker, als wir ahnen. Und warum wollen wir uns ihm jetzt erst widersetzen? ‚Droht doch hier nicht größere Gefahr' als damals bei der Verlängerung seines Kommandos um fünf Jahre oder bei dem Antrag, ihn von der persönlichen Bewerbung zu dispensieren, nur daß wir ihm damals die Waffen geliefert haben, um jetzt mit einem wohlgerüsteten Gegner kämpfen zu müssen. ‚Und welchen Standpunkt willst Du also einnehmen?' wirst Du fragen. Nicht den, zu dem ich mich äußerlich bekennen werde. Ich bleibe bei der Meinung, man muß alles daran setzen, um eine Entscheidung mit den Waffen zu vermeiden; aber nach außen hin werde ich für das eintreten, was Pompeius sagt, und zwar mit aller Entschiedenheit. Für den Staat ist das freilich ein großer Übelstand; eigentlich dürfte in so entscheidenden Fragen jeder andere eher als gerade ich mit Pompeius uneins sein." (Übers. KASTEN 2011a).

[125] Cicero bezieht sich auf die Konferenz im etrurischen Luca, wo die Triumvirn im Jahr 56 v. Chr. tagten (vgl. auch Cic. Fam. 1.9,9). Dort beschlossen sie, dass Pompeius und Crassus als Konsuln des Jahres 55 Caesars Kommando für Gallien um weitere fünf Jahre verlängern würden. Dies wurde dann auch realisiert: Die beiden Konsuln gossen Caesars Wunsch erfolg-

senheit nicht zuzulassen[126] – und meint, wenn Pompeius auch nur einen der beiden Ratschläge befolgt hätte, wäre es nicht zum Bürgerkrieg gekommen, die Republik hätte bestanden und Marcus Antonius wäre bedeutungslos gewesen. Stattdessen habe Pompeius leider seinen ganzen Einfluss und auch den des römischen Volkes Caesar zukommen lassen.

Er wendet sich also gegen die Kritik Marc Antons und behauptet das Gegenteil, nämlich unermüdlich daran gearbeitet zu haben, einen Bürgerkrieg zu verhindern.

EMOTIONSLINGUISTISCHE ANALYSE: Im ersten Satz kündigt Cicero an, Pompeius zwei politische Empfehlungen gegeben zu haben. Bevor er diese ausspricht, wendet sich Cicero in der 2. Person Singular an Antonius: *Ea velim reprehendas, si potes*. Im Potentialis *velim*, von dem *reprehendas* abhängt, inszeniert sich Cicero als kritikfähiger Staatsmann, der die Wahrheit sucht und sich von guten Argumenten überzeugen lässt. Letztlich dient der ganze Satz aber dazu, den Evidenzcharakter seiner beiden Ratschläge zu erhöhen; echten Zweifel lässt Cicero nicht zu, denn er relativiert die im Potentialis mitgedachte Möglichkeit seines Irrtums sofort wieder mit dem Konditionalsatz *si potes*. Darin steckt eine kontrafaktische Vorannahme: Cicero sagt also im Klartext, Marcus Antonius könne Cicero gar nicht kritisieren, denn er habe richtige Ratschläge gegeben, seine Behauptungen seien evident.

So rahmt Cicero das Folgende als Gewissheit. Es folgen die beiden Empfehlungen, parallel aufgebaut in zwei iussive *ne*-Sätzen, gegliedert durch *unum* und *alterum*.[127] Die positiven Folgen der Befolgung auch nur eines seiner beiden Ratschläge werden durch zwei Konditionalsätze betont, die im Irrealis der Vergangenheit stehen. Die gegenwärtige Situation qualifiziert Cicero im Nachsatz negativ: *in has miserias numquam incidissemus*. Cicero bewertet hier den politischen Status quo als *miseriae*, als unglücklichen Zustand. Das Pronomen *has* markiert die Aktualität und Dringlichkeit dieses Zustandes (im Sinne der zeitlichen Nähe). Das Verb *incidere* macht aus der idiomatischen Wendung *miserias incidere* ein sogenanntes „Kinegramm", in dem eine Abwärtsbewegung dargestellt wird.[128] Abwärtsbewegungen sind generell negativ konnotiert, was die negative Bewertung von *miseriae* auf der Intensitätsskala verstärkt.[129]

---

reich in ein Gesetz, in die *Lex Licinia Pompeia*. Damit wurde dieses Gesetz der Nachfolger der *Lex Vatinia de imperio Caesaris* von 59 v. Chr.
In Wirklichkeit dürfte Cicero Pompeius aber gar nicht so sehr gedrängt haben, das Kommando nicht zu verlängern, wie er hier vorgibt: vgl. Cic. Fam. 8.1,1–2.

[126] Pompeius billigte als Konsul im Jahr 52 v. Chr. ein Gesetz, das Caesars Amtsbewerbung um das Konsulat des Jahres 48 *in absentia* akzeptierte. Caesar war immer erpicht, ein Amt zu bekleiden, da er nur so immun und vor Strafverfolgung sicher war. Vgl. BROUGHTON 1986, 236.

[127] Vgl. RAMSEY 2008, 196.

[128] Sie versprachlichen nonverbales Verhalten. Siehe zu dieser Klasse von phraseologischen Wendungen BUSCH/STENSCHKE 2018, 203.

[129] Vgl. ORTNER 2014, 128–134.

Im folgenden langen Satz sagt Cicero, dass er trotz der Missachtung seiner Ratschläge versucht habe, die Entwicklung der politischen Verhältnisse positiv zu beeinflussen. Er bewertet sich selbst als vorausschauenden Politiker, als Friedensstifter und Brückenbauer trotz aller Widrigkeiten, die schließlich in einen schändlichen Krieg im Innern mündeten: *inferrique patriae bellum viderem nefarium*. Das negative Attribut *nefarium* disqualifiziert den Krieg, steht in Sperrposition und trägt zudem den Akzent am Satzende.[130]

Im Relativsatz *quae multo ante provideram* intensiviert der Ablativus mensurae *multo* Ciceros Weitsicht übertrieben. Eine weitere sprachlich-stilistische Betonung seiner positiven Rolle als politischer Vermittler findet sich in der Selbstbeschreibung *pacis, concordiae, compositionis auctor* – ein Trikolon und Asyndeton.

Dann zitiert er sich selbst: *Utinam, Cn. Pompei, cum C. Caesare societatem aut numquam coisses aut numquam diremisses!* Dieser Ausrufesatz, der mit der Partikel *utinam* und der Anrede *Cn. Pompei* eingeleitet wird, ist hochemotional und enthält einen unerfüllbaren Wunsch aus der Vergangenheit. Er dient also dem Sprechziel des *movere*, aber auch des *delectare*, wobei der ausgedrückte Gedanke auf den ersten Blick ein Paradoxon darstellt, das erst reflektiert werden muss.[131]

Erst am Ende des Abschnitts wendet sich Cicero wieder an Antonius, den er direkt im Vokativ anspricht (soziale Nähe). Im Schlusssatz wird er in der 2. Person angesprochen; es handelt sich um ein Resümee, einen irrealen Konditionalsatz der Vergangenheit, der im Dann-Satz antithetisch die positiven Folgen seiner Empfehlungen zum Ausdruck bringt: *Quae si valuissent, res publica staret, tu tuis flagitiis, egestate, infamia concidisses*: „Der Staat stünde noch, du aber wärest gefallen." Im Bild vom Stehen und Fallen findet sich eine eindrückliche Bewegungsmetapher, also wieder ein mitreißendes Kinegramm. Die Vorstellung von Marc Antons Untergang wird durch die explizite Nennung des Personalpronomens *tu*, die Alliteration *tu tuis* sowie das Trikolon *flagitiis, egestate, infamia* noch verstärkt.

i. Schwerwiegende Vorwürfe: Ermordung Caesars (25–36)

§ 25 *Sed haec vetera, illud vero recens, Caesarem meo consilio interfectum. Iam vereor, patres conscripti, ne, quod turpissimum est, praevaricatorem mihi apposuisse videar, qui me non solum meis laudibus ornaret, sed etiam oneraret alienis. Quis enim meum in ista*

---

[130] Vgl. RAMSEY 2008, 198.

[131] Vgl. HARJUNG 2017, 323–324: „Sätze oder Satzteile, die in sich selbst einen Widerspruch enthalten und daher eine (logisch od. moralisch) falsche Behauptung oder Aussage darstellen oder darzustellen scheinen". Cicero hatte auch im philosophischen Sinn eine Vorliebe für Paradoxien, wie sein Werk *Paradoxa Stoicorum* wohl beweist. Er bezeichnet sie nicht als absurd, sondern als auffallend: *paradoxa, quae sunt mirabilia contraque opinionem omnium*; vgl. Cic. parad. prooem. § 4; Acad. 2, 136. Daher eignen sie sich auch so gut, um die Aufmerksamkeit der Zuhörer zu fesseln.

societate gloriosissimi facti nomen audivit? Cuius autem, qui in eo numero fuisset, nomen est occultatum? Occultatum dico? Cuius non statim divolgatum? Citius dixerim iactasse se aliquos, ut fuisse in ea societate viderentur, cum conscii non fuissent, quam ut quisquam celari vellet, qui fuisset.

INHALT UND KONTEXT: In den Abschnitten 25–28 weist Cicero den Vorwurf des Marcus Antonius zurück, an der Ermordung Caesars beteiligt gewesen zu sein.[132]

In § 25 findet sich sein Argument, dass sein Name nie auf der Liste der Verschwörer gestanden habe. Cicero wandelt die Anklage des Antonius geschickt um, so dass der Vorwurf zum Lob und der Gegner zum Scheingegner (*praevaricator*[133]) zu werden scheint. Die Verschwörung gegen Caesar bezeichnet er als eine ruhmreiche Tat (*societate gloriosissimi facti*).[134] Die Namen der Verschwörer seien in Windeseile bekannt geworden, denn nicht nur die eigentlichen Mörder hätten das Wissen um ihre Beteiligung bereitwillig verbreitet, sondern auch einige Unbeteiligte seien auf den Zug aufgesprungen und hätten sich gerne nachträglich in die Liste der ruhmreichen Namen eingetragen.[135]

EMOTIONSLINGUISTISCHE ANALYSE: Im ersten Satz rekapituliert Cicero den Vorwurf des Antonius, der sich auf ein aktuelles Ereignis (*illud vero recens*) be-

---

[132] Cicero spielte tatsächlich keine Rolle an den Iden des März, wie ein Brief an den Verschwörer Trebonius vom Februar 43 v. Chr. zeigt (vgl. Cic. Fam. 10.28,1). In diesem Brief beklagt er, dass die Verschwörer nicht auch Antonius getötet hätten. Wäre er am Komplott beteiligt gewesen, so hätte er auch dessen Tötung durchgesetzt: *Quam vellem ad illas pulcherrimas epulas me Idibus Martiis invitasses reliquiarum nihil haberemus. at nunc cum iis tantum negotii est, ut vestrum illud divinum in rem p. beneficium non nullam habeat querelam. quod vero a te, viro optimo, seductus est tuoque beneficio adhuc vivit haec pestis, interdum, quod mihi vix fas est, tibi subirascor; mihi enim negotii plus reliquisti uni quam praeter me omnibus.* „Wie wünschte ich, Du hättest mich zu jenem herrlichen Mahle an den Iden des März geladen. Dann wäre nichts übriggeblieben. Aber jetzt haben wir mit den Resten solche Mühe, daß Eure göttliche Tat für den Staat nicht so ganz befriedigt. Und daß dieser Unhold von Dir, einem sonst so trefflichen Manne, beiseitegenommen wurde und es Dir zu verdanken hat, daß er noch am Leben ist, dafür bin ich Dir manchmal, obwohl ich es eigentlich nicht dürfte, ein wenig böse, denn damit hast Du mir allein mehr zu tun übriggelassen als allen andern zusammen." (Übers. KASTEN 2011b).
Die Verschwörer scheinen Cicero deswegen nicht involviert zu haben, weil er mit 62 Jahren schon betagt gewesen sei und weil sie nicht mit seiner hundertprozentigen Loyalität rechneten; vgl. Plut. Brut. 12,2 und Plut. Cic. 42,1–2.

[133] Vgl. zur *praevaricatio* als Straftatbestand GREENIDGE 2015, 470–471 und ALEXANDER 1982, 142–153. Siehe auch *DNP* s. v. *praevaricatio*: „(wörtlich etwa: ‚sich von vornherein Querlegen') [...] P. ist [...] die Begünstigung des Angeklagten durch den Ankläger im öffentlichen Strafverfahren [...] P. umfaßt alles Handeln zum Schutz des Angeklagten vor Bestrafung. [...] P. bewirkte, daß die korrupte Entscheidung nicht rechtskräftig wurde. Der Täter wurde (nicht erst seit der *lex Iulia iudiciorum publicorum*, also schon vor Augustus) wie bei grundloser Anklage (*calumnia*) mit dem Verlust der bürgerlichen Rechte (*infamia*) und des Anklagerechts bestraft."

[134] Vgl. OLD s. v. *societas* 1b: „partnership in a most glorious deed."

[135] Das stimmt tatsächlich, schenkt man den Quellen App. 2.119 and Plut. Caes. 67.4 Glauben. Alle diese „Trittbrettfahrer" sollen mit dem Leben bezahlt haben.

zieht, nämlich die Iden des März, distanziert im AcI: *Caesarem meo consilio interfectum.* Das Verb *interficere* ist wertfrei und neutral – schon in der Vermeidung eines schärferen Verbs wie *trucidare* mit sehr negativer Bedeutungsnuance kann eine Billigung des Caesarmordes gesehen werden, den er später im Abschnitt noch offen befürworten wird. Dann verwendet Cicero – freilich ironisch – einen verbalen Emotionsbegriff, nämlich das Furchtverb *vereor*: In dem davon abhängigen *ne*-Satz drückt Cicero seine „Furcht" aus, vor den Senatoren, die er mit der feierlichen (soziale Nähe signalisierenden) Anrede *patres conscripti* anspricht, als jemand dazustehen, der sich mit fremden Federn schmückt – oder schmücken lässt, denn Cicero bezeichnet Antonius als Scheinankläger (*praevaricator*) und wandelt seinen Vorwurf auf witzige Weise (im Sinne von *delectare*) in ein Lob um; Antonius lobt ihn nun nicht nur für seine eigenen Taten (*qui me non solum meis laudibus ornaret*), sondern auch für die Taten anderer (*sed etiam oneraret alienis*). Cicero verleiht dieser witzigen Antithese zusätzliche Emphase, indem er mit *ornaret* und *oneraret* ähnlich klingende Verben wählt (eine Paronomasie), sie chiastisch setzt und den Satz mit der Klausel „Päon + Trochäus" abschließt.[136] In die Aussage, die vom Verb *vereor* abhängt, fügt Cicero die Satzapposition *quod turpissimum est* ein. Diese Relativierung seiner witzigen rhetorischen Verwandlung des Vorwurfs in ein Lob bewahrt Ciceros Ruf als anständiger und rechtschaffener Römer, der sich niemals mit fremden Federn schmückt.

Nach diesem längeren Satz folgen vier zum Teil kurze rhetorische Fragen, die Ciceros emotionale Reaktion bzw. seine Empörung zeigen (also dem *commovere* dienen). In der ersten Frage bewertet er den Mord an Caesar nun eindeutig und unverhohlen positiv und bezeichnet ihn als Ruhmestat (*gloriosissimi facti*); der Superlativ dient als *affective intensifier*. Außerdem nennt er hier sein Hauptargument gegen die Anklage des Marcus Antonius: Es besteht darin, dass sein Name (betont in einem weiten Hyperbaton *meum ... nomen ...?*) in keiner Namensliste der Verschwörer auftaucht. In den weiteren rhetorischen Fragen finden sich zum Teil Selbstverbesserungen, die die Performativität und Spontaneität des Gesagten und damit die emotionale Involviertheit Ciceros in die Sache – trotz oder vielleicht gerade wegen der Fiktionalität der Rede – zum Ausdruck bringen. Der Abschnitt gipfelt sogar in einer abschließenden *correctio*, die Cicero nun – kühler, geordneter und wohl auch mit größerer innerer Klarheit – in einem Behauptungssatz, also nicht mehr in einer rhetorischen Frage, vorträgt. Darin kommt es zu einer völligen Umwertung aller Werte, auf denen Marcus Antonius' Anklage beruhte und die nun zusammenbrechen: Es habe, so Cicero, eher Betrüger gegeben, die ihre angebliche Mittäterschaft öffentlich gemacht hätten, als Verschwörer, die ihre Tat verheimlicht hätten. Ciceros Position lässt sich so zusammenfassen: „Selbst wenn ich wirklich mitgeholfen hätte, wäre es eine Ruhmestat gewesen, kein Verbrechen!"

---

[136] Vgl. RAMSEY 2008, 199.

§ 26 *Quam veri simile porro est in tot hominibus partim obscuris, partim adulescentibus neminem occultantibus meum nomen latere potuisse? Etenim si auctores ad liberandam patriam desiderarentur illis actoribus, Brutos ego impellerem, quorum uterque L. Bruti imaginem cotidie videret, alter etiam Ahalae? Hi igitur his maioribus ab alienis potius consilium peterent quam a suis et foris potius quam domo? Quid? C. Cassius in ea familia natus, quae non modo dominatum, sed ne potentiam quidem cuiusquam ferre potuit, me auctorem, credo, desideravit: Qui etiam sine his clarissimis viris hanc rem in Cilicia ad ostium fluminis Cydni confecisset, si ille ad eam ripam, quam constituerat, non ad contrariam navis appulisset.*

INHALT UND KONTEXT: In den Abschnitten 25–28 weist Cicero den Vorwurf des Marcus Antonius zurück, an der Verschwörung gegen Caesar beteiligt gewesen zu sein.

In § 26 lautet sein Argument: Die Mörder hätten Cicero als Anstifter (auctor) für ihre Tat nicht gebraucht. Als Mörder nennt er namentlich die beiden Brutus-Brüder und Cassius. Diese hätten seinen Rat nicht gebraucht, da sie aus Familien stammten, deren Vorfahren schon oft Tyrannen und Machtanwärter aus dem Weg geräumt hätten.[137] Am Ende behauptet Cicero, Cassius hätte Caesar beinahe an der Mündung des kilikischen Flusses Cydnus getötet, wenn Caesar mit seiner Flotte am vereinbarten Ufer gelandet wäre und nicht unerwartet am anderen.[138]

EMOTIONSLINGUISTISCHE ANALYSE: Dieser Abschnitt besteht zu zwei Dritteln aus rhetorischen Fragen, mit denen Cicero seiner Empörung Ausdruck verleiht. Die rhetorischen Fragen können daher als indexikalische Zeichen für Ciceros erregte Gefühlslage interpretiert werden.

Worauf bezieht sich sein Unverständnis? Darauf, dass Marcus Antonius offenbar annimmt, ausgerechnet der Name Cicero könne geheim gehalten werden, wo es doch so viele[139] junge Männer[140] gibt, die keinen einzigen Namen für sich behalten können. Die große Zahl der Männer lässt Cicero zwar vage (geringe Spezifität), betont aber ihre Unzahl mit dem indeklinablen *tot* (Intensität). Der AcI, der von dem unpersönlichen Ausdruck *quam veri simile porro est ...?* abhängt und den Kern des Satzes enthält, wird lange in der Schwebe gehalten und

---

[137] Zu L. Iunius Brutus: vgl. Cic. Phil. 1,13. C. Servilius Ahala, ein namhafter Ahne von M. Brutus' Mutter, tötete Sp. Maelius, weil er König werden wollte; vgl. Cic. Catil. 1,3. Sp. Cassius Vecellinus, ein Vorfahr von Cassius, wollte, so sagte man, Alleinherrscher werden; er soll auf Betreiben seines eigenen Vaters und hingerichtet worden sein, vgl. RE „Cassius 91".

[138] Diese Behauptung scheint aus der Luft gegriffen und wenig wahrscheinlich. Vgl. RAMSEY 2008, 202: „This unfulfilled intention of Cassius to kill Caesar in Cilicia, on the banks of the Cydnus River, may well be pure invention on Ciceros part. It is mentioned nowhere else. [...]".

[139] In den antiken Quellen ist von etwa 60 Verschwörern die Rede, vgl. Suet. Iul. 80,4: Oros. 6.17,2: Eutrop. 6,25. Die Namen von etwa 20 von ihnen können rekonstruiert werden. Cicero nennt in §§ 26–27 immerhin acht von ihnen.

[140] Vgl. zur Betonung der Jugend der Verschwörer Cic. Phil. 1,22: *Quid est aliud hortari adulescentes, ut turbulenti, ut sediotiosi, ut perniciosi cives velint esse?*

erst am Ende des Satzes emphatisch geliefert.[141] Dadurch erhält der „Subjektakkusativ" *meum nomen* einen inhaltlichen Akzent (eben mein Name), so dass hier die hohe Selbsteinschätzung unterschwellig nur mit syntaktischen Mitteln verbalisiert wird.

Doch gleich darauf inszeniert er sich als bescheidener Mann, den die Anführer der Verschwörung (zum Zwecke der *captatio benevolentiae*) gar nicht gebraucht hätten, da sie schon genug Ehrgeiz und Entschlossenheit aus der Nachahmung der großen Taten ihrer eigenen glänzenden Vorfahren schöpften.

Cicero beschreibt diese Unabhängigkeit in anschaulichen Bildern. Er malt sie in drei Schritten aus und spielt dabei auf historische Persönlichkeiten an: 1. Die beiden Bruti sähen täglich (*cotidie*) die Ahnenmasken (*imagines*) des L. Iunius Brutus oder des C. Servilius Ahala, die Rom in der Vergangenheit vor Königen bzw. Thronprätendenten bewahrt hätten; das Adverb *cotidie* ist wohl eine Übertreibung und damit Affektverstärker, da Ahnenmasken wohl nur an bestimmten Festtagen sichtbar aufgestellt wurden. 2. Die beiden Bruti könnten bei einer solchen Genealogie immer noch Familienmitglieder um Rat fragen und seien daher nicht auf Fremde angewiesen; zwei in Komparativsätze eingebettete Antithesen – zum einen *ab alienis potius* [...] *quam* [...] *a suis*, zum anderen *foris potius quam domo* – stützen dieses Argument. 3. Cassius eifert bereits den Heldentaten seiner Vorfahren nach, die nicht einmal die Vorrangstellung eines anderen (*potentiam*[142]), geschweige denn seine Tyrannenherrschaft (*dominatum*[143]) akzeptiert hätten; Cicero verwendet die zuspitzende Wendung *non modo* [...] *sed ne* [...] *quidem* und ein unspezifisches *cuiusquam*, das zum Ausdruck bringt, dass für diese Männer schlicht niemand, und sei er noch so fähig, für eine Machtposition in Frage gekommen wäre.[144] Cicero spitzt diesen Gedanken am Ende des Absatzes noch einmal zu, indem er ein *argumentum a fortiori* verwendet: Mit etwas Glück hätte Cassius den Mord schon einige Jahre früher begehen können – auch ohne die berühmten Helfer der Iden des März.

§ 27 *Cn. Domitium non patris interitus, clarissimi viri, non avunculi mors, non spoliatio dignitatis ad recuperandam libertatem, sed mea auctoritas excitavit? An C. Trebonio ego persuasi? Cui ne suadere quidem ausus essem. Quo etiam maiorem ei res publica gratiam debet, qui libertatem populi Romani unius amicitiae praeposuit depulsorque dominatus quam particeps esse maluit. An L. Tillius Cimber me est auctorem secutus? Quem ego magis fecisse illam rem sum admiratus quam facturum putavi, admiratus autem ob eam causam,*

---

[141] Vgl. RAMSEY 2008, 199.

[142] Das Wort *potentia* meint nach *OLD* s. v. 1: „The ability to exercise control over others, power. Influence." Der Begriff *potestas* bezieht sich hingegen auf die offizielle Amtsgewalt, vgl. *OLD* s. v. „potestas" 1b.

[143] Der Begriff *dominatus* bedeutet laut *OLD* s. v. 1: „Absolute rule, lordship, dominion".

[144] Die Römer waren immer erpicht darauf, Macht und Einfluss auf möglichst viele Personen zu verteilen, um zu großer Machtkonzentration auf ein einzelnes Individuum zuvorzukommen. Dies kann man auch an Regelungen des *cursus honorum* wie der Kollegialität, der Annuität, des Interzessionsrechts, usw. erkennen. Vgl. BLEICKEN 1999, 76–79.

quod immemor beneficiorum, memor patriae fuisset. Quid duos Servilios – Cascas dicam an Ahalas? – et hos auctoritate mea censes excitatos potius quam caritate rei publicae? Longum est persequi ceteros, idque rei publicae praeclarum fuisse tam multos, ipsis gloriosum.

INHALT UND KONTEXT: In den Abschnitten 25–28 weist Cicero den Vorwurf des Marcus Antonius zurück, an der Ermordung Caesars beteiligt gewesen zu sein.

Im vorliegenden Abschnitt 27 lautet sein Argument: Die Attentäter hätten Cicero nicht als Anstifter (*auctor*) für ihre Tat gebraucht. Cicero nennt als Beteiligte Cn. Domitius, C. Trebonius, L. Tillius Cimber und zwei Servilier[145] – sie alle hätten viel bessere Gründe gehabt, Caesar zu töten.

EMOTIONSLINGUISTISCHE ANALYSE: Cicero versucht, das Wohlwollen der Zuhörer zu gewinnen, indem er sich als bescheidenen Mann darstellt, dessen Hilfe die Verschwörer gegen Caesar nicht gebraucht hätten. Gleichzeitig lobt er sie namentlich, rühmt ihre Vorfahren, Verwandten und Taten. Diese Selbstinszenierung und Lobpreisung ist jedoch nur eingebettet in die Widerlegung der Anklage des Marcus Antonius.

Die Namen der Männer werden jeweils durch eine rhetorische Frage eingeführt, sie werden meist am Satzanfang in betonter Stellung (Intensität) genannt. Die Form der rhetorischen Frage vermittelt die Erregung Ciceros auf syntaktischer Ebene. In der ersten rhetorischen Frage wird Cn. Domitius zitiert. In einer Antithese wertet Cicero die Bedeutung von Domitius' Vater und Onkel und seine eigene dignitas auf, während er seinen eigenen Einfluss (*auctoritas*) herabsetzt (Bewertung). Sein Vater, ein ehemaliger Konsul, wurde nach der Schlacht von Pharsalos auf der Flucht von Caesars Reitern gestellt und getötet. Die Würde des Vaters wird durch die anschließende positiv wertende Apposition clarissimi *viri* ausgedrückt. Die negativ konnotierte Vokabel *interitus* („Untergang"; „Vernichtung") enthält somit eine Verurteilung dieser Gewalttat von Caesars Männern im Jahr 48 v. Chr. Der Tod des Onkels, hinter dem sich

---

[145] Cn. Domitius Ahenobarbus (vgl. *RE* Domitius 23; Konsul 32 v. Chr.) war ein Sohn des L. Domitius Ahenobarbus (*RE* Domitius 23) und Porcia, Catos Schwester, und damit ein Neffe von Cato Minor. Der Vater L. Domitius (Konsul 54 v. Chr.) fiel im Jahr 48 bei Pharsalus; Cato nahm sich in Utica 46 v. Chr. das Leben. Der Urenkel Nero von Cn. Domitius wurde später römischer Kaiser.
C. Trebonius war Konsul im Jahr 45 v. Chr, vgl. *KlP* Trebonius I 2.
Tillius Cimber (vgl. *KlP* Tillius 3; wahrscheinlich Prätor des Jahres 45 v. Chr.) war Caesar besonders nahe und war von ihm oft gefördert worden. Er soll beim Attentat an den Iden des März, indem er um die Begnadigung seines verbannten Bruders gebeten und Caesars Toga heruntergezogen haben soll, das verabredete Zeichen für den Mord gegeben haben; vgl. Plut. Caes. 66, 5–6; Plut. Brut. 17, 3–4; Suet. Iul. 82, 1; App. civ. 2, 117.
Die beiden Servilier sind die Brüder C. Servilius Casca (vgl. *RE* Servilius 53; Volkstribun 44 v. Chr.) und P. Servilius Casca Longus (vgl. *KlP* Servilius I. 19; Volkstribun 43 v. Chr.); sie waren Nachkommen des in § 26 erwähnten C. Servilius Ahala. Am 15. März zog Publius den Quellen zufolge als erster den Dolch gegen Caesar, doch als die Klinge abglitt, rief er seinen Bruder Gaius zu Hilfe, der Caesar tödlich in die Brust stach; vgl. Suet. Iul. 82,2.

kein Geringerer als Cato Uticensis verbirgt, wird dagegen mit dem Substantiv *mors* bezeichnet, einem eher neutralen Begriff ohne weitere Konnotationen, der Catos Selbstmord zumindest nicht in ein schlechteres Licht rückt, sondern billigt.[146]

Die Erwähnung des Trebonius erfolgt besonders empört, da die folgende rhetorische Frage ein explizites, eigentlich unnötiges *ego* verwendet, das die subjektive Affektlage Ciceros einfängt. Außerdem wird die Frage mit der Partikel *an* eingeleitet. Burkard und Schauer schreiben, dass *an* oft in einer unwilligen Frage vorkommt. Außerdem schreiben sie dort: „Die Frage mit *an* steht im Anschluss an die vorhergehende Behauptung und enthält das schlagende Argument, das die Widersinnigkeit einer Meinung darlegen soll."[147] In diesem Fall handelt es sich um die Beschuldigung Marc Antons, römische Bürger zum Mord an Caesar angestiftet zu haben.

Das Prädikat *persuasi* ist ein Derivat, das durch Präfigierung aus dem Simplex *suadere* entsteht. *per-* ist ein steigerndes, intensivierendes Präfix. Mit beiden Verben – *persuadere* und *suadere* – treibt Cicero ein Wortspiel (Paronomasie). Diese humorvolle Einlage lockert seine Aussage auf: Ich habe ihn nicht überredet, ich habe es nicht einmal gewagt, ihm einen Rat zu geben (*ne suadere quidem*)! Cicero ordnet sich also Trebonius auf der sozialen Leiter völlig unter. Die Begründung folgt im nächsten Satz, indem explizit die Emotion der Dankbarkeit (*gratia*) genannt wird, die der Staat ihm schulde. Emotional verstärkt wird die Aussage durch einen Komparativsatz (*quo etiam maiorem ... gratiam*). Die Frage, warum die Republik Trebonius zu Dank verpflichtet sei, wird im folgenden Relativsatz beantwortet: In zwei Antithesen weist er der *libertas populi Romani* und dem *depulsor dominatus* einen positiven Wert zu – hier findet sich eine Intensivierung in der d-Alliteration –, der Freundschaft mit dem Einzelnen Caesar (*unius amicitiae*) und der Teilhabe an seiner Herrschaft (*dominatus particeps*) aber einen negativen. Trebonius habe also die Güter seines Lebens richtig abgewogen und der „guten Seite" den Vorzug gegeben.

Und wieder wird eine rhetorische Frage mit dem Partikel *an* eingeleitet: Nun wird der Mörder L. Tillius Cimber erwähnt. Im folgenden Aussagesatz drückt Cicero seine Bewunderung für dessen Tatkraft (positive Bewertung) und – ähnlich wie zuvor bei Trebonius – für seine Bevorzugung des römischen Gemeinwesens gegenüber Caesar aus.

In der abschließenden rhetorischen Frage wendet sich Cicero wieder Antonius zu (soziale Nähe): *Quid ... censes ...?* Noch einmal inszeniert sich Cicero als bescheiden: Die Servilianer hätten seiner *auctoritas* nicht bedurft, allein ihre Liebe zur Republik (*caritate rei publicae*) habe sie zu ihrem Handeln veranlasst.

---

[146] Bald nach seinem Suizid schrieb Cicero eine Laudatio auf Cato, auf die Caesar mit seinen *Anticatones* reagierte. Durch seine feste republikanische Haltung und seinen ehrenvollen Freitod wurde Cato zum Vorbild für alle Gegner der Alleinherrschaft. Vgl. FEHRLE 1983.

[147] Siehe BURKARD/SCHAUER 2012, § 414,4.

Der letzte Satz ist eine Praeteritio; Cicero übergeht die vielen „Helden" der Iden des März und betont gerade dadurch ihre große Zahl[148] und ihr politisches Gewicht (Intensität).

§ 28 *At quem ad modum me coarguerit homo acutus, recordamini. „Caesare interfecto", inquit, „statim cruentum alte extollens Brutus pugionem Ciceronem nominatim exclamavit atque ei recuperatam libertatem est gratulatus." Cur mihi potissimum? Quia sciebam? Vide, ne illa causa fuerit appellandi mei, quod, cum rem gessisset consimilem rebus eis, quas ipse gesseram, me potissimum testatus est se aemulum mearum laudum exstitisse.*

INHALT UND KONTEXT: In § 28 schließt Cicero seine Verteidigung gegen den Vorwurf des Marcus Antonius, Mitwisser und Planer des Attentats auf Caesar gewesen zu sein. Die Möglichkeit, dass Brutus unmittelbar nach dem Mord seinen Namen gerufen haben könnte, begründet Cicero damit, dass Brutus sich als Retter des Vaterlandes mit Cicero auf eine Stufe gestellt und Cicero dafür als Zeugen angerufen habe.[149]

EMOTIONSLINGUISTISCHE ANALYSE: Im ersten Satz stehen die zuhörenden Senatoren im Mittelpunkt, denn an sie richtet Cicero den Imperativ *recordamini*. Die vom Imperativ abhängige indirekte Frage wird vorangestellt und dadurch syntaktisch betont. Auch die adversative Konjunktion *at* trägt dazu bei, dass der Rezipient der Rede erfährt, dass nun ein anderes Thema angesprochen wird.[150]

Subjekt des indirekten Fragesatzes ist Marcus Antonius, den Cicero ironisch als *homo acutus* bezeichnet – eindeutig eine sarkastische Antiphrase, die das Gegenteil bedeuten soll und damit eigentlich eine negative Bewertung Marcus Antonius enthält (mit dem Topos *stultitia*).

Es folgt ein direktes Zitat von Marc Anton aus seiner (fiktiven) Senatsrede vom 19. September.[151] Marcus Antonius hat darin mit rhetorischen Mitteln eine Emotionalisierung der Aussage angestrebt. Als erstes fällt das Participium Coniunctum auf *statim cruentum alte extollens Brutus pugionem*: Das temporale Adverb *statim* steigert (wohl hyperbolisch) die unmittelbare Aufeinanderfolge der Ereignisse; *cruentum* beschreibt den blutigen Dolch nach der Tat, dient also der Evidentia und bildet zudem mit *pugionem* ein weites Hyperbaton; *extollens* ist eine Ableitung von *tollere* mit dem intensivierenden Präfix *ex-*; das eigentlich pleonastische Adverb *alte* beschreibt den hochgehaltenen Dolch nochmals ein-

---

[148] Vgl. DAHLHEIM 2005, 240; WILL 2009, 179.

[149] Brutus könnte Cicero tatsächlich wegen des in diesem Abschnitt angegebenen Grundes zum Zeugen gerufen haben. Eine andere Möglichkeit könnte laut RAMSEY sein, dass Brutus durch Anrufung eines verdienten Konsulars dem Attentat *auctoritas* verleihen wollte, vgl. RAMSEY 2008, 204–205.

Cicero war wohl wirklich im Senat, als das Attentat geschah; vgl. hierzu Att. 14.14,4: *laetitiam quam oculis cepi iusto interitu tyranni*; vgl. Cic. Div. 2,23 und Cic. Phil. 2,34.

[150] Vgl. *OLD* s. v. *at* 2.

[151] Normalerweise zitiert Cicero ihn indirekt mittels AcI-Konstruktionen, was wiederholt als Markierung geringer Evidentialität interpretiert worden ist.

dringlich. Auch Antonius' Anrufung Ciceros ist nicht neutral, sondern affektgeladen: *Ciceronem nominatim exclamavit*. Wiederum findet sich mit *exclamavit* ein Verb, das durch die Vorsilbe *ex-* affektiv morphologisch aufgeladen ist und eine laute, feierliche Nennung einer Person bedeutet[152]; *nominatim* ist also eigentlich pleonastisch und dient der Steigerung.

Der zweite Teil des Zitats suggeriert, dass Cicero Mitwisser des Attentats gewesen sei, wovon sich Cicero jedoch sofort in zwei kurzen rhetorischen Fragen distanziert: *Cur mihi potissimum? Quia sciebam?*

Der letzte Satz von § 28 stellt Ciceros alternative Begründung dar; sie beruht auf einem mahnenden und strengen Imperativ *vide, ne ...!*[153], der wie die Strafe eines Schulmeisters gegen einen ungezogenen Schüler wirkt und damit soziale Deixis vollzieht, das heißt die Zuweisung eines höheren Status an sich selbst und eines niedrigeren an den anderen.[154] Die abhängige Alternativbegründung lautet, Brutus habe Cicero lediglich als Zeugen dafür angerufen, dass er nun ganz ähnliche Taten vollbracht habe (*rem gessisset consimilem*; das Präfix *con-* ist ein morphologischer Affektverstärker), die denen Ciceros aus dem Jahr 63 v. Chr. gleichwertig seien. Cicero versäumt es in seiner Begründung nicht, sich selbst positiv zu bewerten, indem er seine Taten als Ruhmestaten (*mearum laudum*) bezeichnet. Der Satzschluss *me potissimum testatus est se aemulum mearum laudum exstitisse* erfährt nach RAMSEY auf zwei klangliche Weisen eine weitere emotionale Aufladung (Intensivierung): einmal durch eine Alliteration mit s und m und einmal durch eine feierliche Klausel, die aus einem Molossus und einem doppelten Trochäus in *mearum laudum exstitisse* besteht[155].

§ 29 *Tu autem, omnium stultissime, non intellegis, si id, quod me arguis – voluisse interfici Caesarem –, crimen sit, etiam laetatum esse morte Caesaris crimen esse? Quid enim interest inter suasorem facti et probatorem? Aut quid refert, utrum voluerim fieri an gaudeam factum? Ecquis est igitur exceptis eis, qui illum regnare gaudebant, qui illud aut fieri noluerit aut factum improbarit? Omnes ergo in culpa. Etenim omnes boni, quantum in ipsis fuit, Caesarem occiderunt: Aliis consilium, aliis animus, aliis occasio defuit; voluntas nemini.*

---

[152] Vgl. *OLD* s. v. *exclamo* 3: „To shout the name of (a person)".

[153] Die eher seltene Wendung *vide, ne* [...] mit Konjunktiv hat dann im Deutschen etwa die Bedeutung von „vielleicht". Siehe RAMSEY 2008, 205: „perhaps, quite possibly (lit. take care lest)." Vgl. auch BURKARD/SCHAUER 2012, § 526,3, wo sie das Beispiel bringen: *Vide, ne hoc verum sit!* „Pass auf, dass das nicht wahr ist! = Das ist vielleicht (wohl) wahr." Ihnen zufolge schwächt die Wendung Behauptungen in ihrer Evidentialität ab, d. h. sie wird verwendet zur „Abschwächung oder vorsichtigeren Formulierung von Aussagen."

[154] In der Angewandten Linguistik bzw. in der Soziolinguistik wird zwischen der referentiellen und der sozialen Bedeutung unterschieden. Die referentielle Bedeutung ist dabei der Gesprächsgegenstand, z. B. der Verlauf eines spannenden Fußballspiels; die soziale Bedeutung ist die Art und Weise des Gesprächs, die Auskunft über die sozialen Beziehungen der Gesprächspartner gibt. Wenn es ein Gespräch zwischen gleichrangigen Freunden ist, wird anders auf das Fußballspiel Bezug genommen als zwischen Vorgesetztem und Angestelltem. Siehe BUSCH/STENSCHKE 2018, 230–231.

[155] Vgl. RAMSEY 2008, 205.

INHALT UND KONTEXT: Cicero führt sein bereits erwähntes Argument weiter, dass der Vorwurf der Anstiftung zum Mord an Caesar eigentlich ein Lob sei.

Cicero bezeichnet Antonius als dumm und „begründet"[156] dies wie folgt: Es mache keinen Unterschied, ob man die Tötung Caesars vorher gewollt und geplant habe oder ob man sich erst danach darüber gefreut habe.[157] Aber alle „anständigen" Bürger (*omnes boni*[158]) hätten sich über die Tötung Caesars gefreut. Der Wille zur Tat sei bei allen vorhanden gewesen. Ergo: Wenn die vorherige Planung für Antonius ein Verbrechen (*crimen*) war, dann war es auch die anschließende Freude; da sich aber alle *boni* gefreut hätten, kritisiere Antonius in Wahrheit nicht nur Cicero, sondern alle anständigen Bürger und damit auch die anwesenden Senatoren. Denn sie alle trügen Schuld (*in culpa*).

Dass dies aber die Konsequenz seines Vorwurfs sei, merke er nicht, weshalb Cicero ihn – wie schon oft zuvor – als dumm und einfältig (*stultissime*) bezeichne.

EMOTIONSLINGUISTISCHE ANALYSE: Zu Beginn des Abschnitts dominiert die direkte Anrede Marcus Antonius in der 2. Person Singular: einmal durch ein explizites Personalpronomen (*tu*), zweimal durch die Verbform (*intellegis*, *arguis*). Auf diese Weise durchbricht Cicero die Distanz zu Marc Anton, um einen Angriff von höchster Intensität gegen ihn zu führen: Er tut dies mit dem relativen Superlativ *omnium stultissime*, der den Topos der mangelnden Intelligenz aufgreift.

Dass der erste Satz eine rhetorische Frage ist, unterstreicht die Selbstverständlichkeit des Gesagten aus der Sicht Ciceros: Wenn schon das vorherige Wünschen von Caesars Tod ein Verbrechen (*crimen*) war, dann war es auch das nachträgliche Jubeln darüber. Diesen für § 29 zentralen Gedanken schärft Cicero dem Rezipienten stilistisch ein, indem er Vor- und Nachsatz nicht nur inhaltlich, sondern auch phonetisch durch zahlreiche k-Laute miteinander verbindet (*Caesarem crimen ... Caesaris crimen*).

---

[156] Ciceros Begründung enthält natürlich nur ein auf den ersten Blick einleuchtendes Argument. Wenn man genauer hinguckt, dann ist es alles andere als triftig. Es ist ein *Argumentum ad populum*, wo die reine Mehrheit einer Gruppe als Autorität betrachtet wird, vgl. MCCOSH 2016, 188.
Er argumentiert weiterhin recht wenig überzeugend: Wenn man sich über etwas freut, dann hat man es schon vorher gewollt (und umgekehrt). Alle guten Römer hätten sich gefreut, also hätten sie es schon davor gewollt. Ergo: Der Vorwurf von Antonius trifft nicht nur Cicero, sondern alle *boni*. Meiner Meinung nach gibt es aber sehr wohl einen Unterschied zwischen Freude/Jubel über etwas und dem Willen/der Handlungsbereitschaft.
[157] Zu dieser Freude vgl. die antiken Quellen Cic. Att. 14.13,2 und Plut. Caes. 67,6. Plutarch behauptet dort, manche seien nach den Iden des März von Antonius und Octavius nur deswegen getötet worden, weil sie gejubelt hätten, sich den Verschwörern angeschlossen und damit ihren Willen zu dieser Tat offenbart hätten.
[158] Zu den *boni* siehe RAMSEY 2008, 134: „,politically sound' (*OLD* s. v. 5), describes the supporters of the self-styled *optimates*, who were pro-senatorial".

Die drei folgenden kürzeren rhetorischen Fragen wiederholen und reformulieren diesen Gedanken der Äquivalenz von vorheriger Bereitschaft und nachfolgendem Jubel. Dort, wo von den Anhängern Caesars die Rede ist, wird das Verb *regnare* verwendet, das nach RAMSEY – zumal in den Ohren eines Römers – eindeutig pejorativ ist.[159] Die Konnotation transportiert also Ciceros negative Meinung über die Caesarianer. Der Abschnitt gipfelt in zwei sehr gekünstelten Schlüssen.

Der Schluss wird durch die Konjunktion *ergo* markiert; der Gedanke, dass alle schuldig sind (*omnes ergo in culpa*), wird in einen kurzen, einprägsamen Nominalsatz ohne Kopula gegossen. Das Wort *culpa* muss ironisch gemeint sein, da es eigentlich nur negativ denotiert ist; in Wirklichkeit greift Cicero nur scherzhaft die Redeweise Marc Antons auf; *omnes* ist eindeutig hyperbolisch.

Im letzten Satz identifiziert Cicero diese positiv-evaluativ mit den *boni*, also den aus seiner Sicht anständigen und tüchtigen Bürgern Roms, und kombiniert sie mit einem harschen *occiderunt*, einem Verb für „töten", das wohl etwas pejorativer ist als das neutralere *interficere*.[160] Dass Cicero dieses Verb wählt, lässt sich vielleicht damit erklären, dass im Falle eines „Tyrannen" eine brutale Tötung angemessen und billigenswert ist.

Der Abschnitt endet sehr kunstvoll mit einem asyndetischen und antithetischen Tetrakolon, wobei die Reihenfolge Dativ + Nominativ im vierten Glied vertauscht wird. Nicht nur diese Inversion akzentuiert das vierte Glied, sondern auch die sichere, längere Pause nach *defuit* und die rhythmische Klausel Molossus + Iambus.[161] Zugleich bewertet Cicero mit diesem Satz die Verschwörer positiv und weist ihnen einen noch höheren Rang als den *boni* zu. Er sagt nämlich, dass den *boni* mindestens eine der drei Voraussetzungen *consilium, animus, occasio* für die Ausführung der Verschwörung gefehlt habe; dann sagt er *ex silentio*, dass Brutus, Cassius und die anderen Verschwörer alle diese Voraussetzungen erfüllt hätten.

§ 30 *Sed stuporem hominis vel dicam pecudis attendite. Sic enim dixit: „Brutus, quem ego honoris causa nomino, cruentum pugionem tenens Ciceronem exclamavit: Ex quo intellegi debet eum conscium fuisse." Ergo ego sceleratus appellor a te, quem tu suspicatum aliquid suspicaris; ille qui stillantem prae se pugionem tulit, is a te honoris causa nominatur? Esto; sit in verbis tuis hic stupor: Quanto in rebus sententiisque maior? Constitue hoc, consul, aliquando, Brutorum, C. Cassi, Cn. Domiti, C. Treboni, reliquorum quam velis esse causam; edormi crapulam, inquam, et exhala. An faces admovendae sunt, quae excitent tantae causae indormientem? Numquamne intelleges statuendum tibi esse, utrum illi, qui istam rem gesserunt, homicidaene sint an vindices libertatis?*

---

[159] Siehe RAMSEY 2008, 206: „deliberately pejorative".

[160] Für SCHÖNBERGER und MENGE ist *interficere* „töten, das Leben nehmen, von jeder Todesart und ohne Rücksicht auf das Motiv", *occidere* hingegen „niederhauen, durch Schlag oder Stoß töten, bes. in der Schlacht in offenem Kampf. *Occidere* ist auch Ausdruck für das ‚Niedermachen' größerer Truppenmengen". Siehe SCHÖNBERGER/MENGE 2007, § 19.

[161] Vgl. RAMSEY 2008, 206.

INHALT UND KONTEXT: Cicero deckt in den §§ 30–31 weitere Widersprüche in den Worten und Taten Antonius' auf, um vor den Senatoren dessen *stupor*, seine Dummheit, zu demonstrieren.

In § 30 zitiert er als Beleg einen Satz aus der gerade gehaltenen Rede des Antonius und untersucht ihn auf innere Widersprüche: Einerseits beschuldige er Cicero der Mitwisserschaft an der Verschwörung gegen Caesar, andererseits behandle er die wirklichen Täter wie Brutus respektvoll, indem er sie ehrenhalber beim Namen nenne (*is a te honoris causa nominatur*).[162]

Cicero fordert Antonius schließlich auf, „seinen Rausch auszuschlafen" (*edormi crapulam*), um solche dummen Widersprüche zu vermeiden und die für einen amtierenden Konsul so wichtige Frage (*Constitue hoc, consul, aliquando...*), ob er Brutus, Cassius und Co. als kriminelle Mörder oder als Freiheitshelden bezeichnen und behandeln wolle, endgültig beantworten zu können.

EMOTIONSLINGUISTISCHE ANALYSE: Der Redner Cicero wendet sich mit einem Imperativ der 2. Person Plural (*attendite*) an die Senatoren. Die Wahl dieser Form deutet auf einen hohen Grad an Volitionalität und Evidentialität[163] sowie auf soziale Nähe hin.

Darüber hinaus erfolgt eine negative Bewertung des Marcus Antonius auf zweifache Weise: Zum einen bezeichnet Cicero das Folgende als *stupor*[164] also als Dummheit, zum anderen korrigiert er in einer *correctio* (*vel dicam*) und ersetzt das auf Marcus Antonius bezogene Genitivattribut *hominis* durch *pecudis*. Damit spricht er ihm das Menschsein ab und ordnet Antonius dem Tierreich zu.[165] Nach Ramsey bezeichnet *pecus* in der römischen Literatur meist ein dummes Tier, während *belua* eher den Aspekt der Wildheit transportiert.[166]

Dann zitiert Cicero Marcus Antonius direkt in wörtlicher Rede, wobei er sich distanziert (und weiterhin an die Senatoren gerichtet) in der 3. Person (*dixit*) auf Marcus Antonius bezieht, später aber sehr häufig Verben und Pronomen in der

---

[162] In Gerichtsreden benutzte man die heute eher an der Universität anzutreffende Formel *honoris causa* oft, um eine Person trotz Nennung ihres Namens in einem Prozess nicht zu diskreditieren. Vgl. LANDGRAF 2019 zu Cic. S. Rosc. 6.

[163] Damit ist gemeint: Wenn Cicero die Aufmerksamkeit der Senatoren mit einem so direkten Imperativ nur auf Marc Antons *stupor* lenkt, dann wirkt das so, dass er von der Wahrheit dessen, was er behauptet, überzeugt ist und deswegen der Dringlichkeit der Mitteilung sicher ist.

[164] Als Synonym zu *stultitia*, das Cicero in § 19 verwendet hat, und *stupiditas*, das er in § 80 gebrauchen wird.

[165] Das Wort *pecus*, wenn es als Schimpfwort benutzt wird, bezeichnet jemanden als einfältiges Tier ohne Vernunft im Gegensatz zum Menschen. Vgl. *OLD* s. v. *pecus*² 2 „An animal (opp. to a human being)". Damit gehört das Schimpfwort zur Kategorie derer, die jemanden als tierhaft darstellen, ihn „animalisieren". Diese „Vertierung" ist für KOSTER ein häufiges sprachliches Mittel der Invektive, vgl. KOSTER 1980, 364.

[166] Vgl. RAMSEY 2008, 206: „,beast', ,brute' (as opposed to human being) is a common term of abuse (cf. Pis. 19 and 72; Har. resp. 5). It emphasizes lack of intelligence, whereas *belua* (e. g. Phil. 3,28) lays stress on ferocity and foulness."

2. Person Singular verwendet und damit dem Angeklagten „auf den Leib rückt", während er sich von den Senatoren distanziert.

Um die tiefe Widersprüchlichkeit in Marc Antons Aussagen auch sprachlich spürbar zu machen, stellt Cicero Kontraste in grellen Farben dar. Er habe Brutus in seiner Rede ehrenhalber namentlich erwähnt (Cicero verwendet den Ausdruck *honoris causa* zweimal), dieser habe aber – so Marc Anton – nach dem Mord den blutüberströmten Dolch in die Luft gehalten (*cruentum pugionem tenens*), während er Cicero als Zeugen angerufen habe. Cicero aber sei nun der Frevler (*sceleratus*)? Die offensichtliche Brutalität der Tat des Brutus zeigt Cicero später noch einmal mit dem Satz *stillantem prae se pugionem* und stellt dieses mörderische Bild direkt neben die respektvolle Erwähnung des Brutus durch Marcus Antonius[167]. Auf diese Weise vermittelt Cicero durch Kontraste die Widersprüchlichkeit der Rede des Marcus Antonius.

In zwei Konzessiven (*esto; sit ...*) gesteht ihm Cicero diese Ungenauigkeiten offenbar zu, um auf weitere Merkwürdigkeiten (hier greift er das negativ-bewertende *stupor* auf) eingehen zu können, die – durch den Gebrauch des Komparativs intensiviert – noch größer sind (*quanto ... maior?*). Als Konsul – wie ihn Cicero ironisch positiv-feierlich anspricht und in die Pflicht nimmt – müsse er eine klare Haltung gegenüber Verschwörern wie Brutus, C. Cassius, Cn. Domitius und C. Trebonius beziehen.

Es folgt ein Selbstzitat, das einen direkten Befehl an Antonius enthält: *Edormi crapulam, inquam, et exhala*. Der Befehl enthält eine scharfe Kritik an Marc Antons Lebenswandel als notorischer Trunkenbold; der Schmähtopos „Trunksucht" wird hier zum ersten Mal verwendet.[168]

In der folgenden rhetorischen Frage, die wiederum durch Evidentia ein einprägsames, schockierendes, aber auch unterhaltsames Bild in der Vorstellung der Rezipienten hervorruft, wird Marc Anton als jemand dargestellt, der über seinen Trinkgelagen seine Amtspflichten vergesse, tagsüber schlafe (*indormientem*) und erst durch hellen Fackelschein (*faces*) geweckt werden müsse, um seinen Amtspflichten[169] nachkommen zu können. Die Wichtigkeit der Angelegenheit, um die sich Marcus Antonius als Konsul zu kümmern habe, wird mit *tantae* (in *tantae causae*) gesteigert.

In der letzten rhetorischen Frage macht Cicero noch einmal deutlich, dass Marcus Antonius endlich den Status der Verschwörer bestimmen müsse, entweder als Mörder (Cicero verwendet das sehr pejorative Wort *homicidae*) oder als Retter der Freiheit (Cicero verwendet das wertschätzende Wort *libertas*).

---

[167] Sofern der Name Brutus in römischen Ohren wirklich respektvoll klingen konnte, bedeutete er doch „dumm, schwerfällig".
[168] Vgl. auch § 68.
[169] Cicero spielt in diesem Abschnitt mit den mehrfachen Bedeutungen von Wörtern. Das Wort *causa* bedeutet vorher noch „(soziale) Stellung, Position" (vgl. auch Cic. Phil. 1,15), hier nun „Angelegenheit, Geschäft". Schon vorher baut Cicero eine Paronomasie mit *suspicatum* [...] *suspicaris* ein vgl. RAMSEY 2008, 206.

§ 31 *Attende enim paulisper cogitationemque sobrii hominis punctum temporis suscipe. Ego, qui sum illorum, ut ipse fateor, familiaris, ut a te arguor, socius, nego quicquam esse medium: Confiteor eos, nisi liberatores populi Romani conservatoresque rei publicae sint, plus quam sicarios, plus quam homicidas, plus etiam quam parricidas esse, si quidem est atrocius patriae parentem quam suum occidere.*

Tu, homo sapiens et considerate, quid dicis? Si parricidas, cur honoris causa a te sunt et in hoc ordine et apud populum Romanum semper appellati? Cur M. Brutus referente te legibus est solutus, si ab urbe plus quam decem dies afuisset? Cur ludi Apollinares incredibili M. Bruti honore celebrati? Cur provinciae Bruto, Cassio datae, cur quaestores additi, cur legatorum numerus auctus? Atqui haec acta per te. Non igitur homicidas. Sequitur, ut liberatores tuo iudicio, quandoquidem tertium nihil potest esse.

INHALT UND KONTEXT: Weitere Widersprüche in der Argumentation des Marcus Antonius deckt Cicero in den §§ 30f 31 auf: Obwohl er Cicero die Urheberschaft der Ermordung Caesars vorwirft, ehrt er die wirklichen Täter durch namentliche Nennung und Festspiele[170], befreit sie von gesetzlichen Vorschriften[171] und lässt ihnen Provinzen[172] mit Quästoren[173] und mehr Legaten als üblich[174] zuteilen.

Dieses Verhalten des Marcus Antonius gegenüber Brutus und Co. beweist für Cicero, dass sie für ihn keine Mörder (*parricidae*)[175], sondern Befreier Roms (*liberatores*) sind.

---

[170] Vgl. zu den *ludi Apollinares* Cic. Phil. 1, 36: *Apollinarium ludorum plausus vel testimonia potius et iudicia populi Romani parum magna vobis videbantur? O beatos illos qui, cum adesse ipsis propter vim armorum non licebat, aderant tamen et in medullis populi Romani ac visceribus haerebant!* „Und der Beifall bei den Apollinarischen Spielen oder vielmehr die Bekundungen und Meinungsäußerungen des römischen Volkes: kamen euch die unbedeutend vor? Gepriesen die Männer, die, obwohl bewaffnete Gewalt sie hinderte, in Person dabeizusein, trotzdem dabei waren und tief in den Herzen und innersten Gedanken des römischen Volkes hafteten!" (Übers. NICKEL/FUHRMANN 2013).

[171] M. Brutus hätte als *praetor urbanus* und somit als derjenige, der für das städtische Gerichtswesen verantwortlich war, Rom nicht für länger als zehn Tage verlassen dürfen. Durch ein sogenanntes *privilegium* konnte man aber zeitweilig von dieser Pflicht dispensiert werden. So ein *privilegium* dürfte Antonius durch seinen Antrag in die Wege geleitet haben. Vgl. RAMSEY 2008, 208.

[172] Gemeint sind die Provinzen *Creta* und *Cyrenaica*, die Brutus und Cassius zugewiesen worden waren. Vgl. hierzu generell die 10. und die 11. Philippische Rede.

[173] „Im Zuge der röm[ischen] Expansion war auch jedem Provinzstatthalter ein Q[uästor] zugeordnet, der sich um die örtl[iche] Finanzverwaltung kümmerte.", so BRODERSEN/ZIMMERMANN 2006, 507.

[174] Zu den Legaten siehe RAMSEY 2008, 209: „*Legati* were usually Senators, or the sons old Senators, who were attached to the Staff of a governor or commander. Often legates were men of military experience. As praetors, Brutus and Cassius probably had one legate each under the terms of their *curatio frumenti* [...]".

[175] Im Brief Cic. Fam. 12.3,1 berichtet Cicero, dass Marc Anton die Verschwörer *parricidae* genannt habe: *Auget tuus amicus furorem in dies, primum in statua, quam posuit in rostris, inscripsit PARENTI OPTIME MERITO, ut non modo sicarii sed iam etiam parricidae iudicemini. quid dico „iudicemini"? iudicemur potius; vestri enim pulcherrimi facti ille furiosus me principem dicit fuisse, utinam quidem fuissem molestus nobis non esset.* „Dein Freund verbeißt sich von Tag zu Tag mehr in seine Wut Schrift ‚Dem hochverdienten Vater' daraufgesetzt, womit er Euch zu

EMOTIONSLINGUISTISCHE ANALYSE: Im ersten Satz richtet Cicero zwei Imperative in der 2. Person Singular direkt an Antonius (*attende... suscipe*), die jeweils den Satzakzent am Satzanfang bzw. am Satzende tragen. Auf der inhaltlichen Ebene fordert Cicero ihn auf, zumindest für einen Augenblick aufmerksam zu sein; die Kürze der geforderten Aufmerksamkeitsspanne wird betont, indem sie einmal mit dem Adverb *paulisper*, einmal mit dem Akkusativ der Zeitausdehnung *punctum temporis* wiederholt und damit unterstrichen wird. Es handelt sich um eine negative Bewertung Marcus Antonius', er sei nie geistesgegenwärtig – ein Grund dafür wird von Cicero in diesem Satz gleich nachgeschoben, nämlich seine Trunkenheit. Denn Cicero fordert von ihm „die Geistesgegenwart eines Nüchternen" (*cogitationemque sobrii hominis*)[176]. Diese fordert er nämlich für die folgende logische Argumentation, die den Rest des Abschnitts einnimmt.

Zusammengefasst lautet das Argument: Die Verschwörer sind entweder Freiheitshelden oder Verbrecher, Antonius nennt sie Verbrecher, behandelt sie aber nach dem Attentat wie Helden. Also: Sie sind – auch in den Augen Marc Antons – keine Verbrecher, sondern Helden! Auf diese Weise versucht Cicero zu zeigen, wie sehr sich Marc Antons Worte und Taten widersprechen, und demonstriert damit sein unberechenbares Verhalten in der Politik (negative Bewertung).

Das Argument selbst kleidet Cicero jedoch nicht in die Sprache kühler Berechnung und Rationalität, sondern er staffiert es im Gegenteil mit einer Vielzahl emotionaler Marker aus.[177] Zum einen fallen die beiden für Cicero einzig möglichen Bewertungen der Männer um Brutus und Cassius in krassen Schwarz-Weiß-Tönen[178] aus: Entweder sind die Verschwörer Befreier und Erhalter des römischen Staates (*liberatores populi Romani conservatoresque rei publicae*) oder schlimmer noch Vatermörder (*plus quam sicarios, plus quam homicidas, plus etiam quam parricidas*). Letzteres wird durch die Verwendung eines anaphorischen Trikolons intensiviert und mit der Annahme begründet, Caesar sei als Diktator der Vater Roms gewesen – der Mord an ihm sei daher noch schlimmer als der an einem gewöhnlichen *pater familias* (*si quidem est atrocius patriae parentem quam suum occidere*).[179]

---

gemeinen Mördern, ja, Vatermördern erklärt. Aber wieso ‚Euch'? Nein, uns! Denn der Anstifter zu Eurer herrlichen Tat, erklärt der Tollkopf, sei ich gewesen. Ach, wäre es so! Dann fiele uns der Kerl jetzt nicht zur Last." (Übers. KASTEN 2011b).

[176] Dies passt wieder zum vorigen Topos der *stultitia* oder auch *crapula*.
[177] Der Begriff „Emotionsmarker" stammt von DORFMÜLLER-KARPUSA 1989.
[178] Diesen rhetorischen Manichäismus benutzt Cicero, um seine Position stärker zu markieren. In Wirklichkeit gibt es aber oft sehr wohl Grautöne.
[179] Vgl. Cic. Phil 13, 23 u. 25. RAMSEY 2008, 208 schreibt: „the Senate conferred this honorific title on Caesar in either 44 (Dio 44.4.4) or more likely 45, after the Battle of Munda (App. 2.106). It is first attested on coins of 44 and on three inscriptions that predate the Ides of March 44"; vgl. zum Letzten WEINSTOCK 1971, 200.

Nach einer sarkastischen Anspielung auf Marcus Antonius als vernünftigen, reflektierenden Menschen in der 2. Person Singular (*Tu homo sapiens et considerate, quid dicis?*) folgt eine heftige Salve rhetorischer Fragen, die immer wieder mit dem Fragewort cur (also einer Anapher) eingeleitet werden und Ciceros Missmut offenbaren.

Sie enthalten die freundliche Behandlung, ja sogar die Förderung der politischen Karriere der Mörder seines einstigen Mentors Caesar durch Marcus Antonius. Das Fragewort *cur* taucht insgesamt sechsmal auf, wobei der Abstand von einem zum anderen immer geringer wird und alles in dem kurzen Satz gipfelt: *Atqui haec acta per te*. Die „rein adversative Partikel" *atqui*[180] bringt Ciceros Unverständnis zum Ausdruck, das durch den elliptischen Ausfall der Kopula *sunt* aufgrund starker Emotionen noch verstärkt wird. Es folgt Ciceros doppelte Konklusion: Sie waren also keine Mörder, sondern Befreier (*Non igitur homicidas. Sequitur, ut liberatores tuo iudicio, quando quidem tertium nihil potest esse*).

§ 32 *Quid est? Num conturbo te? Non enim fortasse satis, quae diiunctius dicuntur, intellegis. Sed tamen haec summa est conclusionis meae: Quoniam scelere a te liberati sunt, ab eodem amplissimis praemiis dignissimos iudicatos.*

Itaque iam retexo orationem meam. Scribam ad illos, ut, si qui forte, quod a te mihi obiectum est, quaerent, sitne verum, ne cui negent. Etenim vereor, ne aut celatum me illis ipsis non honestum aut invitatum refugisse mihi sit turpissimum. Quae enim res umquam – pro sancte Iuppiter! – non modo in hac urbe, sed in omnibus terris est gesta maior, quae gloriosior, quae commendatior hominum memoriae sempiternae? [...]

INHALT UND KONTEXT: Cicero folgert aus § 31: Antonius habe die Verschwörer in Wirklichkeit freigesprochen, indem er sie höchster Ehren für würdig befunden habe.

Als weitere Folgerung aus der Argumentation in § 31 erklärt sich Cicero künftig gerne bereit, mit den berühmten Verschwörern in einem Atemzug genannt zu werden, obwohl er eigentlich gar nicht beteiligt gewesen sei, denn eine größere Heldentat als die Ermordung Caesars habe es in der Weltgeschichte nie gegeben.

EMOTIONSLINGUISTISCHE ANALYSE: Der Abschnitt beginnt mit zwei kurzen rhetorischen Fragen, die eine emotionale Reaktion auf Marc Antons Gesichtsausdruck voraussetzen, der offenbar Verwirrung und kognitive Überforderung signalisiert (*Quid est? Num conturbo te?*). In scheinbar fürsorglichem, väterlichem Ton wendet er sich in der 2. Person Singular direkt an Antonius; dieser sei wohl durch die für ihn zu komplizierte Struktur der logischen Argumentation verwirrt (*Non ... quae diiunctius dicuntur intellegis.*)[181], weshalb er den Gedan-

---

[180] Vgl. GEORGES 2012 s. v. *at* II.
[181] Es handelt sich in der Sprache der Logiker um einen disjunktiven Syllogismus oder *Modus tollendo ponens*: Aus den Prämissen der Form „A ∨ B" und „¬ A" folgt die Konklusion B. Vgl. COPI, COHEN/MCMAHON 2016, 362. Vgl. Cicero selbst: Cic. Top. 56: *Reliqui dialec-*

kengang für ihn auf die Kernaussage reduziert (*summa ... conclusionis meae*) – natürlich in herablassender Weise: „Wenn du die Verschwörer von jedem Verbrechen freisprichst, dann hältst du sie der höchsten Belohnung für würdig"[182]. Dieser Einstieg ist zunächst vor allem eines: Er bewertet Antonius negativ, das heißt er bezeichnet ihn als geistig trägen Trottel. Zugleich dienen die ersten Sätze aber auch als Brücke zu einer weiteren praktischen Schlussfolgerung, die Cicero selbst betrifft und ihn in scharfem Kontrast zu Marc Anton positiv bewertet.

Er rückt sich nämlich plötzlich – wenn auch nicht allzu sehr – in die Nähe der für ihn heroischen Verschwörer, nachdem er sich in den §§ 25–28 eher von ihnen distanziert hatte. Diese überraschende Wendung leitet er effektvoll mit dem Satz ein, er widerrufe seine früheren Worte. Der Sprechakt des Widerrufens wird mit einer performativen Hiermit-Formel (*iam retexo*) explizit gemacht; damit lenkt Cicero die Aufmerksamkeit des Rezipienten auf die folgenden Worte.

Er kündigt an, den Verschwörern um Brutus und Cassius einen Brief zu schicken. Mit dem Demonstrativpronomen der Ferne im Präpositionalausdruck *ad illos* verweist der Redner auf sie, um die räumliche Distanz (Nähe) zu den bereits Abgereisten[183] zu verdeutlichen. Der Brief wird die dringende Bitte[184] enthalten, seine „Teilnahme" an der Verschwörung doch nicht zu leugnen (*ut ... ne cui*[185] *negent*). Zur Begründung verweist Cicero auf seine Furcht (*etenim vereor, ne...*) und verwendet das Verb *vereri*, das explizit ein Gefühl der Furcht bezeichnet. Gegenstand seiner Furcht sei die mögliche Schädigung seines eigenen Rufes oder des Rufes der Verschwörer. Die Rufschädigung bestünde im Falle Ciceros darin, die Einladung zur Teilnahme an der Verschwörung nicht angenommen zu haben, im Falle der Verschwörer darin, ihn nicht in die Planung des Unternehmens einbezogen zu haben. Cicero wird allerdings nicht konkret, wenn es darum geht, zu sagen, inwieweit er tatsächlich an der Tat beteiligt gewesen sein könnte.

Im letzten Satz des Abschnitts lobt Cicero nun offen die Ermordung Julius Caesars und verwendet zur Intensivierung dieser positiven Bewertung eine Reihe

---

ticorum modi plures sunt, qui ex disiunctionibus constant: Aut hoc aut illud; hoc autem; non igitur illud. Itemque: Aut hoc aut illud; non autem hoc; illud igitur. Quae conclusiones idcirco ratae sunt quod in disiunctione plus uno verum esse non potest.

[182] Wie schon vorher wirft Cicero Antonius also planloses und chaotisches Verhalten vor. Vgl. RAMSEY 2008, 210: „The SC of 17 March which pardoned the assassins yet ratified the *acta* of Caesar (see Phil. 1,1 *censui* n.) explains the seemingly contradictory stance of Antonius vis-a-vis Caesar and his assassins which C[icero] exploits here."

[183] D. und M. Brutus, Cassius. Trebonius und Tillius Cimber waren bereits im Ausland, vgl. RAMSEY 2008, 210.

[184] Vgl. zur Grammatik der verstärkten negativen Finalsatzkonjunktion *ut* [...] *ne* [...] LANDGRAF 2019 zu S. Rosc. 8 und BURKARD/SCHAUER 2012, § 524,2: „Der lateinische Finalsatz (Absichtssatz, Begehrssatz) wird durch *ut* oder *uti* (damit, dass, um zu), verneint durch *ne* (verstärkt *ut ne*) eingeleitet. *ut ne* steht v. a. dann, wenn ein Indefinitpronomen (*quis, quid* etc.) folgt."

[185] Die Wiederaufnahme und Doppelung des Indefinitpronomens *si qui* [...] *cui* dient der Emphase, so RAMSEY 2008, 210.

von emotionalen Markern, um die Größe der Tat hervorzuheben: Zunächst ist der gesamte Satz ein pathetischer Ausrufesatz in Form einer rhetorischen Frage, die mit dem Fragewort *quae* eingeleitet wird: *Quae enim res umquam est gesta maior ...?* Die Form der rhetorischen Frage signalisiert den für Cicero hohen Evidenzgrad seiner Behauptung als Tatsache, der durch die Partikel *enim* unterstützt wird. Das Temporaladverb *umquam* steigert die emotionale Intensität der Aussage, indem es ihre Gültigkeit auf die gesamte Menschheitsgeschichte ausdehnt – eine Hyperbel. Nicht nur in zeitlicher, sondern auch in räumlicher Hinsicht dehnt Cicero die universelle Gültigkeit der „Heldentat" auf die ganze Erde aus; dies erreicht er durch das Mittel der Nicht-nur-sondern-auch-Figur: *non modo in hac urbe, sed in omnibus terris*. Außerdem ist *maior* ein Komparativ, eingebettet in eine *quae*-Anapher und ein Trikolon *in membris crescentibus*: *Quae enim res ... maior, quae gloriosior, quae commendatior hominum memoriae sempiternae?* Und als wäre das nicht schon Steigerung genug, fügt Cicero noch eine feierliche Anrufung des römischen Hauptgottes Jupiter als Einschub in den Satz ein: *pro sancte Iuppiter!*

§ 32 [...] *In huius me tu consili societatem tamquam in equum Troianum cum principibus includis?*

§ 33 *Non recuso; ago etiam gratias, quoquo animo facis. Tanta enim res est, ut invidiam istam, quam tu in me vis concitare, cum laude non comparem. Quid enim beatius illis, quos tu expulsos a te praedicas et relegatos? Qui locus est aut tam desertus aut tam inhumanus, qui illos, cum accesserint, non adfari atque appetere videatur? Qui homines tam agrestes, qui se, cum eos aspexerint, non maximum cepisse vitae fructum putent? Quae vero tam immemor posteritas, quae tam ingratae litterae reperientur, quae eorum gloriam non immortalitatis memoria prosequantur? Tu vero ascribe me talem in numerum.*

INHALT UND KONTEXT: Als Konsequenz aus der Argumentation in § 31 erklärt sich Cicero in Zukunft gerne bereit, mit den berühmten Verschwörern in einem Atemzug genannt zu werden, obwohl er eigentlich gar nicht beteiligt war. Er bedankt sich sogar dafür. In einer Reihe von rhetorischen Fragen lobt Cicero die Verschwörer: Trotz ihrer Vertreibung aus Rom[186] würden sie überall auf der Welt mit Kusshand empfangen; man werde sie künftig in literarischen Werken besingen und so unsterblich machen. Cicero hätte nichts dagegen, zu diesen Männern zu gehören – mit ihnen sozusagen in einem Trojanischen Pferd[187] eingesperrt zu sein!

---

[186] Vgl. auch Cic. Phil. 1,8: *Nec ita multo post edictum Bruti adfertur et Cassi, quod quidem mihi, fortasse quod eos plus etiam rei publicae quam familiaritatis gratia diligo, plenum aequitatis videbatur.* Antonius ist es wohl darum gegangen, die Statthalterposten von Brutus und Cassius als ein verkapptes Exil erscheinen zu lassen. Dazu passen die niederen Aufgaben, die ihnen zugewiesen wurden, besonders die *cura annonae*, also die Getreideverwaltung. So erschien die Statthalterschaft vielleicht genauso schlimm wie eine *relegatio*.

[187] Das Bild vom trojanischen Pferd kommt bei Cicero oft vor, vgl. z. B. Cic. Cael. 67 und Cic. Mur. 78.

EMOTIONSLINGUISTISCHE ANALYSE: § 33 beginnt mit einer ironischen Danksagung: Denn Marcus Antons Vorwurf, mit den Verschwörern gemeinsame Sache gemacht zu haben, wird von Cicero in ein Kompliment umgemünzt, das er gerne annimmt und zu schätzen weiß (positive Bewertung). Dabei ist sich Cicero freilich bewusst, dass sein Gegner dies gar nicht im Sinn hatte (*quoquo animo facis*), sondern vielmehr Hass auf Cicero schüren wollte (*invidiam istam quam tu in me vis concitare*). Auch hier deutet Cicero die Folgen der Beschuldigung geschickt um, indem er sagt, dass ihm diese Behauptung am Ende mehr Ruhm als Hass[188] einbringen werde. Der Rest des Abschnitts besteht aus einer einzigen, breit ausgemalten positiven Würdigung der Männer um Brutus und Cassius, die in die Aufforderung mündet, Antonius möge ihn ruhig zu diesen Leuten zählen: *Tu vero ascribe me talem in numerum.*

Die positive Wertung entfaltet Cicero in einer Reihe von Antithesen, die einige – auch negative – Wertungen enthalten, die aber nur dazu dienen, die guten Eigenschaften der Verschwörer als Kontrastfolie (Intensität) hervorzuheben. Im Einzelnen sind dies: Die Verschwörer sind die glücklichsten Menschen (*beatius illis*), obwohl sie von Antonius aus Rom vertrieben wurden (*expulsos ... et relegatos*); denn selbst der verlassenste und unzivilisierteste Ort (*desertus, inhumanus*) nimmt sie auf (*adfari atque appetere*)[189]; selbst die rohesten Menschen (*agrestes*) sehen in ihnen den größten Nutzen (Cicero verwendet hier bewusst die landwirtschaftliche Vokabel *fructus*) für das *Leben (maximum ... vitae fructum)*; selbst die vergesslichen und undankbaren Nachgeborenen und Geschichtsschreiber (*immemor, ingratae*) würden ihnen ein ewiges und ruhmreiches Andenken bewahren (*gloriam non immortalitatis memoria prosequantur*).

§ 34 *Sed unam rem vereor, ne non probes: si enim fuissem, non solum regem, sed etiam regnum de re publica sustulissem; et, si meus stilus ille fuisset, ut dicitur, mihi crede, non solum unum actum, sed totam fabulam confecissem.*

Quamquam si interfici Caesarem voluisse crimen est, vide, quaeso, Antoni, quid tibi futurum sit, quem et Narbone hoc consilium cum C. Trebonio cepisse notissimum est et ob eius consili societatem, cum interficeretur Caesar, tum te a Trebonio vidimus sevocari. Ego autem – vide quam tecum agam non inimice – quod bene cogitasti aliquando, laudo; quod non indicasti, gratias ago; quod non fecisti, ignosco. Virum res illa quaerebat.

INHALT UND KONTEXT: Zu Beginn macht Cicero in einer zwar verschnörkelten, aber dennoch klaren Sprache deutlich, dass er nicht nur Caesar, sondern

---

[188] So Cicero auch in einem Brief an Cassius kurz nach dem 19. September. Siehe Cic. Fam. 12.2,1: *nullamque aliam ob causam me auctorem fuisse Caesaris interficiendi criminatur, nisi ut in me veterani incitentur.* „und der einzige Grund, weshalb er mich als Urheber der Ermordung Caesars verdächtigt, ist der, die Veteranen gegen mich aufzuhetzen." (Übers. KASTEN 2011b).

[189] Zum (fiktiven) Zeitpunkt der 2. Philippika, also am 19. September, war Brutus wohl gerade in Wirklichkeit in einem Zentrum der zivilisierten Welt, nämlich in Athen (vgl. Cic. Att. 16.7,5 und Plut. Brut. 24,1–3). Cassius war kurz darauf auf seinem Schiff, doch noch für längere Zeit in der Nähe von Rom, ehe er nach *Syria* weiterfuhr (vgl. Cic. Fam. 12.2,1 und Plut. Brut. 28,6).

auch Marcus Antonius aus dem Weg geräumt hätte, wenn er an der Verschwörung beteiligt gewesen wäre.[190]

Marcus Antonius habe auch gesagt, dass schon die Absicht, Caesar zu töten, ein Verbrechen (*crimen*) sei.[191] Daraufhin entlarvt Cicero den Vorwurf des Marcus Antonius als heuchlerisch, da dieser selbst mit C. Trebonius in Narbo eine Verschwörung gegen Caesar geplant habe.[192] Dies zeige auch die Tatsache, dass Trebonius ihn kurz vor dem Attentat vor der Kurie in ein Gespräch verwickelt habe, damit er nicht zu Hilfe kommen könne.[193]

EMOTIONSLINGUISTISCHE ANALYSE: Im ersten Satz wird die Emotion der Furcht explizit durch ein Verb (*vereor*) benannt. Cicero bringt hier ironisch zum Ausdruck, dass er die Missbilligung des Antonius fürchtet, wenn er damit droht, dass er ihn zusammen mit Caesar getötet hätte, wenn er tatsächlich ein Komplize der Verschwörer gewesen wäre. Der Satz kann bei Ciceros Gegnern Furcht auslösen.

Die Verhüllung der Worte, die diese Drohung nur indirekt transportieren, also die geringe Spezifität der Botschaft, kann zwei Funktionen erfüllen: 1. Die Drastik des eigentlich Gemeinten wird entschärft; im Hinblick auf die senatorische Zuhörerschaft ist eine Abmilderung wohl notwendig; für eine unverhohlene Morddrohung gab es im Senat wohl keine Erlaubnis.[194] 2. Die geringere Bestimmtheit erzeugt Spannung: Cicero hätte nicht nur den Tyrannen, sondern die ganze Gewaltherrschaft (also auch Caesars Schergen wie Marcus Antonius) aus dem Boden der Republik gerissen (*non solum regem, sed etiam regnum de*

---

[190] Vgl. auch § 86. Ganz ähnlich, allerdings teils mit einer anderen Metaphorik, äußert sich Cicero in den Briefen: Cic. Fam. 10.28,1 und Cic. 12.4,1 (wo Cicero von den Krumen spricht, die die Verschwörer nach dem Bankett bedauerlicherweise haben liegen lassen); Cic. Fam. 12.1,1 (am 3. Mai an Cassius): *non regno sed rege liberati videmur*; Cic. Att. 14.9,2 (am 17. April an Atticus): *vivit tyrannis. tyrannus occidit*.

Brutus und Cassius scheinen diejenigen Verschwörer, die auch Antonius oder sogar Lepidus haben töten wollen, davon abgebracht haben mit dem Argument, dass sie nur den „Tyrannen" beseitigen dürften, alles andere würde u. U. das Volk gegen sie aufbringen; des Weiteren haben sie vielleicht auch auf ein Umdenken von Antonius und Lepidus gehofft sowie auf ihre militärische Unterstützung (vgl. hierzu Dio 44.19.1-2).

[191] Vgl. schon § 29.

[192] Zur wohl von Cicero komplett erfundenen Verschwörung in Narbo vgl. Plut. Ant. 13.2; Plutarch dürfte aber nur Ciceros Erfindung ausschmücken. Ein Fünkchen Wahrheit besteht wohl nur in der Annahme, dass sowohl Antonius als auch Trebonius sich ca. zum Jahreswechsel 46/45 in Narbo (dem heutigen Narbonne) einfanden, um zu Caesar nach Spanien zu stoßen. Dort fand am 17. März die für Caesar siegreiche Schlacht von Munda statt.

[193] Warum soll die Ablenkung von Antonius durch Trebonius etwas mit Narbo zu tun haben? Diese Frage hat sich auch RAMSEY 2008, 213 gestellt. Er beantwortet die Frage damit, dass Antonius Trebonius als seinem alten Kameraden (siehe Caes. Gall. 8.46.4) vertraut habe und sich deswegen am wahrscheinlichsten von ihm habe ablenken lassen. Zum Ablenkungsmanöver generell vgl. noch die Stellen Cic. Phil. 13,22; Cic. Fam. 10.28,1 (Brief an Trebonius aus dem Februar 43); App. 2,117; Plut. Brut. 17.

[194] Vgl. hierzu generell JEHNE 2020a sowie JEHNE 2020b.

re publica sustulissem). An dieser Stelle verwendet der Redner die für römische Ohren höchst pejorativen Wörter *rex* bzw. *regnare*; die pejorative Konnotation dieser Wörter bewirkt eine negative Bewertung der politischen Situation vor den Iden des März, da sie an die Zeit der Könige und der Fremdherrschaft unter den Etruskern erinnern. Dass Cicero, wäre es nach ihm gegangen, an jenem Tag nicht nur A, sondern auch B gesagt hätte, drückt er mit Vokabeln der Theatersprache aus (*non solum unum actum sed totam fabulam confecissem*). *conficere* hat einerseits die Denotation „vollenden, vollenden", andererseits aber auch die hier passende Konnotation „töten, umbringen".[195]

Die Mordwaffe wird metaphorisch mit *meus stilus ille* bezeichnet, was in den Kontext der Theatersprache passt (ein *stilus* ist ein Schreibgriffel), aber auch den bedrohlichen Unterton verstärkt, indem die Bluttat durch die Anspielung auf die Mordwaffe eindrücklich vor Augen geführt wird.[196] Das Possessivpronomen *meus* wird prädikativ[197] verwendet und verweist deiktisch auf Ciceros Hand, die er in einer Rede möglicherweise gestisch in Szene gesetzt hätte, was in der face-to-face-Situation mit Marcus Antonius den Eindruck der furchterregenden Gefahr, die von Cicero ausgeht, noch verstärkt hätte. Hier wird der Eindruck der Gefahr dadurch intensiviert, dass Cicero einen hohen Grad an Spezifität wählt (er benennt und zeigt möglicherweise sogar die Stichwaffe), während er dasselbe am Anfang der Passage durch eine eher unspezifische Ausdrucksweise erreicht hat, in der der Rezipient aufgefordert wurde, die Leerstellen mit seiner Phantasie zu füllen.

In scharfem Kontrast zur Bedrohlichkeit all dieser Aussagen steht jedoch die ironisch-väterliche Fürsorge und Zuwendung Ciceros gegenüber Antonius, die im zweiten Teil des Abschnitts inszeniert wird. Zu nennen sind hier vor allem die Verwendung von Pronomen oder Verbformen in der 2. Person Singular, die Anrede *Antoni*[198] und vor allem Höflichkeitsformeln wie *quaeso*, das umgangssprachliche[199] *mihi crede* und schließlich der Einschub *vide quam tecum agam non inimice*. All dies trägt, was die emotionale Dimension der Proximität betrifft, dazu bei, zwischen Cicero und Marcus Antonius Nähe herzustellen; Cicero stilisiert sich als Partner und zeigt sich Marcus Antonius gegenüber zugleich herablassend. Auch inhaltlich schlägt Cicero einen nur scheinbar höflichen, ja väterlichen Ton an: Wenn auch ironisch, so lobt, dankt und verzeiht Cicero ihm

---

[195] Siehe *OLD* s. v. *conficere* 9 und 16a.

[196] Für Denniston ist klar, warum Cicero den *stilus* als Tatwaffe nennt, der zwar spitze Gegenstände meinen kann, aber eigentlich nie „Dolch": Die Verschwörer versteckten ihre Dolche in speziellen Etuis, in die man seinen *stilus* hineinlegen konnte. Vgl. DENNISTON 1978, 118.
Zum *stilus* als Waffe in der antiken Literatur siehe die Quellen: Cic. Cluent. 123; Hor. Sat. 2.1.39–42; Suet. Iul. 82.2; Suet. Calig. 28; Plut. C. Gracch. 13.4.

[197] Vgl. RAMSEY 2008, 212.

[198] Die Wirkung der 2. Person und der Anrede kann freilich auch gegenteilig sein, nämlich eher distanzierend, siehe das Kapitel zu „Person und Numerus" oben.

[199] Vgl. LACEY 1986, 182.

(*laudo ... gratias ago ... ignosco*). So überraschend diese Mischung aus drohendem Feind und fürsorglichem Vater auch sein mag, so trägt sie doch im Sinne einer sozialen Deixis nicht unwesentlich dazu bei, Cicero eine höhere soziale Position zuzuweisen als dem unterlegenen Marcus Antonius, denn der väterliche Tonfall Ciceros suggeriert seine höhere Stellung gegenüber dem „Sohn" Marcus Antonius. Doch am Ende ist alles Fassade: Der väterliche Tonfall bricht im letzten Satz des Abschnitts abrupt zusammen: Ein richtiger Mann hätte Caesar schon bei Narbo töten sollen, sagt Cicero, was implizit heißen soll: „nicht ein Weichei wie du". Letzteres dient der negativen Bewertung der Person Antonius.

Kommentatoren meinen zudem, Cicero habe erfunden, dass Antonius damals in Narbo zusammen mit Trebonius einen Plan gegen Caesar geschmiedet habe.[200] Vielleicht gerade deshalb[201] markiert Cicero den hohen Evidenzgrad dieser Behauptung von vornherein durch eine Reihe sprachlicher Mittel: Er verwendet zum Beispiel einen verschränkten AcI, der von dem unpersönlichen Ausdruck *notissimum est* abhängt. Beansprucht Cicero schon durch die Bedeutung des Adjektivs *notus* einen hohen Grad an Gewissheit, so unterstellt er durch den Superlativ einen noch höheren.[202] Die Evidenz der Aussage wird also durch den Vergleich intensiviert. Im selben Satz findet sich ein weiterer AcI: *te a Trebonio vidimus sevocari.* Das Verb *vidimus* steht in der 1. Person Plural. Cicero verwendet diese Verbform, um sich selbst in die Gruppe der zuhörenden Senatoren einzuordnen und ihre Sympathie zu wecken, während er gleichzeitig Marcus Antonius ausschließt und sich von ihm abgrenzt. Darüber hinaus erhöht er die Evidenz des wahrgenommenen Ereignisses, da Cicero mit der 1. Person die Anzahl der Augenzeugen erhöht.

§ 35 *Quod si te in iudicium quis adducat usurpetque illud Cassianum, „cui bono fuerit," vide, quaeso, ne haereas. Quamquam illud quidem fuit, ut tu dicebas, omnibus bono, qui servire nolebant, tibi tamen praecipue, qui non modo non servis, sed etiam regnas; qui maximo te aere alieno ad aedem Opis liberavisti; qui per easdem tabulas innumerabilem pecuniam dissipavisti; ad quem e domo Caesaris tam multa delata sunt; cuius domi quaestuosissima est falsorum commentariorum et chirographorum officina, agrorum, oppidorum, immunitatium, vectigalium flagitiosissimae nundinae.*

INHALT UND KONTEXT: Cicero entlarvt Marcus Antonius' Behauptung, der Mord an Caesar sei ein Verbrechen gewesen, als heuchlerisch, diesmal mit der Begründung, er selbst habe von Caesars Tod am meisten profitiert.[203] Er habe sich als neuer Tyrann Roms nicht nur von seinen Schulden befreit[204], sondern

---

[200] Vgl. RAMSEY 2008, 212–213. Vgl. auch DENNISTON 1978, 119.
[201] Genauso sieht es PELLING 1988, 28–29.
[202] Siehe LACEY 1986, 182 zu *notissimum est*: „A warning to suspend belief."
[203] Die Wendung *cui bono* stammt nach Asconius vom Konsul des Jahres 127 v. Chr. L. Cassius Longinus Ravilla; vgl. Cic. S. Rosc. 84–85; Cic. Mil. 32.
[204] Vgl. zum Tempel der Ops und seinem dort aufbewahrten Schatz § 93 und die Cic. Phil. 1,17. Nach RAMSEY 2008, 214 gibt es zwei Möglichkeiten, wie Marc Anton sich von seinen

auch viel Geld verprasst[205], Caesars Villa geplündert[206] und in seinem Haus einen lukrativen, aber höchst illegalen Handel mit gefälschten Dokumenten[207], Land, Städten, Steuerbefreiungen und Steuerpachten[208] betrieben.

EMOTIONSLINGUISTISCHE ANALYSE: Wie schon im vorigen Abschnitt macht sich Cicero auf ironische Weise Sorgen um das Schicksal des Marcus Antonius. So fordert er ihn (*quaeso*) mit einem Imperativ der 2. Person Singular (*vide*) auf, dafür zu sorgen, dass er nicht in die Fänge der Justiz gerate, falls es einmal zu einem Prozess kommen sollte, bei dem es darum geht, wem Caesars Tod am meisten genutzt hat (*cui bono*).

Die zweite Hälfte des Abschnitts besteht aus einer sich steigernden Kaskade von vier Vorwürfen, die zeigen sollen, auf welch schamlose Weise sich Antonius nach Caesars Tod bereichert habe. Der erste Vorwurf ist noch in der 2. Person direkt an Antonius gerichtet, die folgenden jedoch in der 3. Person, da der Beschimpfer sich vom Beschimpften abwendet und sich dem Publikum der Senatoren zuwendet. Hinsichtlich der emotionalen Dimension der Nähe distanziert er sich also von Antonius und nähert sich den Senatoren. Abgesehen von der inhaltlichen Dimension der drastischen Vorwürfe verschärft der Redner diese noch durch eine Reihe von Superlativen, hyperbolischen Ausdrücken oder durch tam gesteigerten Adjektiven (*maximo, innumerabilem, tam multa, quaestuosissima, flagitiosissimae*).[209] Eine weitere Steigerung wird erreicht, wenn Cicero das Haus des Marc Anton metaphorisch als Werkstatt (*officina*) und Marktplatz (*nundinae*[210]) für alle möglichen korrupten Praktiken ausmalt – eindrückliche Bilder (Evidentia).[211] Durch die Aufzählung, die viele Formen im Genitiv Plural enthält, gibt Cicero den Vorwürfen viel Raum, was dem Inhalt mehr Nachdruck verleiht.

§ 36 *Etenim quae res egestati et aeri alieno tuo praeter mortem Caesaris subvenire potuisset? Nescio quid conturbatus esse videris: Num quid subtimes, ne ad te hoc crimen pertinere videatur? Libero te metu: nemo credet umquam; non est tuum de re publica bene mereri; habet istius pulcherrimi facti clarissimos viros res publica auctores; ego te tantum gaudere*

Schulden habe befreien können. Entweder hat er dem Tempel der Ops Geld entwendet und damit seine Gläubiger ausgezahlt oder er hat die dort lagernden Schuldbücher (*tabulae*) genommen und die vermerkten Schuldposten einfach getilgt.

[205] Nach Cic. Phil. 2,93a. und Cic. Phil. 5,11 soll sich Antonius 700 Millionen Sesterze zu Eigen gemacht haben.

[206] Siehe § 109: Dort behauptet Cicero, Antonius habe Kunstgegenstände aus Caesars Haus in seine Gärten am Stadtrand von Rom und in seine Villa bei Tibur gebracht.

[207] Vgl. Cic. Phil. 1,2.

[208] Vgl. Cic. Phil. 1,24.

[209] An der Stelle, wo Cicero beschreibt, wie Marc Anton seine Schuldverschreibungen losgeworden ist, nennt er spezifisch den Ort mit *ad aedem Opis*.

[210] Vgl. auch § 6, wo von *mercatu* die Rede ist.

[211] Dieses Bild vom korrupten Markt taucht in ähnlicher Bedeutung auch in Ciceros Verrinen auf, siehe SCHWAMEIS 2019, 95.

dico, fecisse non arguo. Respondi maximis criminibus: nunc etiam reliquis respondendum est.

INHALT UND KONTEXT: Wie in § 35 entlarvt Cicero Antonius als den größten Nutznießer des Caesarmordes; nur so habe er seine Schulden tilgen können. Er sei aber kein Verschwörer gewesen, also keiner der glänzenden Männer, die sich um den Staat verdient gemacht hätten. Er habe sich nur gefreut.

EMOTIONSLINGUISTISCHE ANALYSE: Der Abschnitt beginnt mit einer rhetorischen Frage im Irrealis der Vergangenheit. Durch diese Satzform wird mit einem sehr hohen Grad an Evidentialität behauptet, dass eigentlich nur Caesars Tod (*quae res ... praeter mortem Caesaris ... ?*) die Schuldenprobleme Antonius' hätte lösen können. Die Begründungspartikel *etenim* trägt zur Affektsteigerung bei. Mit dem Possessivpronomen *tuo* wendet er sich Marcus Antonius zu (Nähe), nachdem er am Ende von § 35 noch die 3. Person verwendet hatte.

Das folgende Kolon (*nescio quid conturbatus esse videris*) ist in zweierlei Hinsicht bemerkenswert: Zum einen simuliert Cicero eine direkte emotionale Reaktion Marcus Antonius' auf seine Worte und erweckt damit den Eindruck, die Rede sei historisch und authentisch.[212] Zum anderen nimmt er explizit Bezug auf eine äußerlich sichtbare Emotion (*conturbatus*), mildert sie zwar mit *nescio quid* leicht ab, verschärft sie aber zugleich mit dem intensivierenden Präfix *con-*. Cicero versteht in seinen Topika unter *conturbatio* dreierlei: *rubor, pallor, titubatio*, also Schamröte, Blässe und Verlegenheit.[213] Wenn wir uns also erlauben, diese drei Symptome auf den Zustand des Marcus Antonius anzuwenden, dann ist es Ciceros Rhetorik gelungen, Marcus Antonius in die Ecke zu stellen, ihn zu beschämen, ihn in Verlegenheit zu bringen und ihn blass aussehen zu lassen.

Aber nicht nur in diesem Satz wird eine Emotion explizit genannt, was, wie wir gesehen haben, im Verlauf des Textes eher selten vorkommt, sondern auch in den beiden folgenden Sätzen. Beide Male geht es um Furcht und Angst: *subtimes, metu*. Cicero stellt Marcus Antonius so dar, als habe er Angst, dass der Vorwurf der Beteiligung an den Iden des März sich nun gegen ihn selbst richten könnte. Doch Cicero beruhigt ihn sogleich, wenn auch nur ironisch: *Libero te metu*. Er schiebt eine Rechtfertigung nach, die aber nichts wirklich rechtfertigt, sondern Antonius noch einmal negativ bewertet: *Non est tuum de re publica bene mereri*. Wie tief die negative Qualifizierung des Marcus Antonius, ja seines innersten Wesens (Intensität) geht, zeigt die Wendung *tuum est*. Diese Wendung bezeichnet nach Burkard und Schauer u. a. eine „Forderung ... dem Charakter ...

---

[212] Vgl. RAMSEY 2008, 215.
[213] Vgl. Cic. Top. 52: *At post rem: pallor, rubor, titubatio, si qua alia signa conturbationis et conscientiae, praeterea restinctus ignis, gladius cruentus ceteraque quae suspicionem facti possunt movere.* „Nach dem Ereignis aber: Blässe, Schamröte, Unsicherheit, und wenn es noch irgendwelche anderen Zeichen von Verstörung und schlechtem Gewissen gibt; außerdem gelöschtes Feuer, ein blutiges Schwert und die übrigen Dinge, die einen Tatverdacht erregen können." (Übers. BAYER 2014) Siehe auch RAMSEY 2008, 215.

entsprechend".²¹⁴ Schon sein ganzer Charakter, so Cicero, verhindere also von vornherein gute Verdienste um den Staat. Ganz anders die Verschwörer, die im nächsten Satz wieder in den höchsten Tönen gelobt und mit Antonius kontrastiert werden. Ihre positive Bewertung wird durch die unerwartete Wortstellung verstärkt²¹⁵: Das Prädikat *habet* steht prominent am Anfang des Satzes, das auf die Verschwörer bezogene Objekt *auctores* ganz am Ende. Von *auctores* ist ein Genitivus obiectivus abhängig, der erstens in umgekehrter Stellung vor *auctores* steht und zweitens in Sperrstellung durch das Subjekt *res publica* von *auctores* getrennt ist. Superlativformen von positiv besetzten Adjektiven verstärken Ciceros zustimmende Haltung gegenüber den Verschwörern: *pulcherrimi*, *clarissimos*. Zudem ist das Wort *viros*, das sich auf die Männer um Brutus bezieht, ein Wort mit eindeutig positiver Konnotation – nota bene: Das „Mannsein" war Marcus Antonius gerade erst am Ende von § 34 abgesprochen worden (*virum res illa quaerebat*)!

j. 5.2.2.1.10 Leichtere Vorwürfe: Ciceros Verhalten im Lager des Pompeius (37–40a)

§ 37 *Castra mihi Pompei atque illud omne tempus obiecisti. Quo quidem tempore si, ut dixi, meum consilium auctoritasque valuisset, tu hodie egeres, nos liberi essemus; res publica non tot duces et exercitus amisisset.*

Fateor enim me, cum ea, quae acciderunt, providerem futura, tanta in maestitia fuisse, quanta ceteri optimi cives, si idem providissent, fuissent. Dolebam, dolebam, patres conscripti, rem publicam vestris quondam meisque consiliis conservatam brevi tempore esse perituram.

Nec vero eram tam indoctus ignarusque rerum, ut frangerer animo propter vitae cupiditatem, quae me manens conficeret angoribus, dimissa molestiis omnibus liberaret. Illos ego praestantissimos viros, lumina rei publicae, vivere volebam, tot consularis, tot praetorios, tot honestissimos senatores, omnem praeterea florem nobilitatis ac iuventutis, tum optimorum civium exercitus; qui si viverent, quamvis iniqua condicione pacis – mihi enim omnis pax cum civibus bello civili utilior videbatur –, rem publicam hodie teneremus.

INHALT UND KONTEXT: Cicero verteidigt sich nun gegen die geringeren Vorwürfe Marc Antons (*Respondi maximis criminibus: nunc etiam reliquis respondendum est.*). Marcus Antonius habe Cicero vorgeworfen, sich während des Bürgerkriegs zwischen Caesar und Pompeius im Militärlager des Pompeius unangemessen verhalten zu haben.²¹⁶

---

²¹⁴ Siehe BURKARD/SCHAUER 2012, § 485,1 f.
²¹⁵ Vgl. RAMSEY 2008, 215.
²¹⁶ Nach Beginn des Bürgerkriegs zwischen Caesar und Pompeius im Jahr 49 v. Chr. verhielt sich Cicero lange Zeit ruhig, blieb verhalten und schien abzuwarten (vielleicht wegen der frühen Niederkunft seiner geliebten Tochter Tullia am 19. März, vgl. Att. 10.18,1), obwohl Pompeius bereits am 17. März die Adria überquert hatte; er bekleidete für Pompeius einen Posten in Kampanien, blieb aber inaktiv; erst am 7. Juni setzte er nach Dyrrhachium über (Cic. Fam. 14.7) und weilte dort in Pompeius' Lager, wo er wohl mit beißendem Sarkasmus auf sich aufmerksam machte (Cic. Fam. 7.3,2; auch Cic. Phil. 2,39–40), folgte Pompeius dann aber

Cicero verteidigt sich: Hätte sein Wort damals Gewicht gehabt, gäbe es heute noch die Republik, wären nicht so viele Bürger gestorben und hätten Figuren wie Antonius nicht eine so hohe gesellschaftliche Stellung eingenommen. Er sei um das Leben der edlen Bürger Roms[217] sehr besorgt gewesen und habe jede Form des Friedens[218] einem Bürgerkrieg vorgezogen, dessen schlimme Folgen er schon früh vorausgesehen habe.[219]

EMOTIONSLINGUISTISCHE ANALYSE: Der erste Satz enthält den nächsten Vorwurf des Antonius, gegen den sich Cicero verteidigen will. Genau genommen benennt er aber nur das Thema, das eigentliche Verhalten im Lager des Pompeius, das Antonius ihm vorwirft, lässt er (noch) aus. So referiert Cicero den Vorwurf auch weder in direkter noch in indirekter Rede, sondern stellt zunächst nur den Sprechakt des Vorwurfs (*obiecisti*) in den Vordergrund. Danach liefert er jedoch zunächst keine Verteidigung, sondern bezieht sich nur auf die frühen Bürgerkriegsjahre und erzählt von seinen damaligen Ängsten und Sorgen. Dabei ist Cicero recht pathetisch und sentimental, vielleicht – wie Ramsey bemerkt – um von der Stichhaltigkeit des Vorwurfs und seiner eigenen schwachen Verteidigung abzulenken.[220]

Zusammenfassend lässt sich sagen, dass Cicero während seiner Zeit im Militärlager des Pompeius wegen der schwierigen Lage der Republik sehr traurig und bekümmert war. Hier werden zwei Emotionen Ciceros benannt, zunächst seine Trauer in einem Präpositionalausdruck (*tanta in maestitia fuisse*), dann sein Kummer und Schmerz in einer leidenschaftlichen Geminatio, also Verdoppelung (*dolebam, dolebam*).

Darüber hinaus rechtfertigt sich Cicero zwischen den Zeilen dafür, dass er nicht wie Cato der Jüngere Selbstmord begangen hat[221], obwohl er zugibt,

---

wegen Krankheit nicht in sein Lager weiter in den Osten und war deswegen auch nicht bei der Schlacht von Pharsalos im September anwesend (vgl. Cic. Fam. 9.18,2). Im Oktober sollte er auf Bitten Catos die Streitkräfte gegen Caesar befehligen, doch Cicero machte sich wieder nach Italien auf, wo er in Brundisium viele Monate auf die Begnadigung von Caesar wartete (vgl. Cic. Phil. 1,11), ehe wieder nach Rom gehen durfte.

[217] Plutarch und Appian zufolge (vgl. Plut. Caes. 55.5 und App. 2.102) betrug der Verlust an römischen Bürgern mehr als 50 Prozent. Dies beruht aber auf einem Rechenfehler, denn der Census von Caesar im Jahr 46 v. u Z. fiel auch deswegen so viel geringer aus, weil die Art der Berechnung derjenigen Bürger, die berechtigt waren, Getreidespenden zu erhalten, reformiert worden war (vgl. Suet. Iul. 41.3).

Von den neun Konsularen und zwei Konsuln aber, die im Jahr 49 auf der Seite von Pompeius standen, lebten zum Zeitpunkt der 2. Philippika tatsächlich nur noch Cicero selbst und der Konsul des Jahres 51 Ser. Sulpicius. Vgl. Cic. Phil. 13, 28–29.

[218] So Cicero tatsächlich schon im Februar 49 in einem Brief an Pompeius, vgl. Cic. Att. 8.11D,6; Fam. 6.4,4: Att. 7.14,3.

[219] Vgl. auch § 24.

[220] Siehe RAMSEY 2008, 216: „The heightened pathos in this section may well be intended to conceal the weakness of Cicero's response."

[221] In Cic. Fam. 7.3,6 schreibt Cicero, dass sein Selbstmord keinen Zweck verfolgt hätte. In

dass er sich auf diese Weise einer großen seelischen Belastung hätte entledigen können (*angoribus, molestiis*)[222]. Er rechtfertigt seinen „Lebenshunger" (*vitae cupiditatem*) damit, dass er durch seine positiven Eigenschaften als Staatsmann (er verwendet hier zwei römische Wertbegriffe, nämlich „kluge Besonnenheit" und „Einfluss": *consilium auctoritasque; meisque consiliis*) im Verein mit den anderen hervorragenden Bürgern (*optimorum civium*), wenn sie denn am Leben geblieben wären, die Republik hätte retten können.

Cicero nutzt die Rechtfertigung also vor allem, um sich selbst, die Senatoren und die ehemaligen cives optimi positiv zu bewerten und diese Personengruppen als eine Ingroup zu definieren. Die positive Bewertung und deren Intensivierung wird durch folgende sprachliche Mittel erreicht: Die Identifikation seiner selbst mit den Senatoren und den cives optimi erreicht der Redner vor allem durch die Verwendung inklusiver Pronomen wie nos oder durch die Herstellung von Nähe (Proximität) durch die Verwendung der 2. Person Plural (*vestris*) oder durch die direkte Anrede (*patres conscripti*). Inhaltlich attestiert er sich fast hellseherische Fähigkeiten (*cum ea, quae acciderunt, providerem futura*), auf Erfahrung und Bildung beruhende Standhaftigkeit (*Nec vero eram tam indoctus ignarusque rerum, ut frangerer animo ...*) und Friedfertigkeit (*mihi enim omnis pax cum civibus bello civili utilior videbatur*).

Marcus Antonius hingegen wird durch Antithese, Parallelismus und das Personalpronomen tu ausgeschlossen: *tu hodie egeres, nos liberi essemus*. Damit wird er aber auch implizit negativ bewertet, da er aus der Gruppe der „Guten" herausfällt. Diese lobt und rühmt Cicero mit eindeutig positiven Adjektiven im Superlativ (praestantissimos, honestissimos), Hyperbata (*illos ... viros*) Anaphern (*tot... tot... tot... tot...*), Alliterationen (*vivere volebam*), Metaphern (lumina, florem), Hyperbeln (*exercitus*) und widmet ihrem Lob generell eine große Satzlänge (immerhin 47 Wörter).

§ 38 *Quae sententia si valuisset ac non ei maxime mihi, quorum ego vitae consulebam, spe victoriae elati obstitissent, ut alia omittam, tu certe numquam in hoc ordine vel potius numquam in hac urbe mansisses.*

At vero Cn. Pompei voluntatem a me alienabat oratio mea. An ille quemquam plus dilexit, cum ullo aut sermones aut consilia contulit saepius? Quod quidem erat magnum, de summa re publica dissentientis in eadem consuetudine amicitiae permanere. Ego, quid ille, et contra ille, quid ego sentirem et spectarem, videbat. Ego incolumitati civium primum, ut postea dignitati possemus, ille praesenti dignitati potius consulebat. Quod autem habebat uterque, quid sequeretur, idcirco tolerabilior erat nostra dissensio.

Fam. 9.18,2 meint Cicero, er könne wie Cato Suizid begehen, sobald es keinen anderen Ausweg mehr gebe. Eigentlich sind der Kontext der Stelle also nicht die Jahre 49 und 48, sondern die Niederlage in Thapsus im Jahr 46, nach der Cato in Utica Selbstmord beging.

[222] Dass der Tod den Menschen von seinen Sorgen befreit, ist ein antiker philosophischer Topos; vgl. Plat. apol. 40C–D. Ein ähnliches Argument habe auch Caesar vor den Senatoren im Prozess gegen die Catilinarier verwendet, so Cicero in Cic. Catil. 4.7. Vgl. auch Sall. Catil. 51.20.

INHALT UND KONTEXT: Cicero wehrt sich gegen den Vorwurf, er habe Pompeius im Militärlager durch ständige Kritik vor den Kopf gestoßen.[223] Dies sei nicht richtig, es habe zwar Meinungsverschiedenheiten gegeben, dies habe aber seiner Freundschaft mit Pompeius keinen Abbruch getan, man habe sich weiterhin verstanden und respektiert. Cicero sei es um die Rettung von Menschenleben gegangen, Pompeius um seine *dignitas*.[224]

EMOTIONSLINGUISTISCHE ANALYSE: Cicero beendet seinen Exkurs über sein Leiden im Lager des Pompeius in §37 unvermittelt mit einem relativen Satzanschluss (*Quae sententia si valuisset ...*), der den Faden des Beginns von §37 wieder aufnimmt. Cicero wählt die Form eines Irrealis der Vergangenheit, um die für ihn große Evidenz seiner Behauptung zu markieren: Wäre seine Marschroute gültig gewesen und hätte unter den Aristokraten im Feldlager Einmütigkeit[225] geherrscht, dann hätte es gar nicht anders kommen können, als dass Marcus Antonius niemals einen Platz im Senat bekommen hätte. Den heftigen Widerstand der Aristokraten verstärkt Cicero sprachlich, indem er einerseits eine Alliteration (*mihi maxime*) und andererseits ein Hyperbaton (*maxime ... obstitissent*) verwendet. Auf Marcus Antonius bezieht sich Cicero in der 2. Person Singular (*mansisses*), das Personalpronomen *tu* ist explizit. Der hohe Grad an Evidenz wird durch die bekräftigende Angabe *certe* und die Verwendung des übertriebenen *numquam* unterstrichen.[226] Die Institution des Senatorenstandes (*in hoc ordine*) und der Stadt Rom (*in hac urbe*) wird sogar durch das deiktische Demonstrativpronomen hervorgehoben, obwohl nur unspezifische Oberbegriffe wie „Stand" oder „Stadt" verwendet werden.

Der restliche Teil, der etwa zwei Drittel des gesamten Absatzes ausmacht, ist vergleichsweise sachlich und unemotional und bietet daher nach den bewegten und recht leidenschaftlichen Passagen eine willkommene Abwechslung und Erholung. Nur an zwei Stellen (*dilexit* und *tolerabilior*) tauchen Wörter auf, die Rückschlüsse auf Ciceros Gefühle zulassen: seine starke Zuneigung zu Pompeius und die schwierige, aber noch erträgliche Meinungsverschiedenheit mit ihm.

---

[223] Vgl. – Marc Antons Vorwurf bestätigend – Plut. Cic. 38.2–6 und Macr. Sat. 2.3,7–8: *Pompeius Ciceronis facetiarum inpatiens fuit: cuius haec dicta ferebantur: Ego vero quem fugiam habeo, quem sequar non habeo. Sed et cum ad Pompeium venisset, dicentibus sero eum venisse respondit: Minime sero veni: nam nihil hic paratum video. Deinde interroganti Pompeio, ubi gener eius Dolabella esset, respondit: Cum socero tuo. Et cum donasset Pompeius transfugam civitate Romana: Hominem bellum, inquit; Gallis civitatem promittit alienam, qui nobis nostram non potest reddere. Propter quae merito videbatur dixisse Pompeius: Cupio ad hostes Cicero transeat, ut nos timeat.*

[224] Wie Pompeius dachte auch Caesar, vgl. Att. 7.11,1 (*haec ait omnia facere se dignitatis causa*); Caes. B. civ. 1.9,2; 3.91,2; Suet. Iul. 33.1; 72.1.

[225] Diese seien allzu siegesgewiss gewesen (*spe victoriae elati*), was auch Caesar sagte, vgl. Caes. B. civ. 3.82–83.

[226] Gemäß RAMSEY handelt es sich um das rhetorische Mittel einer *conduplicatio*, siehe RAMSEY 2008, 217–218.

Außerdem werden einige römische Hochwertwörter verwendet, die positive Bewertungen transportieren (*res publica, amicitia, dignitas*).

§ 39 Quid vero ille singularis vir ac paene divinus de me senserit, sciunt, qui eum de Pharsalia fuga Paphum persecuti sunt. Numquam ab eo mentio de me nisi honorifica, nisi plena amicissimi desideri, cum me vidisse plus fateretur, se speravisse meliora. Et eius viri nomine me insectari audes, cuius me amicum, te sectorem esse fateare?
Sed omittatur bellum illud, in quo tu nimium felix fuisti. Ne de iocis quidem respondebo, quibus me in castris usum esse dixisti: erant quidem illa castra plena curae; verum tamen homines, quamvis in turbidis rebus sint, tamen, si modo homines sunt, interdum animis relaxantur. § 40a Quod autem idem maestitiam meam reprehendit, idem iocum, magno argumento est me in utroque fuisse moderatum. [...]

INHALT UND KONTEXT: Cicero wehrt sich gegen den Vorwurf, er habe Pompeius im Feldlager durch ständige Kritik und Witze zur Unzeit vor den Kopf gestoßen. Im Gegenteil: Dass Antonius ihm sowohl zu viel Klagen als auch zu viele Scherze vorgeworfen habe, zeige nur, dass Cicero in beidem maßvoll gewesen sei (*in utroque fuisse moderatum*).

Die Leute, die Pompeius nach der Schlacht bei Pharsalos nach Zypern[227] verfolgt hätten, wüssten, was dieser wirklich über Cicero gedacht habe: Nur Positives. Er habe sogar zugegeben, dass sich Cicero in politischen Dingen letztlich als der Weitsichtigere von beiden erwiesen habe.

EMOTIONSLINGUISTISCHE ANALYSE: Cicero beurteilt Pompeius überaus positiv als *ille singularis vir ac paene divinus*, das heißt er bezeichnet ihn sogar als „göttlich"[228], auch wenn er diese Aussage durch das Adverb *paene* abschwächt. Dann lässt Cicero Pompeius ein ähnlich positives Urteil über sich selbst sprechen, wobei er – um die Beweiskraft dieser Aussage zu untermauern – als Gewährsleute seine treuesten Anhänger anführt, die ihn nach der verlorenen Schlacht bei Pharsalos sogar bis nach Paphos auf Zypern begleitet hätten.[229] Das Adverb *numquam* dehnt die Richtigkeit von Ciceros Aussage auf alle Zeiten (Intensität) aus. Im Gegenteil, wenn überhaupt, dann habe er – auch unter seinen engsten Freunden – immer nur gut über Cicero geredet und ihre Freundschaft gelobt (*mentio ... honorifica ... plena amicissimi desideri*).

---

[227] Die Stadt Paphos befindet sich im Südwesten der Insel Zypern direkt am Meer und beherbergte ein berühmtes Heiligtum der Aphrodite. Pompeius befand sich nach der verlorenen Schlacht von Pharsalos im August 48 v. Chr. auf der Flucht nach Ägypten. Pompeius, der aufgrund seiner Freundschaft mit Ptolemaios XII. als Vormund von dessen Sohn Ptolemaios XIII. mit Unterstützung rechnen konnte, bat die Ägypter um Aufnahme. Dort wurde er jedoch von Männern von König Ptolemaios XIII. getötet. Vgl. die antiken Quellen: Caes. B. civ. 3.94–104, bes. aber 103,2–3. sowie Plut. Pomp. 72,9.

[228] Cicero nennt nur noch zwei weitere Persönlichkeiten *divinus* („göttlich"): Scipio Aemilianus in Cic. Arch. 16 und Cato Uticensis in Cic. Fin. 3,6.

[229] Dahinter steht die Prämisse, dass wenn sogar jene loyalen Anhänger, die immer auf der Seite Pompeius' standen, bestätigen, dass Pompeius nicht *ein* negatives Wörtchen über Cicero habe fallen lassen, dann die Richtigkeit dieser Behauptung plausibel sei.

Doch dann bricht sich Ciceros Entrüstung Bahn. In einer rhetorischen Frage – nachdem relativ lange eher die Form des Aussagesatzes vorgeherrscht hatte – ereifert er sich darüber, dass Marcus Antonius es gewagt habe, ihn im Namen des Pompeius zu bedrängen und zu verspotten, obwohl er sich dies als Aufkäufer[230] seiner Güter (*sector*[231]) niemals hätte anmaßen dürfen!

In einer Praeteritio will Cicero nun die für ihn unangenehme Zeit des Bürgerkrieges zwischen Caesar und Pompeius ausklammern: *Sed omittatur bellum illud in quo tu nimium felix fuisti*. Dahinter verbirgt sich ein negatives Urteil über Antonius (und seinen ehemaligen Gönner Caesar). Wenn Cicero ihm ein Übermaß an Glück (*nimium felix*) im Krieg bescheinigt, so impliziert dies zum einen einen unverdienten Sieg, zum anderen nennt er als Ursache nicht Können und Strategie, sondern pures Glück. Mit anderen Worten: Cicero impliziert in seiner Auslassung, dass Marcus Antonius (bzw. Caesar) den Krieg unverdient gewonnen habe und zudem militärisch inkompetent gewesen sei.[232]

Erst spät wendet er sich dem Vorwurf zu, er habe im Feldlager des Pompeius unangebrachte Scherze getrieben.[233] Cicero gibt diesen Vorwurf in einer AcI-Konstruktion wieder (*me in castris usum esse dixisti*), was die Glaubwürdigkeit von Marc Antons Aussage schmälert. Außerdem gibt er vor, auf diese Kritik nicht weiter eingehen zu wollen (*Ne de iocis quidem respondebo*). In aller Kürze tut er es dann aber doch: Mit dem anthropologischen Argument, der Mensch brauche gerade in sorgenvollen Zeiten (*erant quidem illa castra plena curae; quamvis in turbidis rebus sint*) hin und wieder auflockernden Humor (*interdum animis relaxantur*)[234], verteidigt er seine Späße im Feldlager, zumal er, wenn ihm Antonius Trauer und Humor zugleich vorwerfe, doch nur die goldene Mitte getroffen haben müsse – so Cicero bereits zu Beginn von § 40, wo er sich von Antonius nun in der 3. Person Singular mit dem zweifachen Pronomen *idem* (Proximität) spricht.

---

[230] Vgl. §§ 64–70 und auch Cic. Phil. 13,30. Gemäß Cic. Phil. 13,10–12 scheint es so zu sein, dass Marc Anton einige Güter von Pompeius im Jahr 47 v. Chr. als einziger Bieter aufgekauft habe (vgl. § 64), um einige davon später bis ins Jahr 43 wieder zu verkaufen.

[231] Man beachte auch die intensivierende Paronomasie *insectari* [...] *sectorem*! Vgl. RAMSEY 2008, 219.

[232] Die zweite Implikation entfällt freilich, wenn man *felix* als „erfolgreich" übersetzt.

[233] Kostproben von Ciceros Humor sind bei Macrobius erhalten, siehe z. B. Macr. Sat. 2.3,7: *Ego vero, quem fugiam, habeo, quem sequar, non habeo*.

[234] Dies spricht Marc Anton implizit das Menschsein oder zumindest das Menschlich-Sein ab, vgl. § 30: *stuporem hominis vel dicam pecudis attendite*. Gleichzeitig legt Cicero durch eine sogenannte Diaphora (vgl. RAMSEY 2008, 219: „*homines* [...] *homines* [...]: an example of the rhetorical figure diaphora, defined as the repetition of a word which is used in a different sense upon its second occurrence") einen starken Akzent auf die eben erwähnte Humanität von Humor in Krisenzeiten.

k. Leichtere Vorwürfe: Erbschaften (40b–42a)

[...] §40b *Hereditates mihi negasti venire. Utinam hoc tuum verum crimen esset! Plures amici mei et necessarii viverent. Sed qui istuc tibi venit in mentem? Ego enim amplius sestertium ducentiens acceptum hereditatibus rettuli. Quamquam in hoc genere fateor feliciorem esse te. Me nemo nisi amicus fecit heredem, ut cum illo commodo, si quod erat, animi quidam dolor iungeretur; te is, quem tu vidisti, numquam, L. Rubrius Casinas fecit heredem.*

INHALT UND KONTEXT: Cicero wehrt sich gegen den Vorwurf, er habe zu wenige Freunde gehabt, die ihn in ihren Testamenten mit einem Erbe bedacht hätten.[235] In Wirklichkeit habe er 20 Millionen Sesterze geerbt[236], und zwar von wirklichen Freunden, während Antonius Erbschaften von Fremden wie L. Rubrius aus Casinum[237] erhalten habe.

EMOTIONSLINGUISTISCHE ANALYSE: Der erste Satz wiederholt die nächste Kritik an Cicero, er habe nie etwas geerbt, in einer von *negasti* abhängigen AcI-Konstruktion; dies deutet auf geringe Wahrscheinlichkeit hin; die 2. Person *negasti* erhöht die soziale Nähe zu Marcus Antonius, sie wird im Verlauf des Abschnitts beibehalten (*tuum, tibi, te, te, vidisti*).

Aus Ciceros Replik geht hervor, dass seltene Erbschaft ein Zeichen für eine eher geringe Anzahl einflussreicher Freunde und Klienten ist, denn in diese Richtung zielt Ciceros Verteidigung, wenn er im folgenden Wunsch – leicht paradox und ironisch – verrät, dass er sich über die Richtigkeit dieses Vorwurfs sehr freuen würde (*Utinam hoc tuum verum crimen esset!*), denn er habe im Gegenteil schon zu viele Freunde verloren und wäre über ihre Gegenwart glücklicher als über das Erbe, das er durch ihren schmerzlichen Tod erhalten habe (*plures amici mei et necessarii viverent*) – die Erwähnung des bedeutungsverwandten *necessarii* lässt Ciceros wehmütige Freundschaft noch deutlicher hervortreten. Der Wunschsatz wird mit der Partikel *utinam* eingeleitet, was den Grad der Volitionalität, also die emotionale Stärke des Wunsches und der Sehnsucht nach den Freunden, erhöht. Der Wunschsatz ist darüber hinaus als expressiver Exklamativsatz zu verstehen, so dass Fuhrmann und Nickel den lateinischen Satz

---

[235] In der römischen Aristokratie wurde offenbar jemand als wenig renommiert angesehen, an den nur selten Erbschaften fielen, wie zwei Fälle zeigen: Sulla berücksichtigte Pompeius nicht, was dieser negativ aufnahm (siehe Plut. Pomp. 15,3) und Clodius wurde nicht von seinem späteren Schwager Q. Marcius Rex (Konsul des Jahres 68 v. Chr.) bedacht (wie Cicero süffisant feststellt, vgl. Cic. Att. 1.16,10).

[236] Diese hohe Summe zu prüfen ist heute unmöglich, vgl. höchstens die Daten in SHATZMAN 1975, 409–412.

[237] Vgl. §§ 62 und 74. Dieser Mann ist sonst unbekannt, vgl. NICKEL/FUHRMANN 2013, 609. Wahrscheinlich spielt Cicero auf eine Testamentsfälschung an, wodurch sich Antonius bereichert habe.

Casinum ist übrigens der Ort zwischen Rom und Neapel, wo auch M. Varro seine Villa hatte (vgl. § 103) und im Jahr 529 n. u. Z. Benedikt von Nursia das erste Kloster auf abendländischem Boden gründen wird.

in ihrer Ausgabe mit einem Ausrufezeichen versehen, seine Expressivität also graphisch markieren.[238]

Der nächste Satz ist eine empörte Frage: *Sed qui istuc tibi venit in mentem?* Das Demonstrativpronomen *istuc*, das sich auf *crimen* bezieht, ist das negativ-evaluative *istud* mit angehängtem *-ce*, einem verstärkenden Suffix.[239] Dann nennt Cicero mit 20 Millionen Sesterzen eine konkrete Geldsumme, die er bereits durch Erbschaften erhalten hat – die genaue Zahl und die Wahl des Verbs *rettuli*, von dem der AcI abhängt, sollen buchhalterische Genauigkeit suggerieren und keinen Zweifel daran lassen, dass Cicero bereits viel geerbt hat und daher einige wohlhabende, enge Freunde und Klienten hatte.

Der nächste Satz lautet: *Quamquam in hoc genere fateor feliciorem esse te.* Dieser Satz impliziert: 1. Cicero hat wahrscheinlich weniger Geld geerbt als Marcus Antonius; dies geht aus der einräumenden Konjunktion *quamquam* hervor. 2. Dennoch hält er sich für glücklicher als dieser – was nur möglich ist, wenn Cicero nicht die reine Geldmenge als Maßstab für eine gute Erbschaft ansieht, sondern – und das geht aus den weiteren Sätzen hervor – den tatsächlichen Umgang mit einem wahren Freund zu dessen Lebzeiten (*Me nemo nisi amicus fecit heredem*).[240] Deshalb habe er neben der Freude über den glücklichen Geldzuwachs (die Cicero sogleich mit dem Einschub *si quod erat* abzuschwächen sich anschickt, um seinen selbstlosen Freundschaftsgeist zu signalisieren) immer auch tiefen inneren Schmerz empfunden (*animi quidam dolor*). Marcus Antonius dagegen habe seine Verstorbenen oft nicht einmal gesehen (*numquam*). Er liefert auch gleich ein konkretes Beispiel und nennt L. Rubrius aus Casinum (*Casinas*). Die Ortsbezeichnung soll wohl die räumliche Distanz zwischen dem Erblasser und Marc Anton unterstreichen und damit die Unwahrscheinlichkeit eines direkten Kontakts der beiden glaubhaft machen.

§ 41 *Et quidem vide, quam te amarit is, qui albus aterne fuerit, ignoras. Fratris filium praeterit, Q. Fufi, honestissimi equitis Romani suique amicissimi, quem palam heredem semper factitarat, ne nominat quidem: te, quem numquam viderat aut certe numquam salutaverat, fecit heredem. Velim mihi dicas, nisi molestum est, L. Turselius qua facie fuerit, qua statura, quo municipio, qua tribu. „Nihil scio", inquies, „nisi, quae praedia habuerit." Igitur fratrem exheredans te faciebat heredem. In multas praeterea pecunias alienissimorum hominum vi eiectis veris heredibus, tamquam heres esset, invasit.* § 42a *Quamquam hoc maxime admiratus sum, mentionem te hereditatum ausum esse facere, cum ipse hereditatem patris non adisses.*

INHALT UND KONTEXT: Cicero kritisiert Antonius dafür, dass er Erbschaften von ihm völlig fremden Personen erhalten habe.

---

[238] Siehe NICKEL/FUHRMANN 2013, 86.
[239] Vgl. BURKARD/SCHAUER 2012, § 69,6.
[240] Der vorige Satz endet mit *te*, dieser fängt mit *me* an. Ganz richtig bemerkt hierzu RAMSEY, dass Cicero einen scharfen Kontrast nicht nur zwischen den beiden Sätzen, sondern zwischen sich und Antonius bilden möchte, vgl. RAMSEY 2008, 220.

So habe ein gewisser Q. Fufius den Sohn seines Bruders enterbt, um Antonius, den er gar nicht kannte, als Erben einzusetzen.²⁴¹ Dasselbe gelte für einen gewissen L. Turselius, der seinen Bruder enterbt habe.²⁴²

Und die Liste derer, die Antonius gewaltsam um ihr Erbe gebracht habe, sei noch länger. Vor allem aber wundere sich Cicero, dass er das Thema Erbschaft überhaupt angesprochen habe, wo er doch gerade das Erbe seines eigenen Vaters ausgeschlagen habe.²⁴³

EMOTIONSLINGUISTISCHE ANALYSE: In diesem Abschnitt der Rede äußert sich Cicero sichtlich empört und sarkastisch darüber, dass Antonius nicht nur von Fremden geerbt habe, sondern teilweise sogar von der Enterbung naher Verwandter der Verstorbenen profitiert habe. Mit verschiedenen sprachlichen Mitteln bewertet Cicero Antonius negativ – er bedient sich vor allem der Topoi Ignoranz, Unverschämtheit und Unersättlichkeit – und verstärkt diese negative Bewertung noch. Zudem rahmt er seine Behauptungen so, dass sie plausibel und einleuchtend erscheinen.

Es beginnt mit einer sarkastischen Aufforderung an Antonius (*vide*), die „Liebe" (*quam amarit*) eines Fremden zu ermessen, von dem er geerbt habe, andererseits aber nicht wisse, wer der Erblasser eigentlich gewesen sei (*qui albus aterne fuerit ignoras*) – hier verwendet Cicero eine scherzhafte idiomatische Wendung²⁴⁴; Cicero schlägt kurz seine humoristische Saite an und trägt damit dem rednerischen Auftrag des *delectare* Rechnung. Der Verstorbene ist der in § 40 erwähnte Rubrius aus Casinum. Dieser habe, um Antonius mit seinem großen Erbe auszustatten, den Sohn des eigenen Bruders übergangen (*fratris filium praeterit*); der Bruder Fufius wird mit superlativischen Adjektiven in den höchsten Tönen gelobt: *Q. Fufi, honestissimi equitis Romani suique amicissimi.* Er habe ihn aber im Testament nicht einmal namentlich erwähnt (*ne nominat quidem*), obwohl er ihn immer wieder öffentlich als Erben eingesetzt habe (*palam heredem semper factitarat*). Die Verben *praeterit* und *nominat* stehen im dramatischen Präsens, während *factitarat* zwar im Plusquamperfekt steht, aber

---

²⁴¹ Fufius war laut RAMSEY entweder Halbbruder oder Cousin des oben genannten Rubrius aus Casinum; die Apposition *amicissimi* verweise auf deren gutes und enges Verhältnis. Der unterschiedliche Name könnte von einer Adoption herrühren. Vgl. RAMSEY 2008, 221.

²⁴² Von Turselius ist nichts bekannt. Er wird noch zweimal erwähnt, vgl. §§ 62 und 103.

²⁴³ Wahrscheinlich entweder, weil der Vater gar kein Vermögen mehr hatte oder, weil das Erbe des Vaters mit hohen Schulden belastet war und deswegen Antonius' Vormünder kein Erbe antraten. Antonius war beim Tod seines Vaters erst zwölf Jahre alt; er startete in seine Jugend also bankrott. Vgl. auch § 44. Vom Vater ohne Erbe in sein Leben entlassen zu werden tat dem Ruf der Familie einigen Abbruch, vgl. Plin. Ep. 2,4. Der Vater von Antonius, Marcus Antonius Creticus (vgl. *RE* „Antonius 29"), wird auch von Sallust als Geldverschwender beschimpft, vgl. Sall. hist. frag. 3,3 ed. MAURENBRECHER.

²⁴⁴ Vgl. *OLD* s.v. *albus* 4a. Sie ist sicher nicht rassistisch im modernen Sinn gemeint, sondern, wie gesagt, sprichwörtlich. Vgl. z. B. *Albus an ater sit, nescio.* „Ob er weiß oder schwarz ist, weiß ich nicht." (D. h.: Er ist mir gleichgültig.) Nach Cat. 93: *Nil nimium studeo, Caesar, tibi velle placere, / nec scire, utrum sis albus an ater homo.*

mit dem Infix -tita- versehen ist, also ein Frequentativ ist, der die Häufigkeit der Einsetzung des Neffen als Erben betont (*semper* ist dann pleonastisch).[245] Antonius hat er dagegen nie gesehen und nie gegrüßt[246]; das zweifache *numquam* kontrastiert *semper* und *factitarat* im vorhergehenden Satz; *certe* ist eine bekräftigende Angabe und erhöht die Evidenzkraft der Aussage. Diese wird in der Regel auch durch spezifische Informationen erhöht, denn woher soll Cicero wissen, dass der Erblasser Antonius nie gesehen, aber seinem Neffen das Erbe zugesprochen hat?

In einer höflich formulierten, wenn auch ironischen Bitte (*Velim mihi dicas, nisi molestum est, ...*), die Cicero nebenbei in ein positives Licht als höflichen Römer rückt[247], bedient sich der Redner anderer Mittel als der obigen witzig-idiomatischen Wendung, um auf die Unwissenheit des Antonius hinzuweisen. Er bittet ihn nämlich, wenigstens eine wesentliche Information über L. Turselius, einen anderen Verstorbenen, zu nennen, die jeder Freund sofort parat habe; dies tut Cicero in einem mehrgliedrigen indirekten Fragesatz, in dem er die Fragepronomen anaphorisch und asyndetisch aufeinander folgen lässt: *... qua facie fuerit, qua statura, quo municipio, qua tribu.*[248] Cicero legt Antonius dann sofort eine ignorante, freche Antwort in den Mund: „*Nihil scio*", inquies, „*nisi quae praedia habuerit*". Die Form der direkten Rede verleiht der Passage Dynamik und lässt Marc Antons Antwort glaubhaft erscheinen. Der Gedanke endet mit einem Fazit, das mit einem sarkastischen *igitur* eingeleitet wird[249]: *Igitur fratrem exheredans te faciebat heredem.*

Während sich Cicero im gesamten Abschnitt direkt in der 2. Person Singular gegen Antonius wendet, tut er dies nur im folgenden Satz (*esset, invasit*) nicht. RAMSEY schreibt dazu: „[T]he momentary switch from the 2nd to the 3rd person gives the air of a matter-of-fact statement after the previous, imaginary exchange between C[icero] and Antony in 1st and 2nd person. The 2nd person is resumed in the following section (*te*, § 42.26)".[250] Nach dem Kommentator Ramsey dient der Wechsel in die 3. Person mit anderen Worten der Evidentialität der Aussage.

Der Plural[251] und das Hyperbaton *in multas ... pecunias* verstärken den Eindruck der Häufigkeit der unverschämten Betrügereien des Antonius. Von *pecunias* hängt der besitzanzeigende Genitiv *alienissimorum hominum* ab – der Superlativ unterstreicht, wie fremd Antonius manche Erblasser gewesen

---

[245] D. h. es gab Zeugen der Einsetzung des Erben, vgl. Ulpian, Dig. 28.1,2.
[246] Das Verb *salutare* meint hier wahrscheinlich wirklich nur das Sich-Begrüßen, nicht das römische Ritual der *salutatio*. Vgl. anders aber § 106.
[247] Ähnliche Freundlichkeit gibt Cicero in § 34 vor.
[248] Der Stimmbezirk eines Römers, d. h. seine *tribus*, gehörte zur traditionellen Nomenklatur, die besonders auf Inschriften meistens vollständig ist. Vgl. auch Cic. Phil. 9,15: *Ser. Sulpicius Q. f. Lemonia Rufus.*
[249] Zum Sarkasmus von *igitur* vgl. RAMSEY 2008, 222.
[250] Siehe RAMSEY 2008, 222.
[251] Zum Plural vgl. KREBS 1984, 266–267 und RAMSEY 2008, 222.

sein müssen. Zu den bereits erwähnten Schmähtopoi gesellt sich im Ablativus absolutus *vi eiectis veris heredibus* der der Gewaltanwendung, verschärft durch vokalische Assonanz und die pejorative Drastik von *eicere* („hinauswerfen") für „verdrängen".[252] Cicero lässt es sich nicht nehmen, seine Verteidigung mit einem spitzen Seitenhieb zu beenden: Der Vorwurf des Antonius sei auch deshalb schamlos (*ausum esse*), weil er ausgerechnet von seinem eigenen Vater nie Geld geerbt habe (sondern nur dessen Schulden).

l. *transitio*: Antonius hat keine Redefähigkeiten (42b–43)

§ 42b *Haec ut conligeres, homo amentissime, tot dies in aliena villa declamasti? Quamquam tu quidem, ut tui familiarissimi dictitant, vini exhalandi, non ingeni acuendi causa declamitas. At vero adhibes ioci causa magistrum suffragio tuo et compotorum tuorum rhetorem, cui concessisti, ut in te, quae vellet, diceret, salsum omnino hominem, sed materia facilis in te et in tuos dicta dicere. Vide autem, quid intersit inter te et avum tuum. Ille sensim dicebat, quod causae prodesset; tu cursim dicis aliena.*

INHALT UND KONTEXT: Der zweite Teil von § 42 sowie § 43 dienen als *transitio*, das heißt hier geht Cicero von der *refutatio* zur *argumentatio*, also von der Verteidigung der Vorwürfe Marc Antons zum Angriff auf ihn über. In § 42 geht Cicero kurz auf die dubiosen Umstände der Entstehung seiner Rede[253] vom 19. September ein und zeichnet Marcus Antonius als Trunkenbold ohne jegliches Redetalent[254]: In einer Villa, die ihm gar nicht gehöre (*in aliena villa*)[255], habe er seine Übungsreden[256] gehalten, in Wirklichkeit aber nicht, um seinen Verstand zu schärfen (*non ingeni acuendi causa*), sondern um seinen Rausch auszuschwitzen (*vini exhalandi*). Als Redelehrer[257] hätten sie den Gastwirt (*magistrum*)[258] genommen, der über ihn – was freilich sehr leicht war – nach

---

[252] Zu diesem harschen Sinn von *eicere* vgl. *OLD* s. v. 5.

[253] Sextus Clodius war Marc Antons Redelehrer und studierte mit ihm nach der 1. Philippika vom 1. September 44 v. Chr., die ihn sehr getroffen hatte, die Replik ein, die er am 19. September hielt und auf die wiederum Cicero mit der vorliegenden 2. Philippika antwortete. Vgl. die historische Einleitung oben.

[254] Trunksucht und Ineloquenz waren wichtige antike Topoi des Schmähens, siehe oben in der „Topik".

[255] Die Villa in der Nähe von Tibur gehörte Q. Caecilius Metellus Pius Scipio Nasica, dem Konsul des Jahres 52 und Schwiegervater des Pompeius. Er starb nach der Schlacht von Thapsus, vgl. Cic. Phil. 5,19.

[256] Als *declamationes* bezeichnet man die Übungsreden der Rhetorik. Zu unterscheiden sind juristische Übungsreden (*controversiae*) und jene für die politische Meinungsbildung (*suasoriae*). Tacitus (*Dialogus de oratoribus*) und Seneca Maior bieten Beispiele. Siehe zu den Deklamationen in Rom generell auch BONNER 1969. Auch im hohen Alter deklamierte man oft noch, siehe Suet. Rhet. 1 oder Cic. Att. 14.12,2.

[257] Der *rhetor* war der Rhetoriklehrer oft griechischer Herkunft, den ein römischer Jugendlicher aus gutem Hause ca. ab dem 15. Lebensjahr besuchte. Zum römischen Bildungsgang siehe das unterhaltsame Buch WEEBER 2014.

[258] Vgl. zum *magister (bibendi)*, der hier durch Abstimmung (*suffragium*) gewählt wurde, und zur Institution der *comissatio* DNP s. v. „*comissatio*": „Das Trinkgelage der Römer schloß regelmäßig an eine festliche *cena* an und dauerte oft bis tief in die Nacht. Lange Zeit blieb sie nur

Belieben spotten konnte (*dicta dicere*). Am Ende vergleicht Cicero Antonius mit seinem berühmten Großvater[259]: Jener habe wohlüberlegt das gesagt, was der Sache dienlich sei, dieser nur überstürzt das, was der Sache nicht dienlich sei.

EMOTIONSLINGUISTISCHE ANALYSE: Der vorliegende Abschnitt ist in hohem Maße schmähend, Cicero wendet sich direkt an Antonius in der 2. Person Singular. Es lassen sich einige emotionslinguistische Elemente identifizieren. Es beginnt mit der Bezugnahme auf alle Vorwürfe, die Marcus Antonius Cicero gemacht hatte; so leitet Cicero die *transitio* ein: *haec ut conligeres* ... Das Verb *conligere* bedeutet in erster Linie „zusammentragen, sammeln", hat aber in Bezug auf den Produktionsprozess einer Rede und den Arbeitsschritt der *inventio* eine leicht pejorative Bedeutung.[260] Damit soll die Replik des Antonius auf die 1. Philippika Ciceros bewertet werden.

Eine negative Bewertung findet sich auch in *homo amentissime*; der Topos der Dummheit wird also erneut verwendet. Der Superlativ verstärkt die Bewertung auf morphologischer Ebene. Im selben Satz drücken die Attribute tot und aliena weiterhin Ciceros Verärgerung über Antonius aus; Denn erstens habe er so viele Tage gebraucht, um eine so schwache Rede zu halten, was seine geringen Fähigkeiten als Redner unterstreichen soll, und zweitens habe er seine Redeübungen auch noch in einem Haus gemacht, das ihm nicht gehörte, nämlich dem seines Schwiegervaters Metellus Scipio – wie Ramsey anmerkt, sei das Haus zwar rechtmäßig durch Versteigerung an Antonius gefallen, doch könne Cicero diesen Erwerb moralisch nicht hinnehmen, zumal Metellus Scipio im Bürgerkrieg auf der Seite des Pompeius gestanden und sich nach der verlorenen Schlacht von Thapsus 46 v. Chr. das Leben genommen habe.[261]

Männern vorbehalten, seit Ende der röm. Republik konnten aber auch Frauen am Trinkgelage teilnehmen. Die c., eine in sozialer Hinsicht höchst bedeutsame Form der Geselligkeit, drang spätestens Ende des 3. Jh.v. Chr. nach Rom. Ihr Name leitet sich vom griech. Wort für Gelage, κῶμος (kômos), ab; ihre Struktur und Regeln entsprachen weitgehend denen des Symposions (Gastmahl). Neben dem Trinken bestand die Unterhaltung in zwanglosen bis geistvollen Gesprächen, Akroamata des Gastgebers (Musik, Tanz, Schauspiel, Rezitationen) oder Einlagen der Gäste (Rätsel, Spiele). Einzelheiten der c. erörtert Plutarch in seinen *Quaestiones convivales*. Wegen gelegentlicher Trinkexzesse stand die c. insgesamt in keinem guten Ruf."

[259] Vgl. *DNP* „M. Antonius der Redner, cos. 99 v. Chr.": „Großvater des Triumvirn A. Geb. 143 v.Chr., 113 Quaestor in Kleinasien (erfolglos in Rom wegen Unzucht mit einer Vestalin angeklagt), kämpfte 102 als praetor pro consule gegen die kilikischen Piraten und triumphierte 100. Zunächst mit Zustimmung des C. Marius 99 Konsul und 97 Censor mit L. Valerius Flaccus, wurde er 87 von den Marianern ermordet. Mit L. Licinius Crassus der herausragende Prozeßredner seiner Zeit (112 Anklage des Cn. Papirius Carbo, 97 [?] Verteidigung des M.' Aquillius, 96 [?] seines Quaestors C. Norbanus). Da seine bes. Stärke im Vortrag lag (Cic. de orat. 3, 32; Brut. 138–144), publizierte er wohl seine Reden nicht. Cicero stilisiert ihn als Dialogpartner des Crassus in de oratore unhistor. zum überzeugten Optimaten. Verf. eines unvollendeten Werkes de ratione dicendi (Brut. 163; Fr.: ORF 14, 221–237)."

[260] Siehe *OLD* s. v. *colligere* 11.

[261] Zu Metellus Scipio vgl. RAMSEY 2008, 223.

So finden sich in einem Satz vier negative Bewertungen Ciceros, die sich auf folgende Eigenschaften des Antonius beziehen: Antonius' ungeschickte Rede, seine Dummheit, seine schwache Redekunst und der unverschämte Kauf des Hauses seines ehemaligen Schwiegervaters.

Dem fügt Cicero im folgenden Satz eine weitere negative Bewertung hinzu: Cicero bezeichnet ihn als Säufer, wenn er sagt, er deklamiere nur, um seinen Rausch loszuwerden (*vini exhalandi ... causa*).[262] Die Bildhaftigkeit des Ausdrucks dient sicher auch dazu, beim Rezipienten Ekelgefühle hervorzurufen (*commovere*), aber auch dazu, ihn zum Lachen zu bringen (*delectare*). Zwei Verben (*dictitant*; *declamitas*) versieht Cicero mit dem intensivierenden Infix *-(t)ita-*. Das erste zieht Personen aus dem engeren Umfeld des Antonius als Zeugen heran und verstärkt so die Wahrscheinlichkeit der Behauptung über die Trunksucht des Antonius, das zweite wirkt besonders verstärkend und kann als Symptom der Erregung Ciceros gedeutet werden.

Im nächsten Satz bezieht sich Cicero auf Sextus Clodius, den Rhetoriklehrer Marc Antons, und bezeichnet ihn zweideutig als *magistrum*, was vordergründig natürlich den Lehrer meint, im Zusammenhang mit dem Trinken aber auch den *magister bibendi*, also den Zechkönig der *comissatio*. Auf diese Weise macht Cicero den rhetorischen Eifer des Antonius lächerlich.

Sein Redelehrer Sextus Pompeius habe Marcus Antonius sogar erlaubt, sich nach Belieben über ihn lustig zu machen[263] – aber auch das sei, so Cicero, alles andere als schwer und bereitet damit den zweiten, angreifenden Teil der Rede vor: *materia facilis in te et in tuos dicta dicere*.

Cicero schließt mit einem Vergleich: Die Redefähigkeiten seines gleichnamigen Großvaters werden in einer Antithese positiv bewertet (*ille sensim dicebat quod causae prodesset*), die seines Enkels Marcus Antonius dagegen sehr negativ (*tu cursim dicis aliena*).

§ 43 *At quanta merces rhetori data est! Audite, audite, patres conscripti, et cognoscite rei publicae volnera. Duo milia iugerum campi Leontini Sex. Clodio rhetori adsignasti et quidem immunia, ut populi Romani tanta mercede nihil sapere disceres. Num etiam hoc, homo audacissime, ex Caesaris commentariis? Sed dicam alio loco et de Leontino agro et de Campano, quos iste agros ereptos rei publicae turpissimis possessoribus inquinavit.*

Iam enim, quoniam criminibus eius satis respondi, de ipso emendatore et correctore nostro quaedam dicenda sunt. Nec enim omnia effundam, ut, si saepius decertandum sit, ut erit, semper novus veniam: quam facultatem mihi multitudo istius vitiorum peccatorumque largitur.

INHALT UND KONTEXT: Am Ende der *transitio* kommt Cicero auf die enorme Belohnung zu sprechen, die Marcus Antonius' Redelehrer Sextus Clodius

---

[262] In Cic. Phil. 5,19 soll er durch das Deklamieren erst den Durst anregen wollen (*sitim quaerens*). Cicero selbst gibt zu, dass auch bei ihm das Deklamieren den Appetit anrege, vgl. Cic. Fam. 9.18,3.
[263] Dies beglaubigt auch Plutarch, vgl. Plut. Ant. 24,11.

erhielt: 2000 Morgen Land aus der Mark Leontinoi, inklusive der Befreiung vom Zehnten.[264]

Dann kündigt er an, Antonius seinerseits mit einigen Vorwürfen angreifen zu wollen.

EMOTIONSLINGUISTISCHE ANALYSE: Im ersten Teil des Abschnitts dominiert die Empörung, die Cicero im ersten Satz durch einen Exklamativsatz, im zweiten durch einen Imperativsatz an die Senatoren mit Geminatio[265] (*audite, audite, patres conscripti, ... et cognoscite*) und im vierten durch eine rhetorische Frage signalisiert. Als leidende Opfer, mit denen sich die Senatoren (und natürlich auch die Leser) identifizieren sollen, inszeniert Cicero die Republik und das Volk von Rom, wenn er das Kommende als *rei publicae volnera*[266] einleitet und von hohen Kosten für das Volk spricht (*populi Romani tanta mercede*). Dass die *res publica* und der *populus Romanus* als zwei Hochwertwörter von vornherein positiv bewertet werden, liegt auf der Hand. Umso schlimmer ist ihr Opferstatus und der Verlust von 2000 Morgen Staatsland bei Leontinoi auf Sizilien und in Kampanien[267]; der römische Rezipient wusste auch, dass der *ager Leontinus* und der *ager Campanus* besonders fruchtbar waren[268] und ihr Verlust daher besonders schmerzte. Umso schlimmer erscheint es, dass Marcus Antonius seinen Lehrer so reich entlohnt, obwohl dessen Lehre bei ihm ohnehin nichts bewirkt (*nihil sapere disceres*) – Cicero sieht sich daher berechtigt, Marcus Antonius als *homo audacissime* (negative Bewertung; der Superlativ steigert die Intensität) zu bezeichnen.

In der folgenden Praeteritio fügt Cicero negativ konnotierte Wörter in den Relativsatz und damit weitere negative Bewertungen des Marcus Antonius ein: zunächst durch das pejorative Demonstrativpronomen *iste*, dann durch das Partizip *ereptos* und das metaphorische Prädikat *inquinavit*, das aus dem Bildbereich „Dreck" stammt. Die Bedeutung von *inquinavit* ist klar: Wer beschmutzt und verunreinigt, so der unausgesprochene Gedanke, muss entfernt werden. Das, womit Marcus Antonius das Feld verunreinigt haben soll, wird mit einem einfachen, präpositionslosen Ablativus instrumenti bezeichnet, obwohl es sich um Personen handelt. Schon diese grammatikalische Form deutet darauf hin, dass Cicero diese Personen negativ oder zumindest als bloß passive

---

[264] Leontinoi (heutiger Name: Lentini) ist eine Stadt im östlichen Teil der Insel Sizilien, ca. 40 km im Nordwesten von Syrakus. Das Gebiet wurde von Römern und Siziliern bestellt (vgl. Cic. Phil. 3,22), war sehr fruchtbar (vgl. Cic. Verr. 2.3,112 und Plin. Hist. 18,85) und lieferte insbesondere Getreide an Rom (vgl. Cic. Phil. 8,26). Normalerweise musste man den Zehnt (*decuma*) an Rom abtreten; hiervon wurde Sex. Clodius offenbar befreit (*immunis*).
[265] Vgl. RAMSEY 2008, 225.
[266] Zu *volnera* schreibt RAMSEY: „[...] a strong word to characterize the loss of revenue to the state because of the distribution of *ager publicus* (cf. § 101.12)." Vgl. RAMSEY 2008, 225.
[267] Darüber äußert sich Cicero, wie er hier ja auch ankündigt (*Sed dicam alio loco et de Leontino agro et de Campano* [...]), nochmal genauer in §§ 101–102.
[268] Vgl. RAMSEY 2008, 225–226.

Marionetten Antonius' bewertet wissen will.[269] Zu den ohnehin negativ konnotierten *possessoribus* (was hier „Besatzer" bedeutet[270]) kommt aber noch das Attribut *turpissimis* im Superlativ hinzu.

Nun geht Cicero zur Argumentation über. Er bezeichnet Antonius als „Besserwisser und Zensor" (*emendatore et correctore nostro*). Das Possessivpronomen *nostro* ist ein Pluralis modestiae[271] und dient der Captatio benevolentiae. Schließlich betont Cicero die Vielzahl der Fehler des Antonius, die ihm nicht nur in dieser, sondern auch in den folgenden Reden eine Fülle von Angriffszielen bieten würden: *multitudo istius vitiorum peccatorumque largitur* – eine explizite und implizite Verurteilung der Person Antonius.

6.2.2.2 confirmatio (44–114)

a. Angriff auf die frühen Jahre des Antonius: Ausschweifungen in der Jugend (44–47)

§ 44 *Visne igitur te inspiciamus a puero? Sic opinor; a principio ordiamur. Tenesne memoria praetextatum te de*
coxisse? „Patris", inquies, „ista culpa est." Concedo. Etenim est pietatis plena defensio. Illud tamen audaciae tuae, quod sedisti in quattuordecim ordinibus, cum esset lege Roscia decoctoribus certus locus constitutus, quamvis quis fortunae vitio, non suo decoxisset.
Sumpsisti virilem, quam statim muliebrem togam reddidisti. Primo volgare scortum; certa flagiti merces nec ea parva; sed cito Curio intervenit, qui te a meretricio quaestu abduxit, et, tamquam stolam dedisset, in matrimonio stabili et certo conlocavit.

INHALT UND KONTEXT: In § 44 beginnt die *refutatio*, das heißt der verbale Angriff auf Antonius. Bis einschließlich § 47 greift Cicero dessen Privatleben in den Jahren 70 bis 58 v. Chr. an, als er noch ein Jugendlicher war.[272] Er geht also streng chronologisch vor.

In § 44 geht Cicero auf seinen Bankrott und seine angeblichen homosexuellen Beziehungen ein. Da Antonius seinen Vater für den Bankrott verantwortlich gemacht habe, bezeichnet Cicero ihn als *impius*, also als jemanden, dem es an Vaterliebe und Pflichtgefühl fehle.[273] Und obwohl er es als Bankrotteur

---

[269] Vgl. BURKARD/SCHAUER 2012, § 376, 4a: „Personennamen (aber nur selten Eigennamen) können nur dann im bloßen Ablativus instrumentalis stehen, (a) wenn sie nicht als selbständig handelnd, sondern nur als passive Masse bzw. als Helfershelfer aufgefasst werden (Diener, Wächter usw.) [...]".

[270] Vgl. *OLD* s. v. *possessor* 1. In Opposition zu den legitimen Besitzern, also den *domini*.

[271] Vgl. zum *Pluralis modestiae* den gleichnamigen Artikel in BEST 1994.

[272] Vgl. RAMSEY 2008, 226. Bis zum Alter von ca. 16 Jahren trugen junge, freigeborene Römer die *toga praetexta*, also die Toga mit Purpursaum, dann zogen sie die ganz weiße *toga virilis* an. Die *toga muliebris* gibt es eigentlich nicht; römische Matronen trugen eine *stola*. Allerdings trugen auch Prostituierte die Toga, da für sie die ehrbare *stola* Tabu war.

[273] Vgl. BRODERSEN/ZIMMERMANN 2006 s. v. „Kind": „In Rom war die rechtl. Stellung der Kinder durch die Dominanz des Pater familias innerhalb der Familie geprägt, der auch über Leib und Leben seiner Angehörigen entscheiden konnte. Doch auch nach der Entlassung aus der väterl. Gewalt durch Gründung eines eigenen Hausstands war der Sohn seinem Vater

nach der *lex Roscia*[274] nicht hätte tun dürfen, habe er sich im Theater zu den Rittern gesetzt. Schon als junger Mann habe er seinen Körper als Prostituierter an andere Männer verkauft[275]; erst Curio[276] habe ihn aus diesem Milieu herausgeholt. Mit Curio habe er eine homoerotische Beziehung gehabt.[277]

EMOTIONSLINGUISTISCHE ANALYSE: Mit einer rhetorischen Frage, die Cicero gleich selbst beantwortet, leitet er zu seiner ersten Schmährubrik über, nämlich dem „Privatleben als Heranwachsender". In der rhetorischen Frage unterstellt Cicero seinem Gegner die Bereitschaft, sich einer genauen Inspektion seines Lebenswandels zu unterziehen (*visne igitur te inspiciamus a puero?*). Das Wort *igitur* tut so, als ergebe sich dieser Wille aus dem vorher Gesagten. Im Ton eines strengen Vaters verweist Cicero performativ auf seine höhere soziale Stellung, der Satzbeginn *visne ...?* wirkt so als soziale Deixis.[278] Auch im Hortativ *ordiamur* liegt eine Intention, die Cicero durch die Form der 1. Person Plural auf die Gesamtheit der anwesenden Senatoren und hier auch auf Marcus Antonius ausdehnen lässt.[279] Die soziale Nähe zu den Anwesenden wird als Einstimmigkeit präsentiert und auch der emotionale Zusammenhalt wird hergestellt.

Cicero wirft ihm mangelnde Fähigkeit im Umgang mit Geld vor, was zu seinem Ruin geführt habe. Das Wort, das er für „Bankrott gehen" verwendet, ist zweimal *decoquere*, ein metaphorischer, leicht scherzhafter Ausdruck, der sicherlich auch negativ konnotiert war und daher abwertend wirken sollte.[280] Und als ob dieser Vorwurf noch nicht genug wäre, steigert Cicero die negative Bewertung innerhalb des Topos „Bankrott" noch, indem er betont, dass Antonius nach dem Tod seines Vaters in kürzester Zeit – noch als Knabe in der *toga praetexta* – das Erbe durchgebracht habe (*praetextatum ... decoxisse*). Auch den

---

gegenüber zur *pietas* verpflichtet."; s. v. *Pietas*: „[...] eine der Kardinaltugenden der Römer: die respektvolle Haltung gegenüber den Göttern, Mitmenschen und der sozialen Ordnung. P. wurde als röm. Göttin, Personifikation der Frömmigkeit, in verschiedenen Tempeln verehrt und häufig auf Münzen abgebildet." Vgl. LATTE 1960, 40.

[274] Die *lex Roscia* wurde 67 v. Chr. von dem Volkstribun L. Roscius Otho durchgesetzt; das Gesetz sah die ersten 14 Reihen im Theater für die *equites*, also für die Ritter, vor. Bei Zuwiderhandlungen gab es Strafen, vgl. Cic. Phil. 1,20 und Suet. Aug. 40,1.
Dass auch den *decoctores* spezielle Sitze zugewiesen worden sein sollen (*certus locus*), wird nur von der vorliegenden Stelle bezeugt.

[275] Der Vorwurf der Prostitution schon in jungen Jahren war ein verbreiteter Topos der Invektive, vgl. SÜSS 1910, 249–250.

[276] Zu Curio vgl. §§ 3–4.

[277] Eine homoerotische Beziehung bezeugt nur Cicero; gerade gutaussehenden Jünglingen diese vorzuwerfen war ein Topos der Invektive, vgl. Cic. Cael. 6. Plutarch spricht von einem schädlichen Einfluss Curios auf Antonius, ohne aber eine sexuelle Beziehung zwischen den beiden zu erwähnen, vgl. Plut. Ant. 2,4.
Der passive Sexualpartner von zwei Männern war in der Antike sehr schlecht beleumundet, vgl. WISEMAN 1985, 10–13.

[278] Vgl. BUSCH/STENSCHKE 2018, 230–231.

[279] Freilich kann man die 1. Person Plural auch als *pluralis modestiae* deuten.

[280] Vgl. GEORGES 2012 s. v. *decoquere*.

Vorwurf, Marcus Antonius habe seinem Vater gegenüber keine *pietas* gezeigt, verbindet Cicero, indem er ihn in direkter Rede die Schuld auf den eigenen Vater schieben lässt (*"Patris", inquies, "ista culpa est."*) und dessen *pietas* – natürlich ironisch – hervorhebt (*etenim est pietatis plena defensio*). Ganz offen nennt Cicero ihn dann im nächsten Satz einen *audax*, weil er es gewagt habe, die *lex Roscia* zu übertreten und im Theater nicht einen der den Bankrotteuren zugewiesenen Plätze einzunehmen.

Mit dem Prädikativum *praetextatum* hat Cicero bereits das in diesem Abschnitt wichtige Thema der römischen Kleiderordnung vorbereitet. Nun nutzt er Kleidungsstücke wie Toga und Stola, um Marc Antons Tätigkeit als Stricher und passiver Liebhaber seines Mentors Curio dem Rezipienten durch die Verwendung von Evidentia humorvoll und lebendig vor Augen zu führen. Cicero behauptet: Marc Anton habe die Männertoga sofort gegen eine Frauentoga (*muliebrem togam*) getauscht, also gegen jenes Gewand, das Prostituierte tragen mussten, weil ihnen die ehrbare Stola einer römischen Matrone verwehrt war.[281] Cicero sagt aber auch ganz explizit, dass er zunächst eine „billige, jedermann zur Verfügung stehende Hure" (*volgare scortum*) gewesen sei – das Wort *scortum* für Prostituierte hat eigentlich die Bedeutung „Leder", verweist also auf Abnutzung und ist damit eindeutig pejorativ gemeint.[282] Auch im folgenden Satz bezeichnet Cicero dieses Gewerbe abfällig als *flagitium*, das heißt als Schande. Ironisch lässt Cicero dann Curio als Retter des Antonius erscheinen, der ihn aus dem Prostituiertengewerbe befreit habe (*a meretricio quaestu abduxit*), um aber sogleich anzudeuten, dass Curio ihn in eine neue, eheähnliche Abhängigkeit von sich im Rahmen einer gleichgeschlechtlichen Beziehung gebracht und, wie Cicero spöttisch-ironisch sagt, in eine Stola gesteckt habe.

Zusammenfassend lässt sich sagen, dass Cicero Marc Anton innerhalb der beiden Topoi „Misswirtschaft und Bankrott" und „passive Homosexualität" negativ bewertet. Cicero streut aber noch weitere Seitenhiebe ein: Marcus Antonius habe keine *pietas* bewiesen und verstoße gegen Gesetze. Rhetorische Fragen und direkte Rede erhöhen den Evidenzgrad des Behaupteten. Durch soziale Deixis markiert Cicero seine höhere gesellschaftliche Stellung. Die Kleidermetaphorik intensiviert durch die Lebendigkeit der Darstellung den negativen Eindruck von Marc Anton.

§ 45 *Nemo umquam puer emptus libidinis causa tam fuit in domini potestate quam tu in Curionis. Quotiens te pater eius domu sua eiecit, quotiens custodes posuit, ne limen intrares? Cum tu tamen nocte socia, hortante libidine, cogente mercede, per tegulas demiterere. Quae flagitia domus illa diutius ferre non potuit. Scisne me de rebus mihi notissimis dicere? Recordare tempus illud, cum pater Curio maerens iacebat in lecto; filius se ad pedes meos prosternens, lacrimans, te mihi commendabat; orabat, ut se contra suum patrem, si sestertium*

---

[281] Vgl. RAMSEY 2008, 227.
[282] Vgl. *OLD* s. v. *scortum* 2.

sexagiens peteret, defenderem; tantum enim se pro te intercessisse dicebat. Ipse autem amore ardens confirmabat, quod desiderium tui discidi ferre non posset, se in exsilium iturum.

INHALT UND KONTEXT: Cicero geht weiter auf die homosexuelle Affäre Marc Antons mit Curio dem Jüngeren ein. Er habe immer wieder alle Hindernisse, zum Beispiel die Nachtwächter[283], überwunden, um zu Curio zu gelangen, obwohl dessen Vater[284] alles getan habe, um den Kontakt zwischen den beiden zu unterbinden. Sogar über das Ziegeldach (*per tegulas*)[285] habe er Zugang zu Curios Zimmer gefunden. Schließlich habe der Sohn Curio, als sein Vater wegen der Angelegenheit bereits krank geworden war, nachgegeben und Antonius Cicero anvertraut; Curio selbst sei aus schmerzlicher Sehnsucht nach Antonius (*desiderium tui discidi*) ins Exil gegangen.

EMOTIONSLINGUISTISCHE ANALYSE: Cicero verwendet den nächsten klassischen Schmähtopos und wirft Antonius passive Unterwürfigkeit gegenüber seinem Mentor Curio vor (*in domini potestate*). Diese negative Bewertung wird durch den hyperbolischen Beginn nemo *umquam* verstärkt. Die weiteren Sätze dienen der narrativen Ausmalung (Evidentia) dieser sexuellen Unterwürfigkeit, wobei Cicero typische Motive der römischen Liebeselegie aufgreift, etwa die Figur des *exclusus amator*.[286] Letztlich dient die Enargeia der Glaubhaftmachung, da der Vorwurf dann plausibler erscheint.

Die Wiederholungsfigur der Anapher (*quotiens ... quotiens ...*) und der Satztyp der rhetorischen Frage dienen der Intensivierung, wobei letztere auch Ciceros Wut zum Ausdruck bringt. Auch Marcus Antonius' Umgang mit Curio wird von Cicero ausdrücklich verurteilt, wenn er ihn als *puer emptus* und seine Aktivitäten als *flagitia* bezeichnet.

Die anschließende rhetorische Frage *Scisne me de rebus mihi notissimis dicere?* soll auf das abgesicherte Wissen Ciceros verweisen. Im weiteren Verlauf des Abschnitts wird eine Begebenheit geschildert, die genau diese Behauptung untermauern soll: Curio der Jüngere soll sich einst hilfesuchend an Cicero gewandt haben, um ihn als Beistand in einem möglichen Rechtsstreit zwischen Marcus Antonius und seinem Vater zu gewinnen. Emotionen und ihre körperlichen Symptome werden teilweise benannt: *maerens iacebat in lecto; ad pedes*

---

[283] Der *custos* bzw. der *ianitor* spielt in der römischen Liebeselegie eine wichtige Rolle. Beim Motiv des sogenannten Paraklausithyron (etwa „Klage vor der Türe") beklagt der Liebhaber vor verschlossener Türe die Trennung von der Geliebten, vgl. zur 2. Philippika ganz besonders HUGHES 1992. Berühmte Beispiele sind Prop. 1,16; Tib. 1,2 und Ov.Am. 1,6. Vgl. generell COPLEY 1956.

[284] Vgl. § 12. Der Vater ist mit dem Sohn gleichnamig, siehe Näheres in RE „C. Scribonius Curio 10, cos. 76".

[285] Genau diesen Trick, über das *compluvium* ins Haus einzusteigen, empfiehlt Ovid verzweifelten Liebhabern in Ars am. 2,243–245: *Si tibi per tutum planumque negabitur ire, / Atque erit opposita ianua fulta sera, / At tu per praeceps tecto delabere aperto.*

[286] Vgl. RAMSEY 2008, 227–228.

meos prosternens, lacrimans; amore ardens; desiderium. Konkrete Angaben wie die genaue Geldsumme der Bürgschaft von sechs Millionen Sesterzen[287] erhöhen die Plausibilität der Behauptung (*si sestertium sexagiens peteret*).

§ 46 *Quo tempore ego quanta mala florentissimae familiae sedavi vel potius sustuli! Patri persuasi, ut aes alienum fili dissolveret; redimeret adulescentem, summa spe et animi et ingeni praeditum, rei familiaris facultatibus eumque non modo tua familiaritate, sed etiam congressione patrio iure et potestate prohiberet. Haec tu cum per me acta meminisses, nisi illis, quos videmus, gladiis confideres, maledictis me provocare ausus esses?*

INHALT UND KONTEXT: Cicero geht weiter auf die homosexuelle Affäre des Marcus Antonius mit Curio dem Jüngeren ein. Nachdem Antonius zahlungsunfähig geworden war, musste Curio für ihn bürgen. Cicero habe seinen Vater überredet, die Bürgschaft zu übernehmen, um seinen begabten Sohn endlich von Marc Anton und dessen negativem Einfluss sozusagen als Sklaven „freizukaufen". Außerdem habe er ihm geraten, seine ganze Macht als pater familias einzusetzen, um jeden weiteren Kontakt zwischen seinem Sohn und Antonius zu unterbinden.

EMOTIONSLINGUISTISCHE ANALYSE: In einem Ausrufesatz hebt Cicero seine Verdienste um die Familie Curios hervor; die Familie steht als Nutznießerin seiner Rettungsaktion im Dativus commodi, wobei sie mit einem superlativischen Partizip positiv bewertet wird (*florentissimae familiae*)[288]. Ciceros Verdienst bestehe darin, den Vater Curio überredet zu haben, für seinen gleichnamigen Sohn finanziell in die Bresche zu springen[289] und ihn so gewissermaßen von Marcus Antonius „freizukaufen" (*aes alienum fili dissolveret; redimeret adulescentem*). Der begabte Sohn wird durch einen Einschub in den höchsten Tönen gelobt: *summa spe et animi et ingeni praeditum*. Dieses große Lob macht deutlich, was für den Vater Curio auf dem Spiel stand: ein vielversprechender Sohn![290]

---

[287] Curio d. Jüngere bürgte für die Schulden von Marc Anton. Die Summe von sechs Millionen Sesterzen ist wohl falsch, vgl. SCHEIDEL 1996, 224–225. Siehe auch *RE* s. v. „Scribonius 11": „Er leistete für Antonius Bürgschaft für hohe Beträge, in der Hoffnung, daß sein Vater dafür eintreten würde; doch erst nach längerem Widerstreben und auf die Fürbitte anderer, wie Ciceros, der dem jungen Curio von seinen Knabenjahren an nahestand (Cic. ad. fam. II 1,2), ließ sich der strenge Vater dazu bewegen (Cic. Phil. II 44–46. Val. Max. IX 1, 6. Plut. Ant. 2, 4)."

[288] Die *gens Scribonia* war zwar nur plebejisch, aber seit dem 2. Jahrhundert v. Chr. war ihr Aufstieg rasant. Der Vater Curio war im Jahr 76 v. Chr. der erste Konsul der Familie; er durfte drei Jahre später nach einer erfolgreichen Schlacht gegen die Dardani sogar einen Triumph feiern. Vgl. RAMSEY 2008, 229.

[289] Wegen der Insolvenz von Marc Anton, für den der Sohn Curio gebürgt hatte. Nun waren also die Schulden gleichsam auf Curio den Jüngeren übergegangen (deswegen ist von *aes alienum fili* die Rede). Sein Vater hätte die Zahlung allerdings verweigern können. Cicero stilisiert die Tilgung der Schulden als Freikauf (*redimeret*) von dessen Sohn aus den Fängen von Antonius, dem er sklavisch ergeben sei. Vgl. *OLD* s. v. *redimere* 5b und generell RAMSEY 2008, 229.

[290] Cicero lobt seine rednerischen Fähigkeiten in Cic. Brut. 279–280.

Der Eindruck der väterlichen Macht (*patria potestas*)[291] wird durch eine p-Alliteration verstärkt: *patrio iure et potestate prohiberet*. Schließlich verurteilt Cicero seinen Gegner als audax und zugleich als Feigling, weil er sich bei seiner Invektive am 19. September nur deshalb gefreut habe, weil er sich auf seine mit Schwertern bewaffneten Spießgesellen[292] habe verlassen können: *nisi illis, quos videmus, gladiis confideres*. Der darin enthaltene Relativsatz *quos videmus* hat zwei Funktionen: Zum einen soll Authentizität und Aktualität suggeriert werden, zum anderen soll die 1. Person Plural gefühlsmäßigen Zusammenhalt unter den Zuhörern stiften. Das Hyperbaton *illis … gladiis* lenkt die Aufmerksamkeit auf die Waffen.[293] Im gleichen Satz wirken auch die fünf einsilbigen Wörter am Satzanfang intensivierend (*haec tu cum per me*).

§ 47 *Sed iam stupra et flagitia omittamus: Sunt quaedam, quae honeste non possum dicere; tu autem eo liberior, quod ea in te admisisti, quae a verecundo inimico audire non posses.*
Sed reliquum vitae cursum videte, quem quidem celeriter perstringam. Ad haec enim, quae in civili bello, in maximis rei publicae miseriis fecit, et ad ea, quae cotidie, facit, festinat animus. Quae peto, ut, quamquam multo notiora vobis quam mihi sunt, tamen, ut facitis, attente audiatis. Debet enim talibus in rebus excitare animos non cognitio solum rerum, sed etiam recordatio; etsi incidamus, opinor, media, ne nimis sero ad extrema veniamus.

INHALT UND KONTEXT: Über die schlimmsten Schandtaten wolle Cicero schweigen (*stupra et flagitia omittamus*), weil er als ehrenwerter Bürger (*verecundo*) nicht angemessen darüber sprechen könne – Antonius habe sich mit solchen unsagbaren Dingen gleichsam unangreifbar (*liberior*) gemacht.

Diese Passage bildet den Übergang vom Privatleben des Marcus Antonius zu seinem öffentlichen Leben in noch jungen Jahren. Erst danach wolle er auf die jüngste Zeit des Bürgerkrieges eingehen. Manches, so Cicero, sei den anwesenden Senatoren bereits bekannt[294], aber auch die Erinnerung daran rufe noch Empörung hervor.

EMOTIONSLINGUISTISCHE ANALYSE: Obwohl dieser Abschnitt eher der Strukturierung der folgenden Redeteile dient, flicht Cicero Kritik an Marcus

---

[291] „*Pater familias* (lat., ‚Vater der Familie'), allmächtiges Oberhaupt einer röm. Familie mit allen zu ihr gehörenden Menschen und Sachen. Im Rahmen der väterl. Hausmacht (*patria potestas*) konnte der P. f. sogar über Leben und Tod von Familienmitgliedern entscheiden, etwa ein Kind nach der Geburt zurückweisen und aussetzen lassen (Kindesaussetzung). Volljährige ehel. Kinder und deren Nachkommen unterstanden bis zum Tod des P. f. dessen Hausmacht, wenn ihre Zugehörigkeit nicht zuvor durch Entlassung in eine andere Familie (*capitis deminutio minima*), durch Adoption oder Emancipatio geendet hatte. Die Macht des P. f. wurde erst in der Kaiserzeit eingeschränkt.", so BRODERSEN/ZIMMERMANN 2006, 448–449. Eine interessante antike Quelle zur *patria potestas* ist Sall. Cat. 39,5.
[292] Zu lasterhaften Anhängern als rhetorischer Topos vgl. THURN 2018, 237–249.
[293] Vgl. auch § 8.
[294] Sogar bekannter (*notiora*) als Cicero selbst. Warum? RAMSEY ist der Meinung, weil Cicero teilweise nicht in Rom oder sogar nicht in Italien war, z. B. in den Zeitabschnitten 7. Juni 49-Herbst 47 und vom 7. April 44 bis zum 31. August 44. Vgl. RAMSEY 2008, 230.

Antonius ein, während er sich selbst in ein gutes Licht rückt und sich mit den zuhörenden Senatoren gut stellt. Negative Bewertungen der Taten Marc Antons tauchen bereits im ersten Satz auf, in dem Cicero – in Form einer Praeteritio – ankündigt, seine Schandtaten (Cicero verwendet das Hendiadyoin *stupra et flagitia*, um insbesondere den sexuellen Unterton seiner Eskapaden anzudeuten) lieber nicht darzustellen, sondern wegzulassen. Sie seien einfach zu schändlich, um von einem Redner mit guten Sitten und Schamhaftigkeit (*verecundus*) erzählt zu werden. Mit dem Adjektiv *verecundus* betreibt Cicero indirekt Selbstlob, da natürlich eine Selbstidentifikation nahegelegt wird.

Gerade durch das Mittel der Praeteritio, die keine konkreten Informationen bietet, sondern nur mit feinen Strichen etwas umreißt, regt Cicero die Phantasie der Rezipienten in der von ihm beabsichtigten Weise an, da sie aufgefordert werden, die Leerstellen mit ihren Vorerfahrungen auszufüllen. Mit dem Hortativ der 1. Person Plural *omittamus* wendet sich Cicero an die Senatoren (Proximität), ebenso im folgenden Satz mit dem Imperativ der 2. Person Plural *videte* oder später mit der Bitte um Aufmerksamkeit *peto, ut ... attente audiatis* – diese ist jedoch äußerst taktvoll und zurückhaltend vorgetragen, da Cicero mit dem Einschub *ut facitis* behauptet, er bitte um ein Verhalten, das die Senatorenschaft bereits an den Tag lege. Ciceros ungeduldige Eile, die letzten Jahre von Marc Antons Privatleben rasch abzuhandeln, bevor er dessen öffentliches Leben ab dem Ausbruch des Bürgerkrieges 49 v. Chr. in Angriff nehmen zu können, kommt in einer Reihe kurzer Silben und Alliterationen zum Ausdruck: *Ad [...] quae [...] in maximis rei publicae miseriis fecĭt, ĕt ăd ĕă quae cŏtĭdĭe făcĭt, fĕstīnăt ănĭmŭs.*[295]

Zuvor will er aber noch die Jahre 58 bis 50 v. Chr. durchgehen.[296] Den Wahrheitsgehalt (Evidentialität) der in Frage stehenden Taten des Marcus Antonius erhöht Cicero dadurch, dass er sie als den Senatoren bereits bekannt darstellt (*multo notiora vobis quam mihi*). Dasselbe und eine Steigerung des Eindrucks von der Verwerflichkeit seines Tuns erreicht Cicero dann im letzten Satz des Abschnitts, in dem er die Erinnerung an die Taten als ebenso erschütternd (*excitare animos*) beschreibt wie die erstmalige Kenntnisnahme. Auf Satzebene erreicht Cicero eine weitere Akzentuierung durch die Voranstellung des Prädikats *debet* und die Sperrstellung des davon abhängigen Infinitivs *excitare*.[297]

b. Die frühen Jahre des Antonius: Militärdienst im Ausland (48–50a)

§ 48 *Intimus erat in tribunatu Clodio, qui sua erga me beneficia commemorat; eius omnium incendiorum fax, cuius etiam domi iam tum quiddam molitus est. Quid dicam, ipse optime intellegit. Inde iter Alexandream contra senatus auctoritatem, contra rem publicam*

---

[295] Siehe RAMSEY 2008, 230: „cf. Phil. 1,3 *festinat oratio*: a series of short words and alliteration [...] causes a burst of speed mirroring the thought."
[296] Zu den Jahreszahlen vgl. RAMSEY 2008, 230. Diese Jahre geht Cicero dann auch in §§ 48–50a durch.
[297] Vgl. RAMSEY 2008, 230.

et religiones; sed habebat ducem Gabinium, quicum quidvis rectissime facere posset. Qui tum inde reditus aut qualis? Prius in ultimam Galliam ex Aegypto quam domum. Quae autem domus? Suam enim quisque domum tum obtinebat nec erat usquam tua. Domum dico? Quid erat in terris, ubi in tuo pedem poneres praeter unum Misenum, quod cum sociis tamquam Sisaponem tenebas?

INHALT UND KONTEXT: Cicero geht nun auf die offiziellen Tätigkeiten des Marcus Antonius im öffentlichen Bereich ein.

In § 48 sind dies seine Unterstützung des Volkstribunen P. Clodius im Jahr 58 v. Chr.[298], mit dessen damaliger Frau Fulvia[299] Antonius ein Verhältnis gehabt habe, und sein Militärdienst unter A. Gabinius in den Jahren 57 bis 55 in Syrien, der ihn bei der (illegalen[300]) Rückführung des Ptolemaios XII. sogar bis nach Alexandria in Ägypten geführt habe.[301] Dann sei er ohne Zwischenstopp[302] in Rom sofort ins äußerste Gallien gereist, um sich dort Caesar im Krieg gegen die Gallier anzuschließen.[303] Erst dann sei er nach Hause zurückgekehrt – ein ganzes Haus habe er damals noch nicht besessen, vielmehr sei er nur anteilsmäßiger Besitzer eines Hauses in Misenum[304] gewesen (wie die Teilhaber der Zinnobergrube im hispanischen Sisapo[305]).

---

[298] Clodius war Ciceros großer Rivale, der ihn 58 v. Chr. ins Exil schickte. Antonius suchte den Kontakt zu Clodius wohl entweder aufgrund der Vermittlung von seinem engen Freund Curio (siehe §§ 44–45; vgl. auch. Cic. Att. 1.14,5) oder, um die von Cicero veranlasste Hinrichtung seines Stiefvaters P. Lentulus zu rächen (siehe § 17).

[299] Fulvia war zu jener Zeit noch die Frau von Clodius, später heiratete sie Antonius.

[300] Erst hatte der Senat die militärische Rückführung von Ptolemaios XII. auf den Thron von Ägypten beschlossen, doch dann untersagten das die sibyllinischen Bücher (*contra* [...] *religiones*), vgl. Dio 39,15. Der eigentliche Beweggrund der Senatoren bestand wohl darin, dass sie eine Machtakkumulation von Pompeius verhindern wollten. Jedenfalls hat Gabinius für die illegale Rückführung immerhin Gelder in Höhe von 10.000 Talenten bekommen und wurde später in Rom angeklagt und ins Exil geschickt, siehe auch Cic. Pis. 50. Caesar begnadigte ihn 49 v. Chr.

[301] A. Gabinius unterstützte Pompeius als Legat im Krieg gegen Mithridates in den Jahren 65–63 v. Chr. und ordnete mit ihm das östliche Mittelmeer neu. 58 wurde er Konsul, dann Statthalter von Syrien von 57–54, wo er mit Ptolemaios XII. Kontakt aufnahm. Dieser war 58 aus Ägypten geflohen, weil er von der romkritischen Partei stark unter Druck gesetzt worden war.

[302] Antonius legte wohl deswegen keinen Stopp in Rom ein, weil er rechtliche Konsequenzen nicht nur für seinen Vorgesetzten Gabinius fürchtete, sondern auch für sich. Außerdem trieb ihn wahrscheinlich sein militärischer Ehrgeiz nach Gallien.

[303] Dort, im äußersten Gallien, genauer in Samarobriva, befand sich damals im Jahr 54 v. Chr. Caesar, um den Aufstand von Ambiorix niederzuschlagen. Vgl. Caes. B. Gall. 5.53,3.

[304] Misenum ist eine Stadt am Meer im Norden des Golfs von Neapel. Das Gut gehörte schon seinem Großvater väterlicherseits (vgl. Plut. Pomp. 24.10); Antonius weilte dort oft (vgl. Cic. Att. 10.8,10; 14.20,2; 15.1,2).

[305] Sisapo war eine Stadt im südlichen Spanien in der Provinz Hispania Ulterior. Dort wurde Zinnober abgebaut (vgl. Plin. Hist. 33.118 u. 121). Die dortigen Gesellschafter waren Pächter, sogenannte *publicani*. In nur einem Jahr wurden dort etwa 2000 röm. Pfund (ca. 655 kg) bei Sisapo (vgl. Strab. 3.2,3) gewonnen und nach Rom transportiert (vgl. DNP s. v. „Zinnober").

EMOTIONSLINGUISTISCHE ANALYSE: In diesem Abschnitt wendet sich Cicero an die Senatoren und bezieht sich in der 3. Person Singular auf Antonius, bevor er ihn im letzten Drittel direkt in der 2. Person Singular anspricht. Es überwiegt der Sarkasmus, der sich u. a. in zahlreichen rhetorischen Fragen äußert. Die negative Bewertung der Person Marcus Antonius erreicht Cicero, indem er ihm seine Unterstützung für Clodius (*intimus* „enger Partner" steht betont am Satzanfang) und Gabinius – zwei persönliche Erzfeinde Ciceros und in seinen Augen unfähige Politiker – vorwirft. Mit der eindringlichen Metapher des Feuers (*incendiorum fax*) bringt Cicero einerseits die zerstörerischen Aktionen des Clodius und seiner Leute (die zum Teil tatsächlich Brandstiftung waren[306]), andererseits die Rolle des Marcus Antonius als passiver Befehlsempfänger und Vollstrecker des Clodius zum Ausdruck. Außerdem findet sich der unspezifische Hinweis auf seine ehebrecherische Beziehung zu Clodius' damaliger Ehefrau Fulvia: *tum quiddam molitus est. Quid dicam ipse optime intellegit*. Auch hier ist es gerade die Ungenauigkeit der Angaben, die dem Leser die Beziehung zwischen Antonius und Fulvia besonders lebendig vor Augen führt.

Im Zusammenhang mit seiner Gefolgschaft unter Gabinius steht der Vorwurf der hochmütigen Missachtung des Staates und der religiösen Gebräuche: *contra senatus auctoritatem, contra rem publicam et religiones*. Die doppelte, anaphorische Verwendung des Wortes *contra* verstärkt den Eindruck der Unverschämtheit, die sich gegen die staatlichen Institutionen richtet. Sarkasmus, so Ramsey, werde durch das superlativische Adverb *rectissime* angestimmt: Unter dem Schutz des Gabinius habe sich Antonius alles erlauben können – auch unter dem Deckmantel des offiziellen Rechts![307]

Dort, wo Cicero seine Rückkehr nach Rom thematisiert – hier wechselt Cicero in die 2. Person Singular –, kritisiert er einerseits den Verfall der Besitzverhältnisse an städtischen Häusern, die im Zuge des Bürgerkrieges unrechtmäßig übertragen oder versteigert worden seien, gleichzeitig aber nimmt er Marc Antons fehlendes Erbe bzw. seine anfängliche Mittellosigkeit aufs Korn: *Suam enim quisque domum tum obtinebat nec erat usquam tua*. Der letzte Satz des Abschnitts enthält eine ironische rhetorische Frage, in der sich einige rhetorische Mittel der Affektsteigerung finden: Hyperbel (*quid erat in terris ubi in tuo pedem poneres*), Alliteration (*pedem poneres praeter*), Vergleich (*tamquam Sisaponem*), Emphase (*unum*). Auf der inhaltlichen Ebene verspottet Cicero hier seinen Gegner, indem er darauf hinweist, dass Marcus Antonius selbst dieses eine Anwesen in Misenum (nicht einmal in der Hauptstadt Rom![308]) nicht ganz allein besitzt, sondern aufgrund der Hypothek mit seinen Kreditgebern teilen muss.

---

[306] Die Leute um Clodius steckten z. B. Ciceros Villa auf dem Palatin (Cic. Dom. 62) und den Schrein der Nymphen auf dem Marsfeld (vgl. Cic. Har. resp. 57; Cic. Mil. 73) in Brand.
[307] Vgl. RAMSEY 2008, 232.
[308] Marc Anton hatte allerdings in seinen politischen Anfangsjahren 58–49 v. Chr. auch gar

§ 49 *Venis e Gallia ad quaesturam petendam. Aude dicere te prius ad parentem tuam venisse quam ad me. Acceperam iam ante Caesaris litteras, ut mihi satis fieri paterer a te: Itaque ne loqui quidem sum te passus de gratia. Postea sum cultus a te, tu a me observatus in petitione quaesturae.*
Quo quidem tempore P. Clodium approbante populo Romano in foro es conatus occidere, cumque eam rem tua sponte conarere, non impulsu meo, tamen ita praedicabas te non existimare, nisi illum interfecisses, umquam mihi pro tuis in me iniuriis satis esse facturum. In quo demiror, cur Milonem impulsu meo rem illam egisse dicas, cum te ultro mihi idem illud deferentem numquam sim adhortatus. Quamquam, si in eo perseverares, ad tuam gloriam rem illam referri malebam quam ad meam gratiam.

INHALT UND KONTEXT: Cicero berichtet über die Kandidatur des Marcus Antonius für die Quästur und seine Förderung im Jahr 53 v. Chr.[309]: Antonius sei aus dem Krieg in Gallien nach Rom zurückgekehrt, um sich für die Quästur zu bewerben. Cicero habe ihn dabei unterstützt. In dieser Zeit habe Antonius ein Attentat auf P. Clodius verübt[310], um sich bei Cicero dafür zu entschuldigen, dass er 58 v. Chr. Clodius unterstützt und damit Ciceros Verbannung begünstigt habe.[311]

EMOTIONSLINGUISTISCHE ANALYSE: In diesem Abschnitt berichtet Cicero über ein Ereignis aus dem Jahr 53 v. Chr., und zwar in einem eher sachlichen Ton, aber dennoch lebendig, denn Cicero beginnt die Erzählung im dramatischen Präsens: *Venis e Gallia ad quaesturam petendam*. Außerdem spricht er Antonius direkt in der 2. Person Singular an.

Aus pragmatischer Sicht dient die Erzählung vor allem der sozialen Deixis: Cicero betont seine höhere soziale Stellung gegenüber Marcus Antonius. Letztlich kommt es also zu einer positiven Bewertung Ciceros und einer Abwertung Marc Antons gegenüber Cicero. Wie genau kommt das zustande? Cicero stellt die Ereignisse so dar, als habe Marc Anton, der sich schuldig fühlte, weil er 58 v. Chr. Ciceros Todfeind Clodius unterstützt hatte, ihn nach seiner Rückkehr aus dem Gallischen Krieg in Rom hofiert, um sich bei ihm wieder beliebt zu machen. Cicero lässt ihn daher Dinge tun, die eher von Personen niederen Standes getan werden, zum Beispiel sich entschuldigen (*satisfieri, satis esse facturum*), sich anbiedern (*sum cultus a te*) und Gefälligkeiten erweisen (*deferentem*), während er selbst – als Vorgesetzter – Dinge zulässt (*paterer, sum ... passus*) und ihn fördert (*tu a me observatus*). Nach Ciceros Darstellung ging

---

keinen Bedarf an einem Haus in Rom, da er meistens viel unterwegs war. Im Jahr 48 kaufte er dann aber in Rom ein Haus, das früher M. Piso gehörte, wie wir in § 62 erfahren werden.
[309] Vgl. zur Quästur von Marc Anton den Aufsatz LINDERSKI/KAMIŃSKA-LINDERSKA 1974.
[310] Vgl. schon § 21 u. auch Cic. Mil. 41. Clodius startete im Jahr 53 v. Chr. seine Kampagne für die Prätur des Jahres 52. Milo bewarb sich gleichzeitig um das Konsulat; es kam zu Straßenkämpfen und tumultartigen Szenen in Rom. In diesem Zusammenhang ist Antonius' sogenanntes Attentat zu verorten (vgl. auch Dio 40.45,1; App. 2,71).
[311] Vgl. hierzu § 48.

Marcus Antonius' Unterwürfigkeit sogar so weit, dass er bei seiner Ankunft in Rom zuerst Cicero und nicht seine Mutter aufsuchte[312] und sogar Clodius aus Rücksicht auf Cicero mitten auf dem Forum töten wollte (die Ortsangabe *in foro* verstärkt die Brutalität von Marcus Antonius' Versuch, jemanden auch in aller Öffentlichkeit zu töten).

Über die dominierende soziale Deixis hinaus, die einen tiefen Eindruck von der Kriecherei des Antonius vermittelt, charakterisiert Cicero ihn beiläufig noch auf andere Weise: als *audax* (*aude dicere*), als brutalen Mörder (*in foro es conatus occidere*), als undankbar (*pro tuis in me iniuriis*) und als ruhmsüchtig (*ad tuam gloriam rem illam referri*). Vielleicht kann man noch den Vorwurf der Unfähigkeit hinzufügen, wenn man bedenkt, dass Cicero nicht müde wird zu betonen, dass sein Mordanschlag nur ein Versuch war (*conatus es; conarere; si in eo perseverares*[313]).

Interessant ist auch der Blick auf die Evidentialität: Cicero stellt die Ereignisse des Jahres 53 v. Chr. mit Verben im Indikativ, also im Modus der Wirklichkeit, dar. Demgegenüber ist die Plausibilität der Schilderung des Marcus Antonius schon von vornherein durch AcI-Konstruktionen eingeschränkt, die von Verben des Sagens abhängen (*Aude dicere te prius ad parentem tuam venisse quam ad me.*; *tamen ita praedicabas, te non existimare, nisi illum interfecisses, umquam mihi pro tuis in me iniuriis satis esse facturum.*; *demiror cur Milonem impulsu meo rem illam egisse dicas.*)

Und auch die Volitionalität verdient eine nähere Betrachtung, denn Cicero ist es wichtig, immer wieder darauf hinzuweisen, dass der angebliche Mordversuch des Antonius an Clodius bzw. der tatsächliche Mord des Milo an Clodius nicht von ihm ausging (*non impulsu meo*), sondern ganz im Willen des Antonius begründet war (*tua sponte, te ultro*).

§ 50a *Quaestor es factus: Deinde continuo sine senatus consulto, sine sorte, sine lege ad Caesarem cucurristi. Id enim unum in terris egestatis, aeris alieni, nequitiae perditis vitae rationibus perfugium esse ducebas. Ibi te cum et illius largitionibus et tuis rapinis explevisses, si hoc est explere, expilare, quod statim effundas, advolasti egens ad tribunatum, ut in eo magistratu, si posses, viri tui similis esses.*

INHALT UND KONTEXT: Cicero berichtet von der Quästur des Marcus Antonius im Jahre 52 v. Chr.[314] Ohne offizielle Vollmacht[315] sei er nach seiner Wahl

---

[312] Cicero bezieht sich hier auf Marc Antons Mutter Julia (vgl. RE s. v. *Iulia* 543), Tochter von L. Caesar (Konsul im Jahr 90 v. Chr.) und Schwester von Lucius (Konsul im Jahr 64 v. Chr.). Laut Plut. Ant. 20,5–6 hat sie ihrem Bruder in der Zeit der Proskriptionen des Jahres 43 v. Chr. das Leben gerettet.

[313] RAMSEY folgert hieraus auch Antonius' ‚fickleness', also seinen Wankelmut; vgl. RAMSEY 2008, 234.

[314] Zur Datierung vgl. Cic. Fam. 2.18,2.

[315] *sine sorte, sine senatus consulto, sine lege*: Am 5. Dezember, also am Tag ihres Amtsantritts, wurde den gewählten Quästoren ihr Amtsbereich (*provincia*) zugelost. Nur in Ausnahmefällen geschah dies ohne Los – *extra sortem* –, sondern durch direkte Zuweisung des

sofort zu Caesar nach Gallien gegangen[316], um seine Schulden durch Geldgeschenke und Beutezüge zu bezahlen. Durch seine Verschwendungssucht habe er jedoch wieder hohe Schulden angehäuft. Dann sei er Tribun geworden[317] und habe seinem „Ehemann" Curio[318] nachgeeifert.

EMOTIONSLINGUISTISCHE ANALYSE: Cicero spricht Marc Anton in der 2. Person an, wendet sich also direkt an ihn. Die negative Bewertung des Marcus Antonius umfasst folgende Punkte: Er häuft Geld an, das er sofort wieder verprasst; er ist ständig auf der Flucht vor seinen Gläubigern; er ist abhängig von Männern wie Caesar, die ihm Schutz bieten; er setzt sich über die Gepflogenheiten der Republik hinweg und handelt gegen das Gesetz; er ist schwul und hat ein Verhältnis mit Curio.

Diese Vorwürfe finden verschiedene Zuspitzungen: Marc Antons überstürzte Flucht nach Gallien wird durch Adverbien wie *continuo* oder Verben der schnellen Bewegung wie *cucurristi* und *advolasti* beschrieben. Sein illegales Handeln wird durch ein Asyndeton, ein Trikolon und eine Anapher, das heißt eine Wiederholungsfigur, intensiviert: *sine senatus consulto, sine sorte, sine lege*. Und auch Cicero verwendet ein asyndetisches Trikolon, um seinen großen Schuldenberg zu beschreiben: *egestatis, aeris alieni, nequitiae perditis vitae rationibus.*[319] Marcus Antonius' Abhängigkeit von Caesar wird in eine räumliche Metapher gekleidet, wenn Cicero sagt, Caesar sei für ihn die einzige Zuflucht auf Erden: *id enim unum in terris ... perfugium esse ducebas*. Gleichzeitig wird diese Information aber als bloße Meinung (*ducebas*) des Antonius eingeführt, also in ihrer Offensichtlichkeit eingeschränkt; die Gültigkeit der Meinung des Marcus Antonius wird damit in Frage gestellt. Seine Verschwendungssucht wird zunächst durch eine hohe Anzahl von Verben aus diesem Bedeutungsfeld, dann durch ihre morphologische Ähnlichkeit durch das steigernde Präfix *ex-* und schließlich durch die daraus resultierende Lautähnlichkeit betont: *explevisses,*

Senats – *ex senatus consulto*; vgl. RE s.v. *quaestor*. Wenn Cicero aber schreibt *sine senatus consulto*, dann liegt das nach RAMSEY wahrscheinlich daran, dass Antonius die Bestätigung des Senats nicht abwartete, sondern schon davor nach Gallien abgereist war. In diesem Sinne kann Cicero *sine lege* schreiben, also ohne gesetzliche Rechtfertigung, vgl. hierzu LINDERSKI/ KAMIŃSKA-LINDERSKA 1974, 220–221.

[316] Das stimmt so wohl nicht. Erstens hat Antonius bis zu seiner Wahl zum Quästor etwa ein Jahr in Rom verbracht. Zweitens liegt der Grund seiner Reise nach Gallien weniger am finanziellen Druck seiner Gläubiger als an Caesar, der ihn in der Niederschlagung des Aufstands von Vercingetorix im Jahr 52 v. Chr. brauchte. Vgl. Caes. B. Gall. 7.81,6.

[317] Antonius wurde Volkstribun am 10. Dezember 50 v. Chr. Das Amt schützte ihn vor den Forderungen seiner Gläubiger, wohl deswegen auch *advolasti egens*. Am 21. Dezember attackierte er Pompeius, vgl. Cic. Att. 7.8,3.

[318] Mit dem „Ehemann" ist der in §§ 44–45 erwähnte C. Curio gemeint. Er war im Jahr 50 v. Chr. Volkstribun. Damals wechselte er, gebeutelt von hohen Schulden, die Seiten, unterstützte Caesar und erhielt im Gegenzug ein hohes Geldgeschenk, vgl. RAMSEY 2008, 235.

[319] Der Ablativus absolutus sollte hier z. B. wiedergegeben werden mit „once you had squandered your means of livelihood", so LACEY 1986.

si hoc est explere, expilare, quod statim effundas.³²⁰ Zuletzt sei auf die Abhängigkeit Marcus Antonius von Curio hingewiesen, den er in seiner neuen Funktion als Volkstribun – so Cicero – als willigen Abnehmer von Bestechungsgeldern³²¹ nachgeahmt habe: *viri tui similis*. Er bezeichnet ihn als *vir*, was einen „homosexuellen Liebhaber" bezeichnen kann.³²²

c. Angriff auf die Karriere im Bürgerkrieg: Anzetteln des Bürgerkrieges (50b–55a)

§ 50b *Accipite nunc, quaeso, non ea, quae ipse in se atque in domesticum decus impure et intemperanter, sed quae in nos fortunasque nostras, id est in universam rem publicam, impie ac nefarie fecerit. Ab huius enim scelere omnium malorum principium natum reperietis.*

INHALT UND KONTEXT: Diese kurze Passage dient der Überleitung von den privaten Verfehlungen Marc Antons zu seinen Untaten gegen den Staat als Ganzes (*in universam rem publicam*). Diese seien die Ursache aller anderen Übel (*omnium malorum principium*).³²³

EMOTIONSLINGUISTISCHE ANALYSE: Cicero spricht die Senatoren respektvoll in der 2. Person Plural und mit der Bitte *quaeso* an, während er sich auf Antonius in der 3. Person bezieht. Der Abschnitt enthält eine Ankündigung dessen, was die Senatoren nun zu erwarten haben: Es wird um die Verbrechen des Marcus Antonius gegen die Republik gehen, die – so Cicero – den Ausgangspunkt aller Übel (*omnium malorum*) bilden.

Antonius wird als Verbrecher dargestellt. Dazu dienen u. a. vier Adverbien, von denen drei die Vorsilbe *im-* bzw. *in-* haben, das heißt positive Eigenschaften werden hier ins Gegenteil verkehrt: *impure et intemperanter ... impie ac nefarie*. Demnach habe sich Marc Anton „schmutzig, unbeherrscht, pflichtvergessen und schändlich" verhalten.

Genauer gesagt: Antonius ist kein *purus*, kein *temperans*, kein *pius* und hält sich nicht an das *fas*, also an das göttliche Recht. Darüber hinaus vergeht er sich an der Senatorenschaft selbst, in die sich Cicero mit der 1. Plural (*nos, nostras*) einreiht und die er mit dem Staat gleichsetzt (*id est in universam rem publicam*).³²⁴ Damit bewertet Cicero implizit sich selbst und die Senatoren po-

---

[320] Das in den Handschriften auftauchende *devorare* oder das von Faernus vorgeschlagene *haurire* (das RAMSEY vorzieht) anstelle von *expilare* erscheinen mir aus den genannten Gründen als weniger aussagekräftig und damit auch weniger plausibel.

[321] Siehe RAMSEY 2008, 235.

[322] Siehe OLD s. v. *vir* 2b.

[323] Damit sind wohl die Übel des römischen Bürgerkriegs ab 49 v. Chr. gemeint.

[324] Die römischen Senatoren identifizierten des Öfteren ihren eigenen Wohlstand mit dem des ganzen Staats, vgl. GILDENHARD 2018, 201. Siehe auch Cic. Catil. 4,24: *quapropter de summa salute vestra populique Romani, de vestris coniugibus ac liberis, de aris ac focis, de fanis atque templis de totius urbis tectis ac sedibus, de imperio ac libertate, de salute Italiae, de universa re publica decernite diligenter, ut instituistis, ac fortiter.*

sitiv. Im selben Satz findet sich in *fecerit* ein Anakoluth[325], denn Cicero beginnt den Satz als Relativsatz, beendet ihn aber als indirekten Fragesatz. Das Prädikat steht also im Konjunktiv Perfekt und nicht im Indikativ. Dies mag als Indikator für inszenierte Mündlichkeit dienen, könnte aber auch Ciceros erregte Gemütsverfassung widerspiegeln.

Der letzte Satz enthält die Behauptung, dass von Marcus Antonius' Verbrechen alle Übel des Staates ausgingen. Dieser (zweifelhaften) Behauptung verleiht Cicero einen höheren Grad an Evidenz, indem er sie als AcI-Konstruktion von *reperietis* abhängig macht, das heißt von einem Verb des Erkennens im Indikativ Futur.

§ 51 *Nam cum L. Lentulo C. Marcello consulibus Kalendis Ianuariis labentem et prope cadentem rem publicam fulcire cuperetis ipsique C. Caesari, si sana mente esset, consulere velletis, tum iste venditum atque emancipatum tribunatum consiliis vestris opposuit cervicesque suas ei subiecit securi, qua multi minoribus in peccatis occiderunt. In te, M. Antoni, id decrevit senatus – et quidem incolumis nondum tot luminibus exstinctis –, quod in hostem togatum decerni est solitum more maiorum. Et tu apud patres conscriptos contra me dicere ausus es, cum ab hoc ordine ego conservator essem, tu hostis rei publicae iudicatus?*
Commemoratio illius tui sceleris intermissa est, non memoria deleta. Dum genus hominum, dum populi Romani nomen exstabit – quod quidem erit, si per te licebit, sempiternum – tua illa pestifera intercessio nominabitur.

INHALT UND KONTEXT: Cicero geht auf das Tribunat des Marcus Antonius im Jahr 49 v. Chr. ein. Er kritisiert dessen Veto gegen den Beschluss der Senatoren, Caesar als Statthalter in Gallien abzusetzen.[326] Das Veto habe den Senat gezwungen, den Ausnahmezustand auszurufen, um die Republik gegen Caesar zu verteidigen – der Beginn des Bürgerkriegs. Antonius sei in diesem Zusammenhang zum *hostis* erklärt worden: an diese Schande werde man sich erinnern, solange es Rom gebe.

EMOTIONSLINGUISTISCHE ANALYSE: Der Redner spricht die Senatoren in der 2. Person Plural an (*cuperetis, velletis, consiliis vestris*) und stellt ihnen ein gutes Zeugnis aus: Sie hätten die bereits untergegangene Republik wieder aufrichten

---

[325] Siehe RAMSEY 2008, 235–236.

[326] Caesar sandte von Gallien aus einen Brief an den Senat, der dort am 1. Januar vorgelesen wurde (vgl. Cic. Fam. 16.11,2: *minacis ad senatum et acerbas litteras miserat*). Caesar erklärte sich darin bereit, sein Heer und seine Provinz aufzugeben, wenn es ihm Pompeius gleichtue. Andernfalls sei er bereit, seine Interessen zu verteidigen (vgl. Dio 41.1,3; App. 2.32). Pompeius' Schwiegervater Metellus Scipio ließ dann darüber abstimmen, ob man Caesar als Feind des Staats ansehen solle, falls er seine Armee nicht entlasse. Mit einer großen Mehrheit stimmten die Senatoren dafür. Die beiden Volkstribunen Antonius und Q. Cassius Longinus legten dann aber sofort ihr Veto ein. Die Sitzung wurde vertagt (vgl. Caes. B. civ. 1,1–3). Ein paar Tage später, genauer am 7. Januar, kam es zum Notstand, zum *senatus consultum ultimum*, und der Bürgerkrieg stand vor der Tür. Cicero schreibt in Cic. Fam. 16.11,2: *senatus consulibus, praetoribus, tribunis plebis et nobis, qui pro consulibus sumus, negotium dederat, ut curemus, ne quid res publica detrimenti caperet.* Die römischen Amtsträger hatten also von nun an alle Vollmachten, auch militärische, um Schaden von der Republik abzuwenden.

wollen (*labentem et prope cadentem rem publicam fulcire cuperetis*) und zu diesem Zweck sogar Caesar entgegengekommen (*ipsique C. Caesari ... consulere velletis*) – sofern dieser sich in ihren Augen als vernünftig erweisen würde (*si sana mente esset*). Cicero bewertet Caesar hier indirekt als wahnsinnig – wie so oft charakterisiert Cicero hier jemanden, der sich gegen die Senatsmehrheit stellt, als „wahnsinnig".[327]

Auch im folgenden Satz wechselt Cicero von der positiven zur negativen Bewertung der Senatorenschaft, doch sein Ziel ist nun nicht Caesar, sondern Marcus Antonius: Er verwendet das pejorative Demonstrativpronomen *iste* und apostrophiert dessen Tribunat als verkauft und fremdbestimmt (*venditum atque emancipatum tribunatum*).[328]

Im folgenden Satz markiert Cicero den Wechsel des Adressaten als tiefe Zäsur einerseits durch die 2. Person Singular des Pronomens *te*, andererseits durch die Objektstellung in *te* und die Anrede *M. Antoni* am Satzanfang. Denn gegen ihn, so Cicero, sei im Jahre 49 v. Chr. nach alter Väter Sitte (*more maiorum*) ein Senatsbeschluss ergangen – in einem Jahr, in dem der Senat noch unversehrt (*incolumis*) und noch nicht seiner glänzendsten Männer beraubt (*nondum tot luminibus*[329] *exstinctis*) gewesen sei. Cicero bewertet also die Verhältnisse am Vorabend des Bürgerkrieges positiv, alles Kommende negativ. Marcus Antonius sei zum Staatsfeind in der Toga erklärt worden (*in hostem togatum*), ein Oxymoron, das Akzente setzt, während sich das Wort *hostis* gewöhnlich auf nichtrömische Personen bezieht.[330] Durch sein Verhalten habe er Rom verraten und die Hinrichtung verdient – hier verwendet Cicero das drastische Bild der *securis*, des Beils, das sich in den Rutenbündeln der Liktoren, der Begleiter des römischen Amtsträgers, befand und das Symbol der römischen Gerichtsbarkeit war. Diese Evidentia stellt die von Cicero gewünschte Strafe für Antonius dar.

Da sich das *senatus consultum ultimum* eigentlich auf Caesar bezog, dehnt Cicero hier den Geltungsbereich des Dekrets auf alle Caesarianer und damit auch auf Marcus Antonius aus. Anschließend zeigt sich Cicero verärgert und beklagt sich über die Unverschämtheit des Marcus Antonius, dass ausgerechnet er – nach dieser „Schmach" des Jahres 49 – gegen ihn (als Retter – *conservator* – des Senats des Jahres 63[331]) vor den Senatoren das Wort ergreife (*tu apud patres conscriptos contra me dicere ausus es*). Die Senatoren werden würdevoll mit *patres conscriptos* angesprochen, während die Verwendung des Personalpronomens *tu*, die Form der rhetorischen Frage und der Bedeutungsgehalt von *audere*

---

[327] Vgl. RAMSEY 2008, 236.
[328] Antonius stehe als Tribun also unter der Kontrolle von Caesar.
[329] Siehe OLD s. v. *lumen* 11a: „Someone or something conspicuous for excellence, a glory, cynosure."
[330] Vgl. RAMSEY 2008, 237. Eigentlich wandte sich die Maßnahme natürlich auch gegen Marc Antons Amtsgenossen Q. Cassius Longinus, doch Cicero will hier natürlich nur einen schuldigen Mann erkennen lassen. Vgl. auch *unus* in § 52.
[331] Vgl. § 2 *conservatae*.

Ciceros Empörung zum Ausdruck bringen. Anschließend bewertet Cicero sich selbst positiv und Marcus Antonius negativ im Sinne einer asyndetischen und parallelen Synkrisis, wobei er sich deiktisch mit dem Pronomen *hōc* auf den anwesenden Senatorenstand bezieht: *cum ab hoc ordine ego conservator essem, tu hostis rei publicae iudicatus*. Am Ende des Abschnitts bewertet er das Veto des Marcus Antonius als unheilvolles Verbrechen (*illius tui sceleris; tua illa pestifera intercessio*).

Am Ende wird Cicero pathetisch und spricht von der Ewigkeit Roms (*sempiternum*).[332]

§ 52 *Quid cupide a senatu, quid temere fiebat, cum tu unus adulescens universum ordinem decernere de salute rei publicae prohibuisti, neque semel, sed saepius, neque tu tecum de senatus auctoritate agi passus es? Quid autem agebatur, nisi, ne deleri et everti rem publicam funditus velles, cum te neque principes civitatis rogando neque maiores natu monendo neque frequens senatus agendo de vendita atque addicta sententia movere potuit? Tum illud multis rebus ante temptatis necessario tibi vulnus inflictum est, quod paucis ante te, quorum incolumis fuit nemo.* § 53 *Tum contra te dedit arma hic ordo consulibus reliquisque imperiis et potestatibus: Quae non effugisses, nisi te ad arma Caesaris contulisses.*

INHALT UND KONTEXT: Cicero geht auf das Tribunat des Antonius im Jahre 49 v. Chr. ein. Er kritisiert dessen Veto, das den Senat zwang, den Ausnahmezustand auszurufen. Mehrmals hintereinander[333] sei er der Einzige gewesen, der den Senat am Handeln gehindert habe. Auch der Einfluss und das politische Gewicht der Senatoren hätten ihn trotz seines jungen Alters[334] nicht von seiner Meinung und Parteinahme für Caesar abbringen können. Als der Ausnahmezustand verhängt und die Magistrate mit weitreichenden Befugnissen[335] ausgestattet worden seien, habe sich Antonius in den Schutz Caesars begeben.[336]

EMOTIONSLINGUISTISCHE ANALYSE: Der Abschnitt beginnt mit zwei längeren rhetorischen Fragen, mit denen Cicero seine Empörung zum Ausdruck bringt. Cicero bezieht sich durchgehend und häufig in der 2. Person Singular auf Marcus Antonius, gegen Ende des Abschnitts verweist er deiktisch mit dem Demonstrativpronomen *in hic ordo* auf den Senatorenstand. In der ersten Frage zeichnet Cicero das Bild hektisch agierender Senatoren angesichts eines

---

[332] Den Gedanken vom ewigen römischen Imperium formulierte bereits Tibull in Tib. 2.5,23–24: *Romulus aeternae nondum formauerat urbis/moenia* [...].

[333] Die Stelle Caes. B. civ. 1.2,7 spricht von immerhin fünf Senatsversammlungen vom 1. bis zum 7. Januar 49 v. Chr.

[334] Antonius war damals 33 Jahre alt und wurde wenige Tage später, am 14. Januar, 34. Vgl. RAMSEY 2008, 237.

[335] Mit den *imperiis* sind die Magistraten mit unbeschränkten Vollmachten gemeint, also die Prokonsuln und die Prätoren, während mit den *potestatibus* die Volkstribune gemeint sind. Vgl. RAMSEY 2008, 238.

[336] Nach Caes. B. civ. 1.5,5 machten sich die Volkstribunen Antonius und Q. Cassius, die das Veto eingelegt hatten, am 7. Januar auf den Weg zu Caesar.

Marcus Antonius, der hartnäckig gegen ihre beschlossenen Maßnahmen gegen Caesar auftritt. Die Hektik des Senats wird in zwei anaphorischen *quid*-Fragen durch die beiden Adverbien *cupide* und *temere* beschrieben; dahinter verbirgt sich wohl auch eine leise Kritik an ihrem voreiligen Handeln, das den Konflikt zwischen Caesarianern und Senatoren eskalieren ließ und schließlich zum Bürgerkrieg führte. Zugleich stellt Cicero sie hier und im Folgenden aber auch in ein positives Licht und attestiert ihnen uneigennütziges Streben nach dem Gemeinwohl (*salute rei publicae*), politischen Einfluss (*senatus auctoritate*), eine führende Stellung unter den Bürgern (*principes civitatis*), würdiges Alter (*maiores natu*) sowie zahlenmäßige Präsenz als Zeichen einmütigen Willens (*frequens senatus*). Die Antithese *unus adulescens* versus *universum ordinem* verstärkt den Eindruck von Antonius als destruktivem „jungen Wilden"[337], der eine ganze Senatorenschaft in Schwierigkeiten bringt – und das nicht nur einmal, sondern immer wieder (*neque semel, sed saepius*). Letzteres dient der Zuspitzung und damit auch der übertreibenden Behauptung, Antonius sei der einzige gewesen, der sich gegen die Senatoren gestellt habe, obwohl bekannt ist, dass auch sein Amtskollege Q. Cassius Longinus sein Veto einlegte. Marcus Antonius' zerstörerische Kraft wird auch im nächsten Satz drastisch ausgemalt, wo ein Hendiadyoin mit den Verben *deleri* und *everti* und das Adverb *funditus* zum Einsatz kommen: *quid autem agebatur, nisi, ne deleri et everti rem publicam funditus velles ...?* Dem Zerstörer und Vernichter Marcus Antonius wird dann aber der von Caesar fremdgesteuerte Hörige Marcus Antonius gegenübergestellt: So bezeichnet Cicero Marcus Antonius' Stimmabgabe als *vendita atque addicta*, also als „verkauft und verschenkt". Und auch am Ende muss er sich auf der Flucht vor den Folgen des *senatus consultum ultimum* in Caesars Schutz begeben (*quae non effugisses, nisi te ad arma Caesaris contulisses*). Das *senatus consultum ultimum* wird metaphorisch als *vulnus*, das heißt als Wunde bezeichnet, die Antonius durch seine Auflehnung erlitten hat (*tum illud ... necessario tibi volnus inflictum est*) – das Hyperbaton *illud ... vulnus* verstärkt noch die Metapher einer Wunde, die Antonius durch den Senatsbeschluss zugefügt wurde.

§ 53 [...] *Tu, tu, inquam, M. Antoni, princeps C. Caesari omnia perturbare cupienti causam belli contra patriam ferendi dedisti. Quid enim aliud ille dicebat, quam causam sui dementissimi consili et facti adferebat, nisi quod intercessio neglecta, ius tribunicium sublatum, circumscriptus a senatu esset Antonius? Omitto quam haec falsa, quam levia, praesertim cum omnino nulla causa iusta cuiquam esse possit contra patriam arma capiendi. Sed nihil de Caesare: Tibi certe confitendum est causam perniciosissimi belli in persona tua constitisse.*

INHALT UND KONTEXT: Cicero zufolge zwang das Veto des Antonius die Senatoren zu einer Haltung, die Caesar den Vorwand lieferte, sich als Retter des

---

[337] Vgl. *OLD* s. v. *adulescens*².

Volkstribunats und des Vetorechts zu inszenieren und dafür einen Bürgerkrieg anzuzetteln.[338]

EMOTIONSLINGUISTISCHE ANALYSE: Die Geminatio[339] des Personalpronomens der 2. Person Singular in *tu, tu* ..., die Anrede *M. Antoni* sowie die Häufung der Konsonanten t, p und k akzentuieren den ersten Satz der hier betrachteten Passage. Cicero wendet sich direkt an Antonius, spricht ihn an und wirft ihm vor, Caesars Zerstörungswut (*C. Caesari omnia perturbare cupienti*) einen Vorwand geliefert zu haben, der in einen „Krieg gegen das Vaterland" (*belli contra patriam*) mündete. Das Vaterland wird hier mit *patria* bezeichnet, einem römischen Hochwertwort, das auch später in der Passage noch einmal in Verbindung mit *contra* verwendet wird.

Im folgenden Satz formuliert Cicero eine empörte rhetorische Frage, die durch die wiederholte Einleitung der Frage durch zwei Interrogativpronomen intensiviert wird (*Quid enim aliud ille dicebat, quam causam sui dementissimi consili et facti adferebat ...?*). Caesars Vorhaben wird als wahnsinnig bezeichnet und damit negativ bewertet (*dementissimi consili et facti*), zudem wird seine Begründung für sein militärisches Eingreifen dreimal mit anderen Worten gleichsam als fadenscheinig und haltlos entlarvt: *... intercessio neglecta, ius tribunicium sublatum, circumscriptus a senatu esset Antonius?* Der oblique Konjunktiv dient der Distanzierung Ciceros von Caesars Meinung; er markiert damit eine geringe Evidenz dieser Behauptung.[340]

Und auch im nächsten Satz arbeitet Cicero mit Wiederholungsfiguren, wenn er in einer Praeteritio die Haltlosigkeit von Caesars Aussagen behauptet und den indirekten Fragesatz zweimal beginnt (*Omitto quam haec falsa, quam levia ...*). Die zahlreichen Wiederholungen dienen der Intensivierung der zu vermittelnden Emotionen.

---

[338] Die *intercessio* und das *ius tribunicium* meinen beide das Vetorecht des Volkstribuns (vgl. *RE* s. v. *intercessio* sowie *tribunus* 7). Caesar hat sich tatsächlich so gerechtfertigt, vgl. Caes. B. civ. 1.22,5: *Cuius orationem Caesar interpellat: se non maleficii causa ex provincia egressum, sed uti se a contumeliis inimicorum defenderet, ut tribunos plebis in ea re ex civitate expulsos in suam dignitatem restitueret, ut se et populum Romanum factione paucorum oppressum in libertatem vindicaret.* „Caesar unterbrach ihn: Er habe seine Provinz nicht in böser Absicht verlassen, sondern um sich gegen schimpfliche Behandlung durch seine Feinde zu wehren, um die dabei aus der Stadt verjagten Volkstribunen wieder in ihre Würde einzusetzen und um sich und das römische Volk, die der Klüngel einiger weniger unterdrücke, zu befreien." (Übers. SCHÖNBERGER 2014) Diesen Kriegsgrund hat Cicero bereits in einem Brief vom 27. Dezember 50 v. Chr. vorausgesehen, vgl. Cic. Att. 7.9,2.
Aber Caesar führt auch andere Gründe an, vgl. Caes. B. civ. 1.32,3–6. Dies verschweigt Cicero aber, um Antonius alle Schuld geben zu können.
Interessanterweise kam Caesar später selbst mit einem Volkstribun in Konflikt, nämlich mit L. Metellus. Dieser legte sein Veto ein und versuchte Caesars Zugang zum Saturn-Tempel, wo der Staatsschatz lag, zu blockieren, allerdings ohne Erfolg. Vgl. Plut. Caes. 35,6.
[339] Auch RAMSEY schreibt, Cicero verwende die Geminatio „for emotional effect".
[340] Freilich verkürzt hier Cicero Cäsars damalige Rechtfertigung. Vgl. RAMSEY 2008, 239.

Am Ende legt Cicero seinem Gegner ein Geständnis in den Mund und steigert die Evidentialität des Geständnisses durch das Adverb *certe* und das Gerundivum, das hier Notwendigkeit ausdrückt (t*ibi certe confitendum est causam perniciosissimi belli in persona tua constitisse*). Der Bürgerkrieg wird als überaus verderblich – im Superlativ – negativ bewertet. Cicero schiebt Antonius praktisch die alleinige Schuld am Krieg zu, indem er den präpositionalen Ausdruck *in persona tua* verwendet und sich damit einer Metapher aus dem Theater bedient.[341] Diese Tendenz zur monokausalen Erklärung zieht sich durch die gesamte 2. Philippika.

§ 54 *O miserum te, si haec intellegis, miseriorem, si non intellegis hoc litteris mandari, hoc memoriae prodi, huius rei ne posteritatem quidem omnium saeculorum umquam immemorem fore, propter unum te consules ex Italia expulsos cumque eis Cn. Pompeium, quod imperi populi Romani decus ac lumen fuit, omnis consularis, qui per valetudinem exsequi cladem illam fugamque potuissent, praetores, praetorios, tribunos plebis, magnam partem senatus, omnem subolem iuventutis, unoque verbo rem publicam expulsam atque exterminatam suis sedibus!*

INHALT UND KONTEXT: In diesem und dem folgenden Abschnitt zeichnet Cicero ein breites Bild der fatalen Folgen für den Staat, die Antonius mit seiner Blockadepolitik als Volkstribun zu Beginn des Jahres 49 v. Chr. letztlich zu verantworten hatte. Die Nachwelt werde sich immer an die Zeit des Bürgerkrieges erinnern, in der verdiente Römer wie Pompeius aus Rom vertrieben worden seien.[342]

EMOTIONSLINGUISTISCHE ANALYSE: Der gesamte Abschnitt besteht aus einem einzigen langen, hochemotionalen Exklamativsatz von 74 Wörtern. Er beginnt mit dem Ausruf *o miserum te* im Akkusativ, mit dem Cicero Antonius direkt anspricht und auf ironische Weise Mitleid mit seinem Gegner heuchelt. Dieses Mitleid steigert Cicero noch für den Fall, dass Marcus Antonius die langfristigen und offensichtlichen Konsequenzen seines Handelns nicht begreift (*miseriorem, si non intellegis*) – hier bezeichnet er Marcus Antonius also implizit erneut als begriffsstutzig. Im weiteren Verlauf des Satzes setzt Cicero sehr häufig Wiederholungen und Aufzählungen ein, um die Intensität der Aussage zu steigern. Ein Beispiel dafür ist gleich der von *intellegis* abhängige AcI, den der Kommentator Ramsey als ein *tricolon crescendo* beschreibt, gegliedert

---

[341] Vgl. OLD s. v. *persona* 1 und 4; *persona* konnte eine Person bezeichnen, ursprünglich handelte es sich aber um eine Theatermaske. Cicero verwendet hier also eine Metapher aus dem Bereich des Theaters.

[342] Die Konsuln segelten am 4. März 49 v. Chr. von Brundisium nach Dyrrhachium in Illyricum (vgl. Caes. B. civ. 1.25,2), Pompeius folgte am 17. März (vgl. Cic. Att. 9.15,6). In Cic. Phil. 13,29 nennt Cicero mit sich selbst neun ehemalige Konsuln mit Namen, die Pompeius unterstützten. Cassius Dio spricht von 200 geflohenen Senatoren (Dio 41.43,2), Plutarch allerdings von 600 (vgl. Plut. Pomp. 64,3; der Senat bestand damals aus 600 Personen). Mit *subolem iuventutis* meint Cicero wohl die führenden Ritter, so SIHLER 1901 (vgl. auch Dio 41.7,1).

durch die Demonstrativpronomina *hoc ... hoc ... huius rei*, die später durch eine Vielzahl weiterer AcI-Konstruktionen spezifiziert werden. Die Pronomen werden kataphorisch verwendet, das heißt der Rezipient weiß zunächst nicht, was der Sprecher meint. Dadurch wird eine Spannung aufgebaut, die sich erst in der folgenden Erklärung auflöst. Diese beginnt nach dem pauschalen Vorwurf *propter te unum*.[343]

Sie besteht aus neun Teilen: Der massenhafte Exodus aus Rom betraf laut Cicero die Konsuln und Pompeius sowie ehemalige Konsuln, sodann Prätoren und ehemalige Prätoren, Volkstribune, viele Senatoren sowie vielversprechende junge Römer. Zur weiteren Steigerung dienen verallgemeinernde und wohl auch übertreibende Ausdrücke wie *omnis* oder *magnam partem*. Zwei Elemente der Aufzählung werden durch Relativsätze näher beschrieben: Pompeius wird positiv als *imperi populi Romani decus ac lumen* beschrieben, ein Hendiadyoin, das Ramsey mit „shining glory"[344] übersetzt; die Konsuln werden als bemitleidenswerte, altersschwache Männer beschrieben (*qui per valetudinem exsequi cladem illam fugamque potuissent*), die sich, wenn es ihre Gesundheit noch erlaubt hätte[345], dem Zug der Fliehenden angeschlossen hätten – die Flucht wird im selben Relativsatz beiläufig als *cladem illam fugamque* negativ bewertet und mit dem Demonstrativpronomen *illa* in eine ferne Vergangenheit verlegt; das Verb *exsequi* kann auch „zu Grabe tragen" bedeuten und ruft entsprechende Konnotationen hervor.[346] Die ersten acht Glieder der Aufzählung münden schließlich in die Klimax u*noque verbo rem publicam expulsam atque exterminatam suis sedibus*: Die Republik als Ganzes sei von ihrem angestammten Sitz weggerissen worden.[347] Die verwendeten Verben in den Partizipien *expulsam, exterminatam* und zuvor schon *expulsos* entstammen dem emotional aufgeladenen Sachfeld „Flucht und Vertreibung" und werden alle durch das Präfix *ex-* morphologisch intensiviert, das natürlich auch an den Auszug der römischen Elite erinnern soll.[348]

---

[343] Dies ist eine Ergänzung der Handschrift SB: vgl. RAMSEY 2008, 239. Auch hier soll also alles auf eine Monokausalisierung hinauslaufen, damit der Rezipient den Eindruck gewinnt, nur Marc Anton und sein Verhalten als Volkstribun sei Ursache des Bürgerkriegs gewesen, vgl. auch schon § 53.

[344] Vgl. RAMSEY 2008, 240.

[345] Cicero spart hier das Faktum aus, dass wohl meistens nicht die Gesundheit, sondern familiäre Bande Konsularen wie den Schwiegersohn Caesars L. Calpurnius Piso zum Bleiben bewogen. Vgl. RAMSEY 2008, 240.

[346] Vgl. *OLD* s. v. *exsequi* 1.

[347] Und zwar nach RAMSEY sogar zweimal: Einmal bei der Flucht von Rom nach Capua, einmal von Brundisium nach Illyricum. Vgl. RAMSEY 2008, 240–241.

[348] Letzteres trifft auch auf *exsequi* zu. Den „Exodus" beklagt Cicero übrigens oft in seinen Briefen, vgl. Cic. Att. 7.11,4; 12.2; 9.9,2; 10.2). Dass die Flucht aus Rom von Pompeius durchaus gewollt war, um seine vielen unerfahrenen Rekruten im Osten des Reichs in Ruhe für den Kampf gegen die erprobten Veteranen Caesars ausbilden zu können, spart Cicero wohlweislich aus.

§ 55a *Ut igitur in seminibus est causa arborum et stirpium, sic huius luctuosissimi belli semen tu fuisti. Doletis tris exercitus populi Romani interfectos: interfecit Antonius. Desideratis clarissimos civis: eos quoque vobis eripuit Antonius. Auctoritas huius ordinis afflicta est: afflixit Antonius. Omnia denique, quae postea vidimus – quid autem mali non vidimus? – si recte ratiocinabimur, uni accepta referemus Antonio. Ut Helena Troianis, sic iste huic rei publicae belli causa, causa pestis atque exiti fuit.*

INHALT UND KONTEXT: Auch in diesem Abschnitt malt Cicero die fatalen Folgen für den Staat aus, die Marcus Antonius durch sein Verhalten zu verantworten habe. Für die schrecklichen Kriegsereignisse sei nur einer verantwortlich, wie einst Helena für den Trojanischen Krieg: Marcus Antonius: Ausdrücklich nennt Cicero den Untergang dreier Heere des römischen Volkes, glänzender Bürger und des Senats.[349]

EMOTIONSLINGUISTISCHE ANALYSE: Cicero bewertet Antonius äußerst negativ und sieht in seiner Person die alleinige Ursache für alle erlittenen Kriegsleiden. Um diese Bewertung zu verstärken, zu nuancieren und in eine unterhaltsame Form zu kleiden, verwendet Cicero eine Vielzahl unterschiedlicher Emotionscodes, zum Beispiel zwei Vergleiche, die jeweils durch *ut ... sic ...* gegliedert sind. Marcus Antonius sei der Keim des unseligen Krieges gewesen, so wie aus einem Samenkorn Bäume und Stämme hervorgehen: *Ut igitur in seminibus est causa arborum et stirpium, sic huius luctuosissimi belli semen tu fuisti*.[350] Das Demonstrativpronomen der Nähe *huius* stellt einen engen zeitlichen Bezug zu den Kriegsereignissen her, *luctuossisimi* steht im intensivierenden Superlativ. Der zweite Vergleich in diesem Abschnitt enthält keine Metapher, sondern eine Antonomasie, denn Marcus Antonius wird mit dem mythischen Urbild eines Kriegsgrundes schlechthin gleichgesetzt, nämlich mit der Spartanerin Helena, die den Trojanern einen verderblichen Krieg gebracht haben soll: *Ut Helena Troianis, sic iste huic rei publicae belli causa, causa pestis atque exiti fuit*.[351] In diesem Satz wird Marcus Antonius zusätzlich herabgesetzt durch die Verwendung des Pronomens *iste* sowie durch die Wiederholung von *causa*, genauer durch eine sogenannte Anadiplose.[352]

Zwischen den beiden Vergleichen stehen vier nicht minder kunstvolle und rhetorisch ausgefeilte Sätze, die alle – in Form einer anderen Wiederholungs-

---

[349] Cicero bezieht sich bei den drei Armeen auf die drei Schlachten von Pharsalus, Thapsus und Munda, die die Partei der Senatoren in den Jahren 48, 46 und 45 v. Chr. verloren hat. Vgl. hierzu auch § 75.
Zu den *clarissimos civis* siehe auch § 37, wo z. B. von den Konsularen die Rede ist.
[350] Einen ähnlichen Vergleich bringt schon Demosthenes in seiner Kranzrede, vgl. Dem. De cor. 159: ὁ γὰρ τὸ σπέρμα παρασχών, οὗτος τῶν φύντων αἴτιος.
[351] Plutarch kritisiert diesen Vergleich, vgl. Plut. Ant. 6,1–2. Letztlich spielt Cicero damit wohl auch auf seine Jugend als Prostituierter an, vgl. §§ 44–45.
[352] Siehe HARJUNG 2017, 57–59: „Wiederholt wird das letzte Wort oder die letzte Wortgruppe eines Verses oder Satzes am Anfang des folgenden Verses oder Satzes. Zweck: das Leseverständnis und der Klang des Ganzen werden dadurch intensiviert."

figur, nämlich einer Epipher – mit *Antonius* enden: [...] *Antonius* .... *Antonius* .... *Antonio* .... *Antonio*. Die ersten beiden Sätze dieses Tetrakolons beginnen mit den Emotionsverben *doletis* und *desideratis* in der 2. Person Plural, mit denen Cicero die Senatoren direkt anspricht und sie auf bestimmte emotionale Reaktionen festlegt[353]: *Doletis tris exercitus populi Romani interfectos: interfecit Antonius. Desideratis clarissimos civis: eos quoque vobis eripuit Antonius.* In der Oxford-Ausgabe von Clark markieren Doppelpunkte Pausen, die die Spannung erhöhen können[354]; vor und nach der Pause stehen einmal mit *interfectos* und *interfecit*, einmal mit *afflicta* und *afflixit* verschiedene Formen desselben Verbs, ein sogenanntes Polyptoton. Von Marcus Antonius wird nun in der distanzierten 3. Person Singular gesprochen, während Cicero ihn zuvor direkt in der 2. Person Singular angesprochen hat. Das Pronomen *vobis* ist ein *dativus incommodi*, er bezeichnet die Gruppe der Senatoren, die unter den Verlusten leiden. Der letzte Satz des Tetrakolons bildet zugleich eine Klimax und dient der „totalen Monokausalisierung"[355] von Marcus Antonius' Schuld an allen Übeln: Dass er allein die Schuld trägt, wird durch uni in Sperrposition mit *Antonio* ausgedrückt; dass er für alle schlechten und vielfältigen Folgen des Bürgerkriegs verantwortlich ist, wird durch das Akkusativobjekt *omnia* sowie die Parenthese und rhetorische Frage *quid autem mali non vidimus?* vermittelt. Im Einschub und auch danach in *ratiocinabimur* verwendet Cicero zudem ein inklusives Wir und bildet mittels sozialer Deixis eine Wir-Gruppe mit den Senatoren.

d. Angriff auf seine Karriere im Bürgerkrieg: Verwaltung Italiens 49 v. Chr. (55b–58)

§ 55b *Reliquae partes tribunatus principi similes. Omnia perfecit, quae senatus salva re publica, ne fieri possent, perfecerat. Cuius tamen scelus in scelere cognoscite.* § 56 *Restituebat multos calamitosos. In iis patrui nulla mentio. Si severus, cur non in omnis? Si misericors, cur non in suos? Sed omitto ceteros; Licinium Denticulum de alea condemnatum, conlusorem suum, restituit; quasi vero ludere cum condemnato non liceret; sed id egit, ut, quod in alea perdiderat, beneficio legis dissolveret. Quam attulisti rationem populo Romano, cur in eum restitui oporteret? Absentem, credo, in reos relatum; rem indicta causa iudicatam; nullum fuisse de alea lege iudicium; vi oppressum et armis; postremo, quod de patruo tuo dicebatur, pecunia iudicium esse corruptum. Nihil horum. At vir bonus et re publica dignus. Nihil id quidem ad rem; ego tamen, quoniam condemnatum esse pro nihilo est, ita ignoscerem. Hominem omnium nequissimum, qui non dubitaret vel in foro alea ludere, lege, quae est de alea, condemnatum qui in integrum restituit, is non apertissime studium suum ipse profitetur?*

INHALT UND KONTEXT: Cicero geht auf die weiteren Taten des Antonius als Volkstribun ein und kommt zum „Verbrechen im Verbrechen" (*scelus in scelere*):

---

[353] Zu den emotiven Verben vgl. den Forschungsüberblick in ORTNER 2014, 213–215.
[354] Vgl. CLARK 2007.
[355] Vgl. dieselbe Strategie von Cicero auch schon §§ 53–54.

Er habe gesetzeswidrig Verbannte aus dem Exil in die Heimat zurückgeführt[356], dabei aber ausgerechnet seinen eigenen Onkel C. Antonius Hybrida[357] übergangen, sich also gegenüber nahen Verwandten illoyal verhalten.

Einen der unrechtmäßig Heimgekehrten greift Cicero dann heraus: Antonius habe seinen Würfelspielkameraden Licinius Denticulus[358] gegen Geld begnadigt, um seine Spielschulden bei ihm begleichen zu können.[359]

EMOTIONSLINGUISTISCHE ANALYSE: Der Rest von § 55 dient der Ankündigung des Themas von §§ 56–58: Marcus Antonius' restliche Zeit als Volkstribun. Schon hier bewertet Cicero seine Amtsführung negativ, weil er einerseits stets gegen den Senat gehandelt habe, andererseits selbst im Verbrechen ungerecht gewesen sei – ein spannungsgeladener Vorverweis auf die Tatsache, dass er bei der (für Cicero illegalen) Rückgabe von Verbannten über seine eigenen Verwandten hinweggegangen sei. Als sprachliches Mittel der Intensivierung bedient sich der Redner der Wiederholung: *perfecit* und *perfecerat* sind zwei Flexionsformen desselben Verbs, *scelus in scelere* ist ein Polyptoton, außerdem häuft sich der Konsonant k, wie etwa im Imperativ *cognoscite*. Daran lässt sich auch erkennen, dass Cicero die Senatoren direkt anspricht, auf Marcus Antonius bezieht er sich im gesamten Abschnitt mit einer Ausnahme nur in der 3. Person.

Das „Verbrechen im Verbrechen" expliziert er im Anschluss an den Imperativ: *Restituebat multos calamitosos. In iis patrui nulla mentio.* Das Imperfekt in *restituebat* stellt Marc Antons fragwürdiges Verhalten als gängige Praxis in der Vergangenheit dar und verstärkt den negativen Eindruck.

Es folgen zwei empörte rhetorische Fragen, die an die Form einer Symploke[360] erinnern: *Si severus, cur non in omnis? si misericors, cur non in suos?* Cicero empört sich also über die mangelnde Konsequenz Antonius' in seiner Praxis als Volkstribun und über die Widersprüchlichkeit seines Handelns.

Im Folgenden greift Cicero einen Mann aus der Menge der Zurückgerufenen heraus, nicht ohne zuvor durch eine Praeteritio (*sed omitto ceteros*) den Ein-

---

[356] Im Jahr 52 v. Chr. hatte Pompeius im Rahmen der *lex Pompeia de ambitu* viele Unterstützer von Caesar exilieren lassen. Marc Anton holte sie durch das von ihm eingebrachte Gesetz *lex Antonia de restituendis damnatis* zurück. Vgl. BROUGHTON 1952, 258 und RAMSEY 2008, 242.

[357] C. Antonius Hybrida war Ciceros Amtskollege als Konsul im Jahr 63 v. Chr. Vgl. *RE* s. v. „Antonius 19". Er war Marc Antons Onkel und gleichzeitig sein Schwiegervater (vgl. § 99). Er war seit 59 v. Chr. auf Kephallonia im Exil, wahrscheinlich weil er die Provinz *Macedonia* als Prokonsul in den Jahren 62–60 heruntergewirtschaftet hatte (vgl. ALEXANDER 1990, 199–120). Bis 44 wurde er aber begnadigt, denn Cicero spricht von seiner Präsenz bei der Senatssitzung vom 1. Januar (vgl. § 99).

[358] Von ihm ist nichts weiter bekannt.

[359] Man versuchte das Würfelspiel bzw. allgemein Glücksspiel (*alea*) zu verbieten (Plaut. Mil. 164; Hor. carm. 3,24,58; indirekt Suet. Aug. 71,1), da immer wieder hohe Wettschulden Leute an den Rand des Ruins trieben.

[360] Die Symploke ist eine Wortwiederholung, genauer eine Kombination von Anapher und Epipher mit dem Schema: A B C. A D C. Vgl. HARJUNG 2017, 418–420.

druck zu erwecken, die Menge sei riesig. Cicero spricht im Folgenden von Licinius Denticulus und benutzt diesen Fall, um Antonius als Spielsüchtigen zu disqualifizieren. Cicero zeigt sich in einer rhetorischen Frage empört darüber, wie Marcus Antonius die Rücknahme des Urteils begründet habe, und bringt dann in indirekter Rede in rascher Folge fadenscheinige Gründe vor, von denen er gehört habe: *Quam attulisti rationem populo Romano, cur in eum restitui oporteret? Absentem, credo, in reos relatum; rem indicta causa iudicatam; nullum fuisse de alea lege iudicium; vi oppressum et armis; postremo, quod de patruo tuo dicebatur, pecunia iudicium esse corruptum. Nihil horum.* Alles nur Vorwände, sagt Cicero im letzten Satz.

Doch bevor Cicero zum eigentlichen Grund für seine Ausflüchte kommt, zitiert er noch einmal ein schwaches Argument des Marcus Antonius, um es gleich wieder zu zerstören: *At vir bonus et re publica dignus. Nihil id quidem ad rem.* Nein, der wahre Grund sei vielmehr seine Spielleidenschaft (*studium suum*) und das Bedürfnis nach einem Mitspieler gewesen. Wie Licinius habe Marcus Antonius zudem die Schamlosigkeit besessen, dem verpönten[361] Zeitvertreib in aller Öffentlichkeit nachzugehen (*in foro, apertissime*).

§ 57 *In eodem vero tribunatu, cum Caesar in Hispaniam proficiscens huic conculcandam Italiam tradidisset, quae fuit eius peragratio itinerum, lustratio municipiorum! Scio me in rebus celebratissimis omnium sermone versari eaque, quae dico dicturusque sum, notiora esse omnibus, qui in Italia tum fuerunt, quam mihi, qui non fui; notabo tamen singulas res, etsi nullo modo poterit oratio mea satis facere vestrae scientiae. Etenim quod umquam in terris tantum flagitium exstitisse auditum est, tantam turpitudinem, tantum dedecus?*

INHALT UND KONTEXT: Cicero kündigt weitere Schandtaten des Antonius als Volkstribun an, auf die er in § 58 eingeht.

Während Caesar bereits nach Spanien[362] aufgebrochen sei, um gegen die Legionen des Pompeius zu kämpfen, sei Antonius in Italien geblieben[363] und habe eine berühmt gewordene Reise durch Italien unternommen, die seither in aller Munde sei. Cicero sei damals zwar nicht dabei gewesen[364], wolle aber dennoch einige Anmerkungen dazu machen.

---

[361] Denn das Glücksspiel führte nicht selten zum Ruin (vgl. Alki. 3,6; Hor. epist. 1,18,21–23, vgl. Suet. Aug. 71,2 f.). Dennoch war das Würfelspiel sehr beliebt, sogar bei manchen Kaisern wie Augustus und Claudius, der sogar ein Buch darüber schrieb (vgl. Suet. Claud. 33,2).

[362] In Spanien standen fünf der stärkeren Legionen von Pompeius. Sie standen unter dem Kommando von L. Afranius (*RE* 5), Konsul des Jahres 60 v. Chr., und von M. Petreius (*RE* 3). Nahe Ilerda schlug sie Caesar, vgl. Caes. B. civ. 2.32,5.

[363] Caesar hat Antonius prätorische Vollmachten gegeben, um Italien und seine militärischen Streitkräfte zu verwalten – er sollte niemandem erlauben, Italien zu verlassen (vgl. Cic. Att. 10.10,5). Dem Prätor Lepidus wurde hingegen die Stadt Rom anvertraut (vgl. Plut. Ant. 6,4).

[364] Das stimmt eigentlich nicht. Erst am 7. Juni 49 v. Chr. konnte sich Cicero nämlich endlich dazu durchringen, Pompeius zu folgen und nach Griechenland überzusetzen, vgl. Cic. Fam. 14,7.

EMOTIONSLINGUISTISCHE ANALYSE: Diese Passage bereitet den folgenden Angriff Ciceros in § 58 vor und rahmt ihn in einer für seine Überzeugungsstrategie günstigen Weise, die darauf abzielt, die Niedertracht Marc Antons zu beweisen. Diese Rahmung gelingt Cicero auf dreierlei Weise: 1. Caesar habe durch seine Weiterreise Rom und Italien „als Spielball" für Antonius zurückgelassen (*huic conculcandam Italiam tradidisset*). Das Verb *conculcare* bedeutet „niedertrampeln".[365] Das Demonstrativpronomen *huic* weist deiktisch auf den als anwesend vorgestellten Marc Anton. 2. In einem Exklamativsatz (*quae fuit eius peragratio itinerum, lustratio municipiorum!*) kündigt er die Italienreisen Marc Antons an der Seite der Schauspielerin Cytheris an. 3. Der letzte Satz ist eine empörte rhetorische Frage mit dem Trikolon *tantum flagitium ... tantam turpitudinem, tantum dedecus*. Hier wird deutlich, wie Cicero Marc Anton als Tribun sieht: als Schande.

Der mittlere Hauptteil von § 57 schmeichelt aber vor allem dem Wissen der Senatoren (*nullo modo poterit oratio mea satis facere vestrae scientiae*). Dies dient mindestens noch zwei weiteren emotionalen Zwecken: Zum einen erklärt Cicero seine eigene geringe Vertrautheit mit den Taten des Marcus Antonius mit dem Hinweis auf dessen Abwesenheit – was einerseits an die Massenflucht der Gegner Caesars erinnert, was bei den Senatoren Trauer und Mitleid hervorrufen soll, und andererseits an seine Treue zu Pompeius und der Senatspartei von Anfang an (dass er eigentlich lange gezweifelt und gezögert hat, verschweigt er hier mit Bedacht). Zweitens dient sie der Untermauerung des Folgenden: Wenn schon Cicero, obwohl er nicht als Augenzeuge dabei war, die Situation so drastisch schildern kann, wie muss es dann erst den Senatoren ergangen sein, die selbst dabei waren und alles hautnah miterlebt haben? Und doch will Cicero einzelne Punkte benennen: *notabo tamen singulas res*. Das Verb *notare* bildet mit dem Komparativ *notiora* eine klangliche Einheit. Zudem trägt es die Konnotation „brandmarken" in sich und erinnert an die *nota censoria*, die Rüge des Zensors.[366]

§ 58 *Vehebatur in essedo tribunus plebis; lictores laureati antecedebant, inter quos aperta lectica mima portabatur, quam ex oppidis municipales homines honesti ob viam necessario prodeuntes non noto illo et mimico nomine, sed Volumniam consalutabant. Sequebatur raeda cum lenonibus, comites nequissimi; reiecta mater amicam impuri filii tamquam nurum sequebatur. O miserae mulieris fecunditatem calamitosam! Horum flagitiorum iste vestigiis omnia municipia, praefecturas, colonias, totam denique Italiam impressit.*

INHALT UND KONTEXT: Cicero behauptet, Marcus Antonius habe sich an der Seite einer zweifelhaften Schauspielerin namens Cytheris/Volumnia[367] in aller

---

[365] Aber hier natürlich mit übertragener Bedeutung, siehe OLD s. v. *conculcare* 2: „(fig.) To crush, oppress; to despise, disregard". Andererseits auch mit wörtlicher, denn Antonius reiste ja mit einem Wagen durch ganz Italien und zog so Furchen in den Erdboden (vgl. *flagitiorum* [...] *vestigiis* in § 58,5).
[366] Vgl. s. v. OLD s. v. *notare* 11a und 3c.
[367] Cytheris (ihr Künstlername, nach Venus Cytherea, also ihrem Kultzentrum Cythera)

Öffentlichkeit auf den Straßen Italiens im Keltenwagen[368] gezeigt, wobei ihn Liktoren mit lorbeergeschmückten Rutenbündeln wie bei einem Triumphzug begleiteten[369], er habe mit Zuhältern[370] verkehrt, während seine Mutter[371] sich hinten anstellen musste, und er habe sich überhaupt schändlich verhalten.

EMOTIONSLINGUISTISCHE ANALYSE: Cicero bewertet Antonius negativ, indem er eine einzige Szene aus seinem Leben als Volkstribun schildert, die stellvertretend für all seine Lasterhaftigkeit steht. In dieser Enargeia entfaltet sich eine Straßenszene: Marcus Antonius ist auf den Straßen Italiens unterwegs. Seine Begleiter sind die berüchtigte Cytheris bzw. Volumnia, eine freigelassene Schauspielerin (*mima*); Zuhälter, die als Nichtsnutze beschrieben werden (*cum lenonibus, comites nequissimi*); Liktoren mit lorbeerbekränzten Rutenbündeln (*lictores laureati antecedebant*), die ihm nach Cicero als Volkstribun gar nicht zugestanden hätten; Demgegenüber stehen seine zwar ehrenwerte Mutter aus dem julischen Hochadel, die Antonius aber dem Zug hinterhertrotten ließ (*reiecta mater*), und die ehrbaren Städter (*municipales homines honesti*), die Antonius gedemütigt habe, weil sie beim Vorbeigehen (*ob viam ... prodeuntes*) Volumnia hätten grüßen müssen – sie nennen sie nicht bei ihrem berüchtigten Künstlernamen „Cytheris" (*non noto illo et mimico nomine, sed Volumniam consalutabant*).

Als roh und unzivilisiert wird Marcus Antonius implizit nicht nur durch seine Gefährten charakterisiert, sondern auch durch den gallischen Tross, der aus den Wagentypen *essedum* und *raeda* besteht. Explizit wird Marcus Antonius als unrein (*impuri*), zerstörerisch (*calamitosam*) und schändlich (*flagitiorum*)

---

oder Volumnia war wahrscheinlich eine Freigelassene des P. Volumnius Eutrapelus (vgl. Cic. Fam. 9.26,2); vgl. auch §§ 20, 61. Dass sie in einer offenen Sänfte getragen wurde, schreibt Cicero auch in einem Brief an Atticus, vgl. Cic. Att. 10.10,5. Cytheris war eine *mima*, also eine Schauspielerin, die in Rom in schlechtem Ruf standen (vgl. Cic. Rep. 4,10; Quint. 3.6,18), weil sie anzügliche Gesten und Possen aufführten (vgl. Ov. Tr. 2,497–515). Dass ausgerechnet sie zwischen Liktoren getragen wurde, entehre die *fasces*, die Rutenbündel, die die römische Macht symbolisierten, so Cicero in Cic. Att. 10.16,5 und RAMSEY 2008, 245.

[368] Der gallische Streitwagen namens *essedum* wird oft bei Caesar erwähnt (Caes. Gall. 4,24,1; 4,32,5; 4,33; 5,9,3; 5,15,1; 5,19,1; vgl. aber auch Cic. fam. 7,6,2; 7,7,1; Verg. georg. 3,204). Er war anfangs verpönt und erschien barbarisch, vgl. Prop. 2.1,76; 2.32,5, wurde dann aber von den Römern als Reisewagen benutzt.

[369] Als Volkstribun, wie ihn Cicero hier auch nennt, standen ihm eigentlich keine Liktoren zu (vgl. Plut. Quaest. Rom. 81); außerdem durfte er sich in dieser Funktion auch nicht längere Zeit von Rom fernhalten (Gell. 13.12,9). Doch Cicero unterschlägt hier, dass Antonius von Caesar das Imperium erhalten hatte.

[370] Manche lesen hier *leonibus* (so DENNISTON 1978; LACEY 1986), denn Antonius soll tatsächlich bisweilen von Löwen gezogen worden sein (vgl. Plut. Ant. 9,8), nicht *lenonibus*. Letzteres erscheint aber realistischer, auch weil Cicero Antonius' Anhänger mehrmals so nennt, vgl. Cic. Phil. 6,4; 8,26.

[371] Siehe zu ihrer § 49. Ihre Fruchtbarkeit wird hier verflucht, denn sie hat nicht nur Marcus geboren, sondern auch Gaius und Lucius, allesamt Caesarianer, vgl. Cic. Phil. 10,5; 11,36; 13,10.

bezeichnet; darüber hinaus bezieht sich Cicero einmal mit dem abschätzigen Pronomen *iste* auf seinen politischen Gegner.

Mit einem Ausrufesatz und einer Apostrophe (*an die fecunditas der Mutter*) drückt Cicero sein Mitleid mit der unglücklichen Mutter Marcus Antonius aus: *O miserae mulieris fecunditatem calamitosam!*

Im letzten Satz, einem klimaktischen und asyndetischen Tetrakolon, reiht Cicero sogenannte Heteronyme aneinander, also Wörter, die einen Bedeutungsbereich vollständig abdecken, in diesem Fall die Bandbreite römischer Siedlungstypen, bevor Cicero hyperbolisch ganz Italien einbezieht: *omnia municipia, praefecturas, colonias, totam denique Italiam inpressit*. Aus alledem geht hervor, dass Cicero die Beschreibung als anschauliches und eingängiges Mittel wählt, um Marcus Antonius als unrömischen und hemmungslosen Unhold zu diffamieren, der seiner Mutter gegenüber keine *pietas* zeige.

e. Angriff auf seine Karriere im Bürgerkrieg: Caesars magister equitum (59–63)

§ 59 *Reliquorum factorum eius, patres conscripti, difficilis est sane reprehensio et lubrica. Versatus in bello est; saturavit se sanguine dissimillimorum sui civium: felix fuit, si potest ulla in scelere esse felicitas. Sed quoniam veteranis cautum esse volumus, quamquam dissimilis est militum causa et tua (illi secuti sunt, tu quaesisti ducem), tamen, ne apud illos me in invidiam voces, nihil de genere belli dicam. Victor e Thessalia Brundisium cum legionibus revertisti. Ibi me non occidisti. Magnum beneficium! Potuisse enim fateor. Quamquam nemo erat eorum, qui tum tecum fuerunt, qui mihi non censeret parci oportere.*

INHALT UND KONTEXT: Cicero erwähnt die Teilnahme Antonius' an der Schlacht bei Pharsalos in Thessalien im Jahre 48 v. Chr.[372], in der Caesar die Truppen des Pompeius besiegte. Auf den Krieg selbst wolle er aber aus Rücksicht auf die Veteranen nicht näher eingehen.[373] Jedenfalls sei Marcus Antonius von Griechenland nach Brundisium zurückgekehrt und habe Cicero (für ihn unerwartet) nicht getötet[374], obwohl er die Gelegenheit dazu gehabt hätte. Aber auch seine Anhänger seien dafür gewesen, Cicero zu schonen.[375]

EMOTIONSLINGUISTISCHE ANALYSE: Um Caesars Veteranen nicht zu verärgern, verwendet Cicero in diesem Abschnitt, in dem es um die Schlacht bei

---

[372] Die Schlacht von Pharsalus war der Showdown zwischen den beiden verbliebenen Triumvirn, in der Caesar Pompeius vernichtend schlug. Letzterer floh nach Ägypten, fand dort aber den Tod.

[373] Cicero versucht immer wieder auf die Veteranen Caesars Rücksicht zu nehmen, vgl. Cic. Phil. 1,6; 10,18–19; 11,37–38.

In § 71 wird Cicero aber noch genauer auf Antonius' Rolle in der Schlacht eingehen: Er habe bereits fliehende Senatoren, darunter den ehemaligen Konsul des Jahres 54 v. Chr. L. Domitius, umgebracht.

[374] Vgl. Cic. Phil. 1,11. Cicero wartete von Brundisium aus auf Caesars Begnadigung. Marc Anton ließ ihn in dieser Zeit keinen Schritt aus der Stadt machen.

[375] Vgl. § 5.

Pharsalos geht, eine unspezifische Ausdrucksweise, um Ciceros Aussagen für alle Seiten annehmbar zu machen. So beginnt Cicero mit einer metainvektiven Bemerkung, dass er sich nun gewissermaßen auf Glatteis (*lubrica*) bewege und ihm der weitere verbale Angriff schwerfalle: *Reliquorum factorum eius, patres conscripti, difficilis est sane reprehensio et lubrica.* Das Hyperbaton *reliquorum factorum ... reprehensio,* die etwas chaotische Wortstellung sowie die Epiphrase[376] *et lubrica* könnten (inszenierte) Symptome seiner tastenden, nach der richtigen Wortwahl suchenden Unsicherheit sein.

Die Senatoren spricht er direkt mit *patres conscripti* an, auf Marcus Antonius bezieht er sich zunächst in der 3. Person, um dann (*ab tua*) in die 2. Person zu wechseln. In einer s-Alliteration lenkt Cicero die Aufmerksamkeit weg von der Diskussion über die Art des Krieges (*nihil de genere belli dicam*) – den Begriff *bellum civile* vermeidet er wohl, um, wie gesagt, die Veteranen nicht zu verärgern[377] – hin zu Marc Antons eigenem Verhalten auf dem Schlachtfeld und behauptet, er habe sich am Blut von ihm ganz unähnlichen (sprich: besseren) römischen Mitbürgern gesättigt: *saturavit se sanguine dissimillimorum sui civium.* Diese negative Bewertung steigert er im folgenden Satz, in dem er sagt, dass ein Verbrecher nicht wirklich glücklich sein könne: *felix fuit, si potest ulla in scelere esse felicitas*[378] Nachdem er seine Zweifel an den Caesar-Veteranen geäußert hat, kommt er auf die Zeit nach der Schlacht von Pharsalos zu sprechen, genauer gesagt auf die Rückkehr des Marcus Antonius nach Italien bzw. seine Landung in Brundisium: Er sei dort von ihm verschont worden. Ironischerweise nennt Cicero diese unterlassene Tötung eine große Wohltat: *Ibi me non occidisti. Magnum beneficium!* Die hier angewandte Ironie ist spöttisch und amüsant zugleich.

§ 60 *Tanta est enim caritas patriae, ut vestris etiam legionibus sanctus essem, quod eam a me servatam esse meminissent. Sed fac id te dedisse mihi, quod non ademisti, meque a te habere vitam, quia non a te sit erepta; licuitne mihi per tuas contumelias hoc tuum beneficium sic tueri, ut tuebar, praesertim cum te haec auditurum videres?*

INHALT UND KONTEXT: Marcus Antonius sei nach der Schlacht bei Pharsalos von Griechenland nach Brundisium zurückgekehrt und habe Cicero dort (für ihn unerwartet) nicht getötet. Dies habe auch daran gelegen, dass sich seine Soldaten an die Verdienste Ciceros bei der Rettung des Staates im Jahre 63 v. Chr. erinnert hätten. Nach all seinen Schmähungen (*per tuas contumelias*) falle es ihm nun aber schwer, sich Antonius und seiner „Wohltat"[379] dankbar zu zeigen.

EMOTIONSLINGUISTISCHE ANALYSE: Die Passage entbindet Cicero einerseits von jeder Dankespflicht für die Schonung Antonius' nach dessen Landung in

---

[376] Vgl. LAUSBERG 1990, 162.
[377] Vgl. hierzu auch RAMSEY 2008, 248.
[378] Diesen ziemlich platonischen Gedanken formuliert Cicero auch in einem Brief an C. Nepos, vgl. Amm. Marc. 21.16,13.
[379] Ähnlich schon oben, siehe § 2.

Brundisium, andererseits dient sie der Selbstbeweihräucherung Ciceros als vom Vaterland geliebter und daher unantastbarer[380] Retter des Vaterlandes (*caritas patriae; sanctus; eam a me servatam esse meminissent*). Die Unhaltbarkeit der Annahme, die Schonung seines Lebens sei mit der Hingabe des Lebens identisch gewesen, und seine Erschütterung darüber kommen in der durch *fac id* mit AcI eingeleiteten Amplificatio zum Ausdruck: Der zweite Teil (*meque te habere vitam, quia non a te sit erepta*) ist sachlich nicht notwendig und dient nur der Steigerung.[381] Der Konjunktiv *sit erepta* signalisiert, dass sich Cicero hier auf eine Aussage von Marcus Antonius bezieht, von der er sich aber gleichzeitig distanzieren will (der oblique Konjunktiv deutet also auf eine geringe Evidentialität hin).[382]

Der letzte Satz des Abschnitts ist eine rhetorische Frage, die Empörung ausdrücken soll. Sie enthält die metainvektive Kennzeichnung, dass die Äußerungen des Antonius vor den Senatoren am 19. September Beleidigungen (*tuas contumelias*) gewesen seien, die Cicero von jeder Dankbarkeit befreiten. Die Anrede des Antonius in der 2. Person Singular (*videres*) und der direkte Bezug auf etwas gerade Gesagtes (*te haec auditurum*) täuschen – wie Cicero es in der nie gehaltenen 2. Philippika oft tut – spontane Mündlichkeit vor.[383]

§ 61 *Venisti Brundisium, in sinum quidem et in complexum tuae mimulae. Quid est? Num mentior? Quam miserum est id negare non posse, quod sit turpissimum confiteri! Si te municipiorum non pudebat, ne veterani quidem exercitus? Quis enim miles fuit, qui Brundisi illam non viderit? Quis, qui nescierit venisse eam tibi tot dierum viam gratulatum? Quis, qui non indoluerit tam sero se, quam nequam hominem secutus esset, cognoscere?*

INHALT UND KONTEXT: Cicero geht weiter auf das Verhältnis des Marc Anton mit der Schauspielerin Cytheris in Brundisium ein – ein schamloses Verhalten gegenüber den siegreichen Veteranen von Pharsalos, die dies hätten miterleben müssen, so Cicero.

EMOTIONSLINGUISTISCHE ANALYSE: Der Abschnitt ist von hoher emotionaler Intensität. Schon ein Blick auf die Satzarten zeigt, dass nicht weniger als sechs rhetorische Fragen und zwei Exklamationen vorkommen, mit denen Cicero seiner Erregung und Empörung Ausdruck verleiht. Diese Satztypen sind Indikatoren für Ciceros emotionalen Zustand, sozusagen Symptome, die aber nicht darüber hinwegtäuschen dürfen, dass Cicero diese Emotionen wohl nur

---

[380] Hier klingt die *sacrosanctitas*, also die kultische Unverletzlichkeit des Volkstribuns, an. Vgl. OLD s. v. *sanctus* 1: „(of laws, obligations, etc.) Secured by religious sanctions, sacrosanct, inviolate. b (of persons, usu. by virtue of an office or appointment)."

[381] Die Amplifikation rechnet HARJUNG unter die steigernden Stilmittel. Er definiert sie folgendermaßen: „Die [Amplifikation] weitet eine Aussage kunstvoll über das, was der Zuhörer zum problemlosen Verstehen braucht, noch hinaus." Vgl. HARJUNG 2017, 54–55.

[382] So auch die englische Übersetzung von PESKETT 2011.

[383] Vgl. RAMSEY 2008, 249.

bis zu einem gewissen Grad inszeniert hat, es sich also nicht unbedingt um authentische Gefühle gehandelt haben muss.

Den sechs Fragen und zwei Ausrufen steht nur ein einziger Aussagesatz gegenüber, und zwar gleich zu Beginn des Abschnitts. In diesem Satz verwendet Cicero noch die 2. Person Singular, um sich auf Antonius zu beziehen, und wechselt dann in die 3. Person. Der erste Satz beginnt mit der kühlen Feststellung *venisti Brundisium*, die den Faden von § 59 (*revertisti*) wieder aufnimmt; die anschließende Apposition enthält Metaphern, die Marc Antons Hingabe an Cytheris veranschaulichen. So wird die Stadt Brundisium als Schoß und Umarmung der Cytheris angesehen (*in sinum quidem et in complexum tuae mimulae*); sie selbst wird verächtlich als *mimula* bezeichnet, wobei die negative Konnotation durch die Diminutivendung *-ula* noch verstärkt wird.[384]

Die beiden folgenden kurzen rhetorischen Fragen *Quid est? Num mentior?* simulieren spontane Mündlichkeit, vermutlich als Reaktion auf einen empörten Zwischenruf Marcus Antonius. Ciceros Frage an sich selbst, ob er lüge, greift wohl den Zwischenruf auf und wiederholt ihn, ist aber nicht ernst gemeint und dient letztlich gerade dem Gegenteil, nämlich der Steigerung der Wahrscheinlichkeit seiner Behauptung, wie auch der folgende Satz zeigt: *Quam miserum est id negare non posse, quod sit turpissimum confiteri!* Für Cicero ist also die Wahrheit des Verhaltens von Antonius offensichtlich, denn Antonius kann sie nicht leugnen. Die Unmöglichkeit des Leugnens bezeichnet Cicero als armselig (*miserum*), das Geständnis hingegen als schändlich (*turpissimum*; gesteigert durch den Superlativ).

In der folgenden rhetorischen Frage, die ein *argumentum a minore ad maius* enthält (Signal hierfür ist zum Beispiel das intensivierende *ne ... quidem*), taucht mit dem Verb *pudebat* ein expliziter Emotionsbegriff auf, nämlich der der Scham. Marcus Antonius schämte sich seiner Beziehung zu Cytheris nicht vor den Bewohnern der Landstädte (so die Metonymie *municipiorum*) und nicht einmal vor seinen eigenen Veteranen, so Cicero. Alle Veteranen – Cicero entfaltet diesen Gedanken in drei anaphorischen Fragen, die jeweils mit *quis* beginnen – hätten davon gewusst (*nescierit*), seien sogar Augenzeugen gewesen (*viderit*), wie Antonius mit Cytheris umgegangen sei, die einen weiten Weg auf sich genommen habe[385], um Antonius zu gratulieren. Die dritte Frage enthält den Emotionsbegriff *indoluerit*: Die zu späte Einsicht in die Verderbtheit ihres Führers habe wehgetan. Cicero bewertet Antonius hier negativ als *nequam hominem*, als nichtsnutzigen Menschen.

---

[384] So auch RAMSEY 2008, 249.
[385] Nach Ov. Pont. 4.5,8 dauerte die Reise von Rom nach Brundisium neun Tage, gemäß Hor. Sat. 1,5 allerdings 15 Tage.

§ 62 *Italiae rursus percursatio eadem comite mima, in oppida militum crudelis et misera deductio, in urbe auri, argenti maximeque vini foeda direptio. Accessit, ut Caesare ignaro, cum esset ille Alexandriae, beneficio amicorum eius magister equitum constitueretur. Tum existimavit se suo iure cum Hippia vivere et equos vectigalis Sergio mimo tradere. Tum sibi non hanc, quam nunc male tuetur, sed M. Pisonis domum, ubi habitaret, legerat. Quid ego istius decreta, quid rapinas, quid hereditatum possessiones datas, quid ereptas proferam? Cogebat egestas; quo se vertere non habebat; nondum ei tanta a L. Rubrio, non a L. Turselio hereditas venerat; nondum in Cn. Pompei locum multorumque aliorum, qui aberant, repentinus heres successerat. Erat ei vivendum latronum ritu, ut tantum haberet, quantum rapere potuisset.*

INHALT UND KONTEXT: Marcus Antonius, so Cicero, sei an der Seite der Cytheris durch Italien nach Rom zurückgekehrt, habe seine Soldaten respektlos[386] behandelt, das Gold und den Wein[387] Roms geplündert und sich ohne Caesars Wissen den Titel eines Reiterobersten angemaßt[388]; er habe das Haus des Piso an sich gerissen und sich das Erbe vieler Männer erschlichen[389].

EMOTIONSLINGUISTISCHE ANALYSE: Cicero schildert das korrupte Treiben des Marcus Antonius relativ distanziert in der 3. Person Singular; einmal verwendet er das abwertende Demonstrativpronomen *istius*. Im ersten Satz wird seine Italienreise durch drei Substantive, genauer: durch handlungsbeschreibende Nomina actionis mit der gleichen Endung -*io* (Homoioteleuton) beschrieben, von denen die letzten beiden durch adjektivische Attribute negativ qualifiziert werden. Außerdem werden die Opfer dieser Handlungen im Genitivus obiectivus genannt: *Italiae rursus percursatio eadem comite mima, in oppida militum crudelis et misera deductio, in urbe auri, argenti maximeque vini foeda direptio.* Cicero nimmt den Leser mit auf eine Reise, indem er an den Anfang der Kola

---

[386] Die *deductio* meint hier nicht die Gründung von Kolonien, sondern die Einquartierung von Soldaten zur Überwinterung, vgl. *OLD* s. v. *deductio* 2b: „billeting (of troops)". Erst nach Caesar Rückkehr im Jahr 47 v. Chr. kam es zur Gründung von *coloniae*, wo den Veteranen Land zugewiesen wurde.

[387] Im Jahr 49 v. Chr. begrenzte Caesar den Besitz einer einzelnen Person auf maximal 60.000 Sesterze. Vielleicht spielt Cicero hierauf an (*auri, argenti*). Außerdem spricht er hier wieder von dessen Alkoholsucht (*vini*), vgl. schon §§ 30, 42 und dann wieder §§ 63, 81, 104–5.

[388] Caesar weilte vom Herbst 48 bis Juni 47 v. Chr. in Ägypten, erst um Pompeius zu verfolgen, dann um Kleopatra im Thronfolgekrieg gegen ihren Bruder Ptolemaios XIII. zu unterstützen. Bereits in seiner Abwesenheit von Rom wurde er zum Diktator bestimmt (vgl. BROUGHTON 1952, 272). Und sicher nicht ohne sein Wissen (*Caesare ignaro*) wurde Marc Anton zum *magister equitum*, Caesar wird schon im Vorhinein Anordnungen getroffen haben. Vgl. BRODERSEN/ZIMMERMANN 2006, 357: Der *magister equitum* „wurde vom Diktator zu Beginn seiner Amtszeit ernannt, war Imperiumsträger und fungierte als dessen rechte Hand und Stellvertreter. Ursprünglich war er der Befehlshaber der Reiterei, während der Diktator das Fußvolk kommandierte. Seine Amtszeit endete gleichzeitig mit der seines Vorgesetzten." Zu den von Cicero erwähnten Freunden (*beneficio amicorum*) dürften Leute wie C. Oppius (*RE* 9) und L. Cornelius Balbus (*RE* 69) zählen, die Cicero zusammen mit Marc Anton im Juni 47 als mächtige Römer ansieht, vgl. Cic. Att. 42.21,1.

[389] In Caesars Abwesenheit dürfte Marc Anton als *magister equitum* über Erbstreitigkeiten Gericht gehalten haben. Zu L. Rubrio siehe §§ 40–41, zu L. Turselius siehe §§ 41–42.

jeweils Ortsnamen stellt, die vom Land über die Städte bis nach Rom führen. Erwähnenswert ist auch die nochmalige respektvolle Erwähnung seiner Begleiterin Cytheris (*eadem comite mima*) sowie eine inhaltliche Emphase, die Cicero durch ein Aprosdoketon erreicht: Nach den ersten beiden Elementen des Trikolons *auri, argenti maximeque vini* erwartet man sowohl klanglich als auch inhaltlich eher *aeris* und nicht den Hinweis auf Marcus Antons Schwäche für Wein.[390]

Es folgt Ciceros zweifelhafte Behauptung[391], Antonius habe sich ohne Caesars Wissen zum *magister equitum* aufgeschwungen (*Caesare ignaro*). Dann geht der Redner auf seine Ausschweifungen in diesem militärischen Amt ein. Diese gliedert Cicero in drei Teile: Zunächst findet sich ein anaphorisches Dikolon *tum ... tum ...*: Hier findet sich ein witziges Wortspiel, denn der Name Hippias spielt auf die Geld bringenden Rennpferde (*equos vectigalis*) an, die Antonius einem übel beleumundeten Mimen namens Sergius vermietet haben soll[392], sowie auf seine Funktion als Reiteroberst, griechisch ἵππαρχος, was wiederum an die beiden athenischen Tyrannen Hipparch und Hippias erinnert[393]; sodann ein anaphorisches Tetrakolon in *quid ...?* innerhalb einer rhetorischen Frage und schließlich eine sehr ironische Passage, in der Cicero mitfühlend vorgibt, Antonius mit seinen eigenen Argumenten zu verteidigen, nur um die Fadenscheinigkeit dieser Argumente zu entlarven und vor den Senatoren bloßzustellen.

Das Wortfeld „Raub und Erbschleicherei" beherrscht die gesamte zweite Hälfte des Abschnitts: *rapinas; hereditatum possessiones ... ereptas; hereditas; heres; latronum ritu; rapere*. Dies dient der negativen Bewertung Marc Antons als raubgierige Person.

§ 63 *Sed haec, quae robustioris improbitatis sunt, omittamus; loquamur potius de nequissimo genere levitatis. Tu istis faucibus, istis lateribus, ista gladiatoria totius corporis firmitate tantum vini in Hippiae nuptiis exhauseras, ut tibi necesse esset in populi Romani conspectu vomere postridie. O rem non modo visu foedam, sed etiam auditu! Si inter cenam in ipsis tuis immanibus illis poculis hoc tibi accidisset, quis non turpe duceret? In coetu vero populi Romani negotium publicum gerens, magister equitum, cui ructare turpe esset, is vomens frustis esculentis vinum redolentibus gremium suum et totum tribunal implevit! Sed haec ipse fatetur esse in suis sordibus; veniamus ad splendida.*

INHALT UND KONTEXT: Marcus Antonius habe, so Cicero, bei der Hochzeit des Hippias so viel Wein getrunken[394], dass er sich am nächsten Tag vor Ge-

---

[390] Vgl. RAMSEY 2008, 250.
[391] „*Caesare ignaro*, however, goes too far. Caesar may well have sent instructions to Rome in advance of his official appointment as Dictator [...].", so RAMSEY. Vgl. RAMSEY 2008, 250.
[392] Vgl. RAMSEY 2008, 251. Die Lieferung der für die Wagenrennen benötigten Pferde wurde ausgeschrieben. Über den Mimenschauspieler Sergius ist nichts weiter bekannt, vgl. *RE* 2.
[393] Peisistratos war Tyrann von Athen in den Jahren 546/45 bis 528/27. Seine beide Söhne Hipparchos und Hippias folgten ihm nach. Hipparchos wurde 514 an den Panathenäen von Harmodios und Aristogeiton ermordet. Vgl. BRODERSEN/ZIMMERMANN 2006, s. v. Hipparchos; Hippias 1; Peisistratos.
[394] Die ganze Szene vom Weingenuss bis zum Ausspeien der Speisereste erinnert an das

richt³⁹⁵ und vor aller Augen in Ausübung seines Amtes als *magister equitum* übergeben musste.³⁹⁶

EMOTIONSLINGUISTISCHE ANALYSE: Die *vomitus*-Szene, etwa in der Mitte der Rede, kann als einer der Höhepunkte der gesamten Invektive angesehen werden. So ist auch diese Passage von emotionalen Codes durchsetzt. Schon im ersten und letzten Satz, die die Rede eigentlich nur gliedern und ordnen, lässt Cicero Worte fallen, die die Erzählung rahmen und Antonius in ein schlechtes Licht rücken. In einer Praeteritio will Cicero nicht mehr von seinen „Schandtaten" (*improbitatis*) sprechen, sondern von seinem nichtsnutzigen Leben als wankelmütiger Lotterbursche (*nequissimo genere levitatis*); im letzten Satz zählt Cicero die *vomitus*-Affäre zu Marc Antons Schweinereien (*sordibus*). Er wird noch einmal als kräftiger Mann von der Art eines Gladiators dargestellt.³⁹⁷

Im Hauptteil des Abschnitts, in dem Cicero die Begebenheit schildert, dominieren negative Bezeichnungen wie „abscheulich" und „schändlich" (*foedam* und zweimal *turpe*). Das für einen römischen Amtsträger schändliche Ausspucken in der Öffentlichkeit wird semantisch mit dem Sachfeld „ekelhaftes Aufstoßen von Substanzen" entfaltet, um mit dem Mittel der Enargeia die Szene vor den Augen des Hörers bzw. Lesers wieder aufleben zu lassen. Beispiele für dieses Sachfeld sind Wörter, die teilweise Details der Szene beschreiben: *faucibus; lateribus; vini; exhauseras; poculis; vomere; ructare; vomens; frustis esculentis vinum redolentibus; tribunal implevit*³⁹⁸. Auch das Sachfeld „Öffentlichkeit" unterstreicht, wie sehr Marcus Antonius in seinem Verhalten den Augen des römischen Volkes ausgesetzt war: *in populi Romani conspectu; in coetu vero populi Romani negotium publicum gerens; totum tribunal*.

Aber nicht nur in der Semantik, sondern auch in der Syntax zeigt sich die hohe Intensität der Empörung Ciceros über das Verhalten Antonius': So findet sich eine hämmernde Anapher mit dem pejorativen Pronomen *istis* ... *istis* ...

Weingelage in der Höhle des Kyklopen Polyphem, vgl. Hom. Od. 9,105–564. Auch Polyphem spie am Ende die aufgefressenen Gefährten von Odysseus aus. Einem gebildeten Römer dürfte die Anspielung sofort klar gewesen sein.

³⁹⁵ Es ist nicht klar, um welche Gerichtsverhandlung es sich handelte. Jedenfalls war Antonius als *magister equitum* auch für das Gerichtswesen verantwortlich. Vgl. *DNP* s. v. *magister equitum*: „Der m. e. konnte allg. mil. Aufgaben übernehmen und als Stellvertreter des Dictators polit. dieselben Aufgaben durchführen wie dieser, ggf. unterstützt durch Consuln oder einen *praefectus urbi* (Liv. 8,36,1). Er stand im Range nach oder neben einem Praetor bzw. einem Consulartribun (Cic. leg. 3,3,8 f.; Liv. 6,39,4; 23,11,10)."

³⁹⁶ Vgl. zur *vomitus*-Szene auch Plut. Ant. 9: λέγεται γοῦν, ὡς ἐν Ἱππίου ποτὲ τοῦ μίμου γάμοις ἑστιαθεὶς καὶ πιὼν διὰ νυκτός, εἶτα πρωῒ τοῦ δήμου καλοῦντος εἰς ἀγορὰν προελθὼν ἔτι τροφῆς μεστὸς ἐμέσειε, τῶν φίλων τινὸς ὑποσχόντος τὸ ἱμάτιον.

³⁹⁷ Vgl. §§ 7–8. Quintilian zufolge zeichnet Cicero Antonius auf diese Weise, um auch zu betonen, welch große Menge an Wein Antonius trinken könne. Vgl. Quint. 8.4,16.

³⁹⁸ Vgl. Quint. 8.4.8. Quintilian nennt diesen Satz als Beispiel für eine Klimax.
Vgl. Quint. 8.6.68. Quintilian nennt diesen Satz als Beispiel für eine Hyperbel.

ista ..., dann ein Ausrufesatz mit der Interjektion *o*[399] (*o rem non modo visu foedam, sed etiam auditu!*) sowie eine rhetorische Frage (*Si inter cenam in ipsis tuis immanibus illis poculis hoc tibi accidisset, quis non turpe duceret?*)

Eine syntaktische Besonderheit ist auch die Stellung der *postridie* am Satzende; Fuhrmann übersetzt nämlich auch diese Zeitangabe emphatisch mit „... - noch am folgenden Tage.", das heißt er setzt einen Gedankenstrich dort, wo er eine Pause vermutet, die das Folgende akzentuiert.[400] Zur Personenverteilung lässt sich sagen, dass Cicero fünfmal die 2. Person Singular verwendet, sei es als Personalpronomen (*tu; tibi; tuis; tibi*) oder als Verbform (*exhauseras*), dann aber in die 3. Person Singular wechselt.

f. Angriff auf seine Karriere im Bürgerkrieg: Erwerb der Güter des Pompeius (64–70)

§ 64 *Caesar Alexandria se recepit felix, ut sibi quidem videbatur; Mea autem sententia, qui rei publicae sit infelix, felix esse nemo potest. Hasta posita pro aede Iovis Statoris bona Cn. Pompei (Miserum me! Consumptis enim lacrimis tamen infixus haeret animo dolor), bona, inquam, Cn. Pompei Magni voci acerbissimae subiecta praeconis! Una in illa re servitutis oblita civitas ingemuit, servientibusque animis, cum omnia metu tenerentur, gemitus tamen populi Romani liber fuit. Expectantibus omnibus, quisnam esset tam impius, tam demens, tam dis hominibusque hostis, qui ad illud scelus sectionis auderet accedere, inventus est nemo praeter Antonium, praesertim cum tot essent circum hastam illam, qui alia omnia auderent; unus inventus est, qui id auderet, quod omnium fugisset et reformidasset audacia.*

INHALT UND KONTEXT: Nach Caesars Rückkehr aus Alexandria im Jahr 47 v. Chr.[401] wurden die Güter des Pompeius auf dem Platz vor dem Jupiter-Stator-Tempel[402] versteigert – doch nur Marcus Antonius, so Cicero, habe sich erdreistet, an der Auktion teilzunehmen und ein Gebot abzugeben.[403]

---

[399] Laut GEORGES „ein Ausruf der Freude, Betrübnis, Verwunderung usw.". Vgl. GEORGES 2012 s. v. *o*.

[400] Vgl. Quint. 9.4.29–30.

[401] Caesar kehrte im Oktober 47 v. Chr. nach Rom zurück. Im Juni war er von Ägypten aufgebrochen, nachdem er dort Kleopatra VII. als Herrscherin eingesetzt hatte. Er reiste über Kleinasien und erstickte in der Schlacht von Zela den Aufstand von Pharnakes, dem Sohn des alten Widersachers von Pontus Mithridates VI., im Keim. Auf seinem Triumphzug prangte auf einem Schild der seitdem berühmte Ausspruch *veni, vidi, vici*, vgl. Suet. Iul. 37,2.

[402] Unweit von Caesars Haus befand sich am Fuß des Palatins ein Tempel zu Ehren des Jupiter Stator. Vgl. *DNP* s. v. *Iuppiter* I B: „Als Gott, der in der Kampfkrise die Standhaftigkeit des Volksheeres wiederherstellt, heißt er mit ital. verbreiteter Epiklese Stator (im Aition geht sein Tempel am Palatin auf Romulus zurück, Liv. 1,12,6; gelobt war er erst durch M. Atilius Regulus 295 v. Chr., Liv. 10,36,11; einen zweiten Tempel erbaut Q. Caecilius Metellus Macedonicus 146 v. Chr., Vitr. 3,2,5); [...]".

[403] Bei einer Auktion wurde eine Lanze in den Boden gesteckt (*hasta posita*); der Grund hierfür liegt großenteils im Dunkeln, doch es ist wahrscheinlich, dass die *hasta* auf der einen Seite ein römisches Hoheitszeichen war (vgl. *DNP* s. v. *hasta* 2), auf der anderen Seite zeigt sie die Verbindung zwischen der Kriegsbeute und ihrer anschließenden Versteigerung (vgl.

EMOTIONSLINGUISTISCHE ANALYSE: Dem Hinweis auf die Rückkehr Caesars (*Caesar Alexandria se recepit*) fügt Cicero das Prädikativ *felix* hinzu, das uns etwas über den glücklichen Erfolg Caesars sagt – allerdings schränkt Cicero den Wahrheitsgehalt dieser Aussage ein, indem er sie nur aus der Perspektive Caesars gelten lässt (*ut sibi quidem videbatur*). Er selbst ist der Meinung, dass jemand, der für den Staat ein Unglück darstellt, nicht wirklich glücklich sein kann, sondern sich in einem tiefen Irrtum befindet (*mea autem sententia, qui rei publicae sit infelix, felix esse nemo potest*). Diese Behauptung stellt Cicero als seine eigene Meinung dar, er trägt sie also nicht besonders selbstbewusst vor (*mea autem sententia*), vielleicht um sich selbstkritisch und bescheiden zu geben und so die Sympathie der Senatoren zu gewinnen.

Der nächste Satz enthält sehr viele emotionale Marker: So unterbricht sich Cicero mitten im Satz selbst; beim Gedanken an die von Pompeius zur Versteigerung angebotenen Güter (*bona Cn. Pompei*) zwingt ihn die schmerzliche Erinnerung an seine vergossenen Tränen, den Satz abzubrechen – genauer gesagt, in Form einer Parenthese zu unterbrechen –, um dann die Worte *bona Cn. Pompei* ein zweites Mal aufzugreifen[404] (*bona, inquam, Cn. Pompei Magni*), nicht ohne mit dem lobenden Beinamen *Magni* eine positive Bewertung des Pompeius hinzuzufügen. Die Einschaltung selbst (*miserum me! consumptis enim lacrimis tamen infixus haeret animo dolor!*) enthält einen Ausrufesatz und den Hinweis auf die vielen einst vergossenen Tränen und den noch tief sitzenden seelischen Schmerz. Weitere sprachliche Symptome für Ciceros Zorn sind die Ellipse von *est in voci acerbissimae subiecta praeconis!*, die negative Konnotation von *acerbissimae* im Superlativ (nach *OLD* kann *acerbus* sowohl „rasping" [*OLD* 1] als auch „cruel" [*OLD* 3] bedeuten) und die Stellung von *praeconis* am Satzende, die dem Wort Emphase verleiht und damit die negative Konnotation dieses Wortes akzentuiert.[405]

Aber nicht nur für Cicero war dieses Ereignis bedauerlich, auch das römische Volk, das damals zuschaute, lässt er Symptome seiner Trauer zeigen, denn es hatte geseufzt (*ingemuit; gemitus*) und gerade durch diese beschämende Art für

---

RAMSEY 2008, 253). Ein *praeco*, also ein Amtsdiener mit lauter Stimme, rief zur Auktion auf; sein Ruf war im alten Rom eher schlecht (vgl. spöttisch z. B. Mart. 5,56), wahrscheinlich, weil *praecones* meist nur Freigelassene oder deren Söhne waren (vgl. *DNP* s. v. *praeco*).

Ob Marc Anton tatsächlich der einzige Bieter gewesen sei, ist eher unwahrscheinlich. Cicero selbst erwähnt nämlich in Cic. Phil. 13,11. noch andere Teilnehmer. Andererseits klingt es auch plausibel, so RAMSEY 2008, 254–255; denn im Herbst 47 v. Chr. sei niemand sonst in Rom gewesen, der es sich vom finanziellen Standpunkt her hätte erlauben können, mitzubieten, waren doch die meisten außer Landes, um gegen Caesar zu rüsten.

[404] Quintilian führt dies als Beispiel einer kunstvollen Wiederholungsfigur an, vgl. Quint. 9.3.29.

[405] Die negative Konnotation lässt sich z. B. aus Cic. Pis. XXVI ersehen, wo es heißt: *ita nescio quid istuc fractum, humile, demissum, sordidum, inferius etiam est quam ut Mediolanensi praecone, avo tuo, dignum esse videatur.*

kurze Zeit seine sonstige Knechtschaft vergessen (*servitutis oblita; servientibusque animis, cum omnia metu tenerentur*).

Im folgenden Satz wird nun in einem *Tricolon in membris crescentibus* die negative Bewertung des an der Versteigerung Beteiligten vorbereitet (*tam impius, tam demens, tam dis hominibusque hostis*)[406], um schließlich alles auf eine einzige Person zuzuspitzen: Marcus Antonius (*inventus est nemo praeter Antonium; unus inventus est*), dem Dreistesten unter den Dreisten, so Cicero, wie er diese Wertung in einem Erst-Recht-Argument noch intensiviert (*... praesertim cum tot essent circum hastam illam, qui alia omnia auderent; ... qui id auderet, quod omnium fugisset et reformidasset audacia*).

§ 65 *Tantus igitur te stupor oppressit vel, ut verius dicam, tantus furor, ut primum, cum sector sis isto loco natus, deinde cum Pompei sector, non te exsecratum populo Romano, non detestabilem, non omnis tibi deos, non omnis homines et esse inimicos et futuros scias? At quam insolenter statim helluo invasit in eius viri fortunas, cuius virtute terribilior erat populus Romanus exteris gentibus, iustitia carior! In eius igitur viri copias cum se subito ingurgitasset, exsultabat gaudio persona de mimo modo egens, repente dives. Sed, ut est apud poetam nescio quem, ,Male parta male dilabuntur.'*

INHALT UND KONTEXT: Cicero behauptet, Antonius habe sich durch den unrechtmäßigen[407] Erwerb der Güter des populären Pompeius äußerst unbeliebt gemacht. Nur so sei ihm der kometenhafte Aufstieg vom verschuldeten Mann zum schwerreichen Römer gelungen – wie einer Komödienfigur (*persona de mimo modo egens, repente dives*). Cicero kündigt mit einem passenden Zitat des Cn. Naevius[408], dass er den neuen Reichtum aber ebenso schnell wieder verschleudert habe.

EMOTIONSLINGUISTISCHE ANALYSE: Der erste Satz des Abschnitts ist eine rhetorische Frage, die Cicero in der 2. Person Singular direkt an Antonius richtet. Mehrere negative Bewertungen der Person Marcus Antonius kommen vor: Er sei von Stumpfsinn (*stupor*) und Raserei (*furor*) befallen[409], außerdem sei er in den Augen des römischen Volkes verflucht (*exsecratum*) und verabscheuungswürdig (*detestabilem*), den Göttern wie den Menschen auf ewig ein Feind und schließlich sogar zu dumm, um all dies zu bemerken (*non ... scias?*). Mehrere Wiederholungsfiguren intensivieren die Wirkung dieser rhetorischen Frage, mit der Cicero, wie gesagt, einerseits Antonius verunglimpft, andererseits seiner *indignatio* symptomatischen Ausdruck verleiht: *tantus* und *cum* er-

---

[406] In Sen. Dial. 10.12,1 kann man sehen, dass jemand, der aus öffentlichen Versteigerungen Kapital schlagen konnte, als *infamis* galt.
[407] So Cicero auch schon in § 41,25 und wieder in § 75,10.
[408] *Male parta male dilabuntur*. Dieses Zitat findet sich in Trag. Fr. 51 RIBBECK 1897. Cicero zitiert öfter Stellen aus Dramen, ohne jedoch den Autor zu nennen; so auch in Cic. Phil. 13,49. Dies tue er, um nicht kleinlich und übergenau zu wirken, so RAMSEY 2008, 255.
[409] Zum *stupor* vgl. bereits §§ 30–31 und zum *furor* vgl. §§ Cic. Phil. 1,22–23.

scheinen zweimal, *non* viermal. Der Einschub *ut verius dicam* täuscht spontane Mündlichkeit vor, ebenso der epexegetische Einschub *et futuros*.

Der rhetorischen Frage folgt ein Exklamativsatz. Hier bewertet der Redner Antonius negativ als unmäßigen Prasser (*insolenter; helluo*), Pompeius dagegen positiv als überaus tugendhaft und gerecht (*cuius virtute terribilior erat populus Romanus exteris gentibus, iustitia carior*).

Cicero malt die Habgier des Marcus Antonius aus, indem er im folgenden Satz das Verb *ingurgitare* verwendet, ein verbum intensivum mit dem Suffix *-tare*. Wörtlich stürzt sich Marcus Antonius in den „Schlund" (*gurges*) der Güter des Pompeius, wobei die vertikale Bewegung nach unten negative Assoziationen hervorruft. Hatte Marcus Antonius eben noch vor Freude gejubelt (*exsultabat gaudio*), so nimmt Cicero seinen kometenhaften Aufstieg in Sachen Vermögen – Cicero sagt *modo egens, repente dives*, heute würde man vom Aufstieg des Tellerwäschers zum Millionär sprechen – zum Anlass für einen Seitenhieb und inszeniert ihn als Mimus-Darsteller, der in ähnlichen Aufsteigergeschichten wohl oft mitgespielt hat (*persona de mimo*).[410]

Cicero beendet den Abschnitt mit ruhiger Souveränität, indem er einen Satz zitiert (*Sed, ut est apud poetam nescio quem, ‚Male parta male dilabuntur.'*), der Marcus Antonius den ebenso schnellen Verlust seiner Reichtümer ankündigt. Das Wohlwollen der Senatoren gewinnt er dadurch, dass er vorgibt, den Urheber des Zitats nicht zu kennen und damit nicht wie ein Schulmeister wirkt (*apud poetam nescio quem*).

§ 66 *Incredibile ac simile portenti est, quonam modo illa tam multa quam paucis non dico mensibus, sed diebus effuderit. Maximus vini numerus fuit, permagnum optimi pondus argenti, pretiosa vestis, multa et lauta supellex et magnifica multis locis non illa quidem luxuriosi hominis, sed tamen abundantis. Horum paucis diebus nihil erat.*

INHALT UND KONTEXT: Cicero behauptet, Marcus Antonius habe die von Pompeius ersteigerten Güter schnell wieder verprasst – innerhalb weniger Tage!

EMOTIONSLINGUISTISCHE ANALYSE: Marcus Antonius habe, so Cicero, in kürzester Zeit alle seine Erwerbungen durchgebracht. Um diesen raschen Übergang von allem zu nichts bzw. viel zu wenig sprachlich zu gestalten, verwendet Cicero sehr viele quantitative Ausdrücke, die teilweise durch Superlativformen, Präfixe wie *per-* und Hyperbata intensiviert werden. So stehen Ausdrücke der großen Menge wie *tam multa, maximus ... numerus, permagnum ... pondus*,

---

[410] Vgl. RAMSEY 2008, 255. Cicero untertreibt hier aber eher, denn Pompeius war wirklich steinreich. Sein überlebender Sohn Sextus erhielt im Jahr 44 v. Chr. vom Senat eine Summe von 200 Millionen Sesterzen, um ihn für die Konfiskation des väterlichen Besitzes zu entschädigen (vgl. App. 3,4). In etwa diese Summe sollte Antonius denn auch bei der Auktion im Jahr 47 gezahlt haben, vgl. Cic. Phil. 13,10. Diese Summe entspricht in etwa dem Vermögen, das Crassus, seinerzeit der reichste Mann von Rom, nach seinem Tod im Jahr 53 in der Schlacht von Carrhae hinterlassen hatte, vgl. Plin. nat. 33,134.

multa ... suppellex, multis locis denen der kleinen Menge wie *quam paucis, paucis, nihil* gegenüber. Den Übergang vom Vielen zum Wenigen drückt Cicero mit dem Verb *effuderit* („vergießen, ausschütten") aus, ein bildlicher Ausdruck, der die Verschwendung des Marcus Antonius bezeichnet. Diesen ganzen Vorgang findet Cicero so bemerkenswert, dass er ihn im ersten Satz als unglaublich und ungeheuerlich bezeichnet (*incredibile ac simile portenti est*).

Während Cicero Antonius also als einen Meister der schnellen Verschleuderung von Gütern darstellt und damit negativ bewertet, will er nicht den Eindruck erwecken, Pompeius, dem all diese Güter gehörten, habe seinerseits den Luxus geliebt, sondern Cicero beschreibt ihn nur als überaus wohlhabend (*non ... quidem luxuriosi hominis, sed tamen abundantis*), um seinen guten Ruf möglichst zu wahren.

§ 67 Quae Charybdis tam vorax? Charybdin dico? Quae si fuit, animal unum fuit: Oceanus, me dius fidius, vix videtur tot res tam dissipatas, tam distantibus in locis positas tam cito absorbere potuisse. Nihil erat clausum, nihil obsignatum, nihil scriptum. Apothecae totae nequissimis hominibus condonabantur; alia mimi rapiebant, alia mimae; domus erat aleatoribus referta, plena ebriorum; totos dies potabatur, atque id locis pluribus; suggerabantur etiam saepe – non enim semper iste felix – damna aleatoria; conchyliatis Cn. Pompei peristromatis servorum in cellis lectos stratos videres. Quam ob rem desinite mirari haec tam celeriter esse consumpta. Non modo unius patrimonium quamvis amplum, ut illud fuit, sed urbis et regna celeriter tanta nequitia devorare potuisset. [...]

INHALT UND KONTEXT: Cicero behauptet, Marcus Antonius habe die von Pompeius ersteigerten Güter schnell verprasst, ja wie die Charybdis[411], oder besser wie der Ozean, verschlungen. Nichts sei vor ihm sicher gewesen. Er verkehrte mit den finstersten Gestalten, trank, spielte[412] und verschuldete sich.

EMOTIONSLINGUISTISCHE ANALYSE: Die Verschwendungssucht des Marcus Antonius, der in kürzester Zeit große Mengen verschlingt, wird in diesem Abschnitt mit vielfältigen sprachlichen Mitteln beschrieben. Stilmittel wie die rhetorische Frage (*Quae Charybdis tam vorax?*) oder der Ausruf (*me dius fidius*[413]) künden von Ciceros Emotionen. Was die rhetorischen Stilmittel betrifft, so verschlüsselt Cicero Emotionen zunächst in Form von Metaphern – in Marcus Antonius versinken die kostbaren Güter aus der Auktionsmasse wie in der alles verschlingenden Charybdis, ja wie in *Oceanus*, der Verkörperung des weiten Ringmeeres um Europa –, dann in Form einer beschreibenden Aufzählung der Exzesse Marcus Antonius' und seiner Umgebung. Diese Aufzählung nimmt den größten Teil des Abschnitts ein.

---

[411] Berühmt ist die Beschreibung von Homer, siehe Hom. Od. 12,104–105, aber auch die von Lukrez, siehe Lucr. 1,722.
[412] Vgl. schon § 56.
[413] Sc. [...] *adiuvet*. MECKELNBORG, MEISSNER/BECKER 2015, 142 übersetzt diese Wendung mit „So wahr mir Gott helfe!/ Bei Gott!", es handelt sich also um einen Schwur, was auch RAMSEY bestätigt, vgl. RAMSEY 2008, 256.

In diese Beschreibung sind zahlreiche emotionale Codes eingewoben. Neben der herabsetzenden Semantik einiger Wörter wie *iste* oder den Verben des Verschlingens *absorbere* und *devorare* und den griechischen Begriffen *apothecae*[414] und *conchyliatis* ... *peristromatis*[415] oder den direkten negativen Bezeichnungen (wie in *nequissimis, ebriorum* und *nequitia*) und den Hyperbeln *totae, totos* stehen Besonderheiten des Satzbaus: So die Anaphern und Asyndeta in N*ihil erat clausum, nihil obsignatum, nihil scriptum* oder *alia mimi rapiebant, alia mimae*; dann die Chiasmus-Stellung in d*omus erat aleatoribus referta, plena ebriorum*.

Auf der Ebene der Wortbildung intensiviert das Präfix *con-* in der Verbform *condonabantur* die Bedeutungsdimension des hemmungslosen Austeilens aller Güter – Ramsey schreibt dazu: „The prefix *con-* adds the element of openhandedness and conveys the notion of giving more than was appropriate"[416]. Auch die unspezifische Passivform von *condonabantur*, aber auch von *potabatur* trägt dazu bei, dass man sich als Rezipient eine große Menschenmenge als Teilnehmer der Ausschweifungen vorstellt.[417] Ein genauerer Blick auf die Verteilung der Personen zeigt zudem, dass Cicero überwiegend beschreibt und daher meist die 3. Person verwendet – nur einmal wendet er sich mit einem Befehl in der 2. Person an die Senatoren (*desinite mirari haec tam celeriter esse consumpta*).[418]

§ 67 [...] *At idem aedis etiam et hortos* – § 68 *o audaciam immanem! tu etiam ingredi illam domum ausus es, tu illud sanctissimum limen intrare, tu illarum aedium dis penatibus os impurissimum ostendere? Quam domum aliquamdiu nemo adspicere poterat, nemo sine lacrimis praeterire, hac te in domo tam diu deversari non pudet, in qua, quamvis nihil sapias, tamen nihil tibi potest esse iucundum? An tu, illa vestibulo rostra cum adspexisti, domum tuam te introire putas? Fieri non potest. Quamvis enim sine mente, sine sensu sis, ut es, tamen et te et tua et tuos nosti. Nec vero te umquam neque vigilantem neque in somnis credo posse mente consistere. Necesse est, quamvis sis, ut es, violentus et furens, cum tibi obiecta sit species singularis viri, perterritum te de somno excitari, furere etiam saepe vigilantem.*

---

[414] Das griechische Wort *apotheca* erinnert den Rezipienten an griechischen Wein im Gegensatz zum lateinischen *horreum*. Vgl. RAMSEY 2008, 257 sowie *OLD* s. v. „*apotheca*": „A storehouse, store-room, repository (esp. for wine)." und *OLD* s. v. „*horreum*": „A storehouse for grain, barn, granary."

[415] Diese griechischen Wörter beschwören den Pomp von verweichlichten Lotterbuben inmitten exquisiter Kunstgegenstände aus Griechenland herauf. Vgl. RAMSEY 2008, 257. Der Klang von exotischen, griechischen Wörtern wie *conchyliatis* und *peristromatis* klangen in den Ohren von Römern nach größtem Luxus.

[416] Siehe RAMSEY 2008, 257.

[417] RAMSEY schreibt: „The impers. passive imparts an expansiveness." Siehe RAMSEY 2008, 257.

[418] Cicero verwendet zwar einmal die 2. Person Singular in *videres*, doch handelt es sich hier nicht um eine direkte Hinwendung zu Marc Anton, sondern um einen unpersönlichen Gebrauch. BURKARD/SCHAUER schreiben in ihrer Grammatik: „Das unbestimmte deutsche Subjekt ‚man' wird im Lateinischen wiedergegeben [...] durch die zweite Person Singular des Konjunktivs (v. a. in Sentenzen und Gliedsätzen) als fiktive Anrede an eine nur vorgestellte Person (Potentialis und generalisierender Konjunktiv)." Siehe BURKARD/SCHAUER 2012, § 244,1d.

INHALT UND KONTEXT: Cicero behauptet, Antonius habe das Haus und die Gärten des Pompeius entweiht, was die vorbeikommenden Menschen traurig mache. Der Geist[419] des Pompeius verfolge ihn in dieser Villa auf Schritt und Tritt, so dass er nie Ruhe finde.

EMOTIONSLINGUISTISCHE ANALYSE: Der erste Satz besteht aus einer Aposiopese[420], die in einen Exklamativsatz mündet: *At idem aedis etiam et hortos – o audaciam immanem!* Beides – das plötzliche Verstummen und der Ausruf – sind sprachliche Mittel für starke Emotionen, die Cicero hier inszeniert. Im Folgenden wechselt er in die 2. Person Singular und spricht seinen Kontrahenten vor dem Senat direkt an: Eine dreifache asyndetische Aneinanderreihung des Pronomens *tu* gliedert den nächsten Satz, aber auch in den folgenden Sätzen des Abschnitts gibt es einige Vorkommen von Verben oder Pronomen in der 2. Person Singular, teilweise sogar in enger Verbindung mit einer Alliteration (*tamen et te et tua et tuos nosti*). Cicero verwendet nicht mehr nur Aussagesätze und Ausrufe, sondern auch (rhetorische) Fragesätze, um seiner Empörung Ausdruck zu verleihen.

Inhaltlich geht es Cicero darum, Antonius als widerrechtlichen Einbrecher[421] in die Villa[422] des Pompeius darzustellen, der die dortigen Penaten[423] entweiht habe (*tu etiam ingredi illam domum ausus es, tu illud sanctissimum limen intrare, tu illarum aedium dis penatibus os impurissimum ostendere?*), so dass sich Passanten beim Anblick der einst prächtigen Villa weinend abwenden (*nemo adspicere poterat, nemo sine lacrimis praeterire*). Und er sah das Gespenst (*species*) des Pompeius im Schlaf wie im Wachzustand wegen der Schiffsschnäbel (*rostra*), die ihn Tag für Tag an den glorreichen Sieg des Pompeius über die Piraten im Jahre 67 v. Chr.[424] und zugleich an die früheren Niederlagen seines Großvaters

---

[419] So eine mögliche Übersetzung für *species* (vgl. OLD s. v. 9).

[420] Vgl. RAMSEY 2008, 258: „The thought is broken off by the indignant acc[usative] of exclamation o audaciam immanem, which by an inept modern division of the text is assigned to § 68. The punctuation adopted here is that proposed by WATT 229." Zum Verstummen als seine zentrale Auswirkung von Emotionen auf kognitive, sprachliche Prozesse vgl. SCHWARZ-FRIESEL 2013, 131 ff.

[421] Das von Cicero verwendete Verb *deversari* hat denn auch zumeist die Konnotation eines temporären Aufenthaltes (vgl. OLD s. v. *deversor*: „To make one's abode [usu. temporary, in a place], lodge, stay"). Dass Marc Anton die Villa nicht rechtmäßig besitzt, liegt für Cicero also auf der Hand und lässt diese Auffassung durch die Wahl des Verbums durchscheinen.

[422] Pompeius' Villa lag am Esquilin, vgl. Suet. Gram. 15; Tib. 15,1. Seine Gärten lagen hingegen nördlich des Marsfelds; vgl. auch schon § 15 *in hortis*.

[423] Vgl. BRODERSEN/ZIMMERMANN 2006 s. v. „Penaten": Penaten, alte röm. Götter der Vorratskammer (lat. *penus*), die im Haus neben dem Herd verehrt wurden. Später wurden sie in den Staatskult aufgenommen und im Tempel der Vesta, der Göttin des Herdfeuers, verehrt. Vgl. zu den Penaten ausführlicher auch DUBOURDIEU 1989 *Les Origines et le développement du culte des Pénates*.

[424] Im Jahr 67 v. Chr. erhielt Pompeius ein dreijähriges Imperium zur Bekämpfung der Seeräuberplage im östlichen Mittelmeer. Nachdem er die Piraten besiegt hatte, wandte er sich im Jahr darauf gegen den Aufständischen Mithridates von Pontus im Rahmen eines erweiterten Kommandos. Die Schiffsschnäbel zierten offenbar den Eingangsbereich von Pompeius' Haus,

und Vaters[425] gegen dieselben erinnerten. Marcus Antonius wird hier also als Feigling (*perterritum ... de somno excitari*) mit unrühmlichen Vorfahren beschrieben, aber Cicero streut noch zahlreiche weitere negative Bewertungen ein: er sei frech (*audaciam; ausus es*) und schamlos (*non pudet ...?*), habe ein abscheuliches Gesicht (*os impurissimum*), sei ohne Sinn und Verstand (*sine mente, sine sensu*) und neige zu Gewalt und Raserei (*violentus et furens; furere*).

Hinsichtlich der Evidenz markiert Cicero dreimal einen hohen Wahrheitsanspruch seiner Aussagen: *Fieri non potest ... ut ...*

§ 69 *Me quidem miseret parietum ipsorum atque tectorum. Quid enim umquam domus illa viderat nisi pudicum, quid nisi ex optimo more et sanctissima disciplina? Fuit enim ille vir, patres conscripti, sicuti scitis, cum foris clarus, tum domi admirandus neque rebus externis magis laudandus quam institutis domesticis. Huius in sedibus pro cubiculis stabula, pro conclavibus popinae sunt. Etsi iam negat. Nolite quaerere; frugi factus est; mimulam suam suas res sibi habere iussit, ex duodecim tabulis clavis ademit, exegit. Quam porro spectatus civis, quam probatus! Cuius ex omni vita nihil est honestius, quam quod cum mima fecit divortium.*

INHALT UND KONTEXT: Cicero behauptet, Marcus Antonius habe das Haus des Pompeius, das bis dahin ein Ort guter Sitten[426] gewesen sei, schließlich in eine Höhle des Lasters verwandelt. Seine einzige ehrenhafte Tat sei es gewesen, so Cicero ironisch, sich von der Schauspielerin Cytheris zu trennen.

EMOTIONSLINGUISTISCHE ANALYSE: Cicero spricht den Mauern und Dächern der Villa des Pompeius Gefühle zu, er personifiziert sie als Opfer, die unter der schlechten Behandlung durch Marcus Antonius hätten leiden können und mit denen er deshalb Mitleid habe: *Me quidem miseret parietum ipsorum atque tectorum*. Wie so oft in der Antike verwendet auch Cicero den Topos von den „Mauern als Zeugen", die zu Lebzeiten des Pompeius nur Keuschheit, Sittsamkeit und Zucht gesehen hätten (*pudicum; ex optimo more et sanctissima disciplina*).[427]

Diese noch recht unspezifische Beschreibung der einstigen Blütezeit des Hauses mündet in ein Loblied auf Pompeius: Eingeleitet durch ein akzentuierendes *fuit* am Anfang des Satzes wird Pompeius als *ille vir ... clarus ... admirandus ... laudandus* gerühmt – und zwar in allen Lebensbereichen, sowohl im privaten als auch im öffentlichen, wie Cicero zweimal durch verschiedene Konnektoren hervorhebt: *cum foris ... tum domi; neque rebus externis magis laudandus quam institutis domesticis*. Dieser Satz hat für Cicero Selbstverständlichkeitscharakter,

---

um an den großen Sieg zu erinnern. Deswegen nannte man sein Haus auch die *domus rostrata*, vgl. Plin. hist. 35,7.

[425] Vgl. schon §§ 42–43.
[426] Cicero lobt die Bescheidenheit von Pompeius auch schon in Att. 11.6,5; vgl. auch Plut. Pomp. 1,4;40,4–9, der von σωφροσύνη spricht.
[427] Vgl. Aisch. Ag. 37; Eur. Hipp. 418, 1074; Cic. Cael. 60; Cic. Marcell. 10.

was durch den an die *patres conscripti* gerichteten Einschub *ut scitis* unterstrichen wird.

Anschließend stellt Cicero ihnen in parallelen Kola das Vorher und das Nachher gegenüber: Seit Marcus Antonius dort wohnte, seien aus den Zimmern Ställe, aus den Speisesälen Kneipen geworden (*Huius in sedibus pro cubiculis stabula, pro conclavibus popinae sunt.*) – sicher eine Überspitzung. Mit dem Pronomen *huius* zeigt Cicero auf Antonius, wechselt aber nicht in die 2. Person Singular, sondern spricht weiterhin die Senatoren an. So auch in den nächsten beiden Kola, in denen Cicero diese Aussagen negieren lässt und einen Imperativ an die Senatoren richtet (*Etsi iam negat. Nolite quaerere*). Von nun an spricht Cicero spöttisch und sarkastisch über Antonius. Er lobt ihn ironisch als sparsamen und bewährten Mann (*frugi; spectatus; probatus*), dessen größte Tat die Scheidung von Cytheris gewesen sei. Dass Cicero Antonius hier eher scheiden als trennen lässt, setzt insgeheim voraus, dass er mit ihr verheiratet[428] und nicht nur lose liiert war. Auf diese Weise verstärkt Cicero auf einer suggestiven semantischen Ebene den Eindruck einer sehr engen Verbindung zwischen Marcus Antonius und einer für römische Adlige zweifelhaften Schauspielerin – für die Überzeugungsstrategie Ciceros sicher zielführend.

§ 70 *At quam crebro usurpat: ‚Et consul et Antonius‘! Hoc est dicere: et consul et impudicissimus, et consul et homo nequissimus. Quid est enim aliud Antonius? Nam, si dignitas significaretur in nomine, dixisset, credo, aliquando avus tuus se et consulem et Antonium. Numquam dixit. Dixisset etiam collega meus, patruus tuus, nisi si tu es solus Antonius.*

Sed omitto ea peccata, quae non sunt earum partium propria, quibus tu rem publicam vexavisti; ad ipsas tuas partis redeo, id est ad civile bellum, quod natum, conflatum, susceptum opera tua est.

INHALT UND KONTEXT: Cicero geht auf einen Satz in der Rede des Antonius ein, in der dieser sich rühmt, Konsul und ein „Antonius", also ein Nachkomme der *gens Antonia*, zu sein. Er dreht den Spieß um: Der Familienname an sich zeuge – zumindest in seinem Fall – nicht von *dignitas*, denn dann hätten ihn schon sein Großvater[429] und sein Onkel[430] als Ehrentitel verwendet, sondern von seiner Nutzlosigkeit.

---

[428] Dies suggeriert die Wendung *claves adimere (uxori)* mit der Bedeutung „die Hausschlüssel wieder an sich nehmen, sich scheiden lassen" (denn der Ehefrau oblag die *custodia clavium*), so als wäre Cytheris die Ehefrau von Antonius gewesen, vgl. auch § 20. Auch *in mimulam suam suas res sibi habere iussit* bedient sich Cicero einer formalen Wendung der Ehescheidung. Wenn einer der Ehepartner vor Zeugen den formelhaften Satz *tuas res tibi habeto* („gehe weg und nimm deine Sachen mit") sagte, so war die Ehe beendet. Das Eherecht war teilweise bereits im Zwölftafelgesetz kodifiziert, dem ersten römischen Recht, das 451/50 v. Chr. aufgestellt wurde und die Basis für alles weitere römische Recht war. Für Interessierte siehe GERGEN 1995 *Die Ehe in der Antike*.
[429] Vgl. § 42.
[430] Vgl. § 56.

EMOTIONSLINGUISTISCHE ANALYSE: Sichtlich verärgert (*quam crebro usurpat*[431]) zitiert Cicero ein Selbstlob des Marcus Antonius, das dieser in seiner Senatsrede vom 19. September wohl oft geäußert hatte[432]: Er sei Konsul und ein Antonius! Dies wäre nur dann ein Lob, wenn beide Prädikatsnomen (*consul* und *Antonius*) positiv besetzt wären – Cicero lässt aus naheliegenden eigennützigen Gründen den Nimbus des Konsulamtes unangetastet und deutet nur das Zweitgenannte ins Negative um: ‚*Et consul et Antonius*'! *hoc est dicere: et consul et impudicissimus, et consul et homo nequissimus*. Antonier zu sein, so Cicero, sei also gleichbedeutend mit schamlos und nichtsnutzig zu sein. Mit dieser Umdefinition dreht Cicero den Spieß um und spricht sich selbst die entscheidende Deutungsmacht und damit den höheren sozialen Status zu.

Die Eindringlichkeit dieser Aussage wird durch die folgende rhetorische Frage erhöht: *Quid est enim aliud Antonius?* Zudem fällt das Neutrum von *quid* und *aliud* auf – ebenfalls ein Hinweis darauf, dass es Cicero um eine Definition geht[433] und er die negativen Eigenschaften in Marcus Antonius „essentialisiert", das heißt als fest in seinem Wesen verankert darstellt. Cicero versucht diese Ansicht noch zu untermauern, indem er zweimal dasselbe Argument gegen Antonius anführt: Wenn das Prädikat Antonius an sich positiv wäre (*si dignitas significaretur in nomine*), dann hätten es schon sein Großvater und sein Onkel als Konsuln getragen, was sie aber nicht taten (*Numquam dixit*.). Mit dieser Argumentation wechselt Cicero in die 2. Person Singular, nachdem er zuvor über mehrere Sätze hinweg die 3. Person verwendet hatte.

Im zweiten, kürzeren Teil des Abschnitts bezeichnet er das Zitat Marc Antons als *peccata* und will nun zu Marc Antons Rolle im Bürgerkrieg kommen: Er weist ihm die alleinige Kriegsschuld zu und betont diesen Gedanken in einem asyndetischen Trikolon (*bellum ... natum, conflatum, susceptum opera tua est*[434]), außerdem habe er die Republik „gequält" (*tu rem publicam vexavisti*).

---

[431] Das Verb *usurpare* kann „im Munde führen, erwähnen" bedeuten und trägt dabei die Konnotation „immer wieder, oft, häufig" mit sich – daher ist die Hinzufügung des Adverbs *crebro* eher als amplifizierender und intensivierender Pleonasmus einzustufen. Vgl. *OLD* s. v. *usurpare*: „To make (frequent) use of (a word, expression, etc.) in speech (i. e. by uttering it). b to make (frequent) use of, i. e. repeat, the name of; (w. abl.) to call habitually (by a name); (w. pred. acc.) to speak habitually of (as). c to bring up (a topic) in discussion (repeatedly); also, memoriam – are, to invoke the memory (of).".

[432] Marc Anton wird immer wieder (*crebro*) auf seine edle Abstammung hingewiesen haben, um dem *homo novus* Cicero eins auszuwischen, vgl. hierzu auch allgemein SIHLER 1901.

[433] Vgl. BURKARD/SCHAUER 2012, § 408,3: „Wenn es in einer Frage um die Definition oder das Wesen eines Begriffs geht, so wird der Fragesatz mit *quid* eingeleitet. Das mit dem Prädikatsnomen übereinstimmende adjektivische Fragepronomen fragt hingegen nach einem ganz bestimmten Gegenstand oder einer ganz konkreten Person (vgl. § 258,2): *Quid est amicus?* ‚Was ist ein Freund?', aber: *Qui(s) amicus est?* ‚Welcher Freund ist es?'."

[434] Die gewählten Verben *nasci* und *suscipere* erinnern an den römischen Geburtsritus, der vorsah, dass der Vater das Kind vom Boden aufhob und es auf diese Weise als das Seinige anerkannte und sich zur Erziehung des Kindes verpflichtete. Vgl. KÖVES-ZULAUF 1990, 27–94 und RAMSEY 2008, 260.

g. Angriff auf seine Karriere im Bürgerkrieg: Streit mit Caesar (71–74)

§ 71 *Cui bello iam cum propter timiditatem tuam, tum propter libidines defuisti. Gustaras civilem sanguinem vel potius exsorbueras; fueras in acie Pharsalica antesignanus; L. Domitium, clarissimum et nobilissimum virum, occideras multosque praeterea, qui e proelio effugerant, quos Caesar ut nonnullos fortasse servasset, crudelissime persecutus trucidaras.*

Quibus rebus tantis ac talibus gestis quid fuit causae, cur in Africam Caesarem non sequerere, cum praesertim belli pars tanta restaret? Itaque quem locum apud ipsum Caesarem post eius ex Africa reditum obtinuisti? Quo numero fuisti? Cuius tu imperatoris quaestor fueras, dictatoris magister equitum, belli princeps, crudelitatis auctor, praedae socius, testamento, ut dicebas ipse, filius, appellatus es de pecunia, quam pro domo, pro hortis, pro sectione debebas.

INHALT UND KONTEXT: Cicero wirft Marcus Antonius zunächst furchtbare Kriegsgräuel in der Schlacht bei Pharsalus vor – so habe er in vorderster Linie gekämpft[435] und L. Domitius[436] und viele andere getötet, die bereits auf der Flucht gewesen seien und die Caesar vielleicht noch hätte begnadigen[437] können –, dann wirft er ihm Feigheit vor, weil er Caesar nicht nach Afrika gefolgt sei.[438]

Außerdem sei Antonius nach Caesars Rückkehr[439] nach Rom wegen der Einnahmen aus der Versteigerung von Pompeius' Gütern[440] zur Rechenschaft gezogen worden – trotz aller vorherigen Zusammenarbeit[441].

EMOTIONSLINGUISTISCHE ANALYSE: Auf semantischer Ebene wird Antonius in vielerlei Hinsicht negativ beurteilt: Er sei feige (*propter timiditatem tuam* ...

---

[435] Ein *antesignanus* ist ein Soldat des Elitekorps, der zuerst angriff, so DENNISTON 1978 in seinem Kommentar zu dieser Stelle. Antonius befehligte in der Schlacht von Pharsalus den linken Flügel von Caesars Armee, der wahrscheinlich zu Pferde agierte, vgl. Caes. B. civ. 3.89,3; 3.99,5.

[436] Gemeint ist L. Domitius Ahenobarbus (siehe *RE* s. v. 27), ein Feind von Caesar, vgl. auch § 27. Im Januar 49 v. Chr. wurde er vom Senat als Nachfolger von Caesar und als Statthalter von Gallia Transalpina nach Gallien geschickt, wo er in Marseille den Widerstand gegen Caesar organisierte. Seine *gens* stellte viele Honoratioren, wie man in Suet. Nero 1,2 nachlesen kann.

[437] Nach der Schlacht von Pharsalus begnadigte Caesar Leute wie C. Cassius, M. Brutus und Ser. Sulpicius. Außerdem begnadigte er 24.000 pompeianische Soldaten. Vgl. Caes. B. civ. 3.99,4.

[438] Der wahre Grund für Marc Antons Abwesenheit von Afrika im Jahre 46 v. Chr. dürfte vielmehr darin liegen, dass Caesar ihn nach Rom schickte, um die Güter von Pompeius zu versteigern, um dringend benötigtes Geld zu generieren. Wie wir in § 66 erfahren, spülten die Auktionen die riesige Summe von 200 Millionen Sesterzen in den Staatssäckel von Rom. Diese Gelder benötigte Caesar besonders dafür, um seine Truppen bezahlen zu können. Vgl. RAMSEY 2008, 261–262 und allgemein RAMSEY 2004.
In Afrika stand Caesar zehn Legionen unter Q. Metellus Scipio und vier Legionen unter dem Numiderkönig Juba gegenüber, vgl. Caes. B. Afr. 1,4. M. Cato sollte die Provinzhauptstadt Utica beschützen.

[439] Am 25. Juli 46 v. Chr. kehrte Caesar nach Rom zurück, siehe Caes. B. Afr. 98,2.

[440] Vgl. § 39 und Cic. Phil. 13,11.

[441] Zu Marc Anton als Quästor siehe § 50, als *magister equitum* siehe § 62; als sogenannter *belli princeps* vgl. § 53.

defuisti), triebgesteuert (*libidines*), raubgierig (*praedae socius*), ein blutrünstiger Kriegsverbrecher gegen die eigenen römischen Mitbürger (*gustaras civilem sanguinem vel potius exorbueras; in acie Pharsalica antesignanus; occideras crudelissime persecutus trucidaras; crudelitatis auctor*) und Kriegstreiber (*belli princeps*).

Seine Opfer hingegen zeichnet Cicero so, dass der Leser oder Hörer Abscheu und Mitleid empfindet: L. Domitius sei ein überaus berühmter Mann gewesen (*clarissimum et nobilissimum virum*), Fliehende, die Caesar vielleicht noch verschont hätte, seien von ihm in den Tod gejagt worden (*multosque praeterea, qui e proelio effugerant, quos Caesar ut non nullos fortasse servasset*). Die Erwähnung Caesars dient der Intensivierung des negativen Antoniusbildes; sie beruht implizit auf einem Erst-Recht-Argument: Wenn schon ein berüchtigter Feldherr wie Caesar einige Pompeianer verschone, wie brutal muss dann erst jemand sein, der keine Gnade kennt und sie noch auf der Flucht tötet?

Die Glaubwürdigkeit der Aussage, Antonius habe sich oft als Adoptivsohn[442] Caesars bezeichnet (*testamento ... filius*), unterstreicht Cicero durch *ut dicebas ipse*.

Über die semantische Dimension hinaus verwendet Cicero weitere emotionale Codes: rhetorische Fragen (zum Beispiel *quo numero fuisti?*), Wiederholungsfiguren wie Trikola (zum Beispiel *pro domo, pro hortis, pro sectione*), Anfangs- und Endstellung hochemotionaler Vokabeln im Satz (*Gustaras ... trucidaras.*) sowie die 2. Person Singular, um soziale Nähe zu Marcus Antonius zu signalisieren.

§ 72 *Primo respondisti plane ferociter et, ne omnia videar contra te, propemodum aequa et iusta dicebas: ‚A me C. Caesar pecuniam? Cur potius quam ego ab illo? An sine me ille vicit? At ne potuit quidem. Ego ad illum belli civilis causam attuli, ego leges perniciosas rogavi, ego arma contra consules imperatoresque populi Romani, contra senatum populumque Romanum, contra deos patrios arasque et focos, contra patriam tuli. Num sibi soli vicit? Quorum facinus est commune, cur non sit eorum praeda communis?' Ius postulabas, sed quid ad rem? Plus ille poterat.*

INHALT UND KONTEXT: Cicero zitiert Marcus Antonius, der sich über Caesars Geldforderungen ziemlich empört. Er verdiene einen gerechten Anteil an der Beute, weil er als Volkstribun im Jahr 49 v. Chr. für ihn günstige Gesetze eingebracht habe.[443] Aber Caesar habe das Recht des Stärkeren, so Cicero.

EMOTIONSLINGUISTISCHE ANALYSE: Dieser Abschnitt ist einzigartig in dieser Rede, da er zu einem großen Teil aus einem Zitat von Marc Anton besteht. Er bedient sich einer stark emotional gefärbten Sprache. Schon Cicero beschreibt

---

[442] So zumindest Marc Antons große Hoffnung, genährt durch die Verwandtschaft über seine Mutter Julia, vgl. App. 2,143. Er war aber nur unter den Erben zweiten Grades, so Flor. 2.15,1 und Dio 44.35-36.

[443] Vgl. § 56 und auch Dio 41.17,3.

seine Worte als unbändig oder kämpferisch (*ferociter*). Marc Antons Worte sind rhetorisch ausgefeilt, aber es stellt sich die Frage, wie Cicero diese Sätze in einer Rede vorgetragen hätte, um vielleicht durch Phonetik und Intonation die seiner Meinung nach geringe Bildung des Gegners hervorzuheben. Er reiht rhetorische Fragen aneinander, verwendet kurze Sätze oder Kola, lässt manchmal vor lauter Empörung Wörter weg, wie in den eingangs gestellten Fragen *A me C. Caesar pecuniam?*[444] *cur potius quam ego ab illo?* Dass es sich aber keineswegs um ein authentisches Zitat handelt, beweisen die vielen egoistischen und staatsfeindlichen Worte, also absurde Selbstzuschreibungen, die Cicero Marcus Antonius in Form einer sarkastischen Sermocinatio[445] in den Mund legt: Viermal kommt das Pronomen *ego* vor, gefolgt von viermal *contra*, verbunden mit republikanischen Hochwertwörtern (*consules imperatoresque populi Romani; senatum populumque Romanum; deos patrios arasque et focos; patriam*). Er selbst wird zitiert, „verderbliche Gesetze" (*leges perniciosas*) vorgeschlagen zu haben; seine eigene Leistung bezeichnet er mit dem Substantiv *facinus*, das auch die negative Konnotation „Untat, Verbrechen" in sich trägt.[446] Das Zitat, das Cicero Antonius in den Mund legt, grenzt also an Parodie.

Umrahmt wird das Zitat von Ciceros Bemerkungen, die seine Rezeption bedingen. Nicht nur, wie gesagt, als kämpferisch (*ferociter*), sondern durchaus als gerecht und fair (*aequa et iusta dicebas .... Ius postulabas*[447]) bezeichnet Cicero die Worte Marc Antons, wenn auch nur, um ironisch Nähe zu signalisieren und nicht als reiner Beschimpfer zum Zwecke der *captatio benevolentiae* (*ne omnia videar contra te*) zu erscheinen. Die Passage endet allerdings mit einer Pointe: Alle seine Klagen seien ohnehin zwecklos gewesen, da Caesar einfach mehr Macht gehabt habe (*sed quid ad rem? Plus ille poterat.*).

§ 73 *Itaque excussis tuis vocibus et ad te et ad praedes tuos milites misit, cum repente a te praeclara illa tabula prolata est. Qui risus hominum tantam esse tabulam, tam varias, tam multas possessiones, ex quibus praeter partem Miseni nihil erat, quod, qui auctionaretur, posset suum dicere! Auctionis vero miserabilis aspectus; vestis Pompei non multa, eaque maculosa, eiusdem quaedam argentea vasa collisa, sordidata mancipia, ut doleremus quicquam esse ex illis reliqui, quod videre possemus.*

INHALT UND KONTEXT: Caesar sei auf die Geldforderungen des Marcus Antonius aus § 72 gar nicht eingegangen, sondern habe sofort seine Soldaten zu

---

[444] RAMSEY 2008 würde an der Stelle *petit* ergänzen, PESKETT 2011 gar *petat*, um die Empörung hervorzuheben.

[445] HARJUNG 2017 s. v. definiert die *sermocinatio* so: „Man lässt Personen [...] fingierte Aussprüche, Selbstgespräche, Äußerungen entsprechend ihrem Charakter von sich geben. Das wird gern dann angewandt [...], wenn Hörer oder Leser durch die auszusprechenden (häufig tadelnden) Worte gleichsam unelegant verletzt würden."

[446] Vgl. *OLD* s. v. *facinus* 2.

[447] RAMSEY 2008 stellt richtig heraus, dass das Verb des Forderns *postulare* passenderweise dasjenige ist, das die Rechtmäßigkeit der Forderung betont.

Marcus Antonius und dessen Bürgen[448] geschickt, um seine Geldforderungen durchzusetzen.[449]

Marcus Antonius habe daraufhin in aller Eile eine Versteigerung organisiert, um die Geldforderungen Caesars zu erfüllen und durch den Verkauf eines Teils seines Vermögens schnell an die gewünschte Summe zu kommen. Die auf der Auktionstafel (*tabula*[450]) aufgeführte Versteigerungsmasse, darunter auch die Überreste von Pompeius' ehemaligen Besitztümern, habe jedoch, so Cicero, nur noch einen jämmerlichen Anblick geboten.

EMOTIONSLINGUISTISCHE ANALYSE: Um die Eile der schnellen Vorbereitung der Versteigerung zu betonen, verwendet Cicero die Konjunktion *cum repente*, um Tempo in die Beschreibung der Versteigerung zu bringen. Ironisch bewertet er die Tafel mit den zu versteigernden Gütern positiv als *praeclara* – in Wirklichkeit habe sie bei den Zuschauern nur entsetztes Gelächter hervorgerufen (*Qui risus hominum!*), da er dreist zahlreiche Dinge aufzählte, die ihm mit einer Ausnahme[451] (rechtlich) gar nicht gehörten (*tantam esse tabulam, tam varias, tam multas possessiones, ex quibus praeter partem Miseni nihil erat, quod, qui auctionaretur, posset suum dicere*). Die zur Versteigerung aufgestellten Güter selbst seien jedoch in einem erbärmlichen Zustand gewesen und hätten einen traurigen Anblick geboten (*miserabilis adspectus*): Cicero zählt die Güter auf und beschreibt sie ausführlich, um mit dem Mittel der Enargeia beim Rezipienten Betroffenheit über den verwahrlosten Zustand ehemaliger Wertgegenstände auszulösen: *vestis Pompei non multa, eaque maculosa, eiusdem quaedam argentea vasa conlisa, sordidata mancipia*. Von Pompeius' Kleidung sei nur noch ein schmutziger Rest übrig gewesen, das Silbergeschirr nur noch zerstoßen, die Sklaven in zerlumpten Kleidern. Der Anblick habe Schmerz darüber hervorgerufen, dass überhaupt noch etwas übrig sei (*ut doleremus quicquam esse ex illis reliqui, quod videre possemus*).

Durch die Verwendung der 1. Person Plural in *doleremus* und *videre possemus* reiht sich Cicero in die Schar der Auktionsteilnehmer und Augenzeugen ein, steigert damit den wahrgenommenen Wahrheitsgehalt der Schilderung und inszeniert sich als bedrängter Leidensgenosse, als Mitopfer und besorgter Mitbürger. All dies trägt zur Selbstaufwertung Ciceros und zur Abwertung Marcus Antonius' bei.

---

[448] Ein Bürge, lat. *praes, dis*, musste im Falle der Zahlungsunfähigkeit des Schuldners den Geldforderungen des Gläubigers nachkommen. Siehe *DNP* s. v. „Bürgschaft" C. Vgl. zu den Bürgen auch nochmal § 78,10–11.

[449] Marc Anton hatte die Aufgabe, Pompeius' Güter aufzukaufen und dann wieder gewinnbringend zu verkaufen, um den Staatsschatz aufzufüllen. Vgl. § 71.

[450] Es handelt sich um eine *tabula auctionaria*, also um eine Auktionstafel, die die zu versteigernden Objekte auflistete, vgl. Mart. 5,69,2 und RAMSEY 2008, 264.

[451] Nämlich sein Gut in Misenum, das bereits in § 48 erwähnt wurde.

§ 74 *Hanc tamen auctionem heredes L. Rubri decreto Caesaris prohibuerunt. Haerebat nebulo; quo se verteret, non habebat. Quin his ipsis temporibus domi Caesaris percussor ab isto missus deprehensus dicebatur esse cum sica; de quo Caesar in senatu aperte in te invehens questus est. Proficiscitur in Hispaniam Caesar paucis tibi ad solvendum propter inopiam tuam prorogatis diebus. Ne tum quidem sequeris. Tam bonus gladiator rudem tam cito? Hunc igitur quisquam, qui in suis partibus, id est in suis fortunis, tam timidus fuerit, pertimescat?*

INHALT UND KONTEXT: Cicero schildert, dass die Versteigerung letztlich nicht zustande kam – die Erben des L. Rubrius[452] und Caesar hätten die Pläne des Antonius per Erlass verhindert. Antonius habe daraufhin sogar einen Attentäter zu Caesar geschickt, der jedoch enttarnt worden sei – Caesar habe Antonius daraufhin im Senat scharf angegriffen. Trotzdem habe Caesar ihm einen Zahlungsaufschub gewährt, da er mittellos gewesen sei, und dennoch habe sich Marc Anton nicht erkenntlich gezeigt, weil er nicht zu Caesars Gefolge auf dem Feldzug nach Hispanien[453] gehört habe.

EMOTIONSLINGUISTISCHE ANALYSE: Nach einem kühlen und sachlichen ersten Satz (*Hanc tamen auctionem heredes L. Rubri decreto Caesaris prohibuerunt.*), der vor allem Informationen vermittelt, bezeichnet Cicero seinen Kontrahenten Antonius negativ wertend als Betrüger (*nebulo*), der in der Patsche sitzt und weder ein noch aus weiß (*haerebat ...; quo se verteret, non habebat*). Der Redner stellt dann eine sehr gewagte[454] These über einen Mordversuch auf – beauftragt von Marcus Antonius, auf den Cicero nur verächtlich mit dem Pronomen *iste* in *ab isto missus* Bezug nimmt – die These formuliert Cicero denn auch nur vorsichtig in einer NcI-Konstruktion (*percussor ... deprehensus dicebatur esse*) und verleiht ihr damit nur geringe Beweiskraft. Die brutale Mordwaffe, ein Dolch, erwähnt Cicero am Ende des Satzes nach dem Prädikat und verleiht ihm damit Emphase (*cum sica*). Auch der Satzanfang ist intensiv, denn *quin* verstärkt den Inhalt des vorhergehenden Satzes und auch die Zeitangabe *his ipsis temporibus* kann nach Ramsey[455] durch die beiden Pronomen *his* und *ipsis* als intensiviert angesehen werden.

Caesar sei über den Mordanschlag empört gewesen; Cicero lasse Caesar dies durch sein anschließendes Verhalten zeigen: Er habe sich im Senat beschwert und Antonius offen (*aperte*) angegriffen (*in te invehens questus est*).[456]

---

[452] Vgl. zum Erbe von Rubrius §§ 40–41 (*eiectis veris heredibus*) und 62. Die Erben forderten einen Teil der auf der Auktionstafel geführten Gegenstände als ihr Eigentum zurück.

[453] Im Jahr 46 v. Chr. zog Caesar nach Hispanien, um dort gegen die Söhne von Pompeius zu kämpfen. JEHNE 2015, 99.

[454] Vgl. RAMSEY 2008, 265: Auch in Cic. Pro Marcell. 21–23 spielt Cicero auf einen Komplott gegen Caesar an, ohne ihn aber mit Marc Anton in Verbindung zu bringen. Das ist auch sehr unwahrscheinlich, würde das mögliche Opfer Caesar seinem Beinahe-Mörder Antonius doch dann keinen Zahlungsaufschub gewährt haben.

[455] Vgl. RAMSEY 2008, 265.

[456] Hier kommt also die Vokabel *invehi* vor, die der Ursprung der Gattungsbezeichnung „Invektive" ist.

Dann wechselt Cicero in die 2. Person Singular, um Marcus Antonius direkt anzusprechen, und ins dramatische Präsens (*proficiscitur; sequeris*). Als positive Kontrastfolie zu seinem Gegner zeichnet Cicero Caesar sogar in hellen Farben und lässt ihn als milden, nachsichtigen Mann erscheinen, der seinem alten Weggefährten Antonius trotz des Mordanschlags sogar einen Zahlungsaufschub gewährt (*paucis tibi ad solvendum propter inopiam tuam prorogatis diebus*). Dieser zeigte sich aber angesichts solcher menschlichen Größe nicht dankbar, im Gegenteil, er folgte ihm nicht nach Spanien in die nächste Schlacht, feige wie er war. Zwei rhetorische Fragen beschließen den Abschnitt und signalisieren Ciceros Unzufriedenheit: *Tam bonus gladiator rudem tam cito? Hunc igitur quisquam, qui in suis partibus, id est in suis fortunis, tam timidus fuerit, pertimescat?* In der ersten Frage fällt die Ellipse des Verbs accipere (*rudem tam cito [accepit]*) auf – wohl ein Symptom für Ciceros zorniges Gemüt. In den Fragen charakterisiert Cicero Antonius ironisch als tüchtigen, aber feigen Gladiator[457], vor dem niemand Angst haben müsse, da er nicht einmal für seine eigenen Angelegenheiten[458] einstehe (*in suis partibus, id est in suis fortunis*). Der deliberative Konjunktiv *pertimescat* betont die Evidentialität.[459]

h. Angriff auf seine Karriere im Bürgerkrieg: Umgehung des Militärdienstes (75–78a)

§ 75 *Profectus est aliquando tandem in Hispaniam; sed tuto, ut ait, pervenire non potuit. Quonam modo igitur Dolabella pervenit? Aut non suscipienda fuit ista causa, Antoni, aut, cum suscepisses, defendenda usque ad extremum. Ter depugnavit Caesar cum civibus, in Thessalia, Africa, Hispania. Omnibus adfuit his pugnis Dolabella, in Hispaniensi etiam vulnus accepit. Si de meo iudicio quaeris, nollem; sed tamen consilium a primo reprehendendum, laudanda constantia. Tu vero quid es?*

Cn. Pompei liberi tum primum patriam repetebant. Esto, fuerit haec partium causa communis. Repetebant praeterea deos patrios, aras, focos, larem suum familiarem, in quae tu invaseras. Haec cum peterent armis ii, quorum erant legibus (etsi in rebus iniquissimis quid potest esse aequi?), tamen quem erat aequissimum contra Cn. Pompei liberos pugnare, quem? Te sectorem. § 76 *An, cum tu Narbone mensas hospitum convomeres, Dolabella pro te in Hispania dimicaret?* [...]

INHALT UND KONTEXT: Antonius habe, so Cicero, das Schlachtfeld in Hispanien in den Jahren 46 und 45 v. Chr. aus fadenscheinigen Gründen Caesar und

---

[457] Ein Gladiator, der in den Ruhestand ging, bekam die *rudis*, d. h. das Rapier bzw. das Holzschwert, mit dem er trainierte. Er hieß dann *rudiarius*. Vgl. *DNP* s. v. *rudis* 2.

[458] Denn im Kampf gegen die Söhne des Pompeius in Hispanien ging es für Marc Anton nicht nur um den Sieg von Caesar, sondern auch um Privates, hätten ihm die Söhne als rechtmäßige Erben doch im Falle eines Sieges womöglich das Erbe von Pompeius streitig gemacht.

[459] Vgl. RAMSEY 2008, 266 zur Wirkung des deliberativen Konjunktivs: „conveying impossibility".

Dolabella[460] überlassen, als es gegen die Söhne des Pompeius ging[461], die die Erwerbungen des Antonius als ihr vom Vater geerbtes Eigentum beanspruchten. Obwohl es für Dolabella um weniger ging, sei er immer auf dem Schlachtfeld gewesen und habe sich in Hispanien sogar eine Wunde zugezogen. Antonius sei dann zwar nach Hispanien aufgebrochen, sei aber in Narbo in Gallien geblieben[462] und habe dort nur getrunken.

EMOTIONSLINGUISTISCHE ANALYSE: Die Entschuldigung Marcus Antons, dass er nicht auf sicherem Wege (*tuto*) auf dem Schlachtfeld in Spanien erscheinen konnte, schwächt Cicero durch den kurzen Nebensatz *ut ait* ab, das heißt er mindert die Wahrscheinlichkeit der Aussage. Es folgt eine rhetorische Frage, die Ciceros Empörung zum Ausdruck bringt und zudem Dolabella, den Mitkonsul Antonius' im Jahre 44 v. Chr., als positiveres Gegenbeispiel aufbaut. Dieser habe nämlich in Hispanien tapfer seinen Mann gestanden und sogar eine Wunde in Kauf genommen (*etiam vulnus accepit*). Den Grund der Schlacht disqualifiziert Cicero im dritten Satz durch das abschätzige Pronomen *ista*. Im selben Satz spricht Cicero seinen Gegner mit *Antoni* direkt an und erhöht damit die soziale Nähe und den Eindruck einer direkten Begegnung. Inhaltlich kritisiert Cicero Antonius als jemanden, der weder Fisch noch Fleisch ist. Wenn er sich schon für die Partei Caesars entschieden habe, dann hätte ihm der Ehrenkodex auch ein Durchhalten „bis zum Ende" (*usque ad extremum*) abverlangt – auf dem Weg nach Spanien sei er aber nur bis Narbo gekommen.[463] Genau diese Standhaftigkeit habe Dolabella bewiesen, wie Cicero in einem effektvollen, sich steigernden Chiasmus ausführt (*consilium a primo reprehendendum, laudanda constantia*). Prompt folgt die provozierende Frage nach dem Charakter des Marcus Antonius: *Tu vero quid es?*

Im Folgenden verstärkt Cicero den Eindruck von Marc Anton als Feigling noch durch ein Argument, das zeigen soll, dass gerade ein Marc Anton auf dem Schlachtfeld hätte sein müssen – ging es doch gegen die Söhne des Pompeius, also gegen diejenigen, deren Besitz Marc Anton für sich beschlagnahmt hatte.

---

[460] Dolabella war der Konkurrent von Marc Anton im Streit um das Konsulat von 44 v. Chr., vgl. schon Cic. Phil. 1,31 und wieder in §§ 76 und 79.

[461] Die Söhne von Pompeius hießen Sextus und Gnaeus. Sie stellten Caesar in Hispanien vor große Herausforderungen. Lange sah es nach einem Sieg von den Pompeiussöhnen aus. Gnaeus starb später allerdings auf der Flucht. Sextus überlebte und auch nach der Schlacht von Munda 45 v. Chr. operierte er von Spanien aus und organisierte Guerilla-Kämpfe. Erst M. Lepidus konnte ihn 44 v. Chr. dazu bringen, Spanien zu räumen. Nach den Iden des März war er Flottenkommandant in Massilia, eroberte Sizilien und führte einen Blockadekrieg gegen die Triumvirn. Vgl. *DNP* s. v. *Pompeius* I 5.

[462] Man muss allerdings sagen, dass die Reise von Rom über Südgallien nach Spanien tatsächlich nicht leicht war. Außerdem brach Marc Anton, aufgehalten in Rom wegen der Ordnung seiner Finanzen, später als Caesar auf, nämlich im Dezember 46 oder Januar 45 v. Chr., als das Wetter noch schlechter war. Auch von Octavian wissen wir, dass seine Reise nach Spanien sehr beschwerlich war, vgl. Suet. Aug. 8.

[463] Vgl. RAMSEY 2008, 266–267. Siehe auch § 76.

Cicero zeichnet die Söhne des Pompeius als dessen Opfer, die nicht nur für das Vaterland (*patriam*), sondern auch für Haus und Hof (*deos patrios, aras, focos, larem suum familiarem*[464]) – im alten Rom eine heilige Sphäre der Familie – kämpfen mussten, in die Antonius einfach eingedrungen sei (*in quae tu invaseras*).

Der Abschnitt gipfelt – unter Verwendung einhämmernder und vorwurfsvoller Wiederholungsfiguren – in der Aussage, dass insbesondere Marcus Antonius gegen die Söhne des Pompeius habe kämpfen müssen: ... *tamen quem erat aequissimum contra Cn. Pompei liberos pugnare, quem? Te sectorem.*[465]

Am Ende steht eine empörte rhetorische Frage, in der Marcus Antonius' Neigung zum *vomitus* (*convomeres*; vergleiche auch die bereits behandelte *vomitus*-Szene in § 63) wieder aufgegriffen wird. Ungerechterweise habe Dolabella an seiner Stelle kämpfen müssen, während Marc Anton in Narbo[466] getrunken habe; das Verb des Kämpfens *dimicaret* steht nicht nur an der betonten Stelle am Ende des Satzes, sondern realisiert auch die seltene Klausel des Kretikus mit anschließendem doppelten Trochäus.[467]

§ 76 [...] *Qui vero Narbone reditus! Etiam quaerebat, cur ego ex ipso cursu tam subito revertissem. Exposui nuper, patres conscripti, causam reditus mei. Volui, si possem, etiam ante Kalendas Ianuarias prodesse rei publicae. Nam quod quaerebas, quo modo redissem: primum luce, non tenebris, deinde cum calceis et toga, nullis nec Gallicis nec lacerna. At etiam aspicis me, et quidem, ut videris, iratus. Ne tu iam mecum in gratiam redeas, si scias, quam me pudeat nequitiae tuae, cuius te ipsum non pudet. Ex omnium omnibus flagitiis nullum turpius vidi, nullum audivi. Qui magister equitum fuisse tibi viderere, in proximum annum consulatum peteres vel potius rogares, per municipia coloniasque Galliae, a qua nos tum, cum consulatus petebatur, non rogabatur, petere consulatum solebamus, cum Gallicis et lacerna cucurristi.*

INHALT UND KONTEXT: Cicero schildert die Rückkehr des Marcus Antonius von Narbo nach Rom im Jahre 45 v. Chr. – für ihn zu unpassender Stunde und in unpassender Kleidung: Am Abend und in gallischer Kleidung sei er angekommen. Dabei sei er im diesseitigen Gallien, also in Oberitalien, von Stadt zu Stadt gezogen, um sich für das Konsulat des Jahres 44 v. Chr. zu bewerben.[468]

---

[464] Vgl. schon § 72,13. Die Laren waren die Hausgötter und standen oft metonymisch für das Haus. Vgl. *DNP* s. v. „Laren".
[465] Vgl. zur *sectio* bzw. zum Güteraufkauf von Marc Anton bereits §§ 39–40.
[466] Vgl. auch schon §§ 34–35.
[467] Siehe RAMSEY 2008, 268.
[468] Die Wahlberechtigten in Gallia Cisalpina unterstützten Marc Anton bereits bei seiner Wahl zum Augurenamt im Jahre 50 v. Chr., vgl. Caes. B. Gall. 8.50,1–3. Außerdem war Marc Anton *patronus* von Bononia, heute Bologna, d. h. einer der wichtigsten Städte im diesseitigen Gallien, vgl. Suet. Aug. 17,2. Daher könnte der Grund für Marc Antons Tragen der gallischen Tracht auch einfach darin gelegen haben, seine enge Verbundenheit mit ihnen zum Ausdruck zu bringen, so auch LACEY.

Diese Heimkehr kontrastiert Cicero mit seiner eigenen kurz vor der 1. Philippika.[469] Wie es sich für einen Römer gehöre, sei er bei Tageslicht und in Toga angekommen.

EMOTIONSLINGUISTISCHE ANALYSE: Die Beschreibung der Rückkehr nach Rom beginnt mit einem Ausrufesatz (*Qui vero Narbone reditus!*) ohne Prädikat, der Ciceros Empörung zum Ausdruck bringt. Bevor Cicero jedoch zur genaueren Beschreibung der Rückkehr des Antonius übergeht, geht er zunächst von Fragen aus[470], die Antonius ihm einst gestellt hatte[471], und kann durch die Wiederholung der Antworten das positive Gegenbild einer gelungenen und für einen Römer akzeptablen Rückkehr zeichnen. Er selbst habe damals seine Reise abgebrochen, um so schnell wie möglich der römischen Gemeinschaft zu dienen, und sei zudem bei Tageslicht, in Toga und normalen Straßenschuhen[472] heimgekehrt. Marcus Antonius habe jedoch eine unpassende gallische Mode getragen, nämlich bestimmte Sandalen[473] und einen Kapuzenmantel[474] (*primum luce, non tenebris, deinde cum calceis et toga, nullis nec Gallicis nec lacerna*). Durch diese Synkrisis wertet sich Cicero als traditionsbewusster Römer auf und Marcus Antonius ab.

Der nächste Satz verstärkt den Eindruck der simulierten Mündlichkeit: Cicero bezieht sich auf eine aktuelle emotionale Reaktion Marcus Antonius', nämlich auf seinen aufflammenden Zorn, der ihm aus dessen Augen entgegenschlägt: *At etiam aspicis me, et quidem, ut videris, iratus.*

---

[469] Cicero hatte darüber in Cic. Phil. 1,7–10 gesprochen, also am 2. September 44 v. Chr., zwei Tage nach seiner Rückkehr nach Rom.

[470] Hier wechselt Cicero – laut RAMSEY bei Fragen des Öfteren – plötzlich zur 3. Person (*quaerebat*). Dies senkt die soziale Proximität, steigert aber die Evidentialität, indem die Bezugnahme auf die von Marc Anton gestellte Frage distanzierter und kühler daherkommt. Schon bei der nächsten indirekten Frage gebrauchte Cicero aber schon wieder die 2. Person (*quaerebas*).

[471] Hier wechselt Cicero abrupt zur 3. Person, was er öfter dann tut, wenn er auf Aussagen von Antonius Bezug nimmt, vgl. z. B. § 17 (*negat*).

[472] Nämlich dem *calceus*. Er war ein einfarbiger Halbstiefel für die vornehmen Männer Roms und gehörte zum Standeskleid (*vestis forensis*). Senatoren trugen einen speziellen *calceus senatorius*. Nur daheim war es ihnen gestattet, Sandalen zu tragen. Vgl. *DNP* s. v. *calceus* und auch BRODERSEN/ZIMMERMANN 2006 s. v. „Schuhe".

[473] Nämlich eben die sogenannten *gallicae*, ein gallischer Typ von Sandalen für Männer. Die vorliegende Stelle ist der erste Beleg für diesen Schuhtyp. Noch in Gellius' Tagen wurden Senatoren selbst an Feiertagen dafür kritisiert, *gallicae* zu tragen. Vgl. Gell. 13,22. Vgl. auch *DNP* s. v. „Schuhe".

[474] Die *lacerna* ist ein offener Mantel und ein bestimmter Typ des *sagum*, der erst als Soldatenmantel diente und auch in der Dichtung oft Heroen aus dem Mythos kleidete (vgl. z. B. Ov. fast. 2,743–747; Prop. 4,3,18) – wahrscheinlich kommt daher die Bemerkung von Plutarch, Marc Anton habe ein σάγος getragen, um sich als von Hercules abstammend zu präsentieren, vgl. Plut. Ant. 4,3. Im 1. Jh. v. Chr. wurde der Mantel in Rom eingeführt und schon bald sehr beliebt. Unter Augustus wurde er aber kurzfristig als Kleidung auf dem Forum und um das Forum herum verboten vgl. Suet. Aug. 40,5. Vgl. allgemein *DNP* s. v. *lacerna*.

Im nächsten Satz geht es mit expliziten Bezügen zu Gefühlsausdrücken weiter, nun aber nicht mit *ira*, sondern mit *pudor*. Cicero argumentiert, dass Marcus Antonius' Zorn augenblicklich erlöschen würde, wenn er wüsste, welch große Scham Cicero wegen seines nichtsnutzigen Verhaltens (*nequitiae tuae*) empfinde, während er selbst keinerlei Scham empfinde, also völlig schamlos sei. Dabei verwendet er ein seltenes, bejahendes *ne*.[475] Auf engstem Raum verbindet Cicero hier mehrere negative Zuschreibungen im Gewand von Emotionstermini: Marcus Antonius sei jähzornig, er habe sich nicht unter Kontrolle, er sei ein Nichtsnutz und schamlos.

Mit dem Wortfeld Scham und Schande geht es weiter: In hyperbolischen Worten behauptet Cicero, unter allen Schandtaten aller Menschen (*omnium omnibus flagitiis*) noch nichts Schändlicheres (*nullum turpius*) gesehen oder gehört zu haben; Cicero intensiviert die negative Bewertung durch das Polyptoton *omnium omnibus* und die Anapher *nullum ... nullum ...*

Am Ende des Abschnitts wird noch einmal – mit den gleichen Worten – an die beschämende gallische Mode erinnert (*Gallicis et lacerna*), außerdem fügt Cicero eine weitere Synkrisis ein. Während er selbst sich einst um das Konsulat beworben habe, noch nach Brauch und Sitte (er verwendet hier die bekannte Wendung der Konsulatsbewerbung in der aufsteigenden, positiv wertenden und die Senatoren einschließenden 1. Person Plural *petere consulatum solebamus*), habe Marcus Antonius (natürlich bei Caesar[476]) darum gebettelt (*rogares*).

§ 77 *At videte levitatem hominis. Cum hora diei decima fere ad Saxa Rubra venisset, delituit in quadam cauponula atque ibi se occultans perpotavit ad vesperam; inde cisio celeriter ad urbem advectus domum venit capite obvoluto. Ianitor: ‚Quis tu?' ‚A Marco tabellarius.' Confestim ad eam, cuius causa venerat, eique epistulam tradidit. Quam cum illa legeret flens – erat enim scripta amatorie; caput autem litterarum sibi cum illa mima posthac nihil futurum; omnem se amorem abiecisse illim atque in hanc transfudisse – cum mulier fleret uberius, homo misericors ferre non potuit, caput aperuit, in collum invasit. O hominem nequam! Quid enim aliud dicam? Magis proprie nihil possum dicere. Ergo, ut te Catamitum, necopinato cum te ostendisses, praeter spem mulier aspiceret, idcirco urbem terrore nocturno, Italiam multorum dierum metu perturbasti?*

INHALT UND KONTEXT: Cicero schildert Marcus Antonius' Rückkehr von Narbo nach Rom Anfang März 45 v. Chr.: Nach einem langen Trinkgelage auf den roten Felsen[477] sei er spät abends als Briefträger (*tabellarius*) verkleidet nach Hause gekommen[478] und habe seiner Frau Fulvia einen Brief überreicht, in dem

---

[475] Vgl. schon oben § 3.
[476] Siehe RAMSEY 2008, 270.
[477] Die Ortschaft *Saxa Rubra*, heute Grotta Rossa, lag an der Via Flaminia neun Meilen im Norden von Rom. Vitr. 2.7,1 berichtet, dass der Name von den roten Vulkanfelsen herrührt.
[478] Die nächtliche Annäherung an seine Ehefrau in anderen Kleidern erinnert an die Episode in der Odyssee, wo sich Odysseus als Bettler verkleidet seiner Frau Penelope entgegenstellt; vgl. Hom. Od. 19,165–202. Außerdem gibt es Reminiszenzen an die Geschichte von Tarquinius

stand, dass er sich von der Schauspielerin Cytheris getrennt habe.[479] Die ganze Szene ist der elegischen Liebeslyrik entlehnt.[480]

EMOTIONSLINGUISTISCHE ANALYSE: Zu Beginn des Abschnitts lenkt Cicero die Aufmerksamkeit der Senatoren mit einem Imperativ in der 2. Person Plural (*videte*) auf die *levitas* des Antonius, das heißt auf seinen Leichtsinn und seine Verantwortungslosigkeit, denn wie Cicero im letzten Satz mit einer rhetorischen Frage erklärt, hat er mit seiner unerwarteten Ankunft in Rom, ja in Italien, Angst und Schrecken[481] verbreitet (*urbem terrore nocturno, Italiam multorum dierum metu perturbasti*), und das nur, um sich seiner Frau Fulvia (die Cicero allerdings aus Verachtung in der ganzen Rede nie beim Namen nennt[482]) nach der Trennung von Cytheris mit einem Liebesbrief (*scripta amatorie*) wieder anzunähern, nicht ohne zuvor in einer Spelunke (*in quadam cauponula*) ausgiebig getrunken zu haben; Cicero schmälert die Spezifität durch das Indefinitpronomen quadam, zudem ist das Wort *cauponula* nicht zuletzt durch den Diminutiv negativ-evaluativ) vor Rom gesoffen zu haben (*perpotavit*; beachte auch das intensivierende Präfix *per-*).[483] Cicero zufolge versteckte er sich dort bis zum Einbruch der Dunkelheit (*delituit; ibi se occultans*), um dann so schnell wie möglich nach Rom aufzubrechen – die Geschwindigkeit der Reise wird einerseits durch die Erwähnung des leichten und schnellen Reisewagens *cisium*[484], andererseits durch die Alliteration und das Adverb in *cisio celeriter* gesteigert. Aber auch in der Dunkelheit habe er sein Gesicht verhüllt[485] (*capite obvoluto*) und sich als Briefträger ausgegeben, um die Reaktion Fulvias auf seinen Brief abwarten zu können – ein Seitenhieb auf Marc Antons Feigheit, ein offenes Gespräch zu führen, und seine Unterwürfigkeit gegenüber seiner Frau. Durch einen

---

Collatinus, der seiner tugendhaften Frau Lucretia nachts und unerwartet einen Besuch abgestattet haben soll; vgl. Liv. 1,57.

[479] Vgl. § 69.

[480] Vgl. schon das Motiv des *exclusus amator* in § 45. Für weitere Information über Verbindungen zum Elegiker Properz vgl. GRIFFIN 1977.

[481] Plutarch gibt in Plut. Ant. 10,7–10 diese Erklärung. Durch sein plötzliches Erscheinen in der Hauptstadt dachten wahrscheinlich viele Römer, Caesar sei in Spanien geschlagen worden und die Pompeianer seien auf dem Vormarsch in Richtung Rom. In Wirklichkeit dürfte die Angst aber darin ihren Grund gehabt haben, dass die in Rom verbliebenen Gegner von Caesar die Befürchtung hatten, Antonius sei nach einer siegreichen Schlacht gegen die Pompeianer in Spanien als Agent vorausgeschickt worden, um die ersten Säuberungen unter dessen Feinden vorzunehmen. Vgl. hierzu Cic. Att. 12.19,2.

[482] Vgl. den Satz *Confestim ad eam, cuius causa venerat, eique epistulam tradidit.* und RAMSEY 2008, 272.

[483] Die verstohlene Rückkehr nach Rom mit Sauftour erinnert an Ciceros Beschreibung von L. Pisos Rückkehr aus Macedonia im Jahr 55 v. Chr. (vgl. Cic. Pis. 53) und auch an diejenige von P. Clodius aus Sizilien im Jahr 60 v. Chr. in Cic. Att. 2.1,5.

[484] Ein *cisium* soll immerhin 56 römische Meilen in zehn Stunden zurücklegt haben, wie uns Cicero in Cic. Rosc. Am. 19 erzählt.

[485] Was mit der *lacerna*, also seinem Mantel (vgl. § 76), möglich gewesen sein müsste, wie uns Horaz bezeugt, vgl. Sat. 2.7,55.

direkten Wortwechsel zwischen Briefträger und Türhüter (*Ianitor: ‚Quis tu?' ‚A Marco tabellarius.'*) steigert Cicero einerseits die Authentizität des Geschehens, andererseits die Evidentialität, da es wie eine tatsächlich stattgefundene Szene wirkt.

Fulvia habe beim Lesen des Briefes geweint (*cum illa legeret flens ... mulier fleret uberius ...*), erst dann habe sich Marcus Antonius zu erkennen gegeben und sei ihr um den Hals gefallen. Cicero reagiert mit Empörung, die er durch einen Ausrufesatz, eine rhetorische Frage und die Behauptung, dazu nichts mehr sagen zu können, zum Ausdruck bringt: *O hominem nequam! Quid enim aliud dicam? magis proprie nihil possum dicere.*

Im letzten Satz wird Marcus Antonius schließlich als *Catamitus* bezeichnet: Das ist zum einen die römische Bezeichnung für Ganymed, den Mundschenk der Götter, was die Abhängigkeit von Fulvia und seine Passivität[486] unterstreichen würde, zum anderen ist es die Bezeichnung für einen Schwerenöter à la Don Juan, was die unbändige Lüsternheit Marc Antons betonen würde.

§ 78a *Et domi quidem causam amoris habuisti, foris etiam turpiorem, ne L. Plancus praedes tuos venderet. Productus autem in contionem a tribuno pl. cum respondisses te rei tuae causa venisse, populum etiam dicacem in te reddidisti. Sed nimis multa de nugis; ad maiora veniamus.*

i. Angriff auf seine Karriere im Bürgerkrieg: Versöhnung mit Caesar (78b–79)

§ 78b *C. Caesari ex Hispania redeunti obviam longissime processisti. Celeriter isti, redisti, ut cognosceret te si minus fortem, at tamen strenuum. Factus es ei rursus nescio quo modo familiaris. Habebat hoc omnino Caesar: quem plane perditum aere alieno egentemque, si eundem nequam hominem audacemque cognorat, hunc in familiaritatem libentissime recipiebat.*

INHALT UND KONTEXT: Cicero nennt noch einen weiteren Grund für Marcus Antonius' Reise nach Rom: Er habe das Vermögen seiner Bürgen vor dem als Stadtprätor auftretenden L. Plancus[487] schützen wollen, der ihnen mit Vollstreckung gedroht habe, da Marc Anton seine Schulden noch immer nicht beglichen habe.[488] Ein Volkstribun habe ihn in der Volksversammlung (*contio*[489]) öffentlich auftreten lassen, um seine unerwartete Rückkehr zu erklären. Bei der

---

[486] Vgl. zur passiven Homosexualität VOGT 2003, 43–56; WILLIAMS 2010, 172–178; als Beleidigung vgl. PAUSCH 2021, 157–159.

[487] L. Plancus (*RE* 30, cos. 42) war einer der Stadtpräfekten, die M. Lepidus in seiner Funktion als *magister equitum* unterstützen sollten, vgl. Dio 43.28,2. Er war also eigentlich kein *praetor urbanus* im strengen Sinn, zu dessen Aufgaben es traditionell gehörte, Schulden einzutreiben. Im Jahr 45 v. Chr. gab es aber keine Prätoren (und auch keine) Quästoren, bis Caesar im Herbst nach Rom zurückkam, vgl Dio 43.48; Suet. Iul. 76,2.
LACEY 1986, 158 stellt die Möglichkeit in den Raum, dass Marc Anton sich mit Fulvia auch deswegen versöhnen wollte, um bei der Schuldentilgung auf ihr Kapital zurückgreifen zu können.

[488] Vgl. schon §§ 71–73.

[489] Eine *contio* war eine nur anhörende und diskutierende, nicht beschließende Versamm-

Volksversammlung habe er das Volk gegen sich aufgebracht (*dicacem in te*), wahrscheinlich weil er nur wegen einer Privatangelegenheit (*rei tuae causa*) zurückgekehrt sei.[490] Er sei Caesar auf dessen Rückreise aus Spanien weit[491] entgegen gereist und habe sich mit ihm versöhnt.[492] Er habe die Eigenschaft, so Cicero, gerade die verschuldeten Nichtsnutze zu begnadigen.[493]

EMOTIONSLINGUISTISCHE ANALYSE: Den zweiten Grund, den Cicero für die unerwartete Reise Marcus Antons nach Rom anführt, bezeichnet er als noch schändlicher (*etiam turpiorem*) als seine Annäherung an Fulvia. Mit dem Hinweis auf die Bürgen (*praedes tuos*) erinnert Cicero den Hörer bzw. Leser daran, dass Antonius hoch verschuldet ist. Dies und Marc Antons unbedachte Äußerung vor dem Volk, er sei in eigener Sache (*rei tuae causa*) nach Rom gekommen, dienen der Abwertung der Person Marc Antons: Er erscheint als selbstsüchtiger Bankrotteur. Die Reaktion des Volkes, die Cicero als *dicax*, also als „schnippisch" oder „beißend" beschreibt, verwundert nicht. All diese Vorfälle tut Cicero in einem strukturierenden Brückensatz (*Sed nimis multa de nugis; ad maiora veniamus.*) als *nugae*, als „Lappalien" oder „Kleinigkeiten" ab.

Cicero macht einen harten Schnitt und stellt Caesar an den Anfang des ersten Satzes des nächsten Gedankenabschnitts: *C. Caesari ex Hispania redeunti obviam longissime processisti*. Auf diese Weise intensiviert Cicero den Fokus auf die Beziehung Marc Antons zu Caesar, um die es im Folgenden gehen soll. Marcus Antonius wird als ein von Caesar abhängiger und übereifriger Parteigänger gezeichnet, der ihm auf seiner Rückreise weit entgegenkommt, um wenigstens seinen Fleiß (*strenuum*) unter Beweis zu stellen, wenn er schon seine Tapferkeit (*minus fortem*)[494] in Spanien nicht unter Beweis stellen konnte. Ging es bis zu diesem Punkt des Abschnitts immer um Marcus Antonius, auf den sich Cicero durchgehend in der 2. Person bezieht, so wendet er sich am Ende Caesar zu. Dessen Versöhnung mit Antonius erscheint ihm unerklärlich. Mit seiner anschließenden Erklärung bündelt er einerseits mehrere Angriffe gegen Antonius (der vorangestellte, betonte Relativsatz spricht von einem verschuldeten, nichtsnutzigen und übermütigen Menschen: *quem plane perditum aere alieno egentemque, si eundem nequam hominem audacemque cognorat, hunc...*), andererseits kritisiert er damit auch Caesar äußerst scharf.

---

lung des Volks. Sie musste von einem Amtsträger, z.B. von einem Volkstribun einberufen werden. Vgl. *DNP* s.v. *contio*.

[490] Das Wort *res* kann auch „Geschlechtsverkehr" heißen, siehe *OLD* s.v. *res* 8c.

[491] RAMSEY 2008, 274 geht davon aus, dass Marc Anton sogar bis Narbo gekommen sei, wo Caesar auf seiner Rückreise längere Zeit verbrachte (vgl. GELZER 1983, 299).

[492] Plutarch erzählt uns in Plut. Ant. 11,2, Caesar habe Antonius auf seiner Rückreise die Ehre erwiesen, ihn mit sich in den vordersten Wagen zu bitten, während D. Brutus und C. Octavius nur in einem Gefährt dahinter hätten Platz nehmen müssen.

[493] So Cicero über Caesar schon ähnlich in Cic. Att. 7.3,5 und Fam. 8.14,3.

[494] Beide Attribute *fortis* und *strenuus* treten in Lobesbekundungen ironischerweise oft als Paar auf, vgl. *OLD* s.v. *strenuus* 1b.

§ 79 *His igitur rebus praeclare commendatus iussus es renuntiari consul et quidem cum ipso. Nihil queror de Dolabella, qui tum est impulsus, inductus, elusus. Qua in re quanta fuerit uterque vestrum perfidia in Dolabellam, quis ignorat? Ille induxit, ut peteret, promissum et receptum intervertit ad seque transtulit; tu eius perfidiae voluntatem tuam ascripsisti. Veniunt Kalendae Ianuariae; cogimur in senatum: invectus est copiosius multo in istum et paratius Dolabella quam nunc ego.*

INHALT UND KONTEXT: Marcus Antonius und Caesar sollen sich 44 v. Chr. gemeinsam zum Konsul gemacht[495] und damit Dolabella um sein bereits zugesichertes Amt betrogen haben[496]. Cicero beschuldigt sie der Treulosigkeit (*perfidia*).[497] Dolabella habe deshalb am 1. Januar 44 v. Chr., also am Tag des Amtsantritts der neuen Konsuln[498], im Senat eine scharfe Schmährede gegen Antonius gehalten.

EMOTIONSLINGUISTISCHE ANALYSE: Marcus Antonius wird in der 2. Person angesprochen, Cicero wendet sich also direkt an ihn, wenn er im ersten Satz ironischerweise das Scheinlob ausspricht, er habe sich durch die eben vollbrachten Taten als der richtige Mann für das Konsulat des Jahres 44 v. Chr. empfohlen. Cicero kritisiert ihn dann – zusammen mit Caesar – als treulosen Betrüger, der Dolabella das Konsulat im letzten Moment vor der Nase weggeschnappt habe: Das Trikolon *impulsus, inductus, elusus* unterstreicht dieses Bild, Caesar habe Dolabella lange in Aussicht gestellt, ihn dann aber im letzten Moment betrogen. Im Rahmen einer rhetorischen Frage, in der Cicero eine besondere, akzentuierende Wortstellung verwendet, macht er seiner Empörung über die Treulosigkeit (*perfidia*) der beiden Luft: *Qua in re quanta fuerit uterque vestrum perfidia*

---

[495] Cicero übertreibt wahrscheinlich, wenn er sagt, *iussus es*, hatte Caesar doch zwar viel Macht und Einfluss auf die Wahl, doch zumindest die Konsuln durfte er nicht einfach bestimmen. Die *comitia centuriata* mussten den Konsul, zumindest in der Theorie, weiterhin wählen, vgl. Suet. Iul. 41,2 und Cic. Phil. 7,16. Allerdings meinten auch die späteren Autoren zumeist, Caesar habe den Konsul einfach bestimmt, vgl. Plut. Ant. 11,3; Dio 43.49,1; App. 2,107.

[496] Es ist wahrscheinlich, dass Caesar dem damals nur 30-jährigen Dolabella nur ein Suffektkonsulat versprochen hatte, denn unter seinen Legaten in Spanien befanden sich drei Männer, die sowohl erfahrener und älter als auch schon höhere politische Ämter bekleidet hatten, nämlich Q. Maximus, C. Trebonius und C. Caninius. Letztere waren bereits 45 v. Chr. Suffektkonsuln, während Dolabellas höchstes Amt „nur" das Volkstribunat im Jahr 47 v. Chr. gewesen war. Vgl. RAMSEY 2008, 275.

[497] Die Perfidie von Caesar liegt darin, sein Wort an Dolabella gebrochen zu haben, und die von Marc Anton darin, Caesar erst zu diesem Sinneswandel in dieser Sache angestiftet zu haben. So zumindest die Interpretation von RAMSEY 2008, 276, der die ganze Angelegenheit als Erfindung von Cicero bezeichnet. Er begründet seine Meinung damit, dass Caesar bereits in den Jahren 46 und 45 v. Chr. Konsul war und besonders im wichtigen Jahr 44, in dem er gegen die Parther ziehen wollte, wieder Konsul werden wollte, um Rom nicht in einem chaotischen Zustand zurücklassen zu müssen, wo er doch von der persönlichen Feindschaft zwischen Dolabella und Marc Anton gewusst habe. Daher sei es für ihn praktisch gewiss, dass Caesar Dolabella von vornherein nur als Suffektkonsul einplante, damit er ihn nach seinem Aufbruch nach Persien ersetzte.

[498] Vgl. Cic. Phil. 1,6–7.

in Dolabellam, quis ignorat? Die negative Wertung durch den Vorwurf der Treulosigkeit wird im übernächsten Satz aufgegriffen und dadurch akzentuiert: *tu eius perfidiae voluntatem tuam ascripsisti.* Eigentlich denkt Cicero in erster Linie an Caesar, aber – wie der zitierte Satz zeigt – Marcus Antonius hat Caesars perfide Tat freiwillig in Gang gesetzt.

Die Inaugurationsszene am 1. Januar im Senat wird von Cicero sehr lebendig im dramatischen Präsens, in kurzen Sätzen und mit Anfangsstellung der Prädikate eingeleitet: *Veniunt Kalendae Ianuariae; cogimur in senatum:* ... Eine metainvektive Bemerkung beschließt den Abschnitt – auffällig die Anfangsstellung des Prädikats, Hyperbata, Übertreibungen und das Pronomen *iste*: *invectus est copiosius multo in istum et paratius Dolabella quam nunc ego.* Dolabella habe Antonius damals viel härter angegriffen als Cicero selbst mit der vorliegenden Rede. Diese Bemerkung dient auch dazu, bescheiden zu wirken, die vorliegende Invektive zu rechtfertigen („Wenn schon Dolabella zu noch heftigeren Verbalinjurien berechtigt war, dann bin ich es auch!") und zu steigern („Meine Invektive ist schon verletzend, wie muss dann erst die Dolabellas gewesen sein!").

j. Angriff auf sein jetziges Konsulat: Versuch, Dolabellas Wahl zu verhindern (80–84a)

§ 80 *Hic autem iratus quae dixit, di boni! Primum cum Caesar ostendisset se, priusquam proficisceretur, Dolabellam consulem esse iussurum – quem negant regem, qui et faceret semper eius modi aliquid et diceret – sed cum Caesar ita dixisset, tum hic bonus augur eo se sacerdotio praeditum esse dixit, ut comitia auspiciis vel impedire vel vitiare posset, idque se facturum esse asseveravit. In quo primum incredibilem stupiditatem hominis cognoscite.*

INHALT UND KONTEXT: Als Reaktion auf Dolabellas Invektive vom 1. Januar 44 v. Chr. und Caesars Absicht, Dolabella zum Konsul wählen zu lassen, kündigte Marcus Antonius an, er werde seine Stellung als Augur nutzen, um zu Beginn von Caesars Feldzug gegen die Parther[499] die Wahl Dolabellas zum Suffektkonsul[500] durch ungünstige Auspizien[501] zu verhindern.

---

[499] Laut App. 2.11 wollte Caesar am 18. März 44 v. Chr. in den Orient aufbrechen, also drei Tage nach den Iden des März. Für den Feldzug seien bis zu drei Jahre eingeplant gewesen. Es handelte sich um einen Rachefeldzug, denn im Jahr 53 v. Chr. mussten die Römer eine schmachvolle Niederlage bei Carrhae hinnehmen, bei der der damalige Feldherr und Triumvir Crassus fiel.

[500] Siehe DNP s. v. Suffektconsul: „Die röm. Magistrate (*magistratus*) wurden grundsätzlich für ein Jahr gewählt. Wenn aber ein Magistrat während seines Amtsjahres ausschied, mußte für den Rest des Jahres ein Nachfolger bestimmt werden, der *suffectus* (von *sufficere*, ‚nachwachsen') genannt wurde."

[501] Durch ein sogenanntes *auspicium oblativum* hatte Marc Anton als Augur tatsächlich die Möglichkeit, die Wahlversammlung wegen ungünstigen Vogelflugs entweder schon vorher zu verhindern oder im Nachhinein für ungültig zu erklären. Diesen Vorgang nannte man auch *obnuntiatio*.

EMOTIONSLINGUISTISCHE ANALYSE: Im ersten Satz bezieht sich Cicero in der 3. Person Singular auf Marc Antons wütende Reaktion auf Dolabellas Invektive vom 1. Januar 44. Das Pronomen *hic* erzeugt nach Ramsey Dringlichkeit[502] und ersetzt hier das sonst bevorzugte *iste*; im Adjektiv *iratus* erscheint der Emotionsbegriff „Zorn", der Satz endet mit einem pathetischen Anruf der Götter, der Empörung ausdrückt: *di boni!*

Ciceros hohe Erregung zeigt sich auch darin, dass er den nächsten Satz zwar mit dem strukturierenden Adverb *primum* beginnt, den Faden im Folgenden aber nicht mit einem zu erwartenden *deinde* wieder aufnimmt: Dieses Phänomen könnte als syntaktische Inkonsistenz infolge affektiver Erregung gedeutet werden. Die bewusste Vermeidung von Parallelität verweist also auf Ciceros erregte Gefühlslage.

Bevor Cicero auf die Drohung Antonius' eingeht, die Wahl Dolabellas zu vereiteln, wendet er sich Caesar zu und wird auch hier nicht müde, durch abwertende Wortwahl beim Hörer bzw. Leser den Eindruck zu erwecken, Caesar sei ein Tyrann und Alleinherrscher. So habe Caesar laut Cicero angeordnet (*iussurum*), dass Dolabella nach seiner Abreise nach Parthien für den Rest des Jahres zum Suffektkonsul gewählt werden solle – eigentlich eine klare Kompetenzüberschreitung auch eines *dictator*. Im selben Satz fügt er eine empörte[503] Parenthese ein, in der auch das für Römer sehr negative Wort *rex*[504] vorkommt: *quem negant regem, qui et faceret semper eius modi aliquid et diceret.*

Dann nennt Cicero seinen Gegner Marcus Antonius ironisch und spöttisch[505] einen *hic bonus augur* und lässt ihn auf seinem Trick beharren, als Augur die Wahlversammlung zu verzögern – hier verwendet Cicero das emphatische Verb *asseveravit*.[506] Eine direkte Invektive gegen Antonius schickt Cicero schließlich im letzten Satz des Abschnitts, wo er sich in einem Imperativ der 2. Person Plural an die Senatoren wendet und sie auffordert, seine „unglaubliche Dummheit" zu erkennen: *In quo primum incredibilem stupiditatem hominis cognoscite.*

§ 81 *Quid enim? Istud, quod te sacerdoti iure facere posse dixisti, si augur non esses et consul esses, minus facere potuisses? Vide, ne etiam facilius; nos enim nuntiationem solum habemus, consules et reliqui magistratus etiam spectionem. Esto, hoc imperite; nec enim est ab homine numquam sobrio postulanda prudentia; sed videte impudentiam. Multis ante mensibus in senatu dixit se Dolabellae comitia aut prohibiturum auspiciis aut id facturum esse, quod fecit. Quisquamne divinare potest, quid vitii in auspiciis futurum sit, nisi qui de caelo servare constituit? Quod neque licet comitiis per leges, et, si qui servavit, non comitiis habitis, sed priusquam habeantur, debet nuntiare. Verum implicata inscientia impudentia est; nec scit, quod augurem, nec facit, quod pudentem decet.*

---

[502] Vgl. RAMSEY 2008, 277.
[503] Vgl. RAMSEY 2008, 277.
[504] Siehe *OLD* s. v. *rex* 4b.
[505] RAMSEY spricht von „facetious". Vgl. RAMSEY 2008, 278.
[506] Vgl. RAMSEY 2008, 278 und *OLD* s. v. *assevero* 1.

INHALT UND KONTEXT: Marcus Antonius habe, so Cicero, seine Befugnisse als Augur missverstanden und missbraucht, um die Wahl Dolabellas zu verhindern.[507]

EMOTIONSLINGUISTISCHE ANALYSE: Cicero will in dieser Passage die Unkenntnis Marc Antons über die Befugnisse eines Auguren und Konsuls entlarven und verspotten. Bei der negativen Bewertung zielt Cicero jedoch nicht nur einseitig auf den Topos der Unwissenheit (*imperite*; *numquam ... postulanda prudentia*; *inscientia*; zuvor schon in § 80 *incredibilem stupiditatem hominis cognoscite*), sondern auch auf seine Trunksucht (*ab homine numquam sobrio*) und Unverschämtheit (*impudentiam*; *impudentia*; *nec facit quod pudentem decet*). Akzentuiert werden diese abwertenden Abstrakta durch auffällige Assonanzen und das häufige Vorkommen des verneinenden Präfixes *im-*: *... prudentia; sed videte impudentiam; ... implicata inscientia impudentia est.*

Der Abschnitt beginnt mit der Frage *Quid enim?* – Ramsey schreibt dazu: „This, like τί γάρ;, can be used as a rhetorical question to introduce something confirmatory (*OLD* s.v. *quis* 14C)".[508] Hier bestätigt er also mittels einer rhetorischen Frage die *stupiditas* des Antonius, auf die er im vorhergehenden Satz aufmerksam gemacht hat. Seine Antwort im folgenden Satz – wiederum in Form einer pikierten rhetorischen Frage – beginnt mit dem pejorativen Demonstrativpronomen *istud* im Neutrum, womit er die Meinung Marc Antons abwertet – die geringe Evidenz seiner Meinung signalisiert Cicero auch dadurch, dass er im auf *istud* folgenden Relativsatz ein AcI in Abhängigkeit von *dixisti* verwendet, das heißt er signalisiert die für ihn geringe Glaubwürdigkeit der Quelle.

Cicero wechselt zwischen den Personen; zunächst verwendet er die 2. Person Singular, um sich auf Antonius zu beziehen, dann wechselt er in die 3. Person (*dixisti*; *esses*; *potuisses*; *vide*; dann aber *dixit*; *fecit*; *scit*; *facit*); auch die Senatoren spricht er einmal in der 2. Person Plural an (*sed videte impudentiam*). Einmal verwendet er ein inklusives „Wir" (*habemus*). Die 3. Person überwiegt aber gerade dort, wo Cicero Antonius über die Kompetenzen eines Augurs und Konsuls belehrt. Dieser belehrende Habitus kann als soziale Deixis interpretiert werden: Durch die Belehrung nimmt Cicero eine überlegene Position gegenüber seinem „Schüler" Antonius ein. Auch hier findet sich also zwischen den Zeilen eine negative Bewertung Marc Antons bzw. eine positive Bewertung Ciceros.

---

[507] Vgl. *DNP* s.v. *Augures*. Für Cicero zeigt sich Antonius in den folgenden sakralrechtlichen Dingen unwissend: Ein Augur hatte nur das Recht, zufällig beobachtete, nicht durch Divinationstechniken ausgelöste Omina (die sogenannten *auspicia oblativa*) zu deuten und zu verkünden. Der Vorgang der Verkündigung heißt *nuntiatio*. Dadurch konnte er bei ungünstigen Omina (sogenannte *dirae*) empfehlen, beispielsweise eine am nächsten Tag anberaumte Wahlversammlung zu verschieben.
Ein Konsul durfte hingegen Beobachtungen willentlich planen und Vogelzeichen einholen (man spricht dann von *auspicia impetrativa*), die sogenannte *spectio*.
[508] Vgl. RAMSEY 2008, 278.

§ 82 *Itaque ex illo die recordamini eius usque ad Idus Martias consulatum. Quis umquam apparitor tam humilis, tam abiectus? Nihil ipse poterat, omnia rogabat, caput in aversam lecticam inserens beneficia, quae venderet, a collega petebat.*
Ecce Dolabellae comitiorum dies! Sortitio praerogativae; quiescit. Renuntiatur; tacet. Prima classis vocatur, renuntiatur; deinde, ita ut assolet, suffragia; tum secunda classis vocatur; quae omnia sunt citius facta, quam dixi.

INHALT UND KONTEXT: Cicero beschreibt das Konsulat des Marcus Antonius: Bis zu Caesars Ermordung an den Iden des März sei er korrupt und völlig von Caesar abhängig gewesen wie ein *apparitor*, ein Amtsdiener.[509]

Dann schildert Cicero die Wahlversammlung[510] für das Konsulat des Dolabella. Eine Zenturie nach der anderen habe für Dolabella gestimmt, Antonius habe dies zunächst widerwillig, aber schweigend hingenommen.

EMOTIONSLINGUISTISCHE ANALYSE: Cicero spricht die Senatoren direkt in der 2. Person Plural an, wenn er sie auffordert, sich an Marc Antons Amtszeit als Konsul vor dem 15. März 44 v. Chr. zu erinnern: *recordamini eius usque ad Idus Martias*[511] *consulatum.* In Form einer wütenden rhetorischen Frage bewertet Cicero Marc Anton negativ als „Unterbeamten, Amtsdiener" – obwohl er eigentlich Konsul war! – der zudem unterwürfig und verzagt gewesen sei: *Quis umquam apparitor tam humilis, tam abiectus?* Zu seiner starken Abhängigkeit von Caesar passt dann auch inhaltlich der folgende Satz, in dem Cicero sich der Evidentia bedient: *Nihil ipse poterat, omnia rogabat, caput in aversam lecticam inserens beneficia, quae venderet, a collega petebat.* Die Evidentia dient einerseits dazu, Emotionen zu wecken und ein lebendiges Bild vor den Augen des Lesers oder Hörers entstehen zu lassen, andererseits dazu, die Evidenz und Authentizität der geschilderten Szene herzustellen. So soll Marcus Antonius immer wieder den Kopf in Caesars Sänfte[512] gesteckt haben, um das zu erbitten, was er bereits

---

[509] Ein *apparitor* war ein Unterbeamter bzw. Amtsdiener entweder eines Konsuls oder eines Praetors. Zu den *apparitores* gehörten beispielsweise die Liktoren, die Schreiber (*scribae*), die Ausrufer (*praecones*) usw. Vgl. hierzu *DNP* s. v. *apparitores*.

[510] Die sogenannten Zenturiatkomitien bildeten die Wahlversammlung der Konsuln und Praetoren. Sie bestanden aus den nach Reichtum gestaffelten fünf Zensusklassen, den *classes*. Jede *classis* bestand wieder aus unterschiedlichen *centuriae*, ursprünglich militärische Hundertschaften, die entweder aus Reitern (*equites*) oder aus Fußsoldaten bestanden. Die *praerogativa* war eine ausgeloste *centuria* aus der *prima classis*, die zuerst abstimmen durfte und damit einen großen Einfluss auf den Wahlausgang hatte, denn das Wahlergebnis jeder Zenturie bzw. *classis* wurde sofort verkündet (*renuntiatur*; siehe *OLD* s. v. 4). Die *suffragia* meinen die sechs Zenturien von Reitern innerhalb der ersten Vermögensklassen, die nach allen anderen Zenturien der ersten *classis* abstimmen durften.
Es wurde nur so lange gewählt, bis eine Mehrheit sicher war. Daher kam die eigentlich zahlenmäßig überlegene *quinta classis* praktisch nie zum Zug. Vgl. hierzu *DNP* s. v. *comitia*.

[511] Cicero nimmt hier also unspezifisch durch eine Datumsangabe auf Caesars Ermordung Bezug – wohl um nicht von Marc Antons Konsulat abzulenken.

[512] Es galt für einen gesunden Mann eher als verwerflich, wenn er sich in Rom in einer Sänfte fortbewegte, vgl. Cat. 10 und Suet. Iul. 43,1. Doch Caesar litt in den vierziger Jahren an

an andere verkauft hatte. Auch hier wird also beiläufig Kritik an der korrupten Amtsführung Marc Antons geübt.

Dann vollzieht Cicero eine abrupte Wende: Mit einem Ausrufesatz und der deiktischen Partikel ecce lenkt er die Aufmerksamkeit auf die Wahlversammlung von Dolabella (*Ecce Dolabellae comitiorum dies!*). Mit vielen kurzen Kola, die zum Teil nur aus einem Verb als Subjekt und Prädikat bestehen, baut er weitere Spannung auf, Marcus Antonius wird als passiver Zuschauer der für ihn ungünstig verlaufenden Wahl gezeichnet, der schweigend mit ansehen musste, wie sein Gegner Dolabella von der Bürgerschaft gewählt wurde: *Sortitio praerogativae; quiescit. Renuntiatur; tacet. Prima classis vocatur, renuntiatur; deinde, ita ut assolet, suffragia; tum secunda classis vocatur; quae omnia sunt citius facta, quam dixi*. Als ob die rasche Abfolge der Wahlhandlungen durch die Brevitas seines Ausdrucks nicht schon eindrucksvoll genug wäre, stellt Cicero an den Schluss noch die übertriebene Behauptung, das Geschilderte habe sich noch schneller ereignet, als hier in wenigen Sekunden gesagt worden sei: *quae omnia sunt citius facta, quam dixi*. Die Erzählzeit ist also nach Cicero länger als die erzählte Zeit; dass es sich dabei um eine Dehnung der Zeit handelt, ist jedoch völlig übertrieben. Cicero will mit dieser Hyperbel den Eindruck erwecken und verstärken, die abstimmenden Zenturien hätten Dolabella in Windeseile gewählt.

Die verkürzte und abgehackte Schilderung der Wahl leitet zum nächsten Abschnitt über, in dem die Kurzschlusshandlung der Vertagung der Wahl durch Marcus Antonius in seiner Funktion als Augur thematisiert wird.

§ 83 *Confecto negotio bonus augur (C. Laelium diceres) ‚alio die' inquit. O impudentiam singularem! Quid videras, quid senseras, quid audieras? Neque enim te de caelo servasse dixisti nec hodie dicis. Id igitur obvenit vitium, quod tu iam Kalendis Ianuariis futurum esse providebas et tanto ante praedixeras. Ergo, hercule, magna, ut spero, tua potius quam rei publicae calamitate ementitus es auspicia; obstrinxisti religione populum Romanum; augur auguri, consul consuli obnuntiasti. Nolo plura, ne acta Dolabellae videar convellere, quae necesse est aliquando ad nostrum collegium deferantur.* § 84a *Sed arrogantiam hominis insolentiamque cognoscite. Quamdiu tu voles, vitiosus consul Dolabella; rursus, cum voles, salvis auspiciis creatus. Si nihil est, cum augur iis verbis nuntiat, quibus tu nuntiasti, confitere te, cum ‚alio die' dixeris, sobrium non fuisse; sin est aliqua vis in istis verbis, ea, quae sit, augur a collega require.*

INHALT UND KONTEXT: Cicero beschreibt die Versammlung zur Wahl Dolabellas zum Suffektkonsul. Die Wahl Dolabellas scheint abgeschlossen gewesen zu sein, bis Marcus Antonius als Augur ein ungünstiges, für die anderen aber unsichtbares Omen sah und die Wahlversammlung vertagte (*alio die*[513]).

---

einer eher schwachen Gesundheit, außerdem konnte er so seine Zeit produktiv mit Schreiben verbringen (vgl. z. B. Suet. Aug. 45,1).

[513] Vgl. zu dieser auguralrechtlichen Formel Cic. Leg. 2,31: *Maximum autem et praestantissimum in re publica ius est augurum cum auctoritate coniunctum, neque vero hoc quia sum ipse augur ita sentio, sed quia sic existimari nos est necesse. Quid enim maius est, si de iure quaerimus,*

Diesen Religionsfrevel (*religio*) versucht Cicero als Fluch gegen Antonius zu wenden.[514] Cicero prangert die Willkür Marc Antons an: Erst habe er die Wahlversammlung vertagt, dann habe er die Wahl angenommen. So bedeuteten die Worte der Auguren nichts.[515]

EMOTIONSLINGUISTISCHE ANALYSE: Scherzhaft und ironisch nennt Cicero Antonius einen guten Augur (*bonus augur*), ja einen vorbildlichen Augur nach Art des C. Laelius, des Konsuls von 140 v. Chr. mit dem Beinamen *sapiens*[516]. Er zitiert direkt dessen Formel *alio die* zur Vertagung der *comitia centuriata*. Damit erhöht er die Lebendigkeit der Erzählung und die Authentizität des Gesagten. Es folgen ein empörter Ausrufesatz mit der Interjektion *o* – später wird er noch den Ausruf *hercule* einflechten – und eine rhetorische Frage mit anaphorischem Trikolon: *O impudentiam singularem! Quid videras, quid senseras, quid audieras?* Marcus Antonius hat nach Cicero also alles nur erfunden, wie Cicero kurz darauf auch ausdrücklich sagt: *ementitus es auspicia*.

Auf das direkte Zitat *alio die* folgt ein indirektes mit AcI: *Neque enim te de caelo servasse dixisti nec hodie dicis*. Auch dieses Zitat dient hier dazu, den Wahrheitsgehalt von Ciceros Behauptung, Antonius habe in Wirklichkeit nichts gesehen und deshalb gelogen, zu untermauern.

Dreimal verwendet Cicero Verben mit dem Präfix *ob-*: *obvenit, obstrinxisti, obnuntiasti*. Damit charakterisiert Cicero seinen Gegner Antonius als Obstruktionisten, als schamlosen Politiker (*o impudentiam singularem!*), der seine

---

quam posse a summis imperiis et summis potestatibus comitiatus et concilia vel instituta dimittere vel habita rescindere? Quid gravius quam rem susceptam dirimi, si unus augur ‚alio ⟨die⟩' dixerit? Quid magnificentius quam posse decernere, ut magistratu se abdicent consules? Quid religiosius quam cum populo, cum plebe agendi ius aut dare aut non dare? Quid, legem si non iure rogata est tollere, ut Titiam decreto conlegi, ut Livias consilio Philippi consulis et auguris? Nihil domi, nihil militiae per magistratus gestum sine eorum auctoritate posse cuiquam probari?

[514] Auch ein erfundenes Vogelzeichen musste berücksichtigt werden, da eine Zuwiderhandlung für den Staat unheilvoll gewesen wäre, vgl. Cic. Div. 1,29: *Ut P. Claudius, Appi Caeci filius, eiusque collega L. Iunius classis maximas perdiderunt, cum vitio navigassent. Quod eodem modo evenit Agamemnoni; qui, cum Achivi coepissent „inter sese strepere aperteque artem obterere extispicum solvere imperat secundo rumore adversaque avi." Sed quid vetera? M. Crasso quid acciderit videmus, dirarum obnuntiatione neglecta. In quo Appius, collega tuus, bonus augur, ut ex te audire soleo, non satis scienter virum bonum e civem egregium censor C. Ateium notavit, quod ementitu auspicia subscriberet. Esto; fuerit hoc censoris, si iudicabat ementitum; at illud minime auguris, quod adscripsit ob ea causam populum Romanum calamitatem maxumam cepisse. Si enim ea causa calamitatis fuit, non in eo est culpa, qui obnuntiavit, sed in eo, qui non paruit. Veram enim fuisse obnuntiationem, ut ait idem augur et censor, exitus adprobavit; quae si falsa fuisset, nullam adferre potuisset causam calamitatis. Etenim dirae, sicut cetera auspicia, ut omina, ut signa, non causas adferunt, cur quid eveniat, sed nuntiant eventura, nisi provideris.*
Auch bei Livius ist davon die Rede, dass der Fälscher von Auspizien die Folgen dieses Religionsfrevels letztlich selbst tragen muss, vgl. Liv. 10.40,11: *in semet ipsum religionem suscipit*.

[515] Erst zwei Tage nach den Iden des März, am 17. März 44 v. Chr. habe Antonius Dolabellas Wahl zum Suffektkonsul anerkannt, vgl. Cic. Phil. 1,31.

[516] Laelius zu Ehren schrieb Cicero beinahe zeitgleich seinen berühmten Dialog *Laelius* über die Freundschaft. Vgl. *RE* s. v. *Laelius* 3.

Macht missbraucht, um persönliche Eitelkeiten und eigene Ziele durchzusetzen. So wendet Cicero das Auspizium als Fluch gegen den Augur selbst: ma*gna, ut spero, tua potius quam rei publicae calamitate.*

Mit Rücksicht auf seine Wirkung auf die Senatoren und aus Respekt vor seinem ehemaligen Schwiegersohn Dolabella, dessen Konsulat durch die fehlerhafte Wahlversammlung in seiner Gültigkeit in Frage gestellt worden war, möchte er am Ende des Abschnitts auf ein anderes Thema zu sprechen kommen – ohne jedoch zuvor in der 1. Person Plural indirekt darauf hinzuweisen, dass sich das Augurenkollegium noch einmal mit der problematischen Wahl des Suffektkonsuls zu befassen habe: *Nolo plura, ne acta Dolabellae videar convellere, quae necesse est aliquando ad nostrum collegium deferantur.*

In der ersten Hälfte von § 84 richtet Cicero einen Imperativ an die Zuhörer (*cognoscite*) und lenkt die Aufmerksamkeit auf Marcus Antonius' Anmaßung (*arrogantia*), Dreistigkeit (insolentia) und wiederum Trunksucht (*confitere te ... sobrium non fuisse*). Die Vertagungsformel *alio die!* wird wieder aufgegriffen, ihre Verwendung durch Antonius wird durch das pejorative Pronomen *iste* negativ bewertet (*istis verbis*). Durch eine indirekte Sachfrage nach der Bedeutung der Formelwörter entlarvt Cicero – als langjähriger Augur selbst eine einschlägige Autorität – die Unkenntnis Marc Antons in sakralrechtlichen Fragen (*... quae sit, augur a collega requiro*). Aber nicht nur die sakralen Worte *alio die!* werden wiederholt, es treten auch weitere Wiederholungsfiguren auf, die intensivierende Akzente setzen: *quamdiu tu voles ... cum voles ...; Si nihil est, ... sin est aliqua vis.*

k. Angriff auf sein jetziges Konsulat: Lupercalia (84b–87)

§ 84b *Sed ne forte ex multis rebus gestis M. Antoni rem unam pulcherrimam transiliat oratio, ad Lupercalia veniamus. Non dissimulat, patres conscripti, apparet esse commotum; sudat, pallet. Quidlibet, modo ne nauseet, faciat, quod in porticu Minucia fecit. Quae potest esse turpitudinis tantae defensio? Cupio audire, ut videam, ubi rhetoris sit tanta merces, ubi campus Leontinus appareat.*

INHALT UND KONTEXT: Cicero kommt nun, nach der *vomitus*-Szene der zweite Höhepunkt der Rede, zu den Lupercalien[517] vom 15. Februar 44 v. Chr., also genau einen Monat vor den Iden des März und der Ermordung Caesars, und damit zum nächsten Vorfall, bei dem Antonius eine schlechte Figur gemacht haben soll.

Die Schilderung des Vorfalls selbst beginnt allerdings erst ab § 85, wobei Cicero zunächst nur auf die unmittelbare Reaktion und die körperlichen Symptome Marc Antons eingeht und eine echte Mündlichkeit vortäuscht.

---

[517] „Römisches Fest am 15. Februar zu Ehren des Gottes Faunus Lupercus. Die Riten dienten der Abwehr von Unheil und der Bitte um Fruchtbarkeit: Die Priester des Gottes (*luperci*) opferten einen Ziegenbock und einen Hund. Danach liefen sie, bekleidet mit einem Schurz aus Ziegenfell, um den Palatin und schlugen mit Streifen aus dem Fell des geschlachteten Tieres auf die Frauen." Siehe BRODERSEN/ZIMMERMANN 2006 s. v. „Luperkalien".

EMOTIONSLINGUISTISCHE ANALYSE: Cicero bezeichnet das Verhalten des Marcus Antonius bei den Lupercalien höchst sarkastisch als eine seiner Heldentaten (*ex multis rebus gestis M. Antoni*), superlativisch sogar als seine schönste Tat (*rem unam pulcherrimam*). Dabei spricht er von Marcus Antonius in der 3. Person, seine Adressaten sind die Senatoren, die er mit der feierlichen Formel *patres conscripti* direkt anspricht und in ein inklusives Wir einschließt (*ad Lupercalia veniamus*).

Anschließend schildert Cicero die Emotionen bzw. die körperlichen Symptome Antonius', die sich aus seinem durch das angekündigte Thema der Lupercalien aufgewühlten Gemütszustand ergeben – letztlich tut Cicero so, als sei die 2. Philippika keine fiktive Rede, sondern eine tatsächlich vor Antonius gehaltene Rede, die dessen emotionale Reaktionen protokolliert.[518] In Wirklichkeit legt Cicero als Autor der Rede Marc Anton auf bestimmte emotionale Reaktionen fest, benennt diese explizit und nutzt sie im Rahmen seiner Überzeugungsstrategie.

Um welche Symptome handelt es sich? Cicero schreibt: *Non dissimulat, patres conscripti, apparet esse commotum; sudat, pallet. Quidlibet, modo ne nauseet, faciat, quod in porticu Minucia fecit.* Marcus Antonius, so Cicero, ist verärgert, schwitzt und ist bleich; dann spricht er von Übelkeit und wünscht (*modo ne nauseet*), dass sie sich nicht wiederhole. Damit nimmt er wieder Bezug auf den Vorfall in der Porticus Minucia[519] auf dem Marsfeld, den er bereits in § 63 (die sogenannte *vomitus*-Szene) geschildert hat, ohne ihn erneut im Detail zu beschreiben. Gerade diese Ungenauigkeit dürfte dazu beigetragen haben, die Erinnerung in den Köpfen der Senatoren wieder aufleben zu lassen. Das Ganze wird – um eine hohe Evidentialität zu suggerieren – dadurch beglaubigt, dass Cicero der gesamten folgenden Beschreibung der körperlichen Symptome des Marcus Antonius voranstellt, dass er seine emotionalen Reaktionen nicht verberge (*non dissimulat*).

Nach der Symptombeschreibung macht Cicero mit einer rhetorischen Frage mit t-Alliteration auf sich aufmerksam: *Quae potest esse turpitudinis tantae defensio?* Hier beschimpft er Marc Antons Schändlichkeit (*turpitudo*); der Rezipient weiß nicht genau, ob Cicero sich auf den *vomitus* aus § 63 bezieht oder auf die noch zu schildernden Lupercalien ab § 85. Er schließt mit einem Wunsch – das Verb *cupio* in der 1. Person Singular Indikativ Aktiv signalisiert einen hohen Grad an Wollen: Er möchte die Antwort des Marcus Antonius hören, um – natürlich sarkastisch – in den Genuss seiner Redekunst zu kommen, die er bei dem bereits in § 43 erwähnten Rhetor Sex. Clodius erlernt hat, den er dafür in übertriebener Weise mit einem Grundstück bei Leontinoi auf Sizilien belohnt haben soll.

---

[518] Vgl. RAMSEY 2008, 283.
[519] Vgl. Vell. 2.8,3: Das Tor im Süden des Marsfelds wurde nach M. Minucius Rufus, dem Konsul von 110 v. Chr. und Besieger von Thrakien, benannt.

§ 85 *Sedebat in rostris collega tuus amictus toga purpurea, in sella aurea, coronatus. Escendis, accedis ad sellam Lupercus – ita eras Lupercus, ut te consulem esse meminisse deberes – diadema ostendis. Gemitus toto foro. Unde diadema? Non enim abiectum sustuleras, sed attuleras domo, meditatum et cogitatum scelus. Tu diadema imponebas cum plangore populi; ille cum plausu reiciebat. Tu ergo unus, scelerate, inventus es, qui, cum auctor regni esses eumque, quem collegam habebas, dominum habere velles, idem temptares, quid populus Romanus ferre et pati posset.*

INHALT UND KONTEXT: Marcus Antonius habe Caesar als Lupercus-Priester[520] bei den Lupercalien am 15. Februar 44 v. Chr. auf den Rostra[521] das Königsdiadem[522] angeboten – die Menge habe gebuht. Caesar lehnte ab und erntete den Beifall des Volkes.

EMOTIONSLINGUISTISCHE ANALYSE: Cicero weckt in diesem Abschnitt Emotionen, indem er eine Szene während der Lupercalien mit dem Stilmittel der Evidentia lebendig schildert. Im ersten Satz malt er ein Bild, in dem Caesar, Marcus Antonius' Amtskollege als Konsul, auf der Rednertribüne des Forum Romanum thront, gekrönt mit der Purpurtoga auf einem goldenen Sessel – eindeutig königliche Attribute, die der Senat erst vor kurzem verliehen hatte[523], die aber den Populus Romanus zweifellos herausforderten: *Sedebat in rostris conlega tuus amictus toga purpurea, in sella aurea, coronatus.* Dann steigert der Redner den emphatischen Eindruck, indem er schnell aufeinanderfolgende Prädikate im dramatischen Präsens setzt und die Satzlänge verkürzt: *Escendis, accedis ad sellam ... diadema ostendis.* In eine konzessive Parenthese setzt er eine negative Bewertung der Person Marcus Antonius: Als Lupercus habe er ein unwürdiges

---

[520] Marc Anton war kürzlich *magister* einer neuen *sodalitas*, also eines kultischen *collegium* zu Ehren von Lupercus bzw. Faunus geworden, vgl. Dio 45.30,2 u. auch 44.6,2.

[521] Die *rostra* meinen ursprünglich die Schiffsschnäbel, die in der Seeschlacht von Antium im Jahre 338 v. Chr. von den siegreichen Römern erbeutet worden waren. Als Zeichen des Triumphs wurden sie auf der Rednerbühne auf dem Forum in Rom angebracht. Im Laufe der Zeit wurde daraus der Name der Rednerbühne selbst. Vgl. *DNP* s. v. „Rednerbühne".

[522] Das Diadem ist eine besondere Kopfbinde, die besonders bei den Persern an der Tiara befestigt wurde und ein wichtiges Herrschaftssymbol des Großkönigs war. Alexander der Große hat das Attribut später übernommen. Vgl. *DNP* s. v. „Diadema".

Cicero könnte bei dem weggeworfenen Diadem (*abiectum*) auf dasjenige anspielen, das die beiden Tribunen Flavus und Marullus einige Wochen zuvor von einer Caesar-Statue rissen, vgl. hierzu z. B. Suet. Iul. 79,1.

[523] Vgl. zum Senatsbeschluss Dio 44.6,1 u. Val. Max. 1.6,13. Es ist recht wahrscheinlich, dass Caesar die beiden königlichen Attribute – *toga purpurea* und *sella aurea* – bei den damaligen Lupercalien zum ersten Mal in der Öffentlichkeit zeigte. Bereits im Jahr davor wurde ihm vom Senat das Recht zuerkannt, die *toga picta* zutragen, die man sonst nur während des Triumphzugs tragen durfte, vgl. hierzu Dio 43.43,1 u. 44.4,2. Worum es sich bei der *corona* genau handelte, ist dagegen unklar: Laut Suet. Iul. 45.2 handelte es sich um einen Lorbeerkranz, den Caesar trug, um seine Kahlköpfigkeit zu verbergen; doch laut Dio 44.11,2 handelte es sich um eine vergoldete Krone, was auf die Krone des Triumphators oder des *rex* hindeuten würde.

Kostüm getragen (*accedis ad sellam Lupercus – ita eras Lupercus, ut te consulem esse meminisse deberes*).[524]

Das Überreichen des Diadems (*diadema ostendis*) wird von der auf dem Forum Romanum versammelten Menge mit Buhrufen und Pfiffen quittiert: *Gemitus toto foro*. Auch im Folgenden geht Cicero dazu über, die Emotionen des Volkes als Reaktion auf die Handlungen auf den Rostra zu dokumentieren. Zuerst, wie gesagt, Buhrufe (*gemitus*), dann, als Antonius versucht, Caesar das Diadem aufzusetzen, lautes Wehgeschrei (*cum plangore populi*), schließlich aber, als Caesar sich weigert, tosender Beifall (*cum plausu*).

Am Ende des Abschnitts wird Marcus Antonius als der alleinige Verantwortliche für das Diadem-Angebot bezeichnet – dies ist jedoch unter Historikern umstritten.[525] Der doppelte Hiat in *tu ergo unus* unterstreiche diese Alleinstellung phonetisch, so Ramsey. Cicero behauptet weiter, Antonius habe das Diadem von zu Hause mitgebracht (*attuleras domo*) und es sei allein seine schändliche Idee gewesen (*meditatum et cogitatum scelus; scelerate*). Zahlreiche Vorkommnisse in der 2. Person Singular, mit denen Cicero seinen Gegner direkt angreift, verstärken den Eindruck einer angespannten Atmosphäre zwischen den beiden Kontrahenten.

Durch die unpersönliche Wendung inventus es steigert er die Eindringlichkeit seiner nächsten Unterstellung, mit der er wiederholt Antonius' Unterwürfigkeit und Abhängigkeit von Caesar angreift bzw. ihn als „Monarchisten" bezeichnet, was bei den Römern freilich verpönt war: *inventus es qui, cum auctor regni esses eumque, quem collegam habebas, dominum habere velles...* Schließlich habe Marcus Antonius durch sein Verhalten dem römischen Volk einiges zugemutet, was Cicero durch eine Amplificatio der Infinitive und eine p-Alliteration in ... *temptares, quid populus Romanus ferre et pati posset* noch unterstreicht – nur um schließlich, so Cicero, zu ermitteln, was das römische Volk maximal zu tolerieren bereit sei.

§ 86 *At etiam misericordiam captabas: Supplex te ad pedes abiciebas. Quid petens? Ut servires? Tibi uni peteres, qui ita a puero vixeras, ut omnia paterere, ut facile servires; a nobis populoque Romano mandatum id certe non habebas. O praeclaram illam eloquentiam tuam, cum es nudus contionatus! Quid hoc turpius, quid foedius, quid suppliciis omnibus dignius? Num exspectas, dum te stimulis fodiamus? Haec te, si ullam partem habes sensus, lacerat, haec cruentat oratio. Vereor, ne imminuam summorum virorum gloriam; dicam tamen dolore commotus: Quid indignius quam vivere eum, qui imposuerit diadema, cum omnes fateantur iure interfectum esse, qui abiecerit?*

INHALT UND KONTEXT: Antonius habe Caesar vergeblich angefleht, die Krone anzunehmen. Cicero schildert die peinliche Rede, die Marc Anton als Konsul im

---

[524] Vgl. Cassius Dio behandelte bereits dieses Thema in Dio 45.30,1–5. Vgl. auch RAMSEY 2008, 284.
[525] Vgl. RAMSEY 2008, 285 unter „14 *meditatum et cogitatum scelus*".

halbnackten[526] Lupercus-Kostüm vor dem Volk hielt, und empört sich darüber, dass ausgerechnet derjenige, der das römische Volk unter die Knute eines Alleinherrschers zwingen wollte, noch lebte, während Caesar, der das Diadem abgelehnt hatte[527], – nach Ciceros Meinung zu Recht – getötet worden war.

EMOTIONSLINGUISTISCHE ANALYSE: Cicero nimmt den Faden von § 85 wieder auf und zeichnet Antonius als unterwürfige und bemitleidenswerte Kreatur. Dazu verwendet er viele Worte des Bittens, Dienens und passiven Erleidens wie *supplex, te ad pedes abiciebas, petens, servires* (2×), *peteres, paterere*[528], *suppliciis*.

Auch die Satzarten sind so gewählt, dass sie Emotionen vermitteln können: Exklamativsätze mit Interjektion *o* (*O praeclaram illam eloquentiam tuam, cum es nudus contionatus!*) – ein sarkastisches Lob der Redekunst Marcus Antonius', der, für einen Konsul wie ihn sehr anstößig, mit einer Schürze aus Ziegenfell bekleidet vor dem Volk gesprochen habe; rhetorische Fragesätze – immerhin fünf von insgesamt neun Sätzen in diesem Abschnitt. In einer besonders affektgeladenen Frage findet sich das Stilmittel der Anapher: *Quid hoc turpius, quid foedius, quid suppliciis omnibus dignius?* Das Adjektiv *foedius* wird – so Ramsey[529] – im nächsten Satz durch den Deliberativ *fodiamus* wieder aufgenommen. Cicero nennt hier – in Erinnerung an Marcus Antonius' „Lieblingsrolle" als Sklave Caesars und seines Rhetoriklehrers – die Geißel, den *stimulus*, also eine typische Waffe zur Bestrafung von Sklaven. Worte als Waffen führt Cicero dann im folgenden Satz ein und nennt damit seine eigene „Spezialwaffe": die *oratio*, hier stark betont durch ein weites Hyperbaton (*haec... haec... oratio*). Mit den heftigen Verben *lacerare* und *cruentare* deutet Cicero auch die blutigen Wunden an, die die Sprache Cicero zufügen kann – falls Marcus Antonius überhaupt noch ein empfindungsfähiges Wesen ist (*si ullam partem habes sensus*). Mit Furcht (*vereor*) und Schmerz (*dolore commotus*) benennt Cicero explizit zwei eigene Empfindungen.

Zweimal identifiziert sich Cicero mit den anwesenden Senatoren in der 1. Person Plural (*fodiamus; nobis*), von Antonius spricht er meist in der 2. Person Singular, gelegentlich aber auch in der distanzierten 3. Person.

---

[526] Die *Luperci* trugen während der Kulthandlungen nur einen Schurz eines Ziegenbockfells, vgl. Val. Max. 2.2,9: [...] *Lupercalium enim mos a Romulo et Remo inchoatus est tunc, cum laetitia exultantes, quod his auus Numitor rex Albanorum eo loco, ubi educati erant, urbem condere permiserat sub monte Palatino, hortatu Faustuli educatoris sui, quem Euander Arcas consecrauerat, facto sacrificio caesisque capris epularum hilaritate ac uino largiore prouecti, diuisa pastorali turba, cincti obuios pellibus immolatarum hostiarum iocantes petiuerunt.*

[527] Vgl. auch § 35. Caesar soll laut Suet. Iul. 79,2 das Diadem anschließend auf dem Kapitol dem römischen Hauptgott Jupiter geweiht haben: *Neque ex eo infamiam affectati etiam regii nominis discutere valuit, quanquam et plebei regem se salutanti Caesarem se, non regem esse responderit et Lupercalibus pro rostris a consule Antonio admotum saepius capiti suo diadema reppulerit atque in Capitolium Iovi Optimo Maximo miserit.*

[528] Vgl. zu Marc Antons Passivität und Unterwürfigkeit besonders § 44.

[529] Vgl. RAMSEY 2008, 287.

Durch die Wahl des Verbs *fateri* und die Verallgemeinerung in *omnes fateantur* erhöht Cicero zudem die Evidenz der Aussage, Caesar sei zu Recht[530] getötet worden (*iure interfectum esse*).

§ 87 *At etiam ascribi iussit in fastis ad Lupercalia C. CAESARI, DICTATORI PERPETVO, M. ANTONIVM CONSVLEM POPVLI IVSSV REGNVM DETVLISSE, CAESAREM VTI NOLVISSE. Iam iam minime miror te otium perturbare; non modo urbem odisse, sed etiam lucem; cum perditissimis latronibus non solum de die, sed etiam in diem bibere. Ubi enim tu in pace consistes? Qui locus tibi in legibus et in iudiciis esse potest, quae tu, quantum in te fuit, dominatu regio sustulisti? Ideone L. Tarquinius exactus, Sp. Cassius, Sp. Maelius, M. Manlius necati, ut multis post saeculis a M. Antonio, quod fas non est, rex Romae constitueretur?*

INHALT UND KONTEXT: Cicero empört sich darüber, dass Antonius am Lupercalientag das Ereignis der Diademverleihung in den offiziellen Kalender Roms, die *fasti*[531], eintragen ließ. Unter Missachtung alter Gesetze und Traditionen habe Antonius zum ersten Mal seit Jahrhunderten versucht, einen Römer zum König zu krönen. Dabei habe er die Frechheit besessen, sich auf den Willen des Volkes zu berufen.

EMOTIONSLINGUISTISCHE ANALYSE: Nach den Lupercalien habe man im Kalender vermerkt, dass Antonius dem bereits zum Diktator auf Lebenszeit[532] ernannten Caesar (*C. CAESARI, DICTATORI PERPETVO*) auch noch die in Rom verhasste Königsherrschaft angetragen habe (*REGNVM DETVLISSE*) – und als ob das noch nicht genug wäre, habe er, so Cicero, auch die Unverschämtheit besessen, den Zusatz „auf Befehl des Volkes"[533] (*POPVLI IVSSV*) hinzuzufügen! Dies wäre eine Darstellung der Tatsachen, die in völligem Widerspruch zu Ciceros vorheriger Schilderung der Ereignisse stünde.

Die Bewegtheit Ciceros spiegelt sich in der Sprache wider: Geminatio mit m-Alliteration (*Iam iam minime miror*), direkte Anrede in der 2. Person Singular (*te*), Trikolon im AcI (*perturbare ... odisse ... bibere*), Superlative (*perditissimis*),

---

[530] Dies soll Marc Anton sogar selbst gesagt haben, so Sen. benef. 5.16,6.

[531] Vgl. BRODERSEN/ZIMMERMANN 2006 s.v. „Fasten": „[...] im engeren Sinne eine Bezeichnung für den röm. Amts- und Festkalender, in dem die Feiertage und wichtige Daten der Stadtgeschichte zusammengetragen waren. Dieser geht zurück auf Jahres- und Magistratstafeln, die der Pontifex Maximus seit der frühen Republik führte und in die er wichtige Ereignisse und Feste eintrug. Diese F. wurden durch Hinzufügen immer weiterer Informationen nach und nach erweitert und schließlich zu einer Art Chronik in Buchform ausgebaut, die in die annalist. Geschichtsschreibung einfloß und wertvolle Nachrichten bewahrte. Neben diesen allg. F. gab es spezielle Verzeichnisse über die bislang amtierenden Konsuln (*fasti consulares*) und Triumphzüge (*fasti triumphales*), die mit genauen Daten inschriftlich fixiert wurden und teilweise erhalten sind. Außer in Rom gab es auch in anderen ital. Städten amtl. F., in denen die dortigen Magistrate und Feste verzeichnet waren. – Eine poet. Umsetzung ist Ovids unvollendetes Werk Fasti, gleichsam eine Führung durch Roms Festkalender unter aitiolog. Gesichtspunkten."

[532] Caesar wurde kurz nach dem 26. Januar 44 v. Chr. zum *dictator perpetuus* ernannt, vgl. Cic. Phil. 1,4f.

[533] Vgl. aber Dio 46.19,5.

Hyperbel bei der Beschreibung seiner Trinkgelage (*non solum de die, sed etiam in diem*), Rhythmus und Klausel in *odisse, sed etiam lucem*[534] sowie drei rhetorische Fragen hintereinander (*Ubi ... consistes? qui locus ...? Ideone ...?*).

Das Wortfeld „Königsherrschaft", im römischen Reich ansonsten eher ein Sprachtabu, ist in diesem kurzen Text immerhin viermal vertreten (*regnum; dominatu regio; rex*), einmal wird das Wort *rex* noch durch eine r-Alliteration, Hyperbaton sowie Schlussstellung im Satz akzentuiert (*rex Romae*). Auch die Aufzählung eines Königs (*L. Tarquinius*) bzw. dreier Männer der frühen Republik (*Sp. Cassius, Sp. Maelius, M. Manlius*)[535], die nach der Königsherrschaft gestrebt haben sollen, dient dazu, beim Rezipienten unangenehme Erinnerungen wachzurufen und die Bedrohung, die für Cicero von Antonius ausgehen soll, spürbar zu machen. Zusammengefasst stellt Cicero den Senatoren in dieser Passage die beunruhigende Frage: Alle Anstrengungen, die Generationen von Römern in den letzten fünf Jahrhunderten unternommen haben, um durch Recht und Gesetz (*in legibus et in iudiciis; fas*) eine Alleinherrschaft zu verhindern, sollen nun Jahrhunderte später (*multis post saeculis*) durch einen Marcus Antonius gefährdet werden?

l. Angriff auf sein aktuelles Konsulat 44 v. Chr.: Iden des März (88–89a)

§ 88 *Sed ad auspicia redeamus, de quibus Idibus Martiis fuit in senatu Caesar acturus. Quaero: Tum tu quid egisses? Audiebam equidem te paratum venisse, quod me de ementitis auspiciis, quibus tamen parere necesse erat, putares esse dicturum. Sustulit illum diem fortuna rei publicae; num etiam tuum de auspiciis iudicium interitus Caesaris sustulit? Sed incidi in id tempus, quod eis rebus, in quas ingressa erat oratio, praevertendum est.*

Quae tua fuga, quae formido praeclaro illo die, quae propter conscientiam scelerum desperatio vitae, cum ex illa fuga beneficio eorum, qui te, si sanus esses, salvum esse voluerunt, clam te domum recepisti!

INHALT UND KONTEXT: Cicero nimmt den Faden von § 84 auf, wo es um die falschen Auspizien des Antonius ging: Marcus Antonius sei am 15. März mit einer vorbereiteten Rede zur Senatsversammlung erschienen, in der es um seine umstrittenen Auspizien zur Verzögerung der Wahl Dolabellas zum Suffektkonsul gehen sollte – doch die Ermordung Caesars habe die Verhandlung vereitelt. Marcus Antonius sei über den Tod Caesars entsetzt gewesen und heimlich nach Hause geflohen.[536] Er habe Glück gehabt, denn einige Verschwörer hätten seine

---

[534] Vgl. RAMSEY 2008, 288. Es handelt sich um die Klausel „fourth paeon + trochee".

[535] Tarquinius Superbus ist gemäß der römischen Tradition der letzte König Roms, der 510 v. Chr. von L. Iunius Brutus vertrieben wurde, nachdem er immer tyrannischer zu herrschen begonnen hatte, vgl. Cic. Phil. 1,13–14. Die Römer Sp. Cassius, Sp. Maelius und M. Manlius sind allesamt Männer der früheren Republik, die nach der Königsherrschaft gestrebt haben sollen. Vgl. auch §§ 26, 114 und Cic. Phil. 1,32 f. Die drei Königsaspiranten nennt Cicero nicht nur hier als exempla, sondern auch in Cic. dom. 101 u. Cic. rep. 2,49.

[536] Cicero war wahrscheinlich ein Augenzeuge der Flucht des Antonius, vgl. § 28. Andere Autoren schmücken sie aus: Dio lässt Antonius die *toga praetexta* ausziehen (vgl. Dio 44.22,2),

Beseitigung gefordert, aber M. Brutus habe sich dagegen gewehrt und seine Position durchgesetzt.

EMOTIONSLINGUISTISCHE ANALYSE: Der Abschnitt gliedert sich in zwei Teile. In der ersten Hälfte geht Cicero noch einmal auf die Vogelschau des Marcus Antonius in seiner Funktion als Augur ein, mit der er die ihm unliebsame Versammlung zur Wahl Dolabellas verschieben konnte. Er beschreibt die für den 15. März anberaumte Senatssitzung als eine Sitzung, in der Caesar die problematischen Auspizien zur Sprache bringen wollte und Antonius zwar vorbereitet schien, aber letztlich – auch gegen die Rhetorik eines Cicero (*me de ementitis auspiciis, quibus tamen parere necesse erat, putares esse dicturum*) – keine Chance gehabt hätte, wie Cicero mit einer rhetorischen Frage klarstellt, die durch die ankündigende Hiermit-Formel quaero bedrohlich wirkt: *Quaero: Tum tu quid egisses?* Durch die t-Alliteration und die Anfangsstellung von *tum tu* wird eine zusätzliche Emphase erzeugt.

Eine negative Bewertung nach dem Topos der Wetterwendigkeit findet sich in der rhetorischen Frage *num etiam tuum de auspiciis iudicium interitus Caesaris sustulit?* denn zwei Tage nach den Iden des März ließ Marcus Antonius eine Senatssitzung mit dem Ersatzkonsul Dolabella abhalten, als ob die umstrittene und eigentlich noch zu diskutierende Wahl des Suffektkonsuls nie stattgefunden hätte.

Doch die Verschwörung von Brutus und Cassius und die Ermordung Caesars vereitelten bekanntlich die Beratung. Cicero nennt diesen Vorfall eine *fortuna rei publicae* und bewertet ihn damit zwar nicht eindeutig positiv, aber auch nicht explizit negativ, denn das Bedeutungsspektrum von *fortuna* umfasst auch „Schicksalsschlag".

Nach einem die Rede gliedernden Satz beginnt der zweite Teil, in dem es nun um die Ereignisse unmittelbar nach der Ermordung des *dictator perpetuus* geht. Antonius sei ängstlich (*formido*) und verzweifelt gewesen und habe ein schlechtes Gewissen gehabt (*propter conscientiam scelerum desperatio vitae*), so dass er heimlich (*clam*) nach Hause geeilt sei (*te domum recepisti*). Diese negative Charakterisierung erfährt bei Cicero eine emotionalisierende Elocutio: dreifache Anapher auf *quae* mit wachsenden Gliedern, direkte Anrede in der 2. Person Singular, positive Bewertung der Iden des März durch das verklärende Pronomen *illo* und das positive Adjektiv (*praeclaro*) sowie positive Bewertung der Caesarmörder durch den (ironischen) Ablativus modi *beneficio eorum*.

§ 89a *O mea frustra semper verissima auguria rerum futurarum! Dicebam illis in Capitolio liberatoribus nostris, cum me ad te ire vellent, ut ad defendendam rem publicam te adhortarer, quoad metueres, omnia te promissurum; simul ac timere desisses, similem te futurum*

Plutarch lässt ihn sich in der Kleidung eines Sklaven verhüllen (vgl. Plut. Ant. 14,1). Antonius dürfte entweder in sein Haus im Stadtteil *Carinae* in Rom am Westhang des Esquilin (vgl. § 68) oder in seine *horti* im Norden des Marsfelds (vgl. § 15) geflohen sein.

tui. Itaque, cum ceteri consulares irent, redirent, in sententia mansi; neque te illo die neque postero vidi neque ullam societatem optimis civibus cum importunissimo hoste foedere ullo confirmari posse credidi.

INHALT UND KONTEXT: Cicero handelte nach dem Attentat auf Caesar entschlossen – im Gegensatz zu anderen Konsuln ließ er sich nicht auf einen Handel mit Antonius ein, obwohl er von den Verschwörern auf dem Kapitol[537] gebeten worden war, sich mit Antonius zu verbünden, solange dieser noch abwartete und unter dem Eindruck des Attentats stand.

EMOTIONSLINGUISTISCHE ANALYSE: Die Passage dient in erster Linie der Selbstdarstellung, das heißt der positiven Bewertung Ciceros im Gegensatz zum unbarmherzigen Feind (*importunissimo hoste*) und Feigling (*metueres; timeres*) Antonius, den er fast immer in der 2. Person Singular anspricht. Er, Cicero, sei vorausschauend gewesen, eine Art verkannte Kassandra, wie er in einem Ausrufungssatz behauptet (*O mea frustra semper verissima auguria rerum futurarum!*), und habe Marc Antons zukünftiges Verhalten immer schon vorausgesehen: *Dicebam illis ..., quoad metueres, omnia te promissurum; simul ac timere desisses, similem te futurum tui.* Indem er die Verschwörer als Befreier bezeichnet und ein inklusives Wir (*liberatoribus nostris*) verwendet und seine Sorge um den Staat als Verteidigung der Republik (*ad defendendam rem publicam*) bezeichnet, charakterisiert er sich selbst als guten römischen Bürger, der selbstlos das Gemeinwohl im Auge hat. Er hat aber auch den früheren Konsuln etwas voraus: Während diese immer wieder Bittgänge zu Marcus Antonius unternommen hätten – Cicero intensiviert deren Häufigkeit mit dem Asyndeton und dem iterativen Imperfekt in *irent, redirent* –, habe Cicero Rückgrat bewiesen und sei immer bei seiner Meinung geblieben (*in sententia mansi*) – das Perfekt ist resultativ, um anzuzeigen, dass Cicero sich bis zum Schluss nicht hat umstimmen lassen.[538] Ciceros Beharrlichkeit wird noch dadurch unterstrichen, dass das Verb *mansi* im nächsten Satz mit zwei weiteren Verben im Perfekt (*vidi; credidi*) zu einem Trikolon erweitert wird: *neque te illo die neque postero vidi neque ullam societatem optimis civibus cum importunissimo hoste foedere ullo confirmari posse credidi.*

---

[537] Das Kapitol war der wichtigste der sieben Hügel Roms, der an das Forum angrenzte: Hier war der Tempel des Hauptgottes Jupiter und die Burg. Die Verschwörer flohen nach dem Attentat auf den Hügel, geschützt von den Gladiatoren des D. Brutus, vgl. Vell. 2.58,2 u. App. 2,122. Erst ab dem 17. März konnten sie sich wegen einer Amnestie (vgl. § 90) wieder frei bewegen. Am Abend des 15. März kam Cicero zu den Verschwörern und redete auf sie ein, die Initiative zu übernehmen, solange die Caesarianer passiv seien, vgl. Cic. Att. 14.10,1.

[538] Siehe PANHUIS 2015, 147: „Das resultative Perfekt drückt einen Sachverhalt aus, der in der Vergangenheit begann, jetzt vorüber ist und getan ist, deren Ergebnis aber noch gegenwärtig ist und relevant bleibt."

m. Angriff auf sein aktuelles Konsulat 44 v. Chr.: Versöhnung nach den Iden (89b–91)

§ 89b *Post diem tertium veni in aedem Telluris, et quidem invitus, cum omnis aditus armati obsiderent.* § 90 *Qui tibi dies ille, M. Antoni, fuit! Quamquam mihi inimicus subito extitisti, tamen me tui miseret, quod tibi invideris. Qui tu vir, di immortales, et quantus fuisses, si illius diei mentem servare potuisses! Pacem haberemus, quae erat facta per obsidem puerum nobilem, M. Bambalionis nepotem. Quamquam bonum te timor faciebat, non diuturnus magister officii; improbum fecit ea, quae, dum timor abest, a te non discedit, audacia. Etsi tum, cum optimum te putabant me quidem dissentiente, funeri tyranni, si illud funus fuit, sceleratissime praefuisti.*

INHALT UND KONTEXT: Am 17. März 44 v. Chr. trafen sich die Senatoren und Cicero – zumindest dieser gegen seinen Willen, denn es wurden gerade die Liberalia gefeiert[539] – im Tellustempel[540], um den Frieden wiederherzustellen. Dies sei unter anderem durch die Geiselnahme[541] des Neffen von M. Bambalio[542], dem Vater Fulvias, gelungen. An diesem Tag habe Marcus Antonius trotz seiner persönlichen Feindschaft mit Cicero eine Sternstunde gehabt und den Frieden bewahrt, aber schon bei Caesars Begräbnis (am 20. März) habe sich das Blatt gewendet, weil Marcus Antonius die Menge gegen die Verschwörer aufgehetzt habe.

EMOTIONSLINGUISTISCHE ANALYSE: Cicero schildert bereits den Gang zum Tempel der Tellus als unangenehm: Er sei unfreiwillig dorthin gegangen (*invitus*), denn Bewaffnete hätten das Heiligtum belagert, so der Satzschluss *armati obsiderent*; der Kommentator Ramsey erkennt in dem Satzschluss zudem ein Hyperbaton sowie eine Klausel[543], wodurch Cicero diesen Eindruck noch verstärke.

Daraufhin bricht ein plötzlicher, ironischer Begeisterungssturm Ciceros los, der sich in zwei Exklamativsätzen entlädt: *Qui tibi dies ille, M. Antoni, fuit! ... Qui tu vir, di immortales, et quantus fuisses, si illius diei mentem servare potuisses!* Cicero häuft hier Pronomina mit dem Anfangsbuchstaben Q an, spricht zuerst Marcus Antonius an, dann die Götter (*di immortales*), und die zweimalige Verwendung des Pronomens *ille* verleiht dem Geschehen eine zeitlich entfernte Aura. Die beiden Ausrufe werden jedoch durch einen Satz unterbrochen, in dem der Redner die unvermittelte Feindseligkeit Marc Antons hervorhebt (*inimicus subito extitisti*), ihn aber gleichzeitig zu bemitleiden vorgibt, da er sich damit nur

---

[539] Vgl. Cic. Att. 14.14,2: *nam Liberalibus quis potuit in senatum non venire? fac id potuisse aliquo modo; num etiam, cum venissemus, libere potuimus sententiam dicere?*
Die *Liberalia* waren ein Fruchtbarkeitsfest zu Ehren von der aus Eleusis übernommenen Göttertrias Liber = Dionysos, Libera = Persephone und Ceres, vgl. *DNP* s. v. *Liberalia*.
[540] Vgl. auch den Beginn der 1. Philippika.
[541] Vgl. Cic. Phil.1.2. *liberos*.
[542] Vgl. zu Bambalio Cic. Phil. 13,6.
[543] Vgl. RAMSEY 2008, 291–292.

selbst im Wege stehe (*quod tibi invideris*). Ciceros Mitleid mit Antonius, das im Emotionsverb *miseret* zum Ausdruck kommt, wird – wie bei Emotionsverben üblich – durch einen *quod*-Satz begründet.[544] Im nächsten Satz, in der Passage *per obsidem puerum nobilem, M. Bambalionis nepotem*, scheint es sich um eine witzige Anspielung und einen Witz zur Erheiterung der Zuhörer zu handeln.[545]

Dann kehrt Cicero zu seinem Argument aus § 89 zurück: Marcus Antonius sei nur so lange zahm, wie er wegen des Attentats noch Angst habe, sobald diese aber verflogen sei, komme seine *audacia* wieder zum Vorschein, und dann sei er wieder *improbus*[546]: *Quamquam bonum te timor faciebat, non diuturnus magister officii; improbum fecit ea, quae, dum timor abest, a te non discedit, audacia*. Zum ersten Mal, so Cicero, habe sich dieser Charakterzug wieder bei der Beisetzung Caesars gezeigt. Er bewertet dessen Verhalten sehr negativ als „verbrecherisch" (*sceleratissime*), wobei er die Form durch den Superlativ intensiviert. Aber nicht nur Marcus Antonius wird angegriffen, sondern auch Caesar. Hatte Cicero ihn in seinen Briefen und philosophischen Schriften schon mehrfach als Tyrannen bezeichnet[547], so taucht hier in den Philippika erstmals das Wort *tyrannus* auf: *funeri tyranni, si illud funus fuit*. Mit diesem Personenurteil lässt Cicero sogleich Zweifel aufkommen, ob es sich bei einer Trauerfeier für einen „Tyrannen" überhaupt um eine einwandfreie Trauerfeier handeln kann. Cicero entmenschlicht Caesar hier, so dass ihm auch kein ordentliches Begräbnis mehr zusteht.

§ 90 [...] *Tua illa pulchra laudatio, tua miseratio, tua cohortatio;* § 91 *tu, tu, inquam, illas faces incendisti, et eas, quibus semustilatus ille est, et eas, quibus incensa L. Bellieni domus deflagravit; tu illos impetus perditorum hominum et ex maxima parte servorum, quos nos vi manuque reppulimus, in nostras domos inmisisti.*

Idem tamen quasi fuligine abstersa reliquis diebus in Capitolio praeclara senatus consulta fecisti, ne qua post Idus Martias immunitatis tabula neve cuius benefici figeretur. Meministi ipse, de exulibus, scis, de immunitate quid dixeris. Optimum vero, quod dictaturae nomen in perpetuum de re publica sustulisti; quo quidem facto tantum te cepisse odium regni videbatur, ut eius omnem propter proximum dictatoris metum tolleres.

INHALT UND KONTEXT: Bei Caesars Begräbnis[548], so Cicero, sei Antonius zunächst wieder ganz der Alte gewesen, denn er habe Caesar gelobt (*laudatio*),

---

[544] Zu *quod* nach den Verba affectuum vgl. BURKARD/SCHAUER 2012, § 542.

[545] Siehe RAMSEY 2008, 292: „[...] the placement of *nobilem* next to *M. Bambalionis* is ironic because the child was *nobilis* (i. e. had consular ancestors: OCD³ s. v. *nobilitas*) on his father's side but not apparently on his mother's [...] On top of this, the cognomen Bambalio (from βαμβάλειν ‚to stutter') conveys a negative connotation since, according to C. (*Phil.* 3.16), it was given to Fulvia's father because of a speech impediment and his slow wits."

[546] Diesen Gedanken formuliert Cicero auch in seiner philosophischen Schrift Cic. off. 2,23.

[547] Z. B. in Cic. Att. 7.20,2; 14.9,2 und in Cic. off. 2,23. Vgl. RAMSEY 2008, 292–293.

[548] Bei dem Begräbnis hat Marc Anton eine berühmte, aber nicht mehr erhaltene Rede gehalten. Es gibt zwar antike Versionen, so z. B. Dio 44,36–49, doch alle sind reine Erfindungen. Die Fassung von Shakespeare in seinem Stück *The Tragedy of Iulius Cæsar* (3. Akt, 2. Szene) ist die berühmteste.

Mitleid erregt (*miseratio*) und die Menge zu Unruhen angestachelt (*cohortatio*). Dann aber habe er sich wieder die Achtung des Senats erworben, indem er Beschlüsse wie die Abschaffung der Diktatur, der ungerechten Steuererleichterungen (*immunitates*) und die Zurückhaltung bei der Anwendung von Caesars Akten durchgesetzt habe.

EMOTIONSLINGUISTISCHE ANALYSE: Der letzte Satz von § 90 ist ein Trikolon und eine Symploke, also eine Kombination von Anapher (mit dem Nähe ausdrückenden Possessivpronomen der 2. Person Singular *tua*) und Epipher (Substantive mit der Endung *-tio*, also auch ein Homoioteleuton): *Tua illa pulchra laudatio, tua miseratio, tua cohortatio...* In diesem emphatischen Ausdruck könnte sich auch eine Gliederung der historischen Rede des Marcus Antonius verbergen[549], wonach er Caesar gelobt, die Menge zum Mitgefühl bewegt und den Pöbel aufgewiegelt habe. Im nächsten Satz verwendet Cicero wieder dieselbe Geminatio *tu, tu, inquam* wie in § 53.

Er verwendet in diesem Abschnitt nicht weniger als fünf Ausdrücke des Feuers (*faces incendisti; semustilatus; incensa; deflagravit*), um das Ergebnis von Antonius' Aufwiegelung (*cohortatio*) als Flammenmeer zu zeichnen. In Wirklichkeit ist wohl nur das Haus des ansonsten unbekannten Sympathisanten der Verschwörung L. Bellienus[550] abgebrannt; der halbverbrannte Leichnam Caesars ist wohl nur eine Hyperbel und Metapher für die schmucklose Feuerbestattung Caesars.

Auch den Folgesatz lässt Cicero mit einem vorwurfsvollen *tu* beginnen: Eine weitere Folge von Marc Antons *cohortatio* sei, so Cicero, ein gewaltbereiter Pöbel gewesen, bestehend aus „Gesindel" und Sklaven (*perditorum hominum et ex maxima parte servorum*), gegen den sich die Senatoren mit eigenen Kräften zur Wehr setzen mussten – die zweimalige Verwendung der 1. Person Plural (*nos; nostras*) stellt Cicero auf die „gute" Seite der Senatoren.

Dann schlägt Cicero – wenn auch mit ironischem Unterton – einen anderen, einen lobenden Ton an. Das hindert ihn aber nicht daran, zuvor mit dem Ablativus Absolutus *quasi fuligine abstersa* an die erwähnte Feuersbrunst zu erinnern und damit Antonius noch einmal als Unruhestifter zu disqualifizieren. Im Kontrast zum weggewischten Ruß stehen die „leuchtenden" (*praeclara*) Senatsbeschlüsse, die Marcus Antonius eingebracht haben soll. Den Inhalt der Beschlüsse streift der Redner nur, indem er mit den Präpositionen *de exulibus* und *de immunitate* zumindest die Themen benennt; Cicero wertet sie weiter ab, indem er sagt, Marcus Antonius wisse schon selbst, was er beschlossen habe (*meministi ipse... scis,... quid dixeris.*). Tatsächlich will Cicero auf einen anderen Beschluss hinaus, nämlich die Abschaffung der Diktatur auf ewig (*dictaturae nomen in perpetuum de re publica sustulisti*) – die Nähe von *dictaturae ... in*

---

[549] Vgl. RAMSEY 2008, 293.
[550] Vgl. *RE* „Bellienus 6".

perpetuum ist eine scherzhafte Anspielung auf den getöteten Diktator Caesar. Cicero lobt diese Tat ironisch als *optimum*; außerdem habe er „Hass gegen die Königsherrschaft" (*odium regni*) gehegt und die Furcht vor der letzten Diktatur gänzlich nehmen wollen (*ut eius omnem propter proximum dictatoris metum tolleres*).[551]

n. Angriff auf sein aktuelles Konsulat 44 v. Chr.: Fälschung der *acta Caesaris* (92-100a)

§ 92 *Constituta res publica videbatur aliis, mihi vero nullo modo, qui omnia te gubernante naufragia metuebam. Num igitur me fefellit aut num diutius sui potuit dissimilis esse? Inspectantibus vobis toto Capitolo tabulae figebantur, neque solum singulis venibant immunitates, sed etiam populis universis; civitas non iam singillatim, sed provinciis totis dabatur. Itaque, si haec manent, quae stante re publica manere non possunt, provincias universas, patres conscripti, perdidistis, neque vectigalia solum, sed etiam imperium populi Romani huius domesticis nundinis deminutum est.*

INHALT UND KONTEXT: Doch bald nach seinem kurzen Bündnis mit dem Senat habe Antonius die *acta Caesaris* genutzt, um nicht nur einzelnen Personen, sondern ganzen Völkerschaften gegen hohe Bestechungsgelder Steuerfreiheit und das römische Bürgerrecht zu verkaufen. So habe er der Provinz Kreta[552] Steuerbefreiungen (*immunitates*) und der Provinz Sizilien[553] das Bürgerrecht und seine Privilegien (*civitas*) gewährt.

EMOTIONSLINGUISTISCHE ANALYSE: In diesem Abschnitt geht es um den Fortbestand der Republik (*Constituta res publica; stante re publica*), für römische Senatoren natürlich ein Wert an sich. Die Chance dazu besteht, so Cicero, aber nicht mit Antonius an der Spitze. Er verwendet die Metapher des unfähigen Steuermanns und des Schiffbruchs (*omnia te gubernante naufragia metuebam*; das sich steigernde Hyperbaton *omnia ... naufragia* fällt ins Auge) und evoziert damit Angst (*metuebam*) vor den weitreichenden Folgen der korrupten Politik Marc Antons. Als „Beweis" führt Cicero den Senatoren, die er einmal direkt mit der feierlichen Formel *patres conscripti* und einmal in der 2. Person Plural (*perdidistis; vobis*) anspricht, vor Augen, welche Folgen es bereits hat, wenn man Antonius als Politiker schalten und walten lässt. Er attackiert die korrupten Schwarzmärkte[554] (*domesticis nundinis*), die Steuerfreiheit und das römische Bürgerrecht, das für Geld verkauft wird. Um die Emotionalität seiner Sprache

---

[551] Vgl. hierzu auch § 115 sowie Cic. Phil. 1,3-4;32.

[552] Vgl. § 97: *Nuper fixa tabula est, qua civitates locupletissimae Cretensium vectigalibus liberantur statuiturque, ne post M. Brutum pro consule sit Creta provincia. Tu mentis compos, tu non constringendus? An Caesaris decreto Creta post M. Bruti decessum potuit liberari, cum Creta nihil ad Brutum Caesare vivo pertineret? At huius venditione decreti, ne nihil actum putetis, provinciam Cretam perdidistis. Omnino nemo ullius rei fuit emptor, cui defuerit hic venditor.*

[553] Vgl. Cic. Phil. 1,24-25.

[554] Siehe bereits § 6: *praesertim cum tu reliquias rei publicae dissipavisses, cum domi tuae turpissimo mercatu omnia essent venalia, [...].*

zu steigern, verwendet Cicero immer wieder Kontraste wie *singuli – toti* und gliedert seine Kola auch syntaktisch durch Wendungen wie *non solum ... sed etiam*. Mit diesen Wendungen beschwört Cicero das Bild eines wankenden Staates herauf, der noch zu retten ist, wenn man sich Marcus Antonius bald entledigt. Darin liegt der implizite Appellcharakter der Passage. Auf Antonius bezieht sich Cicero nur im Ablativus Absolutus *te gubernante* in der 2. Person Singular, dann wechselt er in die distanzierte 3. Person.

Weitere Emotionalität erreicht Cicero zum einen durch zwei drängende rhetorische Fragen, die er beide anaphorisch mit der Partikel num beginnen lässt. Zum anderen hilft ihm das Stilmittel der Evidentia: Cicero schildert nämlich das Anschlagen der Tafeln (*tabulae*) mit den Dekreten Antonius' auf dem Kapitol (*Inspectantibus vobis toto Capitolo tabulae figebantur ...*). Durch den absoluten Ablativ *inspectantibus vobis* erhöht Cicero zudem die Evidenz des Gesagten, indem er die Senatoren zu damaligen Augenzeugen macht bzw. sie an die damaligen Ereignisse erinnert. Das Ergebnis von Antonius' Politik: Das Imperium sei durch Antonius' Verfügungen bereits unwiederbringlich geschmälert (*deminutum*) – das sachlich nicht notwendige Präfix *de-* verstärkt noch den Eindruck der Minderung römischer Macht.

§ 93 *Ubi est septiens miliens, quod est in tabulis, quae sunt ad Opis? Funestae illius quidem pecuniae, sed tamen quae nos, si iis, quorum erat, non redderetur, a tributis posset vindicare. Tu autem quadringentiens sestertium, quod Idibus Martiis debuisti, quonam modo ante Kalendas Apriles debere desisti? Sunt ea quidem innumerabilia, quae a tuis emebantur non insciente te, sed unum egregium de rege Deiotaro populi Romani amicissimo decretum in Capitolio fixum; quo proposito nemo erat, qui in ipso dolore risum posset continere.*

INHALT UND KONTEXT: Zu den undurchsichtigen Geschäften des Marcus Antonius gehörten auch die Veruntreuung öffentlicher Gelder (Cicero nennt 700 Millionen Sesterzen), der Erlass eigener Schulden (Cicero zufolge 40 Millionen Sesterzen) und die Rehabilitierung des Königs von Galatien, Deiotarus, dem Caesar kurz zuvor Gebiete weggenommen hatte, weil er Pompeius im Bürgerkrieg unterstützt hatte.[555]

EMOTIONSLINGUISTISCHE ANALYSE: Nun verwendet Cicero wieder die 2. Person Singular, um sich auf Marcus Antonius zu beziehen. Person Plural (*nos*) reiht sich Cicero in die Menge der Senatoren und Römer ein, die Antonius gegenüberstehen. Dadurch und durch rhetorische Fragen setzt Cicero seinen Gegner unter Druck (*Ubi est septiens miliens...?... quonam modo ante Kalendas Apriles debere desisti?*; in der zweiten rhetorischen Frage fällt das Homoioarkton *debere desisti* auf, also die Anfangsgleichheit durch das Präfix *de-*). Durch die

---

[555] Deiotarus unterstützte das römische Heer unter Pompeius im Krieg gegen Mithridates. Dafür wurde ihm der Titel *rex* gewährt und außerdem noch eine Erweiterung seines Herrschaftsgebiets zugestanden. Diese territorialen Erweiterungen wurden von Caesar rückgängig gemacht, obwohl er ihn ansonsten begnadigt hatte. Vgl. *RE* „Deiotarus 2".

Nennung konkreter Summen (*septiens miliens; quadringentiens sestertium*) beglaubigt Cicero seine Ausführungen und erhöht die Evidenz des Beschriebenen. Die Gelder, mit denen Antonius nach Ciceros Meinung die Römer von der Grundsteuer hätte befreien sollen[556], nennt er *funestae* und bewertet sie damit negativ als „schmutzig".

Das Dekret über Deiotarus löste einerseits Empörung (*dolore*) aus, da dieser im Jahr 47 v. Chr. einen Anschlag auf Caesar geplant hatte[557], andererseits Gelächter (*risum*) wegen des für viele völlig unerwarteten Dekrets von Antonius (*unum egregium ... decretum*: die weit gefasste Sperrstellung sowie die Attribute *unum* und *egregium* weisen auf die Außergewöhnlichkeit des Dekrets hin), immerhin seines ehemaligen Reiteroffiziers und engen Vertrauten. Cicero selbst hingegen lobt Deiotarus als guten Freund des römischen Volkes (*populi Romani amicissimo*), weil er einst Pompeius in Kleinasien militärisch unterstützt hatte.

§ 94 *Quis enim cuiquam inimicior quam Deiotaro Caesar? Aeque atque huic ordini, ut equestri, ut Massiliensibus, ut omnibus, quibus rem publicam populi Romani caram esse sentiebat. Igitur, a quo vivo nec praesens nec absens rex Deiotarus quicquam aequi, boni impetravit, apud mortuum factus est gratiosus. Compellarat hospitem praesens, computarat, pecuniam imperarat, in eius tetrarchia unum ex Graecis comitibus suis collocarat, Armeniam abstulerat a senatu datam. Haec vivus eripuit, reddit mortuus.*

INHALT UND KONTEXT: Antonius gab König Deiotarus die Gebiete zurück, die Caesar ihm genommen hatte, nämlich ein Teilfürstentum der Trokmer, das an Mithridates von Pergamon gegangen war[558], und Armenien, das Ariobarzanes III.[559] zugesprochen worden war. Auch sonst war es zwischen Caesar und Deiotarus nicht zum Besten bestellt: mangelnde Freundlichkeit seitens Caesars[560], als er nach der gewonnenen Schlacht von Zela gegen Pharnakes längere Zeit sein Gast war; nach dem Prozess im Jahre 45 v. Chr. musste Deiotarus eine hohe Geldsumme zahlen.[561]

EMOTIONSLINGUISTISCHE ANALYSE: Cicero macht sich im gesamten Abschnitt darüber lustig, dass durch die Praxis des Marcus Antonius der Eindruck entstehe, Caesar sei zwar zu Lebzeiten König Deiotarus gegenüber feindlich eingestellt gewesen (vergleiche die pikierte rhetorische Frage zu Beginn *Quis*

---

[556] Vgl. § 35 und Cic. Phil. 1,17.
[557] Cicero selbst verteidigte Deiotarus gegen Caesar erfolgreich im November 45 v. Chr. mit der erhaltenen Rede Pro rege Deiotaro. Auch ansonsten war das Verhältnis zwischen Cicero und Deiotarus sehr freundschaftlich, hatte der König von Galatien Cicero doch während seines Prokonsulats in Kilikien im Jahr 51 v. Chr. Streitkräfte zur Verfügung gestellt.
[558] Vgl. RE „Mithridates 15". Er war wahrscheinlich ein Sohn von Mithridates VI. Er hatte Caesar im Alexandrinischen Krieg geholfen und war mit einer Tetrarchie in Galatien belohnt worden. In hellenistischer Zeit war Galatien in vier Tetrarchien aufgeteilt worden.
[559] Vgl. Dio 41,63; 42,48. Pharnakes hatte Deiotarus in Armenien überrollt.
[560] Vgl. Cic. div. 79: *spoliatum reliquit et hospitem et regem*. Interessanterweise merkt Cicero aber in Cic. Deiot. 5–7 an, Caesar behandle Deiotarus großzügig.
[561] Vgl. Caes. bell. Alex. 34,1; Dio 41.63,2.

enim cuiquam inimicior quam Deiotaro Caesar?) und habe ihm deshalb Gebiete weggenommen, nach dessen Tod aber habe er plötzlich eine Kehrtwende vollzogen und ihm mit seinen *acta* wieder Gebiete zugesprochen. Dass Antonius mit den *acta Caesaris* so schamlos zum eigenen Vorteil agiert, ohne auf ein Mindestmaß an Plausibilität seiner Verfügungen zu achten, genau das will Cicero hervorheben und sagt in ähnlicher Formulierung immer wieder dasselbe. So taucht zweimal der Gegensatz „zu Lebzeiten (*a quo vivo; vivus*) gegen den Tod (*mortuum; mortuus*)" auf. Er stellt unmissverständlich klar, auf wessen Seite er sich und die Senatorenschaft sieht, nämlich auf der Seite des Deiotarus, den er einst vor Gericht erfolgreich verteidigt hatte, und nicht auf der Seite Caesars und Marcus Antonius: [*... inimicior quam Deiotaro Caesar?*] *aeque atque huic ordini, ut equestri, ut Massiliensibus*[562]*, ut omnibus, quibus rem publicam populi Romani caram esse sentiebat.*

§ 95 *At quibus verbis? Modo aequum sibi videri, modo non iniquum. Mira verborum complexio! At ille numquam (semper enim absenti adfui Deiotaro) quicquam sibi, quod nos pro illo postularemus, aequum dixit videri.*

Syngrapha sestertii centiens per legatos, viros bonos, sed timidos et imperitos, sine nostra, sine reliquorum hospitum regis sententia facta, in gynaecio est, quo in loco plurimae res venierunt et veneunt. Qua ex syngrapha quid sis acturus, mediteri censeo: Rex enim ipse sua sponte, nullis commentariis Caesaris, simul atque audivit eius interitum, suo Marte res suas recuperavit.

INHALT UND KONTEXT: Gesandte des Deiotarus bestachen Antonius und Fulvia mit einem Schuldschein über 10 Millionen Sesterzen, um ihre Gebiete zurückzugewinnen, die Deiotarus nach Caesars Tod jedoch kurzerhand an sich riss.[563]

EMOTIONSLINGUISTISCHE ANALYSE: Der Abschnitt ist ziemlich arm an emotionalen sprachlichen Markern. Neben einer rhetorischen Frage (*At quibus verbis?*) und einem exklamativen Satz (*Mira verborum complexio!*) fällt vor allem die Verwendung griechischer Fremdwörter auf, die laut Ramsey[564] pejorativ sind und den Schuldscheinhandel (*syngrapha, ae*) zwischen Marcus Antonius, Fulvia (auf die mit dem Frauengemach, einer Art „Boudoir", angespielt wird, griechisch *gynaecēum*, ein Wort, das sonst nur in den Theaterstücken vorkommt[565]) und

---

[562] Die Einwohner von Marseille pochten im Bürgerkrieg ab 49 v. Chr. auf ihre Neutralität und verweigerten Caesar die Durchreise im April 49. Daraufhin wurde die Stadt erfolgreich belagert und mit Gebietsverlust hart bestraft. Vgl. Caes. b. civ. 2,1-16.

[563] Vgl. zum historischen Hintergrund RE „Deiotarus 2": „Es ist möglich, dass Caesar dem D[eiotarus] weniger geneigt war als früher (Cic. Phil. II 94), aber eine Entscheidung hat er nicht mehr getroffen, da er vorher ermordet ward. D[eiotarus] half sich jetzt selbst, nahm das Erbe des Mithridates in Besitz, und Antonius bestätigte die Usurpation aus den hinterlassenen Commentarien Caesars, wie man sagt, gegen eine Zahlung von zehn Millionen Sesterzen, Cic. Phil. II 93 ff.; ad Att. XIV 12, 1. 19, 2. XVI 3, 6."

[564] Vgl. RAMSEY 2008, 299.

[565] Fulvia ist für Cicero eine sehr geizige und habgierige Person, vgl. ähnliche Stellen § 113, Cic. Phil. 5,11; Phil. 6,4; Phil. 13,18.

den Interessenvertretern des Königs Deiotarus eine gewisse Anrüchigkeit verleihen. Das *gynaecēum* der Fulvia wird als Zentrum der Bestechung und Korruption beschrieben, *quo in loco plurimae res venierunt et veneunt*. Die Wiederholung verschiedener Flexionsformen des Verbs *vēnīre* „verkauft werden" dient der zusätzlichen Intensivierung.

Am Ende habe Deiotarus jedoch wenig auf die Abmachung mit Marcus Antonius gegeben. Nach Caesars Tod wartete er nicht auf die von Marcus Antonius gefälschte Ermächtigung Caesars, sondern holte sich seinen – ohnehin rechtmäßigen – Besitz auf eigene Faust zurück. Die Entschlossenheit des Deiotarus und die Rechtmäßigkeit seines Vorgehens unterstreicht Cicero nach Ramsey durch den Chiasmus in *suo Marte*[566] *res suas*, die Eile seines Handelns durch die schnelle Klausel vom Typ Päon + Trochäus in *suas recuperavit*.[567]

§ 96 *Sciebat homo sapiens ius semper hoc fuisse, ut, quae tyranni eripuissent, ea tyrannis interfectis ii, quibus erepta essent, recuperarent. Nemo igitur iure consultus, ne iste quidem, qui tibi uni est iure consultus, per quem haec agis, ex ista syngrapha deberi dicit pro iis rebus, quae erant ante syngrapham recuperatae. Non enim a te emit, sed, priusquam tu suum sibi venderes, ipse possedit. Ille vir fuit; nos quidem contemnendi, qui actorem odimus, acta defendimus.*

INHALT UND KONTEXT: Nach dem Tode Caesars habe Deiotarus seinen früheren Besitz wieder in Besitz genommen, ohne die Erlaubnis Marcus Antonius abzuwarten. Für Cicero schuldet Deiotarus Antonius[568] trotz des Schuldscheins nichts, da er sich nur das wieder angeeignet habe, was ihm schon immer von Rechts wegen zugestanden habe, denn was sich ein *tyrannus* angeeignet habe, falle nach seinem Tod sofort wieder an den ursprünglichen Besitzer zurück.

EMOTIONSLINGUISTISCHE ANALYSE: Cicero bezeichnet Deiotarus als *homo sapiens*, als weisen Mann, der schon immer gewusst habe, dass die von Tyrannen konfiszierten Güter mit dem Tod des Gewaltherrschers wieder an den ursprünglichen Besitzer zurückfallen – mit dem Wort *tyrannus* bezieht sich Cicero zweimal negativ auf Caesar: *Sciebat homo sapiens ius semper hoc fuisse ut, quae tyranni eripuissent, ea tyrannis interfectis ii, quibus erepta essent, recuperarent.* Aber nicht nur Caesar wird abgewertet, auch der Rechtsbeistand (*iure consultus*) Marcus Antonius und die von ihm ausgestellten Schuldscheine (*syngrapha*) werden mit dem abwertenden Pronomen *iste* negativ beurteilt: *Nemo igitur iure consultus, ne iste quidem, qui tibi uni est iure consultus, per quem haec agis, ex*

---

[566] Die Wendung *Marte suo* bedeutet in etwa „auf eigene Faust".
[567] Vgl. RAMSEY 2008, 300.
[568] Der im Text etwas vage beschriebene Rechtsberater von Marc Anton (*ne iste quidem, qui tibi uni est iure consultus, per quem haec agis,* [...]) dürfte der aus der Verbannung zurückgekehrte Sex. Cloelius sein. Vgl. RAMSEY 2008, 300 und – allerdings verschrieben – NICKEL/FUHRMANN 2013, 614, 125.

ista syngrapha deberi dicit pro iis rebus, quae erant ante syngrapham recuperatae. Wieder taucht der abwertende griechische Begriff *syngrapha* auf.[569]

Deiotarus wird dann aber wieder – als *ille vir* – gelobt; die Senatoren und Cicero müssen sich aber an die eigene Nase fassen (*nos quidem contemnendi*): Denn für Cicero haben sie die Befehle Antonius' unterstützt (*acta defendimus*), obwohl sie den Befehlsgeber hassten (*actorem odimus*). Eine interessante Selbstkritik, die aber in einen allgemeinen Hass auf Antonius mündet (Cicero verwendet zweimal die 1. Person Plural). Der parallelisierte Polyptoton *actorem – acta* akzentuiert die Widersprüchlichkeit des senatorischen Handelns, das eigentlich nur ein Reagieren ist, kritisiert aber auch die Senatorenschaft, rüttelt sie auf und bewegt sie zum Handeln gegen Ciceros Gegner Marcus Antonius.

§ 97 *Quid ego de commentariis infinitis, quid de innumerabilibus chirographis loquar? Quorum etiam institores sunt, qui ea tamquam gladiatorum libellos palam venditent. Itaque tanti acervi nummorum apud istum construuntur, ut iam expendantur, non numerentur pecuniae.*

At quam caeca avaritia est! Nuper fixa tabula est, qua civitates locupletissimae Cretensium vectigalibus liberantur statuiturque, ne post M. Brutum pro consule sit Creta provincia. Tu mentis compos, tu non constringendus? An Caesaris decreto Creta post M. Bruti decessum potuit liberari, cum Creta nihil ad Brutum Caesare vivo pertineret? At huius venditione decreti, ne nihil actum putetis, provinciam Cretam perdidistis. Omnino nemo ullius rei fuit emptor, cui defuerit hic venditor.

INHALT UND KONTEXT: Bei den vielen Gefälligkeitsverkäufen muss Antonius das Geld schon nachwiegen, weil er es nicht mehr zählen kann. Besonders absurd ist aber sein gefälschtes Dekret im Namen Caesars, das Kreta[570] nach der Statthalterschaft des Brutus als Prokonsul[571] Unabhängigkeit und Steuerfreiheit gewährt, da die Provinz Brutus erst nach Caesars Tod zugesprochen wurde.

EMOTIONSLINGUISTISCHE ANALYSE: Cicero beginnt mit einer rhetorischen Frage: *Quid ego de commentariis infinitis, quid de innumerabilibus chirographis loquar?* Die Frageform bringt Ciceros Irritation zum Ausdruck. In einem Chiasmus weist er auf die Vielzahl der Schriften hin, mit denen Antonius anderen gegen Geld Vorteile verschafft habe. Das Fremdwort *chirographus* kann mit Ramsey als abwertend interpretiert werden.[572] Der Verkauf dieser Urkunden

---

[569] Vgl. wieder RAMSEY 2008, 299–300.

[570] *Creta* wurde in den Jahren 69 bis 67 v. Chr. – im Zuge der Kämpfe gegen die Seeräuber – Provinz. Meistens wurde die Provinz zusammen mit *Cyrene* verwaltet. Doch für das Jahr 43 teilte Antonius die „Doppel-Provinz" in zwei auf und wollte M. Brutus nach *Creta* schicken und Cassius nach *Cyrene*. Auf diese Weise wurde die Statthalterschaft in dieser abgelegenen Region noch weiter entwertet. Am Ende begaben sich Brutus und Cassius zwar in den Osten, aber nicht in ihre Provinzen, sondern nach Griechenland, um ein Heer gegen die Triumvirn aufzustellen. Vgl. RAMSEY 2008, 304.

[571] Vgl. zu Brutus' Statthalterschaft bereits § 31. Marc Anton versuchte so, Brutus abzuschieben und seinen Einfluss auf die Geschehnisse in Rom zu verringern.

[572] Vgl. RAMSEY 2008, 299 zu den griechischen Fremdwörtern *syngrapha* und *gynaeceum*.

wird weiter verunglimpft, indem er mit dem Verkauf von Eintrittskarten[573] zu Gladiatorenspielen (*tamquam gladiatorum libellos*) verglichen wird, die in aller Öffentlichkeit (*palam*) von Krämern (*institores*) verkauft werden (*venditent*; Cicero verwendet hier das Infix *-ita-* zur Intensivierung).

Cicero betont in diesem Abschnitt sehr stark die Quantität: Hörten wir eben noch von unzähligen Briefen (*infinitis ... innumerabilibus*), so häuft Marcus Antonius laut Cicero nun Säcke von Geld an (*tanti acervi nummorum ... construuntur*), so dass die Geldmengen nicht mehr gezählt, sondern nur noch gewogen[574] werden können (*ut iam expendantur, non numerentur pecuniae*).

Hatte Cicero im ersten Satz noch so getan, als wisse er nicht, welches konkrete Ereignis er als nächstes herausgreifen solle, so beginnt er nun mit einem Exklamativsatz, der Empörung über die Habgier des Marcus Antonius ausdrückt (*At quam caeca avaritia est!*), und kommt auf den „Ausverkauf" der Provinz Kreta zu sprechen. Gleichzeitig mit dem Ende des Prokonsulats des Brutus werde die Provinz unabhängig und steuerfrei. Dazu habe er wieder Caesars Akten benutzt, nur sei diesmal die Fälschung offensichtlich geworden, da M. Brutus vor Caesars Tod gar nicht als Prokonsul von Kreta vorgesehen gewesen sei.[575] Dann wechselt Cicero von der 3. Person (*apud istum*) in die 2. Person – was seinen Zorn ausdrückt – und meint, Marcus Antonius sei nicht mehr ganz bei Sinnen und müsse in eine „Zwangsjacke"[576] gesteckt werden: *Tu mentis compos, tu non constringendus?* Cicero schickt gleich eine rhetorische Frage mit der drängenden Einleitung nach: *An Caesaris decreto Creta post M. Bruti decessum potuit liberari, cum Creta nihil ad Brutum Caesare vivo pertineret?* Die Emphase wird durch die doppelte, lange natürliche Silbe *-crē-* in *decreto Creta* und in der starken Verneinung *nihil* anstelle des schwächeren *non* erreicht.[577] Dann werden die Senatoren direkt angesprochen, um ihnen die unangenehme Wahrheit vor Augen zu führen, dass Kreta durch die Verkaufspraxis Marc Antons verloren gegangen sei: *At huius venditione decreti, ne nihil actum putetis, provinciam Cretam perdidistis.* Im letzten Satz wird Marcus Antonius also negativ als „Verkäufer" (*venditor*) bezeichnet.

---

[573] Vgl. hierzu Ov. ars 1,167–170: *Dum loquitur tangitque manum poscitque libellum / Et quaerit posito pignore, vincat uter, / Saucius ingemuit telumque volatile sensit, / Et pars spectati muneris ipse fuit.*

[574] Vgl. hierzu Cic. Phil. 3,10: *at vero huius domi inter quasilla pendebatur aurum, numerabatur pecunia; una in domo omnes quorum intereat, totum imperium populi Romani nundinabantur.*

[575] Es ist klar, dass die Akte theoretisch trotzdem von Caesar hätte stammen können und der für den Vorgang unerhebliche Name des Prokonsuls leicht hätte nachgetragen werden können. Siehe hierzu auch RAMSEY 2008, 304.

[576] So übersetzt FUHRMANN die Wendung *tu non constringendus*. Siehe NICKEL/FUHRMANN 2013, 141. Vgl. auch Cic. Pis. 48: *Si familiam tuam dimisisses, quod ad neminem nisi ad ipsum te pertineret, amici te constringendum putarent [...].*

[577] Vgl. RAMSEY 2008, 304.

§ 98 Et de exulibus legem, quam fixisti, Caesar tulit? Nullius insector calamitatem; tantum queror, primum eorum reditus inquinatos, quorum causam Caesar dissimilem iudicarit; deinde nescio, cur non reliquis idem tribuas: neque enim plus quam tres aut quattuor reliqui sunt. Qui simili in calamitate sunt, cur tua misericordia non simili fruuntur, cur eos habes in loco patrui? De quo ferre, cum de reliquis ferres, noluisti; quem etiam ad censuram petendam impulisti eamque petitionem comparasti, quae et risus hominum et querelas moveret.

INHALT UND KONTEXT: Antonius habe ein Gesetz über die Rückkehr der Verbannten (de exulibus legem) gefälscht[578] – allerdings seien einige Verbannte ungerechterweise nicht berücksichtigt worden, darunter zeitweilig sogar Marcus Antons eigener Onkel[579]. Diesen wollte er zum Zensor machen – für viele ein Grund zum Lachen, aber auch zum Klagen.

EMOTIONSLINGUISTISCHE ANALYSE: Im ersten Satz, einer rhetorischen Frage, wendet sich Cicero in der 2. Person Singular an Antonius und nennt das Thema des Paragraphen – die gefälschten Gesetze über die Rückführung der Verbannten: *Et de exulibus legem, quam fixisti Caesar tulit?* Caesar steht dabei betont nach einem Hyperbaton gegen Ende des Satzes; Cicero betont damit die Fälschung durch Marc Anton und sein Handeln gegen den Willen des ermordeten Caesar. Cicero zeigt sich im Folgenden als ein auf gesellschaftliche Normen und Regeln bedachter Römer, dem der Respekt vor seinen Standesgenossen am Herzen liegt. Performatives Taktgefühl ist vorhanden. Denn: Er sagt, er wolle niemandem zu nahe treten (*Nullius insector calamitatem ...*), erlaube sich aber zwei Beschwerden (*queror, primum ... deinde ...*): Erstens beklagt er die seiner Meinung nach in den Schmutz gezogenen Rückführungen einiger Männer (*reditus inquinatos*) dadurch, dass Antonius nicht mehr zwischen politischen und kriminellen Verbannten unterschieden habe – Caesar habe hier noch unterschieden (*quorum causam Caesar dissimilem iudicarit*).[580] Seine zweite Beschwerde betrifft die Tatsache, dass Antonius drei oder vier Verbannten noch immer keine Heimkehr gewährt habe (*nescio, cur non reliquis idem tribuas: neque enim plus quam tres aut quattuor reliqui sunt*). Cicero gibt vor, kein Verständnis für dieses Vorgehen zu haben (*nescio cur ...*). Dies deutet auf seine Empörung über die Politik Antonius' hin.

In der folgenden rhetorischen Frage (*qui simili in calamitate sunt, cur tua misericordia non simili fruuntur, cur eos habes in loco patrui?*) weckt Cicero Mitleid mit den verbliebenen Verbannten, benennt ihr schlimmes Schicksal mit dem Begriff *calamitas* und unterstreicht Marc Antons Mitleidlosigkeit gerade dadurch, dass er ironisch von dessen Barmherzigkeit (*tua misericordia*) spricht. Die Klausel in *non simili fruuntur* macht genau darauf aufmerk-

---

[578] Vgl. hierzu auch Cic. Phil. 1,24 und 5,11.
[579] Vgl. zum Onkel § 56.
[580] Vgl. NICKEL/FUHRMANN 2013, 614.

sam.⁵⁸¹ Außerdem vergleicht er ihr Schicksal mit dem ihres Onkels (*patrui*), der auf seine Heimkehr warten musste. Cicero setzt dieses Wissen bei den Adressaten voraus und erinnert damit en passant an die mangelnde *pietas* Antonius gegenüber seinen eigenen Verwandten.

Im krassen Gegensatz dazu steht dann aber das Angebot und die Hilfe Marc Antons, ihm zum Amt des Zensors zu verhelfen. Cicero verweist hier auf zwei emotionale Reaktionen derer, die von der Kandidatur erfahren haben: *petitionem ... quae et risus hominum et querelas moveret*. Warum Lachen und Klagen? Gelächter wohl deshalb, weil sich mit dem Onkel des Antonius ausgerechnet derjenige um das Amt des Zensors bewarb, der einst im Jahre 70 v. Chr. wegen seiner korrupten Statthalterschaft in Griechenland von den Zensoren aus der Liste der Senatoren gestrichen worden war. Und Beschwerden, so der Kommentator Ramsey, wohl deshalb, weil er seit 59 v. Chr. nach einer Verurteilung mehr als zehn Jahre im Exil verbracht hatte und erst nach Rom zurückgekehrt war.⁵⁸²

§ 99 *Cur autem ea comitia non habuisti? An quia tribunus plebis sinistrum fulmen nuntiabat? Cum tua quid interest, nulla auspicia sunt; cum tuorum, tum fis religiosus. Quid? Eundem in septemviratu nonne destituisti? Intervenit enim, cui metuisti, credo, ne salvo capite negare non posses. Omnibus eum contumeliis onerasti, quem patris loco, si ulla in te pietas esset, colere debebas. Filiam eius sororem tuam eiecisti alia condicione quaesita et ante perspecta. Non est satis; probri insimulasti pudicissimam feminam. Quid est, quod addi possit? Contentus eo non fuisti; frequentissimo senatu Kalendis Ianuariis sedente patruo hanc tibi esse cum Dolabella causam odi dicere ausus es, quod ab eo sorori et uxori tuae stuprum oblatum esse comperisses. Quis interpretari potest, impudentiorne, qui in senatu, an improbior, qui in Dolabellam, an impurior, qui patre audiente, an crudelior, qui in illam miseram tam spurce, tam impie dixeris?*

INHALT UND KONTEXT: Antonius macht seinem Onkel Hoffnungen auf die Zensur oder einen Sitz im Septemvirat⁵⁸³, nur um seine Versprechungen dann doch nicht einzuhalten. Damit nicht genug, lässt er sich laut Cicero auch noch von seiner Tochter Antonia⁵⁸⁴ unter dem fadenscheinigen Vorwand des Ehebruchs mit Dolabella scheiden. Dabei habe er bereits eine „andere Partie" (*alia condicione ... perspecta*) gefunden, vermutlich Fulvia.

EMOTIONSLINGUISTISCHE ANALYSE: Cicero zeichnet Marcus Antonius in dieser Passage als *impius* gegenüber Verwandten (*si ulla in te pietas esset*) sowie

---

⁵⁸¹ Laut RAMSEY eine Klausel vom Typ „Daktylus + doppelter Trochäus", vgl. RAMSEY 2008, 305.
⁵⁸² Vgl. RAMSEY 2008, 305.
⁵⁸³ Eine *lex agraria* von Mitte Juni 44 v. Chr. gab einem Kollegium von sieben Männern das Mandat, Land zu verteilen. Vgl. Cic. Phil. 1,6; Att. 15.19,2.
Die Person, der Marc Anton laut Cicero nicht Nein sagen konnte, war wohl ein Mimus-Autor namens Nucula oder der Tragödiendichter Lento, vgl. Cic. Phil. 11,13.
⁵⁸⁴ Gemeint ist *RE* „Antonia 110". In Rom waren Ehen mit Cousinen verbreitet und vollkommen legal.

Göttern[585] (*cum tua quid interest, nulla auspicia sunt; cum tuorum, tum fis religiosus*) und audax (*ausus es*), der sich gegen alle Regeln des guten Benehmens selbst vor angesehenen Personen wie Senatoren (*frequentissimo senatu*) oder eigenen Verwandten (*sedente patruo; patre audiente*) zu Entgleisungen hinreißen ließ.[586] Er verwendet die 2. Person Singular, wenn er sich auf Marcus Antonius bezieht, was der Situation von Angesicht zu Angesicht entspricht. Oft verstärkt er seine Behauptungen u. a. durch rhetorische Fragen (z. T. mit dem drängenden Partikel an), pleonastische Hinweise (*sinistrum*[587]), Superlative (*pudicissimam feminam; frequentissimo senatu*), Hyperbata (*ulla in te pietas*), Iterativa (*nuntiabat*) oder auch Kommentare wie *Quid?; Non est satis.; Quid est, quod addi possit?*

Metainvektivität findet sich in dem Satz *omnibus eum contumeliis onerasti ...* Den seiner Meinung nach geringen Wahrheitsgehalt von Marc Antons Vorwurf der Schändung Antonias durch Dolabella markiert Cicero mit dem Coniunctivus obliquus in *comperisses*. Antonia nennt Cicero wohl absichtlich *sororem tuam*, was in zweiter Bedeutung „Cousine" bedeutet[588], obwohl ihm dafür das Wort *consobrina* zur Verfügung gestanden hätte, um Antonia mit einem inzestuösen Verhältnis in Verbindung zu bringen.[589]

Die hochgradig invektive Passage mündet in eine stilisierte rhetorische Frage am Ende: *Quis interpretari potest, impudentiorne, qui in senatu, an improbior, qui in Dolabellam, an impurior, qui patre audiente, an crudelior, qui in illam miseram tam spurce, tam impie dixeris?* Hier findet sich eine Vielzahl von Stilmitteln: das wiederkehrende Präfix im- mit negativer Bedeutung, ein klimaktisches Tetrakolon mit chiastischer Semantik (aufsteigend: *impudentior, improbior, impurior, crudelior* vs. absteigend: *in senatu, in Dolabellam, patre, in illam miseram [uxorem]*)[590] und ein Asyndeton (*tam spurce, tam impie*).

§ 100a *Sed ad chirographa redeamus. Quae tua fuit cognitio? Acta enim Caesaris pacis causa confirmata sunt a senatu; quae quidem Caesar egisset, non ea, quae egisse Caesarem dixisset Antonius. Unde ista erumpunt, quo auctore proferuntur? Si sunt falsa, cur probantur? Si vera, cur veneunt? At sic placuerat, ut ex Kalendis Iuniis de Caesaris actis cum consilio cognosceretis. Quod fuit consilium, quem umquam advocasti, quas Kalendas Iunias expectasti? An eas, ad quas te peragratis veteranorum coloniis stipatum armis rettulisti?*

---

[585] Zweimal wurden Gesetzesvorhaben von Marc Anton verwirklicht, obwohl es ungünstige Auspizien gab, nämlich einmal die *lex tribunicia de provinciis*, die ihm eine größere Provinz eintrug (vgl. hierzu Cic. Phil. 5,8), einmal die *lex iudiciaria*, die ihm Immunität vor strafrechtlicher Verfolgung zubilligte (vgl. hierzu Cic. Phil. 1,20; 5,15; 8,27).
[586] Gemeint ist die Senatssitzung am 1. Januar 44 v. Chr., in der Dolabella eine Invektive gegen Antonius vortrug. Vgl. § 79.
[587] Wenn bei einer Wahlversammlung ein Blitz einschlug, wurde sie in jedem Fall, egal wo genau der Blitz einschlug, abgebrochen, vgl. Cic. Div. 2,42; 3,74; Vat. 20; Phil. 5,7. Vgl. RAMSEY 2008, 305. Daher ist Ciceros Hinzusetzung *sinistrum* eigentlich überflüssig.
[588] Vgl. *OLD* s. v. *soror* 2.
[589] Vgl. RAMSEY 2008, 306.
[590] Vgl. RAMSEY 2008, 307.

o. Angriff auf sein Konsulat: Ansiedlung von Kriegsveteranen in Kampanien (100b–107)

§ 100b *O praeclaram illam percursationem tuam mense Aprili atque Maio – tum, cum etiam Capuam coloniam deducere conatus es! Quem ad modum illim abieris vel potius paene non abieris, scimus.*

INHALT UND KONTEXT: Nach der kurzen Digressio über Antonius' Onkel C. Antonius Hybrida kommt Cicero wieder auf die *acta Caesaris* zu sprechen. Diese seien vom Senat zunächst nur um des Friedens willen (*pacis causa*) ratifiziert worden.[591] Die vom Senat wohl im April beschlossene Untersuchungskommission[592] zu den *acta Caesaris*, die ab 1. Juni 44 tagen sollte[593], habe Antonius nicht einberufen. Stattdessen habe er ab Ende April seine Veteranen in Kampanien besucht[594] und versucht, in Capua eine Kolonie zu gründen[595], obwohl dort bereits eine existierte – nur knapp sei er den aufgebrachten Capuanern entkommen, die um ihren Landbesitz besorgt waren.[596]

EMOTIONSLINGUISTISCHE ANALYSE: Cicero erzeugt zahlreiche Nuancen und Akzentuierungen vor allem durch Wiederholungen oder leichte Variationen bestimmter Wörter (in nur zwei Zeilen erscheint der Name *Caesar* dreimal: „[...] this ... stresses the point that only the genuine acts of Caesar were valid"[597]; zweimal *abieris*, zusätzlich verstärkt durch die Alliteration *potius paene*; *peragratis ... percursationem ...*: Cicero „pocht" also buchstäblich auf die wilde Reise des Marcus Antonius durch Kampanien) und Wortstellung im Satz (die ex-

---

[591] Vgl. Cic. Phil. 1,16.
[592] Die *cognitio* sollte von den beiden amtierenden Konsuln Antonius und Dolabella durchgeführt werden, deswegen verwendet Cicero später die 2. Person Plural *cognosceretis*. Die Untersuchung sollte bestimmen, welche Erlässe tatsächlich von Caesar stammen und welche nicht, vgl. deswegen auch [...] *quae quidem Caesar egisset, non ea, quae egisse Caesarem dixisset Antonius*. Vgl. auch schon § 7 *nosset*. Vgl. zum rechtlichen Status der *cognitio* WITTMANN/ KUNKEL 1995, 145–146.
Auch ein vorbereitendes *consilium* hat Antonius nicht einberufen, so Cicero, also einen Beraterkreis von Experten – wahrscheinlich wohlweislich. Zur Rolle des *consilium* vgl. WITTMANN/KUNKEL 1995, 135–141.
[593] Da Antonius mit der Fälschung von *acta* bereits im April begonnen hatte, hatte er immer noch recht viel Zeit, um bis Anfang Juni seinem politischen Willen Geltung zu verschaffen und Geld zu verdienen. Vgl. RAMSEY 2008, 307.
[594] Vgl. allgemein zu Antonius' *percursatio* in Kampanien schon § 62–63.
[595] Capua wurde im 1. Jahrhundert v. Chr. mehrmals zur *colonia* erklärt, siehe *DNP* s.v. *Capua*: „Röm. *colonia* wurde C. zeitweise 83 und 59/58 v. Chr., endgültig unter Caesar (Vell. 2,44; Suet. Caes. 20; App. civ. 2,10), erneut 43 unter Antonius (Cic. Phil. 2,39 f.) und 36 unter dem nachmaligen Augustus (Vell. 2,81; Cass. Dio 49,14)."
[596] Vgl. Cic. Phil. 12,7. In Capua wollte Antonius weitere Veteranen von Caesar ansiedeln, um diese als loyale Klienten an sich zu binden. Die Einwohner von Capua fühlten sich von diesem Vorhaben wohl bedroht und behandelten Antonius ziemlich rauh, vgl. MAYOR 1861, 141: „[Antony] was roughly handled in Capua, as the old settlers looked with an evil eye on his new colonists, as intruders on their rights."
[597] Vgl. RAMSEY 2008, 307.

ponierte Stellung[598] von *tua* in *Quae tua fuit cognitio?*; die Schlussstellung von Antonius in *... quae quidem Caesar egisset, non ea, quae egisse Caesarem dixisset Antonius).*

Darüber hinaus gibt es einen Ausruf, der symptomatisch für Ciceros emotionale Erregung ist: *O praeclaram illam percursationem tuam ...!* Wie hier, so bezieht sich Cicero auf Marcus Antonius stets in der 2. Person, also in scharfer Direktheit.

Drängend und ungeduldig wirken die Ketten kurzer Sätze oder Fragen (darunter eine mit *an* eingeleitete Frage), die Cicero atemlos aneinanderreiht: *Unde ista erumpunt, quo auctore proferuntur? Si sunt falsa, cur probantur? si vera, cur veneunt? ... Quod fuit consilium, quem umquam advocasti, quas Kalendas Iunias expectasti? an eas, ad quas te ... stipatum armis rettulisti?*

Inhaltlich wird Marcus Antonius negativ beurteilt, wenn auch eher hinter vorgehaltener Hand und nicht direkt mit Schimpfwörtern: Auf seine erfundenen *acta* bezieht sich Cicero mit *ista*; Marc Anton sei korrupt, weil er die gefälschten Urkunden meistbietend verkaufe (*cur veneunt?*); er kümmere sich nicht um die Untersuchungskommission zu den *acta*, im Gegenteil, Anfang Juni sei er wieder in Rom erschienen, umgeben von bewaffneten Veteranen (*stipatum armis*)[599]; und seine *audacia* zeige sich in seinem Versuch, weitere Kolonisten in Capua anzusiedeln (*etiam Capuam coloniam deducere conatus es!*).

§ 101 *Cui tu urbi minitaris. Utinam conere, ut aliquando illud ‚paene' tollatur! At quam nobilis est tua illa peregrinatio! Quid prandiorum apparatus, quid furiosam vinulentiam tuam proferam? Tua ista detrimenta sunt, illa nostra. Agrum Campanum, qui cum de vectigalibus eximebatur, ut militibus daretur, tamen infligi magnum rei publicae vulnus putabamus, hunc tu compransoribus tuis et collusoribus dividebas. Mimos dico et mimas, patres conscripti, in agro Campano collocatos. Quid iam querar de agro Leontino? Quoniam quidem hae quondam arationes Campana et Leontina in populi Romani patrimonio grandiferae et fructuosae ferebantur. Medico tria milia iugerum; quid, si te sanasset? Rhetori duo; quid, si te disertum facere potuisset? Sed ad iter Italiamque redeamus.*

INHALT UND KONTEXT: Auf seiner Reise durch Kampanien soll Antonius im Luxus[600] geschwelgt und dem Wein kräftig zugesprochen haben. Ausgerechnet seinen zwielichtigen Kumpanen[601] habe er dort einige Morgen Land zugeschanzt – wie auch im Gebiet des *ager Leontinus* in Sizilien: ein Aderlass für das römische Volk, so Cicero, seien diese Länder doch einst so einträglich gewesen. Dort habe er 3000 Morgen Land einem unfähigen

---

[598] Siehe RAMSEY 2008, 307: „[...] is emphasized by its position. Standing apart from *cognitio*."

[599] Vgl. besonders § 108, wo es um Antonius' *reditus Romam* gehen wird.

[600] Vgl. zum Luxus Plut. Ant. 9,8.

[601] Vgl. den zwielichtigen Kumpanen einerseits bereits § 58, andererseits den Brief Cic. Att. 10.10,4: *hic [sc. Antonius] tamen Cytherida secum lectica aperta portat, alteram uxorem. septem praeterea coniunctae lecticae amicarum; et sunt amicorum.*

Arzt, 2000 Morgen Land einem unfähigen Rhetoriklehrer, gemeint ist Sex. Clodius[602], geschenkt.

EMOTIONSLINGUISTISCHE ANALYSE: Cicero bezieht sich hier ausschließlich in der 2. Person auf Antonius, spricht die Senatoren aber einmal direkt an (*patres conscripti*). Im ersten Satz steigert Cicero das Verb *minari* zum Intensivum *minitari* – dass es ihm aber eigentlich ganz recht ist, wenn Marcus Antonius die Capuaner beharrlich provoziert, wird im nächsten Satz deutlich, einem Wunschsatz im Optativ: *Utinam conere, ut aliquando illud ‚paene' tollatur!* Er wünscht sich also, eines Tages nichts mehr sagen zu müssen: Um ein Haar hätte Marcus Antonius Capua verlassen, wie er es kurz zuvor im Satz *Quem ad modum illim abieris vel potius paene non abieris, scimus* getan hatte. Ein klarer, wenn auch verschleierter Todeswunsch und eine unmissverständliche Drohung.

Es folgt der Ausruf: *At quam nobilis est tua illa peregrinatio!* Auch dieser Satz bezieht sich auf den vorhergehenden exklamativen Satz *O praeclaram illam percursationem ...!* In einer doppelten Praeteritio, einem asyndetischen Dikolon, spielt er auf seine Exzesse während der Reise an, ohne sie jedoch im Rahmen einer Evidentia weiter auszuführen: *Quid prandiorum apparatus, quid furiosam vinulentiam tuam proferam?* Diese Exzesse gehen zu seinen Lasten, das Folgende aber zu Lasten des römischen Volkes, mit dem Cicero sich und die Senatoren in einer Ingroup durch das Wort *nostra* identifiziert: *Tua ista detrimenta sunt, illa nostra*. Die Pronomen *tua* und *nostra* stehen jeweils betont am Anfang bzw. am Ende des Satzes[603]; die kurz benannten Ausschweifungen Marc Antons werden mit dem abwertenden *ista* bezeichnet, während der noch zu beschreibende Schaden für den römischen Staat mit *illa* kataphorisch vorweggenommen wird.

Emotionslinguistisch interessant ist vor allem der folgende Satz: *Agrum Campanum, qui cum de vectigalibus eximebatur, ut militibus daretur, tamen infligi magnum rei publicae vulnus putabamus, hunc tu compransoribus tuis et conlusoribus dividebas*, denn Ciceros Erregung hat eine fehlende grammatikalische Folgerichtigkeit der begonnenen Satzkonstruktion zur Folge. Das von Cicero bewusst eingesetzte Anakoluth ist ein geeignetes Mittel, da es sich dem Leser als Symptom spontaner Empörung aufdrängt. Die Steuerbefreiung der kampanischen Mark[604] ist für Cicero eine große Wunde für die Republik, *magnum rei publicae vulnus*, noch verstärkt durch das Hyperbaton *magnum ... vulnus*. Das Gebiet habe er dann ausgerechnet unter seinen Kumpanen aufgeteilt, die er als Tischgenossen und Spielgefährten (*hunc tu compransoribus tuis et conlusoribus dividebas*), ja im folgenden Satz sogar als Miminnen und Mimen (*Mimos dico et mimas*) disqualifiziert.

---

[602] Vgl. auch §§ 42–43.
[603] Vgl. RAMSEY 2008, 309–311.
[604] Die Steuerbefreiung wurde von Caesar initiiert, der in den Jahren 59 (durch eine sogenannte *lex agraria*) und 45 v. Chr. in Kampanien Land verteilen ließ.

In seiner Empörung über den Verlust des Staatsgebietes lässt sich Cicero zu einer kurzen Digression über die leontinische Mark hinreißen – später, am Ende des Abschnitts, muss er selbst wieder zum eigentlichen Thema, der *peregrinatio* Marcus Antons durch Kampanien, zurückkehren (*sed ad iter Italiamque redeamus*). Jedenfalls beginnt er mit einer rhetorischen Frage, die er auch gleich selbst beantwortet: *Quid iam querar de agro Leontino? Quoniam quidem* ... Die kampanische und die leontinische Mark seien einst fruchtbare und ertragreiche Staatsgüter gewesen (*quondam arationes Campana et Leontina in populi Romani patrimonio grandiferae et fructuosae ferebantur*). Durch diese positive Bewertung des Landbesitzes steigert Cicero die Verlustangst der Senatoren und macht den Schmerz über den verlorenen *ager publicus* noch größer.

Im vorletzten Satz werden dann zwei der Profiteure beschrieben, ein (unbekannter) Arzt und ein Rhetoriklehrer (= Sex. Clodius): *Medico tria milia iugerum; quid, si te sanasset? rhetori duo; quid, si te disertum facere potuisset?* Der Satz ist ein parallel aufgebautes Dikolon. Jedes Glied besteht aus einer nüchternen Flächenangabe, gefolgt von einer spöttischen rhetorischen Frage, die die Nutzlosigkeit des Arztes und des Rhetors der Lächerlichkeit preisgibt. Die Konsequenz ist klar: Marcus Antonius bleibt für Cicero geisteskrank (*insanus*) und rednerisch ungeschickt (*indisertus*). Cicero verdichtet also zwei Adressaten negativer Bewertungen in einer einzigen Aussage.

§ 102 *Deduxisti coloniam Casilinum, quo Caesar ante deduxerat. Consuluisti me per litteras de Capua tu quidem, sed idem de Casilino respondissem, possesne, ubi colonia esset, eo coloniam novam iure deducere. Negavi in eam coloniam, quae esset auspicato deducta, dum esset incolumis, coloniam novam iure deduci; colonos novos ascribi posse rescripsi. Tu autem insolentia elatus omni auspiciorum iure turbato Casilinum coloniam deduxisti, quo erat paucis annis ante deducta, ut vexillum tolleres, ut aratrum circumduceres; cuius quidem vomere portam Capuae paene perstrinxisti, ut florentis coloniae territorium minueretur.*

INHALT UND KONTEXT: Antonius plante sogar eine Kolonie in Casilinum[605], wo Caesar bereits eine Kolonie gegründet hatte, nachdem er Auspizien erhalten hatte.[606] Für Cicero wäre dies ein illegaler Akt gewesen (*omni auspiciorum iure turbato*).

EMOTIONSLINGUISTISCHE ANALYSE: Da es sich in diesem Abschnitt hauptsächlich um die Darstellung eines Briefwechsels zwischen Marcus Antonius und Cicero handelt, finden sich hier eher wenige emotionslinguistisch interessante

---

[605] Siehe *DNP* s.v. *Casilinum*: „Stadt im Grenzbereich zw. *ager Falernus* und *ager Campanus*, 3 Meilen nördl. von Capua (Tab. Peut. 6,3; bei Strab. 5,3,9 statt 24 irrtüml. 19 Meilen; vgl. Dion. Hal. ant. 15,4), wo die *via Appia* den Volturnus auf einer strategisch bed. Brücke überquert; deshalb auch 216 v. Chr. im Krieg gegen Hannibal wichtig (Liv. 23,17 ff.). Nach der Rückeroberung durch die Römer 214 (Liv. 24,19) *praefectura* (Fest. 262,10), verlor C. schnell an Bed. (Plin. nat. 3,70)."

[606] Und zwar im Jahr 59 v. Chr. im Rahmen der *lex Iulia*. In Cic. Phil. 5,53 plädiert Cicero dafür, offiziell zu untersuchen, welche Kolonien wider die *lex Iulia* errichtet wurden.

Elemente – es überwiegt die Fachsprache der zeremoniellen Koloniegründung (zum Beispiel *deducere, rescribere, colonia, vomer, vexillum*[607], *auspicia, aratrum circumducere*[608]). Marcus Antonius hatte sich in einer auguralrechtlichen Angelegenheit brieflich an Cicero gewandt (*consuluisti me per litteras*). Allein diese Fragerichtung – der 23 Jahre jüngere wendet sich an den erfahrenen Augur Cicero[609] – vermittelt eine Hierarchie zwischen den Kontrahenten.

Im ersten Satz akzentuiert Cicero durch die Kopf- und Endstellung[610] von *deduxisti* bzw. *deduxerat* den Vorgang der Koloniegründung, um den es hier geht: *Deduxisti coloniam Casilinum, quo Caesar ante deduxerat.*

Allerdings wird Marcus Antonius – bei aller sachlichen Kühle des übrigen Abschnitts – einmal explizit negativ als übermütiger Mensch bewertet: *insolentia elatus*. Dagegen wird das von ihm in Mitleidenschaft gezogene Gebiet von Capua als „blühend" beschrieben: *florentis coloniae territorium*. Cicero tut dies, um den Verlust für Capua und seine Bewohner schmerzhafter hervortreten zu lassen.

§ 103 *Ab hac perturbatione religionum advolas in M. Varronis, sanctissimi atque integerrimi viri, fundum Casinatem, quo iure, quo ore? ‚Eodem', inquies, ‚quo in heredum L. Rubri, quo in heredum L. Turseli praedia, quo in reliquas innumerabilis possessiones.' Et is ab hasta, valeat hasta, valeant tabulae modo Caesaris, non tuae, quibus debuisti, non quibus tu te liberavisti. Varronis quidem Casinatem fundum quis venisse dicit, quis hastam istius venditionis vidit, quis vocem praeconis audivit? Misisse te dicis Alexandriam, qui emeret a Caesare; ipsum enim expectare magnum fuit.*

INHALT UND KONTEXT: Marcus Antonius habe dann auf dem Landgut des Varro bei Casinum[611] gewohnt, das er widerrechtlich in Besitz genommen habe[612], da er gefälschte *tabulae* benutzt habe, ohne Caesars Zustimmung abzuwarten.[613]

EMOTIONSLINGUISTISCHE ANALYSE: Nach dem eher nüchternen Brief in § 101 verwendet Cicero wieder eine dynamischere Sprache. So „fliegt" (*advolare*) Antonius nach der „Verletzung religiöser Vorschriften" (*perturbatione religionum*) förmlich in das Land des Varro, wobei Cicero das dramatische Präsens und die 2. Person verwendet. Dabei hat das Verb *advolare* wie das Verb *invadere* die Konnotation „einfallen, eindringen".[614]

---

[607] Bei der Gründung einer Kolonie wurde eine Standarte, das Vexillum, mitgeführt. Dies erinnert an den militärischen Charakter der Koloniegründungen, fungierten diese Siedlung doch zumindest anfangs als Bollwerke in neu eroberten Gebieten. Vgl. Leg. agr. 2,86.
[608] Durch Furchenziehen mittels eines Pflugs wurden die zukünftigen Mauern der Stadt bzw. ihr Umfang festgelegt, vgl. Servius über Verg. Aen. 5,755.
[609] Seine Kooptation zum Augur war bereits 53 v. Chr.
[610] Vgl. RAMSEY 2008, 311.
[611] Vgl. § 40. Varro selbst erwähnt das Landgut in Varr. rust. 3.5,9.
[612] Vgl. §§ 40–41, wo es um die Erbgüter von den auch hier erwähnten L. Rubrio und L. Turselius geht.
[613] Caesar weilte noch in Alexandrien, vgl. § 62.
[614] Vgl. RAMSEY 2008, 312.

Das Opfer der Versteigerungswut des Antonius, nämlich Marcus Varro, wird in den höchsten Tönen gelobt, handelt es sich doch um den großen Gelehrten des 1. vorchristlichen Jahrhunderts: *sanctissimi atque integerrimi viri*. Dass es sich bei dem ersten Satz um eine rhetorische Frage handelt, merkt der Leser allerdings erst am Ende, wo Cicero in seiner Unruhe anakoluthisch die kurzen Fragen *quo iure, quo ore?* ausstößt, ein anaphorisches Dikolon. Das Wort *os*, eigentlich „Mund, Gesicht", bedeutet hier „Dreistigkeit", im Deutschen am ehesten mit „Stirn" zu übersetzen.

Cicero legt Antonius seine Rechtfertigung in direkter Rede in den Mund (‚*Eodem*', inquies, ‚*quo in heredum L. Rubri, quo in heredum L. Turseli praedia, quo in reliquas innumerabilis possessiones*'). Diese Sermocinatio dient einerseits der Intensivierung, andererseits der Steigerung der Beweiskraft der negativen Charakterisierung Marc Antons.

Das Kolon *valeant tabulae modo Caesaris* kann mit RAMSEY auch als Wunschsatz (*modo = dummodo*) („Wenn nur die Bücher Caesars gültig wären, nicht deine!") und nicht nur als Konzessiv aufgefasst werden.

Ähnlich wie im ersten Satz markiert Cicero auch den nächsten Satz erst am Ende als empörte rhetorische Frage – diesmal allerdings als Trikolon, nicht als Dikolon: *quis venisse dicit, quis hastam istius venditionis vidit, quis vocem praeconis audivit?* Der letzte Satz des Abschnitts (*ipsum enim expectare magnum fuit*) charakterisiert Marcus Antonius schließlich als jemanden, der seinem „Vorgesetzten" nicht den gebührenden Respekt entgegenbringt und ungeduldig ist.

§ 104 *Quis vero audivit umquam (nullius autem salus curae pluribus fuit) de fortunis Varronis rem ullam esse detractam? Quid? Si etiam scripsit ad te Caesar, ut redderes, quid satis potest dici de tanta impudentia? Remove gladios parumper illos, quos videmus: Iam intelleges aliam causam esse hastae Caesaris, aliam confidentiae et temeritatis tuae. Non enim te dominus modo illis sedibus, sed quivis amicus, vicinus, hospes, procurator arcebit. At quam multos dies in ea villa turpissime es perbacchatus! Ab hora tertia bibebatur, ludebatur, vomebatur. O tecta ipsa misera, ‚quam dispari domino' – quamquam quo modo iste dominus? – sed tamen quam ab dispari tenebantur! Studiorum enim suorum receptaculum M. Varro voluit illud, non libidinum deversorium.*

§ 105 *Quae in illa villa antea dicebantur, quae cogitabantur, quae litteris mandabantur! Iura populi Romani, monumenta maiorum, omnis sapientiae ratio omnisque doctrinae. At vero te inquilino (non enim domino) personabant omnia vocibus ebriorum, natabant pavimenta vino, madebant parietes, ingenui pueri cum meritoriis, scorta inter matres familias versabantur. Casino salutatum veniebant, Aquino, Interamna; admissus est nemo. Iure id quidem; in homine enim turpissimo obsolefiebant dignitatis insignia.*

INHALT UND KONTEXT: Marcus Antonius habe das Landgut des Varro, einst ein Ort geistreicher Gespräche und gelehrter Unternehmungen, nun eine Höhle des Lasters, lange Zeit unrechtmäßig innegehabt. Obwohl von ihm als Konsul erwartet, habe er nicht einmal hohe Besucher aus den Nachbarstädten[615] empfangen[616] und so seine Pflichten verletzt.

EMOTIONSLINGUISTISCHE ANALYSE: In den folgenden beiden Abschnitten verwendet Cicero das Verfahren der Evidentia, um den völligen Verfall der Villa Varros unter der „Hausbesetzung" Marc Antons zu verdeutlichen. Unter Varro noch ein Elfenbeinturm und Hort des Wissens, verwandelt Marcus Antonius die ländliche Idylle schnell in einen Ort der Sünde. Cicero lässt das Haus sogar als leidende Kreatur erscheinen[617]: *O tecta ipsa misera ...!* Er beschränkt sich nicht darauf, den Zustand des Hauses zu beschreiben, sondern lässt Teile des Hauses als handelnde Personen auftreten, verbunden mit aktiven Verben: ... *personabant omnia vocibus ebriorum, natabant*[618] *pavimenta vino, madebant parietes ...* Antonius habe das Haus auf so dreiste und unrechtmäßige Weise erworben, dass ihn nach Ciceros Ansicht nicht nur Varro als rechtmäßigen Besitzer (*dominus*) ablehnen würde, sondern auch jeder andere – er nennt ausdrücklich jeden beliebigen Freund, Nachbarn, Gast oder Hausverwalter (*quivis amicus, vicinus, hospes, procurator*). Deshalb nennt Cicero ihn auch nicht *dominus*, sondern *inquilinus* („Mieter"). Verärgert über die unrechtmäßigen Besitzverhältnisse muss sich Cicero mehrfach korrigieren: '*quam dispari domino*' – *quamquam quo modo iste dominus? – sed tamen quam ab dispari tenebantur! ... At vero te inquilino (non enim domino) ...*

Wie unterschiedlich sind die Darstellungen des Hauses! Als Varro dort wohnte, den Cicero, wie in den vorhergehenden Abschnitten, in den höchsten Tönen lobt (zum Beispiel mit der Parenthese und der Hyperbel *nullius autem salus curae pluribus fuit*, die seine Beliebtheit unterstreichen), war das Haus ein Ort gelehrter Forschung: *Studiorum enim suorum receptaculum M. Varro voluit illud ... Quae in illa villa antea dicebantur, quae cogitabantur, quae litteris mandabantur! Iura populi Romani, monumenta maiorum, omnis sapientiae ratio omnisque doctrinae.* Innerhalb dieser Evidentia setzt der Redner weitere rhetorische Mittel ein, um die emotionale Wirkung zu verstärken: Hyperbata und Wortstellung (*Studiorum ... suorum*), Anapher und Parallelismus (drei Relativsätze, eingeleitet durch *quae*), Trikola (zum Beispiel Ciceros Anspielung auf Varros Gesamtwerk durch die Substantive *iura, monumenta, ratio*[619]). Im

---

[615] Aquinum liegt im Westen, Interamna im Süden von Casinum.
[616] Ein anderer, verständlicher, aber von Cicero natürlich verschwiegener Grund für Antonius' Weigerung, jemanden aus den Nachbarstädten zu empfangen, könnte in Sicherheitsbedenken liegen, waren die meisten der Honoratioren doch aufseiten der Verschwörer Brutus und Cassius. Vgl. hierzu Cic. Phil. 1,27 (*sui defendendi causa*) und § 107,3.
[617] Vgl. auch § 69.8.
[618] Ein ähnliches Bild von vor Wein triefenden Wänden finden wir in Cic. Pro Gall. ap. Quint. 8.3,66 und in Hor. Carm. 2.14,26–27.
[619] Das Wort *iura* spielt auf Varros Werk *De iure civili* an; *monumenta* hingegen auf seine *Antiquitates rerum humanarum et divinarum*; mit *ratio* könnte Cicero entweder auf Varros

Gegensatz dazu steht die Zeit unter Antonius, in der sich das Haus völlig verändert hat. Auch hier kommen weitere rhetorische Mittel zum Einsatz, wie Ausrufe (*At quam multos...!*), Hyperbata (*natabant pavimenta vino*), Asyndeton und expansives[620] Passiv (*bibebatur, ludebatur, vomebatur*).

Neben dieser indirekten, negativen Charakterisierung des Antonius durch die Schilderung seines traurigen Zustandes bewertet Cicero ihn auch als frech (*confidentiae et temeritatis tuae*), schamlos (*quid satis potest dici de tanta impudentia?*), schändlich und unwürdig *(in homine enim turpissimo obsolefiebant dignitatis insignia)*. Einmal bezeichnet er ihn sogar mit dem abwertenden Pronomen *iste*. Mit diesem Vergleich zwischen Varro und Marcus Antonius, der sich durch den ganzen Abschnitt zieht, beschreibt Cicero eindrucksvoll die „sehr verschiedenen Hausbesitzer" (vergleiche *quam dispari domino* – ein Tragödienzitat[621], mit dem Cicero seine Bildung gegenüber Marcus Antonius hervorhebt).

§ 106 *Cum inde Romam proficiscens ad Aquinum accederet, obviam ei processit, ut est frequens municipium, magna sane multitudo. At iste operta lectica latus per oppidum est ut mortuus. Stulte Aquinates: Sed tamen in via habitabant. Quid Anagnini? Qui, cum essent devii, descenderunt, ut istum, tamquam si esset consul, salutarent. Incredibile dictu † sed cum vinus † inter omnis constabat neminem esse resalutatum, praesertim cum duos secum Anagninos haberet, Mustelam et Laconem, quorum alter gladiorum est princeps, alter poculorum.*

INHALT UND KONTEXT: Antonius sei dann nach Rom zurückgekehrt. Unterwegs habe er es versäumt, die Grüße der Einwohner von Aquinum und Anagnia[622] zu erwidern. Diese hätten sogar einen nicht kurzen Fußmarsch auf sich nehmen müssen.

EMOTIONSLINGUISTISCHE ANALYSE: Dominierte in den letzten Abschnitten die 2. Person Singular und damit die direkte Gegenüberstellung von Invektierer und Invektiertem, so verwendet Cicero in diesem und dem folgenden Abschnitt fast ausschließlich die 3. Person. Dies bedeutet jedoch nicht, dass Cicero mit negativen Bewertungen geizt: Allein das pejorative Pronomen *iste* kommt dreimal vor. Mit der Wendung *magna sane multitudo* am Ende des Satzes[623] betont Cicero die große Schar der Aquinaten, die Marcus Antonius die Ehre erweisen

---

durchstrukturiertes Gesamtwerk anspielen oder auf seine philosophische Einzelschrift *De forma philosophiae*.

[620] Siehe RAMSEY 2008, 314: „The impersonal passive conveys expansiveness [...]." Das unspezifische Passiv suggeriert ein unpersönliches Man, d. h. eine unbestimmte, ergo hohe Anzahl an Leuten, die ein- und ausgingen. Vgl. zum *vomitus* auch schon § 63.

[621] Vgl. Trag. frr. 184–185 Ribbeck: *Odiosum est enim, cum a praetereuntibus dicitur: / O domus antiqua et quam dispari / dominare domino / quod quidem his temporibus in multis licet dicere.*

[622] Anagnia war ein Municipium, etwas oberhalb von der via Latina, 60 km südöstlich von Rom. Vgl. *DNP* s. v. *Anagnia*.

[623] Vgl. auch RAMSEY 2008, 316.

wollten. Doch Marcus Antonius ließ sie alle stehen, so Cicero. Er beschreibt, wie Marcus Antonius in seiner geschlossenen Sänfte (*operta lectica*) verblieb, so dass von außen nicht zu erkennen war, ob sich ein Lebender oder ein Toter darin befand (*latus per oppidum est ut mortuus*).[624] Die Ellipsen in *stulte Aquinates (fecerunt): ... Quid Anagnini (fecerunt)?* weisen symptomatisch auf Ciceros emotionale Erregung hin (auch wenn er sie als geübter Redner wie immer bewusst als Symbole einsetzt). Cicero steigert durch ein Erst-Recht-Argument: Wenn schon die Nichtbeantwortung des Grußes der Aquinaten ein Fehlverhalten gewesen sei (*Incredibile dictu † sed cum vinus †*[625]), dann erst recht für die Einwohner von Anagnia, die einen weiten Weg hätten zurücklegen müssen (*Stulte Aquinates: sed tamen in via habitabant. Quid Anagnini? Qui, cum essent devii, descenderunt, ut istum ... salutarent*)! Die Evidenz seines Fehlverhaltens bringt auch Cicero zum Ausdruck: *inter omnis constabat neminem esse resalutatum*. Cicero wettert auch gegen sein Gefolge von Raufbolden und Säufern, von denen er zwei[626] sogar mit sprechenden Namen nennt: „Wiesel" (*Mustela*) und „Spartaner" (*Laco*): *Mustelam et Laconem, quorum alter gladiorum est princeps, alter poculorum*.

Angesichts all dieser Fehlleistungen als römischer Würdenträger spricht ihm Cicero – beiläufig in einem Nebensatz im Irrealis der Gegenwart – kurzerhand die Konsulwürde ab: *tamquam si esset consul*, obwohl er im Jahre 44 tatsächlich Konsul war.

§ 107 *Quid ego illas istius minas contumeliasque commemorem, quibus invectus est in Sidicinos, vexavit Puteolanos, quod C. Cassium et Brutos patronos adoptassent? Magno quidem studio, iudicio, benevolentia, caritate, non, ut te et Basilum, vi et armis, et alios vestri similis, quos clientis nemo habere velit, non modo illorum cliens esse. Interea dum tu abes, qui dies ille collegae tuo fuit, cum illud, quod venerari solebas, bustum in foro evertit! Qua re tibi nuntiata, ut constabat inter eos, qui una fuerunt, concidisti. Quid evenerit postea, nescio – metum credo valuisse et arma; collegam quidem de caelo detraxisti effecistique non tu quidem etiam nunc, ut similis tui, sed certe ut dissimilis esset sui.*

INHALT UND KONTEXT: Auf dem Rückweg nach Rom soll Antonius Drohungen und Schmähungen gegen die Einwohner von Puteoli[627] und gegen die

---

[624] Laut RAMSEY gibt es hier eine historische Anspielung. Vgl. RAMSEY 2008, 316.

[625] Zu den *cruces* bei † *sed cum vinus* † vgl. GILDENHARD 2018, 346: „This part of the manuscript tradition is so corrupt that modern editors have struggled to come up with a truly compelling restitution and many leave the words between so-called cruces (= corrupt beyond plausible restoration). The most recent proposal comes from Dyck (2017: 313): ‚I suspect that cum is intrusive from the preceding or following line and that uinus conceals ad unum: ‚incredible to say, but all to a man agreed that no one returned their greeting [...]'. and may have dropped out following sed'. If that does not convince you, just ignore the muddle between the cruces."

[626] Die beiden Namen hat Cicero auf Bitten von Atticus eingefügt, siehe Cic. Att. 16.11,3: „*Anagnini*" sunt Mustela ταξιάρχης et Laco, qui plurimum bibit. Mustela kommt schon in § 8 vor, Laco ist unbekannt.

[627] Die Stadt Puteoli, heute Pozzuoli, liegt am Nordufer des Golfs von Neapel; dort, genauer auf einer kleinen, vorgelagerten Insel, wohnte M. Brutus im Juli und August 44 v. Chr, woraus

Sidiciner[628] ausgestoßen haben. Als sein Mitkonsul Dolabella Caesars Grabhügel[629] auf dem Forum Romanum abreißen ließ, soll Marcus Antonius erschüttert gewesen und zusammengebrochen sein.[630]

EMOTIONSLINGUISTISCHE ANALYSE: Durch eine Vielzahl von Substantiven und Verben aus dem Sachfeld „Beleidigung" (*Quid ego illas istius <u>minas contumeliasque</u> commemorem, quibus <u>invectus est</u> in Sidicinos, <u>vexavit</u> Puteolanos* [...]) charakterisiert Cicero Marcus Antonius als rachsüchtig und beleidigend gegenüber den Bürgern Italiens, die C. Cassius, M. und D. Brutus zu ihren Beschützern[631] gewählt hatten (hier schwächt Cicero die Aussage mit dem Coniunctivus obliquus ab, da es sich für ihn nur um eine Meinung Marc Antons handelt:*quod C. Cassium et Brutos patronos adoptassent*). Dagegen habe keine einzige Stadt Antonius (oder einen Basilus[632]) als *patronus* gewollt; mit dieser Behauptung entwertet Cicero Antonius, weil er ihn als *patronus* inkompetent erscheinen lässt.

Mit einem Ausrufesatz geht Cicero auf Dolabellas Zerstörung des Caesardenkmals auf dem Forum Romanum ein (*Interea dum tu abes, qui dies ille conlegae tui fuit, cum illud, quod venerari solebas, bustum in foro evertit!*) – Marcus Antonius wird nun als ein von Caesar abhängiger Mann geschildert, der auf diesen Vorgang mit einem Nervenzusammenbruch (*concidisti*; Cicero steigert die Evidenz dieser Information durch die Parenthese *ut constabat inter eos, qui una fuerunt*) sowie mit Aufrüstung (*metum credo valuisse et arma*) reagiert habe, um Dolabella durch Gewaltandrohung in Angst zu versetzen und vom Himmel zu holen[633] (*de caelo detraxisti*), das heißt seine Popularität einzudämmen.

---

man die freundliche Gesinnung der Einwohner gegenüber den Verschwörern ersehen kann. Vgl. *DNP* s. v. *Puteoli*.

[628] Die Sidiciner waren ein Volk im Norden von Kampanien, ihr Hauptort hieß Teanum, heute Teano. Vgl. DNP s. v. *Sidicini*.

[629] Vgl. zum *bustum* von Pseudo-Marius auch schon Cic. Phil. 1,5 und die historische Einführung oben. Nach RAMSEY 2008, 318 soll Marc Anton sich deswegen besorgt gezeigt haben, weil er dachte, die Verbrennung des *bustum* zeige, dass Dolabella bereit gewesen sei, sich an die Verschwörer zu verkaufen.

[630] Vgl. zum Topos des Nervenzusammenbruchs nach dem Vernehmen von negativen Nachrichten auch Cic. Phil. 5,23.

[631] Lateinisch *patronus*. Städte oder ganze Regionen konnten durch Wahl einzelne Stadtrömer zu ihren *patroni* ernennen, d. h. zu Vertretern ihrer Interessen in Rom. Meistens wurden solche Römer gewählt, die sich um die jeweilige Ortschaft verdient gemacht haben. So war Cicero *patronus* von Capua, weil er die Stadt während der Catilinarischen Verschwörung beschützt hatte. Vgl. *DNP* s. v. *patronus* D.

[632] U. U. mit M. Satrius Basilus (Cic. De off. 3,74) identisch, hier als Anhänger des Antonius, sonst unbekannt.

[633] Als Gegensatz zum idiomatischen Ausdruck *aliquem in / ad caelum efferre*, vgl. MECKELNBORG u. a. 2015, 218.

p. Angriff auf sein Konsulat: Rückkehr nach Rom mit bewaffneter Leibwache (108)

§ 108 *Qui vero inde reditus Romam, quae perturbatio totius urbis! Memineramus Cinnam nimis potentem, Sullam postea dominantem, modo Caesarem regnantem videramus. Erant fortasse gladii, sed absconditi nec ita multi. Ista vero quae et quanta barbaria est! Agmine quadrato cum gladiis sequuntur, scutorum lecticas portari videmus. Atque his quidem iam inveteratis, patres conscripti, consuetudine obduruimus; Kalendis Iuniis cum in senatum, ut erat constitutum, venire vellemus, metu perterriti repente diffugimus.*

INHALT UND KONTEXT: Antonius sei dann nach Rom zurückgekehrt[634] und habe Unruhe und Chaos gestiftet. Seine Gefolgsleute seien schwer bewaffnet[635] gewesen.[636]

---

[634] Wohl um den 18. Mai 44 v. Chr., so RAMSEY 2008, 319, denn an diesem Tag flüchteten viele Senatoren aus Rom (vgl. Cic. Att. 15.3,1), wahrscheinlich wegen der bevorstehenden Rückkehr von Marc Anton samt seinen bewaffneten Leuten.

[635] Cicero erwähnt explizit den *gladius*, ein etwa 60 cm langes, spitz zulaufendes und zweischneidiges Schwert, und das *scutum*, einen ovalen Schild.

[636] In Cic. Phil. 5,17–18 werden die chaotischen Verhältnisse in Rom am genauesten beschrieben – eine Evidentia: *An illa non gravissimis ignominiis monumentisque huius ordinis ad posteritatis memoriam sunt notanda, quod unus M. Antonius in hac urbe post conditam urbem palam secum habuerit armatos? quod neque reges nostri fecerunt neque ii, qui regibus exactis regnum occupare voluerunt. Cinnam memini, vidi Sullam, modo Caesarem; hi enim tres post civitatem a L. Bruto liberatam plus potuerunt quam universa res publica. non possum adfirmare nullis telis eos stipatos fuisse, hoc dico: nec multis et occultis. at hanc pestem agmen armatorum sequebatur; Cassius, Mustela, Tiro, gladios ostentantes sui similes greges ducebant per forum; certum agminis locum tenebant barbari sagittarii. cum autem erat ventum ad aedem Concordiae, gradus conplebantur, lecticae conlocabantur, non quo ille scuta occulta esse vellet, sed ne familiares, si scuta ipsi ferrent, laborarent. illud vero taeterrimum non modo aspectu, sed etiam auditu, in cella Concordiae conlocari armatos, latrones, sicarios, de templo carcerem fieri, opertis valvis Concordiae, cum inter subsellia senatus versarentur latrones, patres conscriptos sententias dicere.* „Muß nicht auch dies mit den schwersten Rügen unseres Hauses zu dauerndem Gedächtnis der Nachwelt gebrandmarkt werden, daß sich einzig M. Antonius in dieser Stadt – seit sie besteht – ganz offen von bewaffneten Leuten begleiten läßt? Das haben weder unsere Könige getan noch diejenigen, die sich nach der Vertreibung der Könige einer königlichen Stellung zu bemächtigen suchten. Ich erinnere mich an Cinna, ich habe Sulla erlebt und eben erst Caesar – diese drei haben ja, seit L. Brutus unserem Volk die Freiheit geschenkt hat, mehr Macht besessen als der ganze Staat. Ich könnte nicht behaupten, sie seien überhaupt nicht von Bewaffneten begleitet gewesen; ich sage nur: es waren wenige, und man sah's nicht. Doch diesem elenden Kerl folgte ein ganzes Heer von Bewaffneten: Cassius, Mustela, Tiro führten, mit den Schwertern fuchtelnd, Horden von ihresgleichen übers Forum, und einen bestimmten Platz dieses Zuges nahmen ausländische Bogenschützen ein. Als man nun beim Tempel der Eintracht angelangt war, da füllten sich die Stufen, und Sänften wurden dort abgestellt – nicht als ob er die Schilde hätte versteckt halten wollen, sondern um seinen Genossen die Mühe zu ersparen, die Schilde selbst zu tragen. Dies aber war das Widerlichste nicht nur für die Augenzeugen, sondern für jeden, der davon hörte: daß im Allerheiligsten der Göttin Bewaffnete, Banditen, Meuchelmörder bereitstanden, daß aus dem Tempel ein Gefängnis geworden sei, daß bei geschlossenen Türen des Gotteshauses, während sich neben den Bänken des Senats Banditen aufhielten, von den versammelten Vätern verhandelt wurde." (übers. NICKEL/FUHRMANN 2013, 233).

EMOTIONSLINGUISTISCHE ANALYSE: Durch die in diesem Abschnitt sehr häufige Verwendung der 1. Person Plural (sechs Verben finden sich in dieser Form) bindet Cicero die fiktive Zuhörerschaft der Senatoren – nicht zuletzt durch die Anrede *patres conscripti* – eng ein. Immerhin drei dieser Verben in der 1. Person sind Wahrnehmungs- bzw. Erinnerungsverben (*memineramus, videramus, videmus*), die jeweils ein Akkusativobjekt regieren und durch die Anfangs- und Endstellung im Satz zusätzlich betont werden (*memineramus ... videramus*). Cicero konstruiert so eine geteilte Augenzeugenschaft und erhöht die Evidenz seiner Aussagen über Marcus Antonius.

Um welche Aussagen geht es hier genau? Darum, dass Marcus Antonius die Tyrannei eines Cinna, eines Sulla, eines Caesar (*Cinnam nimis potentem, Sullam postea dominantem, modo Caesarem regnantem*) sogar noch übertroffen habe, obwohl sein Gefolge bis an die Zähne bewaffnet gewesen sei. Dies schildert Cicero in einer kurzen Evidentia, wobei passive Formen unbestimmte, also große Mengen von Waffen nahelegen[637]; ganz ähnlich das unbestimmte *sequuntur* in der 3. Person Plural ohne explizites Subjekt: *Agmine quadrato*[638] *cum gladiis sequuntur, scutorum lecticas portari videmus*. Dagegen hätten die Gefolgsleute von Cinna, Sulla und Caesar nicht so viele Waffen getragen (*erant fortasse gladii, sed absconditi nec ita multi*). Cicero stellt durch den Vergleich Kontraste her, um das Verhalten des Antonius noch skandalöser erscheinen zu lassen.

So mündet Ciceros Rede in zwei empörte Ausrufe: *... quae perturbatio totius urbis! ... Ista vero quae et quanta barbaria*[639] *est!* Angesichts der Gefahr, die von den Rüstungen der Schergen Marcus Antonius' ausging, hätten sich die Senatoren – anstatt zur Sitzung am 1. Juni 44[640] zu erscheinen – aus Furcht (*metu perterriti*) in alle Winde zerstreut.

q. Angriff auf sein Konsulat 44: Missachtung Caesars (109–111)

§ 109 *At iste, qui senatu non egeret, neque desideravit quemquam et potius discessu nostro laetatus est statimque illa mirabilia facinora effecit. Qui chirographa Caesaris defendisset lucri sui causa, is leges Caesaris, easque praeclaras, ut rem publicam concutere posset, evertit. Numerum annorum provinciis prorogavit, idemque, cum actorum Caesaris defensor esse deberet, et in publicis et in privatis rebus acta Caesaris rescidit. In publicis nihil est lege gravius, in privatis firmissimum est testamentum. Leges alias sine promulgatione sustulit, alias ut tolleret, promulgavit. Testamentum irritum facit, quod etiam infimis civibus semper*

---

[637] Vgl. ähnlich, wenn auch *mutatis mutandis*, die Stelle in § 105: *bibebatur, ludebatur, vomebatur*.

[638] Die Karree-Aufstellung wurde von den marschierenden Soldaten dann eingenommen, wenn ein Angriff von allen Seiten erwartbar war, vgl. Serv. über Aen. 12,121. Die explizite Erwähnung des *agmen quadratum* stellt also die Alarmbereitschaft der Gefolgsleute von Marc Anton heraus.

[639] Laut RAMSEY 2008, 319 spielt das Wort *barbaria* auf Marc Antons Bogenschützen aus Ituräa an.

[640] Vgl. Cic. Phil. 1,6–7.

obtentum est. Signa, tabulas, quas populo Caesar una cum hortis legavit, eas hic partim in hortos Pompei deportavit, partim in villam Scipionis.

INHALT UND KONTEXT: Cicero stellt Antonius als Gegner der Republik dar, weil er sich über die Flucht der Senatoren und den leeren Senat am 1. Juni 44 gefreut habe. So habe er ungestört seine Untaten begehen können. Antonius nutzte die *acta Caesaris* nach eigenem Gutdünken. Ohne Rücksicht auf Gesetzgebungsverfahren wie die *promulgatio*[641] erklärt er willkürlich Gesetze für ungültig oder erlässt neue; auch Testamente beachtet er nicht.[642] So habe er beispielsweise die Amtszeiten in den Provinzen verlängert.[643] Außerdem habe er das Erbe Caesars an das Volk, das aus Statuen, Gemälden und einem Park[644] bestanden habe, an sich gerissen und in die von ihm beschlagnahmten Gärten des Pompeius[645] und seines Schwiegervaters Scipio[646] gebracht.

EMOTIONSLINGUISTISCHE ANALYSE: Cicero bezieht sich auf Marcus Antonius, wie schon im vorigen Abschnitt, nur in der 3. Person, einmal mit dem abwertenden Pronomen *iste*; die 1. Person Plural kommt nur einmal vor (*discessu nostro*). In immer neuen Antithesen zeichnet Cicero seinen Gegner Marcus Antonius als einen Mann, der auf frühere Gönner, hier Caesar[647], und auf römische Institutionen wie die *res publica*, ihre Gesetze (*leges*) sowie die privatrechtlichen *testamenta* nur insoweit Rücksicht nimmt[648], als sie ihm dienen (*lucri sui causa*). Insgesamt liest sich der Abschnitt eher wie eine Aufzählung von Marc Antons diesbezüglichen Entgleisungen – eine effektvolle Steigerung

---

[641] Die *promulgatio* war eine (meist mündliche – im Gegensatz zur schriftlichen *legislatio* –) Form der öffentlichen Bekanntmachung eines neuen Gesetzesvorschlags, vgl. MLA s. v. *lex*. Siehe auch KASTER 2006, 425.

[642] Vgl. zu den *leges* und *testamenta* schon Cic. Phil. 1,18–19.

[643] Vgl. Cic. Phil. 5,7. Antonius hat ein tribunizisches Gesetz durchgebracht, die *lex (Antonia?) de provinciis consularibus*. Dadurch konnten Dolabella und er nach ihrem Konsulat fünf Jahre lang in einer Provinz bleiben. Wahrscheinlich war besonders auch sein Bruder Lucius (RE s. v. Antonius 23) Nutznießer der Verlängerung der Mandate. Zuvor hatte Caesar die *lex Iulia de provinciis* erlassen: Das Gesetz erlaubte Ex-Prätoren ein Mandat von einem Jahr, Ex-Konsuln von zwei Jahren. Vgl. GILDENHARD 2018, 367–368.

[644] Vgl. zu den *horti Caesaris* PLATNER/ASHBY 1929, 265–266: „[...] the gardens of Julius Caesar, on the right bank of the Tiber (Hor. Sat. I.9.18). Their exact limits are unknown, but they extended from a point near the porta Portuensis southwards along the via Portuensis, and contained the temple of Fors Fortuna [...], which was one mile from the gate (Tac. Ann. II.41; Plut. Brut. 20; HJ 643; RE III.1297). Caesar entertained Cleopatra in these gardens in 44 B.C. (Cic. ad Att. XV.15.2), and left them by will to the Roman people (Cic. Phil. II.109; Suet. Caes. 83; Appian, BC II.143; Cass. Dio XLIV.35)."

[645] Vgl. §§ 15 sowie 64–66.

[646] Vgl. § 42.

[647] Vgl. die Stellen *Qui chirographa Caesaris defendisset* [...], *is leges Caesaris, easque praeclaras* [...] *evertit.* und [...] *idemque, cum actorum Caesaris defensor esse deberet* [...] *acta Caesaris rescidit.*

[648] Cicero äußert hier die römische Maxime: *In publicis nihil est lege gravius, in privatis firmissimum est testamentum.* Vgl. auch Cic. Phil. 1,18.

findet sich allerdings in einer sonst in der Rede seltenen Figura etymologica, in der der Hauptvorwurf des Abschnitts aufscheint: *facinora effecit* („er hat seine Frevel begangen").

§ 110 *Et tu in Caesaris memoria diligens, tu illum amas mortuum? Quem is honorem maiorem consecutus erat, quam ut haberet pulvinar, simulacrum, fastigium, flaminem? Est ergo flamen, ut Iovi, ut Marti, ut Quirino, sic divo Iulio M. Antonius. Quid igitur cessas? Cur non inauguraris? Sume diem, vide, qui te inauguret; collegae sumus; nemo negabit. O detestabilem hominem, sive quod tyranni sacerdos es sive quod mortui! Quaero deinceps, num, hodiernus dies qui sit, ignores. Nescis heri quartum in Circo diem ludorum Romanorum fuisse? Te autem ipsum ad populum tulisse, ut quintus praeterea dies Caesari tribueretur? Cur non sumus praetextati? Cur honorem Caesaris tua lege datum deseri patimur? An supplicationes addendo diem contaminari passus es, pulvinaria contaminari noluisti? Aut undique religionem tolle aut usquequaque conserva.*

INHALT UND KONTEXT: Caesar ließ sich schon zu Lebzeiten religiös verehren.[649] Marcus Antonius habe sich zu seinem Priester (*flamen*[650]) bestimmen lassen. Marcus Antonius habe sich aber nicht ordentlich weihen lassen.[651]

Außerdem habe er zwar für Caesar einen zusätzlichen[652] Feiertag (*supplicatio*[653]) am 19. September 44 am Ende der viertägigen *ludi Romani*[654] be-

---

[649] Vgl. Suet. Iul. 76.
[650] Siehe *DNP* s. v. *flamen*: „Röm. Priester, die mit dem Pontifex, dem *Rex sacrorum* und den Vestales das *collegium pontificum* bilden und zu den *collegia maiora* gehören. Sie sind für den Kult einzelner Gottheiten zuständig (Cic. leg. 2,20). Drei *f. maiores* versehen den Kult der alten Staatsgötter Iuppiter (*flamen Dialis*), Mars (*flamen Martialis*) und Quirinus (*flamen Quirinalis*)."
[651] Siehe hierzu auch Cic. Phil. 13,41 u. 37. Siehe zu Cicero und Marc Anton als Augurenkollegen §§ 4 und 84. *DNP* s. v. *inauguratio*: „Im röm. Sakralrecht ist *i.* die priesterliche Amtseinführung, die seit histor. faßbarer Zeit nur bei den *flamines maiores* (*Dialis*: Gai. inst. 1,130; 3,114; Liv. 27,8,4; 41,28,7; *Martialis*: Liv. 29,38,6; 45,15,10; Macr. Sat. 3,13,11), dem *rex sacrorum* (Labeo bei Gell. 15,27,1; Liv. 40,42,8) und den *augures* (Liv. 27,36,5; 30,26,10; 33,44,3; Cic. Brut. 1; Suet. Cal. 12,1), nicht aber bei den anderen Priesterschaften (*pontifices*, *Vestales*) angewandt wurde. In einer bes. Zeremonie vor den *comitia curiata/centuriata* wurde um die Zustimmung Iuppiters für die Amtseinführung des neuen Priesters gebeten. Der urspr. Gedanke war die Übertragung der dem weihenden Auguren innewohnenden Macht auf das Amt des neu antretenden Priesters; dies hat aber in histor. Zeit keine Relevanz mehr. Die dabei gesprochene Formel war geheim und wurde immer an den nachfolgenden Auguren weitergegeben (Fest. 14 L.); für die bei Liv. 1,18,9 wiedergegebene Formel für die *i.* des Numa Pompilius stellt sich die Frage, ob es sich überhaupt um einen authentischen Wortlaut handelt. Während des Akts, der von den *pontifices* vollzogen wurde, stand der inaugurierende Priester zur Linken des neuen Priesters und berührte sein Haupt mit der rechten Hand."
[652] Vgl. zur Verlängerung der *ludi Romani* Cic. Phil. 1,12–13.
[653] Vgl. § 13 und mit einschlägiger Fußnote.
[654] Siehe *DNP* s. v. *Ludi* G: „Die *l. Romani* dauerten zur Zeit des Augustus vom 4. bis zum 19. September (CIL I² p. 299). Sie waren *circenses* (Circus II. Spiele) und *scaenici* (s. II. C.); zum Aspekt des Theaters sei hinzugefügt, daß der *Phormio* des Terenz anläßlich der *l. Romani* von 161 v. Chr. gespielt wurde. Das *Iovis epulum* (s. z. B. Cass. Dio 48,52,2) ist für sie ebenso bezeugt wie die *instauratio* (den oben für die *l. Plebei* angeführten Textstellen sei Cic. div. 1,55 hinzugefügt)."

schlossen, dann aber nicht für dessen ordnungsgemäße Begehung (zum Beispiel mit Kultbetten, den *pulvinaria*[655]) gesorgt.

EMOTIONSLINGUISTISCHE ANALYSE: Emotionalisiert wird der Abschnitt vor allem durch die hohe Anzahl rhetorischer Fragen (neun Vorkommen vs. vier Aussagesätze) und durch die 2. Person Singular, mit der Cicero Antonius immer wieder direkt anspricht (16 Vorkommen). Inhaltlich zielt die negative Bewertung auf Marc Antons inkonsequente Amtsführung als *flamen* Caesars: Schon mit der Vergöttlichung Caesars ist Cicero nicht einverstanden (so in § 111: *Quaeris, placeatne mihi pulvinar esse, fastigium*[656]*, flaminem. Mihi vero nihil istorum placet* …), aber wenn der Kult schon bestehe, dann müsse man ihn auch respektieren (*Aut undique religionem tolle aut usque quaque conserva.*) – und genau das tut Antonius nicht. Einerseits setzt er bestimmte Regeln durch, andererseits hält er sich selbst nicht daran. So erwähnt Cicero – mit temporaler Deixis auf den Tag der Rede selbst (*Quaero deinceps, num, hodiernus dies qui sit, ignores.*) –, dass heute der fünfte Tag der ludi Romani sei, also der Tag, den er selbst als Dankfest zu Ehren Caesars hinzugefügt habe, den er aber gar nicht begehe, ja, er trage nicht einmal das gebührende Gewand der *toga praetexta*, also der Amtskleidung der römischen Magistrate. Cicero fragt in der 1. Plural, hier einer Art „vertraulich-herablassendem" Krankenschwesterplural[657] mit sozialer Deixis, der anzeigt, dass Cicero die höhere soziale Position gegenüber Marcus Antonius einnimmt: *Cur non sumus praetextati?* Marc Anton lasse sich auch nicht ordnungsgemäß von einem anderen Auguren als *flamen* weihen – Cicero stellt sich hier ironisch selbst als Augurenkollege Marc Antons zur Verfügung: *Cur non inauguraris? Sume diem, vide, qui te inauguret; collegae sumus; nemo negabit.* Am Ende münden diese negativen Bewertungen in einen Ausrufesatz, in dem Cicero Antonius als abscheulichen Menschen beschimpft: *O detestabilem hominem, sive quod tyranni sacerdos es sive quod mortui!*[658]

---

[655] Siehe *DNP* s. v. *pulvinar*: „Lat. ‚Kissen' oder ‚Bett'. Auf dem *p.* wird bei der Gründung eines Heiligtums und später am Stiftungstag (*natalis templi*) das Götterbild gelagert; nach Serv. georg. 3,533 kann mit *p.* auch der Tempel selbst gemeint sein. Eine zentrale Rolle spielte das *p.* bei der Bewirtung der Götterbilder bzw. der Göttersymbole im röm. Kult, bei Bitt- und Dankfesten und dem *lectisternium* (*p. suscipere*: Liv. 5,52,6; *cenae ad pulvinaria*: Plin. nat. 32,20). In profaner Bed. bezeichnet das *p.* die Kaiserloge im Circus (Suet. Aug. 45,1; Claud. 4,3; CIL VI 9822)."

[656] Das *fastigium* war in diesem Fall ein Tempelgiebel, der dem Dach von Caesars Privathaus zum Zeichen der Vergötterung aufgesetzt wurde. Caesar konnte erst nach einem formalen Senatsbeschluss sein Haus mit einem *fastigium* schmücken (vgl. auch Suet. Iul. 81; Plut. Caes. 63).

[657] Dieser Plural wird verwendet, wenn man die mitfühlende Anteilnahme mit dem Patienten ausdrücken möchte und sich als weiterer Träger der Beschwerden mit ihm solidarisiert. Vgl. zum Begriff *Duden Online*: https://www.duden.de/sprachwissen/sprachratgeber/Pluralis-Majestatis-Pluralis-Modestiae-und-KrankenschwesternpluralKrankenschwesternplural? (zuletzt aufgerufen am 12.02.2021).

[658] Vgl. zu *mortui* auch Cic. Phil. 1,13.

Aber auch Caesar wird hier von Cicero wieder kritisiert, sei es direkt, wenn er ihn offen als Tyrannen (*tyranni*) bezeichnet, sei es indirekt, wenn er Caesar in einer Antiklimax der Götter den letzten Platz einnehmen lässt: *Est ergo flamen, ut Iovi, ut Marti, ut Quirino, sic divo Iulio M. Antonius.*[659]

§ 111 *Quaeris, placeatne mihi pulvinar esse, fastigium, flaminem. Mihi vero nihil istorum placet; sed tu, qui acta Caesaris defendis, quid potes dicere, cur alia defendas, alia non cures? Nisi forte vis fateri te omnia quaestu tuo, non illius dignitate metiri. Quid ad haec tandem? Expecto enim eloquentiam tuam. Disertissimum cognovi avum tuum, at te etiam apertiorem in dicendo. Ille numquam nudus est contionatus: Tuum hominis simplicis pectus vidimus. Respondebisne ad haec aut omnino hiscere audebis? Ecquid reperies ex tam longa oratione mea, cui te respondere posse confidas?*

INHALT UND KONTEXT: Cicero geht zunächst auf den Opportunismus Marc Antons in seinem Verhalten gegenüber Caesar ein. Cicero fordert Marc Anton auf, seine Stimme zu erheben und sich zu verteidigen. Sein Großvater[660] sei noch sehr beredt gewesen – Marcus Antonius aber habe sich bei den Lupercalien als Redner blamiert und unangemessen mit nackter Brust gezeigt.[661]

EMOTIONSLINGUISTISCHE ANALYSE: Auch in diesem Abschnitt – wie schon in § 110 – ist die Dichte der rhetorischen Fragen (immerhin vier an der Zahl) recht hoch, und es herrscht ein hoher Grad an Nähe: Cicero verwendet nicht weniger als 18-mal ein Verb oder ein Pronomen in der 2. Person Singular. Damit drängt er Antonius buchstäblich in die Ecke und fordert ihn zu einem Rededuell, einer Altercatio, heraus: *Quid ad haec tandem [sc. respondebis]? expecto enim eloquentiam tuam.* Damit wird eine reale Situation von Angesicht zu Angesicht simuliert und Spontaneität der Rede vorgetäuscht. Der Aufforderung zur Rede steht jedoch Ciceros Meinung gegenüber, Marcus Antonius dürfe es eigentlich nicht wagen, auch nur den Mund aufzumachen (*omnino hiscere audebis?*). Cicero verwendet hier den abwertenden Ausdruck *hiscere*, wenn es um die Beredsamkeit Marc Antons geht).

Er vergleicht Marcus Antonius mit seinem gleichnamigen Onkel und schafft so ein Kontrastbild, um die negative Bewertung der mangelnden Redekunst Marcus Antonius wirkungsvoller hervortreten zu lassen. So sei schon sein Onkel offen und ehrlich gewesen, Marcus Antonius aber noch offener (*te etiam apertiorem in dicendo*) – aber hinter diesem Scheinlob verbirgt sich etwas anderes. Cicero denkt hier nicht mehr an den übertragenen Wortsinn, an die Konnotation „offen, ehrlich", sondern an „nackt", wie die Anspielung auf die Lupercalien

---

[659] Siehe die obige Fußnote zu den *flamines*.
[660] Marc Antons gleichnamiger Großvater war ein rhetorisches Vorbild für Cicero, vgl. innerhalb der Philippika bes. Cic. Phil. 1,27 und 1,34: *Utinam, M. Antoni, avum tuum meminisses! De quo tamen audisti multa ex me eaque saepissime. putasne illum immortalitatem mereri voluisse, ut propter armorum habendorum licentiam metueretur? Illa erat vita, illa secunda fortuna, libertate esse parem ceteris, principem dignitate.*
[661] Vgl. zu der Szene während der Lupercalia § 86.

im Folgenden auflöst: *tuum hominis simplicis pectus vidimus*. Damit ist Marcus Antonius als Redner gänzlich disqualifiziert und zudem als *homo simplex* diffamiert, also als jemand, der schlicht und kunstlos redet.[662] Cicero reklamiert also den Sieg im Rededuell[663] für sich, ohne dass von Marc Anton eine Erwiderung gekommen wäre – selbst wenn Marc Anton sich an eine Antwort gemacht hätte, hätte er in Ciceros langer Rede keine Schwachstelle gefunden, auf die er eventuell zu antworten wagen sollte: *Ecquid reperies ex tam longa oratione mea, cui te respondere posse confidas?*

r. Angriff auf sein Konsulat: Wahrer Weg zum Ruhm und Warnung (112–114)

§ 112 *Sed praeterita omittamus: Hunc unum diem, unum, inquam, hodiernum diem, hoc punctum temporis, quo loquor, defende, si potes. Cur armatorum corona senatus saeptus est, cur me tui satellites cum gladiis audiunt, cur valvae Concordiae non patent, cur homines omnium gentium maxime barbaros, Ityraeos, cum sagittis deducis in forum? Praesidii sui causa se facere dicit. Non igitur miliens perire est melius quam in sua civitate sine armatorum praesidio non posse vivere? Sed nullum est istuc, mihi crede, praesidium; caritate te et benevolentia civium saeptum oportet esse, non armis.*

INHALT UND KONTEXT: Cicero gibt seinen Negativismus bis einschließlich § 114 teilweise auf, ohne jedoch gänzlich auf Kritik zu verzichten, und bestimmt positiv den Weg zum wahren Ruhm[664]. In diesem Abschnitt kritisiert er die bewaffneten Schergen des Antonius, die den Senat umstellt hatten – er solle sich lieber die Zuneigung und das Wohlwollen der Mitbürger (*caritate ... et benevolentia civium*) erwerben[665], dann müsse er nicht auf seine Leibwache, darunter Bogenschützen aus Ituräa[666], zurückgreifen.

EMOTIONSLINGUISTISCHE ANALYSE: Cicero lässt die vergangenen Untaten Marcus Antonius beiseite und will sich nur mit dessen Fehlverhalten an diesem Tag befassen: Den Schwenk von der Vergangenheit in die Gegenwart des Augenblicks markiert Cicero sehr stark durch *repetitio* und *conduplicatio* deiktischer Pronomina wie *hic* – auch für Ramsey symptomatisch für Ciceros Zorn: *sed praeterita omittamus: hunc unum diem, unum, inquam, hodiernum diem, hoc punctum temporis, quo loquor, defende, si potes.* Die Einfügung des Verbs *inquam*, das die Wiederholung unterbricht, unterstreicht dies noch.[667] Intensivierend wirkt auch der explizite Hinweis auf die eigene Sprechtätigkeit in diesem Moment (*hoc punctum temporis, quo loquor*).

---

[662] Vgl. *OLD* s. v. *simplex* 8.
[663] Man kann §§ 2–111 der Rede als fortgesetzten Rede-Agon betrachten. Vgl. GILDENHARD 2018, 382.
[664] Vgl. zum Weg zum wahren Ruhm auch Cic. off. 2.
[665] Vgl. zu diesem Gedanken bereits Cic. Phil. 1,33.
[666] Vgl. schon § 19.
[667] Vgl. RAMSEY 2008, 326.

Das aktuelle Verhalten Marcus Antonius', das Cicero so in Rage bringt, besteht darin, den Senat mit bewaffneten Gefolgsleuten umstellt zu haben (*armatorum corona senatus saeptus est*) und Leibwachen einzusetzen.[668] Dieses Fehlverhalten benennt er wiederum durch einige Wiederholungen, nämlich durch das Fragepronomen *cur* in einer vierfachen Anapher. Es leitet jeweils rhetorische Fragen ein: *Cur armatorum corona senatus saeptus est, cur me tui satellites cum gladiis audiunt, cur valvae Concordiae non patent, cur homines omnium gentium maxime barbaros, Ityraeos, cum sagittis deducis in forum?* Cicero bedrängt Marcus Antonius, um ihn zur Rede zu stellen, weil er die Senatoren während der Versammlung bedrängt habe. Dieses Treiben der Senatoren malt Cicero aus: Seine Leibwächter hören mit Schwertern zu, die Flügeltüren des Senatsgebäudes sind verriegelt[669] (was implizit jede Fluchtmöglichkeit für die Senatoren ausschließt und die Unterwerfung unter die Willkür des Antonius betont), auf dem Forum stehen gerade ityräische Bogenschützen – diese greift Cicero aus der Gruppe der Gefolgsleute des Antonius gesondert heraus und verunglimpft sie als die schlimmsten Barbaren von allen (*homines omnium gentium maxime barbaros*).[670] War die Nähe zwischen Marcus Antonius und Cicero in den vorangegangenen Sätzen dieses Abschnitts sehr eng – Cicero verwendet in der simulierten face-to-face-Situation einige Formen in der 2. Person Singular –, so erfolgt nun ein abrupter Wechsel in die 3. Person Singular: *Praesidii sui causa se facere dicit* (dies wird allerdings später durch ein scheinbar wohlwollendes *mihi crede* kontrastiert; gleichzeitig dient der Ausdruck der Betonung von Ciceros Wissensanspruch und der sozialen Deixis, die Cicero eine höhere soziale Position zuweist).

Cicero äußert sich hier also eher distanziert, den Senatoren zugewandt, auf eine von Marcus Antonius unterstellte Antwort, er habe die Wachen zu seinem eigenen Schutz aufgestellt. Für Cicero war es aber tausendmal besser zu sterben[671], als im eigenen Staat auf Schutz angewiesen zu sein. Die Zuneigung und das Wohlwollen der Mitbürger, so hieß es weiter oben, seien schließlich die Garanten für die Unversehrtheit des Körpers.

§ 113 *Eripiet et extorquebit tibi ista populus Romanus, utinam salvis nobis! Sed quoquo modo nobiscum egeris, dum istis consiliis uteris, non potes, mihi crede, esse diuturnus. Etenim ista tua minime avara coniunx, quam ego sine contumelia describo, nimium diu debet populo Romano tertiam pensionem. Habet populus Romanus, ad quos gubernacula rei publicae deferat; qui ubicumque terrarum sunt, ibi omne est rei publicae praesidium vel potius ipsa res publica, quae se adhuc tantummodo ulta est, nondum recuperavit. Habet*

---

[668] Allerdings hat ihn der Senat dazu autorisiert, vgl. Cic. Phil. 1,27.

[669] Vgl. Cic. Phil. 5,18: *de templo carcerem fieri, opertis valvis Concordiae*. Normalerweise waren die Flügeltüren des Versammlungshauses geöffnet, damit Interessierte dem Rat von draußen zuhören konnten (vgl. Liv. 22.59,16).

[670] Das Adjektiv *barbarus* besitzt keinen Superlativ, daher die Steigerung durch *maxime*. Vgl. RAMSEY 2008, 326.

[671] Zum Topos des „Lieber-tausendmal-Sterbens" vgl. Cic. Rab. perd. 15; Att. 14.9,2; 22,2; off. 1,113.

quidem certe res publica adulescentis nobilissimos paratos defensores. Quam volent, illi cedant otio consulentes, tamen a re publica revocabuntur. Et nomen pacis dulce est et ipsa res salutaris, sed inter pacem et servitutem plurimum interest. Pax est tranquilla libertas, servitus postremum malorum omnium non modo bello, sed morte etiam repellendum.

INHALT UND KONTEXT: Marcus Antonius' Entwaffnung durch die Römer und sein Sturz würden unweigerlich kommen, und zwar sehr bald, so Cicero: Fähige Politiker und ehrgeizige junge Männer stünden bereit, um nicht nur den Staat zu rächen, sondern auch seine *libertas*[672] wiederherzustellen[673], das Ruder der Republik zu übernehmen und den befreiten Staat wieder in friedliche Zeiten zu führen.

EMOTIONSLINGUISTISCHE ANALYSE: Ciceros Sprache nähert sich ab § 115 dem pathetischen Ende der Peroratio. Dreimal wird der *populus Romanus* erwähnt, fünfmal die *res publica*. Beide treten als Akteure auf; so ist es im ersten Satz das römische Volk selbst, das Marcus Antonius dereinst die Waffen entreißen wird (*eripiet et extorquebit tibi ista*; das Hendiadyoin steht akzentuiert am Satzanfang und auch die vokalische Anlehnung durch das Präfix *e[x]-* dient der Verstärkung; das pejorative *ista* zeigt Ciceros Verachtung für Antonius' Waffen). Kompetente Verteidiger (*defensores*) der Republik und Nachfolger, die das Ruder[674] übernehmen können (*gubernacula rei publicae*), stünden bereit in den Startlöchern (*paratos*). Cicero lobt sie in den höchsten Tönen: Sie seien *nobilissimos*, Stützen des Staates (*rei publicae praesidium*), ja der Staat selbst (*vel potius ipsa res publica*).[675]

Diesen römischen Wertbegriffen, *populus Romanus* und *res publica*, fügt Cicero abstrakte Werte wie *libertas*, *otium* und *pax* hinzu – der Friede wird ausdrücklich positiv als „süß" und „ruhig" bewertet (*nomen pacis dulce est .... Pax est tranquilla libertas ...*). Diese stünden auf dem Spiel, sonst drohe die Sklaverei.[676] Um diese abzuwenden, müsse man Krieg, ja den Tod in Kauf nehmen und sich opfern[677] (*servitus postremum malorum omnium ... non modo bello, sed morte etiam repellendum*).

Gegenüber den genannten Hütern dieser Werte und Verteidigern der Republik bescheinigt Cicero seinem Gegner Antonius nur ein kurzes Leben: ... *non potes, mihi crede, esse diuturnus*. Die Glaubwürdigkeit dieser Information steigert

---

[672] Zur rechtlichen, politischen und philosophischen Bedeutungsdimension des römischen Grundbegriffs *libertas* in diesem Kontext vgl. die sehr interessanten Seiten darüber in GILDENHARD 2018, 392–399.
[673] Vgl. auch Cic. Fam. 12.1,2.
[674] Zur Schiffsmetapher vgl. bereits § 92 *naufragia*.
[675] Zur Gleichsetzung des *res publica* mit Brutus und Cassius vgl. Vell. 2.62,3 und Cic. Fam. 12.1,1.
[676] Ähnlich denkt Cicero über die Folgen eines bequemen Friedens in Cic. Phil. 8,12; 12,14.
[677] Ähnliche Opferbereitschaft fordert Cicero auch in Cic. Phil. 10,19: [...] *optanda mors est, quae civibus Romanis semper fuit servitute potior.*

Cicero noch auf zweifache Weise: erstens durch den auffordernden Einschub *mihi crede*[678], zweitens durch die Wahl des allgemein gültigen Präsens (*non potes*).[679] Für den möglicherweise bevorstehenden Bruderkrieg hofft Cicero, dass sie, gemeint sind die prosenatorischen Kräfte, unversehrt bleiben (*utinam salvis nobis!*). Cicero verwendet hier die 1. Person Plural, um die Senatoren in eine gemeinsame Ingroup einzubinden.

Etwas isoliert vom sonstigen Kontext verteilt Cicero noch einen sarkastischen Seitenhieb auf Marc Antons habgierige Frau Fulvia, die er als *ista tua minime avara coniunx* bezeichnet. Warum *minime avara*? Üblicherweise[680] wird diese Stelle mit *tertiam pensionem* interpretiert: Fulvia habe die dritte Rate noch nicht bezahlt, also den dritten Tod ihres dritten Mannes herbeigeführt, wie beim ersten Mann Clodius und beim zweiten Mann Curio. Mit der metainvektiven Bemerkung *sine contumelia* (sinngemäß: „ohne ihr zu nahe treten zu wollen"[681]) will Cicero seine weiße Weste inszenieren, obwohl er noch das nach RAMSEY pejorative[682] *describere* für eine Personenbeschreibung verwendet.

§ 114 *Quod si se ipsos illi nostri liberatores e conspectu nostro abstulerunt, at exemplum facti reliquerunt. Illi, quod nemo fecerat, fecerunt. Tarquinium Brutus bello est persecutus, qui tum rex fuit, cum esse Romae regem licebat; Sp. Cassius, Sp. Maelius, M. Manlius propter suspicionem regni appetendi sunt necati; hi primum cum gladiis non in regnum appetentem, sed in regnantem impetum fecerunt. Quod cum ipsum factum per se praeclarum est atque divinum, tum expositum ad imitandum est, praesertim cum illi eam gloriam consecuti sint, quae vix caelo capi posse videatur. Etsi enim satis in ipsa conscientia pulcherrimi facti fructus erat, tamen mortali immortalitatem non arbitror esse contemnendam.*

INHALT UND KONTEXT: Die in § 113 genannten Befreier und Mörder Caesars haben für Cicero unsterblichen[683] Ruhm erlangt, weil sie nicht wie die bisherigen Helden[684] der römischen Geschichte einen legitimen König oder einen Anwärter auf die Königskrone getötet haben, sondern einen illegitimen, bereits regierenden „König". Damit fordert er implizit auch dazu auf, dass sich weitere Helden finden, die den bisherigen Beispielen[685] folgen und nun auch Antonius töten.

---

[678] GILDENHARD schreibt von einem „tone [...] aggressively didactic." Vgl. GILDENHARD 2018, 392.

[679] RAMSEY 2008, 327 schreibt: „the pres. tense, in place of the future (after the preceding fut. perf. *egeris*), makes the assertion more forceful: it casts it in the form of an existing certainty, not merely a prediction.".

[680] So z. B. GILDENHARD 2018, 400–401; RAMSEY 2008, 327.

[681] Dieser stehende Ausdruck *sine contumelia* wird meistens ironisch eingesetzt, vgl. Cic. Leg. agr. 2,63; Pis. 68.

[682] Als Beispiele nennt RAMSEY Cic. Cael. 50, Pis. 68, Mil. 47.

[683] Zum römischen *immortalitas*-Diskurs in diesem Kontext vgl. GILDENHARD 2018, 408–409.

[684] Vgl. zu Brutus Cic. Phil. 1,13; zu Sp. Cassius, Sp. Maelius und M. Manlius bereits § 87. Vgl. zum Tyrannizid in der griechischen Geschichte bzw. Philosophie GILDENHARD 2018, 409–410.

[685] Zum römischen Exempla-Diskurs in diesem Kontext vgl. besonders GILDENHARD 2018, 406–408.

EMOTIONSLINGUISTISCHE ANALYSE: Der Abschnitt ist kaum beleidigend. Antonius kommt nicht einmal vor, weder in der 2. noch in der 3. Person, und auch die Senatoren werden nicht direkt angesprochen. Es gibt keine Ausrufe, keine Fragesätze, die oft auf heftige Emotionen hinweisen. Dennoch ist die Sprache der Passage feierlich und setzt vor allem mit phonetischen Mitteln Akzente. So finden sich nicht wenige Alliterationen: *si se ipsos;* ... *fecerat, fecerunt;* ... *Brutus bello* ...; ... *Romae regem* ...; ... *caelo capi* ... Der letzte Satz endet mit einer Klausel, die aus vier Längen besteht: *non arbitror esse cōntēmnēndām.* Auch das Polyptoton bzw. die *Adnominatio mortali immortalitatem* fällt durch seinen Klang besonders auf.

Auf einer pragmatischen Ebene betrifft die Passage aber sehr wohl Ciceros Gegenspieler Marcus Antonius, auch wenn dieser nicht namentlich genannt wird: Letztlich fordert Cicero in einer Reihe von Sätzen implizit dazu auf, ihn zu liquidieren. Dafür wird unsterblicher Ruhm (*gloriam*) in Aussicht gestellt, den nicht einmal der Himmel (*caelo capi*) fassen könne. Die Caesarmörder hätten eine Tat vollbracht, die Cicero in den höchsten Tönen verherrlicht: Sie sei an sich herrlich und göttlich (*per se praeclarum est atque divinum*), nachahmenswert (*expositum ad imitandum*) und schön (*pulcherrimi facti*). Zum feierlichen Ton des Absatzes passt, dass Cicero römische Hochwertwörter wie *gloria* auf Niedrigwertwörter wie *rex* und *regnum* prallen lässt – so lädt er seine Rede zusätzlich mit Pathos und Bedeutung auf.

6.2.3 *peroratio* (115–119): Caesars Ermordung als Mahnung

§ 115 *Recordare igitur illum, M. Antoni, diem, quo dictaturam sustulisti; pone ante oculos laetitiam senatus populique Romani, confer cum hac nundinatione tua tuorumque: Tum intelleges, quantum inter lucrum et laudem intersit. Sed nimirum, ut quidam morbo aliquo et sensus stupore suavitatem cibi non sentiunt, sic libidinosi, avari, facinerosi verae laudis gustatum non habent. Sed si te laus adlicere ad recte faciendum non potest, ne metus quidem a foedissimis factis potest avocare? Iudicia non metuis? Si propter innocentiam, laudo; sin propter vim, non intellegis, qui isto modo iudicia non timeat, ei quid timendum sit.*

INHALT UND KONTEXT: Cicero beginnt mit der *peroratio* und spricht allgemein vom (wahren) Ruhm.[686] Cicero erinnert Antonius an den Jubel und den Beifall der Römer, als er nach Caesars Tod einem Senatsbeschluss zur Abschaffung der Diktatur[687] zugestimmt hatte, sich dann aber von den Quellen des wahren Ruhmes (*vera laus*) abgewandt und dem Gewinn (*lucrum*) zugewandt habe. Wenn ihn schon nicht der Ruhm selbst locke, so Ciceros Rat, so möge

---

[686] Cicero äußert sich zum wahren Ruhm häufig in seinen philosophischen Schriften (vgl. off. 1,26; 2,31–38; Tusc. 3,2–6), aber auch in seinen Reden (Pro Marc. 1,29). Marc Anton wisse allerdings nicht, was wahren Ruhm ausmache, vgl. Phil. 1,33. Dagegen wüssten das die Verschwörer (vgl. Phil. 2.5,33,86,114,117 und auch Octavian [vgl. Phil. 5,49]).
[687] Vgl. § 91 sowie Cic. Phil. 1,3–4 u. 32.

er doch wenigstens aus Furcht vor den juristischen[688] und möglichen kapitalen Folgen seine Untaten unterlassen.

EMOTIONSLINGUISTISCHE ANALYSE: Die Peroratio beginnt. Cicero wendet sich nun wieder in der 2. Person an Antonius, einmal spricht er ihn namentlich im Vokativ an (M. Antoni). Dreimal verwendet Cicero das römische Hochwertwort für Ruhm (Formen von *laus* oder *laudare*) – einmal habe Marcus Antonius sogar davon gekostet, so Cicero, nämlich als er die Diktatur abgeschafft und Freude (*laetitia*[689]) unter den Senatoren und im römischen Volk ausgelöst habe. Cicero spricht von „jenem Tag" (*illum ... diem*), rückt diesen Freudentag also mit dem Pronomen der Ferne *ille* in eine verklärte Vorzeit.

Doch Marcus Antonius lässt sich vom Ruhm leider nicht locken. Was ihn antreibe, nämlich Profit, betont Cicero zum einen lautlich mit einer Alliteration (*lucrum et laudem*), zum anderen mit dem abwertenden Ausdruck *nundinatio*.[690] In einem effektvollen Vergleich rückt Cicero seinen politischen Gegner in die Nähe eines Kranken: Wie manche Kranke keinen Geschmack mehr haben, so hat Marcus Antonius – wie alle Lasterhaften (Cicero verwendet das asyndetische Trikolon *libidinosi, avari, facinerosi*) – keinen Sinn für wahren Ruhm (*verae laudis gustatum non habent*).

Während zu Beginn des Abschnitts, als Cicero an die Abschaffung der Diktatur erinnert, noch die Freude (*laetitia*) als Grundmotion vorherrscht, tauchen in den letzten beiden Sätzen viermal Vokabeln der Angst auf (*metus; metuis; timeat; timendum*). Das letzte Vorkommen (*timendum*) steht dabei betont am Ende des Satzes und ist zudem in eine Klausel vom Typ „Kretikus + Trochäus"[691] eingebettet. Cicero verweist damit auf die Furcht, die er Antonius einflößen will, denn wenn er so weitermacht wie bisher (*isto modo*), sieht er Böses auf sich zukommen. Die Unschärfe in Ciceros Ausdrucksweise verstärkt den bedrohlichen Eindruck der Passage.

§ 116 *Quod si non metuis viros fortis egregiosque civis, quod a corpore tuo prohibentur armis, tui te, mihi crede, diutius non ferent. Quae est autem vita dies et noctes timere a suis? Nisi vero aut maioribus habes beneficiis obligatos, quam ille quosdam habuit ex eis, a quibus est interfectus, aut tu es ulla re cum eo comparandus. Fuit in illo ingenium, ratio, memoria, litterae, cura, cogitatio, diligentia; res bello gesserat, quamvis rei publicae calamitosas, at tamen magnas; multos annos regnare meditatus, magno labore, magnis periculis, quod cogitarat, effecerat; muneribus, monumentis, congiariis, epulis multitudinem imperitam delenierat; suos praemiis, adversarios clementiae specie devinxerat. Quid multa? Attulerat iam liberae civitati partim metu, partim patientia consuetudinem serviendi.* § 117 *Cum illo*

---

[688] Marc Anton war als Konsul allerdings immun. Und auch sein auf fünf Jahre ausgedehntes Prokonsulat nach 44 v. Chr. garantierte ihm weitere fünf Jahre Immunität.

[689] Das Wort *laetitia* meint gerade die symptomatische, nach außen hin gezeigte Freude, vgl. *OLD* s. v. *laetitia* 3.

[690] Vgl. RAMSEY 2008, 330.

[691] Vgl. RAMSEY 2008, 330.

ego te dominandi cupiditate conferre possum, ceteris vero rebus nullo modo comparandus es. [...]

INHALT UND KONTEXT: Cicero argumentiert: Schon Caesar sei von seinen Leuten ermordet worden – trotz aller Gunst, die er ihnen erwiesen habe. Marcus Antonius dürfe sich daher mit seiner Leibwache nicht zu sicher fühlen, im Gegenteil, Marcus Antonius müsse sich erst recht Sorgen machen, denn Caesar sei ein fähiger Mann gewesen, während Marcus Antonius unfähig sei und mit seinem Ziehvater nur die Machtgier gemeinsam habe.

EMOTIONSLINGUISTISCHE ANALYSE: Dieser Abschnitt steht ganz im Zeichen der Synkrisis, des Vergleichs zwischen Caesar und Marcus Antonius, und dient der negativen Bewertung von Ciceros Gegner Marcus Antonius. Dabei bedient er sich implizit eines Arguments *a fortiori*: Wenn schon Caesar ein verabscheuungswürdiger Mensch war, so hatte er doch einige Qualitäten – wie abscheulich ist dann erst Marcus Antonius, dessen Fähigkeiten mit denen Caesars nicht im Geringsten vergleichbar sind (*nullo modo comparandus es*)?

Wie konstruiert Cicero die „Negativfolie Caesar"? Er hebt Caesars Fähigkeiten hervor, indem er den Hörer bzw. Leser mit langen, asyndetischen Aufzählungen geradezu erschlägt und staunen lässt. So findet sich ein Heptakolon, in dem Cicero einen Katalog von Caesars Tugenden aufzählt (*fuit in illo ingenium, ratio, memoria*[692], *litterae*[693], *cura, cogitatio, diligentia*[694]), und ein Tetrakolon, in dem Cicero Caesars Euergetismus in vier „sanften Repressalien" ausbreitet (*muneribus*[695], *monumentis*[696], *congiariis*[697], *epulis*[698]).[699] Darüber hinaus spricht er im nächsten Satz von Prämien (*praemiis*) sowie abwertend von „einer Art Gnade" (*clementiae specie*).[700] Dass er auch an Caesar grundsätzlich

---

[692] Cicero attestiert Caesar ein sehr gutes Gedächtnis in Cic. Deiot. 42 *memoriam tuam implorat, qua vales plurimum.*

[693] Cicero lobt Caesars schriftstellerische Leistungen (darunter sein *Bellum Gallicum*, die grammatikalische Schrift *De analogia* und sein Militärgedicht *Iter*) und seine Beredsamkeit in Cic. Brut. 261–262.

[694] Caesars *diligentia* als Eigenschaft der wohlgegliederten Komposition seiner Schriften. Allerdings Asinius Pollio mit einem ganz anderen Urteil in Suet. Iul. 56,4.

[695] Caesar hielt zwei große Gladiatorenspiele ab, einmal im Jahr 65 v. Chr. (vgl. Suet. Iul. 10,2), einmal im Jahr 46 v. Chr. (vgl. Suet. Iul. 26,2).

[696] Caesar ließ einige Bauten errichten, darunter ragen besonders hervor die Basilica Iulia und das Forum Iulium.

[697] Vgl. Suet. Iul. 38,1 u. Dio 43.21,3: Caesar verteilte nach seinen vier Triumphzügen im September des Jahres 46 v. Chr. an jeden Römer zehn Scheffel Weizen, zehn Pfund Öl und 400 Sesterze.

[698] Insgesamt drei große Staatsbankette organisierte Caesar für das Volk, vgl. Plut. Caes. 55,4; Suet. Iul. 26,2 u. 38,2.

[699] Caesar hatte mit der Beute aus dem Gallischen Krieg riesige Ressourcen, seine Weggefährten an sich zu binden, vgl. Suet. Iul. 27; Sall. Cat. 54,3.

[700] Gemeint ist Caesars beinahe schon sprichwörtliche Milde, die er u. a. gegen manche der späteren Verschwörer der Iden des März zeigte. Vgl. zur caesarischen *clementia* GILDENHARD 2018, 441–443.

kein gutes Haar lässt, zeigt der Schluss des Abschnitts, wo Cicero behauptet, dieser habe das römische Volk durch Furcht (*metu*) an die Sklaverei gewöhnt (*consuetudinem serviendi*).

Dennoch: Antonius könne es nicht mit Caesar aufnehmen. Er müsse daher die bereitstehenden Befreier Roms fürchten, die er im Rahmen eines Chiasmus lobt und positiv-evaluativ als *viros fortis egregiosque civis* bezeichnet. Aber nicht nur sie, sondern auch seine eigenen Gefolgsleute müsse Antonius fürchten (*Quae est autem vita dies et noctes timere a suis?*). Dies schärft Cicero seinem Gegner mit dem Imperativ *mihi crede*[701] ein, der die Wahrscheinlichkeit seiner Meinung erhöht.

§ 117 [...] *Sed ex plurimis malis, quae ab illo rei publicae sunt inusta, hoc tamen boni extitit, quod didicit iam populus Romanus, quantum cuique crederet, quibus se committeret, a quibus caveret. Haec non cogitas neque intellegis satis esse viris fortibus didicisse, quam sit re pulchrum, beneficio gratum, fama gloriosum tyrannum occidere? An, cum illum homines non tulerint, te ferent?* § 118 *Certatim posthac, mihi crede, ad hoc opus curretur neque occasionis tarditas expectabitur.* [...]

INHALT UND KONTEXT: Cicero kündigt an, die Römer würden Antonius bald „jagen", zumal die Caesarmörder bereits ein Beispiel zur Nachahmung gegeben hätten.

EMOTIONSLINGUISTISCHE ANALYSE: Obwohl Cicero behauptet, die *res publica* sei durch Caesars Herrschaft gezeichnet[702] (*ex plurimis malis ... inusta*), so gewinnt er seiner Diktatur doch auch etwas Gutes ab (*hoc tamen boni extitit*), nämlich dass das römische Volk nun gelernt habe, welchem politischen Führer es vertrauen könne (*quod didicit iam populus Romanus, quantum cuique crederet*[703]) und welchem nicht, und wie man einen ruhmreichen Tyrannenmord (*tyrannum occidere*) in die Wege leiten könne. Der Satzschluss ist an sich schon akzentuiert, aber auch der Rhythmus von *tyrannum occidere*, ein Iamben-Halbvers ∪ – – – ∪∪ wie in der Tragödie[704], trägt dazu bei, die Aufmerksamkeit auf diesen Kernpunkt des Absatzes zu lenken. Dies hätten sie durch die Heldentat der Männer um Brutus und Cassius, für Cicero tapfere Männer (*viris fortibus*), gelernt. Cicero verherrlicht diesen Königsmord in einem parallelen, asyndetischen Trikolon: *re pulchrum, beneficio gratum, fama gloriosum.*[705]

---

[701] In der ganzen Rede taucht der eingeschobene Imperativ *mihi crede* fünfmal auf – interessant anzumerken ist, dass sich immerhin deren vier Vorkommnisse allesamt ab § 112 finden.

[702] Cicero benutzt das starke Bild der Brandmarkung in ähnlichen Kontexten auch anderswo, vgl. Cic. Phil. 1,32; De or. 2,189; Tusc. 3,19.

[703] Dieser Gedanke wird in einem – letztlich pleonastischen – Trikolon entfaltet: *quantum cuique crederet, quibus se committeret, a quibus caveret.*

[704] Vgl. RAMSEY 2008, 335.

[705] Den Lohn des Tyrannizids beschreibt Cicero in De inv. 2,144 wie folgt – es handelt sich sogar um eine *lex*: „QUI TYRANNUM OCCIDERIT, OLYMPIONICARUM PRAEMIA

Zwei rhetorische Fragen, in der 2. Person Singular direkt an Antonius gerichtet, bedrängen Ciceros politische Gegner. Schon bald nach dieser Rede werde man hinter ihm her sein, droht Cicero: *Certatim posthac, mihi crede, ad hoc opus curretur neque occasionis tarditas expectabitur.* Dabei ruft er nicht explizit zum Mord auf, sondern bleibt relativ vage und bezeichnet ihn nur als „dieses Werk" (*hoc opus*) – die mangelnde Spezifizierung trägt zum Drohcharakter der Aussage bei. Die Römer würden ihn auf jeden Fall (*certatim*) verfolgen und keinen Aufschub dulden (*neque occasionis tarditas*). Die für ihn große Gewissheit dieser bedrohlichen Zukunft drückt Cicero durch die Parenthese und den Imperativ *mihi crede* aus. Auch die Diathese des Passivs – beide Verbformen stehen im Passiv (*curretur, expectabitur*) – trägt zur Verstärkung des Bedrohungscharakters bei, da man beim Passiv nicht an einen bestimmten Akteur, sondern an eine anonyme Masse denkt. Antonius, so Cicero implizit, könne von jedem aus der römischen Menge getötet werden, müsse also jeden fürchten. Cicero beendet die Passage § 117 mit einem *a-fortiori*-Argument, das Antonius noch mehr Angst einflößen soll: Wenn die Römer schon einen Caesar nicht ertragen konnten, dann einen Antonius erst recht nicht.

§ 118 [...] *Respice, quaeso, aliquando rem publicam, M. Antoni; quibus ortus sis, non quibuscum vivas, considera; mecum, ut voles: redi cum re publica in gratiam. Sed de te tu videris; ego de me ipse profitebor. Defendi rem publicam adulescens, non deseram senex: contempsi Catilinae gladios, non pertimescam tuos. Quin etiam corpus libenter obtulerim, si repraesentari morte mea libertas civitatis potest, ut aliquando dolor populi Romani pariat, quod iam diu parturit!*

INHALT UND KONTEXT: Cicero fordert Antonius auf, sich ein Beispiel an seinem berühmten Vorfahren zu nehmen[706] und sich von seinem jetzigen Umfeld[707] zu distanzieren, indem er sich mit der Republik versöhne. Er selbst habe keine Angst vor Antonius: Wie einst Catilina werde er ihm bis in den Tod trotzen, um die *libertas* der Republik zu verteidigen.

EMOTIONSLINGUISTISCHE ANALYSE: Cicero wendet sich zunächst an Antonius, spricht ihn im Vokativ an und richtet drei Imperative an ihn: *Respice ... rem publicam ... quibus ortus sis, ... considera; ... redi cum re publica in gratiam*. Er zeigt sich versöhnlich (*mecum, ut voles*) und formuliert seine Empfehlungen als Bitte (*quaeso*). Dennoch wird Cicero alles andere als weich, im Gegenteil, noch im hohen Alter wird er ihm – wie einst als junger Mann Catilina – entgegengetreten und keine Angst vor ihm haben (*Defendi rem publicam adulescens, non deseram*

CAPITO ET QUAM VOLET SIBI REM A MAGISTRATU DEPOSCITO ET MAGISTRATUS EI CONCEDITO".

[706] Cicero wird dabei besonders an den Großvater Marcus Antonius denken, den großen Redner, und an den Onkel mütterlicherseits (vgl. Phil. 1,27). Zur Bedeutung der eigenen großen Vorfahren als Ansporn zu großen Leistungen vgl. off. 1,116.

[707] Cicero denkt wahrscheinlich an Antonius' Ehefrau Fulvia und seinen Bruder Lucius.

senex: contempsi Catilinae gladios, non pertimescam tuos[708]). Ja, er würde sogar freudig Leib und Leben für die freie Republik hingeben (*Quin etiam corpus libenter obtulerim, si repraesentari morte mea libertas civitatis potest, ...!*). Das Wort *res publica* kommt in diesem Abschnitt immerhin dreimal vor, das Wort *civitas* einmal – römische Hochwertwörter, die den Senatoren vor Augen führen sollten, was in dieser Krise auf dem Spiel stand. Das zweimalige Vorkommen des Wortes *aliquando* („endlich") verweist auf Ciceros Sehnsucht nach Freiheit (*libertas*), die die Römer unter Schmerzen (*dolor*) schon lange wieder gebären wollen (*pariat... iam diu parturit*). Die Geburtsmetapher[709] drückt die Zwangslage des *populus Romanus* aus.

§ 119 *Etenim si abhinc annos prope viginti, hoc ipso in templo negavi posse mortem immaturam esse consulari, quanto verius negabo seni! Mihi vero, patres conscripti, iam etiam optanda mors est, perfuncto rebus eis, quas adeptus sum quasque gessi. Duo modo haec opto, unum ut moriens populum Romanum liberum relinquam – hoc mihi maius ab dis immortalibus dari nihil potest –, alterum, ut ita cuique eveniat, ut de re publica quisque mereatur.*

INHALT UND KONTEXT: Cicero beendet seine Rede vor den Senatoren lebenssatt und stolz auf seine politischen Leistungen, nicht ohne zwei Wünsche an die Götter zu richten: Freiheit für die Republik und Gerechtigkeit für jeden Einzelnen nach seinen Verdiensten.

EMOTIONSLINGUISTISCHE ANALYSE: Cicero verortet seine Rede zum feierlichen Abschluss zeitlich und räumlich im Concordiatempel (*hoc ipso in templo*) des Jahres 44, also etwa 20 Jahre[710] (*abhinc annos prope viginti*) nach seiner damals vierten Rede gegen Catilina am 5. Dezember 63. Er wendet sich noch einmal mit der Formel *patres conscripti* an die Adressaten seiner Rede, die Senatoren, denen er seine Zufriedenheit mit seinem Leben[711] (*mihi ... optanda mors*[712]) und seinen Stolz auf seine Laufbahn (*perfuncto rebus eis, quas adeptus sum quasque gessi.*[713]) bekundet. Am Ende äußert er zwei Wünsche (*Duo modo haec opto ...*): Zum einen bittet er – unter pathetischer Anrufung der Götter (*dis immortalibus*) – darum, das römische Volk im Augenblick seines Todes in Freiheit zu hinterlassen (*ut moriens populum Romanum liberum relinquam*); zum anderen wünscht er, dass jedem Einzelnen im Jenseits nach seinen po-

---

[708] Juvenal spielt auf diesen Satz in Satire 10.114–26 an.
[709] Zum femininen Bild der Geburt vgl. GILDENHARD 2018, 451.
[710] Vgl. § 1: *Quonam meo fato, patres conscripti, fieri dicam, ut nemo his annis viginti rei publicae fuerit hostis, qui non bellum eodem tempore mihi quoque indixerit?*
[711] Das Zitat, das Cicero in der Rede erwähnt, ist Cic. Cat. 4,3: *nam neque turpis mors forti viro potest accidere neque immatura consulari nec misera sapienti.*
[712] Vgl. schon Cic. Phil. 1,14.
[713] Das Zeugma *res adeptus sum et res gessi* bedarf einer Erläuterung: Die ersteren *res* sind wohl erlangte politische Ämter, letztere dagegen große Taten in diesen Ämtern. Vgl. RAMSEY 2008, 337.

litischen Verdiensten gerechter Lohn oder Strafe zuteilwerde[714] (*alterum, ut ita cuique eveniat, ut de re publica quisque mereatur*). Schließlich baut Cicero – entsprechend der Theorie der Peroratio[715] – durch Gebrauch von hochstehenden Wörtern und feierlichen Wendungen Pathos auf.

---

[714] Vgl. hierzu das *Somnium Scipionis*, also das sechste Buch von Cic. rep. Ähnlich auch Cic. Phil. 14, 19: *ita de quoque, ut quemque meritum arbitrantur, existiment.*
[715] Vgl. zum Pathos in der *peroratio* z. B. Rhet. Her. 2,47 ff.; Cic. inv. 1,100 ff.

7 Verwendete Literatur

7.1 Textausgaben

BAYER, Karl (2014): *Cicero. Topica. Die Kunst, richtig zu argumentieren.* Tusculum. Berlin.
BERRY, D. H. (1996): *Cicero. Pro P. Sulla oratio.* Cambridge Classical Texts and Commentaries 30. Cambridge.
CHODOWIECKI, Daniel (Hg.) (1996): *Matthias Claudius. Sämtliche Werke.* Düsseldorf.
CLARK, Albert Curtis (2007): *Cicero. Pro Milone. Pro Marcello. Pro Ligario. Pro Rege Deiotaro. Philippicae I–XIV.* M. Tulli Ciceronis Orationes 2. 26. Aufl. Oxford.
DENNISTON, John Dewar (1978): *Cicero. Orationes Philippicae prima et secunda.* Oxford.
EIGLER, Gunther (Hg.) (2016): *Platon. Werke in acht Bänden. Griechisch-Deutsch. 8. Band: Gesetze: Buch I – XII.* 7. Aufl. Darmstadt.
FEDELI, Paolo (1986): *M. Tullius Cicero. In M. Antonium Orationes Philippicae.* 2. Aufl. Leipzig.
FUHRMANN, Manfred (2001): *Cicero. Die politischen Reden.* München.
HIRSCH, Thierry (Hg.) (2019): *Rhetorica ad Herennium.* Ditzingen.
KASTEN, Helmut (2011a): *Cicero. Epistulae ad familiares.* Tusculum. 6. Aufl. Berlin.
KASTEN, Helmut (Hg.) (2011b): *Cicero. Atticus-Briefe.* Tusculum. 3. Aufl. Berlin.
KASTEN, Helmut (Hg.) (2014): *Cicero. An Bruder Quintus. An Brutus. Brieffragmente.* Tusculum. Berlin.
KASTER, Robert A. (2006): *Cicero. Speech on Behalf of Publius Sestius.* Oxford.
KRAPINGER, Gernot (Hg.) (2018): *Aristoteles. Rhetorik. Griechisch-Deutsch.* Ditzingen.
KYTZLER, Bernhard (Hg.) (2006): *Horaz. Sämtliche Werke.* Stuttgart.
LACEY, Walter Kirkpatrick (1986): *Cicero. Second Philippic Oration.* Warminster.
MARTINET, Hans (Hg.) (2011): *Sueton. Die Kaiserviten.* Berlin.
MAYOR, J. E. B. (1861): *Cicero. Second Philippic.* London.
NADJO, Léon, GAVOILLE, Elisabeth (Hg.) (2004): *Epistulae antiquae III.* Louvain.
NICKEL, Rainer, FUHRMANN, Manfred (Hg.) (2013): *Cicero. Die philippischen Reden.* Tusculum. Berlin.
NÜSSLEIN, Theodor (Hg.) (1998): *Über die Auffindung des Stoffes. Über die beste Gattung von Rednern.* Tusculum. Berlin.
NÜSSLEIN, Theodor (Hg.) (2011): *Rhetorica ad Herennium. Lateinisch-Deutsch.* Tusculum. Berlin.
NÜSSLEIN, Theodor (Hg.) (2013): *Cicero. De oratore. Lateinisch-Deutsch.* Tusculum. Berlin.
PESKETT, Arthur George (2011): *Oratio Philippica Secunda.* o. O.
RAHN, Helmut (Hg.) (2015): *Quintilian. Ausbildung des Redners.* 6. Aufl. Darmstadt.
RIBBECK, Otto (1897): *Scenicae Romanorum poesis fragmenta.* 3. Aufl. Leipzig.
ROSS, Sir David (Hg.) (1963): *Aristotelis Ars Rhetorica.* Oxford Classical Texts. Oxford.

Schönberger, Otto (2014): *Caesar. Der Bürgerkrieg.* Tusculum. Berlin.
Sihler, E. G (1901): *Cicero. 2nd Philippic.* Boston.
Straume-Zimmermann, Laila, Broemser, Ferdinand, Gigon, Olof (Hg.) (2014): *Cicero. Hortensius/Lucullus/Academici libri.* Tusculum. 2. Aufl. Berlin.
Wuhrmann, Walter (Hg.) (2011): *Plutarch. Große Griechen und Römer.* Bibliothek der Alten Welt. 3. Aufl. Berlin.
Sieveke, Franz G. (1995): *Aristoteles. Rhetorik.* 5. Aufl. München.

7.2 Kommentare

Gildenhard, Ingo (2018): *Cicero. Philippic 2.* Classics textbooks 6. Cambridge.
Landgraf, Gustav (2019): *Kommentar zu Ciceros Rede Pro Sex. Roscio Amerino.* o. O.
Pelling, C. B. R. (1988): *Plutarch: Life of Antony.* Cambridge.
Ramsey, John T. (2008): *Cicero. Philippics 1–2.* Cambridge Greek and Latin classics. Cambridge.
Schwameis, Christoph (2019): *Cicero. De praetura Siciliensi.* Texte und Kommentare. Berlin.

7.3 Sekundärliteratur

Aikhenvald, Alexandra Y. (2004): *Evidentiality.* Oxford linguistics. Oxford.
Alexander, Michael C. (1982): *Repetition of Prosecution, and the Scope of Prosecutions, in the Standing Criminal Courts of the Late Republic.* In: Classical Antiquity 1 (2), 141–166.
Alexander, Michael C. (1990): *Trials in the Late Roman Republic, 149 BC to 50 BC.* Toronto.
Ankowitsch, Christian (2005): *Generation Emotion.* Berlin.
Arena, Valentina (2007): *Roman Oratorical Invective.* In: Dominik, William J., Hall, Jon (Hg.) (2010): *A Companion to Roman Rhetoric.* Oxford. 149–160.
Austin, John Langshaw (1986): *Zur Theorie der Sprechakte: How to Do Things with Words.* Stuttgart.
Ayer, Alfred J. (1996): *Sprache, Wahrheit und Logik.* Universal-Bibliothek 7919. Stuttgart.
Bakels, Jan-Hendrik, Kappelhoff, Hermann, Lehmann, Hauke, Schmitt, Christina (2019): *Emotionen: Ein interdisziplinäres Handbuch.* Stuttgart.
Beard, Mary (2016): *Das Lachen im alten Rom: Eine Kulturgeschichte.* Darmstadt.
Bengtson, Hermann (1991): *Marcus Antonius. Triumvir und Herrscher des Orients.* München.
Besch, Werner, Eidt, Markus (1998): *Duzen, Siezen, Titulieren: Zur Anrede im Deutschen heute und gestern.* 2. Aufl. Kleine Reihe 4009. Göttingen.
Bleicken, Jochen (1999): *Die Verfassung der Römischen Republik: Grundlagen und Entwicklung.* 8. Aufl. Paderborn.
BMBF-Internetredaktion: *Wenn Roboter Gefühle erkennen – BMBF.* In: Bundesministerium für Bildung und Forschung – BMBF. Online unter: https://www.bmbf.de/de/wenn-roboter-gefuehle-erkennen-5559.html.
Boddice, Rob (2020): *Die Geschichte der Gefühle: Von der Antike bis heute.* Darmstadt.
Bonacchi, Silvia (2019a): *Verbale Aggression.* In: *Handbuch Pragmatik.* Stuttgart, 439–447.

BONACCHI, Silvia (Hg.) (2019b): *Verbale Aggression: Multidisziplinäre Zugänge zur verletzenden Macht der Sprache.* Berlin.
BOOTH, Joan (Hg.) (2007): *Cicero on the Attack. Invective and Subversion in the Orations and Beyond.* Swansea.
BRANDSTÄTTER, Veronika, SCHÜLER, Julia, PUCA, Rosa Maria, LOZO, Ljubica (2018): *Motivation und Emotion. Allgemeine Psychologie für Bachelor.* 2. Aufl. Berlin.
BRAUND, Susanna Morton, GILL, Christopher (Hg.) (1997): *The Passions in Roman Thought and Literature.* Cambridge.
BROUGHTON, T. Robert S. (1986): *The Magistrates of the Roman Republic.* Atlanta.
BÜHLER, Karl (1999): *Sprachtheorie. Die Darstellungsfunktion der Sprache.* UTB 1159. 3. Aufl. Stuttgart.
BUSCH, Albert, STENSCHKE, Oliver (2018): *Germanistische Linguistik. Eine Einführung.* 3. Aufl. Tübingen.
BUSCHA, Joachim, HELBIG, Gerhard (2013): *Deutsche Grammatik. Ein Handbuch für den Ausländerunterricht.* Stuttgart.
CAFFI, Claudia, JANNEY, Richard W. (1994): *Toward a Pragmatics of Emotive Communication.* In: Journal of Pragmatics 22 (3-4), 325-373.
CAIRNS, Douglas L. (Hg.) (2015): *Emotions between Greece and Rome.* Bulletin of the Institute of Classical Studies Supplement 125. London.
CAIRNS, Douglas L. (Hg.) (2019): *A Cultural History of the Emotions in Antiquity.* London.
CAIRNS, Douglas L., NELIS, Damien (Hg.) (2017): *Emotions in the Classical World: Methods, Approaches, and Directions.* Heidelberger althistorische Beiträge und epigraphische Studien. Stuttgart.
CASTON, Ruth Rothaus, KASTER, Robert A. (Hg.) (2016): *Hope, Joy, and Affection in the Classical World.* Emotions of the Past. Oxford.
CLARK, Albert Curtis (1900): *The Textual Criticism of Cicero's Philippics.* In: The Classical Review 14 (1), 39-48.
CLARK, Albert Curtis (1918): *The Descent of Manuscripts.* Oxford.
COPI, Irving M., COHEN, Carl, MCMAHON, Kenneth (2016): *Introduction to Logic.* 14. Aufl. Routledge.
COPLEY, Frank O. (1956): *Exclusus Amator. A Study in Latin Love Poetry.* Madison.
CRAIG, Christopher P. (1993): *Form as Argument in Cicero's Speeches. A Study of Dilemma.* American classical studies no. 31. Atlanta.
CRAIG, Christopher P. (2004): *Audience Expectations, Invective, and Proof.* 187-214.
CRISTE, Cristian (2018): *Voluntas auditorum.* Heidelberg.
DAHLHEIM, Werner (2005): *Julius Caesar. Die Ehre des Kriegers und die Not des Staates.* Paderborn.
DAMASIO, Antonio R. (2002): *Ich fühle, also bin ich. Die Entschlüsselung des Bewusstseins.* München.
DANEŠ, František (1987): *Cognition and Emotion in Discourse Interaction.* In: Vorabdruck der Plenarvorträge. XIV. Internationaler Linguistenkongress. Unter der Schirmherrschaft des CIPL. Berlin. 272-291.
DEGELMANN, Christopher (2021): *Ex ore impurissimo evomuit. Ekel und Erbrechen im Invektivrepertoire Ciceros.* In: Pausch, Dennis, Schwameis, Christoph, Geitner, Philipp, Wierzcholowski, Rainer Carl (Hg.): *Ciceronian Invective. Emotions, Reactions, Performance.* EmAnt. Tübingen.
DOMINIK, William J., HALL, Jon (Hg.) (2010): *A Companion to Roman Rhetoric.* Blackwell Companions to the Ancient World. Literature and Culture. Malden.

DORFMÜLLER-KARPUSA, Käthi (1989): *Emotionen in Texten*. In: Reiter, Norbert (Hg.): *Sprechen und Hören. Akten des 23. Linguistischen Kolloquiums*. Linguistische Arbeiten 222. Tübingen. 529–535.
DUNKLE, J. Roger (1967): *The Greek Tyrant and Roman Political Invective of the Late Republic*. In: Transactions and Proceedings of the American Philological Association [TAPA] 98, 151–171.
DURKHEIM, Émile (2017): *Die elementaren Formen des religiösen Lebens*. 4. Aufl. Berlin.
EHRHARDT, Horst (2010): *Die Konnotation ‚emotional' im Sprachsystem und im Text*. In: Studia Germanistica. Acta Facultatis Philosophicae Universitatis Ostraviensis 6, 145–154.
ELERICK, Charles (1994): *How Latin Word Order Works*. In: Journal of Latin Linguistics 4 (1).
ELLERBROCK, Dagmar, KESPER-BIERMANN, Sylvia (2016): *Between Passion and Senses? Perspectives on Emotions and Law*. In: InterDisciplines. Journal of History and Sociology 6 (2).
ELLERBROCK, Dagmar, KOCH, Lars, MÜLLER-MALL, Sabine, MÜNKLER, Marina, SCHARLOTH, Joachim, SCHRAGE, Dominik, SCHWERHOFF, Gerd (2017): *Invektivität – Perspektiven eines neuen Forschungsprogramms in den Kultur- und Sozialwissenschaften*. In: 2 (1), 2–24.
ELSEN, Hilke (2014): *Grundzüge der Morphologie des Deutschen*. De Gruyter Studium. 2. Aufl. Berlin.
ERDMANN, Gisela, ISING, Marcus, JANKE, Wilhelm (2000): *Chemopsychologische Methoden*. In: Emotionspsychologie. Ein Handbuch. Weinheim, 438–468.
EULER, Harald A. (2000): *Evolutionstheoretische Ansätze*. In: Otto, Jürgen H., Euler, Harald A., Mandl, Heinz (Hg.): *Emotionspsychologie. Ein Handbuch*. Weinheim, 45–63.
FEHRLE, Rudolf (1983): *Cato Uticensis*. Impulse der Forschung. Darmstadt.
FIEHLER, Reinhard (1990): *Kommunikation und Emotion. Theoretische und empirische Untersuchungen zur Rolle von Emotionen in der verbalen Interaktion*. Berlin.
FILL, Alwin (2007): *Das Prinzip Spannung. Sprachwissenschaftliche Betrachtungen zu einem universalen Phänomen*. 2. Aufl. Tübingen.
FOMINA, Sinaida (1999): *Emotional wertende Lexik der deutschen Gegenwartssprache*. Woronesh.
FOOLEN, Ad (2012): *The Relevance of Emotion for Language and Linguistics*. In: Foolen, Ad, Lüdtke, Ulrike, Racine, Timothy P., Zlatev, Jordan (Hg.): *Moving Ourselves, Moving Others. Motion and Emotion in Intersubjectivity, Consciousness and Language*. Consciousness and Emotion Book Series. Amsterdam, 349–368.
FORTENBAUGH, William W. (2006): *Aristotle's Practical Side*. Leiden.
FRICK, Robert W. (1985): *Communicating Emotion. The Role of Prosodic Features*. In: Psychological Bulletin 97 (3), 412–429.
FRIES, Norbert (1992): *Emotionen und sprachliche Struktur*. In: Sprache und Pragmatik 30, 1–28.
FRIES, Norbert (1996): *Grammatik und Emotionen*. In: Sprache und Pragmatik 38, 1–39.
Fuhrhop, Nanna, Peters, Jörg (2013): *Einführung in die Phonologie und Graphematik*. Stuttgart.
FUHRMANN, Manfred (1990): *Mündlichkeit und fiktive Mündlichkeit in den von Cicero veröffentlichten Reden*. In: Vogt-Spira, Gregor (Hg.): *Strukturen der Mündlichkeit in der römischen Literatur*. Script Oralia 19. Tübingen. 53–62.

FUHRMANN, Manfred (Hg.) (2000): *Rhetorica ad Alexandrum*. Bibliotheca scriptorum Graecorum et Romanorum Teubneriana. 2. Aufl. München.
FUHRMANN, Manfred (2011): *Die antike Rhetorik. Eine Einführung*. 6. Aufl. Mannheim.
GADERER, Rupert et al. (2017): *Recht fühlen*. Paderborn.
GAIDE, F. (1992): *Les substantifs ‚diminutifs' latins*. In: RPh 66, 15–27.
GELZER, Matthias (1983): *Caesar. Der Politiker und Staatsmann*. 6. Aufl. Wiesbaden.
GERRIG, Richard J., ZIMBARDO, Philip G. (2008): *Psychologie*. 18. Aufl. Hallbergmoos.
GIRNTH, Heiko (2015): *Sprache und Sprachverwendung in der Politik. Eine Einführung in die linguistische Analyse öffentlich-politischer Kommunikation*. 2. Aufl. Berlin.
GONZÁLES-LUIS, F. (1992): *Los diminutivos latinos y su género gramatical*. In: Fortunatae 3, 251–264.
GREENIDGE, A. H. J. (2015): *The Legal Procedure of Cicero's Time*. Union.
GREWENDORF, Günther, MEGGLE, Georg (1974): *Zur Struktur des metaethischen Diskurses*. In: *Seminar: Sprache und Ethik*. stw 91. Frankfurt am Main.
GRIFFIN, Jasper (1977): *Propertius and Antony*. In: The Journal of Roman Studies 67, 17–26.
HAARMANN, Harald (1998): *Universalgeschichte der Schrift*. 2. Aufl. Köln.
HALFMANN, Helmut (2011): *Marcus Antonius*. Darmstadt.
HAMM, Alfons O. (2006): *Psychologie der Emotionen*. In: Karnath, Hans-Otto, Thier, Peter (Hg.): *Neuropsychologie*. Springer-Lehrbuch. Berlin, 527–534.
HERMANNS, Fritz (2002): *Dimensionen der Bedeutung III. Aspekte der Emotion*. In: Cruse, David A., Hundsnurscher, Franz, Job, Michael, Lutzeier, Peter R. (Hg.): *Lexikologie. Ein internationales Handbuch zur Natur und Struktur von Wörtern und Wortschätzen*. Handbücher zur Sprach- und Kommunikationswissenschaft 21. Berlin, 356–362.
HESS, Ursula, KIROUAC, Gilles (2004): *Emotion Expression in Groups*. In: Lewis, Michael (Hg.): *Handbook of Emotions*. 2. Aufl. New York, 368–381.
HICKSON-HAHN, Frances (1998): *What's So Funny? Laughter and Incest in Invective Humor*. In: Syllecta Classica 9 (1), 1–36.
HOLZINGER, Stephan, WOLFF, Uwe (2009): *Rufmord, Gerüchte, Skandale – Irgendetwas bleibt immer hängen*. In: Holzinger, Stephan, Wolff, Uwe (Hg.): *Im Namen der Öffentlichkeit: Litigation-PR als strategisches Instrument bei juristischen Auseinandersetzungen*. Wiesbaden, 147–158.
HUGHES, Joseph J. (1992): *A ‚Paraklausithyron' in Cicero's Second Philippic*. In: Deroux, Carl (Hg.): *Studies in Latin Literature and Roman History*. Brüssel, 215–227.
JACKOB, Nikolaus (2005): *Öffentliche Kommunikation bei Cicero*. Baden-Baden.
JEHNE, Martin (2015): *Caesar*. Wissen. 5. Aufl. München.
JEHNE, Martin (2020a): *Freud und Leid römischer Senatoren Invektivarenen in Republik und Kaiserzeit*. Karl-Christ-Preis für Alte Geschichte. Göttingen.
JEHNE, Martin (2020b): *Invectivity in the City of Rome in the Caesarian and Triumviral Periods*. In: Pina Polo, Francisco (Hg.): *The Triumviral Period Civil War, Political Crisis and Socioeconomic Transformations*. Libera Res Publica 1. Sevilla, 209–228.
JONG, J. R. de (1998): *Deictic and (pseudo) Anaphoric Functions of the Pronoun Iste*. In: Rodie, Risselada (Hg.): *Latin in Use*. Amsterdam Studies in Classical Philology 8. Amsterdam, 19–35.
KELLER, Rudi (2014): *Sprachwandel. Von der unsichtbaren Hand in der Sprache*. UTB Linguistik 1567. 4. Aufl. Tübingen.
KLEIN, Josef (2014): *Grundlagen der Politolinguistik. Ausgewählte Aufsätze*. Berlin.
KLUG, Ulrich (1982): *Das argumentum a fortiori*. In: *Juristische Logik*. Berlin, 146–151.

Koch, Lars (Hg.) (2013): *Angst. Ein interdisziplinäres Handbuch*. Stuttgart.
Kochinka, Alexander (2004): *Emotionstheorien. Begriffliche Arbeit am Gefühl Kultur- und Medientheorie*. Bielefeld.
Köhler, Sigrid G, Müller-Mall, Sabine, Schmidt, Florian, Schnädelbach, Sandra (Hg.) (2017): *Recht Fühlen*. München.
Koster, Severin (1980): *Die Invektive in der griechischen und römischen Literatur*. Beiträge zur klassischen Philologie Heft 99. Meisenheim.
Köves-Zulauf, Thomas (1990): *Römische Geburtsriten*. München.
Krebs, Johann Philipp (1984): *Antibarbarus der lateinischen Sprache. Nebst einem kurzen Abriss der Geschichte der lateinischen Sprache, und vorbemerkungen über reine Latinität*. Basel.
Kurilla, Robin (2013): *Emotion, Kommunikation, Konflikt. Eine historiographische, grundlagentheoretische und kulturvergleichende Untersuchung*. Wiesbaden.
Kusse, Holger (2012): *Kulturwissenschaftliche Linguistik. Eine Einführung*. UTB Sprachwissenschaften 3745. Göttingen.
Landfester, Manfred, Kuhn, Barbara (2006): *Einführung in die Stilistik der griechischen und lateinischen Literatursprachen*. Die Altertumswissenschaft. Darmstadt.
Latte, Kurt (1960): *Römische Religionsgeschichte*. München.
Lausberg, Heinrich (1990): *Elemente der literarischen Rhetorik*. 10. Aufl. Ismaning.
Lauwers, Jeroen, Opsomer, Jan, Schwall, Hedwig (Hg.) (2018): *Psychology and the Classics. A Dialogue of Disciplines*. Berlin.
Lehmann, Johannes Friedrich (2012): *Im Abgrund der Wut. Zur Kultur- und Literaturgeschichte des Zorns*. Rombach Wissenschaft. Reihe Litterae. Freiburg.
Liedtke, Frank (2016): *Moderne Pragmatik. Grundbegriffe und Methoden*. Narr Studienbücher. Tübingen.
Liedtke, Frank, Tuchen, Astrid (Hg.) (2018): *Handbuch Pragmatik*. Stuttgart.
Linderski, Jerzy, Kamińska-Linderska, Anna (1974): *The Quaestorship of Marcus Antonius*. In: Phoenix (2), 213–223.
Majetschak, Stefan (2019): *Wittgenstein und die Folgen*. Berlin.
Marten-Cleef, Susanne (1991): *Gefühle ausdrücken. Die expressiven Sprechakte*. Göppinger Arbeiten zur Germanistik 559. Göppingen.
Marty, Anton (1976): *Untersuchungen zur Grundlegung der allgemeinen Grammatik und Sprachphilosophie*. Hildesheim.
Matijević, Krešimir (2006): *Cicero, Antonius und die „acta Caesaris"*. In: Historia: Zeitschrift für Alte Geschichte = Revue d'Histoire Ancienne 55 (4), 426–450.
Mazurkiewicz-Sokołowska, Jolanta, Sulikowska, Anna, Westphal, Werner (Hg.) (2016): *Chancen und Perspektiven einer Emotionslinguistik*. Schriftenreihe Philologia Band 208. Hamburg.
McCosh, James (2016): *The Laws of Discursive Thought: Being a Textbook of Formal Logic*. Edinburgh.
Novokhatko, Anna (2009): *The Invectives of Sallust and Cicero. Critical Edition with Introduction, Translation, and Commentary*. Berlin.
Ochs, Elinor, Schieffelin, Bambi (1989): *Language Has a Heart*. In: Text – Interdisciplinary Journal for the Study of Discourse 9 (1).
Oller, John W., Wiltshire, Anne (1997): *Toward a Semiotic Theory of Affect*. In: Niemeier, Susanne, Dirven, René (Hg.): *The Language of Emotions. Conceptualization, Expression, and Theoretical Foundation*. Amsterdam, 33–54.

OPELT, Ilona (1965): *Die lateinischen Schimpfwörter und verwandte sprachliche Erscheinungen. Eine Typologie.* Heidelberg.
ORTNER, Heike (2014): *Text und Emotion. Theorie, Methode und Anwendungsbeispiele emotionslinguistischer Textanalyse.* Europäische Studien zur Textlinguistik 15. Tübingen.
ORTONY, Andrew, CLORE, Gerald L., COLLINS, Allan (1988): *The Cognitive Structure of Emotions.* Cambridge.
OTT, Frank-Thomas (2013): *Die zweite Philippica als Flugschrift in der späten Republik.* Berlin.
PAPAIOANNOU, Sophia, SERAFIM, Andreas, VELA, Beatrice da (2017): *The Theatre of Justice. Aspects of Performance in Greco-Roman Oratory and Rhetoric.* Mnemosyne. Supplements, 403. Leiden.
PASQUALI, Johannes (2009): *Marcus Antonius. Todfeind Ciceros und Rivale des Octavianus.* Bochum.
PAUSCH, Dennis (2021): *Virtuose Niedertracht. Die Kunst der Beleidigung in der Antike.* München.
PITTNER, Karin, BERMAN, Judith (2015): *Deutsche Syntax. Ein Arbeitsbuch.* Narr Studienbücher. 6. Aufl. Tübingen.
PLATNER, Samuel Ball, ASHBY, Thomas (1929): *A Topographical Dictionary of Ancient Rome.* Oxford.
POPPE, Sandra (Hg.) (2012): *Emotionen in Literatur und Film.* Film, Medium, Diskurs. Würzburg.
POWELL, J. G.F (2007): *Invective and the Orator: Ciceronian Theory and Practice.* Edinburgh, 1–23.
PRIMMER, Adolf (1968): *Cicero numerosus. Studien zum antiken Prosarhythmus.* Wien.
RABE, Hugo (Hg.) (1926): *Aphthonii Progymnasmata.* Rhetores Graeci. Leipzig.
RAIBLE, Wolfgang (1991): *Zur Entwicklung von Alphabetschrift-Systemen.* Heidelberg.
RAMSEY, John T. (2004): *Did Julius Caesar Temporarily Banish Mark Antony from His Inner Circle?* In: The Classical Quarterly 54 (1), 161–173.
REDDY, William M. (2001): *The Navigation of Feeling. A Framework for the History of Emotions.* Cambridge.
REMER, Gary (2017): *Ethics and the Orator.* Chicago.
RIZZOLATTI, Giacomo, SINIGAGLIA, Corrado (2008): *Empathie und Spiegelneurone. Die biologische Basis des Mitgefühls.* Frankfurt am Main.
RORTY, Richard (Hg.) (1992): *The Linguistic Turn. Essays in Philosophical Method.* Chicago.
ROSENWEIN, Barbara H. (2006): *Emotional Communities in the Early Middle Ages.* Ithaca.
RUSSELL, James A., LEMAY, Ghyslaine (2004): *Emotions Concepts.* In: Lewis, Michael, Haviland-Jones, Jeannette M. (Hg.): *Handbook of Emotions.* 2. Aufl. London, 491–503.
SAUSSURE, Ferdinand de (2001): *Grundfragen der allgemeinen Sprachwissenschaft.* 3. Aufl. Berlin.
SCARANTINO, Andrea, DE SOUSA, Ronald (2018): *Emotion.* In: Zalta, Edward N. (Hg.): *The Stanford Encyclopedia of Philosophy.* Stanford.
SCHEIDEL, Walter (1996): *Finances, Figures and Fiction.* In: The Classical Quarterly 46 (1), 222–238.
SCHIEWER, Gesine Lenore (2007): *Sprache und Emotion in der literarischen Kommunikation.* In: Mitteilungen des Deutschen Germanistenverbandes 54 (3), 346–361.

SCHIEWER, Gesine Lenore (2014): *Studienbuch Emotionsforschung. Theorien, Anwendungsfelder, Perspektiven.* Darmstadt.
SCHMIDT-ATZERT, Lothar, PEPER, Martin, STEMMLER, Gerhard, HASSELHORN, Marcus, HEUER, Herbert, SCHNEIDER, Silvia (2014): *Emotionspsychologie. Ein Lehrbuch.* 2. Aufl. Stuttgart.
SCHNELL, Rüdiger (2015): *Haben Gefühle eine Geschichte? Aporien einer History of Emotions.* Göttingen.
SCHRÖTER, Melani (2011): *Schlagwörter im politischen Diskurs.* In: Mitteilungen des Deutschen Germanistenverbandes 58 (3), 249–257.
SCHULZ, Verena (2014): *Die Stimme in der antiken Rhetorik.* Hypomnemata. Göttingen.
SCHULZ, Raimund (2018): *Feldherren, Krieger und Strategen. Krieg in der Antike von Achill bis Attila.* 3. Aufl. Stuttgart.
SCHWARZ-FRIESEL, Monika (2013): *Sprache und Emotion.* 2. Aufl. Tübingen.
SCHWARZ-FRIESEL, Monika, CHUR, Jeannette (2014): *Semantik. Ein Arbeitsbuch.* Narr Studienbücher. 6. Aufl. Tübingen.
SEARLE, John Rogers (1983): *Sprechakte. Ein sprachphilosophischer Essay.* 12. Aufl. Frankfurt am Main.
SEMIN, Gün (2007): *Linguistic Markers of Social Distance and Proximity.* In: Frontiers of Social Psychology, 389–408.
SHATZMAN, Israel (1975): *Senatorial Wealth and Roman Politics.* Brüssel.
STAFFELDT, Sven (2008): *Einführung in die Sprechakttheorie. Ein Leitfaden für den akademischen Unterricht.* Tübingen.
STANZEL, Franz K. (1959): *Episches Präteritum, erlebte Rede, historisches Präsens.* In: Vierteljahresschrift für Literaturwissenschaft und Geistesgeschichte 33, 1–12.
STEARNS, Peter N., STEARNS, Carol Z. (1985): *Emotionology: Clarifying the History of Emotions and Emotional Standards.* In: The American Historical Review 90 (4), 813–836.
STEINS, Gisela (2009): *Empathie.* In: Brandstätter, Veronika, Otto, Jürgen H. (Hg.): *Handbuch der Allgemeinen Psychologie – Motivation und Emotion.* Göttingen, 723–728.
STEVENSON, Charles L. (1972): *Ethics and Language.* A Yale Paperbound. 14. Aufl. New Haven.
STEVENSON, Charles L. (1975): *Facts and Values: Studies in Ethical Analysis.* Westport.
STROH, Wilfried (2000): *Ciceros Philippische Reden. Politischer Kampf und literarische Imitation.* In: Hose, Martin (Hg.): *Meisterwerke der antiken Literatur: Von Homer bis Boethius.* München, 76–102.
STUMM, Alfred Alexander (2013): *Wütende Texte. Die Sprache aggressiver Emotionen in der deutschen Literatur des 20. Jahrhunderts.* Berlin.
SÜSS, Wilhelm (1910): *Ethos. Studien zur älteren griechischen Rhetorik.* Leipzig.
TECHNAU, Björn (2018): *Beleidigungswörter. Die Semantik und Pragmatik pejorativer Personenbezeichnungen.* Berlin.
TEMPEST, Kathryn (2017): *Brutus.* New Haven.
THURN, Anabelle (2018): *Rufmord in der späten römischen Republik.* Berlin.
VOGT, Sabine (2003): *Die Widernatürlichkeit des Kinäden. Zur Reflexion über sex und gender in der Antike.* In: Fuhrer, Therese, Zinsli, Samuel (Hg.): *Gender Studies in den Altertumswissenschaften. Rollenkonstruktionen in antiken Texten.* Trier. 43–56.
WALLBOTT, Harald G. (2000): *Empathie.* In: Otto, Jürgen H., Euler, Harald A., Mandl, Heinz (Hg.): *Emotionspsychologie. Ein Handbuch.* Weinheim. 370–380.
WATT, W. S. (1983): *Tulliana.* In: Classical Philology 78 (3), 226–231.

WEEBER, Karl-Wilhelm (2014): *Lernen und Leiden. Schule im Alten Rom.* Darmstadt.
WEHLING, Elisabeth (2018): *Politisches Framing. Wie eine Nation sich ihr Denken einredet – und daraus Politik macht.* 5. Aufl. Berlin.
WEINRICH, Harald (1967): *Semantik der Metapher.* In: Folia Linguistica 51 (s1000), 1–15.
WEINSTOCK, Stefan (1971): *Divus Julius.* Oxford.
WIERZBICKA, Anna (1999): *Emotions across Languages and Cultures. Diversity and Universals.* Cambridge.
WIERZCHOLOWSKI, Rainer Carl (2021): *Invective Performance in Cicero's Verrines.* In: Pausch, Dennis, Schwameis, Christoph, Geitner, Philipp (Hg.): *Sammelband zur Dresdner Tagung „Ciceronian Invective. Emotions, Reactions and Performance".* EmAnt. Tübingen.
WILL, Wolfgang (1992): *Julius Caesar. Eine Bilanz.* Kohlhammer Urban-Taschenbücher 448. Stuttgart.
WILL, Wolfgang (2009): *Caesar.* Gestalten der Antike. Darmstadt.
WILLIAMS, Craig A. (2010): *Roman Homosexuality. Ideologies of Masculinity in Classical Antiquity Ideologies of Desire.* 2. Aufl. Oxford.
WISEMAN, T. P. (1985): *Catullus and his World. A Reappraisal.* Cambridge.
WOLFF, Dieter (2004): *Kognition und Emotion im Fremdsprachenerwerb.* In: Börner, Wolfgang, Vogel, Klaus (Hg.): *Emotion und Kognition im Fremdsprachenunterricht.* Tübinger Beiträge zur Linguistik 476. Tübingen, 87–102.
WOOLF, Raphael (2015): *Cicero.* London.
WOOTEN, Cecil (2010): *On the Road to Philippic III. The Management of Argument and the Modulation of Emotion in the Deliberative Speeches of Demosthenes.* In: Rhetorica: A Journal of the History of Rhetoric 28 (1), 1–22.
ZAKRZEWSKA-GĘBKA, E. (1977): *Diminutives Used by Cicero in His Critical Writings on Stoicism and Epicurism.* In: Eos 65, 91–102.
ZAKRZEWSKA-GĘBKA, E. (1981): *The Function of Diminutives in Judicial Speeches of Cicero.* In: Eos 69, 57–58.

Webseite Sonderforschungsbereich 1285 „Invektivität. Konstellationen und Dynamiken der Herabsetzung". In: TU Dresden. Online unter: https://tu-dresden.de/gsw/sfb1285/startseite?set_language=de.

7.3 Hilfsmittel

BEST, Otto F. (1994): *Handbuch literarischer Fachbegriffe: Definitionen und Beispiele.* Frankfurt am Main.
BRODERSEN, Kai, ZIMMERMANN, Bernhard (2006): *Metzler Lexikon Antike.* 2. Aufl. Stuttgart.
BURDORF, Dieter, FASBENDER, Christoph, MOENNIGHOFF, Burkhard (2007): *Metzler Lexikon Literatur. Begriffe und Definitionen.* 3. Aufl. Stuttgart.
BURKARD, Thorsten, SCHAUER, Markus (2012): *Lehrbuch der lateinischen Syntax und Semantik.* academic. 5. Aufl. Darmstadt.
CANCIK, Hubert et al. (Hg.) (2006-): *Der Neue Pauly (DNP).* Online unter http://dx.doi.org/10.1163/1574-9347_dnp_SIM_001.
CUPAIUOLO, Fabio (1993): *Bibliografia della lingua latina.* Neapel.

DROSDOWSKI, Günther, AUGST, Gerhard (Hg.) (1984): *Grammatik der deutschen Gegenwartssprache. Der Duden in 10 Bänden.* 4. Aufl. Mannheim.
GÄRTNER, Hans, KROLL, Wilhelm, MITTELHAUS, Karl, WISSOWA, Georg, ZIEGLER, Konrat (Hg.): *Paulys Realencyclopädie der classischen Altertumswissenschaft (RE).* Stuttgart.
GEORGES, Karl Ernst (2012): *Der neue Georges. Ausführliches Handwörterbuch Lateinisch-Deutsch.* 16. Aufl. Darmstadt.
GLARE, P. G. W. (Hg.) (2012): *Oxford Latin Dictionary (OLD).* 2. Aufl. Oxford.
GLÜCK, Helmut, RÖDEL, Michael (2016): *Metzler Lexikon Sprache.* 5. Aufl. Stuttgart.
HARJUNG, J. Dominik (2017): *Lexikon der Sprachkunst. Die rhetorischen Stilformen.* 2. Aufl. München.
KUNKEL-RAZUM, Kathrin, Bibliographisches Institut, Dudenredaktion (2020): *Die deutsche Rechtschreibung.* Berlin.
LAUSBERG, Heinrich (2008): *Handbuch der literarischen Rhetorik. Eine Grundlegung der Literaturwissenschaft.* 4. Aufl. Stuttgart.
LEUMANN, Manu (1977): *Lateinische Laut- und Formenlehre.* 6. Aufl. München.
LIDDELL, Henry George, SCOTT, Robert (1996): *Greek-English Lexicon.* 9. Aufl. Oxford.
MECKELNBORG, Christina, MEISSNER, Carl, BECKER, Markus (2015): *Lateinische Phraseologie.* 6. Aufl. Darmstadt.
NÄGELSBACH, Carl Friedrich von (1980): *Lateinische Stilistik.* 10. Aufl. Darmstadt.
PANHUIS, Dirk (2015): *Lateinische Grammatik.* Berlin.
PINKSTER, Harm (1988): *Lateinische Syntax und Semantik.* Uni-Taschenbücher 1462. Tübingen.
RUBENBAUER, Hans, HOFMANN, Johann Baptist (2010): *Lateinische Grammatik.* 12. Aufl. Bamberg.
SCHÖNBERGER, Otto, MENGE, Hermann (2007): *Lateinische Synonymik.* 9. Aufl. Heidelberg.
UEDING, Gert (Hg.) (2007): *Historisches Wörterbuch der Rhetorik.* Tübingen.
WITTMANN, Roland, KUNKEL, Wolfgang (1995): *Handbuch der Altertumswissenschaft. Staatsordnung und Staatspraxis der römischen Republik.* München.

Thesaurus Linguae Latinae (TLL) (1900–). Berlin.
Duden online. Online unter: https://www.duden.de.

Personen- und Ortsregister

Accius, L. 45
Afranius, L. 211
Ahala, C. Servilius 153–155
Alexandria 195, 218, 221, 222, 277
Amatius, s. Pseudo-Marius
Antonia (Frau von Mark Anton) 91, 210, 229, 271, 272, 285
Antonius Creticus, M. 182
Antonius Hybrida, C. 210, 273
Anton, Mark (Antonius Marcus) 1, 25–27, 34, 36, 37, 40, 59, 60, 69, 75, 80, 86–88, 91, 94, 95, 100, 101, 104, 105, 107–110, 112–116, 118–121, 124, 125, 127, 129–134, 137–149, 151, 153, 155, 157, 159, 161–163, 165, 166, 169–174, 176, 177, 179, 181, 182, 184–187, 189–204, 206–220, 222–225, 228–240, 242–250, 252–262, 264, 265, 267–291, 293–295, 297
Appian 175, 285
Aquinum 279, 280
Ariobarzanes III. 265
Aristoteles 5, 6, 10, 14, 98, 301, 302
Armenia 265
Athen 28, 168, 219
Atreus 45
Atticus 29, 169, 213, 281, 301
Augustus 26, 151, 211, 239, 273, 286

Balbus, L. Cornelius 218
Ballio 73, 81, 130, 131
Bambalio, M. Fulvius 97, 260, 261
Basilica Iulia 295
Basilus, M. Satrius 282
Bellienus, L. 262
Bibulus, M. Calpurnius 146, 147
Bononia 238
Brundisium 95, 113, 114, 175, 206, 207, 214–217

Bruti (Marcus und Decimus) 153, 154, 163, 167, 263, 268, 269
Brutus, D. Iunius 27, 28, 153, 166, 243, 259
Brutus, L. Iunius 26, 153, 154, 257, 283
Brutus, M. Iunius 25–29, 51, 85, 114, 153, 157, 158, 160–164, 166–169, 174, 231, 258, 268, 269, 279, 281, 282, 291–293, 296

Caelius, M. Rufus 145
Caesar, C. Iulius 11, 25, 26–28, 30, 31, 37, 60, 69, 70, 74–76, 84, 85, 88, 90–92, 95, 101, 108, 113, 114, 120, 122, 123, 129–133, 146, 153, 155–161, 164, 166, 168, 169, 171–177, 179, 182, 186, 195, 197–199, 201–205, 207, 210–215, 218, 219, 221, 222, 231–237, 240–246, 248, 249, 251, 253–270, 272–274, 276–278, 282–288, 292, 293, 295–297
Caninius Rebilus, C. 244
Capitolium 83, 84, 132, 138, 140, 255, 258, 261, 264
Capua 207, 273–277, 282
Carinae 258
Casca Longus, P. Servilius 155
Casca, C. Servilius 155
Casilinum 276, 277
Casinum 180–182, 277, 279
Cassius Longinus, C. 25
Cassius Longinus, L. Ravilla 171
Cassius Longinus, Q. 201, 202, 204
Catilina, L. Sergius 71, 104, 106, 126, 135, 297, 298
Cato Uticensis, M. Porcius 127, 155, 15, 175, 178, 231
Charybdis 95, 225
Cicero, M. Tullius 1–3, 5, 6, 8, 21, 23–30, 34, 36–38, 40–42, 44, 45, 47–53, 57–61,

63, 65–67, 69, 73–76, 78–80, 82, 83, 85–88, 90–92, 94, 96–101, ab S. 104 *passim*
Cilicia 153
Cimber, L. Tillius 26, 154–156, 166
Cinna, L. Cornelius 92, 283, 284
Claudius Pulcher 211, 250
Cleopatra 285
Clodius Pulcher, P. 30, 71, 94, 104–106, 118, 125, 126, 135, 136, 143–146, 180, 195, 196–198, 241, 292
Clodius Sextus 29, 109, 119, 135, 184, 186, 187, 252
Concordiatempel 29, 133, 135, 138–140, 283, 289, 290, 298
Cotta, L. Aurelius 128, 129
Crassus, M. Licinius 45, 111, 117, 126, 148, 224, 245
Crassus, L. Licinius 185
Creta 163, 263, 268, 269
Curia Hostilia 133
Curio, C. Scribonius (Sohn) 108, 111–113, 125, 126, 188–192, 195, 199, 200
Curio, C. Scribonius (Vater) 190, 192
Cydnus 153
Cyrene 268
Cytheris 141, 212, 213, 216–219, 228, 229, 241

Deiotarus 264–268
Demosthenes 28, 40, 208
Dio, Cassius 133, 147, 164, 169, 195, 197, 201, 206, 232, 242, 244, 253, 254, 256, 257, 261, 273, 285, 286, 295
Dolabella, P. Cornelius 26, 27, 31, 60, 62, 64, 84, 85, 88, 91, 177, 236–238, 244–251, 257, 258, 271–273, 282, 285
Domitius Ahenobarbus, Cn. 155, 162
Domitius Ahenobarbus, L. 155, 214, 231, 232
Dyrrhachium 174, 206

Faberius 26
Fadius, Q. 108–110
Fufius, Q. 182
Fulvia 108, 125, 126, 195, 196, 240–243, 260, 261, 266, 267, 271, 292, 297

Gabinius, A. 146, 195, 196
Gabinius P. 135
Galatien 264, 265
Gallia Cisalpina 28, 238
Gallia Transalpina 231
Gallien 25, 29, 60, 91, 148, 195, 197, 199, 201, 231, 237, 238
Gnatho 73, 81, 130, 131

Hannibal 276
Hercules 239
Hipparch(os) 219
Hippias 87, 100, 219
Hortensius Hortalus, Q. 111, 112, 126
Horti Caesaris 285

Ilerda 211

Juba, König von Numidia 231
Julia, Mutter Mark Antons 198, 232
Jupiter 167, 221, 255, 259
Jupiter Stator 84, 221
Juvenal 298

Laco 280, 281
Laelius, C. 250
Lento 271
Lentulus, P. 135, 195
Lentulus Sura, P. Cornelius 129, 135, 137
Leontinus 187, 251, 276
Lepidus, M. Aemilius 25, 28, 126, 169, 211, 237, 242
Liberalia 260
Licinius Denticulus 210, 211
Licinius Lucullus, L. 126
Licinius Lucullus, M. 126
Livius 250
Luca 148
Lupercalia 79, 80, 251, 252, 256, 288

Macedonia 27, 210, 241
Maelius, Sp. 153, 256, 257, 292
Manlius Capitolinus, M. 256, 257, 292
Marius, C. 185
Massilia 145, 237
Maximus, Q. 244
Metellus, L. Caecilius 205
Metellus Macedonicus, Q. Caecilius 221

Metellus Pius Scipio Nasica, Q. Caecilius 29, 184, 185, 201, 231, 285
Milo 66, 143–145, 197, 198
Minucia Porticus 251, 252
Misenum 195, 196, 234
Mithridates 127, 195, 221, 227, 264–266
Mithridates VI 221, 265
Munda 164, 169, 208, 237
Mustela, Seius 119, 120, 280, 281, 283

Naevius, Cn. 223
Neapel 26, 180, 195, 281
Narbo 168, 169, 171, 236–240
Nepos, Cornelius 215
Nero Claudius Caesar 155, 231
Nucula 271

Octavian, C. Julius Caesar 26–28, 237, 293
Oppius, C. 218
Ops 26, 171, 172

Petreius M. 211
Pharnakes 221, 265
Pharsalus 155, 208, 214, 231
Philipp II. von Mazedonien 28, 250
Phormio 73, 81, 10, 131, 286
Piso, L. Calpurnius 27, 126, 145, 207, 241
Piso, M. Pupius 197, 218
Plancus, L. Munatius 29, 242
Plutarch 25, 28, 159, 169, 175, 185, 186, 189, 206, 208, 239, 241, 243, 258
Pollio, C. Asinius 295
Pompeius, Cn. 237
Pompeius, Sextus 186, 237
Pompeius Magnus, Cn 25, 29, 30, 111, 112, 126, 139, 143, 145–149, 174, 175, 177–180, 185, 186, 195, 199, 201, 206, 207, 210–212, 214, 218, 221–225, 227, 228, 231, 234–238, 264, 265, 285
Porcia 146, 155
Pseudo–Marius 26, 282
Ptolemaios XII. 178, 195
Ptolemaios XIII. 178, 218
Puteoli 281, 282

Quirinus (Tempel) 286

Rostra 29, 226–228, 253, 254
Rubrius, L. Casinas 180–182, 235

Samarobriva 195
Saturn (Tempel) 205
Saxa Rubra 240
Scipio Aemilianus 178, 299
Sergius 219
Servilianer 156
Servilius Vatia Isauricus, P. 126
Sicca 108, 110
Sizilien 187, 237, 241, 252, 263, 274
Sisapo 195, 196
Sulla, L. Cornelius 88, 92, 180, 283, 284
Sulpicius Rufus, Ser. 175, 183, 231
Syrakus 187
Syrien (Syria) 27, 126, 127, 168, 195

Tacitus 184
Tarquinius Superbus, L. 240, 256, 257
Tellus (Tempel) 260
Thapsus 176, 184, 185, 208
Tibur 29, 172, 184
Tiro, Numisius 119, 220, 283
Trebonius, C. 25, 26, 151, 155, 156, 162, 166, 169, 171, 244
Tullia 57, 174
Turselius 76, 181–183, 218, 277

Utica 155, 176, 231

Valerius Flaccus Lucius 135, 185
Varro, M. Terentius 60, 84, 180, 277–280
Vatinius, P. 146
Velia 28
Vercingetorix 199
Verres, C. 1, 37
Volturcius, T. 135
Volumnia s. Cytheris
Volumnius Eutrapelus, P. 213

Zela 221, 265
Zypern 178